企业所得税纳税调整与申报操作实务

——纳税申报表培训讲义（2011 版）

主　编　郭洪荣
副主编　孟　佳　胡庚启
　　　　许云雄　刘晓伟

中国市场出版社
China Market Press

图书在版编目（CIP）数据

企业所得税纳税调整与申报操作实务：纳税申报表培训讲义：2011 版/郭洪荣主编.
—北京：中国市场出版社，2011.1
ISBN 978 - 7 - 5092 - 0730 - 7

Ⅰ.①企…　Ⅱ.①郭…　Ⅲ.①企业—所得税—税收管理—中国
Ⅳ.①F812.424

中国版本图书馆 CIP 数据核字（2010）第 254671 号

书　　名：企业所得税纳税调整与申报操作实务（2011 版）
主　　编：郭洪荣
责任编辑：郝向前
出版发行：中国市场出版社
地　　址：北京市西城区月坛北小街 2 号院 3 号楼（100837）
电　　话：编辑部（010）68032104　读者服务部（010）68022950
　　　　　发行部（010）68021338　68020340　68053489
　　　　　　　　　　　68024335　68033577　68033539
经　　销：新华书店
印　　刷：河北省高碑店市鑫宏源印刷包装有限责任公司
规　　格：787×1092 毫米　1/16　35 印张　850 千字
版　　本：2011 年 1 月第 1 版
印　　次：2011 年 1 月第 1 次印刷
书　　号：ISBN 978 - 7 - 5092 - 0730 - 7
定　　价：80.00 元

出版说明

为了正确理解和掌握新申报表的填报要求，准确填报企业所得税纳税申报表，方便办理企业所得税纳税申报事宜，根据国家税务总局国税发〔2008〕101号、国税函〔2008〕1081号、国税函〔2008〕44号、国税函〔2009〕388号和国税函〔2008〕801号等文件，我们编写了《企业所得税纳税调整与申报操作实务——纳税申报表培训讲义》(2011版)。

一、以纳税申报类型为主线，对居民企业的企业所得税年度、季度、清算纳税申报和非居民企业年度、季度纳税申报，以及企业年度关联业务往来报告、源泉扣除进行系统和详细的说明。

二、实行查账征收和核定应税所得率的居民企业，年度纳税申报以填报企业所得税年度纳税申报表为主线。对利润总额计算、应纳税所得额的计算、应纳所得税额的计算、申报缴纳程序等内容，从填报审核和纳税调整两方面，进行系统和详细的说明，并对操作难点进行案例解说。

三、对非居民企业纳税人年度申报，对利润（亏损）总额的计算、应纳税所得额的计算、应纳税额的计算以及申报缴纳程序等内容，进行系统和详细的说明。

四、配合本书的出版，我们将编辑出版两本图书，分别是《企业会计制度与现行税制差异解说》和《企业所得税汇算清缴法规操作实务》。因此，在编辑本书时，删除了与法规操作实务、行业操作实务内容重复的部分。三者是三位一体的姊妹篇，联合组成一套完整的企业、事业单位、民间非营利组织等纳税人的企业所得税汇算清缴操作实务体系。

五、本书的重点包括四方面，一是主表与附表的重点、难点事项说明；二是企业所得税法与会计制度、新会计准则差异分析；三是纳税调整方法说明；四是税收、会计和行业等知识介绍。

目 录

第一章 企业所得税纳税申报表体系及适用范围

第一节　企业所得税年度申报表的设计理念

企业所得税年度纳税申报表2008年版建立在企业会计核算基础上，对其与税收法律、法规、规章、规范性文件存在的差异通过纳税调整项目集中体现，并据以计算应纳税所得额，因此理解申报表的设计理念是纳税人正确填报的出发点。

企业所得税的计算建立在企业会计核算的基础上，并因其目的不同，两者之间必然存在差异。长期以来，企业所得税纳税申报表的架构设计存在以下两种理念。

（1）税收体系。

企业所得税纳税申报表中的计税基础——应纳税所得额的计算完全依据税收公式，理论上称之为“税收体系”，即：

应纳税所得额 = 收入总额 – 准予扣除项目金额

“税收体系”理念的申报表，一是主表逻辑结构将收入、扣除项目分别加以归集填报；二是表内各项不强调为会计科目内容。

（2）纳税调整体系。

企业所得税纳税申报表中的计税基础——应纳税所得额计算在会计利润基础上进行纳税调整，理论上称之为“纳税调整体系”，即：

应纳税所得额 = 利润总额 + 纳税调增额 – 纳税调减额

“纳税调整体系”理念的申报表，一是主表逻辑结构不归集收入、扣除项目，因此表内没有收入总额及扣除项目总额，是根据企业核算利润的逻辑结构，以按业务主次关系逐层递减；二是表内“利润总额”项目，完全填报会计科目内容。

两种设计理念各有所长：“税收体系”完整体现了税收法定性原则，“纳税调整体系”则兼顾了会计核算在实际工作中对税收的影响，因此在实践中都有所运用。仅以原内资企业所得税为例：两法合并前的三版申报表中，1994年版申报表采用了“纳税调整体系”；1998年和2006年版申报表采用了“税收体系”。

鉴于上述两种体系的理念差异，以及新税法体现出的缩小税收与会计差异的思路考虑，目前2008年版申报表选择了“纳税调整体系”。

第二节　企业所得税申报表体系的构成

在中华人民共和国境内企业和其他取得收入的组织为企业所得税的纳税人，分为居民企业和非居民企业。依据纳税义务人的划分，企业所得税申报表体系也相应分为居民企业企业所得税纳税申报体系和非居民企业企业所得税纳税申报体系，下面对两套体系进行介绍。

2.1 居民企业企业所得税纳税申报体系

国家税务总局发布《关于印发〈中华人民共和国企业所得税年度纳税申报表〉的通知》（国税发〔2008〕101号）、《关于印发〈中华人民共和国企业所得税月（季）度预缴纳税申报表〉等报表的通知》（国税函〔2008〕44号）和《关于印发〈中华人民共和国企业清算所得税申报表〉的通知》（国税函〔2009〕388号）等文件，组成了居民企业企业所得税纳税申报表体系，具体构成如下：

（1）《企业所得税年度纳税申报表（A类）》及其附表；

（2）《企业所得税月（季）度预缴纳税申报表（A类）》；

（3）《企业所得税月（季）度预缴纳税申报表（B类）》；

（4）《企业所得税扣缴报告表》；

（5）《企业所得税汇总纳税分支机构分配表》；

（6）《中华人民共和国企业清算所得税申报表》及其附表。

2.2 非居民企业企业所得税纳税申报体系

国家税务总局发布《关于印发〈中华人民共和国非居民企业所得税申报表〉等报表的通知》（国税函〔2008〕801号），组成了的非居民企业企业所得税纳税申报表体系。非居民企业所得税申报表按申报时间分为年报和季报两种，按征收方式分为据实征收和核定征收两类。由下列申报表构成：

（1）非居民企业所得税年度纳税申报表（适用于据实申报企业）；

（2）非居民企业所得税季度纳税申报表（适用于据实申报企业）；

（3）非居民企业所得税年度纳税申报表（适用于核定征收企业）；

（4）非居民企业所得税季度纳税申报表（适用于核定征收企业）；

（5）扣缴企业所得税报告表。

第三节 企业所得税申报表适用范围

3.1 查账征收和核定征收的申报表适用范围

企业所得税纳税人按照征收方式可以划分为两类，一是查账征收的纳税人，二是核定征收的纳税人。

（1）查账征收的所有纳税人适用《企业所得税年度纳税申报表（A类）》及其附表、《企业所得税月（季）度预缴纳税申报表（A类）》，《非居民企业所得税年度纳税申报表（适用于据实申报企业）》、《非居民企业所得税季度纳税申报表（适用于据实申报企业）》、《中华人民共和国企业清算所得税申报表》及其附表。

(2) 核定征收的纳税人适用《企业所得税月（季）度预缴纳税申报表（B类)》、《非居民企业所得税年度纳税申报表（适用于核定征收企业)》、《非居民企业所得税季度纳税申报表（适用于核定征收企业)》、《中华人民共和国企业清算所得税申报表》及其附表。

3.2 居民企业和非居民企业的申报表适用范围

企业所得税按照纳税义务人可以划分为两类，一是居民企业，二是非居民企业。

(1) 居民企业适用《企业所得税年度纳税申报表（A类)》及其附表、《企业所得税月（季）度预缴纳税申报表（A类)》、《企业所得税月（季）度预缴纳税申报表（B类)》、《企业所得税汇总纳税分支机构分配表》、《中华人民共和国企业清算所得税申报表》及其附表；

(2) 非居民企业适用《非居民企业所得税年度纳税申报表（适用于据实申报企业)》、《非居民企业所得税季度纳税申报表（适用于据实申报企业)》、《非居民企业所得税年度纳税申报表（适用于核定征收企业)》、《非居民企业所得税季度纳税申报表（适用于核定征收企业)》、《企业所得税扣缴报告表》。

第四节 企业所得税纳税人的类型

4.1 按会计核算制度划分的四类纳税人

新会计准则全面推行后，会计核算框架由新企业会计准则体系、《企业会计制度》、《金融企业会计制度》、《小企业会计制度》、《事业单位会计制度》、《民间非营利组织会计制度》等六个体系组成。企业所得税的纳税人相应的也就分成了以下四大类：

(1) 执行会计准则体系的纳税人；

(2) 执行企业会计制度的纳税人；

(3) 执行《事业单位会计制度》的纳税人；

(4) 执行《民间非营利组织会计制度》的纳税人。

4.2 按征收方式划分的五类纳税人

2008年1月1日开始执行企业所得税法后，根据征收方式划分企业所得税纳税人有五类：

(1) 查账征收的居民企业纳税人；

(2) 核定应税所得率的居民企业纳税人；

(3) 核定应纳所得税额的居民企业纳税人；

(4) 据实申报的非居民企业纳税人；

(5) 核定征收的非居民企业纳税人。

4.3 应进行汇算清缴的四类纳税人

企业所得税的四类纳税人当中，《企业所得税汇算清缴管理办法》第三条规定实行核定定额征收企业所得税的纳税人不进行汇算清缴，应进行年度汇算清缴申报的纳税人有四类：

（1）查账征收的居民企业纳税人；

（2）核定应纳所得税率的居民企业纳税人；

（3）据实申报的非居民企业纳税人；

（4）核定征收的非居民企业纳税人。

第五节　我国企业所得税的征管范围

国税发〔2008〕120号规定了国家税务局和地方税务局的企业所得税征管范围，具体内容如下：

1. 以2008年为基年，2008年年底之前国家税务局、地方税务局各自管理的企业所得税纳税人不作调整。2009年起新增企业所得税纳税人中，应缴纳增值税的企业，其企业所得税由国家税务局管理；应缴纳营业税的企业，其企业所得税由地方税务局管理。同时，2009年起下列新增企业的所得税征管范围实行以下规定：

①企业所得税全额为中央收入的企业和在国家税务局缴纳营业税的企业，其企业所得税由国家税务局管理。

②银行（信用社）、保险公司的企业所得税由国家税务局管理，除上述规定外的其他各类金融企业的企业所得税由地方税务局管理。

③外商投资企业和外国企业常驻代表机构的企业所得税仍由国家税务局管理。

2. 境内单位和个人向非居民企业支付《中华人民共和国企业所得税法》第三条第三款规定的所得的，该项所得应扣缴的企业所得税的征管，分别由支付该项所得的境内单位和个人的所得税主管国家税务局或地方税务局负责。

3. 2008年年底之前已成立跨区经营汇总纳税企业，2009年起新设立的分支机构，其企业所得税的征管部门应与总机构企业所得税征管部门相一致；2009年起新增跨区经营汇总纳税企业，总机构按基本规定确定的原则划分征管归属，其分支机构企业所得税的管理部门也应与总机构企业所得税管理部门相一致。

4. 按税法规定免缴流转税的企业，按其免缴的流转税税种确定企业所得税征管归属；既不缴纳增值税也不缴纳营业税的企业，其企业所得税暂由地方税务局管理。

5. 既缴纳增值税又缴纳营业税的企业，原则上按照其税务登记时自行申报的主营业务应缴纳的流转税税种确定征管归属；企业税务登记时无法确定主营业务的，一般以工商登记注明的第一项业务为准；一经确定，原则上不再调整。

6. 2009年起新增企业，是指按照《财政部国家税务总局关于享受企业所得税优惠政策的新办企业认定标准的通知》（财税〔2006〕1号）及有关规定的新办企业认定标准成立的企业。

第六节 申报基础数据资料审核的要求

6.1 企业所得税申报表体系的分类

企业所得税申报表体系的有关内容，按逻辑关系分为以下类型。

（1）申报表体系，按主附关系可分为三个层级：一级为主表，二级为主表的附表，三级为二级附表的附表。

（2）申报表栏次，按表间关系可分为：表内计算栏次、依据附表填报的栏次和直接填报的栏次。

（3）申报表栏次，按数据来源可分为：一是按会计数据填报栏次，二是按纳税调整数据填报栏次。

6.2 申报结果应事实清楚、证据确凿、适用依据正确

根据企业所得税纳税申报表体系逻辑关系的特点，填报时关键是会计税收基础数据和有关证据资料的收集整理，最终申报结果能够有证据证明达到事实清楚、证据确凿、适用依据正确的证明标准。现行企业所得税的有关规定，对证据标准没有作出具体的规定，填报审核时应参照国家税务总局令第21号《税务行政复议规则》第七十五条规定，支持申报审核结论的有关证据，应符合认定事实清楚、证据确凿、适用依据正确的证明标准。

证明标准又称证明要求、证明任务，是指承担证明责任的人提供证据对鉴证事项事实加以证明达到的程度，是证明活动的方向和准绳。

6.2.1 事实清楚的评价

下面为大家介绍一个案例，不注重调查事实真相，造成会计信息失真，制造纳税风险的危害。

一、证据内容分析给我们的启示

综合审查判断申报审核材料，把握各材料之间、申报审核材料与申报审核事项事实之间的联系，确认所收集的证据是确实、充分的，保证与所证明的申报审核事项协调一致，对待证事实能作出唯一且正确的结论。

〔例〕：

（一）个别证据提供的信息假象——实现投资收益2794万元

（1）审核：申报审核中发现该企业在2010年度确认了一笔投资收益2700万元，对方科目是“其他应付款——C公司”，摘要只笼统地注明，是2005年投资清算往来款。

当申报审核人员询问会计人员时，得到的回答是：我们都是2009年以后新到公司的，老会计已经不在了，情况不清楚。项目组研究后，认为问题较严重，向总审作书面重大问题请示。

（2）疑点：总审分析认为，该项往来款究竟是经营收入还是非经营收入？往来款转收入，从所得税角度是经营收入和非经营收入对计税额没有影响，但是从流转税角度考虑经营收入和非经营收入税收待遇是不一样的，经营收入应纳流转税。

(3) 复审意见：进一步取证，延伸到2005年往来款的确认证据。

(二) 补证后申报审核结论——发生投资损失3447万元而不是投资收益

(1) 初始投资：1997年3月北京A公司和马来西亚B公司分别向C公司投资人民币9500万元。

(2) 投资收回：2004年8月23日终止公司经营，北京A公司2005年清算收回投资6000万元。

(3) 会计确认的投资损失：A公司于2006年5月进行账务处理，确认股权投资成本总额人民币9500万元，实际收回投资6000万元，确认投资损失3500万元。

(4) "其他应付款——C公司"确认情况：2006年1—5月，由"C公司"转入A公司银行存款4300万元，经核减与"C公司"往来款后，A公司在确认支付清算费用1600万元，将余款2700万元在"其他应付款——C公司"中挂账处理。该款项实质为A公司代"C公司"管理的资产，其中包括"C公司"应付给马来西亚B公司的清算款项2700万元。

(5) 投资损失税前扣除情况：经查实A公司2006年—2009年度企业所得税汇算清缴申报等相关资料，"C公司"股权投资损失未在企业所得税税前扣除。

二、2010年投资损失确认情况

(1) 投资收益确认：由于马来西亚B公司对清算决议约定事项存在争议，直至2010年才与外方协商确认执行清算协议的约定，自2004年下半年开始的企业清算工作历经7年终于结束。北京A公司根据马来西亚B公司交来的关于放弃北京C公司剩余资产分配的确认函和北京A公司董事会决议，将在"其他应付款"中核算的代管资产2700万元，确认为清算收入，计入"投资收益"科目。

(2) 投资损失确认金额800万元：截至2010年12月31日，北京A公司对"C公司"投资总成本人民币9500万元；收回投资额8700万元。(其中：清算收回投资成本6000万元，2010年度确认收回投资的清算收入2700万元)

三、申报审核结果

为企业共计减少纳税损失875万元，其中因确认损失减少纳税额200万元；因纳税调减投资收益减少纳税额675万元。

6.2.2 证据充分的评价

一、证据确凿（充分）的申报审核要点

(1) 支持申报审核结论的一项或者几项主要证据不确凿（充分）、不真实或不可靠；

(2) 申报审核事项主要项目的一项或几项申报事实没有必要的证据加以证明；

(3) 与申报审核结论有关的证据与待证事项之间、各种证据之间存在无法排除的矛盾。

二、企业发生各项税金的审核

所得税法实施条例第三十一条规定，税金，是指企业发生的除企业所得税和允许抵扣的增值税以外的各项税金及其附加。这项规定中有一项待证事实"企业发生的各项税金及其附加"，关键是如何证实"企业发生"。发生的必须是本企业收入有关的税金，且发生是一种过程，包括会计核算和纳税申报两道环节。对于仅会计预提而未申报的税金不允许税前扣除，因为应税债务关系尚未发生。企业的应税债务，是基于纳税人的申报行为而发生的，未按规定程序进行申报，应纳税义务在法律上并未生效。

根据上述观点，对“企业发生的各项税金及其附加”的待证事实，在申报审核时，应取得被申报审核各期的会计计提税金有关会计记录和被申报审核各期的按期纳税申报的资料。如果发生下列情形就未达到证据充分的标准，就应补证或重新提出审核意见。

（1）如应取得上述两项证据，实际只取得各期会计计提证据而未取得各期纳税申报证据，待证事实没有得到完整的证明，证明程度就不可靠，证据不确凿；

（2）如果只取得了部分会计记录和申报资料，而未取得各申报期的全部资料，仅能证明部分期间的计提和申报的事实，而不能证明申报审核年度计提和申报的事实存在，这种情形就属于证据不充分；

（3）如果计提资料与申报资料反映事实不一致甚至存在矛盾，这种情形属于证据对事实证明不清，这种难辨真伪的情况是因证据不足造成的。

6.2.3 适用依据正确的评价

一、意外伤害保险的特点

特殊工种法定人身安全保险费有的行业叫做意外伤害保险，这个险种有三项特点：

（1）强制性，法律法规明确规定企业必须为某工种交纳的保险费；

（2）行业多，需要交缴此项保险的企业涉及多个行业，如建筑施工、交通运输、采掘、井下水下作业等；

（3）费率标准多，国家对此项保险的交纳作出了明确的规定，但对此项保险的具体费率未作统一的规定，具体费率由各个省份自行规定。

二、建筑企业支付的意外伤害保险能否税前扣除

在实际工作中，税务部门内部和税务师事务所内部，对于建筑企业支付的意外伤害保险能否税前扣除，都有两种意见。

（1）不允许扣除。理由是：税务局没有转发与这个保险有关的文件，不允许企业根据相关法律法规税前计提列支意外伤害保险；

（2）允许税前扣除。理由是：应根据险种的内涵实质判断是否符合税法规定，而不能因建筑法与税法在险种名称上的形式差异而判断是否抵扣。只要相关法律规定应交纳意外伤害保险的行业，根据税法和条例的规定，就应当允许这个行业进行税前扣除，税务局转发不转发并不影响该法律的法律效力。

三、税法的规定

《企业所得税法实施条例》第三十六条规定：“除企业依照国家有关规定为特殊工种职工支付的人身安全保险费和国务院财政、税务主管部门规定可以扣除的其他商业保险费外，企业为投资者或者职工支付的商业保险费，不得扣除。”

《企业所得税法实施条例》第三十六条仅规定，纳税人按国家规定为特殊工种职工支付的人身安全保险费，准予在计算应纳税所得额时按实扣除。但是具体哪些种类，有哪些行业在交纳没有做具体介绍。在实际执行当中，纳税纠纷时有发生。

四、建筑行业法规的规定

建筑行业意外伤害保险的有关政策介绍如下，供参考。

《中华人民共和国建筑法》第四十八条规定：建筑施工企业必须为从事危险作业的职工办理意外伤害保险，支付保险费。建标〔2003〕206号文件规定，危险作业意外伤害保险是指按照建筑法规定，企业为从事危险作业的建筑安装施工人员支付的意外伤害保险费。

关于意外伤害保险的计提比例国家未统一规定，由各个省份各自制定，现以北京市为例：

《北京市实施建设工程施工人员意外伤害保险办法（试行）》第七、第八条规定，建设单位应当按照建设部、财政部《关于印发建筑安装工程费用项目组成的通知》（建标〔2003〕206号）的有关规定，将施工人员意外伤害保险费用列入工程造价。在施工承包合同备案时，建设行政主管部门应当进行申报审核。施工人员意外伤害保险费实行差别费率：施工承包合同价在3000万元以下（含3000万元）的，千分之一点二；施工承包合同价在3000万元以上1亿元以下（含1亿元）的，千分之零点八；施工承包合同价在1亿元以上的，千分之零点六。按上述费率计算施工人员意外伤害保险费低于300元的，应当按照300元计算。建设工程实行总分包的，分包单位施工人员意外伤害保险费包括在施工总承包合同中，不再另行计提。分包单位施工人员意外伤害保险投保理赔事项，统一由施工总承包单位办理。

五、结论

建筑企业支付的意外伤害保险，属于条例第三十六条规定的允许扣除的商业保险范围。该险种是“企业依照国家有关规定为特殊工种职工支付的人身安全保险费和国务院财政、税务主管部门规定可以扣除的其他商业保险费”，第三十六条明确规定允许税前扣除。不允许扣除属于适用依据错误的行为，允许扣除属于适用依据正确的行为。

第七节　企业所得税汇算清缴

7.1　居民企业企业所得税汇算清缴

2009年4月16日国家税务总局发布了《关于印发〈企业所得税汇算清缴管理办法〉的通知》（国税发〔2009〕79号），明确了纳税人进行年度企业所得税汇算清缴应该关注的事项（如：汇算清缴期限、资料报送等），而且对征税人的主管税务机关也提出了主动服务、严格审核等诸多要求。需要纳税人在企业所得税汇算清缴过程中予以高度关注，以降低企业所得税汇算清缴的涉税风险，下面为具体文件内容。

7.1.1　居民企业所得税汇算清缴

第一条　为加强企业所得税征收管理，进一步规范企业所得税汇算清缴管理工作，根据《中华人民共和国企业所得税法》及其实施条例（以下简称企业所得税法及其实施条例）和《中华人民共和国税收征收管理法》及其实施细则（以下简称税收征管法及其实施细则）的有关规定，制定本办法。

第二条　企业所得税汇算清缴，是指纳税人自纳税年度终了之日起5个月内或实际经营终止之日起60日内，依照税收法律、法规、规章及其他有关企业所得税的规定，自行计算本纳税年度应纳税所得额和应纳所得税额，根据月度或季度预缴企业所得税的数额，确定该纳税年度应补或者应退税额，并填写企业所得税年度纳税申报表，向主管税务机关办理企业所得税年度纳税申报、提供税务机关要求提供的有关资料、结清全年企业所得税税款的行为。

第三条 凡在纳税年度内从事生产、经营（包括试生产、试经营），或在纳税年度中间终止经营活动的纳税人，无论是否在减税、免税期间，也无论盈利或亏损，均应按照企业所得税法及其实施条例和本办法的有关规定进行企业所得税汇算清缴。

实行核定定额征收企业所得税的纳税人，不进行汇算清缴。

7.1.2 居民企业所得税汇算清缴期限

第四条 纳税人应当自纳税年度终了之日起5个月内，进行汇算清缴，结清应缴应退企业所得税税款。

纳税人在年度中间发生解散、破产、撤销等终止生产经营情形，需进行企业所得税清算的，应在清算前报告主管税务机关，并自实际经营终止之日起60日内进行汇算清缴，结清应缴应退企业所得税款；纳税人有其他情形依法终止纳税义务的，应当自停止生产、经营之日起60日内，向主管税务机关办理当期企业所得税汇算清缴。

第五条 纳税人12月份或者第四季度的企业所得税预缴纳税申报，应在纳税年度终了后15日内完成，预缴申报后进行当年企业所得税汇算清缴。

7.1.3 居民企业所得税汇算清缴报送资料

第六条 纳税人需要报经税务机关审批、审核或备案的事项，应按有关程序、时限和要求报送材料等有关规定，在办理企业所得税年度纳税申报前及时办理。

第七条 纳税人应当按照企业所得税法及其实施条例和企业所得税的有关规定，正确计算应纳税所得额和应纳所得税额，如实、正确填写企业所得税年度纳税申报表及其附表，完整、及时报送相关资料，并对纳税申报的真实性、准确性和完整性负法律责任。

第八条 纳税人办理企业所得税年度纳税申报时，应如实填写和报送下列有关资料：

（1）企业所得税年度纳税申报表及其附表；

（2）财务报表；

（3）备案事项相关资料；

（4）总机构及分支机构基本情况、分支机构征税方式、分支机构的预缴税情况；

（5）委托中介机构代理纳税申报的，应出具双方签订的代理合同，并附送中介机构出具的包括纳税调整的项目、原因、依据、计算过程、调整金额等内容的报告；

（6）涉及关联方业务往来的，同时报送《中华人民共和国企业年度关联业务往来报告表》；

（7）主管税务机关要求报送的其他有关资料。

纳税人采用电子方式办理企业所得税年度纳税申报的，应按照有关规定保存有关资料或附报纸质纳税申报资料。

7.1.4 居民企业所得税汇算清缴的延期纳税申报规定

第九条 纳税人因不可抗力，不能在汇算清缴期内办理企业所得税年度纳税申报或备齐企业所得税年度纳税申报资料的，应按照税收征管法及其实施细则的规定，申请办理延期纳税申报。

第十条 纳税人在汇算清缴期内发现当年企业所得税申报有误的，可在汇算清缴期内重新办理企业所得税年度纳税申报。

7.1.5 居民企业预缴企业所得税少于或大于应缴税款的处理

第十一条 纳税人在纳税年度内预缴企业所得税税款少于应缴企业所得税税款的，应在汇算清缴期内结清应补缴的企业所得税税款；预缴税款超过应纳税款的，主管税务机关应及时按有关规定办理退税，或者经纳税人同意后抵缴其下一年度应缴企业所得税税款。

第十二条 纳税人因有特殊困难，不能在汇算清缴期内补缴企业所得税款的，应按照税收征管法及其实施细则的有关规定，办理申请延期缴纳税款手续。

7.1.6 跨地区经营的居民企业所得税汇算清缴的处理

第十三条 实行跨地区经营汇总缴纳企业所得税的纳税人，由统一计算应纳税所得额和应纳所得税额的总机构，按照上述规定，在汇算清缴期内向所在地主管税务机关办理企业所得税年度纳税申报，进行汇算清缴。分支机构不进行汇算清缴，但应将分支机构的营业收支等情况在报总机构统一汇算清缴前报送分支机构所在地主管税务机关。总机构应将分支机构及其所属机构的营业收支纳入总机构汇算清缴等情况报送各分支机构所在地主管税务机关。

第十四条 经批准实行合并缴纳企业所得税的企业集团，由集团母公司（以下简称汇缴企业）在汇算清缴期内，向汇缴企业所在地主管税务机关报送汇缴企业及各个成员企业合并计算填写的企业所得税年度纳税申报表，以及本办法第八条规定的有关资料及各个成员企业的企业所得税年度纳税申报表，统一办理汇缴企业及其成员企业的企业所得税汇算清缴。

汇缴企业应根据汇算清缴的期限要求，自行确定其成员企业向汇缴企业报送本办法第八条规定的有关资料的期限。成员企业向汇缴企业报送的上述资料，应经成员企业所在地的主管税务机关审核。

7.1.7 居民企业未按规定办理企业所得税汇算清缴的处理

第十五条 纳税人未按规定期限进行汇算清缴，或者未报送本办法第八条所列资料的，按照税收征管法及其实施细则的有关规定处理。

7.1.8 税务机关对居民企业汇算清缴的管理

第十六条 各级税务机关要结合当地实际，对每一纳税年度的汇算清缴工作进行统一安排和组织部署。汇算清缴管理工作由具体负责企业所得税日常管理的部门组织实施。税务机关内部各职能部门应充分协调和配合，共同做好汇算清缴的管理工作。

第十七条 各级税务机关应在汇算清缴开始之前和汇算清缴期间，主动为纳税人提供税收服务。

（1）采用多种形式进行宣传，帮助纳税人了解企业所得税政策、征管制度和办税程序；

（2）积极开展纳税辅导，帮助纳税人知晓汇算清缴范围、时间要求、报送资料及其他应注意的事项。

（3）必要时组织纳税培训，帮助纳税人进行企业所得税自核自缴。

第十八条 主管税务机关应及时向纳税人发放汇算清缴的表、证、单、书。

第十九条 主管税务机关受理纳税人企业所得税年度纳税申报表及有关资料时，如发现企业未按规定报齐有关资料或填报项目不完整的，应及时告知企业在汇算清缴期内补齐补正。

第二十条 主管税务机关受理纳税人年度纳税申报后，应对纳税人年度纳税申报表的逻辑性和有关资料的完整性、准确性进行审核。审核重点主要包括：

（1）纳税人企业所得税年度纳税申报表及其附表与企业财务报表有关项目的数字是否相符，各项目之间的逻辑关系是否对应，计算是否正确。

（2）纳税人是否按规定弥补以前年度亏损额和结转以后年度待弥补的亏损额。

（3）纳税人是否符合税收优惠条件、税收优惠的确认和申请是否符合规定程序。

（4）纳税人税前扣除的财产损失是否真实、是否符合有关规定程序。跨地区经营汇总缴纳企业所得税的纳税人，其分支机构税前扣除的财产损失是否由分支机构所在地主管税务机关出具证明。

（5）纳税人有无预缴企业所得税的完税凭证，完税凭证上填列的预缴数额是否真实。跨地区经营汇总缴纳企业所得税的纳税人及其所属分支机构预缴的税款是否与《中华人民共和国企业所得税汇总纳税分支机构分配表》中分配的数额一致。

（6）纳税人企业所得税和其他各税种之间的数据是否相符、逻辑关系是否吻合。

第二十一条 主管税务机关应结合纳税人企业所得税预缴情况及日常征管情况，对纳税人报送的企业所得税年度纳税申报表及其附表和其他有关资料进行初步审核后，按规定程序及时办理企业所得税补、退税或抵缴其下一年度应纳所得税款等事项。

第二十二条 税务机关应做好跨地区经营汇总纳税企业和合并纳税企业汇算清缴的协同管理。

（1）总机构和汇缴企业所在地主管税务机关在对企业的汇总或合并纳税申报资料审核时，发现其分支机构或成员企业申报内容有疑点需进一步核实的，应向其分支机构或成员企业所在地主管税务机关发出有关税务事项协查函；该分支机构或成员企业所在地主管税务机关应在要求的时限内就协查事项进行调查核实，并将核查结果函复总机构或汇缴企业所在地主管税务机关。

（2）总机构和汇缴企业所在地主管税务机关收到分支机构或成员企业所在地主管税务机关反馈的核查结果后，应对总机构和汇缴企业申报的应纳税所得额及应纳所得税额作相应调整。

第二十三条 汇算清缴工作结束后，税务机关应组织开展汇算清缴数据分析、纳税评估和检查。纳税评估和检查的对象、内容、方法、程序等按照国家税务总局的有关规定执行。

第二十四条 汇算清缴工作结束后，各级税务机关应认真总结，写出书面总结报告逐级上报。各省、自治区、直辖市和计划单列市国家税务局、地方税务局应在每年7月底前将汇算清缴工作总结报告、年度企业所得税汇总报表报送国家税务总局（所得税司）。总结报告的内容应包括：

（1）汇算清缴工作的基本情况；

（2）企业所得税税源结构的分布情况；

（3）企业所得税收入增减变化及原因；

（4）企业所得税政策和征管制度贯彻落实中存在的问题和改进建议。

第二十五条 本办法适用于企业所得税居民企业纳税人。

第二十六条 各省、自治区、直辖市和计划单列市国家税务局、地方税务局可根据本办法制定具体实施办法。

7.2 非居民企业企业所得税汇算清缴

2009年1月22日国家税务总局发布了《非居民企业所得税汇算清缴管理办法》（国税发〔2009〕6号），更好地规范了非居民企业所得税汇算清缴工作。下面为具体文件内容。

7.2.1 汇算清缴对象

一、依照外国（地区）法律成立且实际管理机构不在中国境内，但在中国境内设立机构、场所的非居民企业（以下称为企业），无论盈利或者亏损，均应按照企业所得税法及本办法规定参加所得税汇算清缴。

二、企业具有下列情形之一的，可不参加当年度的所得税汇算清缴：

（1）临时来华承包工程和提供劳务不足1年，在年度中间终止经营活动，且已经结清税款；

（2）汇算清缴期内已办理注销；

（3）其他经主管税务机关批准可不参加当年度所得税汇算清缴。

7.2.2 汇算清缴时限

一、企业应当自年度终了之日起5个月内，向税务机关报送年度企业所得税纳税申报表，并汇算清缴，结清应缴应退税款。

二、企业在年度中间终止经营活动的，应当自实际经营终止之日起60日内，向税务机关办理当期企业所得税汇算清缴。

7.2.3 申报纳税

一、企业办理所得税年度申报时，应当如实填写和报送下列报表、资料：

（1）年度企业所得税纳税申报表及其附表；

（2）年度财务会计报告；

（3）税务机关规定应当报送的其他有关资料。

二、企业因特殊原因，不能在规定期限内办理年度所得税申报，应当在年度终了之日起5个月内，向主管税务机关提出延期申报申请。主管税务机关批准后，可以适当延长申报期限。

三、企业采用电子方式办理纳税申报的，应附报纸质纳税申报资料。

四、企业委托中介机构代理年度企业所得税纳税申报的，应附送委托人签章的委托书原件。

五、企业申报年度所得税后，经主管税务机关审核，需补缴或退还所得税的，应在收到主管税务机关送达的《非居民企业所得税汇算清缴涉税事宜通知书》（见附件1和附件

2）后，按规定时限将税款补缴入库，或按照主管税务机关的要求办理退税手续。

六、经批准采取汇总申报缴纳所得税的企业，其履行汇总纳税的机构、场所（以下简称汇缴机构），应当于每年 5 月 31 日前，向汇缴机构所在地主管税务机关索取《非居民企业汇总申报企业所得税证明》（以下称为《汇总申报纳税证明》，见附件 3）；企业其他机构、场所（以下简称其他机构）应当于每年 6 月 30 前将《汇总申报纳税证明》及其财务会计报告送交其所在地主管税务机关。

在上述规定期限内，其他机构未向其所在地主管税务机关提供《汇总申报纳税证明》，且又无汇缴机构延期申报批准文件的，其他机构所在地主管税务机关应负责检查核实或核定该其他机构应纳税所得额，计算征收应补缴税款并实施处罚。

七、企业补缴税款确因特殊困难需延期缴纳的，按税收征管法及其实施细则的有关规定办理。

八、企业在所得税汇算清缴期限内，发现当年度所得税申报有误的，应当在年度终了之日起 5 个月内向主管税务机关重新办理年度所得税申报。

九、企业报送报表期限的最后一日是法定休假日的，以休假日期满的次日为期限的最后一日；在期限内有连续三日以上法定休假日的，按休假日天数顺延。

7.2.4 法律责任

一、企业未按规定期限办理年度所得税申报，且未经主管税务机关批准延期申报，或报送资料不全、不符合要求的，应在收到主管税务机关送达的《责令限期改正通知书》后按规定时限补报。

企业未按规定期限办理年度所得税申报，且未经主管税务机关批准延期申报的，主管税务机关除责令其限期申报外，可按照税收征管法的规定处以 2000 元以下的罚款，逾期仍不申报的，可处以 2000 元以上 10000 元以下的罚款，同时核定其年度应纳税额，责令其限期缴纳。企业在收到主管税务机关送达的《非居民企业所得税应纳税款核定通知书》（见附件 4）后，应在规定时限内缴纳税款。

二、企业未按规定期限办理所得税汇算清缴，主管税务机关除责令其限期办理外，对发生税款滞纳的，按照税收征管法的规定，加收滞纳金。

三、企业同税务机关在纳税上发生争议时，依照税收征管法相关规定执行。

第二章 《企业所得税年度纳税申报表（A类）》概说

第一节　适用范围、填报依据及表头项目

1.1　适用范围

适用于实行查账征收企业所得税的居民纳税人（以下简称纳税人）填报。

1.2　填报依据及内容

根据《中华人民共和国企业所得税法》及其实施条例、相关税收政策，以及国家统一会计制度（《企业会计制度》、《企业会计准则》、《小企业会计制度》、《分行业会计制度》、《事业单位会计制度》和民间非营利组织会计制度》）的规定，填报计算纳税人利润总额、应纳税所得额、应纳税额和附列资料等有关项目。

1.3　表头项目

一、“税款所属期间”：正常经营的纳税人，填报公历当年1月1日至12月31日；纳税人年度中间开业的，填报实际生产经营之日的当月1日至同年12月31日；纳税人年度中间发生合并、分立、破产、停业等情况的，填报公历当年1月1日至实际停业或法院裁定并宣告破产之日的当月月末；纳税人年度中间开业且年度中间又发生合并、分立、破产、停业等情况的，填报实际生产经营之日的当月1日至实际停业或法院裁定并宣告破产之日的当月月末。

二、“纳税人识别号”：填报税务机关统一核发的税务登记证号码。

三、“纳税人名称”：填报税务登记证所记载纳税人的全称。

第二节　申报表填报方法

2.1　填报基本方法

《企业所得税年度纳税申报表（A类）》本表是在纳税人会计利润总额的基础上，加减纳税调整额后计算出“纳税调整后所得”（应纳税所得额）。会计与税法的差异（包括收入类、扣除类、资产类等差异）通过纳税调整项目明细表（附表三）集中体现。

《企业所得税年度纳税申报表（A类）》包括利润总额的计算、应纳税所得额的计算、应纳税额的计算和附列资料四个部分。

《企业所得税年度纳税申报表（A类）》及其附表从表内数据填报方式，可以分为三种方式填报的栏次，一是表内计算栏次，二是依据附表填报的栏次，三是直接填报的栏次。

2.2 利润总额的填报方法

“利润总额计算”中的项目，按照国家统一会计制度口径计算填报。实行企业会计准则的纳税人，其数据直接取自损益表；实行其他国家统一会计制度的纳税人，与本表不一致的项目，按照其利润表项目进行分析填报。

利润总额部分的收入、成本、费用明细项目，根据执行会计制度的类型选择填报适用的明细申报表。

1. 一般工商企业纳税人，通过附表一（1）《收入明细表》和附表二（1）《成本费用明细表》相应栏次填报；

2. 金融企业纳税人，通过附表一（2）《金融企业收入明细表》、附表二（2）《金融企业成本费用明细表》相应栏次填报；

3. 事业单位、社会团体、民办非企业单位、非营利组织等纳税人，通过附表一（3）《事业单位、社会团体、民办非企业单位收入项目明细表》和附表二（3）《事业单位、社会团体、民办非企业单位支出项目明细表》相应栏次填报。

2.3 应纳税所得额的计算、应纳税额的计算、附列资料等项目填报方法

“应纳税所得额计算”和“应纳税额计算”中的项目，除根据主表逻辑关系计算的外，通过附表相应栏次填报。

“附列资料”填报用于税源统计分析的上一纳税年度税款在本纳税年度抵减或入库金额。

第三节 申报表的表内及表间关系

（1）主表第1行=附表一（1）第2行或附表一（2）第1行或附表一（3）第2行至7行合计。

（2）主表第2行=附表二（1）第2+7行或附表二（2）第1行或附表二（3）第2至9行合计。

（3）主表第10行=主表第1-2-3-4-5-6-7+8+9行。

（4）主表第11行=附表一（1）第17行或附表一（2）第42行或附表一（3）第9行。

（5）主表第12行=附表二（1）第16行或附表二（2）第45行或附表二（3）第10行。

（6）主表第13行=主表第10+11-12行。

（7）主表第14行=附表三第55行第3列合计。

（8）主表第15行=附表三第55行第4列合计。

（9）主表第16行=附表一（3）10行或附表三第14行第4列。

（10）主表第17行=附表五第1行。

（11）主表第18行=附表五第6行。

（12）主表第19行=附表五第14行。

（13）主表第20行=附表五第9行。

（14）主表第21行=附表五第39行。

（15）主表第22行=附表六第7列合计（当主表第13+14-15行≥0时，本行=0）。

（16）主表第23行=主表第13+14-15+22行。

（17）主表第24行=附表四第6行第10列。

（18）主表第25行=主表第23-24行（当本行<0时，则先调整21行的数据，使其本行≥0；当21行=0时，23-24行≥0）。

（19）主表第26行填报25%。

（20）主表第27行=主表第25×26行。

（21）主表第28行=附表五第33行。

（22）主表第29行=附表五第40行。

（23）主表第30行=主表第27-28-29行。

（24）主表第31行=附表六第10列合计。

（25）主表第32行=附表六第13列合计+第15列合计或附表六第17列合计。

（26）主表第33行=主表第30+31-32行。

（27）主表第40行=主表第33-34行。

第三章 居民企业的查账征收利润总额计算

主表“利润总额计算”中的项目，按照国家统一会计制度口径计算填报。实行企业会计准则的纳税人，其数据直接取自损益表；实行其他国家统一会计制度的纳税人，与本表不一致的项目，按照其利润表项目进行分析填报。

利润总额计算，包括由第1行至第13行等13个栏次组成，根据表间逻辑关系，可以分为以下三类。

（一）直接填报栏次

（1）第3行营业税金及附加；

（2）第7行资产减值损失；

（3）第8行公允价值变动收益；

（4）第9行投资收益。

（二）表内计算栏次

（1）第10行营业利润；

（2）第13行利润总额。

（三）依据附表填报的栏次

（1）第1行营业收入（填附表一）；

（2）第2行营业成本（填附表二）；

（3）第4行销售费用（填附表二）；

（4）第5行管理费用（填附表二）；

（5）第6行财务费用（填附表二）；

（6）第11行营业外收入（填附表一）；

（7）第12行营业外支出（填附表二）。

第一节 营业收入的填报审核

1.1 主表营业收入的填报审核

1.1.1 填报要求

《企业所得税年度纳税申报表（A类）》第1行“营业收入”：填报纳税人主要经营业务和其他经营业务取得的收入总额。

本行根据“主营业务收入”和“其他业务收入”科目的数额计算填报。

一般工商企业纳税人，通过附表一（1）《收入明细表》计算填报；金融企业纳税人，通过附表一（2）《金融企业收入明细表》计算填报；事业单位、社会团体、民办非企业单位、非营利组织等纳税人，通过附表一（3）《事业单位、社会团体、民办非企业单位收入明细表》计算填报。

1.1.2 与附表的关系

（1）一般企业第1行=附表一（1）第2行；

（2）金融企业第1行=附表一（2）第1行；

（3）事业单位、社会团体、民办非企业单位、非营利组织第1行=附表一（3）第2行至7行合计。

1.1.3 收益与收入、利得关系

一、收益与收入、利得的关系

收益与收入、利得密切相关。收益的形成可能源于企业的日常活动，也可能源于日常活动以外的活动。对于由企业日常活动形成的收益，即为收入；而源于日常活动以外的活动所形成的收益，通常称为利得。

实务中，在对收入、利得两者作出区分时，要注意以下几点：

（1）利得是企业边缘性或偶发性交易或事项的结果，比如无形资产所有权转让、固定资产处置形成的收益等。

（2）利得属于那种不经过经营过程就能取得或不曾期望获得的收益。比如，企业接受的政府的补贴、因其他企业违约收取的违约金、流动资产价值的变动等。

（3）利得在利润表中通常以净额反映。

二、收益的定义

收益指会计期间内经济利益的增加，表现为能导致所有者权益增加的资产流入，或负债减少。收益包括利得和收入。这里讲的收益是广义的收益，它的内容与财务会计利润的收入内容和现行所得税制收入总额的内容基本一致。

能导致所有者权益增加是收益的重要特征。但要注意的是，能导致所有者权益增加并不说明它就一定是收益。投资者投入的资产也能导致企业所有者权益增加，但它不是收益。

财务会计将收益分为：主营业务收入、其他业务收入、投资收益、补贴收入和营业外收入五类。

企业所得税将收益分为：销售货物收入，提供劳务收入，转让财产收入，股息、红利等权益性投资收益，利息收入，租金收入，特许权使用费收入，接受捐赠收入，其他收入。

三、收入的定义

财务会计收入的内容，执行《会计准则》、《企业会计制度》、《小企业会计制度》、《农民专业合作社财务会计制度》的纳税人，财务会计收入的内容是生产经营收入；执行《事业单位会计制度和民间非营利组织会计制度》的纳税人，财务会计收入的内容主要是非生产经营收入。

（一）收入的本质特征

（1）收入从企业的日常活动中产生，而不是从偶发的交易或事项中产生。比如，工商企业的收入是从其销售商品、提供工业性劳务等日常活动中产生的，而不是从处置固定资产等非正常活动中产生的。

（2）收入可能表现为企业资产的增加，如增加银行存款、应收账款等；也可能表现为企业负债的减少，如以商品或劳务抵偿债务；或者两者兼而有之，例如，商品销售的货款中部分抵偿债务，部分收取现金。

（3）收入能导致企业所有者权益的增加。收入能增加资产或减少负债或两者兼而有之。因此，根据资产－负债＝所有者权益的公式，企业取得收入一定能增加所有者权益。但收入扣除相关成本费用后的净额，则可能增加所有者权益，也可能减少所有者权益。这里仅指收入本身导致的所有者权益的增加，而不是指收入扣除相关成本费用后的毛利对所有者权益的影响。

（4）收入只包括本企业经济利益的流入，不包括为第三方或客户代收的款项，如企业代国家收取增值税，商业银行代委托贷款企业收取利息，旅行社代客户购买门票、飞机票而收取票款，等等。代收的款项，一方面增加企业的资产，一方面增加企业的负债，因此不增加企业的所有者权益，也不属于本企业的经济利益，不能作为本企业的收入。

（二）“日常活动”的判断

“日常活动”是指企业为完成其经营目标所从事的经常性活动以及与之相关的其他活动。判断一项活动是否属于企业的日常业务活动，应注意以下几点：

（1）工业企业制造并销售产品、商业企业销售商品、保险公司签发保单、咨询公司提供咨询服务、软件企业为客户开发软件、安装公司提供安装服务、商业银行对外贷款、租赁公司出租资产等，均属于企业为完成其经营目标所从事的经常性活动，由此产生的经济利益的总流入构成收入。

（2）工业企业转让无形资产使用权、出售原材料、对外投资（收取的利息收入、股利收入）等，属于与经常性活动相关的其他活动，由此产生的经济利益的总流入也构成收入。

（3）企业处置固定资产、无形资产等活动，不是企业为完成其经营目标所从事的经常性活动，也不属于与经常性活动相关的其他活动，由此产生的经济利益的总流入不构成收入，应当确认为营业外收入。

四、利得的定义

（一）利得是指源于日常活动以外的活动所形成的收益，是源于收入以外的其他收益，属于通常从偶发的经济业务中取得，属于不经过经营活动或不曾期望获得的收益。利得又可以分为资本利得和其他利得。属于利得的收益有三种形式：

（1）投资处置所得；

（2）通过“营业外收入”科目核算的固定资产盘盈、处置固定资产净收益、非货币性交易收益、出售无形资产收益、罚款净收入等，属于利得的范畴；

（3）通过“补贴收入”科目核算的退还的增值税、按销量或工作量等和国家规定的补助定额计算并按期给予的定额补贴，也属于利得的范畴。

（二）资本利得是指产权所有人采用出售、转让资本资产等方式所获取的所得，但不包括产权人利用资本资产投资所获取的所得。诸如出售不动产所获取的所得、转让重大股权所获取的所得、转让证券所获取的所得等都属于资本利得，而利息、股息等则不同于资本利得。世界上许多国家都对资本利得征收资本利得税。

（三）其他利得是指资本利得以外的利得性收益，如固定资产盘盈、罚款净收入、补贴收入等。

应注意资本利得和资本所得是两种不同的概念。资本所得是指产权所有人利用资本资产所获取的所得，也称消极投资的所得，如股息、贷款或债券利息、股权转让所得、不动产出租或出售所得、特许权使用费等。资本所得一部分是出售资本项目所取得的资本利得，另一部分是资本作为投资项目所取得的投资收入所得。

1.2 《收入明细表》的填报审核

1.2.1 《收入明细表》概说

一、适用范围、填报依据、数据来源

（一）适用范围

附表一（1）《收入明细表》适用于执行企业会计制度、小企业会计制度、企业会计准则以及分行业会计制度的一般工商企业的居民纳税人填报。

（二）填报依据和内容

根据《中华人民共和国企业所得税法》及其实施条例、相关税收政策，以及《企业会计制度》、《小企业会计制度》、《企业会计准则》，以及《分行业会计制度》规定，填报“主营业务收入”、“其他业务收入”和“营业外收入”，以及根据税收规定确认的“视同销售收入”。

（三）填报数据来源

附表一（1）填报数据来源有两处：一是根据《中华人民共和国企业所得税法》及其实施条例以及《企业会计制度》、《企业会计准则》等核算的“主营业务收入”、“其他业务收入”和“营业外收入”，二是根据税收规定应在当期确认收入的“视同销售收入”。

附表一（1）对数据来源分两类进行填报：

第一类是税法定义的经营性业务收入，不仅包括会计上作为收入项目的主营业务收入、其他业务收入，还包括会计上不作为收入项目而税法上作为收入项目的视同销售收入；第二类是税法定义的非经营性收入，包括会计上作为收入项目的营业外收入。

二、表内、表间关系

（一）表内计算栏次关系

附表一（1）第1行=本表第2+13行。

附表一（1）第2行=本表第3+8行。

附表一（1）第3行=本表第4+5+6+7行。

附表一（1）第8行=本表第9+10+11+12行。

附表一（1）第13行=本表第14+15+16行。

附表一（1）第17行=本表第18至26行合计。

（二）表间计算栏次关系

附表一（1）第 1 行 = 附表八第 4 行。

附表一（1）第 2 行 = 主表第 1 行。

附表一（1）第 13 行 = 附表三第 2 行第 3 列。

附表一（1）第 17 行 = 主表第 11 行。

三、填报说明的基本要求

（1）附表一（1）第 1 行“销售（营业）收入合计”：填报纳税人根据国家统一会计制度确认的主营业务收入、其他业务收入，以及根据税收规定确认的视同销售收入。

本行数据作为计算业务招待费、广告费和业务宣传费支出扣除限额的计算基数。

（2）附表一（1）第 2 行“营业收入合计”：填报纳税人根据国家统一会计制度确认的主营业务收入和其他业务收入。本行数额填入主表第 1 行。

（3）附表一（1）第 8 行：根据不同行业的业务性质分别填报纳税人按照国家统一会计制度核算的其他业务收入。

（4）附表一（1）第 13 行：填报纳税人会计上不作为销售核算，但按照税收规定视同销售确认的应税收入。

（5）附表一第 17 行“营业外收入”：填报纳税人与生产经营无直接关系的各项收入的金额。本行数据填入主表第 11 行。

四、填报审核应注意的差异事项

（一）执行会计制度纳税人的时间性差异和永久性差异

1. 收入的时间性差异

收入的时间性差异是指税法与会计制度在确认收益时的时间不同，而产生的税前会计利润与应纳税所得额的差异。时间性差异发生于某一会计期间，在以后一期或若干期内能够转回。时间性差异主要有以下几种类型：

（1）会计当期确认税法以后确认的收益。企业获得的某项收益，按照会计制度规定应当确认为当期收益，但按照税法规定需待以后期间确认为应税所得，从而形成应纳税时间性差异。这里的应纳税时间性差异是指未来应增加应纳税所得额的时间性差异。

（2）会计以后确认税法当期确认的收益。企业获得的某项收益，按照会计制度规定应当于以后期间确认收益，但按照税法规定需计入当期应税所得，从而形成可抵减时间性差异。

2. 时间性差异事项调整

由于确认时间不同产生的差异事项，填报时应该注意以下问题：如果按税法要求应该在报告年度确认的，填报时应在附表三《纳税调整项目明细表》中反映，但是在以后年度会计上确认收入时已经提前完税，在该会计年度应作相应的纳税调整减少处理。这就要求企业的有关人员对这类事项做好备查簿登记，并在申报纳税的报告年度取得证据，还应注意向税务机关作必要的申报说明。

3. 永久性差异的调整

由于确认的范围与内容不同产生的差异事项，应按税法要求在报告年度确认的，并在附表一（1）“视同销售收入”栏次反映和附表三《纳税调整项目明细表》中有关栏次来反映。需要注意以下两个问题：

（1）按会计制度规定核算时作为收益计入会计报表，在计算应税所得时不确认为收益。

（2）按会计制度规定核算时不作为收益计入会计报表，在计算应税所得时作为收益，需要交纳所得税。

（二）执行会计准则纳税人的暂时性差异

暂时性差异是从资产和负债看，一项资产或一项负债的计税基础和其在资产负债表中的账面价值之间的差额。该项差异在以后年度资产收回或负债清偿时，会产生应税利润或可抵扣金额。

时间性差异一定是暂时性差异，但暂时性差异并不都是时间性差异。以下情况将产生暂时性差异而不产生时间性差异：

（1）子公司、联营企业或合营企业没有向母公司分配全部利润；

（2）重估资产而在计税时不予调整；

（3）企业合并采用购买法的购买成本，根据所取得的可辨认资产和负债的公允价值分配计入这些可辨认资产和负债，而在计税时不作相应调整；

（4）作为报告企业整体组成部分的国外经营主体的非货币性资产和负债以历史汇率折算；

（5）资产和负债的初始确认的账面金额不同于其初始计税基础。

暂时性差异是以资产负债表中一项资产或负债的账面金额与其计税基础之间的差额认定的。具体来说，一项资产的计税基础是指按照税法的规定在销售或使用该资产时，允许作为成本或费用在税前列支的金额。

〔例〕

企业持有存货的总额400万元，当年计提了100万元的存货跌价准备，则此时该存货的账面价值为300万元。由于该存货未来可作为成本或费用在所得税前列支的金额为400万元，即存货的计税基础是400万元，因此有100万元的暂时性差异产生。一项负债的计税基础是其账面金额减去该负债在未来期间可税前列支的金额之间的差额。例如，企业预提下年度的银行流动资金借款利息10万元，则预提费用账面价值为10万元。由于税法规定预提费用只有待实际支付时方可在税前列支，因此该项负债的计税基础应该为0元，即以10万元预提费用的账面价值减去该负债在未来期间可税前抵扣的金额10万元，此时预提费用的暂时性差异为10万元。可见，暂时性差异的确认方法是以资产负债表上面的一项资产或负债的账面金额与其计税基础之间的差额来确认的，强调的是差异的内容，其目的在于使资产负债表的递延税款余额更加具有实际意义。

暂时性差异又分为应税暂时性差异和可抵扣暂时性差异。应税暂时性差异，将导致使用或处置资产、偿付负债的未来期间内增加应纳税所得额，由此产生递延所得税负债的差异。可抵扣暂时性差异，将导致使用或处置资产、偿付负债的未来期间内减少应纳税所得额，由此产生递延所得税资产的差异。

五、收入的审核

（一）收入的审核要点

（1）收入的发生情况；

（2）收入的确认和计量方法；

（3）收入的会计处理中存在的差错；

（4）收入的资产负债表日后事项；

（5）应收款等往来科目中，应确认未确认收入大额销售事项的纳税调整情况。

（二）收入的审核方法

（1）对于经审核未发现差错的，直接采集收入的数据；

（2）对于经审核发现会计差错的，应在更正后，才能作为收入的申报数据；

（3）收入的证据属于会计核算证据，鉴证程序为逻辑关系审验和收入账务处理方法评价；

（4）对于经审核发生资产负债表日后事项的，应考虑资产负债表日后事项后进行数据采集。

（三）视同销售项目的审核

（1）视同销售项目纳税调整

根据纳税调整后的数据填报项目为视同销售收入项目。对于纳税调整后的数据资料，有的与申报表中有关行次列示的项目，对应关系清晰，应对号入座在相关栏次填列；有的与申报表中有关行次列示的项目，对应关系不清晰，不能对号入座填列，可以选择在附表一（1）第16行填列。

（2）视同销售项目以外其他项目纳税调整

除“视同销售收入”纳税调整事项之外的，会计与税法的收入差异纳税调整事项，应区分纳税调整增加事项和纳税调整减少项目，在附表三中进行填报。

（3）执行新《企业会计准则》纳税人的视同销售调整

根据《企业所得税法实施条例》规定，企业发生非货币性资产交换，应当视同销售货物、转让财产。

（1）执行会计制度的纳税人，应按照填表要求进行纳税调整。

（2）执行新《企业会计准则》的纳税人，对非现金资产为存货的非货币性资产交换，已作为销售处理，不需要进行纳税调整。会计准则具体规定如下：

《企业会计准则第7号——非货币性资产交换》应用指南规定，非现金资产为存货的，应当作为销售处理，按照《企业会计准则第14号——收入》的规定，以其公允价值确认收入，同时结转相应的成本。

1.2.2 主营业务收入的填报审核

附表一（1）的第3至7行“主营业务收入”：根据不同行业的业务性质分别填报纳税人在会计核算中的主营业务收入。对主要从事对外投资的纳税人，其投资所得就是主营业务收入。

按企业经营业务的主次分类，可以分为主营业务收入和其他业务收入。不同行业的主营业务收入所包括的内容不同。比如，工业性企业的主营业务收入主要包括销售商品、自制半成品、代制品、代修品、提供工业性劳务等取得的收入；商品流通企业的主营业务收入主要包括销售商品所取得的收入。主营业务收入一般占企业收入的比重较大，对企业的经济效益产生较大的影响。

一、销售商品

（一）填报要求

附表一（1）第4行“销售货物”：填报从事工业制造、商品流通、农业生产以及其他商品销售企业取得的主营业务收入。

（二）填报数据来源

填报数据来源为企业的“主营业务收入”科目。企业作为主营业务的营业收入是通过“主营业务收入”账户核算的。本账户核算企业销售商品、提供劳务及让渡资产使用权等日常活动中所产生的收入，其应按主营业务的种类设置明细账。期末应将本账户的余额转入“本年利润”账户，结转后本账户无余额。

（三）执行会计制度纳税人——重点行业销售商品会计审核

见本章第十节。

（四）执行会计准则纳税人——重点行业销售商品会计审核

见本章第十节。

二、提供劳务

（一）填报要求

附表一（1）第5行“提供劳务”：填报从事提供旅游饮食服务、交通运输、邮政通信、对外经济合作等劳务、开展其他服务的纳税人取得的主营业务收入。

（二）填报数据来源

填报数据来源为企业的“主营业务收入”科目。根据会计制度规定，提供劳务的收入可能在劳务完成时确认，也可能按完工百分比法等确认。提供劳务的收入能够可靠估计的，按完工百分比法确认收入。劳务收入在确认时，应按确定的收入金额借记“应收账款”、“银行存款”等科目，贷记“主营业务收入”科目。结转成本时，借记“本年利润”科目，贷记“主营业务成本”科目。企业在年度终了采用完工百分比法确认收入时，如“主营业务成本”科目出现余额的，应并入资产负债表中“存货”项目反映。

短期劳务合同，在提供了劳务并开出发票账单时，确认收入的实现。

（三）执行会计制度纳税人——重点行业劳务收入会计审核

见本章第十节。

（四）执行会计准则纳税人——重点行业劳务收入会计审核

见本章第十节。

三、让渡资产使用权

（一）填报要求

附表一（1）第6行“让渡资产使用权”：填报让渡无形资产使用权（如商标权、专利权、专有技术使用权、版权、专营权等）而取得的使用费收入以及以租赁业务为基本业务的出租固定资产、无形资产、投资性房地产在主营业务收入中核算取得的租金收入。

（二）填报数据来源

填报数据来源为企业的“主营业务收入”科目。企业作为主营业务的营业收入是通过“主营业务收入”账户核算的。本账户核算企业销售商品、提供劳务及让渡资产使用权等日常活动中所产生的收入，其应按主营业务的种类设置明细账。期末应将本账户的余额转入“本年利润”账户，结转后本账户无余额。

（三）执行会计制度纳税人——会计数据的审核

见本章第十节。

（四）执行会计准则纳税人——会计数据的审核

见本章第十节。

四、建造合同

（一）填报要求

附表一（1）第7行“建造合同”：填报纳税人建造房屋、道路、桥梁、水坝等建筑物，以及船舶、飞机、大型机械设备等取得的主营业务收入。

（二）填报数据来源

对建造合同设置“主营业务收入”科目，核算当期确认的合同收入。当期确认的合同收入记入“主营业务收入”科目的贷方；期末，将“主营业务收入”科目的余额全部转入“本年利润”科目，结转后，“主营业务收入”科目应无余额。

（三）会计数据的审核

见本章第十节。

1.2.3 其他业务收入的填报审核

一、其他业务收入概说

（一）其他业务的范围

在企业的经营过程中，除了取得主营经营收入外，还会取得一些相对少量的或不经常发生的其他业务收入，或叫非主营业务收入。比如，工业企业的材料销售、外购商品销售、包装物出租、对外提供运输劳务等；施工企业的产品销售、作业销售和提供水、电、气的劳务收入等；商业企业为其他单位代销商品收取的手续费以及开展代修、代配、代租、代回收等业务取得的收入。企业的其他业务收入也分别按不同业务进行明细分类核算（特别是对那些经常发生且收入额较大的业务），以便正确地结转或计算各项业务的营业成本、营业税金和盈亏情况。其他业务收入的实现原则，与主营业务收入实现原则相同。

（二）填报要求

附表一（1）第8行：根据不同行业的业务性质分别填报纳税人按照国家统一会计制度核算的其他业务收入。

（三）填报数据来源

“其他业务收入”科目应按其他业务的种类，如“材料销售”、“代购代销”、“包装物出租”等设置明细科目，进行明细核算。

企业应设置“其他业务收入”科目，核算企业除主营业务收入以外的其他销售或其他业务的收入，如材料销售、代购代销、包装物出租等收入。期末，应将“其他业务收入”科目的余额转入“本年利润”科目，结转后“其他业务收入”科目应无余额。

（四）调整方法

对于未按上述方法进行处理的事项，应作为未按《会计制度》和新《会计准则》核算造成的应计未计收入，按要求进行纳税调整，在附表三《纳税调整项目明细表》中反映。

二、材料销售收入

（一）填报要求

附表一（1）第9行“材料销售收入”：填报纳税人销售材料、下脚料、废料、废旧物资等取得的收入。

（二）填报数据来源

企业销售原材料，按售价和应收的增值税，借记“银行存款”、“应收账款”等科目，按实现的营业收入，贷记“其他业务收入”科目，按专用发票上注明的增值税额，贷记“应交税金——应交增值税（销项税额）”科目；月度终了按出售原材料的实际成本，借记“其他业务支出”科目，贷记“原材料”科目。原材料采用计划成本核算的企业，还应分摊材料成本差异。

（三）会计数据的审核

对企业销售残次品（废品）、半残品、附产品和下脚料、边角料等取得的收入进行审核时，应注意企业发生上述业务后的账务处理是否正确。企业常见的错误做法是将取得的收入直接冲减“生产成本”、“产成品”、“制造费用”、“管理费用”或计入“营业外收入”等账户，因此应注意重点审核上述账户的借方红字发生额或贷方发生额的具体内容，并结合“主营业务收入”、“其他业务收入”等明细账以及纳税人的纳税申报表等。

三、代购代销手续费收入

（一）填报要求

附表一（1）第10行“代购代销手续费收入”：填报纳税人从事代购代销、受托代销商品取得的手续费收入。

（二）填报数据来源

填报数据来源为“其他业务收入”科目。代购代销手续费收入，即受托方根据所代销的商品数量向委托方收取手续费的销售方式。受托方收取的手续费属于劳务收入。在这种代销方式下，委托方应在收到受托方交付的商品代销清单时确认销售商品收入，受托方则按应收取的手续费确认收入。

（三）会计数据的审核

企业采取收取手续费方式代销的商品，应按下列方法进行会计核算。

售出受托代销商品后，按售价和应收的增值税额（采用售价核算的，按售价），借记“银行存款”、“应收账款”等科目，按增值税销项税额，贷记“应交税金——应交增值税（销项税额）”科目，按应付委托单位的款项，贷记“应付账款——某委托代销单位”科目。

增值税的核算，按收到的专用发票上注明的增值税额，借记“应交税金——应交增值税（进项税额）”科目，贷记“应付账款——某委托代销单位”科目。

手续费收入，按接收价，借记“代销商品款”科目，按接收价（或售价），贷记“委托代销商品”科目，按接收价与售价的差额，借记“商品进销差价”科目；根据计算出的代销手续费，借记“应付账款——某委托代销单位”科目，贷记“其他业务收入——代销商品收入”科目。

支付代销款，按支付给委托单位的代销款项，借记“应付账款——某委托代销单位”科目，贷记“银行存款”科目。

四、包装物出租收入

（一）填报要求

附表一（1）第11行“包装物出租收入”：填报纳税人出租、出借包装物取得的租金和逾期未退包装物没收的押金。

（二）填报数据来源

填报数据来源为“其他业务收入”科目的二级科目包装物收入。

（三）会计数据的审核

审核包装物出租的会计处理方法，核心是审核是否按照《会计制度》和新《企业会计准则》规定进行处理，如果不符合规定，应作纳税调整。会计制度规定，收到出租包装物的租金，借记“现金”、“银行存款”等科目，贷记“其他业务收入”科目，按专用发票上注明的增值税额，贷记“应交税金——应交增值税（销项税额）”科目；对于逾期未退包装物没收的押金扣除应交增值税后的差额，借记“其他应付款”科目，贷记“其他业务收入”科目。

五、其他

（一）填报要求

附表一（1）第12行“其他”：填报纳税人按照国家统一会计制度核算上述未列举的其他业务收入。

（二）填报数据来源

填报数据来源为“其他业务收入”科目的二级科目其他。

（三）会计数据的审核

这项会计处理方法的审核与上述的审核要求是一致的，不符合会计处理要求的也应作纳税调整。

1.2.4 视同销售收入的填报审核

一、填报要求

（1）视同销售的收入填报总要求。附表一（1）第13行：填报纳税人会计上不作为销售核算，但按照税收规定视同销售确认的应税收入。

（2）非货币性交易视同销售收入。附表一（1）第14行“非货币性交易视同销售收入”：填报纳税人发生非货币性交易行为，会计核算未确认或未全部确认损益，按照税收规定应视同销售确认应税收入。

纳税人按照国家统一会计制度已确认的非货币性交易损益的，直接填报非货币性交易换出资产公允价值与已确认的非货币交易收益的差额。

（3）货物、财产、劳务视同销售收入。附表一（1）第15行“货物、财产、劳务视同销售收入”：填报纳税人将货物、财产、劳务用于捐赠、偿债、赞助、集资、广告、样品、职工福利或者利润分配等用途的，按照税收规定应视同销售确认应税收入。

(4) 其他视同销售收入。附表一（1）第16行“其他视同销售收入”：填报除上述项目外，按照税收规定其他视同销售确认应税收入。

二、调整数据审核

审核时，应关注视同销售审核来源账户。视同销售收入的数据属于纳税调整数据，对于这类数据，应从交易性质确认和交易金额计算等两个方面进行审核，所涉及的数据来源科目包括：工业企业的“产成品”、房地产开发企业的“开发产品”、“长期投资”账户、涉及抵债的应付款项账户和其他记录非货币性交易的有关账户。审核时，应注意以下问题。

（一）执行《企业会计制度》、《小企业会计制度》纳税人

收到补价时，按所处置非货币资产的总应收款金额（公允价值）减去应收补价款金额后的余额，确认计算“处置非货币性资产”的金额。

（二）执行会计准则的纳税人

应区分是否同时满足公允价值计价模式条件，对满足公允价值计价模式条件的交换以公允价值作为计价基础，对不满足公允价值计价模式条件的交换，以账面价值作为计价基础。

根据填表说明的规定中，所称：“填报不具有商业实质或交换涉及资产的公允价值均不能可靠计量的非货币性资产交换，”是指不满足公允价值计价模式条件的非货币性资产交换。对于满足公允价值计价模式条件的非货币性资产交换，不属于视同销售收入范围。理由如下：

(1) 满足公允价值计价模式条件的非货币性资产交换，已经按收入准则确认了销售收入和成本。

(2) 换出资产公允价值与换出资产账面价值的差额，已经计入当期损益。

（三）根据《企业所得税法实施条例》规定，企业发生非货币性资产交换，应当视同销售货物、转让财产

(1) 执行会计制度的纳税人，应按照填表要求进行纳税调整。

(2) 执行新《会计准则》的纳税人，对非现金资产为存货的非货币性资产交换和债务重组，已作为销售处理，不需要进行纳税调整。会计准则具体规定如下：

《企业会计准则第7号——非货币性资产交换》应用指南规定，非现金资产为存货的，应当作为销售处理，按照《企业会计准则第14号——收入》的规定，以其公允价值确认收入，同时结转相应的成本。

《企业会计准则第12号——债务重组》应用指南规定，非现金资产为存货的，应当作为销售处理，按照《企业会计准则第14号——收入》的规定，以其公允价值确认收入，同时结转相应的成本。

三、纳税调整差异事项

（一）企业会计制度的规定

根据企业会计制度的规定，企业将自己生产的产品用于在建工程、管理部门、非生产性机构、捐赠、赞助、集资、广告样品、职工福利奖励等方面，是一种内部结转关系，不

存在销售行为，不符合销售成立的条件；企业不会由于将自己生产的产品用于在建工程等而增加现金流量，也不会增加企业的营业利润。因此，会计上不作销售处理，而按成本转账。

（二）企业会计准则规定

《企业会计准则第12号——债务重组》第五条规定，债务人以非现金资产清偿债务的，债务人应当将重组债务的账面价值与转让的非现金资产公允价值之间的差额，确认为债务重组利得，计入当期损益。转让的非现金资产公允价值与其账面价值之间的差额，确认为资产转让损益，计入当期损益。

《企业会计准则第12号——债务重组》应用指南规定，非现金资产为存货的，应当作为销售处理，按照《企业会计准则第14号——收入》的规定，以其公允价值确认收入，同时结转相应的成本。

（三）税法规定

《企业所得税法实施条例》规定，企业发生非货币性资产交换，以及将货物、财产、劳务用于捐赠、偿债、赞助、集资、广告、样品、职工福利或者利润分配等用途的，应当视同销售货物、转让财产或者提供劳务，但国务院财政、税务主管部门另有规定的除外。

国税函〔2008〕828号文件对处置资产行为，划分为未改变资产所有权的内部处置资产和改变资产所有权的视同销售处置资产，具体规定如下：

企业发生下列情形的处置资产，除将资产转移至境外以外，由于资产所有权属在形式和实质上均不发生改变，可作为内部处置资产，不视同销售确认收入，相关资产的计税基础延续计算。

（1）将资产用于生产、制造、加工另一产品；

（2）改变资产形状、结构或性能；

（3）改变资产用途（如自建商品房转为自用或经营）；

（4）将资产在总机构及其分支机构之间转移；

（5）上述两种或两种以上情形的混合；

（6）其他不改变资产所有权属的用途。

企业将资产移送他人的下列情形，因资产所有权属已发生改变而不属于内部处置资产，应按规定视同销售确定收入。

（1）用于市场推广或销售；

（2）用于交际应酬；

（3）用于职工奖励或福利；

（4）用于股息分配；

（5）用于对外捐赠；

（6）其他改变资产所有权属的用途。

企业发生本通知第二条规定情形时，属于企业自制的资产，应按企业同类资产同期对外销售价格确定销售收入；属于外购的资产，可按购入时的价格确定销售收入。

国税函〔2008〕875号文件规定，企业以买一赠一等方式组合销售本企业商品的，不属于捐赠，应将总的销售金额按各项商品的公允价值的比例来分摊确认各项的销售收入。

（四）企业会计制度与税法的差异比较

1. 计价标准不同

会计制度对于视同销售行为，是按成本价转出存货，并确认相关项目的成本。税法则按同类商品的市场价确认转出存货的销售收入，并按税法规定计算流转税和企业所得税。

2. 前提条件不同

会计制度按照连续经营的假设，对于非日常活动性的交易收入，确认为营业外收入。视同销售从会计角度来看属于偶发性的边缘性的业务，不属于日常活动性质的交易行为。税法认定视同销售作为应税收入，是按照经营性、非经营性来划分的，不是按照日常活动的标准，只要是经营性的，无论是日常性还是偶发性的，全部应作为经营收入。

3. 划分标准不同

会计制度强调流入标准，以是否导致权益增加作为确认收入的条件，视同销售不增加权益，只是资产的转换，会计制度就不作销售处理。税法强调流转环节标准，不以是否导致权益增加作为确认应税收入的条件，而是以交易环节作为确认的条件，有些视同销售业务尽管没有改变财产的权属，但是在流转环节上发生了移动，就应当确认为应税收入。

（五）企业会计准则与税法的差异比较

对于存货用于抵债的交易，会计准则与企业所得税法，对销售收入、销售成本和利得的确认方法是一致的；所不同的是抵债存货在以前年度已计提跌价准备的情况下，会计要求将以前年度已计提的存货跌价准备，作为存库商品或产成品的备抵项目，冲减以前年度已计提的“存货跌价准备”。

1.2.5 营业外收入的填报审核

一、营业外收入概说

营业外收入是进行会计核算的定义，会计制度中的收入只包括主营业务收入和其他业务收入，不包括营业外收入，营业外收入作为一种单独的概念。

税法不使用营业外收入的定义，税法中的收入涵盖企业的各种收入，包括主营业务收入、其他业务收入、营业外收入、投资收益等。营业外收入相当于税法中的其他收入及财产转让收入中的固定资产、无形资产转让收入。

（一）填报要求

根据营业外收入填报的总要求，附表一（1）第17行“营业外收入”：填报纳税人与生产经营无直接关系的各项收入的金额。本行数据填入主表第11行。

（二）会计制度规定

营业外收入是指企业发生的与其生产经营无直接关系的各项收益，包括固定资产盘盈、处置固定资产净收益、非货币性交易收益，出售无形资产收益、罚款净收入等。

（三）会计准则规定

营业外收入科目核算企业发生的各项营业外收入，主要包括非流动资产处置利得、非货币性资产交换利得、债务重组利得、政府补助、盘盈利得、捐赠利得等。

（四）会计数据审核

对于营业外收入的审核，重点是审核企业营业外收入的核算范围是否符合会计制度或会计准则的规定，对未按会计核算造成的应计未计收入，按要求在附表三《纳税调整项目明细表》进行纳税调整。

二、固定资产盘盈

（一）填报要求

附表一（1）第 18 行“固定资产盘盈”：填报纳税人在资产清查中发生的固定资产盘盈。

编者说明：执行新会计准则纳税人，如有盘盈固定资产的，应作为前期差错记入“以前年度损益调整”科目。

（二）填报数据来源

填报数据来源为“待处理财产损益”和“营业外收入”科目。

（三）执行会计制度纳税人——会计数据的审核

按照《企业会计制度》、《小企业会计制度》的规定，企业要定期或不定期地对固定资产进行盘点清查，年度终了前必须进行一次全面的盘点清查。对于财产清查中盘盈的固定资产，报经批准转销时，应当计入当期损益。

企业在清查财产过程中，查明固定资产盘盈，借记“待处理财产损溢——待处理固定资产损溢”科目，贷记“营业外收入”科目（固定资产盘盈）。

（四）执行会计准则纳税人——会计数据的审核

固定资产盘盈是指企业在进行财产清查盘点中发现固定资产的数量超过账面数量而出现的盈余。

盘盈的除固定资产以外的其他财产，借记“待处理财产损溢”，贷记“管理费用”、“营业外收入”等科目。

企业如有盘盈固定资产的，应作为前期差错记入“以前年度损益调整”科目。

三、处置固定资产净收益

（一）填报说明

附表一（1）第 19 行“处置固定资产净收益”：填报纳税人因处置固定资产而取得的净收益。

（二）填报数据来源

填报数据来源为“固定资产清理”和“营业外收入”科目。

（三）执行会计制度纳税人——会计数据的审核

固定资产转让收入是指企业对那些不适用或不需用的固定资产进行出售或有偿转让的收入。固定资产转让收入的确认，应于企业将固定资产卖出，同时收讫价款或者取得了收取价款凭据时确认收入的实现。

企业在生产经营期间，固定资产清理所取得的收益，借记“固定资产清理”科目，贷记“营业外收入”科目（处置固定资产净收益）。

（四）执行会计准则纳税人——会计数据的审核

处理固定资产收益是指企业对不需用的固定资产变卖处理所发生的收益。企业在变卖处理固定资产时，可能会发生一些清理费用。对于这部分清理费用连同清理固定资产的净值，应从变卖收入中扣除。也就是说，企业应当以变卖收入扣除实际发生的清理和固定资产净值等有关费用后的余额，作为营业外收入记账。

四、非货币性资产交易收益

（一）填报说明

附表一（1）第20行“非货币性资产交易收益”：填报纳税人发生的非货币性交易按照国家统一会计制度确认为损益的金额。执行企业会计准则的纳税人，发生具有商业实质且换出资产为固定资产、无形资产的非货币性交易，填报其换出资产公允价值和换出资产账面价值的差额；执行企业会计制度和小企业会计制度的纳税人，填报与收到补价相对应的收益额。

对非货币资产交换，会计准则与会计制度不同的，是非货币资产交换部分，对于补价的会计处理两者是一致的。

（二）执行会计制度纳税人——会计数据审核

1. 收到补价方营业外收入的计算

企业发生非货币性交易时，收到补价的，应按以下公式计算确定换入资产的入账价值和应确认的损益：

应确认的损益＝补价×［1－（换出资产账面价值＋应交的税金及教育费附加）÷换出资产公允价值］

2. “应确认的收益”的计算

公式推导，根据“应确认的收益”计算公式，可以推导出下列补价成本的公式：

（补价÷换出资产公允价值）×换出资产账面价值＝补价－应确认的收益＝补价成本

用补价成本计算公式，替代“换入资产入账价值”公式中的减项，得出如下公式：

换入资产入账价值＝换出资产账面价值－（补价－补价收益）或补价成本＋应支付的相关税费＝换出资产账面价值－补价＋补价收益＋应支付的相关税费

“减数”的含义，是与补价收入配比的补价成本。基本前提是，因公允价值换出资产大于换入资产，其对应的账面价值作为补价成本。按公允价值确认补价，按账面价值确认补价成本。

3. 收到补价企业的会计核算

按换出资产的账面价值加上应确认的收益和应支付的相关税费，减去补价后的余额，借记“短期投资”科目，按换出资产已计提的跌价准备，借记“存货跌价准备”科目，按收到的补价，借记“银行存款”科目，按换资产的账面余额，贷记“库存商品”等科目。按换出资产应支付的相关税费，贷记“银行存款”、“应交税金——应交增值税（销项税额）”等科目，按应确认的收益，贷记“营业外收入——非货币性交易收益”科目。

（三）执行会计准则纳税人——会计数据审核

企业发生的非货币性资产交换，应根据是否以公允价值为基础计量换入资产的成本和是否涉及补价分情况处理。

对于以换出资产账面价值为基础计量换入资产成本的，会计准则与会计制度的处理方法是一致的，请参见上述有关内容。下面重点介绍以公允价值为基础计量换入资产成本的会计处理。

非货币性资产交换满足准则规定的条件的，以换出资产公允价值和应支付的相关税费作为换入资产的成本，换出资产公允价值与账面价值的差额计入当期损益。

如果只有换入资产的公允价值能够可靠计量，则以换入资产的公允价值为基础计量换入资产的入账价值，以换入资产公允价值与换出资产账面价值的差额计入当期损益。

但应注意，不同的非货币性资产确认的损益的会计处理有所不同，换出资产公允价值与其账面价值的差额，应当分情况处理：

（1）换出资产为存货的，应当视同销售处理，按照《企业会计准则第 14 号——收入》以其公允价值确认商品销售收入，同时结转商品销售成本。

（2）换出资产为固定资产、无形资产的，换入资产公允价值和换出资产账面价值的差额，计入营业外收入或营业外支出。

（3）换出资产为长期股权投资、可供出售金融资产的，换入资产公允价值和换出资产账面价值的差额，计入投资收益。

（四）新准则与旧准则及会计制度差异分析

新、旧准则及会计制度相比，不管是在定义上还是在判断非货币性交易事项的标准上都是相一致的。所不同的是，新准则引入公允价值作为换入资产入账价值计价基础，且对非货币性交易损益的确认方式不同。具体变化如下。

1. 入账价值计价基础的变化

新准则以交易是否具有商业实质作为是否采用公允价值计量换入资产的重要判断标准。新准则第三条明确规定："非货币性资产交换同时满足下列条件的，应当以公允价值和应支付的相关税费作为换入资产的成本，公允价值与换出资产账面价值的差额计入当期损益：

（1）该项交换具有商业实质。

（2）换入资产或换出资产的公允价值能够可靠地计量。

换入资产和换出资产公允价值均能够可靠计量的，应当以换出资产的公允价值作为确定换入资产成本的基础，但有确凿证据表明换入资产的公允价值更加可靠的除外。"

2. 会计处理的变化

关于会计处理，新、旧准则及会计制度的变化主要体现在不涉及补价和涉及补价上的变化。

（1）不涉及补价的会计处理。

①旧准则及会计制度的会计处理：以换出资产的账面价值，加上应支付的相关税费，作为换入资产的入账价值，不涉及损益。计算公式为：

换入资产的入账价值 = 换出资产的账面价值 + 应支付的相关税费

②新准则的会计处理分为以下两种方式：

以公允价值计价时，以换出资产的公允价值加上应支付的相关税费，作为换入资产的入账价值，换出资产公允价值与其账面价值的差额计入当期损益。

以账面价值计价时，以换出资产的账面价值加上应支付的相关税费，作为换入资产的入账价值，不涉及损益。计算公式为：

换入资产的入账价值 = 换出资产的账面价值 + 应支付的相关税费

（2）支付补价的会计处理。

①旧准则及会计制度的会计处理：以换出资产的账面价值，加上补价及应支付的相关

税费，作为换入资产的入账价值，不涉及损益。计算公式为：

换入资产的入账价值 = 换出资产的入账价值 + 应支付的相关税费

②新准则的会计处理可分为以下两种形式：

以公允价值计价：以换出资产的公允价值，加上补价和应支付的相关税费，作为换入资产的入账价值。换出资产公允价值与账面价值的差额计入当期损益。计算公式为：

换入资产的入账价值 = 换出资产的账面价值 + 补价 + 应支付的相关税费

以账面价值计价：以换出资产的账面价值，加上补价和应支付的相关税费，作为换入资产的入账价值，不涉及损益。

(3) 收到补价的会计处理。

①旧准则及会计制度的会计处理：以换出资产的账面价值，减去补价所含账面价值加上应支付的相关税费，作为换入资产的入账价值；并计算补价所含损益计入当期损益。计算公式为：

收到补价应确认的损益 = 补价 -（补价 ÷ 换出资产公允价值）× 换出资产账面价值 -（补价 ÷ 换出资产公允价值）× 应支付相关税费

换入资产的入账价值 = 换出资产的账面价值 -（补价 - 应确认的收益）+ 应支付的相关税费

②新准则的会计处理可分为以下两种情况：

以公允价值计价时，按照公允价值计量的情况下，以换出资产的公允价值，减去补价和应支付的相关税费，作为换入资产的入账价值。换出资产公允价值与其账面价值的差额计入当期损益。计算公式为：

换入资产的入账价值 = 换出资产的公允价值 - 补价 + 应支付的相关税费

以账面价值计价时，按照账面价值计量的情况下，以换出资产的账面价值，减去补价和应支付的相关税费，作为换入资产的入账价值，不涉及损益。计算公式为：

换入资产的入账价值 = 换出资产的账面价值 - 补价 + 应支付的相关税费

五、出售无形资产收益

无形资产转让收入，是指纳税人提供或者转让专利权、非专利技术、商标权、著作权以及其他特许权的所有权而取得的收入和转让土地使用权取得的收入。

无形资产转让收入的确认，应于特许权已经转让，同时收讫价款或取得收取价款的凭据时确认收入的实现。

（一）填报要求

附表一（1）第 21 行“出售无形资产收益”：填报纳税人处置无形资产而取得净收益的金额。

（二）填报数据来源

填报数据来源为“营业外收入”科目。

（三）执行会计制度纳税人——会计数据审核

企业出售无形资产，按实际取得的转让收入，借记“银行存款”等科目；按该项无形资产已计提的减值准备，借记“无形资产减值准备”科目；按无形资产的账面余额，贷记“无形资产”科目；按应支付的相关税费，贷记“应交税金”等科目；按其差额，贷记

“营业外收入”科目（出售无形资产收益），或借记“营业外支出——出售无形资产损失”科目。

（四）执行会计准则纳税人——会计数据审核

处置无形资产，应按实际收到的金额等，借记“银行存款”等科目，按已计提的累计摊销，借记“累计摊销”科目，按应支付的相关税费及其他费用，贷记“应交税费”、“银行存款”等科目，按其账面余额，贷记“无形资产”科目，按其差额，贷记“营业外收入——处置非流动资产利得”科目或借记“营业外支出——处置非流动资产损失”科目。已计提减值准备的，还应同时结转减值准备。

六、罚款收入

（一）填报要求

附表一（1）第22行“罚款收入”：填报纳税人在日常经营管理活动中取得的罚款收入。

（二）填报数据来源

填报数据来源为“营业外收入”科目。企业取得的罚款净收入，借记“银行存款”等科目，贷记“营业外收入”科目。

（三）执行会计制度纳税人——会计数据审核

罚款收入是指企业在生产经营过程中按照规定取得的罚款收入。一般说企业于收到其他单位和个人交来的罚款后，或者已确认了违章行为，开出罚款单据交给了受罚单位和个人，视为罚款收入的实现。

（四）执行会计准则纳税人——会计数据审核

罚没收入是指企业取得的滞纳金和各种形式的罚款收入，在弥补由于对方违反合同或协议而造成的经济损失后的净收入。

七、债务重组收益

债务重组利得是企业在债务重组过程中，债务人因为债权人让步、改变偿债条件或偿债方式而出现的重组债务的账面价值大于实际支付的现金、转让的非现金资产公允价值、转为股权的公允价值的差额。

（一）填报要求

附表一（1）第23行“债务重组收益”：填报纳税人发生的债务重组行为确认的债务重组利得。

（二）填报数据来源

（1）执行会计准则填报数据来源为“营业外收入”科目二级明细科目。

（2）执行会计制度纳税人的债务重组收益，应在附表三《纳税调整项目明细表》中进行调整，填报数据来源“资本公积”科目。

（三）执行会计制度纳税人——会计数据审核

执行会计制度纳税人，对于债务重组收益不在营业外收入核算，而是计入资本公积。在企业所得税汇算清缴时，应作为收入类纳税调整增加项目，不在本行次填报，在附表三《纳税调整项目明细表》中进行。

（四）执行会计准则纳税人——会计数据审核

债务人应当将重组债务的账面价值超过清偿债务的现金、非现金资产的公允价值、所转股份的公允价值或者重组后债务账面价值之间的差额，在符合《企业会计准则第22号——金融工具确认和计量》所规定的金融负债终止确认条件时，将其终止确认并计入营业外收入（债务重组利得）。

非现金资产公允价值与账面价值的差额，应当分别按下列情况进行处理：

（1）非现金资产为存货的，应当作为销售处理，按照《企业会计准则第14号——收入》的规定，以其公允价值确认收入，同时结转相应的成本。

（2）非现金资产为固定资产、无形资产的，其公允价值和账面价值的差额，计入营业外收入或营业外支出。

（3）非现金资产为长期股权投资的，其公允价值和账面价值的差额，计入投资损益。

（五）新准则与旧准则及会计制度差异分析

新准则与旧准则及会计制度相比，总体来说有三方面的变化：债务重组的定义不同，债务重组方式的变化，会计处理的不同。

（1）重新界定债务重组的定义。新准则第二条规定："债务重组，是指在债务人发生财务困难的情况下，债权人按照其与债务人达成的协议或者法院的裁定作出让步的事项。"定义中强调了"让步"的概念。"让步"是指债权人同意发生财务困难的债务人现在或将来以低于重组债务账面价值的金额偿还债务。即新准则排除了债务人不处于财务困难条件下的、处于清算或改组时的债务重组，以及虽修改了债务条件，但实质上债权人并未作出让步的债务重组事项。

旧准则及会计制度将债务重组定义为："债权人按照其与债务人达成的协议或法院的裁决同意债务人修改债务条件的事项。"它表明只要是修改了原定债务条件的事项均作为债务重组，不论债务人是否存在财务困难条件。

（2）债务重组方式的合并。旧准则及会计制度中的"以低于债务账面价值的现金清偿债务"和"以非现金资产清偿债务"，在新准则中将其两者合并为"以资产清偿债务"方式，表述更为简洁易懂。

（3）债权人与债务人会计处理的变化。新准则在以实物抵债业务时，引进"公允价值"作为计量基础；另外，旧准则及会计制度中，因债权人让步而导致债务人豁免或少偿还的负债计入资本公积，新准则规定将债务重组收益计入营业外收入。

八、政府补助收入

（一）填报要求

附表一（1）第24行"政府补助收入"：填报纳税人从政府无偿取得的货币性资产或非货币性资产的金额，包括补贴收入。

（二）填报数据来源

（1）执行会计制度纳税人，填报数据来源为"营业外收入"科目或企业单设的"补贴收入"科目。

（2）执行会计准则纳税人，填报数据来源为"营业外收入"科目和"递延收益"科目。确认的政府补助利得，借记"银行存款"、"递延收益"等科目，贷记"营业外收入"。

（三）执行会计制度纳税人——会计数据的审核

1．应在补贴收入科目中核算的内容

补贴收入是指企业按规定实际收到退还的增值税、消费税和营业税或按国家法定的补助定额并按期限给予的定额补贴，以及属于国家财政扶持的领域而给予的其他形式的补贴。补贴的实质是国家对企业因按照国家规定的种类和形式进行经营活动所受损失的补偿。

“补贴收入”科目属于损益类账户，它用于核算企业按规定实际收到的补贴收入（包括退还的增值税）或按销量或工作量等和国家规定的补助定额计算并按期给予的定额补贴。“补贴收入”科目应按补贴收入项目设置明细账进行明细核算。期末，应将“补贴收入”科目的余额转入“本年利润”科目，结转后“补贴收入”科目应无余额。

如属于国家财政扶持的领域而给予的其他形式补助，企业应于收到时，确认补贴收入，借记“银行存款”科目，贷记“补贴收入”科目。

补贴收入仅核算减免或返还的增值税。

2．不属于补贴收入科目核算的内容

对企业实际收到即征即退、先征后退、先征税后返还的营业税、消费税，借记“银行存款”科目，贷记“产品销售税金及附加”、“商品销售税金及附加”、“营业税金及附加”等科目。

对于直接减免的营业税、消费税，不作账务处理。

教育费附加返还款不通过“补贴收入”科目核算，而通过“营业外收入”科目核算。

企业按规定以交纳所得税后的利润再投资所应退回的所得税，以及实行先征后返所得税的企业，应当于实际收到退回的所得税时，冲减退回当期的所得税费用，不作补贴收入处理。

（四）执行会计准则纳税人——会计数据的审核

1．政府补助的确认

（1）政府补助同时满足下列条件的，才能予以确认；

（2）企业能够满足政府补助所附条件；

（3）企业能够收到政府补助。

2．政府补助的计量

对于符合确认标准的政府补助，应根据政府补助的具体形式，采用不同的计量基础。

政府补助为货币性资产的，应当按照收到或应收的金额计量。如通过银行转账等方式拨付的补助，通常按照实际收到的金额计量。

3．与资产相关的政府补助

与资产相关的政府补助，不能直接确认为当期损益，应当确认一项负债（递延收益），自相关资产形成并可供使用时起，在相关资产使用寿命内平均分配，分次计入以后各期的损益（营业外收入）。相关资产在使用寿命结束前被出售、转让、报废或发生毁损的，应将尚未分配的递延收益余额一次性转入资产处置当期的损益。

4．与收益相关的政府补助

与收益相关的政府补助应当分别按下列情况处理：用于补偿企业以后期间的相关费用

或损失的，在取得时确认为一项负债（递延收益），在确认相关费用的期间计入营业外收入；用于补偿企业已发生的相关费用或损失的，取得时直接计入营业外收入。

5. 政府补助的返还

已确认的政府补助需要返还的，应当分别按下列情况处理：

（1）存在相关递延收益的，冲减相关递延收益账面余额，超出部分计入当期损益，借记“递延收益”、“营业外支出”科目，贷记“银行存款”、“其他应付款”等科目。

（2）不存在相关递延收益的，直接计入当期损益，借记“营业外支出”科目，贷记“银行存款”科目。

（五）新准则与相关制度法规差异分析

我国《企业会计制度》等相关会计法律法规对税收返还、具有专门用途的拨款等分别作出了会计处理规定，与之相比，新准则主要有以下几点变化：

（1）核算口径的变化。取消了对政府与企业之间捐赠行为的会计处理规范。

（2）计量基础的变化。原《企业会计制度》规定，政府补助全部按照成本计价。新准则中规定，政府补助为货币性资产的，应当按照收到或应收的金额计量；政府补助为非货币性资产的，应当按照公允价值计量；公允价值不能可靠取得的，按照名义金额计量。

（3）会计处理方法的变化。新准则对与资产相关的政府补助和与收益相关的政府补助的会计处理方法作了详细的规定，与资产相关的政府补助应当确认为递延收益，与收益相关的政府补助应计入当期损益。

九、捐赠收入

（一）填报要求

附表一（1）第25行“捐赠收入”：填报纳税人接受的来自其他企业、组织或者个人无偿给予的货币性资产、非货币性资产捐赠，确认的收入。

附表一（1）捐赠收入是指在纳税人接受的来自其他企业、组织或者个人无偿给予的货币性资产、非货币性资产确认为营业外收入核算的事项。

附表三《纳税调整项目明细表》中的第3行“接受捐赠收入”是指纳税人将接受的捐赠纳入资本公积核算，而未计入收入事项。

（二）填报数据来源

填报数据来源为“营业外收入”科日的二级明细科目。

（三）执行《会计制度》纳税人——会计数据审核

执行会计制度纳税人，接受捐赠资产一般会使企业的经济资源增加，在会计上计入“资本公积”，在企业所得税汇算清缴时，应作为收入类纳税调整增加项目，不在本行次填报，在附表三《纳税调整项目明细表》中进行。

（四）执行会计准则纳税人——会计数据审核

执行会计准则纳税人接受捐赠，是企业接受捐赠而获得的利得，属于利得性质，按照实际收到捐赠资产的日期确认收入的实现，在营业外收入科目中核算。在企业所得税汇算清缴时，在本行次填报。

十、其他

附表一（1）第26行“其他”：填报纳税人按照国家统一会计制度核算、上述项目未列举的其他营业外收入。

（一）填报数据来源

执行会计制度纳税人不填报此行，将冲减当期的管理费用金额，在附表三《纳税调整项目明细表》中进行填报。

执行会计准则纳税人，填报数据来源为“营业外收入”科目的二级明细科目。

（二）执行会计制度纳税人——会计数据审核

盘盈的存货，应冲减当期的管理费用。

（三）执行会计准则纳税人——会计数据审核

企业发生的存货毁损，应当将处置收入扣除账面价值和相关税费后的金额计入当期损益。

1.3 《金融企业收入明细表》的填报审核

1.3.1 《金融企业收入明细表》概说

一、适用范围

附表一（2）适用于执行金融企业会计制度、企业会计准则的金融行业的居民纳税人，包括商业银行、政策性银行、保险公司、证券公司、信托投资公司、租赁公司、担保公司、财务公司、典当公司等金融企业。

二、填报依据

根据《中华人民共和国企业所得税法》及其实施条例、相关税收政策，以及金融企业会计制度、企业会计准则的规定，填报“营业收入”、“营业外收入”，以及根据税收规定确认的“视同销售收入”。

附表一（2）《金融企业收入明细表》填报数据来源有两处：一是根据《金融会计制度》和新《企业会计准则》核算的“主营业务收入”、“其他业务收入”和“营业外收入”等三个会计科目提供的信息资料。二是根据税法规定应进行纳税调整的视同销售收入事项。

会计制度规定的其他业务收入，是指金融企业从主营业务以外取得的营业收入。我国金融企业目前实行分业经营、分业管理，因此某项具体业务在一家金融企业可能是主营业务，而在另一家金融企业则可能是非主营业务。金融企业在核算业务收入时应依据自身业务特点，区分主营业务和非主营业务进行核算。

金融企业会计制度规定的基本业务收入（主营业务收入），主要包括利息收入、金融企业往来收入、手续费收入、贴现利息收入、保费收入、证券发行差价收入、证券自营差价收入、买入返售证券收入、汇兑收益；金融企业提供金融商品服务所取得的收入中，除上述主营业务收入之外的收入项目，都属于其他业务收入（附营业务收入）。但是不同的金融企业上述主营业务收入项目并非都是某企业的主营业务项目。

三、报表结构说明

附表一（2）《金融企业收入明细表》按收入性质分为三部分内容：第一部分营业收入，根据会计核算要求进行填报；第二部分视同销售收入，根据税法规定进行填报；第三部分营业外收入，根据会计核算要求进行填报。

由于视同销售收入和营业外收入与附表一（1）是一致的，下面仅对第一部分营业收入的结构进行介绍。

营业收入分为以下四部分内容：第一部分为银行企业填报，填报第2行至18行，包括银行业利息收入、银行业手续费及佣金收入、其他业务收入；第二部保险企业填报，填报第19行至24行，包括已赚保费、其他业务收入；第三部证券企业填报，填报第26行至34行，包括手续费及佣金收入、利息净收入、其他业务收入；第四部除上述企业以外的金融企业填报，第35行至37行，包括业务收入、其他业务收入。

1. 表内计算栏次关系

附表一（2）第1行=本表第2+19+25+35行。

附表一（2）第2行=本表第3+10+18行。

附表一（2）第3行=本表第4至9行合计。

附表一（2）第10行=本表第11至17行合计。

附表一（2）第19行=本表第20+24行。

附表一（2）第20行=本表第21-22-23行。

附表一（2）第25行=本表第26+33+34行。

附表一（2）第26行=本表第27+28+29+30+31+32行。

附表一（2）第35行=本表第36+37行。

附表一（2）第38行=本表第39+40+41行。

附表一（2）第42行=本表第43至48行合计。

2. 表间计算栏次关系

附表一（2）第1行=主表第1行。

附表一（2）第1+38行=附表八第4行。

附表一（2）第38行=附表三第2行第3列。

附表一（2）第42行=主表第11行。

1.3.2 营业收入填报与会计审核

附表一（2）第1行“营业收入”：填报纳税人提供金融商品服务所取得的收入。

营业收入的审核，一是内容审核，二是确认时间审核，三是计量审核，四是会计处理。审核的关键是对上述四个审核项目是否符合会计核算要求，对于未按会计要求核算的收入，所造成的差错，对收入总额有影响的，应进行纳税调整，但不在附表一（2）进行纳税调整，在附表三《纳税调整项目明细表》中纳税调整。

一、银行业务收入

附表一（2）第2行“银行业务收入”：填报纳税人从事银行业务取得的收入。

银行提供金融商品服务所取得的收入，包括营业收入和营业外收入两部分，其中营业收入主要包括利息收入、手续费及佣金收入、投资收益、公允价值变动损益、汇兑损益和其他业务收入等。银行收入不包括为第三方或者客户代收的款项，如企业代垫的工本费、代水电部门收取的水电费、代邮电部门收取的邮电费等。

（一）银行利息收入

1．填报要求

附表一（2）第3行“银行利息收入”：填报纳税人存贷款业务等取得的各项利息收入，包括存放同业、存放中央银行、发放贷款及垫款、买入返售金融资产等利息收入。

附表一（2）第4行“存放同业”：填报纳税人存放于境内、境外银行和非银行金融机构款项取得的利息收入。

附表一（2）第5行“存放中央银行”：填报纳税人存放于中国人民银行的各种款项利息收入。

附表一（2）第6行“拆出资金”：填报纳税人拆借给境内、境外其他金融机构款项的利息收入。

附表一（2）第8行“买入返售金融资产”：填报纳税人按照返售协议约定先买入再按固定价格返售的票据、证券、贷款等金融资产所融出资金的利息收入。

附表一（2）第9行“其他”：填报纳税人除本表第4行至第8行以外的其他利息收入，包括债券投资利息等收入。

2．填报数据来源

填报银行利息收入项目时，填报数据来源为“利息收入”科目二级明细科目记录的存放同业利息收入、存放中央银行利息收入、发放贷款及垫款利息收入、买入返售金融资产利息收入、其他利息收入。填报时应根据银行利息收入具体的项目，分项目累计汇总后，再进行填报。

3．执行新会计准则纳税人——会计数据审核

利息收入在商业银行的营业收入中最重要的收入来源之一，是商业银行经营成果的重要内容。在核算时，利息收入应根据贷款本金规定的利率及贷款期限计算利息，并通过设置“利息收入”科目进行反映。“利息收入”科目应按照业务类别，在科目之下设置有关明细账户进行核算。其具体明细科目包括存放同业利息收入、存放中央银行利息收入、发放贷款及垫款利息收入、买入返售金融资产利息收入、其他利息收入等。

（1）计提利息的账务处理。

按照权责发生制，凡属于银行本期应收取的利息收入，应确认收入的实现并计入当期损益。按照《新会计准则》，在资产负债表日，银行应当根据合同约定的利率计算确定的应收未收利息，借记“应收利息”科目，按摊余成本和实际利率计算确定的利息收入，贷记“利息收入”科目，差额调整相应科日。实际利率与合同利率差异较小的，也可以采用合同利率计算确定利息收入。其会计分录如下：

借：应收利息——××户

　　贷款——利息调整（或贷方）

　贷：利息收入——××利息收入户

（2）实际收到利息时的核算。

实际收到利息时冲减已经计提的应收利息，其会计分录如下：

借：××存款——××户

　贷：应收利息——××利息收入户

（3）期末结转利润的核算。

期末结转利润时，其会计分录如下：

借：利息收入——××利息收入户

　贷：本年利润

〔例〕

A商业银行于2010年10月1日向B公司发放一笔贷款200万元，期限为1年，年利率为5%，A银行发放贷款时没有发生交易费用，该贷款合同利率和其实际利率相同。假定A商业银行按季度编制财务报表，不考虑其他因素。A商业银行的账务处理如下。

①2010年10月1日对外贷款时：

借：贷款　200万

　贷：吸收存款　200万

②2010年12月31日确认利息收入时：

借：应收利息（200万×5%÷4）　2500

　贷：利息收入　2500

③假定该银行无其他类似收入，期末将该笔收入结转至本年利润科目：

借：利息收入　2500

　贷：本年利润　2500

（二）银行业手续费及佣金收入

1. 填报说明

附表一（2）第10行“银行业手续费及佣金收入”：填报纳税人在提供相关金融业务服务时向客户收取的收入，包括结算与清算手续费、代理业务手续费、信用承诺手续费及佣金、银行卡手续费、顾问和咨询费、托管及其他受托业务佣金等。

2. 填报数据来源

填报银行业手续费及佣金收入项目时，填报数据来源为“手续费及佣金收入”科目二级明细科目记录的手续费收入、佣金收入、业务代办手续费收入、基金托管收入、咨询服务收入、担保收入、受托贷款手续费收入、代保管人收入。填报时，应根据银行业手续费及佣金收入具体的项目，分项目累计汇总后，再进行填报。

3. 执行新会计准则纳税人——会计数据审核

手续费及佣金收入同样是商业银行的主要收入来源之一。该业务设置“手续费及佣金收入”科目进行核算，按照手续费及佣金收入类别设置明细科目。其具体明细科目包括结算手续费收入、佣金收入、业务代办手续费收入、基金托管收入、咨询服务收入、担保收入、受托贷款手续费收入、代保管人收入等。

各项业务收入的确认方法如下：手续费收入，在与客户办理业务结算时确认为收入。证券承销收入，按证券发行方式分别确认：全额包销方式，将证券转售给投资者时，按发行价格抵减承购价确认收入；余额包销、代销方式，代发行证券的手续费收入在发行期结束后，与发行人结算发行价款时确认。受托投资管理收益，资产管理合同到期或者定期与委托单位结算收益或损失时，按合同规定收益分成方式和比例计算的应该享有的收益或承担的损失，并确认为受托投资管理理手续费及佣金收入。

（1）确认手续费及佣金收入的核算。

银行确认的手续费及佣金收入时，按应收的金额，借记“应收手续费及佣金”、“代理承销证券款”等科目，贷记“手续费及佣金收入”科目。其会计分录如下。

借：应收手续费及佣金等科目

　贷：手续费及佣金收入——××收入户

（2）实际收到手续费及佣金时的核算。

实际收到手续费及佣金，借记“存放中央银行款项”、“银行存款”、“结算备付金”、“吸收存款”等科目，贷记“应收手续费及佣金”等科目。其会计分录如下：

借：××存款——××户

　贷：应收手续费及佣金

（3）期末结转利润的核算。

期末结转利润时，其会计分录如下：

借：手续费及佣金收入——××利息收入户

　贷：本年利润

〔例〕

某客户向其开户银行申请办理银行承兑汇票，按规定收取500元承兑手续费，其会计分录为：

借：活期存款——承兑申请户	500	
贷：手续费及佣金收入		500

假定该银行无其他收入，将该笔收入结转至本年利润科目：

借：手续费及佣金收入	500	
贷：本年利润		500

（三）其他业务收入

1. 填报说明

附表一（2）第18行“其他业务收入”的填报，国税发〔2008〕101号文件中未对其作出明确的规定，依据《金融企业会计制度》及会计准则的有关规定，银行行业其他业务收入主要包括从事信托投资、租赁、担保、财务、典当等的业务收入。

2. 填报数据来源

金融企业的其他业务收入应设置“其他业务收入”科目核算，按其他业务的种类设置明细账。公司取得其他业务收入时，借记“银行存款”、“应收款项”等科目，贷记“其他业务收入”科目。期末，应将“其他业务收入”科目余额转入“本年利润”科目，结转后“其他业务收入”科目应无余额。

3. 其他业务收入的审核

（1）收入内容。金融企业提供金融商品服务所取得的收入中，除以下主营业务收入之外的收入项目，都属于其他业务收入。

《金融企业会计制度》、《新会计准则》规定的主营业务收入，主要包括利息收入、金融企业往来收入、手续费收入、贴现利息收入、保费收入、证券发行差价收入、证券自营差价收入、买入返售证券收入、汇兑收益。

（2）其他业务收入确认时间、收入计量、会计处理与上述几项收入的核算要求是一致的。

二、保险业务收入

（一）已赚保费

附表一（2）第20行“已赚保费”的填报，国税函〔2008〕1081号文件中未对其作出明确的规定，对已赚保费内容介绍如下：已赚保费指保险起期已经预先缴付的保险费，在保险期满时未出现赔款而成为已赚的保费。

（二）保费收入

1. 填报要求

附表一（2）第21行“保费收入”：填报纳税人从事保险业务确认的原保费收入和分保费收入。

2. 填报数据来源

从事保险业务的保险企业应设置“保费收入”科目进行相关核算。期末将“保费收入”科目余额结转本年利润，结转后，应无余额。

3. 执行新准则保费收入核算内容

（1）财产保险保费收入的核算。

①保费收入的计算。保费是投保人购买保险的价格，其计算公式为：

保险费 = 保险金额 × 保险费率 × 保险期限

或 = 基本保费 + 保险金额 × 保险费率 × 保险期限

可见，在保险期限既定的情况下，保费的大小与保险金额和保险费率成正比。保费的计算关键在于确定保险费率。保险费率即单位保险价格，是保险公司向投保人收取保费的标准。保险费率，通常称毛费率，它可分为纯费率和附加费率两部分。其中，纯费率是基本费率，对应于每个单位保险金额的可能损失额，按纯费率收取的保费称为纯保费，构成保险人的赔偿准备金，用于将来赔付保险损失。附加费率是对应于保险公司每个单位的业务开支和预期利润，按附加费率收取的保费称为附加保费，用于保险公司的营业费、手续费、税金、工资等业务开支，同时形成利润。

②保费收入的确认原则。根据2006年《企业会计准则第25号——原保险合同》的规定，保费收入应在下列条件均能满足时予以确认：

第一，原保险合同成立并承担相应保险责任。保险合同成立并承担相应保险责任是指保险人和投保人已经签订保险合同，从法律的角度看，该保险合同已经生效。

第二，与原保险合同相关的经济利益很可能流入企业。与原保险合同相关的经济利益很可能流入企业是指保费收回的可能性超过50%。

第三，与原保险合同相关的经济利益能够可靠地计量。对于非寿险保险合同而言，保费收入一般就是保险合同中确认的保费总额；对于寿险合同而言，由于一般为分期收款，因此，需要根据每期收款金额确认。

③保费收入的会计核算方法。我国保费收入的会计处理方法是：在收取保费时，暂时全额确认为保费收入；在会计期末，通过提取未到期责任准备金的方式，将本期末实现的保费收入调整为负债。

为核算保险业务收入，保险公司可设置“保费收入”、“应收保费”、“预收保费”、“保户储金”等账户。其中，“保费收入”账户用于核算保险公司取得的各种形式的保费收入，财产保险中发生的退保、续保时的折扣以及无赔款奖励等支出也在该科目核算。“保户储金”是一个非流动负债性质的科目，用于核算财产保险中收到以及返还的两全保险金。两全保险指投保人将一定数目的资金储存在保险公司，保险公司将其用来进行债券投资或存入银行，并以其取得的收益作为投保人应该缴纳的保费的一种保险。

保费收入的原始记账凭证是保险公司业务部门填制的“保费日报表”或“保费收据”。财产保险收入一般应该按照财产保险公司所开展的财产保险的种类设置总分类账和明细分类账，并于每日营业终了，对收到的原始凭证进行审核，审核无误后进行明细分类核算，并定期进行总分类核算。

（2）寿险保费收入的会计核算。

①寿险保费的计算。与财产保险的保费类似，寿险的保费也是由两部分组成：纯保费和附加保费。纯保费形成人寿保险公司未来给付的各种保险金，它是根据生命表、保险基金的投资收益等许多因素制定出来的；附加保费主要用于人寿保险公司的各项开支并形成人寿保险公司的利润。

②寿险保费收入的会计核算。人寿保险公司保费收入核算所涉及的账户与财产保险保费收入核算所涉及的账户基本相同，不同之处在于：前者采用收付实现制核算，而后者采用权责发生制核算；前者于收款时保单生效，后者于签单时保单生效。另外，在寿险的实际业务中，“应收保费”的业务较少，几乎所有的保单都要求即时付清保费。

（三）分出保费

1. 填报要求

附表一（2）第22行“分出保费”：填报纳税人发生分保业务支付的保费。

2. 填报数据来源

第22行“分出保费”填报数据来源为“分出保费”科目的会计核算数据。

3.“分出保费”的会计核算。

（1）“分出保费”核算企业（再保险分出人）向再保险接受人分出的保费。

（2）“分出保费”应当按照险种进行明细核算。

（3）“分出保费”的主要账务处理。

①企业在确认原保险合同保费收入的当期，应按再保险合同约定计算确定的“分出保费”金额，借记“分出保费”，贷记“应付分保账款”科目。

②在原保险合同提前解除的当期，应按再保险合同约定计算确定的“分出保费”的调整金额，借记“应付分保账款”科目，贷记“分出保费”。

③对于超额赔款再保险等非比例再保险合同，应按再保险合同约定计算确定的“分出保费”金额，借记“分出保费”，贷记“应付分保账款”科目。调整“分出保费”时，借记或贷记“分出保费”，贷记或借记“应付分保账款”科目。

（4）期末，应将“分出保费”余额转入“本年利润”科目，结转后“分出保费”无余额。

（四）提取未到期责任准备金

1. 填报要求

附表一（2）第23行“提取未到期责任准备金”：填报纳税人提取的非寿险原保险合同未到期责任准备金和再保险合同分保未到期责任准备金。

2. 填报数据来源

第23行“提取未到期责任准备金”填报数据来源“未到期责任准备金”科目核算二级科目“提存未到期责任准备金”核算的内容。

3. 执行新会计准则纳税人——会计数据审核

（1）核算内容及计算方法。

未到期责任准备金，又称保费准备金，是指损益核算期在1年以内（含1年）的财产险，为尚未终止责任的保险而提存的准备金。《保险法》第九十三条规定：“除人寿保险以外，经营其他保险业务，应当从当年自留保费中提取未到期责任准备金。提取和结转的数额，应当相当于当年自留保费的50%。”通常情况下，对同一尚未终止的保险责任而言，保险人在资产负债表日，按照保险精算重新计算确定的未到期责任准备金金额应当小于上一资产负债表日已确认的未到期责任准备金金额。为了真实地反映保险人当期期末未赚取的保费收入，保险人应当在资产负债表日，按照保险精算重新计算确定的未到期责任准备金金额与已确认的未到期责任准备金余额的差额，对未到期责任准备金余额进行调整。未到期责任准备金的核算方法有以下三种。

第一种：年平均估计法。

第二种：月平均估算法。

第三种：季平均估计法。

（2）账务处理方法。

为核算未到期责任准备金，保险公司应当设置“未到期责任准备金”和“提取未到期责任准备金”两个会计科目。

“未到期责任准备金”是一个负债科目，用以核算保险公司按规定提存的非寿险原保险合同准备金，包括长短期财产保险未到期责任准备金、人身意外伤害保险责任准备金以及短期健康保险责任准备金。再保险公司提取的再保险合同准备金也通过“未到期责任准备金”账户核算。该科目贷方登记提存的各种准备金数额，借方登记转回的未到期责任准备金，余额在贷方，反映保险公司已提存但尚未转回的未到期责任准备金。

“提取未到期责任准备金”是一个损益科目，与“未到期责任准备金”科目类似，用以核算保险公司按规定提存的非寿险原保险合同准备金以及再保险合同准备金。借方登记提存的各种准备金数额，贷方登记结转到“本年利润”中的数额，结转后该科目无余额。

从本质上看，未到期责任准备金属于保费准备金，是对保费收入的调整。每年年末，保险公司的财务部门应该根据保险公司精算部门的计算结果，通过以上两个会计科目，调整未到期责任准备金的金额。

财产保险业务核算的关键是理解财产保险收入的确认过程。理论上讲，在保险合同到期前，保费收入只能构成保险公司的一项负债。因此，我国的保险公司虽然在日常收到保费时全额将其确认为保费收入，但期末必须通过提取未到期责任准备金的方式，将当期收到的保费调整为相对合理的保费收入。

（五）原保险合同新准则和旧准则及金融会计制度的变化

（1）保费收入的计量方法。

新《企业会计准则》规定非寿险保险合同的保费收入金额，应当根据约定的保费总额确定；分期收取保费的寿险保险合同保费收入金额，应当根据当期应收取的保费确定；一次性收取保费的寿险保险合同保费收入金额，应当根据一次性应收取的保费确定。而旧保险企业会计制度无相关规定。

（2）保险合同准备金的确认时点和计量方法。

新《企业会计准则》规定在确认非寿险保费收入时，保险人应当按照保险精算确定的金额，提取未到期责任准备金作为保费收入的调整项目；在非寿险保险事故发生时，保险人应当按照保险精算确定的金额，提取未决赔款准备金，计入当期损益；在确认寿险保费收入时，保险人应当按照保险精算确定的金额，提取寿险责任准备金、长期健康险责任准备金，计入当期损益。

旧保险企业会计制度无以上相关规定。

（3）区分保险风险和非保险风险。

新准则将风险分为保险风险和非保险风险，仅将被界定为保险风险部分的收入确认为保费收入，而承担非保险风险部分的收入按照金融工具确认和计量的要求进行。这将使得大量投资型保单的收入从原有保费收入中剔除出去，从而使保费收入规模下降，这是由于投资型保单保险人不用承担保险风险所致。

三、证券业务收入

附表一（2）第25行“证券业务收入”：填报纳税人从事证券业务取得的各项收入。

（一）手续费及佣金收入

1. 填报要求

附表一（2）第26行“手续费及佣金收入”：填报纳税人承销、代理兑付等业务取得的手续费收入和各项手续费、佣金等，包括证券承销业务、证券经纪业务、客户资产管理业务、代理兑付证券、代理保管证券、证券委托管理资产手续费等收入。

2. 填报数据来源

第26行“手续费及佣金收入”填报数据来源为“手续费及佣金收入”科目的二级明细科目核算的会计数据。

3. 执行新企业会计准则纳税人——会计数据审核

（1）代理买卖证券业务。

公司代理客户买卖证券时，需要设置“代理买卖证券款”科目。“代理买卖证券款”科目用以核算公司接受客户委托，代客户买卖股票、债券和其他有价证券而由客户缴存的款项。公司代理客户认购新股的款项、代理客户领取的现金股利和债券利息，代理客户向证券交易所支付的配股款等，也在“代理买卖证券款”科目核算。公司代理客户买卖证券的手续费及佣金收入，应当在代理买卖证券成交清算时，按成交额乘以相应的佣金比率予以确认。

①证券公司代理客户买卖证券收到客户交来的款项，应当与证券公司的自有资金分户

核算，不能混淆；公司收到代理客户买卖证券款项时，在“代理买卖证券款”科目中进行反映。借记“银行存款——客户”等科目，贷记“代理买卖证券款”科目。客户提取存款时，作相反分录。

②公司接受客户委托通过证券交易所代理买卖证券，由于在交易日内既有代理买入证券的委托，又有代理卖出证券的委托。因此，公司在交易结束后清算时，应分别以下两种情况进行账务处理（为简化相关陈述，这里不考虑证券公司内部清算问题）：

第一，接受客户委托，买入证券成交总额大于卖出证券成交总额的，应按买卖证券成交价的差额加上代扣代缴的相关税费和应向客户收取的佣金等之和，借记“代理买卖证券款”等科目，贷记“结算备付金（客户）”、“银行存款”等科目。按企业应负担的交易费用，借记“手续费及佣金支出”科目，按应向客户收取的手续费及佣金，贷记“手续费及佣金收入”科目，按其差额，借记“结算备付金（自有）”、“银行存款”等科目。

第二，接受客户委托，卖出证券成交总额大于买入证券成交总额的，应按买卖证券成交价的差额减去代扣代交的相关税费和应向客户收取的佣金等后的余额，借记“结算备付金（客户）”、“银行存款”等科目，贷记“代理买卖证券款”等科目。按企业应负担的交易费用，借记“手续费及佣金支出”科目，按应向客户收取的手续费及佣金，贷记“手续费及佣金收入”科目，按其差额，借记“结算备付金（自有）”、“银行存款”等科目。

③公司代理客户认购新股。公司代理客户认购新股，收到客户认购款项，借记“银行存款——客户”科目，贷记“代理买卖证券款”；将款项划付交易所，借记“结算备付金——客户”科目，贷记“银行存款——客户”科目；客户办理申购手续，在公司与证券交易所清算时，借记“代理买卖证券款”，贷记“结算备付金——客户”科目；证券交易所完成中签认定工作，将未中签资金退给客户，借记“结算备付金——客户”科目，贷记“代理买卖证券款”；公司将未中签的款项划回，借记“银行存款——客户”科目，贷记“结算备付金——客户”科目；公司将未中签的款项退给客户，借记“代理买卖证券款”，贷记“银行存款”科目。收到证券交易所转来发行公司支付的发行手续费时，借记“结算备付金——公司”，贷记“手续费及佣金收入——代理认购新股手续费及佣金收入”。

④公司代理客户办理配股。公司代理客户办理配股业务，当日向交易所解交配股款的，客户提出配股要求，借记“代理买卖证券款”科目，贷记“结算备付金——客户”科目；定期向交易所解交配股款的，客户提出配股要求，借记“代理买卖证券款”科目，贷记“应付款项——应付客户配股款”科目。与交易所清算配股时，按配股金额，借记“应付款项——应付客户配股款”科目，贷记“结算备付金——客户”科目。配股交款结束后，收到证券交易所转来发行公司支付的配股手续费时，借记“结算备付金——公司”，贷记“手续费及佣金收入——代理配股手续费及佣金收入”科目。

⑤其他业务。

公司在代理客户领取现金股利和利息时，应借记“结算备付金——客户”科目，贷记“代理买卖证券款”科目。收到发放现金股利和利息的公司支付的手续费及佣金收入，借记“结算备付金——公司”科目，贷记“手续费及佣金收入——代理发放现金股利和利息手续费及佣金收入”科目。

客户存在证券公司的交易保证金应按规定计付利息。公司在按规定向客户统一结息时，应借记“利息支出”科目，贷记“代理买卖证券款”科目。

（2）代理兑付证券业务。

代理兑付证券业务是公司接受客户委托，对其发行的证券，在到期时进行代理兑付的业务。公司在对代理兑付证券业务进行会计处理时，应设置“代理兑付证券款”、“代理兑付证券”科目。“代理兑付证券款”科目用以核算公司接受委托，代理兑付到期证券的本息或分期付息证券的利息。

“代理兑付证券款”科目应按委托单位和证券种类设置明细账。“代理兑付证券款”科目期末一般为贷方余额，反映公司已收到但尚未兑付的代理兑付证券款余额。

“代理兑付证券”科目用以核算公司接受委托代理兑付到期的无记名（实物券形式）证券，“代理兑付证券”科目期末余额一般在借方，用以反映公司已兑付的证券数额。

①企业发行证券的处理程序。

企业发行的证券按有无记名，可分为记名证券和无记名证券两种。公司在代理兑付业务时，这两种证券的处理程序是不一样的。因此，公司在兑付证券本息时，应分别对两种证券进行账务处理：

第一，公司兑付无记名证券，由于无记名证券（一般为实物券）兑付时需要持券人将证券交给公司，因此有必要设置“代理兑付证券”科目。收到委托单位的兑付资金时，应借记“银行存款”科目，贷记“代理兑付证券款”科目；收到客户交来的证券，按兑付金额，借记“代理兑付证券”科目，贷记“现金”、“银行存款”科目；如果将兑付资金直接划转至投资者账户，借记“代理兑付证券”科目，贷记“代理买卖证券款”科目。公司向委托单位交回已兑付的证券，借记“代理兑付证券款”科目，贷记“代理兑付证券”科目。

第二，公司兑付记名证券。由于记名证券一般都实行无纸化形式，公司无需设置“代理兑付证券”科目。收到委托单位的兑付资金时，应借记“银行存款”科目，贷记“代理兑付证券款”科目；兑付证券本息时，应按兑付金额，借记“代理兑付证券款”科目，贷记“银行存款”科目。

②手续费及佣金收入的确认。

代理兑付证券的手续费及佣金收入，应于代理兑付业务基本完成，与委托方结算时予以确认。如果直接从代理兑付证券款中抵扣的，应借记“代理兑付证券款”科目，贷记“手续费及佣金收入——代理兑付证券手续费及佣金收入”科目；如果向委托单位单独收取时，借记“银行存款”等科目，贷记“手续费及佣金收入——代理兑付证券手续费及佣金收入”科目；如果手续费与兑付款一并汇入时，在收到款项时，应借记“银行存款”科目，贷记“代理兑付证券款”科目和“手续费及佣金收入——代理兑付证券手续费及佣金收入”科目。

（3）代保管证券业务。

代保管证券业务是证券公司代理客户保管有价证券的业务。公司代保管业务不需要单独设置表内科目核算，无论采取何种保管方式，均只在专设的备查簿中设置“代保管证券”这一表外科目，记录代保管证券的情况。如果代保管证券收取手续费，其手续费及佣金收入应于代保管服务完成时予以确认；预先收取的手续费，作为预收账款处理，待日后代保管服务完成后再确认为收入。公司代客户保管的证券如果不收取手续费，则只需在备查簿中进行登记。

（二）利息净收入

1．填报要求

附表一（2）第33行“利息净收入”：填报纳税人从事证券业务取得的利息净收入。

2．填报数据来源

第33行“利息净收入”填报数据来源为“利息收入”科目的二级科目自营债券利息收入等明细科目核算的会计数据。

3．利息收入科目核算

“利息收入”科目核算公司存放银行和清算机构款项的利息收入。发生时贷记“利息收入”，期末应将贷方余额全部结转，借记“利息收入”，故期末应无余额。“利息收入”按利息收入的种类，如银行存款利息收入、清算机构存款利息收入、自营债券利息收入等设置明细账。

（三）其他业务收入

1．填报要求

附表一（2）第34行“其他业务收入”：填报纳税人取得的投资收益、汇兑收益等。

2．填报数据来源

第34行“其他业务收入”填报数据来源为金融企业设置“其他业务收入”科目。按其他业务的种类设置明细账。公司取得其他业务收入时，借记“银行存款”、“应收款项”等科目，贷记“其他业务收入”科目。期末，应将“其他业务收入”科目余额转入“本年利润”科目，结转后“其他业务收入”科目应无余额。

3．执行新会计准则纳税人——会计数据审核

（1）买入返售金融资产业务。

买入返售金融资产业务是指证券公司与融资方以合同或协议的方式，按一定价格买入证券，到期日再按合同规定的价格将该批证券返售给融资方，以获取买入价与卖出价的差价收入。公司应于买入某种证券时，按实际支付的价款确认为公司的资产；证券到期返售时，按返售价格与买入价格之间的差额，确认为公司的收入。

会计处理时，公司应当设置“买入返售金融资产”、“利息收入”科目。

“买入返售金融资产”科目用以核算公司按照返售协议约定先买入再按固定价格返售的票据、证券、贷款等金融资产所融出的资金。“买入返售金融资产”科目是一个资产类科目，可按买入返售金融资产的类别和融资方进行明细核算。期末余额一般在借方，反映公司已经买入但尚未到期返售的证券所融出的资金，在资产负债表上作为一项流动资产单独列示。

“利息收入”科目用以核算公司取得的买入返售金融资产收入，期末应将“利息收入”科目的余额结转至“本年利润”科目，结转后“利息收入”科目应无余额。

证券公司在证券交易所进行场内证券回购业务，根据返售协议买入返售金融资产时，按实际支付的价款，借记“买入返售金融资产”科目，贷记“结算备付金——公司”科目。证券到期返售时，按实际收到的价款，应借记“结算备付金——公司”科目，按其账

面余额，贷记“买入返售金融资产”、“应收利息”科目；同时按其差额贷记“利息收入”科目。

公司进行场外证券回购业务时，买入返售金融资产时应按实际支付价格，借记“买入返售金融资产”科目，贷记“银行存款”等科目。证券到期返售时，应借记“银行存款”等科目，按其账面余额，贷记“买入返售金融资产”、“应收利息”科目；按买卖价格的差额，贷记“利息收入”科目。

资产负债表日，应按合同约定的名义利率计算确定买入返售金融资产的利息收入金额，借记“应收利息”科目，贷记“利息收入”科目。如果合同约定的名义利率与实际利率差异较大，应采用实际利率确定利息收入。

在交易对方违约的情况下，如果公司有权取得本应按固定价格返售的金融资产，应按取得该资产的公允价值，借记“交易性金融资产”等科目，按交易对方支付的履约保证金，借记“结算备付金——公司”或“银行存款”等科目，按其账面余额，贷记“买入返售金融资产”科目，按其差额，借记或贷记“利息收入”科目。

〔**例**〕

A证券公司从上海证券交易所买入返售国债（R091）共计50万元，91天期限，年利率8%。编制会计分录如下：

买入返售金融资产时，

借：买入返售金融资产——国债（R091）　　50

　贷：结算备付金——公司　　50

到期返售时，

借：结算备付金——公司　　51

　贷：买入返售金融资产——国债（R091）　　50

　　利息收入　　1

（2）卖出回购金融资产业务。

卖出回购金融资产业务是指公司与融券方以合同和协议的方式，按拟定的价格卖出证券，到期日再按合同规定的价格买回该批证券，以获得该时期内资金的使用权。公司应于卖出证券时，按实际收到的款项确认为公司的一项负债；到期回购时，按实际支付的价款与卖出时实际收到的款项之间的差额，确认为当期的费用。

在进行会计处理时，公司应当设置“卖出回购金融资产款”、“利息支出”等科目。

“卖出回购金融资产”科目，用以核算公司按照回购协议先卖出，再按固定价格买入的票据、证券、贷款等金融资产所融入的资金，“卖出回购金融资产”科目可按卖出回购金融资产的类别和融资方进行明细核算，期末余额一般在贷方，反映公司卖出但尚未回购的证券的价款，在资产负债表上作为一项流动负债单独列示。

“利息支出”科目用以核算公司在进行证券回购业务时发生的卖出回购金融资产的支出。期末应将“利息支出”科目的余额结转至“本年利润”科目，结转后“利息支出”科目无余额。

证券公司在证券交易所进行场内证券回购业务，应按照实际收到的价款，借记“结算备付金——公司”科目，贷记“卖出回购金融资产款”科目。到期购回该批证券时，按其账面余额，借记“卖出回购金融资产款”、“应付利息”科目，按实际支付的金额，贷记“结算备付金——公司”科目，按其差额，借记“利息支出”科目。

公司进行场外证券回购业务，卖出回购金融资产应按实际收到的价款，借记“银行存款”科目，贷记“卖出回购金融资产款”科目；到期回购时，按其账面余额，借记“卖出回购金融资产款”、“应付利息”科目，按实际支付的金额，贷记“银行存款”科目，按其差额，借记“利息支出”科目。

资产负债表日，应按合同约定的名义利率计算确定买入返售金融资产的利息费用，借记“利息支出”科目，贷记“应付利息”科目。如果合同约定的名义利率与实际利率差异较大，应采用实际利率确定利息费用。

在交易对方违约的情况下，应按卖出回购金融资产款的账面余额，借记“卖出回购金融资产”科目，按交易对方支付的履约保证金，借记“结算备付金——公司”或“银行存款”等科目。按回购协议卖出金融资产的账面余额，贷记“交易性金融资产”、“可供出售金融资产”等科目，按其差额，借记或贷记“卖出回购金融资产支出”科目。

〔例〕

A证券公司通过上海证券交易所卖出回购国债（R091）共计40万元，年利率8%，期限三个月。根据上述资料编制如下会计分录：

卖出回购金融资产时，

借：结算备付金——公司	40	
贷：卖出回购金融资产款		40

到期购回该批国债时，

借：卖出回购金融资产款	40	
利息支出	0.80	
贷：结算备付金		40.80

（3）资金拆借业务。

证券公司对于经营所需资金暂时不足的部分，可以从同业拆借市场上拆入；而对于暂时多余的资金，可以通过同业拆借市场拆出。拆入拆出资金的期限一般不超过7天。在资金的拆入拆出过程中必然会发生相应的收入和支出，因此在会计处理时，拆入资金要与拆出资金分开核算。

①拆出资金。

在对拆出资金业务进行会计处理时，公司要设置“拆出资金”、“利息收入”科目。

“拆出资金”科目用以核算公司按规定拆出资金的本金，它是一个资产类科目，期末余额一般在借方，反映公司尚未收回的拆出资金的本金，在资产负债表上作为一项流动资产单独列示。

“利息收入”科目用以核算公司与金融机构之间资金往来而发生的收入，它是一个损益类科目，期末应将其余额结转至“本年利润”科目，结转后“利息收入”科目没有余额。

证券公司在同业拆借市场上拆出资金时，应借记“拆出资金”科目，贷记“银行存款”科目。分期收取资金利息时，应借记“银行存款”科目，贷记“利息收入”科目；

期末计提利息时，应借记“应收利息”科目，贷记“利息收入”科目；收到时，借记“银行存款”科目，贷记“应收利息”科目。到期收回拆出资金时，应借记“银行存款”科目，贷记“拆出资金”科目，如到期同时收取利息，还应同时借记“金融企业往来收入”科目。如果拆出资金逾期没有收回，应将拆出资金从“拆出资金”科目转入“应收款项——逾期拆出资金”科目，并不再提取利息；如果逾期90天后仍未收到拆出资金利息的，除将拆出资金转入应收款项核算外，还需借记“利息收入”科目，贷记“应收利息”科目，将逾期未收到的利息转入表外核算。

②拆入资金。

在对资金拆入业务进行会计处理时，公司应当设置“拆入资金”、“利息支出”科目。

“拆入资金”科目用以核算公司按规定向金融机构拆入的资金的本金，它是一个负债类科目，期末余额一般在贷方，反映公司尚未偿还的未到期的拆入资金本金，在资产负债表上作为一项流动负债单独列示。

“利息支出”科目用以核算公司与金融机构之间资金往来而发生的支出。它是一个损益类科目，期末应将其余额结转至“本年利润”科目，结转后“利息支出”科目没有余额。

具体地讲，公司在同业拆借市场上拆入资金时，应借记“银行存款”科目，贷记“拆入资金”科目。计提或支付利息时，应借记“利息支出”科目，贷记“应付利息”科目或“银行存款”科目。归还拆入资金本息时，应借记“拆入资金”科目“应付利息”科目，贷记“银行存款”科目。公司逾期未归还的拆入资金，应将其从“拆入资金”科目转入“应付款项——逾期拆入资金”科目，同时将原计入应付款项的拆入资金利息也用从“应付利息”科目转入“应付款项——逾期拆入资金”科日。公司逾期未归还的拆入资金仍应按期计提利息，并计入“利息支出”和“应付款项——逾期拆入资金”科目，即计提的利息要计入当期的损益。

［例］

A证券公司在同业拆借市场上拆入资金200万元，年利率9%，期限4天。编制如下会计分录：

拆入资金时，

借：银行存款　　200万

　贷：拆入资金　　200万

归还拆入资金时，

借：拆入资金　　200万

　　利息支出　　0.20万

　贷：银行存款　　200.20万

（4）其他业务。

公司对于投资咨询等业务所取得的收入和发生的相应支出，应设置“其他业务收入”、“其他业务支出”科目进行核算。

“其他业务收入”科目用以核算除利息收入、手续费及佣金收入等以外的其他收入，如咨询服务收入、转让无形资产收入等。它是一个损益类科目，期末，应将其余额结转至

“本年利润”科目，结转后“其他业务收入”科目一般无余额。

“其他业务支出”科目用以核算公司除利息支出、金融企业往来支出、手续费及佣金支出、卖出回购金融资产支出等以外的其他支出，如投资咨询支出、转让无形资产发生的损失等。它是一个损益类科目，期末，应将其余额结转至“本年利润”科目，结转后“其他业务支出”科目一般无余额。

公司取得其他业务收入时，借记“银行存款”、“应收款项”等科目，贷记“其他业务收入”科目；发生其他支出时，应借记“其他业务支出”，贷记“无形资产”等科目。

四、其他金融业务收入

附表一（2）第35行“其他金融业务收入”：填报纳税人核算的除上述金融业务外取得的收入的金额，包括业务收入和其他业务收入。

1.3.3 视同销售收入填报与审核

金融企业视同销售产生的原因与其他企业是相同的，填报所使用的会计科目及审核要求与其他企业也是一致的，在《收入明细表》中已经介绍，这里不再重复，下面介绍一下填报要求。

附表一（2）第38行“视同销售收入”：填报纳税人会计上不作为销售核算，应按照税收规定视同销售确认的应税收入。

附表一（2）第39行“非货币性资产交换”：填报纳税人发生非货币性交易行为，会计核算未确认或未全部确认损益，按照税收规定应视同销售确认应税收入。

附表一（2）第40行“货物、财产、劳务视同销售收入”：填报纳税人将货物、财产、劳务用于捐赠、偿债、赞助、集资、广告、样品、职工福利或者利润分配等用途的，按照税收规定应视同销售确认应税收入。

附表一（2）第41行“其他视同销售收入”：填报除上述项目外按照税收规定其他视同销售确认应税收入。

视同销售收入填报和审核的相关内容，请参见第三章第一节中“1.2《收入明细表》的填报审核”的“1.2.4 视同销售收入的填报审核”。

1.3.4 营业外收入填报与审核

金融企业营业外收入填报所使用的会计科目及审核要求与其他企业也是一致的。下面介绍一下填报要求。

附表一（2）第42行“营业外收入”：填报纳税人与生产经营无直接关系的各项收入。

附表一（2）第43行“固定资产盘盈”：填报纳税人在资产清查中发生的固定资产盘盈。

附表一（2）第44行“处置固定资产净收益”：填报纳税人因处置固定资产取得的净收益。

附表一（2）第45行“非货币性资产交易收益”：填报纳税人发生的非货币性交易按照国家统一会计制度确认为损益。执行企业会计准则的纳税人，发生具有商业实质且换出资产为固定资产、无形资产的非货币性交易，填报其换出资产公允价值和换出资产账面价值的差额；执行金融企业会计制度的纳税人，填报与收到补价相对应的收益额。

附表一（2）第46行“出售无形资产收益”：填报纳税人因处置无形资产取得净收益。

附表一（2）第47行“罚款收入”：填报纳税人在日常经营管理活动中取得的罚款收入。

附表一（2）第48行“其他”：填报纳税人按照国家统一会计制度核算、上述项目未列举的其他营业外收入的金额。

1.3.5 证券公司业务介绍

一、自营证券业务

（一）自营证券业务的概念

自营证券业务是指公司以自己的名义，使用公司自有资金和依法筹集的资金买卖证券，以达到获利目的的业务。自营证券业务包括买入证券和卖出证券。

自营买卖证券时，公司是以投资者的身份，运用自己的资金，在市场上买卖各类证券，并自行承担证券买卖中的风险。证券买入价与卖出价之间的差额，即为自营证券买卖业务的毛利或毛亏。

（二）自营证券业务的类型

自营证券业务按其经营形式可分为柜台自营证券买卖和证券交易所自营证券买卖两种。

柜台自营证券买卖也称柜台自营交易、场外自营交易，它是证券公司与客户之间直接进行的证券交易活动。证券的买入、卖出价格由公司在权衡影响证券买卖的各种因素后自行确定，每次证券交易的数量较小。这种方式的特点是，交易次数频繁，工作量较大，它是证券营业柜台的主要经营方式。

证券交易所自营证券买卖也称场内自营交易，它是证券公司通过本公司的证券经纪人在证券交易所内进行的证券交易活动。这种方式的特点是，证券的买入和卖出价均在证券交易所内通过自由竞价确定，价格随市场行情变化，公司也不直接与客户发生联系，交易的成交量较大，成交迅速安全。它是证券公司调节证券库存的主要经营方式。

自营证券业务除可按其经营形式进行划分外，还可按自营证券对象的不同，分成股票自营买卖、债券自营买卖和基金自营买卖等形式。目前股票自营买卖主要在证券交易所进行；债券自营买卖可以通过证券交易所进行，也可通过柜台交易方式进行；封闭型基金买卖可以通过证券交易所进行，开放型基金自营买卖可通过柜台交易方式进行。

（三）自营证券业务的特点

1. 自主性

证券公司自营证券的自主性主要表现在以下几方面：

（1）交易方式的自主性。是指证券公司欲买进或卖出某一证券时，可以由证券公司根据证券交易的有关规定以及交易的时间、条件，自主决定采用柜台自营交易方式还是证券交易所自营交易方式。

（2）交易行为的自主性。是指在柜台自营交易方式中，买卖何种证券、以何种价格与投资者进行交易，证券公司具有较大的自主性；在证券交易所自营交易方式中，证券公司在何时以何种价格买卖何种证券，也完全由证券公司自主决定。

(3) 交易价格的自主性。是指在柜台自营交易时，证券的买卖价完全由证券公司依一定的原则确定，做到既能最大限度地获取收益，又能使投资者接受。在证券交易所自营交易时，证券的买卖价虽由市场决定，但证券公司可以自主地选定一个合适的价格买进或卖出证券。

2. 收益性

证券公司自营买卖证券的收益来自于买卖证券的差价收入。在柜台自营交易时，其收益来自于自营挂牌的买卖差价；在证券交易所自营交易时，其收益来自于在场内以较低的市价购入某种证券，待该种证券上涨后，在场内以较合适的市价卖出，以获取买卖差价。

3. 风险性

风险性是在证券市场进行投资活动的一项主要特征。证券公司自营证券业务是公司以自己的名义，使用公司自有资金和依法筹集的资金买卖证券进行的投资活动。作为自营买卖证券能给公司带来可能的收益，同时也不可避免会面临自营证券的价格变化所带来的风险和损失。

(四) 自营证券买卖应考虑的因素

自营证券是证券公司经营活动的重要部分，其实质是一种投资活动，它的经营好坏直接影响公司的经济效益。为了保证投资的成功，自营证券时应考虑如下几项因素。

1. 证券的投资收益

自营证券所获得的收益，主要由证券内含的收入和证券买卖的差价收入两部分构成。证券内含的收入是指可能获取的股利和债券利息等收入，证券买卖的差价收入是指买入证券后因价格上升而产生的差价收入。购入证券时应考虑和比较各种证券收益的大小、每年能产生多少股利和利息，以及预期的涨价收入是多少等等。

2. 证券的投资风险

证券的投资收益是一种预期收益，存在不能实现的可能，甚至投资证券的本金也可能无法收回或丧失，这就是自营证券的风险。一般而言，投资证券的收益与风险有直接的关系，收益越高，风险也就越大，反之亦然。但是风险与收益的关系是极为复杂的，它们相互之间并不一定都是成正比例关系的。因此公司应详加考察各类证券风险的大小及其与收益的关系，以便审慎地作出自营证券买卖的决策。

3. 证券的流通性

购入的证券能在市场上随时自由地转让，这就是证券的流通性。流通性强的证券一般可等同于现金。自营证券买卖如何选择流通性强的证券，这对于公司能否根据经营情况的需要，灵活处置证券资产，用活资金是极为重要的。

4. 证券的持有时间

公司购入的如是上市证券，因可随时转让不存在时间上的限制，却存在持有期限长短的问题。这一方面取决于购入证券目的，另一方面取决于市场的行情。有时证券持有的时间长短还会受到证券主管机关或证券交易所的限制。

5. 证券的自营牌价

自营证券在采取柜台交易方式时，公司可自主确定买入和卖出价，这就是自营牌价。自营牌价如何确定政策性较强，在不违反证券主管部门有关规定的前提下，它一般可根据公司库存证券数量，同业的挂牌价格，证券交易所内同类证券的成交价格，公司的资金情况以及国家宏观的经济动态、政策变化等因素确定。

二、证券承销业务

（一）证券承销的概念

证券承销业务是指证券公司接受证券发行人的委托，代发行人发行证券的活动。证券承销业务是证券公司又一主要经营业务。随着我国企业改革的不断深化，今后将有大量的国有企业和民营企业通过发行证券的方式取得生产经营所需的资金。证券的发行对于企业能否及时、足额筹集资金有着极为重要的意义，特别是对那些知名度不高、初次发行证券、社会公众不大了解的企业更是如此。在一般情况下，少量的内部债券或股票的发行工作企业可以自行组织发行。数额较大的和向社会公开发行的债券或股票的发行工作均委托证券公司代理发行。

企业通过发行股票和债券的形式来筹集资金，其发行方式对于能否及时筹足资金至关重要。因此，筹资企业应根据本身的情况选择合适的发行方式。证券的发行方式一般可分为自营发行和委托代理发行两种。

自营发行就是筹资企业自行组织发行，不委托证券公司进行的证券发行。自营发行成本较低，不需要支付发行手续费，不需向公众提供有关的资料，发行量较小，故社会影响面也较小。但自营发行可以避免筹资企业在社会上知名度低，而导致引起公众对企业的获利和清偿能力的怀疑心理等因素。特别是一些经济效益较差、资金来源困难的企业，如果向社会公开发行，必须公布其有关资料，担心社会公众难以接受，企业也不可能筹足资金。而采取自营的内部发行，既可以及时取得资金，又可使企业职工认识困难，同心同德地共同经营，共渡难关。目前企业内部筹资发行少量债券或股票大都采用自营发行方式。

委托代理发行就是筹资企业委托证券公司代理发行证券，对证券公司而言，即证券承销业务。委托代理发行需要向证券公司支付代发行手续费，向社会公众提供有关资料，发行的金额较大，社会影响面也很大。由证券公司代理发行证券，虽然需支付一定的手续费，但由于证券公司对证券市场比较熟悉，有专门的一套工作人员，由其选择最佳的发行时机，是能够满足企业筹资的需要。另外，筹资企业可以减少大量的工作量，不需配备专门的人力从事发行工作，从整体来看经济效益比自营发行要好。证券承销业务根据证券公司对证券发行责任的不同可分为全额承购包销、余额承购包销、代销等证券承销方式。

根据《证券法》第十条的规定，公开发行证券，必须符合法律、行政法规规定的条件，并依法报经国务院证券监督管理委员会或者国务院授权的部门核准或批准，未经依法核准或者批准，任何单位和个人不得向社会公开发行证券。《证券法》第二十五条规定，向社会公开发行的证券票面总值超过人民币 5000 万元的，应当由承销团承销。承销团应当由主承销和参与承销的证券公司组成。

（二）证券发行成本的内容

发行证券时除可筹集到企业所需的资金外，还将发生许多费用。这些费用一般是由证券发行公司负担，但仍有一部分是由证券公司负担。在实际发行过程中，这些费用也有可能先由证券公司垫付，再由发行公司偿付，或者全部由证券公司承包。到底由谁支付和负担，应在证券承销协议中详细注明。如是由证券公司负担，就是证券公司的承销成本；如是由证券发行公司负担，就是发行公司的发行成本。

在发行证券过程中将发生的费用主要有以下内容：发行价与面值的差价、手续费、证券印制费、上网发行费、宣传广告费、信誉评估费用和资产重估费用、担保费用、其他有关费用。

（三）证券承销协议的主要内容

证券公司接受委托代理发行证券时，应与发行企业订立证券承销协议或承销合同。协议应根据《合同法》的规定，明确双方各自的权利和义务，其主要的内容应包括以下事项：

（1）合同当事人的名称、地址及法定代表人姓名。

（2）证券承销的方式。是指证券承销采用何种方式发售，是全额承购包销、余额承购包销还是代销方式。如按规定是组织承销团承销时，应说明主、副承销商的名称，地址以及承销团各成员包销的金额多少。

（3）承销证券名称、发行金额及发行价格。是指具体说明委托发行证券的全称及金额，如采用分期发行时应注明每期的发行金额。发行股票时必须注明每股发行价格、发行总股本数和股本总金额。发行债券时必须注明债券面值、种类、年利率以及利息支付方式。发行基金时必须注明基金种类、购买和赎回基金的收费标准等。

（4）证券的发行日期和承销起止日期。即明确规定从何年何月何日起至何年何月何日止为证券发行期限，以及证券对外销售的时间。

（5）发行对象。明确面向国内还是国外、个人还是企事业单位。

（6）代理发行费用计算及支付方式和支付日期。明确发行中有关费用如广告宣传费等由谁负担，以及发行企业应向证券公司支付多少手续费等。

（7）证券交接和款项交割。具体商定发行企业应在正式发行前若干天将证券送达证券公司，证券公司在证券发行结束若干天内将款项划入发行企业指定的银行账户，以及在代销方式下剩余证券的退还方法。

（8）发放股息红利或还本利息。股票发行后股利的发放方式，明确制定发放时代办手续费的标准及发生相关费用的负担，债券到期后的还本付息事项及代办手续费的标准。

（9）违约责任。在协议或合同的有效期内，双方的违约责任及违约责任承担方式。

（10）其他需约定的事项。如发行工作的分工、协议或合同的有效期等。

三、证券经纪业务

证券经纪业务是指证券公司通过其设立的证券营业部，接受客户（投资者）委托，按照客户（投资者）的要求，代理客户（投资者）买卖证券的活动。证券经纪业务一般有代理买卖证券业务、代理兑付证券业务和代保管证券业务等等。

证券经纪业务一般可起到以下作用：

1. 证券经纪业务是证券公司经营业务的重要组成部分，是证券交易的关键

在证券交易市场，广大证券投资者不可能直接进入交易场所进行交易活动，而只能由经过批准，并具备一定条件的证券经纪商进入交易场所直接进行交易活动。证券投资者只能委托证券经纪商代理买卖并完成整个交易过程。证券经纪业务目前是我国证券公司几大基本业务之一，对综合类证券公司而言，经纪业务收入占总收入的60%以上；对经纪类证

券公司来说，经纪业务的佣金收入更是其唯一收入来源。所以，经纪业务开展得好坏直接影响到证券公司在行业中的地位以及在市场上的影响力，也是证券交易的关键环节。

2. 证券经纪业务是经纪商、投资者和国家等各方面利益的集中表现

通过委托买卖成交后，投资者的需求得到满足；经纪商的交易量增加，委托手续费、佣金、过户费等营业收入增加；证券交易所的交易经手费和证券登记结算公司的过户费等各项收入也相应增加。同时，国家税务部门的印花税、营业税、所得税的税源得到保证。为此，从某种意义上讲，经纪业务是证券商最稳定、风险最小、交易量比重最大的主营业务。而这一业务的得以实现，取决于委托买卖这一首要环节的工作质量与效率。

3. 证券经纪业务体现了经纪商和投资者双方的权利与义务

证券经纪商一旦和委托人（投资者）建立了买卖委托关系，就必须按一定要求迅速、准确地执行指令和代办手续。委托人（投资者）委托时填写的“证券买卖委托单”明确了委托人（投资者）和受托人（经纪商）双方的责任与权利，因此也可认为是一份交易契约。受托人（经纪商）一旦受理了委托买卖后，就必须严格按委托单所载内容促使成交，并及时通知委托人（投资者），不得以任何方式损害委托人的利益。同样委托人在发生委托指令后，在委托有效期限内无论市场行情变化如何，对于成交结果必须履行交割的责任。否则，就会视做违约。按照交易市场业务规则，违约方将承担相应的责任，给予对方一定的赔偿。另外，证券经纪商还有责任向投资者提供及时、准确的信息和咨询服务。这些咨询服务包括上市公司的详细资料、公司和行业的研究报告、经济前景的预测分析和展望研究、有关股票市场的近期动态的报告等等。

四、回购交易业务

（一）回购交易的意义

1. 什么是回购交易

回购交易，是指证券交易商或投资者在卖出某种证券的同时，约定在将来的某一确定日期以事先确定的价格再将等量该证券购回的交易；或者相反，证券交易商或投资者在买入某种证券的同时，约定在将来的某一确定日期以事先确定的价格再将等量该证券售出的交易。前者称回购交易，后者称逆回购交易。回购交易涉及两方，卖出证券融入资金的一方可称为融资方，买入证券融出资金的一方可称为融券方。

回购交易从其实际结果来看，它是一种以证券为抵押品拆借资金的信用行为。在实际运作过程中，可以有国债回购、企业债券回购、股票回购、基金回购等等。在我国，目前证券回购交易的主要内容是国债，所以也将回购交易称为国债回购交易。

回购交易市场起源于美国，最初是证券交易商为获得短期融资而设立的，而后吸引了许多机构和个人投资者，目前是美国金融市场中交易量最大的一个市场，许多发达国家都有类似于回购交易的市场。

我国国债回购市场起步于1991年上半年，全国证券交易自动报价系统（STAQ）制定了证券代保管制度和回购业务的具体规则，并宣布试行回购业务。9月14日，在STAQ和上海证券交易所两家系统成员之间完成了场内第一笔回购交易。随后，武汉、天津等证券交易中心也相继开展了国债回购业务。1993年下半年，上海证券交易所开设了国债回购品种，推动了整个回购市场的发展。全国国债回购交易总量1994年已达到3000亿元，2003

年上升至52981亿元，2004年达到44086亿元。

国债回购交易的形式多样，它可以是场外国债回购交易，也可以是场内国债回购交易。场外国债回购交易是指在集中性证券交易场所之外的金融机构之间或其他投资者之间通过证券机构代理，双方签订书面合约，并进行实际钱券的交易。场内国债回购交易是指在集中性的证券交易场所，通过证券交易场所设计的标准化合约在场内进行交易。下面以上海证券交易所国债回购交易为例简单介绍回购交易的运作过程。

上海证券交易所的回购交易采用竞价申报，由买卖双方按每百元资金应收（付）的年收益率申报。报价时，可省略百分比号，直接输入年收益率，并限于小数点后三位有效数字，最小变动为0.005或其整数倍。申报交易数量单位为“手”，以100手标准券国债为最小交易单位，每手1000元面值，即最小交易单位为10万元面值。交易数量单位必须为100手及其整数倍。国债回购的券种要求必须是已发行并上市流通的国债券种，交易时必须有足额的国债作担保。

国债回购一般设1天、2天、3天、4天、7天、14天、28天、91天、182天等回购交易品种。各回购交易品种对应的名称分别为R001、R002、R003、R004、R007、R014、R028、R091、R182。

国债回购的交易费用由证券交易所向证券公司收经手费，如是客户委托回购交易，证券公司向客户收佣金。经手费和佣金均于回购成交当日一次性收取。

旧债回购成交后的清算实行一次成交，两次清算的办法。第一次清算是在成交当日，对双方进行融资、融券成本的清算，其成本统一按标准券国债的面值100元计算，双方据此结算当日融资方应收款项和标准券抵押量以及融券方应付款项和标准券增加量。由于回购交易是双方在成交的同时，约定于未来某一时间以某一价格再进行反向成交，因此，第二次清算是在回购到期日，由上海证券交易所的电脑根据成交时的年收益率计算出购回价格，购回价格为成本价格加上回购收益。其计算公式为：

购回价格 = 100元 + 100元 × 年收益率 × （回购天数 ÷ 360天）

2. 证券回购交易的性质

（1）回购是一种在资本市场上利用证券（资金）进行的短期融资（投资）行为。回购交易中，对证券原持有人（卖方）来说是回购，对投资人（买方）来说是逆回购；由于是带有回购条件的买卖，卖方只是暂时放弃了证券的所有权，以获取一笔货币资金的权利。同时，买方只是暂时拥有作为抵押品的有价证券的所有权，出借一笔资金给卖方，买方能得到的只是双方议定的回购利息，而不是证券本身的利息。证券本身的利息（包括抵押期内利息）是属于卖方证券原持有人的。

（2）回购兼有“证券交易”和“信用交易”的双重性质。从证券交易角度来看，由于实行足额证券和资金互相交换的过程及逆过程，所以可理解为同一笔证券的现货买卖交易和远期反向买卖交易，它是在现货交易基础上衍生的交易，又是一种远期交易形式。因此，从足额证券和资金互相交换而言，回购具有证券交易的性质。

从信用交易角度来看，由于卖方是以足额证券作抵押而融入资金，即融资方，买方则是接受抵押而融出资金，即融券方，因此，就融资融券而言，回购又具有信用交易的性质。

（3）回购市场是连接资本市场和货币市场的桥梁。按照我国现有的金融法规，资本市场与货币市场之间有一条比较严格的界限，因此，目前证券商尚无正常的融资渠道，不能从银行贷款。在这种状况下，回购作为一种特殊的交易方式，作为一种现货买卖的衍生交易，是资本市场和货币市场都可以运用的工具。国债回购市场既可以为中央银行执行货币政策，开展公开市场业务服务，也可为广大金融机构和非金融机构提供融资的合法而安全的场所，由此成了连接资本市场和货币市场的桥梁。

（二）买入返售证券业务

买入返售证券业务就是指逆回购交易，是指证券公司与其他企业以合同或协议的方式，按一定价格买入证券，到期日再按合同规定的价格将该批证券返售给其他企业，以获取利息收入的证券业务。

买入返售证券业务会计处理的原则是：证券公司应于买入某种证券时，按实际发生的成本确认一项资产；期末时，应当根据买入返售证券的种类按期计提利息，确认为收入。买入返售证券在当期到期返售的，将返售价格与买入成本价格的差额，确认为当期收入；买入返售证券在当期没有到期的，期末应当根据权责发生制原则计提未到期的利息，确认为当期收入。

（三）卖出回购证券业务

卖出回购证券业务就是指回购交易，是指证券公司与其他企业以合同或协议的方式，按一定价格卖出证券，到期日再按合同规定的价格买回该批证券，以获得一定期间内资金使用权的证券业务。

卖出回购证券业务会计处理的原则是：证券公司应于卖出证券时，按实际收到的款项确认一项负债；期末时，应当根据卖出回购证券的种类按期计提利息，确认为当期费用。卖出回购证券在当期到期购回的，按实际支付的款项与卖出证券时实际收到的款项的差额，确认为当期费用；卖出回购证券在当期没有到期的，期末应当根据权责发生制原则计提未到期的利息，确认为当期费用。

五、受托投资管理业务

受托投资管理业务，是指公司作为受托投资管理人（简称“受托人”），依据有关法律、法规和投资委托人（简称“委托人”）的投资意愿，与委托人签订受托投资管理合同，把委托人委托的资产在证券市场上从事股票、债券等金融工具的组合投资，以实现委托资产收益最优化的行为。

受托投资管理业务会计处理的原则是：公司受托经营管理资产，应按实际受托管理资产的金额，同时确认一项资产和一项负债；公司对受托管理的资产进行证券买卖的交易税费、交易佣金的会计核算比照代理买卖证券业务的会计核算进行处理，受托投资证券买卖的损益比照公司自营业务的核算规定进行处理。合同到期，与委托单位结算时，按合同规定的比例计算应由公司享有的收益或承担的损失，确认为当期的收益或损失。如果合同中规定公司按固定比例收取管理费，公司应在合同期内分期确认收益。

期末，公司应当按照受托投资管理合同的规定，合理地确认和计量预计负债。编制资产负债表时，经营受托管理资产形成的资产和负债在该表的附表“受托投资管理业务表”中单独反映，不应纳入公司资产负债表内反映。

如果根据受托投资管理合同的规定，经营受托管理资产的风险和报酬由公司承担，则经营受托管理资产形成的资产和负债应纳入公司会计报表内反映。具体核算比照借款业务处理。

六、资金拆借业务

资金拆借业务亦称同业拆借业务，是指金融企业之间相互进行短期资金拆借交易的活动。当资金不足，从资金多余金融机构临时借入款项时，称为资金拆入；资金多余的金融机构向资金不足的金融机构临时贷出款项时，称为资金拆出。

资金拆借应按实际拆出的金额入账，与拆放同业相关的金融活动被称为同业拆借。

同业拆借的参加对象是经中央银行批准，并在工商行政管理机构登记注册的具有法人资格的银行和非银行金融机构。中央银行、从事保险业务的金融企业、非金融机构和个人不得参加同业拆借活动。

同业拆借的主管机关是中央银行，参加同业拆借的金融机构要按中央银行的要求，及时上报有关业务报表。同业拆借的利率和期限由中央银行根据资金供求状况加以调整，拆借双方在人民银行规定的限度范围内协商确定。

同业拆借分同业长期拆借和同业短期拆借。参加同城票据交换的金融企业可通过同业长期拆借调剂头寸余缺。长期拆借以无形市场为主，拆借期限不得超过7天。

同业短期拆借应通过融资中介机构办理，只限于没有向中央银行借款的金融企业之间的资金融通。向中央银行借款的金融企业，在同业短期拆借市场上只能拆入资金而不得拆出资金，同业短期拆借的期限为7天以上4个月以内；同业拆借时，不能用现金方式进行直接拆借。

同业拆借可以在同城金融企业间进行，也可以在异地金融企业间进行，但异地金融企业间的拆借必须通过中央银行的融资中介机构办理。双方企业在商定了拆借条件并签订拆借协议后，通过中央银行划拨资金。

同业拆出资金的范围只限于交足存款准备金和留足备付金后剩余的存款，不能使用联行资金和中央银行贷款。拆入资金的用途只限于弥补清算不足、弥补联行汇差不足、解决临时性周转资金需要，严禁用于发放固定资产贷款或用于投资。

七、财务顾问业务

财务顾问业务是指证券公司接受委托为拟上市企业提供上市规范化辅导、上市推荐，为企业提供的改制重组策划、投资咨询等各类财务顾问业务。

财务顾问业务的会计处理原则是：公司应当在各项业务提供的相关服务完成时确认收入。在各项业务提供的相关服务完成前一次性收取的款项，应先作为预收款项处理，待服务完成时按规定确认收入。

1.4 《事业单位、社会团体、民办非企业单位收入明细表》的填报审核

1.4.1 《事业单位、社会团体、民办非企业单位收入项目明细表》概说

一、适用范围及依据

附表一（3）适用于执行事业单位会计制度、民间非营利组织会计制度的事业单位、社会团体、民办非企业单位、非营利性组织等居民纳税人填报。

根据《中华人民共和国企业所得税法》及其实施条例、相关税收政策，以及事业单位会计制度、民间非营利组织会计制度的规定，填报“收入总额”、“不征税收入”等。

二、报表结构说明

附表一（3）《事业单位、社会团体、民办非企业单位收入项目明细表》适用于执行《事业单位会计准则》、《民间非营利组织会计制度》，并实行查账征收企业所得税的事业单位、社会团体、民办非企业单位填报。

附表一（3）填报事项分为三类：一是收入总额的组成项目第1行至第9行，根据事业单位会计制度、民间非营利组织会计制度核算的收入类会计科目提供的信息资料填报；二是免税收入总额收入项目第10至第14行，根据税法规定免征企业所得税项目，进行纳税调整的收入事项；三是计算填报项目，第15行“应纳税收入总额”和第16行“应纳税收入总额占全部收入总额的比重”。

《事业单位财务规则》第十一条规定：“收入是指事业单位为开展业务及其他活动依法取得的非偿还性资金。”这是一种全新的概念，“收入”不仅包括财政补助收入，也包括上级补助收入，事业单位依法组织的事业收入（含预算外收入）和经营收入，附属单位上缴收入以及其他收入等。

事业单位的收入来源，是通过多种来源形式和多种渠道取得的。事业单位的收入既有财政补助收入、事业收入、经营收入，还有附属单位上缴收入、投资收入、捐赠收入等等。

1. 表内栏次计算关系

附表一（3）第1行=本表第2行至9行合计。

附表一（3）第10行-本表第11至14行合计。

附表一（3）第15行=本表第1~10行。

附表一（3）第16行=本表第15÷1行。

2. 表间栏次计算关系

附表一（3）第2+3+4+5+6+7行-主表第1行。

附表一（3）第8行=主表第9行。

附表一（3）第9行=主表第11行。

附表一（3）第10行=主表第16行=附表三第14行第4列。

二、填报时注意问题

（一）附表一（3）第1行“收入总额”的填报要求

要填写纳税人的收入总额（包括免税收入），在计算口径上，是指会计核算的收入总额，在税收上分为两部分，一是应税收入，二是免税收入。

（二）免税收入确认的问题

免税收入划拨形式上有两种：一是财政部的直接拨款；二是集团统收再拨付的财政部拨款。

军工产品的承包商，应根据拨款情况提供相关证据，才能按规定享受免税优惠。对纵向拨款项目，作为总包的事业单位应提供立项批复、协议书、经费审定文件和拨款结算单据。对横向拨款项目，作为分包的事业单位应提供总包分包协议、总包商拨款结算单据和总包商纵向拨款的四种资料。

（三）科研事业单位确认收入是权责发生制和收付实现制并用

1. 一般科研事业单位收入确认原则

《科学事业单位会计制度》第十七条规定，对财政补助收入、上级补助收入、附属单位上缴收入和其他收入，以在实际收到款项时确认为收入。第十八条规定，对科研收入、技术收入、试制产品收入、学术活动收入、科普活动收入和经营收入，以在提供科研成果、技术服务、发出产品等，同时收讫价款或取得索取价款的凭据时，确认为收入。对于长期项目的收入，须根据年度完成进度，合理确认为收入。第十九条规定，对经财政部门核准不上缴财政专户管理的预算外资金，在实际收到款项时确认为收入；对财政专户核拨的预算外资金，在收到资金后，确认为收入。

2. 军工科研单位收入确认原则

《军工科研单位会计制度》规定，根据军工科研单位的特点，对收入的确认采取权责发生制和收付实现制并用的方法，如对事业收入、产品销售收入等确认，是采用权责发生制的方法；而对财政补助收入、上级补助收入等的确认，是采用收付实现制的方法。

（四）收付实现制和权责发生制的理解

按照国家对事业单位预算管理办法，事业单位应将全部收入，如财政补助收入和各项非财政补助收入，与事业单位的各项支出，统一编制预算，报主管部门和财政部门核定。主管部门和财政部门，根据事业单位的特点、事业发展计划、事业单位的财务收支状况和国家财政政策以及财力可能，来核定事业单位年度预算收支规模，其中包括财政部门对事业单位财政补助的具体数额。这就是所谓的核定收支。

按现行的预算管理办法核定的收支，就属于企业在某个年度内的法定收支项目。与这些核定收支项目相关的款项，如果按实际收到或支付的时间来确认收支，这就是收付实现制；如果按核定收支的预算计划所规定应收、应付时间来确认收支，这就是权责发生制。

1.4.2 《事业单位、社会团体、民办非企业单位收入明细表》填报

一、收入总额填报

附表一（3）第1行“收入总额”：填报纳税人取得的所有收入的金额（包括不征税收入和免税收入），按照会计核算口径填报。

《事业单位会计准则（试行）》第十六条“会计核算一般采用收付实现制，但经营性收支业务核算可采用权责发生制”。事业单位的财政补助收入、上级补助收入、事业收入、附属单位交款和其他收入，按照“收付实现制”的要求，在收到款项时，按实际收到的数额予以确认。

税法规定，收入总额包括事业单位、社会团体、民办非企业单位的财政补助收入、上级补助收入、事业收入、经营收入、附属单位上交收入和其他收入。

事业单位、社会团体、民办非企业单位的收入，除国务院或财政部、国家税务总局规定免征企业所得税的项目外，均应计入应纳税收入总额，依法计征企业所得税。

事业单位会计制度规定，有些收入计入基金科目而不计入收入科目或管理费用科日。如：盘盈的存货冲减管理费用；盘盈的固定资产，按照同类固定资产的重置完全价值计入固定资产的基金；固定资产的有偿转让收入和变价净收入计入修购基金。对于计入基金和

管理费用科目，没有计入收入科目的收入项目，附表一（3）中明列了接收捐赠的项目，对其他项目没有作出明确要求。

还应注意科研事业单位在确认收入时，是采用权责发生制和收付实现制并用的方法。

（一）财政补助收入

1．填报要求

附表一（3）第2行“财政补助收入”：填报纳税人直接从财政部门取得的和通过主管部门从财政部门取得的各类事业经费，包括正常经费和专项资金。

2．填报数据来源

事业单位应设置“财政补助收入”科目，核算事业单位按照核定的预算和经费领报关系收到的由财政部门或上级单位拨入的各类事业经费。“财政补助收入”科目应按“国家预算收入科目”的“款”级科目设明细账。

（1）为加强预算资金的核算管理，主管会计单位应编报季度分月用款计划。在申请当期财政补助时，应分“款”、“项”填写“预算经费请拨单”，报同级财政部门。事业单位在使用财政补助时，应按计划控制用款，不得随意改变资金用途。“款”、“项”用途如需调整，应填写“科目流用申请书”，报经同级财政部门批准后使用。

（2）收到财政补助收入时，借记“银行存款”等科目，贷记“财政补助收入”科目；缴回时作相反的会计分录。平时“财政补助收入”科目贷方余额反映“财政补助收入”累计数。

（3）年终结账时，将“财政补助收入”科目贷方余额全数转入“事业结余”科目，借记“财政补助收入”科目，贷记“事业结余”科目。年终结账后，“财政补助收入”科目无余额。

（二）上级补助收入

1．填报要求

附表一（3）第3行“上级补助收入”：填报纳税人通过主管部门从财政部门取得的非财政补助收入。

2．填报数据来源

“上级补助收入”科目核算本单位收到上级单位拨入的非财政补助资金。

（1）收到上级补助收入时，借记“银行存款”科目，贷记“上级补助收入”科目。

（2）年终将“上级补助收入”科目余额全数转入“事业结余”科目，借记“上级补助收入”科日，贷记“事业结余”科目。

（3）年终结账后，“上级补助收入”科目无余额。

（三）拨入专款

1．填报要求

附表一（3）第4行“拨入专款”：填报纳税人从财政部门取得的和通过主管部门从财政部门取得的专项资金。

2．填报数据来源

“拨入专款”科目核算事业单位收到财政部门、上级单位或其他单位拨入的有指定用途，并需要单独报账的专项资金。“拨入专款”科目应按资金来源和项目设明细账，进行明细核算。

（1）收到拨款时，借记“银行存款”科目，贷记“拨入专款”科目；缴回拨款时，作相反的会计分录。平时，“拨入专款”科目贷方余额反映拨入专款累计数。

（2）年终结账时，对已完工的项目，将“拨入专款”科目与“拨出专款”、“专项支出”科目对冲，借记“拨入专款”科目，贷记“拨出专款”、“专款支出”科目，其余额按拨款单位规定办理。

（四）事业收入

1. 填报要求

附表一（3）第5行“事业收入”：填报纳税人开展专业业务活动及其辅助活动取得的收入。

2. 填报数据来源

（1）“事业收入”科目：即事业单位为开展专业业务活动及其辅助活动取得的收入。其中：按照国家有关规定应当上缴财政的资金和应当缴入财政专户的预算外资金，不计入事业收入；从财政专户核拨的预算外资金和部分经核准不上缴财政专户管理的预算外资金，计入事业收入。事业单位应根据事业收入种类或来源，设置明细账。

《事业单位会计准则》第三十七条所说的“应上缴财政预算的资金”是指：事业单位依法组织或者代收的按规定应当上缴国家预算的收入，包括会费收入、罚没收入、追回赃款物变价收入等。对应缴预算收入，事业单位应及时足额上缴，不得分成、提留、坐支。

《事业单位会计准则》第三十七条所说的“应缴财政专户的预算资金”，是指按照国家有关规定应当缴入财政专户的预算外资金。

（2）“事业收入”科目核算事业单位开展专业业务活动及辅助活动所取得的收入。单位收到的从财政专户核拨的预算外资金和部分经财政部门核准不上缴财政专户管理的预算外资金，也在“事业收入”科目核算。但收到应返还所属单位的预算外资金，主管部门要通过“其他应付款”科目核算。

《事业单位会计准则》所说的专业业务活动，是指事业单位根据本单位的专业特点所开展的业务活动，例如文化事业单位的戏曲、歌舞演出活动；教育事业单位的短期培训班、医院事业单位的假日医疗保健门诊等等。

《事业单位会计准则》第三十七条所说的辅助活动，是指与专业业务活动相关，直接为专业业务活动服务的后勤服务活动及其他有关活动，例如戏曲、歌舞演出时，后勤部门的汽车队为其演出提供的服务。

（3）收到款项或取得收入时，借记“银行存款”、“应收账款”等科目，贷记“事业收入”科目，对属于一般纳税人的单位取得收入时，按实际收到的价款扣除增值税销项税额，贷记“事业收入”科目，按计算出的应交增值税的销项税额，贷记“应交税金——应交增值税（销项税额）”。经财政部门核准，预算外资金实行按比例上缴财政专户办法的单位取得收入时，应按核定的比例分别贷记“应缴财政专户款”和“事业收入”科目。实行预算外资金结余上缴财政专户办法的单位，平时取得收入时，先全额通过“事业收入”科目反映，定期结算出应缴财政专户资金结余时，再将应上缴财政专户部分扣出，借记“事业收入”科目，贷记“应缴财政专户款”科目。

（4）期末，应将“事业收入”科目余额转入“事业结余”科目，借记“事业收入”科目，贷记“事业结余”科目，结转后“事业收入”科目应无余额。

（五）经营收入

1．填报要求

附表一（3）第6行“经营收入”：填报纳税人开展除专业业务活动及其辅助活动以外取得的收入。

2．填报数据来源

（1）“经营收入”科目是指核算事业单位在专业业务活动及辅助活动之外开展非独立核算经营活动取得的收入。

（2）取得（或确认）经营收入时，借记“银行存款”、“应收账款”、“应收票据”等科目，属于小规模纳税人的单位，按实际收到的价款贷记“经营收入”科目；属于一般纳税人的单位，按实际收到的价款扣除增值税销项税额，贷记“经营收入”科目，按实际收到的价款扣除增值税销项税额，贷记“经营收入”科目，按计算出的应交增值税的销项税额，贷记“应交税金——应交增值税（销项税额）”。

（3）发生销货退回，不论是否属于本年度销售的，都应冲减本期的经营收入；属于小规模纳税人的事业单位借记“经营收入”科目，贷记“银行存款”科目；属于一般纳税人单位，按不含税价格借记“经营收入”科目，按销售时计算出的应交增值税的销项税额，借记“应交税金——应交增值税（销项税额）”科目，贷记“银行存款”科目。单位为取得经营收入而发生的折让和折扣，应当相应冲减经营收入。

（4）期末，应将“经营收入”科目余额转入“经营结余”科目，结转后“经营收入”科目无余额。

（5）单位可根据收入种类设置明细科目，也可以并设若干总账科目。

（六）附属单位缴款

1．填报要求

附表一（3）第7行“附属单位缴款”：填报纳税人附属独立核算单位按有关规定上缴的收入。包括附属事业单位上缴的收入和附属的企业上缴的利润等。

2．填报数据来源

“附属单位缴款”科目核算事业单位收到附属单位按规定缴来的款项。“附属单位缴款”科目应按缴款单位设置明细账。

（1）单位实际收到款项时，借记“银行存款”科目，贷记“附属单位缴款”科目，发生缴款退回则作相反的会计分录。

（2）年终，将“附属单位缴款”科目贷方余额全数转入“事业结余”科目，借记“附属单位缴款”科目，贷方记“事业结余”科目。结转后，“附属单位缴款”科目无余额。

（七）投资收益

1．填报要求

附表一（3）第8行“投资收益”：填报纳税人取得的债权性投资的利息收入、权益性投资的股息红利收入和投资转让净收入。

2. 填报数据来源

附表一（3）第8行“投资收益”填报数据来源为：“其他收入”科目核算的投资收益金额。

（八）其他收入

1. 填报要求

附表一（3）第9行“其他收入”：填报纳税人取得的除本表第2至8行项目以外的收入，包括盘盈收入、处置固定资产净收益、无形资产转让、非货币性资产交易收益、罚款净收入、其他单位对本单位的补助以及其他零星杂项收入等。按照会计核算“营业外收入”口径填报。

2. 填报数据来源

附表一（3）第9行“其他收入”：填报除第2至8行以外的收入。如固定资产出租、无形资产转让、其他单位对本单位的补助以及其他零星杂项收入等。

（1）“其他收入”科目核算事业单位除上述各项收入以外的收入。如对外投资收益、固定资产出租、外单位捐赠未限定用途的财物、其他单位对本单位的补助以及其他零星杂项收入等。

（2）其他收入以单位实际收到数额予以确认。取得收入时，借记“银行存款”等科目，贷记“其他收入”科目，收入退回时作相反的会计分录。

（3）年末，将“其他收入”科目贷方余额全数转入“事业结余”科目，借记“其他收入”科目，贷记“事业结余”科目。结转后“其他收入”科目应无余额。

（4）“其他收入”科目应按收入种类，如“投资收益”、“固定资产出租”、“捐赠收入”等设置明细账。

二、不征税收入总额填报

附表一（3）第10行“不征税收入总额”：填报纳税人计入利润总额，但属于税收规定不征税的财政拨款、依法收取并纳入财政管理的行政事业性收费、政府性基金，以及国务院规定的其他不征税收入。本行数据填入主表第16行和附表三第14行第4列。

（一）财政拨款

填报要求：附表一（3）第11行“财政拨款”：填报各级人民政府对纳入预算管理的事业单位、社会团体等组织拨付的财政资金，但国务院和国务院财政、税务主管部门另有规定的除外。

（二）行政事业性收费

填报要求：附表一（3）第12行“行政事业性收费”：填报依照法律行政法规等有关规定，按照国务院规定程序批准，在实施社会公共管理，以及在向公民、法人或者其他组织提供特定公共服务过程中，向特定对象收取并纳入财政管理的费用。

（三）政府性基金

填报要求：附表一（3）第13行“政府性基金”：填报纳税人依照法律、行政法规等有关规定，代政府收取的具有专项用途的财政资金。

（四）其他

填报要求：附表一（3）第14行“其他”：填报纳税人取得的，由国务院财政、税务主管部门规定专项用途并经国务院批准的财政性资金。

（五）审核的税法依据

1. 财政拨款

《企业所得税法》第七条规定，收入总额中的财政拨款为不征税收入。

《企业所得税法实施条例》第二十六条规定，企业所得税法第七条第（一）项所称财政拨款，是指各级人民政府对纳入预算管理的事业单位、社会团体等组织拨付的财政资金，但国务院和国务院财政、税务主管部门另有规定的除外。

2. 行政事业性收费、政府性基金

《企业所得税法》第七条规定，收入总额中的依法收取并纳入财政管理的行政事业性收费、政府性基金为不征税收入。

《企业所得税法实施条例》第二十六条规定，企业所得税法第七条第（二）项所称行政事业性收费，是指依照法律法规等有关规定，按照国务院规定程序批准，在实施社会公共管理，以及在向公民、法人或者其他组织提供特定公共服务过程中，向特定对象收取并纳入财政管理的费用。

《企业所得税法实施条例》第二十六条规定，企业所得税法第七条第（二）项所称政府性基金，是指企业依照法律、行政法规等有关规定，代政府收取的具有专项用途的财政资金。

3. 其他不征税收入

《企业所得税法》第七条规定，收入总额中的国务院规定的其他不征税收入为不征税收入。

《企业所得税法实施条例》第二十六条规定，企业所得税法第七条第（三）项所称国务院规定的其他不征税收入，是指企业取得的，由国务院财政、税务主管部门规定专项用途并经国务院批准的财政性资金。

1.4.3 社会团体、民办非企业单位收入项目的填报

一、填报审核要求

国税函〔2008〕1081号文件有关社会团体、民办非企业单位的填报要求表述得非常简单，关于收入部分的说明是："本表适用于执行事业单位会计制度、民间非营利组织会计制度的事业单位、社会团体、民办非企业单位、非营利性组织等居民纳税人填报。

根据《中华人民共和国企业所得税法》及其实施条例、相关税收政策，以及事业单位会计制度、民间非营利组织会计制度的规定，填报"收入总额"、"不征税收入"等。依照国家法律、行政法规登记的社会团体、基金会、民办非企业单位和寺院、宫观、清真寺、教堂等民间非营利组织，应按照《民间非营利组织会计制度》和《民间非营利组织会计制度——会计科目和会计报表》的有关规定，取得相关数据，比照本书所介绍的事业单位纳税调整方法，按照权责发生制原则调整后，填报附表一（3）。

显然，纳税人根据这个填表说明只是掌握了一项填报原则，要完成这张表的填报，还需要补充有关社会团体、民办非企业单位的知识。

二、填报步骤

社会团体、民办非企业单位按照填表的要求使用的是事业单位的收入项目明细表，在

《民间非营利组织会计制度》实施以前，社会团体、民办非企业单位大部分都执行事业单位会计制度，在有关信息从会计核算上，与收入项目明细表是对应的。现在不同了，执行的是《民间非营利组织会计制度》，会计上的信息与收入项目明细表的信息已经不对应了。在没有使用新的收入项目明细表之前，社会团体、民办非企业单位填报这张表时，第一步是将会计核算信息资料按照收入项目明细表的要求，进行重新分类。第二步是对交换交易收入中，会计上不作收入而按税法规定应作收入的项目，包括视同销售和税收上应确认的其他收入等两个收入项目，作收入调增处理。第三步是确认免税所得。

三、收入总额填报方法

1. 政府补助收入

政府补助收入，是指民间非营利组织接受政府拨款或者政府机构给予的补助而取得的收入。政府补助收入填报在《事业单位、社会团体、民办非企业单位收入项目明细表》的第2行“财政补助收入”行次中。

2. 经营收入

民间非营利组织经营收入填报在《事业单位、社会团体、民办非企业单位收入项目明细表》的第6行“经营收入”行次中。第6行填报内容包括：提供劳务收入、销售商品收入。不包括投资收益和会费收入。第6行经营收入所包括的内容，与民间非营利组织会计制度规定的交换交易收入核算内容不同，经营收入只包括其中的两项。

3. 捐赠收入

民间非营利组织因接受赠送而带来的资金流入为捐赠收入。捐赠收入主要发生在各类基金会、宗教场所，也可以发生在其他类型的民间非营利组织，如医院等。捐赠收入填报在《事业单位、社会团体、民办非企业单位收入项目明细表》的第10行“其他收入”行次中。

4. 会费收入、其他收入

会费收入，是指民间非营利组织根据章程等的规定向会员收取的会费。民间非营利组织的其他收入是指，民间非营利组织在主要业务活动收入以外的其他方面取得的收入，如固定资产处置净收入、无形资产处置净收入、无法支付的应付款项、资产出租收入等。这两项填报在《事业单位、社会团体、民办非企业单位收入项目明细表》的第9行“其他收入”行次中。

四、不征税收入总额填报方法

1. 会费收入

填报在《事业单位、社会团体、民办非企业单位收入项目明细表》的第14行“其他”行次中。

2. 捐赠收入

填报在《事业单位、社会团体、民办非企业单位收入项目明细表》的第14行“其他”行次中。

3. 其他免税收入

其他免税收入，是指民间非营利组织取得的可以享受免税照顾的收入事项。如非营利性医疗机构按照国家规定的价格取得的医疗服务收入。填报在《事业单位、社会团体、民办非企业单位收入项目明细表》的第14行“其他”行次中。

五、不征税收入项目

1．财政拨款

《企业所得税法实施条例》规定，企业所得税法第七条第（一）项所称财政拨款，是指各级人民政府对纳入预算管理的事业单位、社会团体等组织拨付的财政资金，但国务院和国务院财政、税务主管部门另有规定的除外。

2．行政事业性收费、政府性基金

《企业所得税法实施条例》第二十六条规定，企业所得税法第七条第（二）项所称行政事业性收费，是指依照法律法规等有关规定，按照国务院规定程序批准，在实施社会公共管理，以及在向公民、法人或者其他组织提供特定公共服务过程中，向特定对象收取并纳入财政管理的费用。

《企业所得税法实施条例》第二十六条规定，企业所得税法第七条第（二）项所称政府性基金，是指企业依照法律、行政法规等有关规定，代政府收取的具有专项用途的财政资金。

3．其他不征税收入

《企业所得税法实施条例》第二十六条规定，企业所得税法第七条第（三）项所称国务院规定的其他不征税收入，是指企业取得的，由国务院财政、税务主管部门规定专项用途并经国务院批准的财政性资金。

六、会计核算

（一）收入的分类

收入是指民间非营利组织开展业务活动取得的，导致本期净资产增加的经济利益或服务潜力的流入。按收入与等价交换原则关系分类，收入分为以下两大类：

1．交换交易收入

是指民间非营利组织的收入是按照等价交换原则取得的，如商品销售收入、提供服务收入等。

2．非交换交易收入

是指民间非营利组织的收入不是按照等价交换原则而是无偿取得的，如民间非营利组织收到的捐赠收入、政府补助收入等。

（二）非交换交易收入的核算

1．非交换交易收入的确认

民间非营利组织非交换交易收入主要包括捐赠收入和政府补助收入。

民间非营利组织核算非交换交易收入：一是正确确认其收入，二是在确认的基础上进行相应的账务处理。

对于因非交换交易所形成的收入，应当在同时满足下列条件时予以确认：

（1）与交易相关的含有经济利益或者服务潜力的资源能够流入民间非营利组织并为其所控制，或者相关的债务能够得到解除；

（2）交易能够引起净资产的增加；

（3）收入的金额能够可靠地计量。

一般情况下，对于无条件的捐赠或政府补助，应当在捐赠或政府补助收到时确认收入；对于附条件的捐赠或政府补助，应当在取得捐赠资产或政府补助资产控制权时确认收入，但当民间非营利组织存在需要偿还全部或部分捐赠资产（或者政府补助资产）或者相应金额的现时义务时，应当根据需要偿还的金额同时确认一项负债和费用。

对于民间非营利组织接受的劳务捐赠，不予确认，但应当在会计报表附注中作相关披露。

2. 捐赠收入

（1）捐赠收入的概念。

民间非营利组织因接受赠送而带来的资金流入为捐赠收入。民间非营利组织接受的捐赠符合收入的定义，即它是民间非营利组织在业务活动中取得的，最终会导致净资产的增加，因此，应当将其确认为收入。

捐赠收入是民间非营利组织收入的主体，也是民间非营利组织从事业务活动的主要资金来源和物质基础。

捐赠收入主要发生在各类基金会、宗教场所，也可以发生在其他类型的民间非营利组织，如医院等。

（2）捐赠收入的分类。

一般而言，捐赠收入主要有以下形式：

非限定性捐赠收入，如果资产捐赠者未对捐赠资产的使用设置时间限制或者（和）用途限制，则所确认的相关捐赠收入为非限定性捐赠收入。

限定性捐赠收入，如果资产捐赠者对资产的使用设置了时间限制或者（和）用途限制，则所确认的相关捐赠收入为限定性捐赠收入。

按捐赠收入的内容分类，可以分为：货币资金、实物资产和无形资产。

（3）捐赠收入核算账户的设置。

为了核算接受其他单位或者个人捐赠所取得的收入，民间非营利组织应设置“捐赠收入”账户。该账户属于”收入费用“类账户，其贷方登记取得的捐赠收入；借方登记期末转入净资产的捐赠收入，期末结转后无余额。

（4）捐赠收入的账务处理。

民间非营利组织接受的捐赠，按照应确认的金额，借记“现金”、“银行存款”、“短期资产”、“存货”、“长期股权投资”、“长期债权投资”、“固定资产”、“无形资产”等账户，贷记“捐赠收入”账户。其明细账应当按照“限制性收入”或“非限制性收入”设置。

限定性捐赠收入的限制解除。如果限定性捐赠收入的限制在确认收入的当期得以解除，应当将其转为非限定性捐赠收入，借记“捐赠收入”账户“限定性收入”明细账户，贷记“捐赠收入”账户“非限定性收入”明细账户。

期末将捐赠收入账户余额转入净资产。期末，将限定性捐赠收入转入净资产时，编制借记“捐赠收入——限定性收入”，贷记“限定性净资产”的会计分录；将非限定性捐赠收入转入净资产时，编制借记“捐赠收入——非限定性收入”，贷记“非限定性净资产”的会计分录。

3．政府补助收入

（1）政府补助收入的概念。

政府补助收入，是指民间非营利组织接受政府拨款或者政府机构给予的补助而取得的收入。

民间非营利组织提供的是公共服务，开展的是公益活动，从一定程度上代替政府做了部分工作，有效弥补了部分“政府不足”和“市场不足”。政府为了引导和培育民间非营利组织的健康成长，从政策到财力上给予民间非营利组织一定的支持。政府补助收入也成为民间非营利组织的重要资金来源。

政府补助收入可以发生在各类型的民间非营利组织。政府补助收入也分为限定性和非限定性两种。

（2）政府补助收入核算账户的设置。

民间非营利组织应设置“政府补助收入”账户，核算民间非营利组织因为政府拨款或者政府机构给予的补助而取得的收入。该账户属于收入费用类账户，其贷方登记收到的政府补助收入；借方登记期末转入净资产的政府补助收入，期末结转后该账户无余额。

（3）政府补助收入的账务处理。

收到政府补助收入。民间非营利组织接受的政府补助，按照应确认的金额，借记“现金”、“银行存款”等账户，贷记“政府补助收入”账户“限定性收入”，或者“非限定性收入”明细账户。

政府补助收入限制的解除。如果民间非营利组织限定性政府补助收入的限制，在确认收入的当期得以解除，应当将其转为非限定性捐赠收入，借记“政府补助收入”账户“限定性收入”明细账户，贷记“政府补助收入”账户“非限定性收入”明细账户。

期末将政府补助收入转入净资产。期末，将“政府补助性净资产”账户各明细账户的余额分别转入限定性净资产和非限定性净资产，借记“政府补助收入”账户“限定性收入”明细账户，贷记“限定性净资产”账户，借记“政府补助收入”账户“非限定性收入”明细账户，贷记“非限定性净资产”账户。

（三）交换交易收入的核算

1．交换交易收入的特点和内容

交换交易收入，是指民间非营利组织按照市场规则，通过等价交换提供商品、服务和让渡资产使用权取得的收入，这类收入取得时，需要向交易对方支付等值或者大致等值的现金，或者提供等值或者大致等值的货物、服务等。

交换交易收入主要包括商品销售收入、提供服务收入、会费收入、投资收益等。

2．会费收入

（1）会费收入的概念。

会费收入，是指民间非营利组织根据章程等的规定向会员收取的会费。

会费收入主要发生在各类社会团体，也可以发生在其他类型的民间非营利组织。一般情况下，会费收入为非限定性收入，除非相关资产提供者对资产的使用设置了限制。

（2）会费收入核算账户的设置。

民间非营利组织应设置“会费收入”账户，核算民间非营利组织根据章程等的规定向会员收取的会费收入。该账户属于收入费用类账户，该账户贷方登记取得的会费收入；借方登记期末转入净资产的会费收入，期末结转后该账户无余额。

（3）会费收入的账务处理。

收到会费收入。民间非营利组织向会员收取会费，在满足收入确认条件时，借记“现金”、“银行存款”、“应收账款”等账户，贷记“会费收入”账户“非限定性收入”明细账户，如果存在限定性会费收入，就应当贷记本账户“限定性收入”明细账户。

期末将会费收入转入净资产。期末，将“会费收入”账户的余额转入非限定性净资产，借记“会费收入”账户“非限定性收入”明细账户，贷记“非限定性净资产”账户。如果存在限定性会费收入，则将其金额转入限定性净资产，借记“会费收入”账户“限定性收入”明细账户，贷记“限定性净资产”账户。

3. 提供服务收入的核算

（1）提供服务收入的概念。

提供服务收入，是指民间非营利组织根据章程等的规定向其服务对象提供服务取得的收入，包括学杂费收入、医疗费收入、培训收入等。

提供服务收入主要发生在各类民办非企业单位，也可以发生在其他类型的民间非营利组织。提供服务收入一般属于非限定性收入，如果收入的提供者对资产的使用设置了时间限制或者（和）用途限制，则应按限定性收入单独核算。

（2）提供服务收入的确认与计量。

民间非营利组织对提供服务收入的确认与计量，与企业提供劳务收入的确认与计量的处理方法是一致的，请参照第二章第一节“1.2《收入明细表》的填报审核”中劳务收入填报审核的有关内容。

（3）提供服务收入核算账户的设置。

为了核算提供服务收入增减变动情况，民间非营利组织应设置“提供服务收入”账户。

“提供服务收入”账户，核算民间非营利组织根据章程等的规定，向其服务对象提供服务取得的收入。其贷方登记实现的服务收入，借方登记期末提供服务收入转入非限定性（或限定性）净资产的数额，期末结转后无余额。其明细账户应按照提供服务的种类设置。

（4）提供服务收入的账务处理。

第一，提供服务完成时确认收入的核算。对于开始和结束均在同一会计年度且一次完成的服务，民间非营利组织应在提供服务完成时按所确定的收入金额确认收入。民间非营利组织提供服务取得收入时，按照实际收到或应当收取的价款，借记“现金”、“银行存款”、“应收账款”等账户，按照应当确认地提供服务收入金额，贷记“提供服务收入”账户。

第二，按完工百分比法确认收入的核算。民间非营利组织对于不能在同一会计期间完成，但在期末能对交易的结果作出可靠估计的服务，应按完工百分比法确认收入及相关的费用。如果先提供服务后收取款项时，按照完工百分比法计算出当期应收取的价款时，编制借记“应收账款”，贷记“提供服务收入”的会计分录。如果先收取款项后提供服务时，按照预收的价款，编制借记“现金”、“银行存款”，贷记“预收账款”的会计分录。

在以后的期间确认提供服务收入时，编制借记“预收账款”，贷记“提供服务收入”的会计分录。同时，根据收入是否存在限定性条件，分别贷记“提供服务收入”账户的“限定性收入”或“非限定性收入”明细账户。

第三，期末结转提供服务收入的核算。期末，民间非营利组织应将“提供服务收入——非限定性收入”、“提供服务收入——限定性收入”账户累积的余额转入“非限定性净资产”和“限定性净资产”账户。借记“提供服务收入——非限定性收入”、“提供服务收入——限定性收入”账户，贷记“非限定性净资产”和“限定性净资产”账户。

4. 商品销售收入的核算

（1）商品销售收入的概念。

商品销售收入，是指民间非营利组织销售产品（如出版物、药品等）等所形成的收入。

商品销售收入一般属于非限定性收入，如果收入的提供者对资产的使用设置了时间限制或者（和）用途限制，则应按限定性收入单独核算。

（2）商品销售收入确认的条件。

民间非营利组织对商品销售收入的确认，与企业的商品销售收入确认处理方法是一致的，请参照第二章第一节“1.2《收入明细表》的填报审核”中商品销售收入填报审核的有关内容。

（3）商品销售收入账户的设置。

民间非营利组织应设置“商品销售收入”账户，核算民间非营利组织销售产品等所形成的收入。该账户属于收入费用类账户，其贷方登记实现的商品销售收入，借方登记销售退回、销售折扣与折让抵减的商品销售收入以及月末结转计入非限定性（或限定性）净资产的净收入，月末结转后无余额。其明细账应按照商品的种类设置。

（4）商品销售收入取得的账务处理。

民间非营利组织销售商品取得收入时，按照实际收到或应当收取的价款，借记“现金”、“银行存款”、“应收票据”、“应收账款”等账户，按照应当确认的商品销售收入金额，贷记“商品销售收入——非限定性收入”账户，如果存在限定性商品销售收入，应当贷记“商品销售收入——限定性收入”账户。

（5）商品销售收入折扣折让项目的核算。

民间非营利组织对商品销售收入折扣折让项目的核算，与企业的处理方法是一致的，请参照第二章第一节“1.2《收入明细表》的填报审核”中销售折扣与折让填报审核的有关内容。

（6）商品销售收入期末结转的核算。

期末，民间非营利组织应将本期“商品销售收入”账户累积的余额转入净资产账户。借记“商品销售收入——非限定性收入”、“商品销售收入——限定性收入”账户，贷记“非限定性净资产”、“限定性净资产”账户。

5. 其他收入

民间非营利组织的其他收入是指，民间非营利组织在主要业务活动收入以外的其他方面取得的收入，如固定资产处置净收入、无形资产处置净收入、无法支付的应付款项、资产出租收入等。其他收入一般属于非限定性收入，如果被投资单位或者个人对所分配的股利或者利息的使用设置了时间限制或者（和）用途限制，则应按限定性收入单独核算。

为了核算和监督民间非营利组织除了捐赠收入、会费收入、提供服务收入、政府补贴收入、商品销售收入和投资收益等主要业务活动收入之外的各种其他收入的实际情况，应设置“其他收入”账户。该账户属于收入费用类账户，贷方登记本期实现的其他收入额，借方登记期末结转本年净资产的其他收入额，平时余额在贷方反映民间非营利组织当期实现其他收入的累积金额，期末结转本年净资产后该账户应无余额。该账户应按照是否存在限定区分为非限定性收入和限定性收入设置明细账户，进行明细核算。

其他收入可以发生于各种类型的民间非营利组织，现列举如下：

（1）现金、存货、固定资产等盘盈的，根据管理权限报经批准后，借记“现金”、“存货”、“固定资产”、“文物文化资产”等账户，贷记“其他收入——非限定性收入”、“其他收入——限定性收入”账户。

（2）对于出租包装物及固定资产等租金收入，借记“银行存款”，“应收账款”等账户，贷记“其他收入——非限定性收入”账户。

（3）对于固定资产处置净收入，借记“固定资产清理”账户，贷记“其他收入——非限定性收入”账户。

（4）对于无形资产处置净收入，按照实际取得的价款，借记“银行存款”等账户，按照该项无形资产的账面余额，贷记“无形资产”账户，按照其差额，贷记“其他收入——非限定性收入”账户。

（5）确实无法支付的应付款项，借记“应付账款”等账户，贷记“其他收入——非限定性收入”账户。

（6）在非货币性交易中收到补价情况下应确认的损益，借记有关账户，贷记“其他收入——非限定性收入”账户。

（7）期末，民间非营利性组织应将“其他收入——非限定性收入”或“其他收入——限定性收入”账户累积的余额转入净资产账户。借记“其他收入——非限定性收入”或“其他收入——限定性收入”账户，贷记“非限定性净资产”或“限定性净资产”账户。

第二节 营业成本的填报审核

2.1 成本与费用概述

2.1.1 费用的定义和特征

费用是指企业在日常活动中发生的、会导致所有者权益减少的、与向所有者分配利润无关的经济利益的总流出。具有以下两项基本特征：

（1）费用最终将会减少企业的资源。这种减少具体表现为企业资金支出，从这种意义上说，费用本质上是企业经济利益的流出，它与资产流入企业所形成的收入相反。

（2）费用会减少企业的所有者权益。通常，企业的资金流入（收入）会增加企业的所有者权益；相反，资金流出会减少企业的所有者权益，即形成企业的费用。但是，企业在生产经营过程中，有的支出是不应归入费用的。例如，企业以银行存款偿付一项债务，只是一项资产和一项负债的等额减少，对所有者权益没有影响，因此，不构成费用；又如，企业向投资者分配股利或利润，这一资金流出虽然减少了企业的所有者权益，但其属性是对最终利润的分配，不是经营活动的结果，也不应作为费用。

2.1.2 费用与支出、成本的关系

一、费用与支出

支出也称流出，是指企业的资源因耗用或偿付等原因而流出企业，从而导致可使用资源总量的减少。就某一会计期间而言，支出可以是现金支出，也可以是非现金支出，前者比较直观，如以现金支付材料价款等，后者则是对材料或机器设备等的耗用。但如不考虑支出所属的会计期间，而是放眼于一段比较长的时期，那么，所有支出或追溯既往，或展望未来，都是曾经或期望用现金来实现的，或者说，都属于现金支出。

除偿付性支出外，其余支出或迟或早都会转化为费用。所谓偿付性支出，是指企业出于偿债目的而将包括现金在内的资源交付给其他主体。这一行为与费用核算没有直接关系（当然，负债的发生可能也是一项费用所致）。而其余支出又可分为以下两大类：

1. 资本性支出

资本性支出的特点是它的效益长于一个会计期间，因此，在发生时，并不能全部作为费用。只有使当前会计期间受益的部分才是费用。

2. 收益性支出

收益性支出则不同，它是在一个会计期间发生的，其未来的经济利益可以在一个会计期间内耗费，因而可以全额作为费用。所以，费用既包括经营过程中发生的收益性支出，又包括在该会计期间内受益的资本性支出。

二、费用与成本

在我国会计实务中，费用和成本是两个平行使用的概念。其中，费用是一定期间所发生的耗费，包括收益性支出中本期消耗部分和资本性支出在本期耗用的部分；而成本是按一定对象所归集的支出，它既包括收益性支出，也包括资本性支出。前者形成产品成本（如果严格分析，产品成本的构成中，也包括了部分来自资本性支出的转化），后者形成资产的成本，如购建固定资产的所形成的成本。

在我国会计实务中，如不特别指明，一般所说的成本就是指与收入相匹配的产品成本。成本即是产品成本，严格地说，是产品的生产成本。《企业会计准则》规定，成本是指企业为生产产品、提供劳务而发生的各项耗费，是生产费用对象化形成的。

就制造业而言，生产费用的发生过程同时又是产品制造成本的形成过程。但是，两者也有所区别。生产费用指某一期间内为进行生产而发生的耗费，它与一定的时期相联系，而与哪一种产品的生产无关；产品成本指为生产某一种产品而消耗的费用，它与一定种类和数量的产品相联系，而不论发生在哪一时期。

2.1.3 费用的分类

所谓分类，就是根据事物的特点进行分别归类。不同特点的选择，将会产生不同的分类方式。对费用的分类也是这样，不同的分类标准将导致不同的类别。恰当地对费用进行

分类，将有助于方便、合理地确认和计量费用。

一、按照费用的经济内容（或性质）分类

费用按经济内容（或性质）进行分类，可分为劳动对象方面的费用、劳动手段方面的费用和活劳动方面的费用三大类。就制造业企业来说，这在会计上称为生产费用要素，一般由以下九个项目组成。

（1）外购材料。指企业为进行生产而耗用的从外部购入的原材料及主要材料、半成品、辅助材料、包装物、修理用备件和低值易耗品等。

（2）外购燃料。指企业为进行生产而耗用的从外部购入的各种燃料，包括固体燃料、液体燃料和气体燃料。

（3）外购动力。指企业为进行生产而耗用的从外部购入的各种动力，包括热力、电力和蒸汽等。

（4）工资。指企业所有应计入生产费用的职工工资。

（5）提取的职工福利费。指企业按照工资总额的一定比例，计提并计入费用的职工福利费。

（6）折旧费。指企业所拥有或控制的固定资产按照使用情况计提的折旧费。

（7）利息支出。指企业计入期间费用等的负债利息净支出（即利息支出减利息收入后的余额）。

（8）税金。指计入企业成本费用的各种税金，如印花税、房产税、车船使用税和土地使用税等。

（9）其他费用。指不属于以上各费用要素的费用。

费用按照经济内容进行分类，可以反映企业在一定时期内发生了哪些生产费用，金额各是多少，以便于分析企业各个时期各种费用占整个费用的比重，进而分析企业各个时期各种要素费用支出的水平，有利于考核费用计划的执行情况。

二、按照费用的经济用途分类

费用的经济用途是费用最终为企业所提供的服务。从目前会计实务的应用来看，以制造业为例，费用可分为两大类：计入产品生产成本的费用和期间费用。

（一）所销售产品的生产成本即本期销货成本

（1）直接材料。指企业在生产产品和提供劳务过程中所消耗的，直接用于产品生产，构成产品实体的原料及主要材料、外购半成品（外购件）、修理用备件（备品配件）、包装物、有助于产品形成的辅助材料以及其他直接材料。

（2）直接人工。指企业在生产产品和提供劳务的过程中，直接从事产品生产的工人工资以及按生产工人工资总额和规定的比例计算提取的职工福利费。

（3）其他直接费用。指企业发生的除直接材料费用和直接人工费用以外的，与生产商品或提供劳务有直接关系的费用。

以上直接费用应当根据实际发生数进行核算，并按照成本计算对象进行归集，直接计入产品的生产成本。

（4）制造费用。又称间接费用，指企业为生产产品或提供劳务而发生的各项间接费用，包括工资和福利费、折旧费、修理费、办公费、水电费、机物料消耗、劳动保护费、季节性大修理期间的停工损失等，但不包括企业行政管理部门为组织和管理生产经营活动而发生的管理费用。

（二）期间费用

期间费用指企业当期发生的必须从当期收入中得到补偿的费用。由于它仅与当期实现的收入相关，必须计入当期损益，因此，称其为期间费用。期间费用主要包括下列项目。

(1) 销售费用。是指产品销售环节所发生的支出，这种支出旨在促进或扩大企业产品的销售，占领市场，最终提高企业产品的竞争能力。

(2) 管理费用。是企业行政管理部门为组织和管理生产经营活动所发生的一切必要支出。与上述两种费用相比，管理费用的一项特征是，此类费用与企业经营过程中的全部经营活动相联系，一般不具体地由某一经营活动或某一种产品负担。

(3) 财务费用。是企业经营过程中为取得、使用资金而发生的全部必要支出。财务费用最主要的表现形式是借款利息和手续费。需要注意的是，并不是企业所有的借款利息都形成当期的财务费用。那些长期借款利息需要资本化，构成相应资产的成本。

费用按经济用途进行分类，能够明确地反映出直接用于产品生产的材料费用、职工工资、耗用于组织和管理生产经营活动上的各项支出水平，从而有助于企业了解费用计划、定额、预算等的执行情况，便于控制成本费用支出，加强成本管理和成本分析。

2.1.4 新准则与旧准则及会计制度费用差异分析

(1) 旧准则，不区分“费用”与“成本”，把它们看成同一种概念。

(2)《企业会计制度》，将成本定义为“耗费”，不一定是经济利益流出，如生产领用材料、工人工资都构成产品成本，形成存货，没有卖出去的存货成本不能算费用要素。费用的本质是经济利益流出，费用的范畴是企业日常活动，费用的形式是以总额反映的经济利益流出。

(3) 新准则将“费用”定义为“企业在日常活动中发生的、会导致所有者权益减少的、与向所有者分配利润无关的经济利益的总流出”。费用的本质、范畴与《企业会计制度》相同，对“费用”的形式稍加修订，即经济利益的总流出。增加了费用确认条件，即：经济利益很可能流出从而导致企业资产减少或者负债增加，且经济利益的流出额能够可靠计量时才能予以确认；增加了双重确认的要求，即符合费用定义和确认条件的项目，应当列入利润表。揭示了费用与所有者权益、资产、负债的关系——利润表与资产负债表的关系。

(4) 费用确认条件举例。一是不符合费用定义。如：企业购货支出 100 万元，购货行为属于日常活动，但购货支出没有导致经济利益流出企业（钱出去，货进来了），不能确认为费用。二是符合费用定义，不能可靠计量。如提前解除劳动合同补偿，履行该项义务将导致企业经济利益流出，但没有明确的计划确定流出多少，不符合“能够可靠计量”的确认条件，在当期利润表中不能确认为费用。

2.1.5 新准则与会计制度的成本类会计科目对照

新会计准则会计科目表				企业会计制度会计科目表			
顺序号	编号	会计科目名称	会计科目适用范围说明	顺序号	编号	会计科目名称	对比
143	6401	主营业务成本		77	5401	主营业务成本	不变
144	6402	其他业务支出		79	5405	其他业务支出	不变
145	6405	营业税金及附加		78	5402	主营业务税金及附加	更名
146	6411	利息支出	金融共用				新增
147	6421	手续费支出	金融共用				新增
148	6501	提取未到期责任准备金	保险专用				新增
149	6502	提取保险责任准备金	保险专用				新增
150	6511	赔付支出	保险专用				新增
151	6521	保户红利支出	保险专用				新增
152	6531	退保金	保险专用				新增
153	6541	分出保费	保险专用				新增
154	6542	分保费用	保险专用				新增
155	6601	销售费用		80	5501	营业费用	更名
156	6602	管理费用		81	5502	管理费用	不变
157	6603	财务费用		82	5503	财务费用	不变
158	6604	勘探费用					新增
159	6701	资产减值损失					新增
160	6711	营业外支出		83	5601	营业外支出	不变
161	6801	所得税		84	5701	所得税	不变
162	6901	以前年度损益调整		85	5801	以前年度损益调整	不变

2.2 主表营业成本的填报审核

2.2.1 填报要求

《企业所得税年度纳税申报表（A类）》第2行“营业成本”项目：填报纳税人主要经营业务和其他经营业务发生的成本总额。

本行根据“主营业务成本”和“其他业务成本”科目的数额计算填报。

一般工商企业纳税人，通过附表二（1）《成本费用明细表》计算填报；金融企业纳税人，通过附表二（2）《金融企业成本费用明细表》计算填报；事业单位、社会团体、民办非企业单位、非营利组织等纳税人，通过附表二（3）《事业单位、社会团体、民办非企业单位支出明细表》计算填报。

2.2.2 与附表的关系

（1）一般企业第2行=附表二（1）第2+7行；

（2）金融企业第2行=附表二（2）第1行；

（3）事业单位、社会团体、民办非企业单位、非营利组织第1行=附表二（3）第2至9行合计。

2.3 《成本费用明细表》的填报审核

2.3.1 《成本费用明细表》的概说

一、适用范围

附表二（1）适用于执行企业会计制度、小企业会计制度、企业会计准则，以及分行业会计制度的一般工商企业的居民纳税人填报。

二、填报依据和内容

附表二（1）根据《中华人民共和国企业所得税法》及其实施条例、相关税收政策，以及《企业会计制度》、《小企业会计制度》、《企业会计准则》，以及《分行业会计制度》的规定，填报"主营业务成本"、"其他业务成本"和"营业外支出"，以及根据税收规定确认的"视同销售成本"。

三、报表结构说明

附表二（1）填报数据来源有两处：一是《成本费用明细表》填报与附表一（1）《销售（营业）收入及其他收入明细表》相对应的销售（营业）成本、其他业务成本及营业外支出等的具体构成项目和期间费用；二是根据会计准则或会计制度核算的"销售（营业）费用"、"管理费用"、"财务费用"，据以填报主表第4行"销售费用"、第5行"管理费用"、第6行"财务费用"。

（一）表内计算关系

（1）附表二（1）第1行=本表第2+7+12行。

（2）附表二（1）第2行=本表第3行至6行合计。

（3）附表二（1）第7行=本表第8行至11行合计。

（4）附表二（1）第12行=本表第13+14+15行。

（5）附表二（1）第16行=本表第17至24行合计。

（6）附表二（1）第25行=本表第26+27+28行。

（二）表间计算关系

（1）附表二（1）第2+7行=主表第2行。

（2）附表二（1）第12行=附表三第21行第4列。

（3）附表二（1）第16行=主表第12行。

（4）附表二（1）第26行=主表第4行。

（5）附表二（1）第27行=主表第5行。

（6）附表二（1）第28行=主表第6行。

四、填报时的注意问题

（一）正确划分各种费用支出的界限

为正确计算产品的成本，首先要划清各种费用支出的界限，一般应划清如下五方面的费用界限：

（1）划清收益性支出与资本性支出、营业外支出的界限；

（2）划清产品制造成本与期间费用的界限；

（3）划清本期产品与下期产品应负担的费用界限；

（4）划清各种产品之间的费用界限；

（5）划清本期完工产品与期末在产品之间的费用界限。

这五方面费用界限的划分都应遵循受益原则，即谁受益谁负担费用，负担费用的多少应与受益程度大小成正比。这五方面费用界限的划分过程也是产品成本的计算过程。

（二）选择适当的产品成本计算方法

对费用归集汇总后，就要计算产品成本。企业要适应生产特点和管理要求来选择产品成本计算方法，企业生产的特点按其组织方式划分，有大量生产、成批生产和单件生产；按其工艺过程的特点划分，有装配式生产和连续式生产。企业采用何种成本计算方法，在很大程度上是由产品的生产特点来决定的。

生产特点和产品成本计算方法的关系，主要表现在成本核算对象的确定、费用的归集及计入产品成本的程序、成本计算期的确定、生产费用在产成品和在产品之间分配等方面，这四个方面称为成本计算的因素，这四项因素的差异构成了不同的成本计算方法。

（三）产品成本核算的一般程序

（1）对所发生的费用进行确认，确定计入产品成本的核算范围；

（2）月份终了，将应计入产品成本的生产费用在各个产品之间进行分配和归集，计算出各种产品的成本；

（3）将生产费用在完工产品和月末在产品之间进行分配和归集，计算出完工产品的成本；

（4）结转完工产品成本。

（四）划分收益性支出与资本性支出

按照划分收益性支出与资本性支出原则，某项支出的效益属于几个会计年度（或几个营业周期），该项支出应予以资本化，不能作为当期的费用；如果某项支出的效益仅属于本会计年度（一个营业周期），就应作为收益性支出在一个会计期间内确认为费用。这一原则为费用确认给定了一个时间上的总体界限。正确地区分收益性支出与资本性支出，保证了正确地计量资产的价值和正确地计算各期的产品成本、期间费用及损益。

（五）权责发生制原则划分收益性支出与资本性支出

只是为费用的确认作出了时间上的大致区分，而权责发生制原则规定了具体在什么时点上确认费用。企业会计准则规定，凡是当期已经发生或应当负担的费用，不论款项是否收付，都应作为当期的费用；凡是不属于当期的费用，即使款项已在当期支付，也不应当作为当期的费用。

（六）当期收入与费用的配比

新会计准则没有把配比原则列入会计信息质量要求原则，而是通过会计分期与权责发生制前提，把收入与成本配比原则涵盖在内。

按照配比原则，为产生当期收入所发生的费用，应当确认为该期的费用。配比原则的基本含义在于：

当收入已经实现时，某些资产（如物料用品）已被消耗或已被出售（如商品）以及劳务已经提供（如专设的销售部门人员提供的劳务），已被耗用的这些资产和劳务的成本应当在确认有关收入的期间予以确认。

如果收入要到未来期间实现，相应的费用就应递延分配于未来的实际受益期间。

因此，费用的确认要根据费用与收入的相关程度，确定哪些资产耗费或负债的增加应从本期收入中扣减。

（七）费用的确认

费用只有在经济利益很可能流出从而导致企业资产减少，或者负债增加且经济利益的流出额能够可靠计量时才能予以确认。确认费用一般有如下三项标准：

（1）企业为生产产品、提供劳务等发生的可归属于产品成本、劳务成本等的费用，应当在确认产品销售收入、劳务收入等时，将已销售产品、已提供劳务的成本等计入当期损益。例如，产品销售成本就属于这种情况。企业售出的商品是直接与所产生的营业收入相联系的，所以，该项销售产品的成本就可以随同本期的销售收入而作为该期的费用，从而计入当期损益。

（2）企业发生的支出不产生经济利益的，或者即使能够产生经济利益但不符合或者不再符合资产确认条件的，应当在发生时确认为费用，计入当期损益。例如，无形资产的摊销和保险费用的分摊，再如广告费等。在企业中，这些费用不能提供明确的未来利益，并且，如果对这些费用加以分摊也没有意义，这时候这些费用就应采用这一标准，直接作为当期费用予以确认。

（3）企业发生的交易或者事项导致其承担了一项负债而又不确认为一项资产的，应当在发生时确认为费用，计入当期损益。如企业对外担保发生诉讼，并且法院已判决，应确认一项预计负债。

五、成本审核的要点

（1）产成品或库存商品的发生情况；

（2）成本结转情况；

（3）成本的会计处理中，存在的差错；

（4）成本结转是否正确；

（5）成本的资产负债表日后事项；

（6）对会计资料的审核，重点是审核会计核算中的差错。对审出来的差错，影响应纳税所得额的，要在附表三中进行纳税调整；不影响应纳税所得额的，不作为纳税调整事项。

六、成本审核的方法

（1）对于经审核未发现差错的，直接采集成本的数据；

（2）对于经审核发现会计差错的，应在纳税人更正后，才能作为成本的申报数据；

（3）成本的证据属于会计核算证据，鉴证程序为逻辑关系审验和成本费用账务处理方法评价；

（4）对于经审核发生资产负债表日后事项的，应考虑资产负债表日后事项后进行数据采集。

2.3.2 主营业务成本的填报审核

一、填报要求

附表二（1）第2行“主营业务成本”：根据不同行业的业务性质分别填报纳税人按照国家统一会计制度核算的主营业务成本。

附表二（1）第3行“销售货物成本”：填报从事工业制造、商品流通、农业生产以及其他商品销售企业发生的主营业务成本。

附表二（1）第4行“提供劳务成本”：填报从事提供旅游饮食服务、交通运输、邮政电信、对外经济合作等劳务、开展其他服务的纳税人发生的主营业务成本。

附表二（1）第5行“让渡资产使用权成本”：填报让渡无形资产使用权（如商标权、专利权、专有技术使用权、版权、专营权等）发生的使用费成本以及以租赁业务为基本业务的出租固定资产、无形资产、投资性房地产在主营业务收入中核算发生的租金成本。

附表二（1）第6行“建造合同成本”：填报纳税人建造房屋、道路、桥梁、水坝等建筑物，以及船舶、飞机、大型机械设备等发生的主营业务成本。

二、填报数据来源

本行填报数据来源，为符合会计核算要求的“主营业务成本”科目。“主营业务成本”科目核算企业因销售商品、提供劳务或让渡资产使用权等日常活动而发生的实际成本。月度终了，应当根据本月销售各种商品、提供的各种劳务等的实际成本，计算应结转的主营业务成本，借记“主营业务成本”科目，贷记“库存商品”、“劳务成本”等科目。主营业务成本应按主营业务的种类设置明细账，进行明细核算。期末，应将“主营业务成本”科目的余额转入“本年利润”科目，结转后“主营业务成本”科目应无余额。

三、执行会计制度纳税人——会计数据审核

（一）主营业务成本

1. 生产成本审核时应注意的问题

（1）“生产成本”科目核算内容。为了核算企业进行工业性生产所发生的各项生产费用，包括生产各种产品（包括产成品、自制半成品、提供劳务等）、自制材料、自制工具以及自制设备等所发生的各项生产费用，企业应当设置“生产成本”科目。该科目的借方反映所发生的各项生产费用，贷方反映完工转出的各种产品、自制材料、自制工具以及自制设备等的成本，期末借方余额，反映尚未加工完成的各项在产品的成本。

（2）企业应当根据本企业生产的特点，选择适合于本企业的成本核算对象、成本项目及成本计算方法。

（3）需要单独核算废品损失的工业企业，可以在“基本生产成本”明细科目下设置“废品损失”明细科目，以归集和分配基本生产车间所发生的废品损失。废品损失包括在生产过程中发现的、入库后发现的各种废品的报废损失和修复费用。上述废品的报废损失，是指不可修复的废品的实际成本减去回收材料和废料价值后的净损失。废品的修复费用，是指可以修复的废品在返修过程中所发生的修理费用，应由造成废品的过失人负担的赔款，应从废品损失中减去。经检验部门鉴定不需要返修而可以降价出售的不合格品，其成本与合格品相同；其售价低于合格品售价所发生的损失，应在计算销售损益中体现，不作废品损失处理。产品入库后由于保管不善等原因而损坏变质的损失，应作为企业管理费用处理，也不列做废品损失。

（4）需要单独计算停工损失的企业，可以在“基本生产成本”明细科目下设置“停工损失”明细科目，以归集和分配基本生产车间因停工而发生的各种费用。这里的停工损失包括：停工期内所支付的生产工人工资和提取的应付福利费、所耗用的燃料和动力费，以及应负担的制造费用。如果是季节性生产企业在停工期内的费用，应当采用待摊、预提的方法，由开工期内的生产成本负担，不作为停工损失。

2. 制造费用的核算内容

制造费用是产品制造成本的重要组成部分，它是指企业为生产产品和提供劳务而发生的各项间接费用。制造费用作为一种间接费用，在发生时一般无法直接判定它应归属的成本核算对象，因而不能直接计入所发生的产品成本中，它必须按费用发生的地点进行归集，月度终了，再采用一定的方法在各成本核算对象间进行分配，然后才能计入各成本核算对象的成本中。制造费用主要包括以下几项：

（1）间接用于产品生产的费用，例如机物料消耗，车间生产用房屋及建筑物折旧费、修理费、经营租赁费和保险费，车间生产用的照明费、取暖费、运输费、劳动保护费，以及季节性停工和生产用固定资产修理期间的停工损失等。

（2）直接用于产品生产，但管理上不要求或者核算上不便于单独核算，因而没有专设成本项目的费用，例如机器设备的折旧费、修理费、经营租赁费和保险费，生产工具摊销，设计制图费和试验费。生产工艺用动力如果没有专设成本项目，也包括在制造费用中。

（3）车间用于组织和管理生产的费用，包括车间人员工资及福利费，车间管理用房屋和设备的折旧费、修理费、经营租赁费和保险费，车间管理用具摊销，车间管理用照明费、水费、取暖费、差旅费和办公费等。如果企业的组织机构分为车间、分公司和总公司等若干层次，则分公司也与车间相似，也是企业的生产单位，因而分公司用于组织和管理生产的费用，也作为制造费用核算。

3. 制造费用的会计处理

为了核算企业为生产产品和提供劳务而发生的各项间接费用，企业应当设置“制造费用”科目。该科目的借方反映企业发生的各项间接费用，贷方反映企业分配的各项间接费用，除季节性生产性企业外，期末一般无余额。

季节性生产企业基本生产车间的制造费用，一般可按制造费用的全年或停工月度预算数和产品的全年计划产量，计算确定计划分配率，据以进行分配。如果制造费用的实际发生数、产品的实际产量与预算数、计划产量相差较大时，应当及时调整计划分配率。年度终了，制造费用全年实际发生数与分配数的差额，除其中属于为明年开工生产作准备的可留待明年分配外，其余都应当在本年内调整产品成本：发生数大于分配数的差额，借记“生产成本——基本生产成本”科目，贷记“制造费用”科目；实际发生数小于分配数的差额，用红字登记。

4. 制造费用审核时应注意的问题

（1）制造费用不同于管理费用。为了正确地计算产品的制造成本，应严格区分制造费用和管理费用的界限。制造费用也称为间接费用，是企业为生产产品和提供劳务而发生的，是产品制造成本的重要组成部分；管理费用属于期间费用的一种，是企业为组织和管理经营活动而发生的。

（2）企业发生的各项制造费用，应当按照一定的方法进行分配。具体分配方法通常包括以下几种：按生产工人工资、按生产工人工时、按机器工时、按耗用原材料的数量或成本、按直接成本（原材料、生产工人工资及应提取的福利费之和）、按产品产量。企业可以根据需要自行决定具体采用哪种分配方法，但是分配方法一经确定，不得随意变更。如果需要变更，企业应当在会计报表附注中予以说明。

（二）提供劳务成本

劳务成本是指企业对外提供劳务所发生的成本。

记入生产成本或制造费用的劳务是在生产产品（或商品）的过程中或为生产车间提供的一项劳务，它不属于独立的提供劳务行为，而是在生产过程中发生、与生产产品（或商品）等有关的劳务。例如，对外提供的加工劳务，为保证生产顺利进行而提供的修理劳务等。而“劳务成本”科目核算的劳务一般是指企业对外提供的一项独立的劳务，它并不与企业的生产经营有关，不依附于某一生产产品或生产过程。如，企业对外提供的装修、装饰劳务，与销售产品（或商品）无关的运输劳务，为某个生产线提供的劳务等。需要注意的是，这里的劳务成本不包括企业接受的建造合同劳务所发生的成本。

为了核算企业对外提供劳务所发生的成本，企业应当设置“劳务成本”科目。该科目的借方反映企业发生的各项劳务成本，贷方反映企业结转的各项劳务成本，期末借方余额，反映尚未完成劳务的成本，或按完工百分比法确认收入时，尚未结转的劳务成本。

劳务成本的主要账务处理如下：企业发生各项劳务成本时，借记“劳务成本”科目，贷记“银行存款”、“应付职工薪酬”、“原材料”等科目。企业（建造承包商）对外单位、专项工程等提供机械作业（包括运输设备）的成本，借记“劳务成本”科目，贷记“机械作业”科目。结转劳务成本时，借记“主营业务成本”、“其他业务支出”等科目，贷记“劳务成本”科目。

（三）让渡资产使用权成本

企业以让渡无形资产使用权（如商标权、专利权、专有技术使用权、版权、专营权等）而取得的使用费收入以及以租赁业务为基本业务时，其取得出租固定资产、无形资产、投资性房地产在主营业务收入中核算，相应的发生的成本也在“主营业务成本”科目核算。

为确保收入与费用相配比，在确认租金收入的同时，还应确认相关费用。企业将所拥有的无形资产的使用权让渡给他人，并收取租金，在满足收入确认条件的情况下，应确认相关的收入及成本，并通过“主营业务收入”和“主营业务成本”科目进行核算。摊销出租无形资产的成本并发生与转让有关的各种费用支出时，借记“主营业务成本”科目，贷记“累计摊销”等科目。

（四）建造合同成本

1．合同成本的组成内容

合同成本包括从合同签订开始至合同完成止所发生的、与执行合同有关的直接费用和间接费用。

(1) 直接费用。直接费用是指为完成合同所发生的、可以直接计入合同成本核算对象的各项费用支出。直接费用包括四项费用：耗用的人工费用、耗用的材料费用、耗用的机械使用费和其他直接费用。其中，其他直接费用包括有关的设计和技术援助费用、施工现场材料的二次搬运费、生产工具和用具使用费、检验试验费、工程定位复测费、工程点交费用、场地清理费等。

(2) 间接费用。间接费用是企业下属的施工单位或生产单位为组织和管理施工生产活动所发生的费用，包括临时设施摊销费用和施工及生产单位管理人员工资、奖金、职工福利费、劳动保护费、固定资产折旧费及修理费、物料消耗、低值易耗品摊销、取暖费、水电费、办公费、差旅费、财产保险费、工程保修费、排污费等。

2. 合同成本总额的会计处理

直接费用在发生时直接计入合同成本，间接费用应在期末按系统、合理的方法分摊计入合同成本。常见的用于间接费用分配的方法有人工费用比例法、直接费用比例法。

(1) 人工费用比例法。人工费用比例法是以各合同实际发生的人工费用为基数分配间接费用的一种方法，可用公式表示如下：

某合同应负担的间接费用 = 该合同实际发生的人工费 × 间接费用分配率

间接费用分配率 = 当期发生的全部间接费用 ÷ 当期各合同发生的人工费之和 × 100%

(2) 直接费用比例法。直接费用比例法是以成本对象发生的直接费用为基础分配间接费用的一种方法，可以用公式表示如下：

某合同应负担的间接费用 = 该合同实际发生的直接费用 × 间接费用分配率

间接费用分配率 = 当期发生的全部间接费用 ÷ 当期各合同发生的直接费用之和 × 100%

3. 合同收入总额与合同费用总额的确认原则

与提供劳务收入确认类似，合同收入与合同费用如何确认要看建造合同的结果是否能可靠地估计。

(1) 建造合同的结果能够可靠估计时的处理。

会计制度规定，建造合同的结果能够可靠估计的，应采用完工百分比法确认合同收入和合同费用。

建造合同分为固定造价合同和成本加成合同。对于不同类型的建造合同，判断其结果能否可靠估计的条件也不完全相同。

第一，判断固定造价合同的结果能够可靠估计的条件：合同总收入能够可靠地计量；与合同相关的经济利益能够流入企业；在资产负债表日合同完工进度和为完成合同尚需发生的成本能够可靠地确定；为完成合同已经发生的合同成本能够清楚地区分和可靠地计量，以便实际合同成本能够与以前的预计成本相比较。

第二，判断成本加成合同的结果能够可靠估计的条件：与合同相关的经济利益能够流入企业；为完成合同已经发生的合同成本能够清楚地区分和可靠地计量。

第三，根据建造合同准则，以下方法可以用于确定合同完工进度：累计实际发生的合同成本占合同预计总成本的比例；已经完成的合同工作量占合同预计总工作量的比例；已完成合同工作的测量。

（2）建造合同的结果不能可靠估计时的处理。

如果建造合同的结果不能可靠地估计，则不能采用完工百分比法确认合同收入和合同费用，而应分别以下情况进行会计处理：

第一，合同成本能够收回的，合同收入根据能够收回的实际合同成本加以确认，合同成本在其发生的当期确认为费用；

第二，合同成本不能收回的，应在发生时立即确认为费用，不确认收入。

如果预计总成本将超过合同预计总收入，应将预计损失立即确认为当期费用。

4. 当年合同收入和当年合同费用确认和计量的账务处理

采用完工百分比法确认合同收入和合同费用，关键要确定工程的完工进度。因此，在具体运用完工百分比法时，第一步要做的是确定建造合同的完工程度，然后根据完工百分比确认和计量当期的合同收入和合同费用。用公式表示如下：

当期确认的合同收入 =（合同总收入 × 完工进度） – 以前会计年度累计已确认的收入

当期确认的毛利 =（合同总收入 – 合同预计总成本） × 完工进度 – 以前会计年度累计已确认的毛利

当期确认的合同费用 = 当期确认的合同收入 – 当期确认的合同毛利 – 以前会计年度预计损失准备

需要说明的是，以上完工进度是指累计完工进度。因此，企业在运用上述公式确认和计量当期合同收入和合同费用时，应分别建造合同的实施情况处理：

（1）当年开工当年未完工的建造合同。在这种情况下，企业在运用上述公式确认和计量当期合同收入和合同费用时，以前会计年度累计已确认的合同收入和合同毛利均为零。

（2）以前年度开工至本年仍未完工的建造合同。在这种情况下，企业可以直接运用上述公式确认和计量当期收入和费用。

（3）以前年度开工本年度完工的建造合同。在这种情况下，当期确认和计量的合同收入，等于合同总收入扣除以前会计年度累计已确认的收入后的余额；当期确认和计量的合同毛利等于合同总收入扣除实际合同总成本减以前会计年度累计已确认的毛利后的余额。

5. 合同成本核算时注意问题

（1）与合同有关的零星收益不作为合同收入，而是直接冲减合同成本。其中，零星收益是指在合同执行过程中取得的，但不计入合同收入而应冲减合同成本的非经常性收益。比如，完成合同后处置残余物资取得的收益。

（2）下列各项费用，不计入合同成本，而是作为期间费用直接计入当期损益：企业行政管理部门为组织和管理生产经营活动所发生的管理费用；船舶等制造企业的销售费用；企业因筹集生产经营所需资金而发生的财务费用；因订立合同而发生的有关费用，不计入合同成本，而应直接作为期间费用。

四、执行会计准则纳税人——会计数据审核

（一）主营业务成本

主营业务成本的审核主要从以下五个方面进行，在填报审核时，主要审核其会计处理是否存在差错，如果存在会计处理存在差错，应需要进行纳税调整。调整结果不在附表二（1）中填报，应在附表三《纳税调整项目明细表》中填报。

1. 生产成本的核算内容

企业应设置“生产成本”科目用于核算企业进行工业性生产发生的各项生产费用，包括生产各种产品（包括产成品、自制半成品等）、自制材料、自制工具、自制设备等。

“生产成本”科目应当按照基本生产成本和辅助生产成本进行明细核算。基本生产成本应当分别按照基本生产车间和成本核算对象（如产品的品种、类别、订单、批别、生产阶段等）设置明细账（或成本计算单，下同），并按照规定的成本项目设置专栏。“辅助生产成本”明细科目核算企业辅助生产车间为基本生产服务而进行的产品生产和劳务供应所发生的生产费用。“生产成本”科目用以计算辅助生产产品和劳务成本。这里要注意，为辅助生产所提供的劳务仍在“辅助生产成本”明细科目内核算。

2. 制造费用的核算内容

企业应当设置“制造费用”科目用于核算企业生产车间、部门为生产产品和提供劳务而发生的各项间接费用。“制造费用”科目应当按照不同的生产车间、部门和费用项目进行明细核算。“制造费用”科目的借方反映企业发生的各项间接费用，贷方反映企业分配的各项间接费用，除季节性生产性企业外，“制造费用”科目期末一般无余额。

3. 产品成本费用的归集与分配的审核

（1）材料费用的归集与分配。

在企业的生产经营过程中，经常会有一批材料为几批产品共同耗用的情况，这就需要将其分配计入各种产品中。在消耗定额比较准确的情况下，通常可以采用材料定额消耗量比例或材料定额成本比例进行分配。公式如下：

分配率=[实际材料总消耗量(或实际成本)]÷[各种材料消耗量(或定额成本)之和]

某种材料应分配的材料数量(费用)=该种产品的材料定额消耗量(或定额成本)×分配率

企业的基本生产耗用的材料费用，计入“生产成本——基本生产成本”科目的借方。用于辅助生产的材料费用、用于车间和行政管理部门为组织和管理生产所发生的材料费用，分别计入“生产成本——辅助生产成本”和“制造费用”等科目的借方。

实际工作中，可通过“材料费用分配表”进行材料费用的分配。

（2）人工费用的归集与分配。

人工费用指企业应计入生产费用的职工工资及按工资总额的一定比例提取的职工福利费。在计件工资制下，生产工人工资可根据产量凭证计算工资并直接计入产品成本。而在生产多种产品的计时工资制下，就需要采用一定的分配方法在各种产品之间进行分配，通常采用按产品实用工时比例进行分配的方法。计算公式如下：

某种产品应分配的工资费用=该种产品实耗工时×分配率

实际工作中，可通过“工资及福利费用分配汇总表”进行人工费用的分配。

（3）辅助生产费用的归集与分配。

企业的辅助生产主要是为基本生产服务的。辅助生产费用的归集与分配通过“生产成本——辅助生产成本”科目进行。辅助生产发生的直接材料、直接人工费用计入“生产成本——辅助生产成本”科目的借方。辅助生产发生的间接费用，应先计入“制造费用”科目的借方进行归集，然后再从“制造费用”科目的贷方分配转入“生产成本——辅助生产成本”科目的借方。“生产成本——辅助生产成本”科目的借方余额，反映辅助生产的在产品成本。

归集在“生产成本——辅助生产成本”科目中的辅助生产费用，根据所生产的产品和所提供的劳务不同，在分配转出时，有以下两种情况：

第一，制造工具、模型、备件等产品所发生的费用，应计入完工工具、模型、备件等产品的成本。完工时借记“低值易耗品”、“原材料”等科目，贷记“生产成本——辅助生产成本”科目；领用时，按其用途和领用部门，一次或分期摊入成本和费用。

第二，提供水、电、汽和运输、修理等劳务所发生的辅助生产费用，要在各受益单位之间进行分配。分配时，借记“制造费用”、“管理费用”等科目，贷记“生产成本——辅助生产成本”科目。

如果不考虑辅助生产车间之间互相提供劳务的因素，在分配辅助生产费用时，可采用直接分配法，计算公式如下：

辅助生产的单位成本 = 辅助生产费用总额 ÷ 辅助生产的产品

或劳务总量各受益产品或单位应分配的费用 = 辅助生产的单位成本 × 该产品或单位的耗用量

（4）制造费用的归集与分配。

制造费用科目核算企业各生产单位为组织和管理生产而发生的各项间接费用。企业发生的各项间接费用计入“制造费用”科目及其所属明细科目的借方，月终，将制造费用分配计入有关成本计算对象，借记“生产成本——基本生产成本”、“生产成本——辅助生产成本”科目，贷记“制造费用”科目。制造费用要分配计入产品成本中，可采用以下几种方法：

第一，按生产工人工资进行分配；

第二，按生产工人工时进行分配；

第三，按机器工时进行分配；

第四，按耗用原材料的数量和成本进行分配；

第五，按直接成本进行分配，直接成本即原材料、燃料、动力、生产工人工资及应提取的福利费之和；

第六，按产品产量进行分配。

企业可自行决定采用何种分配方法，但分配方法一经确定，不得随意变更。如需变更，应在财务报表附注中予以说明。季节性生产企业基本生产车间的制造费用，可按制造费用的全年或停工月度预算数和产品的全年计划产量，计算确定计划分配率，进行分配。

（5）待摊费用和预提费用的归集与分配。

“待摊费用”科目核算已经支出但应由本期和以后各期共同负担的费用，如低值易耗品摊销、预付保险费、固定资产维修费、报刊订阅费等。费用发生后，借记“待摊费用”科目，按月摊入产品成本时，按其用途和使用部门，借记“制造费用”、“管理费用”等科目，贷记“待摊费用”科目。

“预提费用”科目核算应由本期负担但尚未支出的费用，如预提的租金、保险费、借款利息、固定资产修理费用等。预提时，借记“制造费用”、“管理费用”、“财务费用”

等科目，贷记“预提费用”科目。支付时，借记“预提费用”科目，贷记“银行存款”等科目。

4. 完工产品、在产品的成本费用分配和归集的审核

通过以上各项费用的归集与分配，生产过程中发生的应计入产品成本的各项生产费用已全部归集在“生产成本——基本生产成本”科目的借方。由于存在期初在产品和期末在产品，这些成本与费用并不是本月完工产成品的成本，要得出本月产成品的成本，还需要将归集在“生产成本——基本生产成本”科目的生产费用在本月完工产品和月末在产品之间进行分配。

本月发生的生产费用和月初、月末在产品及本月完工产品成本之间的关系可用下面的公式表示：

本月完工产品成本 = 月初在产品成本 + 本月发生生产费用 − 月末在产品成本

企业应根据各自的工艺特点、在产品数量的比重等，选择合理简便的分配方法。主要有以下几种方法：

（1）不计算在产品成本。此种方法不考虑期初和期末在产品的情况，将本期归集的生产成本全部作为本期完工产品的成本。这种分配方法适用于企业月末在产品数量较小，在产品成本对完工产品成本影响不大的情况。

（2）按年初数固定计算在产品成本。此种方法是为了简化核算工作，各月在产品成本可以固定按年初数计算，年终时，再根据实际盘点的在产品数量，重新调整计算在产品成本。这种方法适用于月末在产品数量很小或在产品数量虽很大但各月之间变动不大的情况。

（3）在产品成本按其所耗用的原材料费用计算。这种方法是将在产品成本按其所耗用的原材料费用计算，其他费用完全由完工产品成本负担。这种方法一般适用于原材料费用在产品成本中占较大比重，并且原材料在生产开始时一次全部投入的企业。

（4）约当产量法。约当产量法是将在产品数量按照其完工程度折算为大约相当于完工产品产量，即约当产量，然后按完工产品产量和在产品约当产量的比例，计算分配完工产品成本和在产品成本。计算公式如下：

月末在产品约当产量 = 在产品数量 × 完工程度

单位产品成本 =（月初在产品成本 + 本月发生费用）÷（完工产品数量 + 月末在产品约当产量）

完工产品成本 = 完工产品数量 × 单位产品成本

月末在产品成本 = 月末在产品约当产量 × 单位产品成本

采用约当产量法时，完工程度的确定可采用平均计算法和各工序分别测定完工率的方法。

（5）在产品成本按定额成本计算。

这种方法是在经过事先调查的基础上，确定定额单位成本，月终根据在产品数量，分别乘以各项定额单位成本，即可计算出期末在产品定额成本，再将期初在产品成本加上本月发生费用，减去期末在产品定额成本，就可计算出产成品的总成本及单位成本。

5. 结转完工产品成本的审核

企业的完工产品包括产成品、自制材料、自制工具等。月末，在确定了本月完工产品的成本之后，应当分别按各种产品的完工总成本，将其从“生产成本——基本生产成本”科目的贷方，转入“库存商品”或“自制半成品”等科目的借方。

（二）提供劳务成本

《会计准则》对提供劳务成本的核算要求，与会计制度相比未发生变化，请参见上述会计制度的有关内容。

（三）让渡资产使用权成本

《会计准则》对让渡资产使用权成本的核算要求，与会计制度相比未发生变化，请参见上述会计制度的有关内容。

（四）建造合同成本

1. 合同成本的组成内容

合同成本应当包括从合同签订开始至合同完成止所发生的、与执行合同有关的直接费用和间接费用。

（1）直接费用。

直接费用指为完成合同所发生的、可以直接计入合同成本核算对象的各项费用支出。包括：耗用的材料费用；耗用的人工费用；耗用的机械使用费；其他直接费用，即其他可以直接计入合同成本的费用，包括有关的设计和技术援助费用、施工现场材料的二次搬运费、生产工具和用具使用费、检验试验费、工程定位复测费、工程点交费用、场地清理费用等。

（2）间接费用。

间接费用是企业下属的施工单位或生产单位为组织和管理施工生产活动所发生的费用。例如，临时设施摊销费和施工及生产单位管理人员工资、资金、职工福利费、劳动保护费、固定资产折旧费及修理费、物料消费、低值易耗品摊销、取暖费、水电费、办公费、差旅费、财产保险费、工程保修费、排污费等。

2. 合同成本总额的会计处理

直接费用在发生时应直接计入合同成本；间接费用应在资产负债表日按照系统、合理的方法分摊计入合同成本。间接费用的分摊方法主要有人工费用比例法和直接费用比例法等。

（1）人工费用比例法。

人工费用比例法是以各合同实际发生的人工费用为基数分配间接费用的一种方法。可用公式表示如下：

某合同应负担的间接费用 = 该合同实际发生的人工费 × 间接费用分配率

间接费用分配率 = 当期发生的全部间接费用 ÷ 当期各合同发生的人工费之和

（2）直接费用比例法。

直接费用比例法是以成本对象发生的直接费用为基础分配间接费用的一种方法。可用公式表示如下：

某合同应负担的间接费用 = 该合同实际发生的直接费用 × 间接费用分配率

间接费用分配率 = 当期发生的全部间接费用 ÷ 当期各合同发生的直接费用之和

值得注意的是：

合同完成后处置残余物资取得的收益与合同有关的零星收益（即在合同执行过程中取得的、不计入合同收入的零星收益），应当冲减合同成本。

合同成本不包括应当计入当期损益的管理费用、销售费用和财务费用。因订立合同而发生的有关费用，如投标费用、合同公证费、因订立合同交纳的印花税等，应当直接计入当期损益。

3. 合同收入总额和合同费用总额的确认

（1）确认的含义。

确认是指将某个项目作为一项资产、负债、收入、费用等正式的入账并列入企业财务报表的过程。具体落实到合同收入和合同费用，其确认是指将某个项目作为收入或费用要素记账，并在利润表中反映。

（2）合同收入和合同费用的确认原则。

第一，建造合同的结果能够可靠估计时的确认原则。

在资产负债表日，如果建造合同的结果能够可靠估计，企业应根据完工百分比法确认合同收入和费用，这是企业确认合同收入与合同费用的总原则。其中，完工百分比法是指根据合同完工进度确认收入与费用的方法。

建造合同分为固定造价合同和成本加成合同。对于不同类型的建造合同，判断其结果能否可靠估计的条件也不完全相同。

固定造价合同的结果能够可靠估计，是指同时满足下列条件：合同总收入能够可靠计量；与合同相关的经济利益很可能流入企业；实际发生的合同成本能够清楚区分和可靠计量；合同完工进度和为完成合同尚需发生的成本能够可靠计量。

成本加成合同的结果能够可靠估计，是指同时满足下列条件：与合同相关的经济利益很可能流入企业；实际发生的合同成本能够清楚区分和可靠计量。

如果建造承包商为完成成本加成合同而发生的直接费用及间接费用能够及时、真实、准确地记录，并合理归集到该成本核算对象中，则表明实际发生的合同成本能够清楚地区分并且能够可靠地计量。反之，则意味着实际发生的合同成本不能够清楚地区分，而且也不能够可靠地计量。

企业在确定合同完工进度时，根据建造合同准则，可以选用以下方法：累计实际发生的合同成本占合同预计总成本的比例；已经完成的合同工作量占合同预计总工作量的比例；实际测定的完工进度。在运用累计实际发生的合同成本占合同预计总成本的比例确定合同完工进度时，累计实际发生的合同成本不包括：施工中尚未安装或使用的材料成本等与合同未来活动相关的合同成本，以及在分包工程工作量完成之前预付给分包单位的款项。

第二，建造合同的结果不能可靠估计的原则如果建造合同的结果不能可靠地估计，则不能采用完工百分比法确认合同收入和合同费用，此时应区别情况处理：

合同成本能够收回的，合同收入根据能够收回的实际合同成本加以确认，合同成本在其发生的当期确认为合同费用。

合同成本不可能收回的，应在发生时立即确认为合同费用，不确认收入。

当使建造合同结果不能可靠估计的不确定因素不复存在时，应当按照相关规定确认与建造合同有关的收入和费用。

如果合同预计总成本将超过合同预计总收入，应将预计损失立即确认为当期费用。

4. 当年合同收入和当年合同费用的计量及其账务处理

采用完工百分比法确认和计量当期合同收入和合同费用，关键是要确定工程的完工进度。因此，在具体运用完工百分比法时，首先要做的是确定建造合同的完工进度，然后根据完工百分比确认和计量当期的合同收入和合同费用。计算公式如下：

当期确认的合同收入 =（合同总收入 × 完工进度）－以前会计期间累计已确认的收入

当期确认的合同费用 =（合同预计总成本 × 完工进度）－以前会计期间累计已确认的费用

当期确认的合同毛利 = 当期确认的合同收入 – 当期确认的合同费用

在运用上述公式计算确认相关的收入、费用和毛利时，应当关注：

（1）对当年开工当年未完工的建造合同，企业在运用上述公式时，以前会计年度累计已确认的合同收入和合同毛利均为零。

（2）对以前年度开工本年度仍未完工的建造合同，企业可直接运用上述公式计量和确认当期收入和费用。

（3）对以前年度开工本年度完工的建造合同，当期确认和计量的合同收入，等于合同总收入乘以完工进度减去以前会计年度累计已确认的收入后的余额；当期确认和计量的费用，等于合同预计总成本乘以完工进度减去以前会计期间累计已确认费用的余额。

（4）对当年开工当年完工的建造合同，即在一个会计年度内完成的建造合同，应在完成时确认合同收入和合同费用。当期确认和计量的合同收入，等于该项合同的总收入；当期确认和计量的合同费用，等于该项合同的实际总成本。

2.3.3 其他业务支出的填报审核

一、填报要求

附表二（1）第7行“其他业务成本”：根据不同行业的业务性质分别填报纳税人按照国家统一会计制度核算的其他业务成本。

附表二（1）第8行“材料销售成本”：填报纳税人销售材料、下脚料、废料、废旧物资等发生的支出。

附表二（1）第9行“代购代销费用”：填报纳税人从事代购代销、受托代销商品发生的支出。

附表二（1）第10行“包装物出租成本”：填报纳税人出租、出借包装物发生的租金支出和逾期未退包装物发生的支出。

附表二（1）第11行“其他”：填报纳税人按照国家统一会计制度核算、上述项目未列举的其他业务成本。

二、填报数据来源

此行数据来源于“其他业务支出”科目。

三、执行会计制度的纳税人——会计数据审核

（1）“其他业务支出”科目核算企业除主营业务成本以外的其他销售或其他业务所发生的支出，包括销售材料、提供劳务等而发生的相关成本、费用，以及相关税金及附加等。

（2）企业销售原材料，按售价和应收的增值税，借记“银行存款”、“应收账款”等科目，按实现的营业收入，贷记“其他业务收入”科目，按专用发票上注明的增值税额，贷记“应交税金—应交增值税（销项税额）”科目；月度终了时按出售原材料的实际成本，借记“其他业务支出”科目，贷记“原材料”科目。原材料采用计划成本核算的企业，还应分摊材料成本差异。出租包装物，在第一次领用新包装物时，应当结转成本，借记“其他业务支出”科目，贷记“包装物”科目；出租包装物，不能使用而报废时，按其残料价值，借记“原材料”科目，贷记“其他业务支出”科目。采用计划成本进行材料日常核算的企业，月度终了，结转出租所领用新包装物应分摊的成本差异，借记“其他业务支出”科目，贷记“材料成本差异”科目（实际成本小于计划成本的差异，用红字登记）。企业发生的其他业务支出，借记“其他业务支出”科目，贷记“生产成本”、“应付工资”、“银行存款”、“其他应交款”等有关科目。

（3）“其他业务支出”科目应按其他业务的种类，如“材料销售”、“代购代销”、“包装物出租”等设置明细账，进行明细核算。

（4）期末，应将“其他业务支出”科目的余额转入“本年利润”科目，结转后“其他业务支出”科目应无余额。

四、执行会计准则的纳税人——会计数据审核

（1）“其他业务成本”科目核算企业确认的除主营业务活动以外的其他经营活动所发生的支出，包括销售材料的成本、出租固定资产的折旧额、出租无形资产的摊销额、出租包装物的成本或摊销额等。除主营业务活动以外的其他经营活动发生的相关税费，在“营业税金及附加”科目核算。采用成本模式计量投资性房地产的，其投资性房地产计提的折旧额或摊销额，也通过“其他业务成本”科目核算。

（2）“其他业务成本”科目可按其他业务成本的种类进行明细核算。

（3）企业发生的其他业务成本，借记“其他业务成本”科目，贷记“原材料”、“周转材料”、“累计折旧”、“累计摊销”、“应付职工薪酬”、“银行存款”等科目。

（4）期末，应将“其他业务成本”科目余额转入“本年利润”科目，结转后“其他业务成木”科日无余额。

2.3.4 视同销售成本的填报审核

一、填报要求

附表二（1）第12行“视同销售成本”：填报纳税人会计上不作为销售核算但按照税收规定视同销售确认的应税成本。本行数据填入附表三第21行第4列。

二、调整数据审核

审核时，应关注视同销售调整数据来源。视同销售成本的数据属于纳税调整数据，对于这类数据，应从交易性质确认和交易金额计算等两个方面进行审核。所涉及的数据来源科目包括：工业企业的“产成品”、房地产开发企业的“开发产品”、“长期投资”账户、

涉及抵债的应付款项账户和其他记录非货币性交易的有关账户。

三、纳税调整差异事项

关于视同销售成本的差异调整事项，在视同销售收入部分已作介绍，这里不再重复，具体内容请参见有关内容。

2.3.5 营业外支出的填报审核

一、营业外支出概说

（一）填报要求

附表二（1）第16至24行“营业外支出”：填报纳税人与生产经营无直接关系的各项支出，本行数据填入主表第12行。

税法不使用“营业外支出”的概念，税法中的扣除项目涵盖企业的各种支出，不仅包括了财务会计的主营业务成本、其他业务成本、营业外支出、投资损失等，还包括会计上不确认支出的项目，如视同销售成本。

（二）会计制度规定

会计制度规定，“营业外支出”是指企业发生的与其生产经营无直接关系的各项支出，如固定资产盘亏、处置固定资产净损失、出售无形资产损失、债务重组损失、计提的固定资产减值准备、计提的无形资产减值准备、计提的在建工程减值准备、罚款支出、捐赠支出、非常损失等。

（三）会计准则规定

《新会计准则》规定，“营业外支出”是指不属于企业生产经营费用，与企业生产活动没有直接关系，但按照有关规定应从企业实现的总额中扣除的支出，是直接计入利润的损失。“营业外支出”的内容具体包括处置非流动资产损失、非货币性资产交换损失、债务重组损失、盘亏损失、公益性捐赠支出、非常损失等。

新准则对计提的资产减值准备，没有计入“营业外支出”科目中核算，而是在新增的“资产减值损失”科目中核算。

（四）会计数据审核

对于“营业外支出”的审核，重点是审核企业营业外支出的核算范围是否符合会计制度或《会计准则》的规定，对未按会计核算造成的成本确认计量差错，按要求在附表三《纳税调整项目明细表》进行纳税调整。

二、固定资产盘亏

（一）填报要求

附表二（1）第17行“固定资产盘亏”：填报纳税人在资产清查中发生的固定资产盘亏。

（二）填报数据来源

填报数据来源为“待处理财产损益”和“营业外支出”科目。

（三）执行会计制度纳税人——会计数据的审核

盘亏的固定资产，按其账面价值，借记“待处理财产损益”科目，按已提折旧，借记“累计折旧”科目，按该项固定资产已计提的减值准备，借记“固定资产减值准备”科目，按固定资产原价，贷记“固定资产”科目。

盘亏的固定资产，报经批准后处理时：固定资产的盘亏，借记“营业外支出——固定资产盘亏”科目，贷记“待处理财产损益”科目。

（四）执行会计准则纳税人——会计数据的审核

会计准则对固定资产盘亏的核算要求，与会计制度相比未发生变化，请参见上述会计制度的有关内容。

三、处置固定资产净损失

（一）填报要求

附表二（1）第18行“处置固定资产净损失”：填报纳税人因处置固定资产发生的净损失。

（二）填报数据来源

填报数据来源为“固定资产清理”和“营业外支出”科目。

（三）执行会计制度纳税人——会计数据的审核

（1）出售、报废和毁损的固定资产转入清理时，按固定资产账面价值，借记“固定资产清理”；按已提折旧，借记“累计折旧”科目；按已计提的减值准备，借记“固定资产减值准备”科目；按固定资产原价，贷记“固定资产”科目。

（2）清理过程中发生的费用以及应交的税金，借记“固定资产清理”科目，贷记“银行存款”、“应交税金——应交营业税”等科目；收回出售固定资产的价款、残料价值和变价收入等，借记“银行存款”、“原材料”等科目，贷记“固定资产清理”；应当由保险公司或过失人赔偿的损失，借记“其他应收款”等科目，贷记“固定资产清理”。

（3）固定资产清理后的净损失，属于生产经营期间正常的处理损失，借记“营业外支出——处置固定资产净损失”科目，贷记“固定资产清理”。

（四）执行会计准则纳税人——会计数据的审核

会计准则对处置固定资产净损失的核算要求，与会计制度相比未发生变化，请参见上述会计制度的有关内容。

四、出售无形资产损失

（一）填报要求

附表二（1）第19行“出售无形资产损失”：是指填报纳税人因处置无形资产而发生的净损失。

（二）填报数据来源

填报数据来源为“营业外支出”科目。

（三）执行会计制度纳税人——会计数据的审核

（1）企业出售无形资产转入清理时，按实际取得的转让收入，借记“银行存款”等科目；按该项无形资产已计提的减值准备，借记“无形资产减值准备”科目；按无形资产的账面余额，贷记“无形资产”科目。

（2）按应支付的相关税费，贷记“应交税金”、“银行存款”等科目。

（3）确认损益时，按其差额，贷记“营业外收入——出售无形资产损失”科目或借记“营业外支出——出售无形资产损失”。

（四）执行会计准则纳税人——会计数据的审核

（1）结转摊销额、减值准备。无形资产预期不能为企业带来经济利益的，应按已计提的累计摊销，借记“累计摊销”科目；按其账面余额，贷记“无形资产”科目；按其差额，借记“营业外支出”科目。已计提减值准备的，还应同时结转减值准备。

（2）处置无形资产，应按实际收到的金额等，借记“银行存款”等科目；按已计提的累计摊销，借记“累计摊销”科目。

（3）按应支付的相关税费及其他费用，贷记“应交税费”、“银行存款”等科目；按其账面余额，贷记“无形资产”科目。

（4）确认损益时，按其差额，贷记“营业外收入——处置非流动资产利得”科目或借记“营业外支出——处置非流动资产损失”科目。已计提减值准备的，还应同时结转减值准备。

五、债务重组损失

（一）填报要求

附表二（1）第20行“债务重组损失”：填报纳税人发生的债务重组行为按照国家统一会计制度确认的债务重组损失。

执行会计制度纳税人填报时，应填报根据《企业会计制度》第十八条规定确认的债务重组损失。

（二）填报数据来源

填报数据来源为“营业外支出”科目二级明细科目。

（三）执行会计制度纳税人——会计数据的审核

（1）债务人以非现金资产清偿债务的，债务人应按应付债务的账面价值小于清偿债务的非现金资产账面价值等的差额，记入“营业外支出——债务重组损失”科目。

（2）债权人以债务重组方式收回的债权，以低于应收债权账面价值的现金收回债权的，企业应按实际收到的金额，借记“银行存款”等科目；按该项应收债权已计提的坏账准备，借记“坏账准备”科目；按应收债权的账面余额，贷记“应收账款”等科目；按其差额，借记“营业外支出——债务重组损失”科目。

（3）债权人以修改其他债务条件进行债务重组的，未来应收金额小于应收债权账面价值的，首先冲减已计提的坏账准备，借记“坏账准备”科目，已计提的坏账准备不足以冲减的，直接计入当期损益，借记“营业外支出——债务重组损失”科目，按未来应收金额小于应收债权账面余额的差额，贷记“应收账款”等科目。

（四）执行会计准则纳税人——会计数据的审核

1. 债务重组过程中债务人和债权人的会计处理

（1）债务人应当将重组债务的账面价值超过清偿债务的现金、非现金资产的公允价值、所转股份的公允价值或者重组后债务账面价值之间的差额，在符合《企业会计准则第22号——金融工具确认和计量》所规定的金融负债终止确认条件时，将其终止确认并计入营业外收入（债务重组利得）。非现金资产为固定资产、无形资产的，其公允价值和账面价值的差额，计入营业外收入或营业外支出。

（2）债权人应当将重组债权的账面余额与受让资产的公允价值、所转股份的公允价值或者重组后债权的账面价值之间的差额，在符合《企业会计准则第22号——金融工具确认和计量》所规定的金融资产终止确认条件时，将其终止确认，计入营业外支出（债务重组损失）。

重组债权已计提减值准备的，应当先将上述差额冲减已计提的减值准备，冲减后仍有损失的，计入营业外支出（债务重组损失）；冲减后减值准备仍有余额的，应予转回并抵减当期资产减值损失。

债权人收到存货、固定资产、无形资产、长期股权投资等非现金资产的，应当以其公允价值入账。

六、罚款支出

（一）填报要求

附表二（1）第21行“罚款支出”：填报纳税人在日常经营管理活动中发生的罚款支出。

（二）填报数据来源

填报数据来源为“营业外支出”科目二级明细科目。

七、非常损失

（一）填报要求

附表二（1）第22行“非常损失”：填报纳税人按照国家统一会计制度规定在营业外支出中核算的各项非正常的财产损失。

（二）填报数据来源

填报数据来源为“固定资产清理”和“营业外支出”科目。

非常损失的证据可以分为三类：一是会计核算证据，根据会计制度核算的有关会计科目提供的信息资料；二是法定证据；三是纳税调整证据，根据税法规定应进行纳税调整的有关事项。

对非常损失填报审核时，在取得法定证据的同时，还应根据企业财产损失事项有关的文件材料和会计核算材料，搜集取得交易证据、会计核算证据和纳税调整证据。

（三）执行会计制度纳税人——会计数据的审核

应当由保险公司或过失人赔偿的损失，借记“其他应收款”等科目，贷记“固定资产清理”。属于生产经营期间由于自然灾害等非正常原因造成的损失，借记“营业外支出——非常损失”科目，贷记“固定资产清理”科目。

（四）执行会计准则纳税人——会计数据的审核

新准则对计提的资产减值准备，没有计入营业外支出科目中核算，而是在新增的“资产减值损失”科目中核算。因此，执行会计准则纳税人发生的资产减值损失在《企业所得税年度纳税申报表（A类）》第7行“资产减值损失”中填报。

八、捐赠支出

（一）填报要求

附表二（1）第23行“捐赠支出”：是指填报纳税人实际发生的货币性资产、非货币性资产捐赠支出。

（二）填报数据来源

填报数据来源为“营业外支出”科目二级明细科目。

（三）执行会计制度纳税人——会计数据的审核

企业发生的捐赠支出，借记“营业外支出”科目，贷记“银行存款”等科目。

（四）执行会计准则纳税人——会计数据的审核

会计准则对捐赠支出的核算要求，与会计制度相比并未发生变化，请参见上述会计制度的有关内容。

九、其他

（一）填报要求

附表二（1）（9）第24行“其他”：是指填报纳税人按照国家统一会计制度核算、上述项目未列举的其他营业外支出。

下面介绍一下存货盘亏的填报审核。

（二）填报数据来源

企业会计制度和会计准则对盘盈盘亏资产的会计处理是一致的，填报时数据来源为“营业外支出”科目二级科目。

（三）执行会计制度纳税人——会计数据审核

盘亏的存货，在减去过失人或者保险公司等赔款和残料价值之后，计入当期管理费用，属于非常损失的，计入营业外支出。

盘盈或盘亏的存货，如在期末结账前尚未经批准的，应在对外提供财务会计报告时先按上述规定进行处理，并在会计报表附注中作出说明；如果其后批准处理的金额与已处理的金额不一致，应按其差额调整会计报表相关项目的年初数。

（四）执行企业会计准则纳税人——会计数据审核

会计准则对存货盘亏的核算要求，与会计制度相比未发生变化，请参见上述会计制度的有关内容。

2.3.6 期间费用的填报审核

一、期间费用的概说

（一）填报要求

附表二（1）第25至28行“期间费用”：填报纳税人按照国家统一会计制度核算的销售（营业）费用、管理费用和财务费用的数额。

（二）会计制度规定

企业应当合理划分期间费用和成本的界限。期间费用应当直接计入当期损益；成本应当计入所生产的产品、提供劳务的成本。

企业的期间费用包括营业费用、管理费用和财务费用。期间费用应当直接计入当期损益，并在利润表中分别项目列示。

（1）营业费用，是指企业在销售商品过程中发生的费用，包括企业销售商品过程中发生的运输费、装卸费、包装费、保险费、展览费和广告费，以及为销售本企业商品而专设的销售机构（含销售网点，售后服务网点等）的职工工资及福利费、类似工资性质的费用、业务费等经营费用。

商品流通企业在购买商品过程中所发生的进货费用，也包括在内。

（2）管理费用，是指企业为组织和管理企业生产经营所发生的管理费用，包括企业的董事会和行政管理部门在企业的经营管理中发生的，或者应当由企业统一负担的公司经费（包括行政管理部门职工工资、修理费、物料消耗、低值易耗品摊销、办公费和差旅费等）、工会经费、待业保险费、劳动保险费、董事会费、聘请中介机构费、咨询费（含顾问费）、诉讼费、业务招待费、房产税、车船使用税、土地使用税、印花税、技术转让费、矿产资源补偿费、无形资产摊销、职工教育经费、研究与开发费、排污费、存货盘亏或盘盈（不包括应计入营业外支出的存货损失）、计提的坏账准备和存货跌价准备等。

（3）财务费用，是指企业为筹集生产经营所需资金等而发生的费用，包括应当作为期间费用的利息支出（减利息收入）、汇兑损失（减汇兑收益）以及相关的手续费等。

（三）会计准则规定

（1）企业为生产产品、提供劳务等发生的可归属于产品成本、劳务成本等的费用，应当在确认产品销售收入、劳务收入等时，将已销售产品、已提供劳务的成本等计入当期损益。

（2）企业发生的支出不产生经济利益的，或者即使能够产生经济利益但不符合或者不再符合资产确认条件的，应当在发生时确认为费用，计入当期损益。

（3）企业发生的交易或者事项导致其承担了一项负债而又不确认为一项资产的，应当在发生时确认为费用，计入当期损益。

（4）符合费用定义和费用确认条件的项目，应当列入利润表。

（四）企业存货成本内容的变化

1. 取消了对商品流通企业存货采购成本内容的说明

新准则取消了旧准则中规定的“商品流通企业存货采购成本包括采购价格、进口关税和其税金等”，并在“不计入存货成本”项目内删除“商品流通企业在采购过程中发生的运输费、装卸费、仓储费等费用”。

2. 将借款费用资本化的范围扩大到某些存货项目中

如需要通过相当长的生产才能达到可销售状态的存货，计入存货成本的借款费用，由《企业会计准则第17号——借款费用》予以规范。

〔例〕

A公司与B公司签定合同，于2010年7月1日开工为生产企业建造一批大型机械，预计工期22个月。为此A公司于2010年6月30日从银行借入3年期、到期还本付息、不计复利的专门借款2000万元。A公司2010年度为该借款计提利息66.95万元，按《企业会计准则第17号——借款费用》规定应资本化的借款利息为25.025万元，计入存货成本，其余41.925万元计入发生当期的财务费用。若按照旧会计准则，利息66.95万元应全部计入发生当期的财务费用。

这项规定将使部分需要通过专门借款，以保证存货长时间的生产活动才能够达到可销售状态的企业，损益表中当期的财务费用减少，利润增加；资产负债表中的存货资产额和权益额也将相应增加。

3．增加了企业为提供劳务而发生的相关费用应计入存货成本的说明

新准则增加："企业提供劳务，所发生的从事劳务提供人员的直接人工和其他直接费用以及可归属的间接费用，计入存货成本。"旧准则虽未提及这项规定，但企业在实际工作中已经采用这种做法。

〔例〕

某高新技术企业和某客户签订合同，于2009年8月1日起为客户提供使用某技术设备的培训，培训期1个月。到2009年8月31日，企业提供该劳务实际发生劳务成本3万元。月末，按照新准则企业应将"劳务成本"科目借方余额3万元计入存货成本，在"存货"项目中反映。

二、营业费用

（一）填报要求

附表二（1）第26行"销售（营业）费用"：填报纳税人在销售商品和材料、提供劳务的过程中发生的各种费用。本行根据"销售费用"科目的数额计算填报。本行数据填入主表第4行。

（二）填报数据来源

填报数据来源为"营业费用"科目。

（三）执行会计制度纳税人——会计数据的审核

1．营业费用核算内容

营业费用的审核，一般从以下三个方面的核算内容进行：

（1）产品自销费用。

产品自销费用包括应由本企业负担的保险费、包装费、运输费、装卸费。

（2）产品促销费用。

为了扩大本企业商品的销售而发生的促销费用包括展览费、广告费、经营租赁费（为扩大销售而租用的柜台、设备等的费用）、销售服务费用（提供预计产品质量保证损失、商品维修费等售后服务以及其他类似项目的费用）。

（3）销售部门的费用。

销售部门的费用一般指为销售本企业商品而专设的销售机构（含销售网点、售后服务网点等）的职工薪酬、业务费、折旧费等经营费用。但企业内部销售部门中属于行政管理部门所发生的经费开支，不包括在营业费用中，而是列入管理费用。

2．营业费用账务处理

营业费用的账务处理，主要审核以下两个方面：

（1）企业在销售商品过程中发生的包装费、保险费、展览费和广告费、运输费、装卸费等费用，借记"销售费用"科目，贷记"库存现金"、"银行存款"科目。

（2）企业发生的为销售本企业商品而专设的销售机构的职工薪酬、业务费等经营费用，借记"销售费用"科目，贷记"应付职工薪酬"、"银行存款"、"累计折旧"等科目。

（四）执行会计准则纳税人——会计数据的审核

会计准则对营业费用的核算要求，与会计制度相比基本相同，请参见上述会计制度的有关内容。

三、管理费用

（一）填报要求

附表二（1）第27行“管理费用”：填报纳税人为组织和管理企业生产经营发生的管理费用。本行根据“管理费用”科目的数额计算填报。本行数据填入主表第5行。

（二）填报数据来源

填报数据来源为“管理费用”科目。

（三）执行会计制度纳税人——会计数据的审核

1. 管理费用核算内容的填报和审核

管理费用应从以下几个方面，对核算内容进行审核：

（1）企业行政管理部门方面的费用。

公司经费。指直接在企业行政管理部门发生的行政管理部门职工薪酬、修理费、物料消耗、低值易耗品摊销、办公费、业务招待费和差旅费等。

工会经费。指按职工工资总额（扣除按规定标准发放的住房补贴，下同）的2%计提并拨交给工会使用的经费。

（2）用于企业直接管理之外的费用。

董事会费。指企业董事会或最高权力机构及其成员为执行职权而发生的各项费用，包括成员津贴、差旅费、会议费等。

聘请中介机构费。指企业聘请会计师事务所进行查账、验资、资产评估、清账等发生的费用。

咨询费（含顾问费）。指企业向有关咨询机构进行生产、技术、经营管理咨询所支付的费用或支付企业经济顾问、法律顾问、技术顾问的费用。

诉讼费。指企业向法院起诉或应诉而支付的费用。

税费。指企业按规定交纳的房产税、车船使用税、土地使用税、印花税、矿产资源补偿费等。

（3）提供生产技术条件的费用。

排污费。指企业根据环保部门的规定交纳的排污费用。

绿化费。指企业区域内零星绿化费用。

技术转让费。指企业使用非专利技术而支付的费用。

不符合资本化条件的研究与开发费。指企业开发新产品、新技术所发生的新产品设计费、工艺规程制定费、设备调试费、原材料和半成品的试验费、技术图书资料费、未纳入国家计划的中间试验费、研究人员的工资、研究设备的折旧、与新产品和新技术研究有关的其他经费、委托其他单位进行的科研试制的费用以及试制失败损失等。

无形资产摊销。指企业分期摊销的无形资产价值，包括专利权、商标权、著作权、土地使用权、非专利技术和商誉等的摊销。

长期待摊费用摊销。指企业对分摊期限在1年以上的各项费用，在费用项目的受益期限内分期平均摊销，包括按大修理间隔期平均摊销的固定资产大修理支出、在租赁期限与租赁资产尚可使用年限两者孰短的期限内平均摊销的租入固定资产改良支出，以及在受益期内平均摊销的其他长期待摊费用的摊销。

企业与固定资产有关的后续支出。包括固定资产发生的日常修理费、大修理费用、更新改造支出、房屋的装修费用等，没有满足固定资产准则规定的固定资产确认条件的，也属于管理费用。

2. 管理费用账务处理的填报和审核

管理费用的账务处理，填报审核以下五个方面：

（1）企业在筹建期间内发生的开办费，包括人员工资、办公费、培训费、差旅费、印刷费、注册登记费等，借记“管理费用”科目，贷记“库存现金”、“银行存款”等科目。

（2）行政管理部门人员的职工薪酬，借记“管理费用”科目，贷记“应付职工薪酬”科目。

（3）行政管理部门计提的固定资产折旧，借记“管理费用”科目，贷记“累计折旧”科目。

（4）发生办公费、修理费、水电费、业务招待费、聘请中介机构费、咨询费、诉讼费、技术转让费、研究费用时，借记“管理费用”科目，贷记“银行存款”、“研发支出”等科目。

（5）按规定计算确定应交房产税、车船使用税、土地使用税、应交矿产资源补偿费的金额后，借记“管理费用”科目，贷记“应交税费”科目。

（四）执行会计准则纳税人——会计数据的审核

会计准则对管理费用的核算要求，与会计制度相比基本相同，请参见上述会计制度的有关内容。

四、财务费用

（一）填报要求

附表二（1）（3）第28行“财务费用”：填报纳税人为筹集生产经营所需资金等发生的筹资费用。本行根据“财务费用”科目的数额计算填报。本行数据填入主表第6行。

（二）填报数据来源

填报数据来源为“财务费用”科目。

（三）执行会计制度纳税人——会计数据的审核

1. 财务费用核算内容的填报和审核

财务费用应从以下几个方面，对核算内容进行填报审核。

（1）利息支出：指企业短期借款利息、长期借款利息、应付票据利息、票据贴现利息、应付债券利息、长期应付引进国外设备款利息等利息支出（除资本化的利息外）减去银行存款等的利息收入后的净额。

（2）汇兑损失：指企业因向银行结售或购入外汇而产生的银行买入、卖出价与记账所采用的汇率之间的差额，以及月度（季度、年度）终了，各种外币账户的外币期末余额按照期末规定汇率折合的记账人民币金额与原账面人民币金额之间的差额等。

（3）相关的手续费：指发行债券所需支付的手续费（需资本化的手续费除外）、开出汇票的银行手续费、调剂外汇手续费等，但不包括发行股票所支付的手续费等。

（4）企业发生的现金折扣或收到的现金折扣等。

（5）其他财务费用，如融资租入固定资产发生的融资租赁费用等。

2. 财务费用账务处理的填报和审核

财务费用的账务处理，填报审核以下几个方面：

（1）企业发生的财务费用，借记"财务费用"科目，贷记"预提费用"、"银行存款"、"应收账款"等科目。

（2）发生的应冲减财务费用的利息收入、汇总差额，现金折扣。借记"银行存款""应付账款"等科目，贷记"财务费用"科目。

期末，应将"财务费用"科目余额转入"本年利润"科目，结转后"财务费用"科目应无余额。

（四）执行会计准则纳税人——会计数据的审核

会计准则对营业费用的核算要求，与会计制度相比基本相同，请参见上述会计制度的有关内容。

2.4 《金融企业成本费用明细表》的填报审核

2.4.1 《金融企业成本费用明细表》概说

一、适用范围

附表二（2）适用于执行金融企业会计制度、企业会计准则的金融行业的居民纳税人，包括商业银行、政策性银行、保险公司、证券公司、信托投资公司、租赁公司、担保公司、财务公司、典当公司等金融企业。

二、填报依据

根据《中华人民共和国企业所得税法》及其实施条例、相关税收政策，以及《金融企业会计制度》、《企业会计准则》的规定，填报"营业成本"、"营业外支出"，以及根据税收规定确认的"视同销售成本"。

三、报表结构说明

附表二（2）金融企业成本费用明细表按成本性质分为三部分内容：第一部分营业成本，根据会计核算要求进行填报；第二部分视同销售成本，根据税法规定视同销售项目收入的相对应成本进行填报；第三部分营业外支出，根据会计核算要求进行填报。

由于视同销售成本和营业外支出与附表一（1）是一致的，下面仅对第一部分营业成本的结构进行介绍。营业成本分为以下四部分内容。

第一部分为银行企业填报，填报第2行至16行，包括银行业利息支出、银行业手续费及佣金支出、其他业务成本。

第二部分为保险企业填报，填报第17行至30行，包括业务支出、其他业务成本。

第三部分为证券企业填报，填报第31行至37行，包括手续费及佣金支出、业务及管理费、其他业务成本。

第四部除上述企业以外的金融企业填报，第38行至40行，包括业务支出、其他业务成本。

（一）表内计算栏次关系

（1）附表二（2）第1行=本表第2+17+31+38行。

（2）附表二（2）第2行=本表第3+11+15+16行。

(3) 附表二(2)第3行=本表第4至10行合计。

(4) 附表二(2)第11行=本表第12+13+14行。

(5) 附表二(2)第17行=本表第18+30行。

(6) 附表二(2)第18行=本表第19+20-21+22-23+24+25+26+27-28+29行。

(7) 附表二(2)第31行=本表第32+36+37行。

(8) 附表二(2)第32行=本表第33+34+35行。

(9) 附表二(2)第38行=本表第39+40行。

(10) 附表二(2)第41行=本表第42+43+44行。

(11) 附表二(2)第45行=本表第46至50行合计。

(二)表间计算栏次关系

(1) 附表二(2)第1行=主表第2行。

(2) 附表二(2)第41行=附表三第21行第4列。

(3) 附表二(2)第45行=主表第12行。

2.4.2 营业成本的填报和审核

附表二(2)第1行"营业成本":填报金融企业提供金融商品服务所发生的成本。

一、银行业务成本

附表二(2)第2行"银行利息成本":填报纳税人从事银行业务发生的支出。

(一)银行利息支出

1. 填报要求

附表二(2)第3行"银行利息支出":填报纳税人经营存贷款业务等发生的利息支出,包括同业存放、向中央银行借款、拆入资金、吸收存款、卖出回购金融资产、发行债券和其他业务利息支出。

2. 填报数据来源

填报银行利息支出项目时,填报数据来源为"利息支出"科目二级明细科目记录的同业存放、向中央银行借款、拆入资金、吸收存款。卖出回购金融资产、发行债券、其他利息支出。填报时,应根据银行利息支出具体的项目,分项目累计汇总后,再进行填报。

3. 执行新企业会计准则纳税人——会计数据审核

为了反映利息支出的增减变动情况,设置"利息支出"科目进行核算,并按照不同的利息支出种类设置明细账,具体明细账目可包括同业存放利息支出、向中央银行借款利息支出、吸收存款利息支出、卖出回购金融资产利息支出、发行债券利息支出等。

(1) 预提利息支出的核算。

资产负债表日,银行将按照摊余成本和实际利率计算确定的各项利息费用的金额,记入"利息支出"科目,按照合同约定的名义利率计算确定的应付利息的金额,记入"应付利息"等科目,其差额计入"吸收存款——利息调整"等科目。作如下会计分录:

借:利息支出——××利息支出户

  吸收存款——利息调整

 贷:应付利息(或卖出回购金融资产)

或

借：利息支出——××利息支出户

　贷：应付利息（或卖出回购金融资产）

　　吸收存款——利息调整

（2）实际支出利息的核算。

实际支付已预提的应付利息时，作如下分录：

借：应付利息

　贷：吸收存款——××户

（3）期末结转至利润的核算。

期末结转利润时，作如下分录：

借：本年利润

　贷：利息支出——××利息支出户

〔例〕

某商业银行于2010年10月1日向中央银行借款款1500万元，期限为1年，年利率为6%，该银行借款时没有发生交易费用，该借款合同利率和其实际利率相同。假定该商业银行按季度编制财务报表，不考虑其他因素。该商业银行的账务处理如下：

（1）2010年10月1日借款时：

借：存放中央银行款项　　15000000

　贷：短期借款　　15000000

（2）2010年12月31日确认利息收入时：

借：利息支出　　22500

　贷：应付利息（15000000×6%÷4）　　22500

（3）假定该银行无其他类似收入，期末将该笔收入结转至“本年利润”科目：

借：本年利润　　22500

　贷：利息支出　　22500

（二）银行手续费及佣金支出

1. 填报要求

附表二（2）第11行“银行手续费及佣金支出”：填报纳税人发生的与其经营业务活动相关的各项手续费、佣金等支出。

2. 填报数据来源

填报银行业手续费及佣金支出项目时，填报数据来源为“手续费支出”科目二级明细科目记录的手续费支出、佣金支出、其他手续费及佣金支出。填报时，应根据银行业手续费及佣金支出具体的项目，分项目累计汇总后，再进行填报。

3. 执行金融企业会计制度纳税人——会计数据审核

手续费支出，是指银行委托其他单位代办金融业务而支付的手续费，如代办储蓄手续费、其他银行代办业务手续费等。“手续费支出”科目应按支出的种类设置明细账。手续费支出可以以现金支付，也可以转账支付，发生手续费支出时，账务处理为：

借：手续费支出——××手续费支出户

　　贷：现金（或存放中央银行准备金、存放同业款项）

4. 执行新企业会计准则纳税人——会计数据审核

对于手续费及佣金收入，应设置“手续费及佣金支出”科目，并在该科目下按支出类别进行明细核算，如手续费支出、佣金支出、证券经济业务支出等。手续费及佣金的支付方式可以是现金，也可以转账支付。

（1）发生手续费及佣金支出时的核算。

银行因业务经营或代理等发生各项手续费及佣金支出时，其会计分录为：

借：手续费及佣金支出——××支出户

　　贷：存放中央银行款项

（2）期末结转至利润的核算。

期末按余额结转利润时，作如下分录：

借：本年利润

　　贷：手续费及佣金支出——××支出户

〔例〕

A 商业银行用现金支付 B 金融机构手续费 15000 元。该商业银行的账务处理如下：

借：手续费及佣金支出——手续费支出　　　　15000

　　贷：现金　　　　15000

（三）业务及管理费

1. 填报提示

附表一（2）第 15 行“业务及管理费”的填报，国税函〔2008〕1081 号文件中未对其作出明确的规定，依据《金融企业会计制度》及会计准则的有关规定，银行行业业务及管理费，主要包括纳税人发生的与其经营业务活动相关的业务及管理费。

2. 填报数据来源

填报银行业业务及管理费项目时，填报数据来源为“管理费用”和“业务及管理费用”科目记录的费用支出。填报时，应根据业务及管理费用累计发生额累计汇总后，再进行填报。

3. 执行新企业会计准则纳税人——会计数据审核

对于业务及管理费用，银行企业应当设置“业务及管理费”科目，并按照费用项目进行明细核算。该账户的支出，除财政部有规定可以先提后用外，其他一律据实列支，不得预提。各行对于待摊和预提的费用，应根据权责发生制的原则，结合具体情况确定。其中主要项目的核算如下。

（1）固定资产折旧。

固定资产折旧费是银行根据不同种类的固定资产的特点所确定的折旧方法和折旧率来定期提取的折旧额。其会计分录如下：

借：业务及管理费——折旧费

　　贷：累计折旧

（2）业务宣传费。

业务宣传费是银行为了吸引客户所开展的各种宣传活动所需支付的费用。业务宣传费实行比例控制，按期如实列支，不得预提。发生宣传费时，应根据相应的会计凭证作如下会计分录：

借：业务及管理费——业务宣传费

　贷：库存现金或银行存款

（3）业务招待费。

业务招待费是商业银行为了开展业务的需要所支付的必要的公关费用。业务招待费实行分档次按比例控制，按期如实列支，不得预提。发生招待费时，应根据相应的会计凭证作如下会计分录：

借：业务及管理费——业务招待费

　贷：库存现金或银行存款

（4）职工薪酬费用。

职工薪酬是指银行为获得职工提供的服务而给予各种形式的报酬以及其他相关支出。它包括职工工资、奖金、津贴和补贴、职工福利费、医疗保险费、养老保险费、失业保险费、工伤保险费和生育保险费等社会保险费、住房公积金、工会经费和职工教育经费及非货币性福利等。其核算应设"应付职工薪酬"科目，该科目属于负债类科目。分配时应根据"工资分配表"编制记账凭证办理转账。其会计分录为：

借：业务及管理费——职工工资

　贷：应付职工薪酬

银行根据实际情况合理预计当期应付职工福利费，并通过"应付职工薪酬"核算。其分录如下：

借：业务及管理费——职工福利费

　贷：应付职工薪酬

同时需要按照工资总额的2%和2.5%拨交工会经费和提取职工教育经费，通过"其他应付款"科目核算。其会计分录为：

借：业务及管理费——工会经费（职工教育经费）

　贷：其他应付款——工会经费（职工教育经费）

计量职工薪酬时，国家规定了计提基础和计提比例的，应当按照国家规定的标准计提，如应向社会保险经办机构等缴纳的医疗保险费、养老保险费、失业保险费、工伤保险费和生育保险费等社会保险费，应向住房公积金管理机构缴存的住房公积金以及上面核算的工会经费和职工教育经费等。

没有规定计提基础和计提比例的，银行可以根据历史经验数据和实际情况，合理预计当期应付职工薪酬。当期实际发生金额大于预计金额的，应当计提应付职工薪酬；当期实际发生金额小于预计金额的，应当冲回多提的应付职工薪酬。

〔**例**〕

A银行第一季度工资总额为18万元，银行根据本行实际情况按工资总额的14%提取职工福利费，并按照工资总额的2%和2.5%提取工会经费和职工教育经费。具体会计处理如下：

(1) 以14%的比例提取职工福利费：

借：业务及管理费——职工福利费　　25200

　贷：应付职工薪酬　　25200

(2) 以2%的比例提取工会经费：

借：业务及管理费——工会经费　　3600

　贷：其他应付款——工会经费　　3600

(3) 以2.5%的比例提取职工教育经费：

借：业务及管理费——职工教育经费　　4500

　贷：其他应付款——职工教育经费　　4500

(四) 其他业务成本

1. 填报说明

附表二(2)第16行“其他业务成本”的填报，国税函〔2008〕1081号文件中未对其作出明确的规定，依据《金融企业会计制度》及会计准则的有关规定，“其他业务成本”科目核算如出租固定资产的累计折旧、出租无形资产的累计摊销等。

2. 填报数据来源

填报其他业务成本项目时，填报数据来源为“其他业务支出”或“其他业务成本”科目记录的会计数据。填报时，应根据“其他业务支出”或“其他业务成本”累计发生额累计汇总后，再进行填报。

3. 执行金融企业会计制度纳税人——会计数据审核

其他业务支出是指除利息支出、金融企业往来支出、手续费支出、营业费用和汇兑损失以外的支出。“其他业务支出”应按支出的种类进行明细核算。

发生各项其他业务支出时，会计分录为：

借：其他业务支出——××支出户

　贷：现金(或其他有关科目)

4. 执行新企业会计准则纳税人——会计数据审核

该业务设置“其他业务成本”科目进行核算，按照业务种类进行明细核算，如出租固定资产的累计折旧、出租无形资产的累计摊销等。具体会计分录如下：

借：其他业务成本——××户

　贷：累计折旧或累计摊销等

二、保险业务支出的填报和审核

附表二(2)第17行“保险业务支出”：填报纳税人从事保险业务发生的赔付支出、提取保险责任准备金、手续费支出、分保费用、退保金、保户红利支出业务及管理费等支出总额，扣减摊回赔付支出、摊回保险责任准备金、摊回分保费用等项目后的支出。

(一) 业务支出

1. 退保金

(1) 填报要求。

附表二(2)第19行“退保金”：填报纳税人寿险原保险合同提前解除时按照约定应

当退还投保人的保单现金价值。

（2）填报数据来源。

填报业务支出项目时，第19行“退保金”填报数据来源为“退保金”科目记录的会计数据。填报时，应根据“退保金”累计发生额累计汇总后，再进行填报。

（3）执行金融企业会计制度纳税人——会计数据审核。

人寿保险业务的期限较长，其特点决定了保险人可以根据个人的实际情况随时进行加保或退保。加保即增加保险金额，它需要对原保险合同进行变更，加保的手续与新投保的手续是一样的，会计处理方法也是一样的。退保指允许退保的保单在保险期限未满的情况下，投保人提出退还保费的业务。退保人在业务部门办妥手续后，可持有关凭据到会计部门领取退保金。

退保业务在会计上通过“退保金”科目核算。“退保金”是损益类科目，借方登记支付投保人的退保金，贷方登记结转到“本年利润”中的数额，结转后，“退保金”科目无余额。在退保时，投保人若有预交保费，保险公司应予以退还；投保人若有尚未偿还的质押贷款本息，保险公司应予以抵扣。

〔**例**〕

某保户因经济困难要求退保，经业务部门计算应退保费为35000元，该保户有5000元的应交保费尚未偿还，扣除后，该保户实得退保金30000元。财务部门以现金支付。会计分录为：

借：退保金	35000	
贷：库存现金		30000
应交保费		5000

2．赔付支出

（1）填报要求。

附表二（2）第20行“赔付支出”：填报纳税人支付的原保险合同赔付款项和再保险赔付款项的支出。

（2）填报数据来源。

填报业务支出项目时，第20行“赔付支出”填报数据来源为“赔付支出”或“赔款支出”科目记录的会计数据。填报时，应根据“赔付支出”或“赔款支出”累计发生额累计汇总后，再进行填报。

（3）执行新企业会计准则纳税人——会计数据审核。

为核算赔款支出，保险公司应该设置“赔付支出”、“预付赔付款”、“应付赔付款”、“损余物资”等账户。“赔付支出”是损益类账户，借方登记赔款支出、理赔勘察费等金额，贷方登记收回损余物资转作物料用品的金额及错赔、骗赔等追回的赔款等，期末该账户余额应结转到“本年利润”账户，结转后本账户无余额。“赔付支出”应按险种设置明细分类账，进行明细分类核算。

“预付赔付款”账户是资产类账户，借方登记公司预付的各种赔款（包括分保业务预付的赔款），贷方登记结案后转为赔款支出的金额，余额反映预付给投保人的赔款。“预付赔付款”账户可按险种或分保分出人设置明细账。

“应付赔付款”账户是负债类账户，借方登记保险公司支付的应付赔款，贷方登记结案后应付未付的赔款，贷方余额反映应付的赔款。该账户可按险种或分保分出人设置明细账。

“损余物资”核算保险公司按照原保险合同约定承担赔偿保险金责任后取得的损余物资成本。保险公司取得的损余物资，应该按照同类或类似资产市场价格借记“赔付支出”科目；处置损余物资时，应按实际收到的金额借记“库存现金”等科目，贷记“赔付支出”科目；该科目期末余额反映损余物资的成本。损余物资减值时，应计提损余物资跌价准备，并比照“存货跌价准备”科目核算。

3. 摊回赔付支出

(1) 填报要求。

附表二（2）第21行“摊回赔付支出”：填报纳税人向再保险接受人摊回的赔付成本。

(2) 填报数据来源。

填报业务支出项目时，第21行“摊回赔付支出”填报数据来源为“摊回赔付支出”科目记录的会计数据。

(3) 摊回赔付支出会计处理。

①“摊回赔付支出”科目核算企业（再保险分出人）向再保险接受人摊回的赔付成本。

企业也可以分别设置“摊回赔款支出”、“摊回年金给付”、“摊回满期给付”、“摊回死伤医疗给付”等科目，分别核算企业应向再保险接受人摊回的赔款支出、满期给付、死伤医疗给付。

②“摊回赔付支出”科目应当按照险种进行明细核算。

③摊回赔付支出的主要账务处理。

企业在确定支付赔付款项金额或实际发生理赔费用而确认原保险合同赔付成本的当期，应按相关再保险合同约定计算确定的应向再保险接受人摊回的赔付成本金额，借记“应收分保账款”科目，贷记“摊回赔付支出”科目。

在因取得和处置损余物资、确认和收到应收代位追偿款等而调整原保险合同赔付成本的当期，应按相关再保险合同约定计算确定的摊回赔付成本的调整金额，借记或贷记“摊回赔付支出”科目，贷记或借记“应收分保账款”科目。

对于超额赔款再保险等非比例再保险合同，在能够计算确定应向再保险接受人摊回的赔付成本时，应按摊回的赔付成本金额，借记“应收分保账款”科目，贷记“摊回赔付支出”科目。

④期末，应将“摊回赔付支出”科目余额转入“本年利润”科目，结转后“摊回赔付支出”科目无余额。

4. 提取保险责任准备金

(1) 填报要求。

附表二（2）第22行“提取保险责任准备金”：填报纳税人提取的原保险合同保险责任准备金，包括提取的未决赔款准备金、寿险责任准备金、长期健康险责任准备金。

（2）填报数据来源。

填报业务支出项目时，第22行“提取保险责任准备金”填报数据来源为“保险责任准备金”、“提取保险责任准备金”、“寿险责任准备金”、“提取寿险责任准备金”、“长期健康险责任准备金”、“提取长期健康险责任准备金”等科目记录的会计数据。

（3）执行新企业会计准则纳税人——会计数据审核。

①财产保险准备金的核算。

财产保险准备金是保险公司为履行其承担的保险责任或者备付未来的赔款，从所收取的保费中提存的资金准备，主要包括未决赔款准备金、未到期责任准备金。

第一，未决赔款准备金的核算。

为核算未决赔款准备金，保险公司应当设置“保险责任准备金”和“提取保险责任准备金”两个会计科目。

“保险责任准备金”是一个负债类科目，用以核算保险公司提取和使用的未决赔款准备金、寿险责任准备金和长期健康险责任准备金。该账户用于核算未决赔款准备金，贷方登记本期提取的未决赔款准备金，借方登记支付的赔付款金额，余额为可供使用的未决赔款准备金。“保险责任准备金”科目应按险种设置明细账。

“提取保险责任准备金”是一个损益类科目，用于核算保险公司提取的各种责任准备金，包括未决赔款准备金、寿险责任准备金和长期健康险责任准备金。该账户用于核算未决赔款准备金，借方登记本期提存的未决赔款准备金，贷方登记本期支付的赔付款金额，期末应将“提取保险责任准备金”科目余额结转到本年利润科目中。结转后，“提取保险责任准备金”科目无余额。

为了核算方便，保险公司也可以单独设置“未决赔款准备金”和“提取未决赔款准备金”两个会计科目。在这种情况下，寿险责任准备金和长期健康险责任准备金也应该单独设账。未决赔款准备金的核算方法与坏账准备类似，每年年末根据保险公司精算部门的计算结果，补提不足的未决赔款准备金或冲销多提的未决赔款准备金。下面举例说明未决赔款准备金的核算方法。

〔例〕

某财产保险公司期末计提未决赔款准备金，对已决赔付案按初步认定的赔款100万元计提；对已经发生未报告的赔案按当年实际赔款支出150万元的4%计提。在计提之前，未决赔款准备金贷方余额为80万元。有关会计分录如下：

提存未决赔款准备金：

借：提取未决赔款准备金　　20

　贷：未决赔款准备金　　20

结转“提存未决赔款准备金”账户：

借：本年利润　　20

　贷：提取未决赔款准备金　　20

第二，未到期责任准备金的核算。

为核算未到期责任准备金，保险公司应当设置“未到期责任准备金”和“提取未到期责任准备金”两个会计科目。

“未到期责任准备金”是一个负债科目，用以核算保险公司按规定提存的非寿险原保险合同准备金，包括长短期财产保险未到期责任准备金、人身意外伤害保险责任准备金以及短期健康保险责任准备金。再保险公司提取的再保险合同准备金也通过“未到期责任准备金”账户核算。该科目贷方登记提存的各种准备金数额，借方登记转回的未到期责任准备金，余额在贷方，反映保险公司已提存但尚未转回的未到期责任准备金。

“提取未到期责任准备金”是一个损益科目，与“未到期责任准备金”科目类似，用以核算保险公司按规定提存的非寿险原保险合同准备金以及再保险合同准备金。借方登记提存的各种准备金数额，贷方登记结转到“本年利润”中的数额，结转后该科目无余额。

从本质上看，未到期责任准备金属于保费准备金，是对保费收入的调整。每年年末，保险公司的财务部门应该根据保险公司精算部门的计算结果，通过以上两个会计科目，调整未到期责任准备金的金额。下面举例说明未到期责任准备金的核算方法。

〔**例**〕

某财产保险公司第一年自留保费收入为1000万元，采用年平均估计法按全年自留保费的50%计提未到期责任准备金。第二年经该公司精算部门计算，应提存的未到期责任准备金为400万元，计提之前，未到期责任准备金余额为500万元。有关会计分录如下：

第一年提取未到期责任准备金时：

借：提取未到期责任准备金　　　　500万

　贷：未到期责任准备金　　　　　　500万

第二年提取未到期责任准备金时：

借：未到期责任准备金　　　　　　100万

　贷：提取未到期责任准备金　　　　100万

财产保险业务核算的关键是理解财产保险收入的确认过程。理论上讲，在保险合同到期前，保费收入只能构成保险公司的一项负债。因此，我国的保险公司虽然在日常收到保费时，全额将其确认为保费收入，但期末必须通过提取未到期责任准备金的方式，将当期收到的保费调整为相对合理的保费收入。

②寿险和长期健康险责任准备金的会计处理。

为核算寿险责任准备金和长期健康险责任准备金，保险公司一般应单独设置“寿险责任准备金”、“提取寿险责任准备金”、“长期健康险责任准备金”和“提取长期健康险责任准备金”等科目。根据2006年新会计准则的规定，保险公司也可以通过“保险责任准备金”和“提取保险责任准备金”两个账户来核算寿险和长期健康险责任准备金。

“寿险责任准备金”是负债类科目，用于核算人寿保险业务应该提取的准备金。该科目贷方登记提取的准备金，借方登记转回的准备金，余额在贷方，反映已提取尚未转回的寿险责任准备金。

“提取寿险责任准备金”是损益类科目，用于核算每期提取的准备金。该科目借方登记提取的寿险责任准备金，贷方登记结转到“本年利润”账户中的金额，结转后，该科目无余额。

“长期健康险责任准备金”是负债类科目，用于核算长期健康险应该提取的准备金。该科目贷方登记提取的准备金，借方登记转回的上期提取的准备金，余额在贷方，反映已经提取但尚未转回的长期健康险责任准备金。

“提取长期健康险责任准备金”是损益类科目，用于核算每期从利润中提取的责任准备金。该科目借方核算提取的准备金，贷方登记结转到“本年利润”中的金额，结转后，“提取长期健康险责任准备金”科目无余额。

以上几个会计科目都应该按险种设置明细账，进行明细分类核算。

5. 摊回保险责任准备金

(1) 填报要求。

附表二（2）第23行“摊回保险责任准备金”：填报纳税人从事再保险业务向再保险接受人摊回的保险责任准备金，包括未决赔款准备金、寿险责任准备金、长期健康险责任准备金。

(2) 填报数据来源。

填报业务支出项目时，第23行“摊回保险责任准备金”填报数据来源为“摊回未决赔款准备金”、“摊回寿险责任准备金”、“摊回长期健康险责任准备金”科目记录的会计数据。

(3) 摊回保险责任准备金会计处理。

①“摊回保险责任准备金”科目核算企业（再保险分出人）从事再保险业务应向再保险接受人摊回的保险责任准备金，包括未决赔款准备金、寿险责任准备金、长期健康险责任准备金。

企业也可以设置“摊回未决赔款准备金”、“摊回寿险责任准备金”、“摊回长期健康险责任准备金”科目，分别核算应向再保险接受人摊回的未决赔款准备金、寿险责任准备金、长期健康险责任准备金。

②“摊回保险责任准备金”科目应当按照保险责任准备金类别和险种进行明细核算。

③摊回保险责任准备金的主要账务处理。

企业在提取原保险合同保险责任准备金的当期，应按相关再保险合同约定计算确定的应向再保险接受人摊回的保险责任准备金金额，借记“应收分保保险责任准备金”科目，贷记“摊回保险责任准备金”科目。

在确定支付赔付款项金额或实际发生理赔费用而冲减原保险合同相应保险责任准备金余额的当期，应按相关应收分保保险责任准备金的相应冲减金额，借记“摊回保险责任准备金”科目，贷记“应收分保保险责任准备金”科目。

在对原保险合同保险责任准备金进行充足性测试补提保险责任准备金时，应按相关再保险合同约定计算确定的应收分保保险责任准备金的相应增加额，借记“应收分保保险责任准备金”科目，贷记“摊回保险责任准备金”科目。

在寿险原保险合同提前解除而转销相关寿险责任准备金、长期健康险责任准备金余额的当期，应按相关应收分保保险责任准备金余额，借记“摊回保险责任准备金”科目，贷记“应收分保保险责任准备金”科目。

④期末，应将“摊回保险责任准备金”科目余额转入“本年利润”科目，结转后“摊回保险责任准备金”科目无余额。

6. 保单红利支出

（1）填报要求。

附表二（2）第24行“保单红利支出”：填报纳税人按原保险合同约定支付给投保人的红利。

（2）填报数据来源。

填报业务支出项目时，第24行“保单红利支出”填报数据来源为“保单红利支出”科目记录的会计数据。

（3）保单红利支出会计处理。

保单红利支出是根据原保险合同的约定，按照分红保险产品的红利分配方法及有关精算结果而估算，支付给保单持有人的红利。

“保单红利支出”科目核算企业（保险）按原保险合同约定支付给投保人的红利。

“保单红利支出”科目可按保单红利来源进行明细核算。

企业按原保险合同约定计提应支付的保单红利，借记“保单红利支出”科目，贷记“应付保单红利”科目。

期末，应将“保单红利支出”科目余额转入“本年利润”科目，结转后“保单红利支出”科目无余额。

7. 分保费用

（1）填报要求。

附表二（2）第25行“分保费用”：填报纳税人向再保险分出人支付的分保费用。

（2）填报数据来源。

填报业务支出项目时，第25行“分保费用”填报数据来源为“分保费用支出”科目记录的会计数据。

（3）执行金融企业会计制度纳税人——会计数据审核。

分保费用支出是指在保险公司承担分保业务过程中，应由分保承受人承担的手续费、税款及各种杂项费用。手续费包括分保手续费和纯益手续费，分保手续费按照分保分出人如分保接受人双方约定的比例计算，分保合同项下的分保手续费按分保费的一定比例（如25%）计算；纯益手续费是分保分入人同意在其取得的利润基础上付给分保分出人一定比例的报酬，对于当年结清合同的纯益手续费。在期末合同结束后编制，当年不能结清合同的纯益手续费，在第二个期末编制，以后逐年调整。

为了核算保险公司分保费支出，准确衡量核算由分保分出人分来的保险业务所承担的各项费用，应设置“分保费用支出”科目，该科目属于损益类科目，借方登记应承担的分保费用数额，贷方登记期末转入“本年利润”科目的数额，期末结转后，“分保费用支出”科目无余额。该科目应按照不同险种设置明细账户进行明细核算。在分保费用发生时，应借记“分保费用支出”科目，贷记“银行存款”、“现金”等科目，期末结转到“本年利润”科目时，应借记“本年利润”科目，贷记“分保费用支出”科目，结转后无余额。

（4）执行新企业会计准则纳税人——会计数据审核。

为核算再保险业务，分保分出公司一般应设置“应付分保账款”、“应收分保账款”、

"存入保证金"、"分出保费"、"摊回赔付支出"、"摊回分保费用"、"应收分保合同准备金"、"摊回分保合同准备金"等科目。

"应付分保账款"是往来性质科目，用以核算分保业务中形成的各种应付账款。该科目贷方登记应付的各种往来款项，借方登记偿付或调整的各种应付款项，贷方余额反映登记尚未支付的分保应付款项。该科目一般按往来的单位设明细账。

"应收分保账款"是往来性质科目，用以核算分保业务中形成的各种应收款项。该科目借方登记应收的各种往来款项，贷方登记收回或调整的各种应收款项，借方余额反映尚未收回的应收款项。该科目一般按往来的单位设明细账。

"存入保证金"是负债类科目，用于核算分保分出人按规定扣存分保接受人分保费形成的准备金。该账户贷方登记扣存的分保费准备金，借方登记返还上期扣存的分保费准备金，贷方余额反映已扣存尚未返回的分保准备金。该科目按分保接受人设明细账。

"分出保费"是损益类科目，用于核算分保分出人向分保接受人分出的保费。该科目借方登记分出的保费数，贷方登记结转到"本年利润"中的数额，结转后该科目无余额。该科目按险种设明细账。

"摊回赔付支出"是损益类科目，用于核算分保赔款中，应该由分保接受人分摊的部分赔款。该科目贷方登记由接受人分摊的分保赔款，借方登记结转到"本年利润"中的数额，结转后该科目无余额。该科目按险种设明细账。

"摊回分保费用"是损益类科目，用于核算分保业务中，应该由分保接受人分摊的各项费用。该科目贷方登记由分保接受人分摊的各项费用，借方登记结转到"本年利润"中的数额，结转后该科目无余额。该科目按险种设明细账。

"应收分保合同准备金"用于核算分保分出人应收以及影响分保分入人摊回的保险责任准备金，包括未到期责任准备金、未决赔款准备金、寿险责任准备金和长期健康险责任准备金。该科目借方登记分保分出人在某个会计期间应收或应向分保分入人摊回的保险责任准备金，贷方登记在某会计期间冲减或转销的保险责任准备金。该科目可按保险责任准备金类别设明细账。

"摊回分保合同准备金"用于核算分保分出人应向分保分入人摊回的保险责任准备金，包括未决赔款准备金、寿险责任准备金和长期健康险责任准备金。该科目贷方登记分保分出人在某个会计期间应向分保分入人摊回的保险责任准备金金额，借方登记在某会计期间因赔款等业务而应冲减或转销的分保责任准备金。该科目可按保险责任准备金类别设明细账。在会计期末，该科目的余额应全部结转至"本年利润"科目。

分保分出人在会计期末应按规定计算有关指标，包括分出保费、保险责任准备金的扣存与返还、摊回赔款和摊回费用等，填制分保账单，并据以进行会计处理。

8. 手续费及佣金支出

（1）填报要求。

附表二（2）第26行"手续费及佣金支出"：填报纳税人发生的与其经营活动相关的手续费、佣金支出。

（2）填报数据来源。

填报业务支出项目时，第26行"手续费及佣金支出"填报数据来源为"手续费支出"、"佣金支出"、"手续费及佣金支出"科目记录的会计数据。

（3）执行新企业会计准则纳税人——会计数据审核。

手续费支出是指银行在办理金融、保险业务过程中按规定支付给代办单位的手续费。代办保险业务手续费按代办保费收入的规定比例控制使用。此会计科目，为金融企业共享。

"手续费及佣金支出"科目核算企业（金融）发生的各项手续费、佣金等支出。

"手续费及佣金支出"科目应当按照支出类别进行明细核算。

企业发生的手续费、佣金等支出，借记"手续费及佣金支出"科目，贷记"银行存款"、"存放中央银行款项"、"存放同业"、"现金"、"应付账款"等科目。

期末，应将"手续费及佣金支出"科目余额转入"本年利润"科目，结转后"手续费及佣金支出"科目无余额。

9. 业务及管理费

（1）填报提示。

附表二（2）第26行"业务及管理费"的填报，国税函〔2008〕1081号文件中未对其作出明确的规定，依据《金融企业会计制度》及会计准则的有关规定，保险企业业务及管理费，主要包括纳税人发生的与其经营业务活动相关的业务及管理费。

（2）填报数据来源。

填报保险企业业务及管理费项目时，填报数据来源为"营业费用"和"业务及管理费用"科目记录的费用支出。填报时，应根据业务及管理费用累计发生额累计汇总后，再进行填报。

（3）执行新企业会计准则纳税人——会计数据审核。

对于业务及管理费用，保险企业应当设置"业务及管理费"科目，并按照费用项目进行明细核算。该账户的支出，除财政部有规定可以先提后用外，其他一律据实列支，不得预提。各银行对于待摊和预提的费用，应根据权责发生制的原则，结合具体情况确定。其中主要项目的核算如下：

①固定资产折旧。

固定资产折旧费是保险企业根据不同种类的固定资产的特点所确定的折旧方法和折旧率来定期提取的折旧额。其会计分录如下：

借：业务及管理费——折旧费

　　贷：累计折旧

②业务宣传费。

业务宣传费是保险企业为了吸引客户所开展的各种宣传活动所需支付的费用。业务宣传费实行比例控制，按期如实列支，不得预提。发生宣传费时，应根据相应的会计凭证作如下会计分录：

借：业务及管理费——业务宣传费

　　贷：库存现金或银行存款

③业务招待费。

业务招待费是保险企业为了开展业务的需要所支付的必要的公关费用。业务招待费实行分档次按比例控制，按期如实列支，不得预提。发生招待费时，应根据相应的会计凭证作如下会计分录：

借：业务及管理费——业务招待费

贷：库存现金或银行存款

④职工薪酬费用。

职工薪酬是指保险企业为获得职工提供的服务而给予各种形式的报酬以及其他相关支出。它包括职工工资、奖金、津贴和补贴、职工福利费、医疗保险费、养老保险费、失业保险费、工伤保险费和生育保险费等社会保险费、住房公积金、工会经费和职工教育经费及非货币性福利等。其核算应设“应付职工薪酬”科目，该科目属于负债类科目。分配时应根据“工资分配表”编制记账凭证办理转账。其会计分录为：

借：业务及管理费——职工工资

贷：应付职工薪酬

保险企业根据实际情况合理预计当期应付职工福利费，并通过“应付职工薪酬”核算。其分录如下：

借：业务及管理费——职工福利费

贷：应付职工薪酬

同时需要按照工资总额的2%和2.5%拨交工会经费和提取职工教育经费，通过“其他应付款”科目核算。其会计分录为：

借：业务及管理费——工会经费（职工教育经费）

贷：其他应付款——工会经费（职工教育经费）

计量职工薪酬时，国家规定了计提基础和计提比例的，应当按照国家规定的标准计提，如应向社会保险经办机构等缴纳的医疗保险费、养老保险费、失业保险费、工伤保险费和生育保险费等社会保险费，应向住房公积金管理机构缴存的住房公积金以及上面核算的工会经费和职工教育经费等。

没有规定计提基础和计提比例的，保险企业可以根据历史经验数据和实际情况，合理预计当期应付职工薪酬。当期实际发生金额大于预计金额的，应当计提应付职工薪酬；当期实际发生金额小于预计金额的，应当冲回多提的应付职工薪酬。

10. 摊回分保费用

（1）填报说明。

附表二（2）第28行“摊回分保费用”：填报纳税人向再保险接受人摊回的分保费用。

（2）填报数据来源。

填报业务支出项目时，第28行“摊回分保费用”填报数据来源为“摊回分保费用”科目记录的会计数据。

（3）摊回分保费用会计处理。

①“摊回分保费用”科目核算企业（再保险分出人）向再保险接受人摊回的分保费用。

②“摊回分保费用”科目可按险种进行明细核算。

③摊回分保费用的主要账务处理。

企业在确认原保险合同保费收入的当期，应按相关再保险合同约定计算确定的应向再保险接受人摊回的分保费用，借记“应收分保账款”科目，贷记“摊回分保费用”科目。

计算确定应向再保险接受人收取的纯益手续费的，应按相关再保险合同约定计算确定的纯益手续费，借记“应收分保账款”科目，贷记“摊回分保费用”科目。

在原保险合同提前解除的当期，应按相关再保险合同约定计算确定的摊回分保费用的调整金额，借记“摊回分保费用”科目，贷记“应收分保账款”科目。

期末，应将“摊回分保费用”科目余额转入“本年利润”科目，结转后“摊回分保费用”科目无余额。

（二）其他业务成本

附表二（2）第30行“其他业务成本”的填报，国税函〔2008〕1081号文件中未对其作出明确的规定。下面介绍一下第30行“其他业务成本”填报内容。

附表二（2）第30行“其他业务成本”：填报纳税人除上述支出外的其他各项支出。

金融企业其他业务支出，在核算时与其他业务收入有共同的特点。由于我国金融企业目前实行分业经营、分业管理，不同的金融企业基本业务支出和其他业务支出的范围是不同的，各金融企业都是依据自身业务特点，区分主营业务和非主营业务进行核算。

金融企业的其他业务支出应设置“其他业务成本”科目核算，按其他业务支出的种类设置明细账。“其他业务成本”科目核算公司发生的除上述支出以外的其他业务成本，如出租无形资产所发生的支出等。

三、证券业务支出填报和审核

附表二（2）第31行“证券业务支出”：填报纳税人从事证券业务发生的证券手续费支出和证券其他业务支出。

（一）证券手续费支出

1．填报说明

附表二（2）第32行“证券手续费支出”：填报纳税人代理承销、兑付和买卖证券等业务发生的各项手续费、风险结算金、承销业务直接相关的各项费用及佣金支出。

2．填报数据来源

填报证券业手续费支出项目时，填报数据来源为“手续费支出”、“手续费及佣金支出”科目记录的会计数据。填报时，应根据银行业手续费及佣金支出具体的项目，分项目累计汇总后，再进行填报。

3．执行新企业会计准则纳税人——会计数据审核

“手续费及佣金支出”科目核算企业（金融）发生的与其经营活动相关的各项手续费、佣金等支出。

“手续费及佣金支出”科目应当按照支出类别进行明细核算。

企业发生的与其经营活动相关的手续费、佣金等支出，借记“手续费及佣金支出”科目，贷记“银行存款”、“存放中央银行款项”、“存放同业”、“现金”、“应付账款”等科目。

期末，应将“手续费及佣金支出”科目余额转入“本年利润”科目，结转后“手续

费及佣金支出”科目无余额。

（二）业务及管理费

1．填报提示

附表二（2）第36行“业务及管理费”的填报，国税函〔2008〕1081号文件中未对其作出明确的规定，依据《金融企业会计制度》及会计准则的有关规定，证券行业业务及管理费，主要包括纳税人发生的与其经营业务活动相关的业务及管理费。

2．填报数据来源

填报证券业业务及管理费项目时，填报数据来源为“营业费用”和“业务及管理费用”科目记录的费用支出。填报时，应根据业务及管理费用累计发生额累计汇总后，再进行填报。

3．执行《新企业会计准则》纳税人——会计数据审核

对于业务及管理费用，证券公司应当设置“业务及管理费”科目，并按照费用项目进行明细核算。该账户的支出，除财政部有规定可以先提后用外，其他一律据实列支，不得预提。各行对于待摊和预提的费用，应根据权责发生制的原则，结合具体情况确定。其中主要项目的核算如下：

（1）固定资产折旧。

固定资产折旧费是证券公司根据不同种类的固定资产的特点所确定的折旧方法和折旧率来定期提取的折旧额。其会计分录如下：

借：业务及管理费——折旧费

　贷：累计折旧

（2）业务宣传费。

业务宣传费是证券公司为了吸引客户所开展的各种宣传活动所需支付的费用。业务宣传费实行比例控制，按期如实列支，不得预提。发生宣传费时，应根据相应的会计凭证作如下会计分录：

借：业务及管理费——业务宣传费

　贷：库存现金或银行存款

（3）业务招待费。

业务招待费是证券公司为了开展业务的需要所支付的必要的公关费用。业务招待费实行分档次按比例控制，按期如实列支，不得预提。发生招待费时，应根据相应的会计凭证作如下会计分录：

借：业务及管理费——业务招待费

　贷：库存现金或银行存款

（4）职工薪酬费用。

职工薪酬是指证券公司为获得职工提供的服务而给予各种形式的报酬以及其他相关支出。它包括职工工资、奖金、津贴和补贴、职工福利费、医疗保险费、养老保险费、失业保险费、工伤保险费和生育保险费等社会保险费、住房公积金、工会经费和职工教育经费及非货币性福利等。其核算应设“应付职工薪酬”科目，该科目属于负债类科目。分配时应根据“工资分配表”编制记账凭证办理转账。其会计分录为：

借：业务及管理费——职工工资

　贷：应付职工薪酬

银行根据实际情况合理预计当期应付职工福利费，并通过“应付职工薪酬”核算。其分录如下：

借：业务及管理费——职工福利费

　贷：应付职工薪酬

同时需要按照工资总额的2%和2.5%拨交工会经费和提取职工教育经费，通过“其他应付款”科目核算。其会计分录为：

借：业务及管理费——工会经费（职工教育经费）

　贷：其他应付款——工会经费（职工教育经费）

计量职工薪酬时，国家规定了计提基础和计提比例的，应当按照国家规定的标准计提，如应向社会保险经办机构等缴纳的医疗保险费、养老保险费、失业保险费、工伤保险费和生育保险费等社会保险费，应向住房公积金管理机构缴存的住房公积金以及上面核算的工会经费和职工教育经费等。

没有规定计提基础和计提比例的，银行可以根据历史经验数据和实际情况，合理预计当期应付职工薪酬。当期实际发生金额大于预计金额的，应当计提应付职工薪酬；当期实际发生金额小于预计金额的，应当冲回多提的应付职工薪酬。

（三）其他业务成本

附表二（2）第30行“其他业务成本”的填报，国税函〔2008〕1081号文件中未对其作出明确的规定。下面介绍一下第30行“其他业务成本”填报内容。

附表二（2）第30行“其他业务成本”：填报纳税人除上述支出外的其他各项支出。

金融企业其他业务支出，在核算时与其他业务收入有共同的特点，由于我国金融企业目前实行分业经营、分业管理，不同的金融企业基本业务支出和其他业务支出的范围是不同的，各金融企业都是依据自身业务特点，区分主营业务和非主营业务进行核算。

金融企业的其他业务支出应设置“其他业务成本”科目核算，按其他业务支出的种类设置明细账。“其他业务成本”科目核算公司发生的除上述支出以外的其他业务成本，如出租无形资产所发生的支出等。

四、其他金融业务支出

附表二（2）第38行“其他金融业务支出”：填报纳税人核算的除上述金融业务外与其他金融业务收入对应的其他业务支出的金额，包括业务支出和其他业务支出。

附表二（2）第38行“其他金融业务支出”除上述银行企业、保险企业、证券公司以外的企业，核算的主营业务收入对应业务支出和其他业务收入对应的其他业务成本。如：信托投资公司、租赁公司、担保公司、财务公司、典当公司等企业，其核算的主营业务收入对应业务支出和其他业务收入对应的其他业务成本。

2.4.3 视同销售应确认成本

附表二（2）第41行“视同销售应确认成本”：填报纳税人会计上不作为销售核算、但按照税收规定视同销售确认的应税成本。

视同销售应确认成本相关的内容，请参见第三章中第二节的“2.3《成本费用明细表》的填报审核”的“2.3.4 视同销售成本的填报审核”。

2.4.4 营业外支出

附表二（2）第45行“营业外支出”：填报纳税人发生的各项营业外支出的金额，包括非流动资产处置损失、非货币性资产交换损失、债务重组损失、捐赠支出、非常损失、盘亏损失等。

“营业外支出”填报和审核的相关内容，已经在《成本费用明细表》部分中进行介绍，这里不再重复。

2.5 《事业单位、社会团体、民办非企业单位支出明细表》的填报审核

2.5.1 《事业单位、社会团体、民办非企业单位支出项目明细表》概说

一、适用范围及依据

（一）附表二（3）《事业单位、社会团体、民办非企业单位支出项目明细表》适用于执行事业单位会计制度、民间非营利组织会计制度的事业单位、社会团体、民办非企业单位、非营利性组织等居民纳税人填报。

（二）附表二（3）根据《中华人民共和国企业所得税法》及其实施条例、相关税收政策，以及事业单位会计制度、民间非营利组织会计制度的规定，填报“支出总额”、“不准扣除的支出总额”等。

二、表内、表间栏次计算关系

（一）表内栏次计算关系

附表二（3）第1行=本表第2行至10行合计。

附表二（3）第14行=本表第1~11行。

（二）表间栏次计算关系

附表二（3）第2至9行合计=主表第2行。

附表二（3）第10行=主表第12行。

三、事业单位常识介绍

（一）事业单位成本、期间费用和损失

对于事业单位的成本、期间费用和损失等三个问题，具体解释如下：

（1）财产损失。

事业单位财务制度未明确规定坏账损失的处理问题，但按会计惯例，科研单位的坏账损失可以据实在管理费用中列支。

税法对损失的范围作了明确的界定，并要求按规定的审批程序进行报批，未经批准的财产损失税前不得扣除。

（2）成本处理方法。

事业单位财务制度规定，在一个单位内部，可以同时采用完全成本法和制造成本法。税法规定成本是按照制造成本法来核算，基本不使用完全成本法。

（3）期间费用的处理。

事业单位财务制度规定，管理费用按照一定的方法在科研项目和经营项目之间进行分摊。产品生产应分摊的部分直接记入当期结余，科研项目、技术服务项目和其他业务项目

分摊的部分记入相关成本。

税法规定，期间费用只要不超过列支的标准和范围，就可以在税前扣除，并没有对管理费用摊入成本的要求。

（二）军工科研单位成本核算

1. 军工科研单位成本核算的特殊性

从20世纪80年代军工科研单位实行成本核算以来，军工科研单位一直采用完全成本法进行科研项目和产品的成本核算。军工科研单位财务制度改革的一个重要方面，是成本管理及核算，首先要解决的是成本计算方法问题。

按成本计算对象进行考察和分析，军工科研单位的成本核算基本上可分为两类：一是科研项目的成本核算，其中科研项目按任务来源和管理要求的不同，还可分为国家计划科研项目和国家计划外科研项目两类；二是军民产品的成本核算。在现行会计核算中，国防科研项目只有年度成本，其累计成本只有通过辅助账或设立备抵会计科目反映，这与产品成本核算是不一样的。

《军工科研单位会计制度》按如下原则来确定军工科研单位的成本计算方法：

（1）军工科研单位科研、技术性服务和其他业务项目，采用完全成本法进行成本核算。

（2）军民产品按制造成本法计算成本。

（3）期间费用的分摊。

在科研、技术服务及其他业务项目按完全成本法则产品生产按制造成本法计算成本的情况下，军工科研单位的期间费用在期末应先按一定标准分成科研（含技术服务和其他业务项目）和生产两大块。属于科研、技术服务及其他业务项目应分担的，在各项目中按一定比例分摊，形成各科研成本、技术成本和其他业务成本；属于生产开发应分担的，直接计入当期经营结余。

2. 完全成本与制造成本法

（1）完全成本法是计算和分配产品成本的一种方法。

在完全成本法下，企业将生产经营过程中发生的各种耗费全部按成本计算对象归集分配，形成某一产品的完全成本。它既包括了制造成本，也包括了期间费用，使费用全部对象化。

从理论上讲，企业生产经营过程中发生的各种耗费，无论是直接费用还是间接费用（含期间费用），都是为了生产并销售特定的产品和提供劳务。按照费用与收入配比原则，这些耗费应当按照承受对象进行归集分配，由此形成产品的实际成本亦即完全成本。产品的完全成本是产品的最低价值体现，是产品价格的基础。

（2）制造成本法也是计算和分配产品成本的一种方法。用制造成本法计算产品成本时，只分配与生产经营最直接和密切相关的费用，即只将直接材料、直接工资、其他直接支出和制造费用计入产品成本，对与生产经营没有直接关系和关系不密切的费用，如管理费用、财务费用、销售费用等，直接计入当期损益。可以说，制造成本法是在完全成本法基础上的改进。

制造成本法是基于激烈的市场竞争和会计上的谨慎原则产生的。将期间费用计入当期损益，使在产品和产成品的成本中不含期间费用，对于经营者来说，可以减少未来的风险。在我国，由于期间费用计入当期损益，防止了费用在不同会计期间的转移，能够在一定程度上解决企业成本核算不实和潜亏的问题。同时，实行制造成本法可以简化会计核算工作，减轻财会人员的工作量。

2.5.2 事业单位、社会团体、民办非企业单位支出项目的填报

一、事业单位支出总额填报和审核

附表二（3）第1行“支出总额”：纳税人发生的所有支出总额（含不征税收入形成的支出），按照会计核算口径填报。

（一）拨出经费

1. 填报要求

附表二（3）第2行“拨出经费”：填报纳税人拨出经费支出。

2. 填报数据来源

“拨出经费”科目核算事业单位按核定的预算拨付所属单位的预算资金。对附属单位拨付的非财政性补助资金或专项资金，不通过“拨出经费”科目核算。“拨出经费”科目应按所属单位名称设置明细账。

事业单位拨出经费时，借记“拨出经费”科目，贷记“银行存款”科目。收回拨出经费时，借记“银行存款”科目，贷记“拨出经费”科目。

年终，将“拨出经费”科目借方余额全数转入“事业结余”科目，借记“事业结余”科目，贷记“拨出经费”科目。结转后“拨出经费”科目无余额。

（二）上缴上级支出

1. 填报要求

附表二（3）第3行“上缴上级支出”：填报纳税人实行收入上缴办法的事业单位按照规定的定额或者比例上缴上级单位的支出。

2. 填报数据来源

“上缴上级支出”科目核算附属于上级单位的独立核算单位，按规定的标准或比例上缴上级单位的支出。

上缴时，借记“上缴上级支出”科目，贷记“银行存款”等科目。年终将“上缴上级支出”科目借方余额全数转入“事业结余”科目，贷记“上缴上级支出”科目，结账后，“上缴上级支出”科目无余额。

（三）拨出专款

1. 填报要求

附表二（3）第4行“拨出专款”：填报纳税人按照规定或批准的项目拨出具有专项用途的资金。

2. 填报数据来源

“拨出专款”科目核算主管部门或上级单位拨给所属单位的需要单独报账的专项资金。“拨出专款”科目按所属单位的名称或项目设置明细账。

拨出专项资金时，借记“拨出专款”科目，贷记“银行存款”科目。收回时，作相反的会计分录。

所属单位报销专款支出时，应区别情况处理。

（1）专项资金如系上级单位拨入的，则借记“拨入专款”科目，贷记“拨出专款”科目。

（2）属于本单位用自有资金设置对所属单位的专项拨款，按资金渠道借记有关科目，贷记“拨出专款”科目。

“拨出专款”科目借方余额为所属单位尚未报销数。

（四）专款专用

1．填报要求

附表二（3）第5行“专款支出”，填报国家财政、主管部门或上级单位拨入的指定项目或用途并需要单独报账的专项资金的实际支出。

2．填报数据来源

“专款专用”科目核算由财政部门、上级单位和其他单位拨入的指定项目或用途并需要单独报账的专项资金的实际支出数。专款支出主要有科研课题经费、挖潜改造资金、科技三项费用等指定项目或用途的支出。“专款支出”科目按专款的项目设明细账。

事业单位按指定的项目或用途开支工、料费时，借记“专款支出”科目，贷记“银行存款”、“材料”等科目；项目完工后向有关部门单独列报时，借记“拨入专款”科目，贷记“专款支出”科目。

（五）事业支出

1．填报要求

附表二（3）第6行“事业支出”：填报纳税人开展专业业务活动及其辅助活动发生的支出。包括工资、补助工资、职工福利费、社会保障费、助学金、公务费、业务费、设备购置费、修缮费和其他费用。

2．填报数据来源

“事业支出”科目核算事业单位开展各项专业业务活动及其辅助活动发生的实际支出。有财政补助收入的事业单位，其财政补助资金必须按拟定的用途使用，不得自行改变资金用途。

事业支出应按以下科目进行明细核算：基本工资、补助工资、其他工资、职工福利费、社会保障费、助学金、公务费、业务费、设备购置费、修缮费和其他费用。

事业支出的报销口径规定如下：

（1）对于发给个人的工资、津贴、补贴和抚恤救济费等，应根据实有人数和实发金额，取得本人签收的凭证后列报支出。

（2）购入办公用品可直接列报支出。购入其他各种材料可在领用时列报支出。

（3）社会保障费、职工福利费和管理部门支付的工人经费，按照规定标准和实有人数每月计算提取，直接列报支出。

（4）固定资产修购基金按核算的比例提取，直接列报支出。

（5）购入固定资产，经验收后列报支出，同时记入“固定资产”和“固定基金”科目。

（6）其他各项费用，均以实际报销数列报支出。

发生事业支出时，借记“事业支出”科目，贷记“现金”、“银行存款”等科目。当年支出收回时作冲减事业支出处理。实行内部成本核算的事业单位结转已销业务成果或产品成本时，按实际成本，借记“事业支出”科目，贷记“产成品”科目。

有经营活动的事业单位应正确划分事业支出和经营支出的界限。对于能分清的支出，要合理归集；对于不能分清的，应按一定标准进行分配，不得将应列入经营支出的项目列入事业支出，也不得将应列入事业支出的项目列入经营支出。

年终，将“事业支出”科目借方余额全数转入“事业结余”科目，借记“事业结余”科目，贷记“事业支出”科目。结账后“事业支出”科目无余额。

（六）经营支出

1．填报要求

附表二（3）第7行“经营支出”：填报纳税人在专业业务活动及其辅助活动之外开展非独立核算经营活动发生的支出。

2．填报使用的会计科目

“经营支出”科目用于核算事业单位在专业业务活动及其辅助活动之外，开展非独立核算经营活动发生的各项支出以及实行内部成本核算单位已销产品实际成本。经营支出一般应按以下项目进行明细核算：基本工资、补助工资、其他工资、职工福利费、社会保障费、助学金、公务费、业务费、设备购置费、修缮费和其他费用等。经营业务种类较多的单位，应按经营业务的主要类别进行二级明细核算。“经营支出”科目应按单位经营业务的主要类别设置明细账。

事业单位发生各项经营支出时，借记“经营支出”科目，贷记“银行存款”或有关科目。实行内部成本核算的事业单位结转已销经营性劳务成果或产品时，按实际成本借记“经营支出”科目，贷记“产成品”科目。

期末应将“经营支出”科目余额全部转入“经营结余”科目，借记“经营结余”，贷记“经营支出”科目。

（七）对附属单位补助

1．填报要求

附表二（3）第8行“对附属单位补助”：填报纳税人用财政补助收入之外的收入对附属单位补助发生的支出。

2．填报数据来源

对“附属单位补助”科目核算事业单位用非财政预算资金对附属单位补助发生的支出。“附属单位补助”科目应按接受补助的附属单位名称设置明细账。

对附属单位补助时，借记“附属单位补助”科目，贷记“银行存款”科目；补助收回时，作相反的会计分录。

年终结账时，将“附属单位补助”科目的借方余额全数转入“事业结余”科目，借记“事业结余”科目，贷记“附属单位补助”科目。结转后“附属单位补助”科目无余额。

（八）结转自筹基建

1. 填报要求

附表二（3）第9行“结转自筹基建”：填报纳税人达到基建额度的支出。

2. 填报数据来源

“结转自筹基建”科目用于核算事业单位经批准用财政补助收入以外的资金安排自筹基本建设，其所筹集并转存建设银行的资金。

将自筹的基本建设资金转存建设银行时，根据转存数借记“结转自筹基建”科目，贷记“银行存款”科目。

年终结账时，应将“结转自筹基建”科目借方余额全数转入“事业结余”科目，借记“事业结余”，贷记“结转自筹基建”科目。结转后，“结转自筹基建”科目年终无余额。

（九）其他支出

1. 填报要求

附表二（3）第10行“其他支出”：填报上述第2行至9行项目之外的其他支出的金额，包括非常损失、捐赠支出、赔偿金、违约金等。按照会计核算“营业外收入”口径填报。

2. 填报数据来源

除上述8个项目以外的支出项目，都在本行填列。事业单位会计制度对其他收入的核算作出了规定，要求设置“其他收入”科目进行核算；而对其他支出没有作出具体规定，实际填报时，各事业单位应根据各自核算特点填报。

二、事业单位不准扣除支出总额的填报和审核

1. 填报要求

附表二（3）第11行“不准扣除的支出总额”：填报纳税人按照税收规定不允许税前扣除的支出总额，包括纳税人的不征税收入用于支出所形成的费用或者财产，不得扣除或者计算对应的折旧、摊销扣除。

2. 填报注意事项

纳税人在计算应纳税所得额前，确定其不准扣除的成本、费用及损失等支出总额时，分三种情况进行填报：

（1）对全部支出项目能够分清核算的采取按税收规定据实扣除，直接填报在本表第12行“税收规定不允许扣除的支出项目金额”；

（2）对不能分清核算的采取按分摊比例计算扣除的，将计算的金额填报在本表第13行“按分摊比例计算的支出项目金额”，计算公式如下：

采取按分摊比例计算支出项目金额 = 第1行 ×（1 - 应纳税收入总额占全部收入总额比例）

（3）对只有部分支出项目能够分清核算的，将能分清核算的部分在本表第12行“税收规定不允许扣除的支出项目金额”中填报；将不能分清核算的采取按分摊比例计算扣除的，将计算的金额填报在本表第13行“按分摊比例计算的支出项目金额”。

采取据实核算又按分摊比例计算支出项目金额 =（第1 - 12行）×（1 - 应纳税收入

总额占全部收入总额比例）

3. 填报的方法

税收规定不允许扣除的支出项目确认主要为以下三种方法。

（1）据实扣除法。

根据税法相关规定，事业单位、社会团体纳税年度的应纳税收入总额减去按照条例及其实施细则和有关税收政策规定允许扣除的与取得收入有关的成本、费用、损失后的余额，为应纳税所得额。

事业单位、社会团体、民办非企业单位纳税年度的应纳税收入总额，减去与取得应税收入有关的支出项目后的余额，为应纳税所得额。各项支出的确定必须与收入相互配比。

计算公式如下：

应纳税所得额＝应纳税收入总额－准予扣除的支出项目金额

（2）分摊比例法。

根据税法相关规定，事业单位、社会团体、民办非企业单位应纳税所得额的计算，以权责发生制为原则；在计算应纳税所得额时，其财务、会计处理办法同税收规定不一致的，应当依照税法的规定计算纳税。

事业单位、社会团体、民办非企业单位对与取得应纳税收入有关的支出项目和与免税收入有关的支出项目应分别核算。确实难以划分清楚的，经主管税务机关审核同意，纳税人可采取分摊比例法或其他合理的方法确定。核算方法一经确定，纳税年度中间不得变更，核算方法应报主管税务机关备案。

分摊比例法是根据事业单位、社会团体、民办非企业单位的应纳税收入总额占该单位全部收入的比重作为分摊比例，分摊其全部支出中应当由纳税收入分摊的部分，并据以计算应纳税所得额。其计算公式如下：

应纳税收入总额应分摊的成本、费用和损失额＝支出总额×（应纳税收入总额÷收入总额）

对全部支出中应当由应纳税收入分摊的支出，一部分能够划分清楚，另一部分划分不清的，可对划分不清的部分按分摊比例法计算出的分摊比例，计算出应纳税收入总额应分摊的支出项目金额。

（3）其他混合方法。

根据税法相关规定，事业单位、社会团体对取得应纳税收入有关的成本、费用、损失与免纳税收入有关的成本、费用、损失应分别核算。确实难以划分清楚的，可由主管税务机关采取分摊比例法或其他合理的方法确定。

分摊比例法是指由主管税务机关根据事业单位、社会团体的应纳税收入总额占该单位全部收入的比重作为分摊比例，分摊其全部支出中应当由纳税收入分摊的部分，并据以计算应纳税所得额。

事业单位、社会团体应根据主管税务机关的规定，将财政部门批复下达的转入财政预算管理或财政预算外资金专户管理的基金、资金、附加收入等有关文件资料，报主管税务机关备案。

4. 税收规定不允许扣除的支出项目金额

根据国税发〔1999〕65号文件规定，事业单位、社会团体、民办非企业单位的下列支出项目，在计算应纳税所得额时，不得扣除：

（1）事业单位、社会团体、民办非企业单位在事业支出、经营支出、成本费用等支出项目中列支的，属于购置固定资产支出的设备购置费；事业单位、社会团体、民办非企业单位在事业支出、经营支出、成本费用等支出项目中列支的修缮费，凡属于固定资产修缮，且修缮费支出数超过固定资产标准的，应将修缮费用计入固定资产原值，不得直接在税前扣除；

（2）事业单位、社会团体、民办非企业单位的自筹基本建设支出；

（3）无形资产的受让、开发支出；

（4）违法经营的罚款和被没收财物的损失，各项税收的滞纳金、罚金和罚款；

（5）自然灾害或者意外事故损失有赔偿的部分；

（6）超过国家规定标准的公益、救济性捐赠，以及非公益、救济性捐赠；

（7）各种赞助支出；

（8）对附属单位补助支出；

（9）与取得应税收入无关的其他各项支出。

事业单位、社会团体、民办非企业单位的各项资产应按照税法规定的标准进行资产的计价、计提折旧、摊销。按照财务会计规定提取的修购基金，在计征所得税时不得在税前扣除。

由于国家税务总局目前对事业单位、社会团体、民办非企业单位支出项目的扣除未作出明确规定，请参考2008年以前执行的国税发〔1999〕65号文件。

5. 按分摊比例计算的支出项目金额

本行的填报，在填报要求上没有作具体说明。实际工作中，应根据上述分摊比例法和其他混合方法，计算填报。

三、准予扣除的支出总额填报

附表二（3）第14行“准予扣除的支出总额”：金额等于第1－11行。

本行是个计算填报项目，只要前几行填报没有错误，本行就不会有问题，所以针对这行在审核时，注意计算方法不要出现错误。

2.5.3 社会团体、民办非企业单位支出项目的填报审核

一、社会团体、民办非企业单位支出填报审核要求

附表二（3）适用于执行事业单位会计制度、民间非营利组织会计制度的事业单位、社会团体、民办非企业单位、非营利性组织等居民纳税人填报。

附表二（3）的填表说明，仅对事业单位的填报要求提出了一些规定，对社会团体、民办非企业单位的填报说明，仅就适用的申报表问题，有上述简单的规定，而对于如何具体填报，没有作出相应的规定。

二、社会团体、民办非企业单位支出填报方法

（1）业务活动成本。社会团体、民办非企业单位发生的业务活动支出，填报在附表二（3）《社会团体、民办非企业单位支出总额申报表》第10行“其他支出”。

（2）经营支出。社会团体、民办非企业单位发生的经营支出，填报在附表二（3）《社会团体、民办非企业单位支出总额申报表》第7行“经营支出”。

（3）管理费用、筹资费用和其他费用。填报在附表二（3）《社会团体、民办非企业单位支出总额申报表》第10行“其他支出”。

三、社会团体、民办非企业单位支出填报审核

支出项目的审核，第一步是审核会计核算，第二步是审核确定税前不可以扣除项目，第三步是审核确定视同销售成本和税收上应确认的其他成本费用。

对于社会团体、民办非企业单位的填报要求、审核方法和税收规定不允许扣除的支出项目，在前面事业单位的有关内容已经作了介绍，下面重点介绍社会团体、民办非企业单位成本费用核算。

（一）费用概述

根据《民间非营利组织会计制度》规定：费用是指民间非营利组织为开展业务活动所发生的导致本期净资产减少的经济利益或者服务潜力的流出。它是民间非营利组织为获得收益而付出的代价。民间非营利组织的费用包括业务活动支出、管理费用、筹资费用和其他费用等。

民间非营利组织的业务活动，既是提供社会公益事业的过程，也是发生各种物化劳动与活劳动耗费的过程。为了正确计算民间非营利组织在某一会计期间的业务成果，必须对其在该期间所发生的各种耗费进行正确核算，实现收入与费用的正确配比。

（二）业务活动成本

1．业务活动成本的概念

业务活动成本是指民间非营利组织为了实现其业务活动目标、开展其项目活动或者提供服务所发生的费用。民间非营利组织发生的业务活动成本，应当按照其发生额计入当期费用。

民间非营利组织应设置“业务活动成本”账户，核算为了实现其业务活动目标、开展其项目活动或者提供服务所发生的费用。该账户属于收入费用类账户，其借方登记发生的业务成本，贷方登记期末转入非限定性净资产的数额，结转后该账户无余额。

如果民间非营利组织从事的项目、提供的服务或者开展的业务比较单一，可以将相关费用全部归集在“业务活动成本”项目下进行核算和列报；如果民间非营利组织从事的项目、提供的服务或者开展的业务种类较多，民间非营利组织应当在“业务活动成本”项目下分项目、服务或者业务大类进行核算和列报。

2．教育活动成本的核算

（1）教育活动成本的概念。

教育活动成本是指民间非营利教育机构从事教学、科研及其他活动发生的各项费用。教育活动成本是民间非营利教育机构费用中最重要的组成部分，它直接体现了学校办学的宗旨和任务。

（2）教育活动成本的分类。

教育活动成本按其内容分类，可以分为教学科研人员的基本工资、补助工资、其他工资、职工福利费、教学科研人员社会保障费、助学金、教学业务费、教学修缮费和其他

费用。

教育活动成本按其用途分类，可分为如下几类：

①教学成本。是指民间非营利教育机构各教学单位或部门为培养各类学生而发生在教学过程中的成本。

②科研成本。是指民间非营利教育机构为完成所承担的科研任务以及所属科研机构发生在科学研究过程中的成本。

③业务辅助成本。是指民间非营利教育机构图书馆、计算中心、电教中心、测试中心等教学科研辅助部门为支持教学、科研活动所发生的成本。

④学生事务成本。是指民间非营利教育机构在教学业务以外，直接用于学生事务的各类费用开支，主要是用于帮助或者鼓励学生完成学业的补助或奖学金。

⑤福利保障成本。是指民间非营利教育机构用于教工社会保障和福利待遇方面的各类费用开支。

（3）教育活动成本的账务处理。

民间非营利组织发生教育活动成本时，借记“业务活动成本”账户，贷记“现金”、“银行存款”、“存货”、“应付账款”等账户。期末，将“业务活动成本”账户的余额转入非限定性净资产，借记“非限定性净资产”账户，贷记“业务活动成本”账户。

3. 科研成本的核算

科研费用是指民间非营利科研单位在科学研究、科技开发、科技管理等各项活动中发生的各项耗费，如科研人员工资、科研活动费用、物质资料的耗用、房屋建筑物、仪器设备磨损等。

科研单位开展科研活动的过程，也是费用发生（即资金耗费）的过程。将科研活动发生的各项费用按照一定的核算对象进行归集，就形成了该归集对象的科研成本。科研单位费用归集的对象一般为科研课题、开发项目、科技产品等。其科研成本也就具体分为科研课题成本、试制成本、技术成本、科普成本和生产成本等。

科研机构进行科研成本核算，有利于加强科研部门内部的管理，提高科研水平，促进公共科研事业的发展。

（1）科研成本的分类。

科研成本按其所发生耗费的用途分为以下几类。

①技术成本。技术成本是提供科技服务、成果转让、技术咨询、技术培训等服务或劳务过程中所发生的成本，如直接材料、直接人工、分配直接费用以及相关的税金及附加等。

②科研课题成本。科研课题成本，是为完成科研项目或课题等所发生的各项科研费用。科研费用一般包括所耗的材料、科研人员的工资及福利费以及其他直接发生的办公费、修缮费和应负担的研究室（车间）费用。

③试制费用。是指科研单位进行中间产品试制等发生的各项试制费用。

④学术费用。是指科研单位进行学术活动发生的各项费用。

（2）科研课题成本的核算。

①科研课题成本费用核算的特点。

科研课题（含各个研究专项）是进行科学研究的最基本单元。它是科研单位制定科研计划、落实资金预算以及物资订货的基础和依据。科研课题按其研究方向不同，可分为基础研究课题、应用研究课题和开发研究课题；按课题来源不同，可分为研究单位内部的课题和接受委托研究课题。

科研单位进行课题研究活动，既是科研成果取得并应用于社会的过程，也是人力、物力和财力的消耗过程。为了核算科研成果转让给科研单位带来的经济效益，有必要进行科研课题成本的核算。通过课题成本的核算可以正确计算在研课题和完工课题的实际成本，考核课题费用预算执行情况，促进科研单位管好用好科研经费，努力增收节支，提高经济效益。

关于课题成本核算，因科研特点与企业产品成本核算有所区别。企业的生产过程一般表现为批量、连线、重复，所创造的价值可以得到社会的承认与补偿，经营风险相对小。而科研活动因其追求先进、突破未知及知识产品的特点，决定了它的技术构思、设计、实施、科研周期、资金预算等需要不断调整以至反复，同时存在失败的可能。因此，科研单位的课题通常单一性较强，课题之间的可比性差，某些成果社会需要面狭窄，经营风险大。所以，课题成本核算通常要按课题项目进行单独成本核算，而不要求进行总体核算。成本计算期按从课题投入研究到完成课题的周期计算。不同课题所归集的研究费用就是该课题的全部费用。若课题已经完成，为该课题所归集的研究费用，就是该课题成本；课题未完成所归集的费用就是在研课题成本。因此，课题成本一般不同于产品生产成本，不存在完成课题与未完成课题之间的费用分配问题。

②科研课题成本核算的程序。

根据科研生产特点和成本管理要求，科研课题成本是以科研课题为主要核算对象，以课题研究周期为成本计算期，并按成木项目归集课题费用。

第一，科研课题成本核算对象的确定。一般以科研课题的“立题通知书”为成本核算对象，设置成本费用明细账或成本计算单，按成本项目归集其成本费用；课题研究完成时，其成本费用明细账或成本计算单所归集的全部费用，就是该课题的成本。

第二，成本项目的设置。恰当设置成本项目，有利于加强成本控制和成本分析。科研单位可根据本单位事业经营的性质、内容不同，可设置以下成本项目：工资及福利费、原材料费、燃料及动力费、设备购置及使用费、专用业务费、室（车间）管理费。

下列费用不得列入科研课题成本：应由基本建设投资、专项资金拨款中开支的费用，应由特定资金开支的项目。

第三，合理确认成本计算期。科研课题以技术合同规定的课题周期为成本计算期。周期长的，可以会计年度、研制阶段为计算期，核算当年或阶段成本和累计成本；研究结束，核算全部成本。

③科研课题费用的归集与分配。

课题费用可通过“科研成本”账户核算。本期发生科研课题费用，记入该账户借方；课题完成时，按实际成本予以转账，如为实物产品项目，应借记“存货——科技产品”账户，贷记“科研成本”账户；如为咨询服务项目，则借记“业务活动成本”账户，贷记“科研成本”账户。科研单位应作好科研课题成本费用的归集与分配的核算，凡能直接计入课题的费用（如直接材料费、人工费）应按实际发生数直接计入，而对研究室（车间）的管理费以及待摊费用，应在每期期末按一定比例计入有关课题或产品成本。

直接课题费用的归集与分配。科研单位在科研活动期间发生的领用设备、材料费、固定资产折旧费、本课题人员出差、国内外考察与培训等支出，构成了该课题直接费用。发生上述费用后，应根据审核无误的记账凭证直接记入各课题明细账的“科研课题明细账”及相关成本项目内。

④工资及福利费支出的核算。

科研单位发生科技人员的工资以及个人相关开支部分如福利费等，记入“科研成本”账户。

⑤室（车间）管理费用的核算。

科研单位发生室（车间）管理费用时，应先通过“间接费用”账户归集。由于室（车间）管理费用是属于间接费用，因此，期末应选择以下较为合理且简便易行的标准、方法，在有关课题之间进行分配。按课题组人员数的比例分配；按课题组工作日或小时的比例分配；按课题组工资总额的比例分配；按课题预算数分配。

按课题组人员数的比例分配室（车间）间接费用的计算公式如下：

某课题组应分摊室（车间）费用＝该课题组人数÷研究室（车间）编制人数×待分配费用总额

⑥已完成科研课题成本的计算及结转。

科研课题完成，经科研部门鉴定合格并出具结果报告后，财会部门根据鉴定结果的报告，将科研课题投产以来的累计成本通过“科研成本——科研课题明细账”进行整理、汇总，编制“课题实际成本结算表”并将成本费用转入“存货——科技产品”账户。

4. 医院业务活动成本的核算

（1）医院业务活动成本概念。

医院业务活动成本，是指医院从事医疗服务业务活动而发生的费用，是医院成本的重要组成部分。

（2）医院业务活动成本的分类。

医院的业务活动成本主要包括以下两类。

①医疗成本，是指医疗服务过程中发生的直接费用。包括从事医疗临床服务的职工的基本工资、补助工资、其他工资、职工福利费、社会保障费、公务费、卫生材料、其他材料、低值易耗品、业务费、购置费、修缮费、租赁费和其他费用。

②药品成本，是指医院在向病人提供药品以对其进行治疗过程中发生的与药品有关的各种费用。包括从事药品采购、保管、发放以及药品管理工作的职工的工资、补助工资、其他工资、职工福利费、社会保障费、公务费、药品（西药、中成药、中草药）、原材料、卫生材料、其他材料、低值易耗品、业务费、购置费、修缮费、租赁费、其他费用。

（3）医院业务活动成本的账务处理。

医院发生业务活动成本在“业务活动成本”账户核算。

①医疗成本的账务处理。民间非营利组织发生医疗成本时，借记“业务活动成本——医疗成本”账户，贷记“现金”、“银行存款”、“存货”、“应付账款”等账户；期末，将

本医疗成本转入非限定性净资产时，借记“非限定性净资产”账户，贷记“业务活动成本——医疗成本”账户。

②药品销售成本的账务处理。医院的药品采用售价进行核算，药品的售价与进价的差额记入“药品进销差价”账户。在购进药品时，按售价记入“药品”账户。同时还将进价与售价之间的差额，记入“药品进销差价”账户。药房从药库领取时，按售价借记“药品——药房”，贷记“药品——药库”账户，当月末把已销售部分的药品价值由“药品——药房”账户转入“业务活动成本”账户时，就需要把销售药品的零售价调整为进价（批发价），为此，就需要计算已销售药品应分摊的进销差价额。已销售药品应分摊的进销差价，可按以下方法计算确定：

第一，计算药品综合加成率。其计算公式为：

药品综合加成率 =（药品进销差价期初余额 + 本期药品进销差价贷方发生额）÷（药品期初余额 + 本期药品借方发生额 - 药品进销差价期初余额 - 本期药品进销差价贷方发生额）×100%

或者：

药品综合加成率 = [本月药品进销差价期末余额 ÷（本月药品期末余额 - 本月药品进销差价期末余额）] ×100%

第二，计算本期药品实际消耗成本。其计算公式为：

本期药品消耗成本 = 本期药房药品销售额 ÷（1 + 综合加成率）

第三，计算本期实现的药品进销差价。其计算公式为：

本期实现的药品进销差价 = 本期药房药品销售额 - 本期药品消耗成本

（三）管理费用

1. 管理费用的概念

管理费用是指民间非营利组织为组织和管理其业务活动所发生的各项费用。管理费用具体包括：

（1）民间非营利组织董事会（或者理事会或者类似权力机构）经费，是指民间非营利组织最高权力机构董事会（或者理事会或者类似权力机构）及其成员为执行职能而发生的各项费用。包括差旅费、会议费等。

（2）行政人员的工资、奖金、津贴。

（3）福利费。是指按规定标准和职工工资数提取的职工福利费。

（4）住房公积金、住房补贴。

（5）社会保障费。是指民间非营利组织用于职工医疗、养老、待业、住房等方面的费用。

（6）离退休人员工资与补助。是指民间非营利组织支付离退休职工的退休金（包括按规定缴纳地方统筹退休金）、价格补贴、医药费（包括支付离退休人员参加医疗保险的费用）、异地安家费、职工退职金、职工死亡丧葬补助费、抚恤费、按规定支付非离休人员的其他费用。

（7）办公费。是指民间非营利组织在日常行政管理过程中发生的办公用品、清洁用品的购置费，订阅公用书报费以及运输工具的油料费、养路费、牌照费等。

(8) 水电、邮电费。

(9) 物业管理费。是指民间非营利组织向物业管理部门支付的有关物业管理费用。

(10) 差旅费。是指职工因公务出差发生的费用。

(11) 折旧费。是指民间非营利组织按照规定的固定资产折旧率计算提取的折旧费用。

(12) 修理费。是指民间非营利组织对行政管理部门使用的固定资产进行维修而发生的费用。

(13) 无形资产摊销费。是指民间非营利组织分期摊销的无形资产价值，包括专利权、商标权、著作权、土地使用权；非专利技术和商誉的摊销。

(14) 存货盘亏损失。是指民间非营利组织存货盘点的盘亏、盘盈净额，但不包括应计入营业外支出的存货损失。

(15) 资产减值损失。是指民间非营利组织因提取资产减值准备而确认的资产减值损失。

(16) 因预计负债所发生的损失。

(17) 聘请中介机构费。是指民间非营利组织聘请会计师事务所进行查账、验资、资产评估、清账等发生的费用。

(18) 偿还的受赠资产。

2. 管理费用核算账户的设置

民间非营利组织应设置“管理费用”账户，核算民间非营利组织为组织和管理其业务活动所发生的各项费用。该账户属于收入费用类账户，其借方登记发生的管理费用；贷方登记期末转入“非限定性净资产”账户的管理费用；“管理费用”账户结转后无余额。

3. 管理费用的账务处理

现金、存货、固定资产等盘亏，根据管理权限报经批准后，按照相关资产账面价值扣除可以收回的保险赔偿和过失人的赔偿等后的余额，借记“管理费用”账户，按照可以收回的保险赔偿和过失人的赔偿等，借记“现金”、“银行存款”、“其他应收款”等账户，按照已提取的累计折旧，借记“累计折旧”账户，按照相关资产的账面余额，贷记相关资产项目。

对于因提取资产减值准备而确认的资产减值损失，借记“管理费用”账户，贷记相关资产减值准备账户。冲减或转回资产减值准备，借记相关减值准备账户，贷记“管理费用”账户。

提取行政管理的固定资产折旧，借记“管理费用”账户，贷记“累计折旧”账户。

无形资产摊销时，借记“管理费用”账户，贷记“无形资产”账户。

发生的应归属于管理费用的应付工资、应交税金等，借记“管理费用”账户，贷记“应付工资”、“应交税金”等账户。对于因确认预计负债而确认的损失，借记“管理费用”账户，贷记“预计负债”账户。

发生的其他管理费用，借记“管理费用”账户，贷记“现金”、“银行存款”等账户。

4. 管理费用明细表的编制

管理费用明细表是反映民间非营利组织在报告期内发生的管理费用，及其构成情况的报表。管理费用明细表的编制目的，在于考核民间非营利组织管理费用的构成和变动情况，分析、评价预算执行的情况，以满足内部管理等有关方面的信息需要。管理费用明细表具有服务内向性、内容灵活、编报不定时等特点。该表一般按照费用项目分别反映各项费用的预算数、上年同期实际数、本月实际数和本年累计实际数。

（四）筹资费用

1．筹资费用的概念

筹资费用是指民间非营利组织为筹集业务活动所需资金而发生的费用。具体包括：

（1）获得捐赠资产费用。民间非营利组织为了获得捐赠资金而发生的费用，包括举办募款活动费、准备、印刷和发放募款宣传资料费以及其他与募款或者争取捐赠有关的费用。

（2）借款费用，是指民间非营利组织因借款而发生的利息、辅助费用以及因外币借款而发生的汇兑差额。

（3）汇兑损失，是指民间非营利组织因向银行结售或购入外汇而产生的银行买入、卖出价与记账所采用汇率之间的差额，以及月度（季度、年度）终了，各种外币账户的外币期末余额，按照期末规定汇率折合的记账人民币金额与原账面人民币金额之间的差额等。

2．获得捐赠资产费用的核算

民间非营利组织发生获得捐赠资产费用，应当在发生时按其发生额计入当期筹资费用。发生捐赠费用时，借记"筹资费用"账户，贷记"现金"、"银行存款"等账户。

3．借款费用的核算

民间非营利组织发生的借款费用，应当在发生时按其发生额计入当期筹资费用。发生借款费用时，借记"筹资费用"账户，贷记"预提费用"、"银行存款"、"长期借款"等账户。发生的应冲减筹资费用的利息收入，借记"银行存款"、"长期借款"等账户，贷记"筹资费用"账户。

4．汇兑损失的核算

一般来说，汇兑损失（减汇兑收益）产生于以下两种情形：一是在外币兑换中由于所采用的外币买入价和卖出价与入账价值不同而产生的，其中入账价值往往采用当日的市场汇率。二是在持有外币性资产和负债期间，由于汇率变动而引起的外币货币性资产或负债价值变动所产生的业务成果。其中，外币货币性资产（如外币银行存款、应收账款等）在汇率上升时，产生汇兑收益；在汇率下降时，产生汇兑损失。外币性负债则完全相反，在汇率上升时，产生汇兑损失；在汇率下降时，产生汇兑收益。这里所讲的"汇兑损失（减汇兑收益）"是指民间非营利组织，在持有外币货币性负债期间，会计期间（月份、季度、年度）终了时，对外币账户的期末余额以期末汇率进行折算，折算金额与账面金额之间的差额。

民间非营利组织发生汇兑损失时，应借记"筹资费用"账户，贷记"银行存款"、"长期借款"等账户；发生的应冲减汇兑收益，借记"银行存款"、"长期借款"等账户；贷记"筹资费用"账户。

5．期末结转筹资费用的核算

期末，应将筹资费用转入非限定性净资产。结转时，按筹资费用账户的余额，编制会计分录为：借记"非限定性净资产"账户，贷记"筹资费用"账户。

（五）其他费用

1. 其他费用的概念

其他费用是指民间非营利组织发生的，无法归属到业务活动成本、管理费用或者筹资费用的费用，包括固定资产处置净损失和无形资产处置净损失等。

2. 其他费用核算账户的设置

民间非营利组织应设置“其他费用”账户，核算该组织发生的固定资产处置净损失、无形资产处置净损失等。该账户属于收入费用类账户。其借方登记发生的固定资产处置净损失、无形资产处置净损失等；贷方登记期末转入非限定性净资产的其他费用。期末结转后，该账户无余额，其明细账应当按照费用种类设置。

3. 其他费用的账务处理

民间非营利组织发生的其他费用，应当在发生时按其发生额计入当期费用。发生固定资产处置净损失时，借记“其他费用”账户，贷记“固定资产清理”账户；发生无形资产处置净损失时，按照实际取得的价款，借记“银行存款”等账户，按照该项无形资产的账面余额，贷记“无形资产”账户，按照其差额，借记“其他费用”，账户；期末，将其他费用转入非限定性净资产时，借记“非限定性净资产”账户，贷记“其他费用”账户。

第三节　营业税金及附加的填报审核（直接填报栏次）

3.1　填报要求

《企业所得税年度纳税申报表（A类）》第3行“营业税金及附加”：填报纳税人经营活动发生的营业税、消费税、城市维护建设税、资源税、土地增值税和教育费附加等相关税费。本行根据“营业税金及附加”科目的数额计算填报。

3.2　填报数据来源

执行会计制度纳税人，第3行“营业税金及附加”填报数据来源为“主营业务税金及附加”科目及“应交税金”二级明细科目。

执行会计准则纳税人，第3行“营业税金及附加”填报数据来源为“主营业务税金及附加”科目及“应交税费”二级明细科目。

3.3　执行会计制度纳税人——会计数据审核

（1）“主营业务税金及附加”科目核算企业日常活动应负担的税金及附加，包括营业税、消费税、城市维护建设税、资源税、土地增值税和教育费附加等。

（2）企业按照规定计算出应由主营业务负担的税金及附加，借记“主营业务税金及附加”科目，贷记“应交税金——应交营业税”、“应交税金——应交消费税”、“其他应交款”等科目。企业收到的先征后返的消费税、营业税等原记入“主营业务税金及附加”科目的各种税金，应于收到当期冲减本期的营业税金及附加，企业应按实际收到的金额，借记“银行存款”科目，贷记“主营业务税金及附加”科目。

（3）期末，应将“主营业务税金及附加”科目的余额转入“本年利润”科目，结转后“主营业务税金及附加”科目应无余额。

（4）执行企业会计制度的纳税人，与其他业务收入对应的营业税金及附加在“其他业务支出”科目核算。

3.4 执行会计准则纳税人——会计数据审核

（1）“营业税金及附加”科目核算企业经营活动发生的营业税、消费税、城市维护建设税、资源税和教育费附加等相关税费。房产税、车船使用税、土地使用税、印花税在“管理费用”科目核算，但与投资性房地产相关的房产税、土地使用税在本科目核算。

（2）企业按规定计算确定的与经营活动相关的税费，借记“营业税金及附加”科目，贷记“应交税费”科目。

（3）期末，应将“营业税金及附加”科目余额转入“本年利润”科目，结转后“营业税金及附加”科目无余额。

3.5 营业税金及附加的审核

1．税金确认时间

税金的确认时间，一是纳税义务发生时间的确认；二是税前扣除时间的确认。各税种的纳税义务时间是由相关税法确定的，这里不做重复。所得税法实施条例第三十一条规定，税金，是指企业发生的除企业所得税和允许抵扣的增值税以外的各项税金及其附加。这项规定中有一个待证事实“企业发生的各项税金及其附加”，关键是如何证实“企业发生”。发生的必须是本企业收入有关的税金，且发生是一个过程，包括会计核算和纳税申报两个环节。对于仅会计预提而未申报的税金不允许税前扣除，因为应税债务关系尚未发生。企业的应税债务，是基于纳税人的申报行为而发生的，未按规定程序进行申报，应纳税义务在法律上并未生效。

2．税金确认的范围

税金确认范围有两方面内容，一是纳税义务的选择；二是计税依据的范围。如果流转税要解决两个问题，就是关于交易性质的判断问题和收入范围的划分问题。一项交易发生了，应属于什么性质，这里要求有关人员进行判断，工业商业性质的收入要交增值税，除修理修配以外的业务就应该交营业税；交易性质确定了，收入的范围还要进一步划分，比如一项建安业务，属于劳务部分的收入是营业税的应税收入，属于设备价款的，就不是营业税的应税收入。如果是资产转让行为，就要划分是产权交易还是商品交易，产权交易不涉及流转税，商品交易就应当交纳流转税。在实际生活当中，人们经常讲的纳税决策，其中一项重要内容就是确认税金的范围。

3．税金的计量

税金的计量存在两个问题：一个是税率选择问题，另一个是税额计算问题。同样的计税依据税率适用不当，纳税多少就会有差别，比如，运输业的湿租业务是按3%的税率交纳营业税，而干租业务是按照服务业的5%税率交纳营业税。在同样税率计税的情况下，计税方法不同，纳税结果也不同。因为在营业额的计算上有差别，有的是按照结算收入全额计税，有的是按结算收入减去收入抵减项目后的余额计税。在实际工作中，如果应按余额计税的错按全额计税，税额大小的差别是可想而知的。

税额计算还有一个实交税额计算问题，依据计税依据和适用税率计算的税额是应纳税额，如果由于以前在征纳存在着一些退补税的遗留问题，在解决这些问题的税款调整期限内就必须进行处理。对这类退补税问题的调整既不能提前，也不能推后，应在征纳处理的有效期限内进行处理。

4. 与主营业务收入、其他业务收入的配比问题

填表说明要求应缴税金及附加与本期“主营业务收入”、“其他业务收入”相对应，在实际操作中，存在着困难。有三种情况影响对应关系。

(1) 房地产开发企业预收定金，会计上并不作主营业务收入处理，而在征收营业税时要求计入征税营业额。

(2) 建筑业、旅游业、代理业、广告业等行业的主营业务收入，应以减除按营业税规定允许减除项目后的余额，作为征收营业税的营业额。

(3) 本期补交以前年度的税金及附加，本表没有设计有关栏次作专项反映，因此也应本行填报。补交以前年度的税金及附加，不可能与本期主营业务收入对应。

(4) 执行企业会计制度的纳税人，与其他业务收入对应的营业税金及附加在“其他业务支出”科目核算。

执行《企业会计制度》、《小企业会计制度》和《金融企业会计制度》的纳税人，根据《利润表》中“主营业务税金及附加”项目的有关数据填报。

金融企业缴纳的房产税、车船使用税、土地使用税、印花税等，已计入费用扣除的，不再作税金单独扣除。金融企业缴纳的契税、进口设备的关税，应予以资本化，计入固定资产或无形资产原值，不能作为当期费用直接扣除。

第四节 销售费用、管理费用、财务费用的填报审核

4.1 填报要求

《企业所得税年度纳税申报表（A类）》第4行“销售费用”：填报纳税人在销售商品和材料、提供劳务的过程中发生的各种费用。本行根据“销售费用”科目的数额计算填报。

《企业所得税年度纳税申报表（A类）》第5行“管理费用”：填报纳税人为组织和管理企业生产经营发生的管理费用。本行根据“管理费用”科目的数额计算填报。

《企业所得税年度纳税申报表（A类）》第6行“财务费用”：填报纳税人为筹集生产经营所需资金等发生的筹资费用。本行根据“财务费用”科目的数额计算填报。

4.2 审核注意事项

(1) 根据主表设计的逻辑关系和附表二（1）的填报要求，主表第4行“销售费用”、第5行“管理费用”、第6行“财务费用”，是根据附表二（1）第26行、第27行、第28

行的有关数据填列。附表二（1）与主表的关系如下：

附表二（1）第26行=主表第4行；

附表二（1）第27行=主表第5行；

附表二（1）第28行=主表第6行。

（2）金融企业发生的期间费用，不需要在主表中列示。因为，在附表二（2）《金融企业成本费用明细表》第1行“营业成本”中，已经包含了金融企业发生的期间费用。

（3）事业单位采取据实核算支出项目的，根据实际发生额填报。

销售费用、管理费用、财务费用的相关内容，请参见第三章中第二节的“2.3.6 期间费用的填报和审核”。

第五节　资产减值损失的填报审核（直接填报栏次）

5.1　填报要求

《企业所得税年度纳税申报表（A类）》第7行“资产减值损失”：填报纳税人计提各项资产准备发生的减值损失。本行根据“资产减值损失”科目的数额计算填报。

5.2　填报数据来源

执行会计准则纳税人，填报第7行“资产减值损失”数据来源为“资产减值损失”科目。

5.3　执行会计制度纳税人——会计数据审核

执行会计制度纳税人，对于资产减值损失已在附表二（1）第22行“非常损失”中填报，本行不在填报。

5.4　执行会计准则纳税人——会计数据审核

（1）资产减值损失科目核算企业计提各项资产减值准备所形成的损失。

（2）资产减值损失科目可按资产减值损失的项目进行明细核算。

（3）企业的应收款项、存货、长期股权投资、持有至到期投资、固定资产、无形资产、贷款等资产发生减值的，按应减记的金额，借记“资产减值损失”科目，贷记“坏账准备”、“存货跌价准备”、“长期股权投资减值准备”、“持有至到期投资减值准备”、“固定资产减值准备”、“无形资产减值准备”、“贷款损失准备”等科目。

在建工程、工程物资、生产性生物资产、商誉、抵债资产、损余物资、采用成本模式计量的投资性房地产等资产发生减值的，应当设置相应的减值准备科目，比照上述规定进行处理。

（4）企业计提坏账准备、存货跌价准备、持有至到期投资减值准备、贷款损失准备等，相关资产的价值又得以恢复的，应在原已计提的减值准备金额内，按恢复增加的金额，借记“坏账准备”、“存货跌价准备”、“持有至到期投资减值准备”、“贷款损失准备”等科目，贷记“资产减值损失”科目。

（5）期末，应将“资产减值损失”科目余额转入“本年利润”科目，结转后“资产减值损失”科目无余额。

根据《企业会计准则第 8 号——资产减值》〔2006〕的规定：资产减值损失一经确认，在以后会计期间不得转回。

此处所述的“资产”，主要指：长期股权投资、采用成本模式的投资性房地产、固定资产（含在建工程、工程物资等）、生产性生物资产、探明石油天然气矿区权益、石油天然气井及相关设施及辅助设施设备、无形资产（含资本化的开发支出）、商誉等长期资产。不包括：存货、采用公允价值模式的投资性房地产、消耗性生物资产、建造合同、递延所得税资产、融资租赁中出租人未担保余值、《企业会计准则第 22 号——金融工具确认和计量》（2006）规范的金融资产、未探明石油天然气矿区权益等。因此，在审核企业会计核算中恢复原计提的减值损失数据时，应对各项明细数据区别处理。

5.5 资产减值损失的审核

一、资产减值损失的审核要点。

（1）资产减值损失发生情况；

（2）资产减值损失计提方法；

（3）资产减值损失的会计处理中存在的差错；

（4）资产减值损失的资产负债表日后事项。

二、资产减值损失的审核方法。

（1）对于经审核未发现差错的，直接采集资产减值损失的数据；

（2）对于经审核发现会计差错的，应在更正后，才能作为资产减值损失的申报数据；

（3）资产减值损失的证据属于会计核算证据，鉴证程序为逻辑关系审验和收入账务处理方法评价；

（4）对于经审核发生资产负债表日后事项的，应考虑资产负债表日后事项后进行数据采集。

第六节 公允价值变动损益的填报审核（直接填报栏次）

6.1 填报要求

《企业所得税年度纳税申报表（A类）》第 8 行“公允价值变动收益”：填报纳税人交易性金融资产、交易性金融负债，以及采用公允价值模式计量的投资性房地产、衍生工具、套期保值业务等公允价值变动形成的应计入当期损益的利得或损失。本行根据“公允价值变动损益”科目的数额计算填报。

6.2 填报数据来源

执行会计准则纳税人，填报第 8 行“公允价值变动收益”数据来源为“公允价值变动损益”科目。

6.3 执行会计制度纳税人——会计数据审核

执行会计制度纳税人，不填报此行。

6.4 执行会计准则纳税人——会计数据审核

（1）公允价值变动损益科目核算企业交易性金融资产、交易性金融负债，以及采用公允价值模式计量的投资性房地产、衍生工具、套期保值业务等公允价值变动形成的应计入当期损益的利得或损失。指定为以公允价值计量且其变动计入当期损益的金融资产或金融负债公允价值变动形成的应计入当期损益的利得或损失，也在“公允价值变动损益”科目核算。企业开展套期保值业务的，有效套期关系中套期工具或被套期项目的公允价值变动，也可以单独设置“6102 套期损益”科目核算。

（2）“公允价值变动损益”科目可按交易性金融资产、交易性金融负债、投资性房地产等进行明细核算。

（3）公允价值变动损益的主要账务处理。

①资产负债表日，企业应按交易性金融资产的公允价值高于其账面余额的差额，借记“交易性金融资产——公允价值变动”科目，贷记“公允价值变动损益”科目；公允价值低于其账面余额的差额作相反的会计分录。

出售交易性金融资产时，应按实际收到的金额，借记“银行存款”、“存放中央银行款项”等科目，按该金融资产的账面余额，贷记“交易性金融资产”科目，按其差额，借记或贷记“投资收益”科目。同时，将原计入该金融资产的公允价值变动转出，借记或贷记“公允价值变动损益”科目，贷记或借记“投资收益”科目。

②资产负债表日，交易性金融负债的公允价值高于其账面余额的差额，借记“公允价值变动损益”科目，贷记“交易性金融负债”等科目；公允价值低于其账面余额的差额作相反的会计分录。处置交易性金融负债，应按该金融负债的账面余额，借记“交易性金融负债”科目，按实际支付的金额，贷记“银行存款”、“存放中央银行款项”、“结算备付金”等科目，按其差额，贷记或借记“投资收益”科目。同时，按该金融负债的公允价值变动，贷记或借记“公允价值变动损益”科目，借记或贷记“投资收益”科目。

③采用公允价值模式计量的投资性房地产、衍生工具、套期工具、被套期项目等形成的公允价值变动，按照“投资性房地产”、“衍生工具”、“套期工具”、“被套期项目”等科目的相关规定进行处理。

（4）期末，应将“公允价值变动损益”科目余额转入“本年利润”科目，结转后“公允价值变动损益”科目无余额。

6.5 公允价值变动损益的审核

1. 公允价值变动损益的审核要点

（1）公允价值变动损益发生情况；

（2）公允价值变动损益计提方法；

（3）公允价值变动损益的会计处理中存在的差错；

（4）公允价值变动损益的资产负债表日后事项。

2. 公允价值变动损益的审核方法

（1）对于经审核未发现差错的，直接采集公允价值变动损益的数据；

（2）对于经审核发现会计差错的，应在更正后，才能作为公允价值变动损益的申报数据；

（3）公允价值变动损益的证据属于会计核算证据，鉴证程序为逻辑关系审验和收入账务处理方法评价；

（4）对于经审核发生资产负债表日后事项的，应考虑资产负债表日后事项后进行数据采集。

第七节 投资收益的填报审核（直接填报栏次）

7.1 填报要求

《企业所得税年度纳税申报表（A类）》第9行“投资收益”：填报纳税人以各种方式对外投资确认所取得的收益或发生的损失。本行根据“投资收益”科目的数额计算填报。

7.2 填报数据来源

《企业所得税年度纳税申报表（A类）》第9行“投资收益”填报数据来源为“投资收益”科目。

7.3 执行会计制度纳税人——会计数据审核

（1）“投资收益”科目核算企业对外投资所取得的收益或发生的损失。

（2）企业出售短期持有的股票、债券或到期收回债券，按实际收到的金额，借记“银行存款”科目，按已提的跌价准备，借记“短期投资跌价准备”科目，按短期投资的账面余额，贷记“短期投资”科目，按未领取的股利或利息，贷记“应收股利”、“应收利息”科目，按其差额，借记或贷记“投资收益”科目。

（3）长期股权投资采用成本法核算的，被投资单位宣告发放现金股利或分派利润时，借记“应收股利”等科目，贷记“投资收益”科目。长期股权投资采用权益法核算的，被投资单位当年实现的净利润，企业按应分享的份额，借记“长期股权投资”科目，贷记“投资收益”科目；被投资单位当年发生净亏损，企业按应分担的份额，借记“投资收益”科目，贷记“长期股权投资”科目。企业计提的投资减值准备，借记“投资收益”科目，贷记“短期投资跌价准备”、“长期投资减值准备”等科目。出售或收回长期股权投资时，按实际收到的金额，借记“银行存款”等科目，按已提的减值准备，借记“长期投资减值准备”科目，按长期股权投资的账面余额，贷记“长期股权投资”科目，按其差额，贷记或借记“投资收益”科目。

（4）企业认购溢价发行在1年以上（不含1年）的债券，应于每期结账时，按应计的利息，借记“长期债权投资”或“应收利息”科目，按当期应分摊的溢价，贷记“长期债权投资”科目，按其差额，贷记“投资收益”科目；购入折价发行的债券，应于每期结账时，按应计利息，借记“长期债权投资”或“应收利息”科目，按应分摊的折价，借记“长期债权投资”科目，按应计利息与分摊数的合计数，贷记“投资收益”科目。出售或到期收回债券本息，按实际收到的金额，借记“银行存款”等科目，按已提的减值准备，借记“长期投资减值准备”科目，按债券本金和已计未收利息，贷记“长期债权投资（债券投资——面值、应计利息）”或“应收利息”科目，按尚未摊销的溢价或折价，贷记或借记“长期债权投资（债券投资——溢折价）”科目，按其差额，贷记或借记“投资收益”科目。

（5）“投资收益”科目应按投资收益种类设置明细账，进行明细核算。

（6）期末，应将“投资收益”科目的余额转入“本年利润”科目，结转后“投资收益”科目应无余额。

7.4 执行会计准则纳税人——会计数据审核

（1）“投资收益”科目核算企业确认的投资收益或投资损失。企业（金融）债券投资持有期间取得的利息收入，也可在“利息收入”科目核算。

（2）“投资收益”科目可按投资项目进行明细核算。

（3）投资收益的主要账务处理。

①长期股权投资采用成本法核算的，企业应按被投资单位宣告发放的现金股利或利润中属于本企业的部分，借记“应收股利”科目，贷记“投资收益”科目；属于被投资单位在取得本企业投资前实现净利润的分配额，应作为投资成本的收回，借记“应收股利”等科目，贷记“长期股权投资”科目。长期股权投资采用权益法核算的，应按根据被投资单位实现的净利润或经调整的净利润计算应享有的份额，借记“长期股权投资——损益调整”科目，贷记“投资收益”科目。被投资单位发生净亏损的，比照“长期股权投资”科目的相关规定进行处理。处置长期股权投资时，应按实际收到的金额，借记“银行存款”等科目，按其账面余额，贷记“长期股权投资”科目；按尚未领取的现金股利或利润，贷记“应收股利”科目，按其差额，贷记或借记“投资收益”科目。已计提减值准备的，还应同时结转减值准备。处置采用权益法核算的长期股权投资，除上述规定外，还应结转原记入资本公积的相关金额，借记或贷记“资本公积——其他资本公积”科目，贷记或借记“投资收益”科目。

②企业持有交易性金融资产、持有至到期投资、可供出售金融资产期间取得的投资收益以及处置交易性金融资产、交易性金融负债、指定为以公允价值计量且其变动计入当期损益的金融资产或金融负债、持有至到期投资、可供出售金融资产实现的损益，比照“交易性金融资产”、“持有至到期投资”、“可供出售金融资产”、“交易性金融负债”等科目的相关规定进行处理。

（4）期末，应将“投资收益”科目余额转入“本年利润”科目，“投资收益”科目结转后应无余额。

7.5 投资收益的审核

1. 投资收益的审核要点

(1) 投资收益发生情况；

(2) 投资收益计提方法；

(3) 投资收益的会计处理中存在的差错；

(4) 投资收益的资产负债表日后事项。

2. 投资收益的审核方法

(1) 对于经审核未发现差错的，直接采集投资收益的数据；

(2) 对于经审核发现会计差错的，应在更正后，才能作为投资收益的申报数据；

(3) 投资收益的证据属于会计核算证据，鉴证程序为逻辑关系审验和收入账务处理方法评价；

(4) 对于经审核发生资产负债表日后事项的，应考虑资产负债表日后事项后进行数据采集。

第八节 营业外收入的填报审核

《企业所得税年度纳税申报表（A类）》第11行“营业外收入”：填报纳税人发生的与其经营活动无直接关系的各项收入。本行根据“营业外收入”科目的数额计算填报。

一般工商企业纳税人，通过附表一（1）《收入明细表》相关项目计算填报。

金融企业纳税人，通过附表一（2）《金融企业收入明细表》相关项目计算填报。

事业单位、社会团体、民办非企业单位、非营利组织等纳税人，通过附表一（3）《事业单位、社会团体、民办非企业单位收入明细表》计算填报。

营业外收入的相关内容，请参见第三章中第一节的“1.2.5 营业外收入的填报和审核”。

第九节 营业外支出的填报审核

《企业所得税年度纳税申报表（A类）》第12行“营业外支出”：填报纳税人发生的与其经营活动无直接关系的各项支出。本行根据“营业外支出”科目的数额计算填报。

一般工商企业纳税人，通过附表二（1）《成本费用明细表》相关项目计算填报。

金融企业纳税人，通过附表二（2）《金融企业成本费用明细表》相关项目计算填报。

事业单位、社会团体、民办非企业单位、非营利组织等纳税人，通过附表一（3）《事业单位、社会团体、民办非企业单位支出明细表》计算填报。

营业外支出的相关内容，请参见第三章中第二节的“2.3.5 营业外支出的填报和审核”。

第十节 利润总额计算的审核案例

10.1 销售商品

10.1.1 执行会计制度纳税人——重点行业销售商品会计审核

下面以工业制造、商品流通和房地产开发企业等三个行业核算的审核为例，说明主营业务收入的审核方法。

（一）工业制造业主营业务收入审核

1. 收入范围的审核

会计制度规定，工业制造业务收入包括直接销售产品的收入、自设非独立核算销售机构的产品销售收入、委托他人代销产品收入、受托加工业务和工业性劳务作业收入。

电力、煤气和水的生产企业的销售收入和矿产资源开采等采掘业务的收入，也应作为工业制造业收入。

对于工业制造业在主营业务收入中核算的项目，超出销售范围的应调整到其他的相关收入项目。

2. 会计处理方法的审核

填报工业制造业务收入数据，对于工业企业，源于“主营业务收入”会计科目；对于非工业企业，则源于“其他业务收入”会计科目。对于工业制造业主营业务收入的会计处理，如果不符合下列规定要求的，应按要求进行调整。

（1）“主营业务收入”科目核算企业销售产品，包括产成品、自制半成品、工业性劳务等所发生的收入。

（2）企业实现的产品销售收入，借记“银行存款”、“应收账款”、“应收票据”等科目，贷记“主营业务收入”科目。采用分期收款销售方式的，结转产品销售收入时，借记“应收账款”、“银行存款”等科目，贷记“主营业务收入”科目。

（3）期末应将“主营业务收入”科目余额转入“本年利润”科目，结转后“主营业务收入”科目应无余额。

（二）商品流通业主营业务收入审核

1. 收入的范围审核

商品流通业务收入包括商品流通企业的国内贸易和进出口销售收入、代购代销业务收入、储运业务收入等。

对于商品流通业在主营业务收入中核算的项目，超出销售范围的应调整到其他的相关收入项目。

2. 会计处理方法的审核

填报商品流通业务收入数据，对于商业企业，源于“主营业务收入”会计科目；对于非商业企业，则源于“其他业务收入”科目。

“主营业务收入”科目核算企业销售商品所取得的收入。对于商品流通业主营业务收入的会计处理，如果不符合下列规定要求的，应按要求进行调整。

当商品销售收入实现时，登记在“主营业务收入”科目的贷方；销售退回或销售折让冲减销售收入时登记在“主营业务收入”科目的借方；期末将商品销售净收入结转到“本年利润”科目的贷方。结转后，期末一般无余额。

（三）房地产开发业主营业务收入审核

1．收入范围的审核

“房地产开发业务收入”包括建设场地（土地）的销售收入、商品房销售收入、配套设施销售收入、代建工程（代建房）收入、商品房售后服务收入、出租房租金收入。

对于房地产开发企业在主营业务收入中核算的项目，超出销售范围的应调整到其他的相关收入项目。

2．销售收入确认的审核

房地产销售，指房地产经营商自行开发房地产，并在市场上进行的销售。房地产销售与一般的销售商品类似，应按销售商品收入的确认原则确认收入。如果房地产经营商事先与买方签订了合同，按合同要求开发房地产的，相关的收入确认应按建造合同的处理原则处理。

房地产销售中，房地产的法定所有权转移给买方，通常表明其所有权上的主要风险和报酬也已转移，企业应确认销售收入。也可能出现法定所有权转移后，所有权上的风险和报酬尚未转移的情况。以下属于法定所有权转移后，所有权上的风险和报酬尚未转移的情况：

（1）卖方根据合同规定，仍有责任实施重大行动，例如工程尚未完工。在这种情况下，企业应在实施的重大行动完成时确认收入。

（2）合同存在重大不确定因素，如买方有退货选择权的销售。企业应在这些因素消失后确认收入。

（3）房地产销售后，卖方仍有某种程度的继续涉入，如签订有销售回购协议、卖方保证买方在特定时期内获得既定投资报酬的协议等。在这些情况下，企业应分析交易的实质，确定是作为销售处理，还是作为筹资、租赁或利润分成处理。如作销售处理，卖方在继续涉入的期间一般不应确认收入。

在确认收入时，还应考虑价款收回的可能性，估计价款不能收回的，不确认收入；已经收回部分价款的，只将收回的部分确认为收入。

3．会计处理方法的审核

对于房地产开发业主营业务收入的会计处理，如果不符合下列规定要求的，应按要求进行调整。

房地产开发业“主营业务收入”科目应按经营收入的类别设置明细账，如“土地转让收入”、“商品房销售收入”、“配套设施销售收入”、“代建工程结算收入”、“出租产品租金收入”等。

期末，应将“主营业务收入”科目余额全部转入“本年利润”科目，结转后，“主营业务收入”科目应无余额。

（1）开发产品销售收入的核算要求。

房地产开发企业预售商品房的，必须按照国家法律、法规的规定取得预售许可证后，方可上市交易。预售商品房所得的价款，只能用于相关的工程建设，并作为企业预收账款管理，商品房竣工验收办理移交手续后，再将预收账款转为营业收入。

房地产开发企业对已取得房地产权证的商品房采取先出租给承租人使用，再根据合同、协议约定出售给该承租人的，所取得的价款应按下列情况处理：租赁期间取得的价款作为租金收入计入营业收入；租赁期满，承租人愿意购买该商品房，企业取得的售房价款作为商品房销售收入计入营业收入。

房地产开发企业出售商品房时与买受人约定，在出售后的一定年限内由企业以代理出租的方式进行包租的，企业出售商品房时，与买受人签订售房合同、协议并开具价款结算账单，按照合同、协议约定的价款计入营业收入，代理出租期间，收取的房屋租金作为其他应付款处理；合同、协议中约定，租金收入可用于冲抵售房价款的，将其他应付款冲转应收账款。

对于已经办理销售、交付手续，而产权尚未移交的商品房、配套设施等开发产品，企业应设置“代管房产备查簿”进行实物管理，但不得将这部分财产入账，也不得计提折旧或摊销。企业在代管房产过程中取得的收入和发生的各项支出，应作为其他业务收入和其他业务支出处理。

2010 年，一些省份出台《商品房预售资金监督管理暂行办法》规定，房地产开发企业应按照一份预售许可申请对应一个账户的原则，在监管银行设立专用账户，并与监管银行签订商品房预售资金监管协议。商品房预售资金应当全部存入商品房预售资金监管专用账户，并对其中用于项目工程建设的资金实行重点监管，保证预售资金优先用于工程建设。

（2）分期收款销售收入的核算要求。

分期收款销售，是指商品已经交付，但货款分期收回的一种赊销方式。分期收款销售的特点是先交货后付款销售商品的价值较大，房地产开发企业采用分期收款方式销售开发产品的，每期实现的销售收入，是按当期收到的价款或按合同约定的当期应收价款加以确定的。即不论价款是否实际收到，都应按合同规定的时间和金额确认销售收入的实现。而其销售成本的结转，应与分期收款销售收入实现的时间相一致，当期结转的销售成本则按开发产品全部销售成本占全部销售收入的比例（即销售收入成本率）进行计算，其计算公式为：

本期开发产品应结转销售成本 = 当期收到（应收）某开发产品价款 ×（某开发产品总成本 ÷ 某开发产品销售价款总额）

（3）代建工程结算收入的核算要求。

房地产开发企业收取的代建工程结算收入，包括代建工程的预算成本和计划利润。按照国家有关规定，代建工程价款结算可以采用以下两种结算方法：

①竣工后一次结算。代建工程（项目）全部建筑安装期限在 12 个月以内，或者工程合同价值在 100 万元以下的，可以实行工程价款每月预支，竣工后一次结算。

②分段分期结算。当年开工，当年不能完工的代建工程，应按照工程进度，划分为不同阶段，分段分期结算工程价款。

房地产开发企业的代建工程，一般采用竣工后一次结算办法。企业可向委托（发包）

单位预收一定数额的工程款和备料款. 预收的工程款，可设置“预收账款——预收工程款”科目核算；预收的备料款，设置“预收账款——预收备料款”科目核算。期末或竣工后结算工程价款时，从应收工程款中扣除。

（4）出租产品租金收入的核算要求。

开发产品出租应签订租赁合同、协议。企业开发建成的房屋和商品性土地用于出租经营时，应于签订合同、协议后将其实际成本从“开发产品”科目转入“出租开发产品”科目所属“出租产品”二级科目。开发产品出租取得的营业收入，即按期收到或应收的租金。房地产开发企业在新建商品房未办理房地产初始登记、取得房地产产权证前，与承租人签订商品房租赁预约协议，取得的商品房预租价款，应作为预收账款管理，商品房竣工验收办理租约手续后，再将预收账款转为营业收入。出租产品中途改变用途对外销售的，应按其对外销售合同价款确定营业收入，并按摊余价值结转成本。

出租房屋按月摊销的损耗价值，应根据出租房屋的账面原值（实际开发成本）和月摊销率计算。出租房屋月摊销率的计算原理与月折旧率相同，计算公式如下：

月摊销率 =（1 - 预计净残值率）÷（预计摊销年限 ×12）

上式中，出租房屋的摊销年限可参照同类房屋的折旧年限确定，净残值率可按房屋原值的3% ~5%确定。

出租商品性土地（场地）的地价原则上是不会发生损耗的，但经过开发（如地上、地下附着物的拆除、清理和场地平整，有的还要进行地下各种管线的铺设、地面道路的建设等），其开发成本必将超过以土地出让金或转让金表示的地价，或者超过通过批租方式取得的土地的批租地价。土地开发成本超过地价的这部分价值，随着场地使用也会发生损耗。而通过批租方式取得的土地，在批租期满后，要将土地归还批租单位。因此，对于出租的商品性土地（场地），也需要按月计提摊销额，作为出租土地租金收入相关的营业成本，其摊销年限可根据土地开发形成场地有关设施的可用年限或批租年限确定。

10.1.2 执行会计准则纳税人——重点行业销售商品会计审核

会计准则与会计制度相比，经营业务的核算，除跨年度的分期收款销售业务的确认计量有所变化之外，其他方式结算的制造业、商品流通业、房地产开发等商品销售业务，两者是相同的。下面举例说明跨年度的分期收款销售业务。

〔**例**〕

（一）交易情况

A公司本年度1月5日销售给D企业一台大型设备，销售价格为200万元。按合同规定，D企业于1月5日先支付货款的20%，其余款项分四次平均支付，于每年6月30日和12月31日支付。设备已发出，D企业已验收合格。该设备实际成本为120万元。

（二）收入确认分析

财务会计与纳税会计的处理结果是一致的。因此项跨年度的分期收款销售业务，在这种方式下按合同约定的收款日期分期确认营业收入。根据合同，D企业在1月5日、6月30日、12月31日分别支付了60%的贷款，因而2010年共实现主营业务收入200 ×60% = 120（万元），主营业务成本 =120 ×60% =72（万元）。

10.2 提供劳务

10.2.1 执行会计制度纳税人——重点行业劳务收入会计审核

会计制度与会计准则相比，提供劳务收入除跨年度分期收款提供劳务的确认计量有所变化之外，其他方式结算的提供劳务收入，会计处理是一致的。关于跨年度分期收款方式的提供劳务的处理方法，请参见“销售商品”的案例；关于其他方式结算的提供劳务处理方法，请参见“执行会计准则纳税人——重点行业劳务收入会计审核”。

10.2.2 执行会计准则纳税人——重点行业劳务收入会计审核

〔例1〕

某市第一建筑工程公司2009年度承包了食品厂的加工车间和职工宿舍两项工程。两项工程在同一施工地点，同时施工，为此企业成立了一个项目经理部。现以该项目经理部为例，说明其工程成本的核算过程。加工车间工程采取按月结算工程价款，职工宿舍工程采取竣工后一次结算工程价款。期末根据经发包单位签证的工程价款结算单，本期应向发包单位结算工程价款计3485700元，财会部门应作如下会计处理：

借：应收账款——应收工程款　　3485700
　贷：工程结算——职工宿舍　　3000000
　　　　　　——加工车间　　485700

〔例2〕

承〔例1〕，从应收工程款中扣还预收的工程款1550000元和预收备料款892300元，财会部门应作如下会计处理：

借：预收账款——预收工程款　　1550000
　　　　　——预收备料款　　892300
　贷：应收账款——应收工程款　　2442300

〔例3〕

承〔例1〕，收到发包单位实付工程价款1043400元，财会部门应作如下会计处理：

借：银行存款　　1043400
　贷：应收账款——应收工程款　　1043400

〔例4〕

承〔例1〕，期末确认工程合同收入和费用，财会部门应作如下会计处理：

借：主营业务成本——加工车间　　441557.93
　　工程施工——合同毛利——加工车间　　44142.07
　贷：主营业务收入——加工车间　　485700.00
借：主营业务成本——职工宿舍　　2765230.38
　　工程施工——合同毛利——职工宿舍　　234769.62
　贷：主营业务收入——职工宿舍　　3000000.00

同时，冲销完工工程（职工宿舍）的“工程施工”和“工程结算”账户：

借：工程结算——职工宿舍　　3000000.00
　贷：工程施工——合同成本　　2765230.38

工程施工——合同毛利　　234769.62

〔例5〕

承〔例1〕，计算本期应交营业税104571元，应交城市维护建设税7319.97元和应交教育费附加3137.13元，财会部门应作如下会计处理：

借：主营业务税金及附加　　115028.10
　贷：应交税费——应交营业税　　104571.00
　　　　——应交城市维护建设税　　7319.97
　　其他应交款——应交教育费附加　　3137.13

〔例6〕

承〔例1〕，期末，将“主营业务收入”、“工程结算成本”、“主营业务税金及附加”账户的余额转入“本年利润”账户，财会部门应作如下会计处理：

借：主营业务收入　　3485700.00
　贷：本年利润　　3485700.00
借：本年利润　　3321816.41
　贷：主营业务成本　　3206788.31
　　主营业务税金及附加　　115028.10

10.3 让渡资产使用权

10.3.1 执行会计制度纳税人——会计数据的审核

对于未按下列方法进行处理的事项，应作为未按会计制度核算造成的应计未计收入，按要求进行纳税调整。

1. 利息收入的会计处理方法

企业应在每个会计期末，按未收回的存款或贷款等的本金、存续期间和适当的利率计算并确认利息收入。借记“应收利息”科目，贷记“利息收入”等科目。

2. 使用费收入的会计处理方法

使用费收入在确认时，应按确定的收入金额借记“应收账款”、“银行存款”等科目，贷记“其他业务收入”或“主营业务收入”科目。

3. 收入项目内容的审核

让渡资产使用权形成的收入主要包括利息收入和使用费收入。让渡资产使用权产生的收入有以下几种形式：

（1）利息收入是指金融企业存、贷款形成的利息收入及同业之间发生往来形成的利息收入等。

（2）使用费收入是转让无形资产（如商标权、专利权、专营权、软件、版权）等资产的使用权而形成的收入。租赁企业还包括出租用固定资产租金收入。

应当注意会计制度让渡资产使用权的范围是狭义的，仅包括让渡现金使用权和无形资产使用权，而不包括出租固定资产、包装物和其他资产的财产租赁行为，也不包括债权投资、股权投资等对外投资行为。如果包括上述两项行为，就是广义的资产使用权让渡行为。

对于纳税人在让渡资产使用权收入的项目，超出销售范围的应调整到其他的相关收入项目。

4. 收入项目实现的审核

（1）利息收入的确认原则。

与交易相关的经济利益能够流入企业。这是任何交易均应遵循的一项基本原则。企业应根据对方的信誉情况、当年的效益情况以及双方就结算方式、付款期限等达成的协议等方面进行判断。如果企业估计收入收回的可能性不大，就不应确认收入。

收入的金额能够可靠地计量。利息收入根据合同或协议规定的存、贷款利率确定。当收入的金额能够可靠地计量时，企业才能进行确认。

利息收入应按让渡现金使用权的时间和适用利率计算确定。

（2）使用费收入的确认原则。

使用费收入应按照有关合同协议规定的收费时间和方法确认。不同的使用费收入，其收费的方法和时间不同。如果合同协议规定使用费一次支付，且不提供后续服务的，应视同该项资产的销售，一次确认收入；如果提供后续服务的，应按合同协议规定的有效期内分期确认收入；如果合同协议规定分期支付使用费的，应按合同协议规定的收款时间和金额或合同协议规定的收费方法计算的金额分期确认收入。

使用费收入，应按有关合同或协议规定的收费时间和方法计算确定。从计量的角度看有三种情况，一是有一次收回一笔固定的金额，例如一次收取 10 年的场地使用费；二是有在协议规定的有效期内分期等额收回的，例如合同规定在使用期内每期收取一笔固定的金额；三是有分期不等额收回的，例如合同规定按资产使用方每期销售额的百分比收取使用费，等。

10.3.2 执行会计准则纳税人——会计数据的审核

会计准则与会计制度相比，让渡资产使用权的会计处理是一致的。请参见“执行会计制度纳税人——会计数据的审核”。

10.4 建造合同

建造合同，是指为建造一项资产或者在设计、技术、功能、最终用途等方面密切相关的数项资产而订立的合同。其中，所指资产主要包括房屋、道路、桥梁、水坝等建筑物以及船舶、飞机、大型机械设备等。

建造合同的主要特征在于：先有买主（即客户），后有标底（即资产），建造资产的造价在合同签订时就已经确定；资产的建设周期长，一般都要跨越一个会计年度，有的长达数年；所建造资产的体积大，造价高；建造合同一般为不可撤销合同。

10.4.1 建筑合同的分类

一、建筑合同的概念

建造合同，是指为建造一项或数项在设计、技术、功能、最终用途等方面密切相关的资产而订立的合同。建造合同分为两类：一类是固定造价合同，另一类是成本加成合同。

资产主要指房屋、建筑物、道路、桥梁、水坝、机场、港口等建筑物和船舶、飞机、大型机械设备等。所建造的资产从其功能和最终的用途看可以分为两类：

（1）单项工程。如房屋、桥梁、船舶等，该类资产建成后就可以投入使用并单独发挥作用；

（2）建设项目。由在设计、技术、功能和最终用途等方面密切相关的数项资产构成，如建造一家发电厂，该项目由锅炉房、发电室、冷却塔等几个单项工程构成，只有各个单项工程全部完成投入使用后，发电厂才能正常运转和发电。

二、固定造价合同

固定造价合同，是指按照固定的合同价或固定单价确定工程价款的建造合同。固定造价合同有两种具体表现形式：

（1）合同的总造价是固定的，如某建造承包商承建一办公大楼的总造价为3000万元；

（2）合同标的的单位造价是固定的，如承建的公路每公里800万元。显然，建造承包商如果实际发生的合同成本小于合同固定收入就取得利润；反之，就形成亏损。

三、成本加成合同

成本加成合同，是指以合同约定或其他方式议定的成本为基础，加上该成本的一定比例或定额费用确定工程价款的建造合同。

两者的主要区别在于，前者的风险主要由建造承包商承担，后者主要由发包方承担。

10.4.2 成本对象的确定

一般情况下，企业应以所订立的单项建造合同为对象进行会计处理。会计核算对象一经确定，不得随意变更，并应及时通知与成本核算、成本管理有关的业务部门，以便统一成本核算口径。企业所有反映成本费用的原始资料，都应按照确定的成本核算对象填写清楚；在确认建造合同的收入时，也应当按照成本核算对象分别确认，以保证损益核算的准确性。

正确确定各项建造合同的会计核算对象，是正确核算和反映建造合同损益的关键。确定建造合同会计核算对象，需要解决以下三个问题。

一、合同的分立

如果一项建造合同包括建造数项资产，在同时满足下列条件的情况下，每项资产应当分立为单项合同：

（1）每项资产均有独立的建造计划；

（2）与客户就每项资产单独进行谈判，双方能够接受或拒绝与每项资产有关的合同条款；

（3）每项资产的收入和成本可以单独辨认。

［**例**］

1. 交易情况

假设A公司与B公司签订一项建造合同，该合同规定，A公司为B公司建造一座教学办公用大楼和一座游泳馆。在签订合同时，A公司与B公司分别就大楼和游泳馆进行谈判，并达成一致意见：大楼的工程造价3亿元，游泳馆的工程造价300万元。大楼和游泳馆均有独立的施工图预算，大楼的预计总成本为2.4亿元，游泳馆的预计总成本为240万元。

2. 情况分析

由于大楼和游泳馆均有独立的施工图预算，表明符合条件——每项资产均有独立的建造计划；由于在签订合同时，A公司和B公司分别就所建造的教学办公大楼和游泳馆进行谈判，并达成一致意见，表明符合条件——与客户就每项资产单独进行谈判，双方能够接受或拒绝与每项资产有关的合同条款；由于教学办公楼和游泳馆均有单独的造价和预算成本，表明符合条件——每项资产的收入和成本可以单独辨认。

3. 结论

该项业务涉及两项建造资产的合同，尽管对应的是一家客户，但其符合合同分立的条件，应该将办公教学大楼与游泳馆分立为两个单项合同进行会计处理。

如果不同时具备以上三项条件，不能将建造合同进行分立，而应仍将其作为一个单项合同进行会计处理。

二、合同的合并

如果一组合同，无论对应单家客户还是多家客户，在同时满足下列条件的情况下，应当合并为单项合同：

（1）该组合同按一揽子交易签订；

（2）该组合同密切相关，每项合同实际上已构成一项综合利润率工程的组成部分；

（3）该组合同同时或依次履行。

〔**例**〕不符合合并条件的合同处理

1. 项目情况

假设A公司与B公司一揽子签订了三项建造合同，分别是同一条公路的一段路基、一座桥梁和一条隧道。根据合同规定，三项工程由A公司同时施工，并根据整个项目的施工进度办理价款结算。

2. 项目分析

不同时具备以上三项条件的一组合同，不能进行合并。

3. 结论

三项合同应当合并作为一个单项合同进行会计处理。

〔**例**〕符合合并条件的合同处理

1. 项目情况

A公司是一家建筑承包商，为承包建造一家冶炼厂而与B公司一揽子签订了三项建造合同，分别为建造一个选矿车间、一个冶炼车间和一套工业污水处理系统。根据合同规定，这三项工程由A公司同时施工，并根据整个施工进度办理价款结算。

2. 项目分析

由于这三项建造合同是一揽子签订的，表明符合合同合并的条件，即该组合同按一揽子交易签订。

对B公司而言，只有这三项合同全部完工交付使用时，该冶炼厂才能投料生产，发挥效益；对A公司而言，这三项合同的各自完工进度直接关系到整个建设项目的完工进度和价款结算，由于在同一施工地点同时施工，A公司对工程施工人员和工程用料实行统一管理。该组合同密切相关，已构成一项综合利润率工程项目，表明符合合并的条件——该组合同密切相关，每项合同实际上已构成一项综合利润率工程的组成部分。

该组合同同时履行，表明符合合并的条件——该组合同同时或依次履行。

3. 结论

这三项建造合同同时符合合同合并的三项条件，A 公司应将该组合同合并为一项合同进行会计处理，统一核算该组合同的损益。

三、合同的追加

追加资产在满足下列条件之一时，应当作为单项合同：

该追加资产在设计、技术或功能上与原合同包括的（一项或数项）资产存在重大差异；议定该追加资产的造价时，不需要考虑原合同价款。

只要满足这两项条件其中之一，说明该追加资产与原资产是独立的，就应当作为单项合同进行会计处理。

10.4.3 合同收入（合同总价款）的范围

合同收入（合同总价款）是指建造承包商向发包方收取的合同约定的建造项目合同总价款。主要包括以下主要内容：

（1）合同初始收入，即建造承包商与发包方在双方签订的合同中最初商定的合同总金额，它构成合同收入的基本内容。

（2）合同变更收入，即因客户改变合同规定的最初内容，经客户认可该变更而增加的收入，且此收入能够可靠计量。

《企业会计准则第 15 号——建造合同》规定，合同变更应当在同时满足下列条件时才能构成合同收入：客户能够认可因变更而增加的收入；该收入能够可靠计量。

（3）索赔款收入，即因客户或第三方的原因造成的、向客户或第三方收取的、用于补偿不包括在合同造价中的成本的款项，该款项须与客户或第三方协商并经双方认可，金额能够可靠计量。

《企业会计准则第 15 号——建造合同》规定，索赔款应当在同时满足下列条件时才能构成合同收入：根据谈判情况，预计对方能够同意该项索赔；对方同意接受的金额能够可靠计量。

（4）奖励款收入，即因工程达到或超过规定的标准，客户给予的额外奖励款项。

《企业会计准则第 15 号——建造合同》规定，奖励款应当在同时满足下列条件时才能构成合同收入：根据合同目前完成情况，足以判断工程进度和工程质量能够达到或超过规定的标准；

奖励金额能够可靠计量。

需要注意的是，后三项收入，在满足准则中规定的条件时，才构成合同总收入，即构成按完工百分比法计算当期应确认合同收入时的基数（假定合同结果能够可靠估计），而不是将因变更、索赔和奖励形成的收入在当期损益中直接确认。

10.4.4 合同成本（建造项目总工程成本）的范围

一、合同成本（建造项目总工程成本）的定义与组成内容

合同成本是指建造承包商与发包方签订合同约定的建造项目所发生的全部工程成本。应当包括从合同签订开始至合同完成止所发生的，与执行合同有关的直接费用和间接费

用。从定义可以看出，如果费用不是发生在合同签订至合同完成期间，或即使发生在该期间，但与执行合同没有关系都不应当作为合同的成本。

（一）直接费用的会计处理方法

直接费用指为完成合同所发生的，可以直接计入合同成本核算对象的各项费用支出。包括耗用的材料费用、耗用的人工费用、耗用的机械使用费，以及其他直接费用（即其他可以直接计入合同成本的费用，包括有关的设计和技术援助费用、施工现场材料的二次搬运费、生产工具和用具使用费、检验试验费、工程定位复测费、工程点交费用、场地清理费用等）。

〔例〕

A 公司 2009 年度承建的一组合同包括一座长度为 1500 延米的隧道。该隧道工程的直接施工人员工资为 150 万元，耗用的原材料为 1400 万元，燃料为 27 万元，其他材料为 100 万元，低值易耗品为 120 万元，租用重型自卸车支付的租金为 80 万元，发生材料二次搬运费为 10 万元。则该隧道工程的直接费用为 1887 万元，其中人工费用为 150 万元，材料费用为 1647 万元，机械使用费为 80 万元，其他直接费用为 10 万元。

（二）间接费用的会计处理方法

合同的间接费用是企业下属的施工单位或生产单位为组织和管理施工生产活动所发生的费用。

施工单位是指建筑安装企业的施工队、工程项目部等。

生产单位是指船舶制造企业的现场管理机构、飞机等大型机械设备制造企业的生产车间。

间接费用是企业下属的施工单位或生产单位为组织和管理施工生产活动所发生的费用。例如，临时设施摊销费和施工、生产单位管理人员工资、资金、职工福利费、劳动保护费、固定资产折旧费及修理费、物料消费、低值易耗品摊销、取暖费、水电费、办公费、差旅费、财产保险费、工程保修费、排污费等。

值得注意的是，管理费用、销售费用和财务费用等期间费用不应计入合同成本，而应计入当期损益。合同完成后处置残余物资取得的收益等与合同有关的零星收益，应当冲减合同成本。与合同有关的零星收益是指在合同执行过程中取得的，但不计入合同收入而应冲减合同成本的非经常性收益。例如，完成合同后处置残余物资的收益，工程项目领用材料物资的下脚料因原来已计入相关工程的成本，所以其收益应冲减相关项目的成本。

二、合同成本（建造项目总工程成本）的账务处理

直接费用在发生时应直接计入合同成本；间接费用应在资产负债表日按照系统、合理的方法分摊计入合同成本。间接费用的分摊方法主要有人工费用比例法和直接费用比例法等。

（一）人工费用比例法

人工费用比例法是以各合同实际发生的人工费用为基数分配间接费用的一种方法。可用公式表示如下：

某合同应负担的间接费用 = 该合同实际发生的人工费 × 间接费用分配率

间接费用分配率 = 当期发生的全部间接费用 ÷ 当期各合同发生的人工费之和

（二）直接费用比例法

直接费用比例法是以成本对象发生的直接费用为基础分配间接费用的一种方法。可用公式表示如下：

某合同应负担的间接费用 = 该合同实际发生的直接费用 × 间接费用分配率

间接费用分配率 = 当期发生的全部间接费用 ÷ 当期各合同发生的直接费用之和

10.4.5 （期间）合同收入与（期间）合同费用的确认

合同收入与合同费用的确认时间，这部分不是指合同收入总价款和合同工程成本总价款的确认时间，而是指根据合同收入总价款和合同工程成本总价款，确认年度、季度、月份等期间合同收入与合同费用的时间。

一、建造合同的结果能够可靠估计的确认

在资产负债表日，如果建造合同的结果能够可靠估计，企业应根据完工百分比法确认合同收入和费用，这是企业确认合同收入与合同费用的总原则。其中，完工百分比法是指根据合同完工进度确认收入与费用的方法。

建造合同分为固定造价合同和成本加成合同。对于不同类型的建造合同，判断其结果能否可靠估计的条件也不完全相同。

二、固定造价合同的确认方法

固定造价合同的结果能够可靠估计，是指同时满足下列条件：

（1）合同总收入能够可靠计量。

（2）与合同相关的经济利益很可能流入企业。

（3）实际发生的合同成本能够清楚区分和可靠计量。

（4）合同完工进度和为完成合同尚需发生的成本能够可靠计量。

三、成本加成合同的确认方法

成本加成合同的结果能够可靠估计，是指同时满足下列条件：

（1）与合同相关的经济利益很可能流入企业。

（2）实际发生的合同成本能够清楚区分和可靠计量。如果建造承包商为完成成本加成合同而发生的直接费用及间接费用能够及时、真实、准确地记录，并合理归集到该成本核算对象中，则表明实际发生的合同成本能够清楚地区分并且能够可靠地计量。反之，则意味着实际发生的合同成本不能够清楚地区分，而且也不能够可靠地计量。

四、建造合同的结果不能可靠估计的确认

如果建造合同的结果不能可靠地估计，则不能采用完工百分比法确认合同收入和合同费用，此时应区别情况处理：

（1）合同成本能够收回的，合同收入根据能够收回的实际合同成本加以确认，合同成本在其发生的当期确认为合同费用。

（2）合同成本不可能收回的，应在发生时立即确认为合同费用，不确认收入。

当使建造合同结果不能可靠估计的不确定因素不复存在时，应当按照相关规定确认与建造合同有关的收入和费用。

如果合同预计总成本将超过合同预计总收入，应将预计损失立即确认为当期费用。

10.4.6 合同收入与合同费用的计量

一、企业会计制度规定

（一）如果建造合同的结果能够可靠地估计，企业应当根据完工百分比法在资产负债表日确认合同收入和费用

完工百分比法，是指根据合同完工进度确认收入与费用的方法。

1. 固定造价合同的结果能够可靠估计，是指同时具备以下条件

（1）合同总收入能够可靠地计量；

（2）与合同相关的经济利益能够流入企业；

（3）在资产负债表日合同完工进度和为完成合同尚需发生的成本能够可靠地确定；

（4）为完成合同已经发生的合同成本能够清楚地区分和可靠地计量，以便实际合同成本能够与以前的预计成本相比较。

2. 成本加成合同的结果能够可靠估计，是指同时具备以下条件

（1）与合同相关的经济利益能够流入企业；

（2）实际发生的合同成本能够清楚地区分并且能够可靠地计量。

（二）当期完成的建造合同，应按实际合同总收入减去以前会计年度累计已确认的收入后的余额作为当期收入，同时按累计实际发生的合同成本减去以前会计年度累计已确认的费用后的余额作为当期费用

（三）如果建造合同的结果不能可靠地估计，应当区别以下情况处理

（1）合同成本能够收回的，合同收入根据能够收回的实际合同成本加以确认，合同成本在其发生的当期作为费用；

（2）合同成本不可能收回的，应当在发生时立即作为费用，不确认收入。

（四）在一个会计年度内完成的建造合同，应当在完成时确认合同收入和合同费用

（五）如果合同预计总成本将超过合同预计总收入，应当将预计损失立即作为当期费用

（六）合同完工进度可以按累计实际发生的合同成本占合同预计总成本的比例、已经完成的合同工作量占合同预计总工作量的比例、已完合同工作的测量等方法确定

采用累计实际发生的合同成本占合同预计总成本的比例确定合同完工进度时，累计实际发生的合同成本包括：

（1）与合同未来活动相关的合同成本；

（2）在分包工程总工作量完成之前预付给分包单位的款项。

二、会计准则的规定

采用完工百分比法确认和计量当期合同收入和合同费用，关键是要确定工程的完工进度，然后根据完工百分比确认和计量当期的合同收入和合同费用。

（一）确定完工进度的方法

企业在确定合同完工进度时，根据建造合同准则，可以选用以下方法：

（1）累计实际发生的合同成本占合同预计总成本的比例。

（2）已经完成的合同工作量占合同预计总工作量的比例。

（3）实际测定的完工进度。

在运用累计实际发生的合同成本占合同预计总成本的比例确定合同完工进度时，累计实际发生的合同成本不包括：施工中尚未安装或使用的材料成本等与合同未来活动相关的合同成本，以及在分包工程工作量完成之前预付给分包单位的款项。

（二）当期合同收入和合同费用的计量

根据完工百分比确认和计量当期的合同收入和合同费用的计算公式如下：

当期确认的合同收入 =（合同总收入 × 完工进度）－以前会计期间累计已确认的收入

当期确认的合同费用 =（合同预计总成本 × 完工进度）－以前会计期间累计已确认的费用

当期确认的合同毛利 = 当期确认的合同收入－期确认的合同费用

在运用上述公式计算确认相关的收入、费用和毛利时，应当关注：

（1）对当年开工当年未完工的建造合同，企业在运用上述公式时，以前会计年度累计已确认的合同收入和合同毛利均为零。

（2）对以前年度开工本年度仍未完工的建造合同，企业可直接运用上述公式计量和确认当期收入和费用。

（3）对以前年度开工本年度完工的建造合同，当期确认和计量的合同收入，等于合同总收入乘以完工进度减去以前会计年度累计已确认的收入后的余额；当期确认和计量的费用，等于合同预计总成本乘以完工进度减去以前会计期间累计已确认费用的余额。

（4）对当年开工当年完工的建造合同，即在一个会计年度内完成的建造合同，应在完成时确认合同收入和合同费用。当期确认和计量的合同收入，等于该项合同的总收入；当期确认和计量的合同费用，等于该项合同的实际总成本。

10.4.7 建造合同新旧准则的变化

一、核算内容的变化

建造合同中在建工程的金额一般都比较大，并且完成一项工程一般都需要较长的时间，有的更要长达几年，以致建造合同的开工日期与完工日期通常会分属于不同的会计年度，如果按照旧准则之规定："在一个会计年度内完成的建造合同，应在完成时确认合同收入和合同费用"进行核算显然是欠妥的，因此，在新准则中取消了这一条规定。

二、合同分立的变化

新准则增加了一种合同分立的条件，即新准则的第六条，"追加资产的建造，满足下列条件之一的，应当作为单项合同：

（1）该追加资产在设计、技术或功能上与原合同包括的一项或数项资产存在重大差异。

（2）议定该追加资产的造价时，不需要考虑原合同价款"。

三、合同收入计量的变化

在旧准则规定下，合同收入是以收到或应收的工程价款计量的，也就是以建造合同的总金额或总造价来计量。可是，如果工程价款显示的金额与公允价值差异较大，那么依旧按照工程价款来确认收入就不够准确了。因此新准则中取消了这项规定。

四、合同成本的变化

新准则对合同成本中的直接费用和间接费用并没有给出详细的定义，只是作出了原则性的规定，与旧准则相比更加简洁，便于理解。

在旧准则下，合同成本不包括企业筹集生产经营所需资金而发生的财务费用，即利息不计入合同成本。新准则规定，合同成本不包括应当计入当期损益的管理费用、销售费用和财务费用。这就意味着可以资本化的借款利息也可以计入合同成本。

五、合同收入与合同费用的变化

新准则增加了一项规定，使建造合同的结果不能可靠估计的不确定因素不复存在的，应当采用完工百分比法确认与建造合同有关的收入和费用。

10.5 不满足公允价值计价模式条件的视同销售纳税调整

〔例〕

一、交易情况

A公司拥有一台专有设备，该设备账面原价450万元，已计提折旧330万元，换取B公司拥有一项长期股权投资，账面价值90万元，两项资产均未计提减值准备。A公司决定以其专有设备交换B公司的长期股权投资，该专有设备是生产某种产品必需的设备。由于专有设备系当时专门制造、性质特殊，其公允价值不能可靠计量；B公司拥有的长期股权投资在活跃市场中没有报价，其公允价值也不能可靠计量。经双方商定，B公司支付了20万元补价。假定交易中没有涉及相关税费。

二、非货币性交易的判断

该项资产交换涉及收付货币性资产，即补价20万元。对A公司而言，收到的补价20万元÷换出资产账面价值120万元=16.7%<25%，因此，该项交换属于非货币性资产交换，B公司的情况也相类似。

三、计量模式的判断

由于两项资产的公允价值不能可靠计量，因此对于该项资产交换，换入资产的成本应当按照换出资产的账面价值确定。

四、初始投资成本确认

长期股权投资的初始成本100万元=换出资产账面价值120万元-收到的补价20万元。

换出资产的账面价值120万元=换出资产账面原价450万元-已计提折旧330万元。

五、投资方A公司的账务处理

根据《会计准则》规定，尽管B公司支付了20万元补价，但由于整个非货币性资产交换是以账面价值为基础计量的，支付补价方和收到补价方均不确认损益。对A公司而言，换入资产是长期股权投资和银行存款20万元，换出资产是专有设备的账面价值减去货币性补价的差额，即100（120-20）万元；对B公司而言，换出资产是长期股权投资和银行存款20万元，换入资产专有设备的成本等于换出资产的账面价值，即110（90+20）万元。由此可见，在以账面价值计量的情况下，发生的补价是用来调整换入资产的成本，不涉及确认损益问题。

借：固定资产清理	120	
累计折旧	330	
贷：固定资产专有设备		450

借：长期股权投资　　　　100

　　银行存款　　　　20

　贷：固定资产清理　　　　120

六、税务处理

根据国税函〔2008〕828号文件规定，本案例非货币资产交换，因资产所有权属已发生改变而不属于内部处置资产，应按规定确认视同销售收入。

但在本案例中未注明资产的取得方式是自制还是外购，如果属于自制，根据国税函〔2008〕828号文件规定，应按企业同类资产同期对外销售价格确定销售收入。调整方法为：按换出资产账面价值120万元（账面原价450万元－折旧330万元）和收到补价20万元的合计140万元，确认视同销售收入；按换出资产的账面价值120万元，确认视同销售成本。

如果属于外购资产，根据国税函〔2008〕828号文件规定，可按购入时的价格确定销售收入。调整方法为：按换出资产账面价值120万元（账面原价450万元－折旧330万元），确认视同销售收入；按换出资产的账面价值120万元，减去收到补价20万元后的余额100万元，确认视同销售成本。

10.6　以产成品、库存商品换入作为短期投资（净额法调整方法）

〔例〕

一、交易情况

A公司以一批产成品交换B公司拥有的作为短期投资的D公司股票。

A公司产成品原值为7万元，账面价值6万元。在交换日的公允价值为8万元，并已计提存货跌价准备1万元。在交易过程中A公司发生费用0.5万元，增值税税率为17%，计税价格为公允价值。

B公司短期投资原值为8万元，在交换日公允价值为7万元，已计提短期投资跌价准备0.5万元。B公司另支付1万元给A公司。

二、交易判断

计算补价占换出资产公允价值的比例＝1÷8＝12.5%，小于25%，该项交易为非货币性交易。

增值税销项税额＝8×17%＝1.36（万元）

三、计算应确认的损益

在这个交易过程中，A公司是收到补价的企业，首先计算应确认的损益及换入短期投资的入账价值如下：

应确认的补价损益＝（1－换出资产账面价值÷换出资产公允价值）

＝（1－6÷8）×1＝0.25（万元）

四、计算入账价值

换入短期投资的入账价值＝换出资产的账面价值＋补价＋应确认的损益＋应支付的相关税费

＝6－1＋0.25＋1.36＋0.50＝7.11（万元）

五、收到补价方的会计处理

借：短期投资——D 公司 7.11

银行存款 1

存货跌价准备 1

贷：库存商品 7

营业外收入——非货币性交易收益 0.25

应交税金——应交增值税（销项税额） 1.36

银行存款 0.5

六、所得税处理

根据会计制度，因 A 公司和 B 公司双方交换涉及补价，应确认交易损益。同时，根据税法有关规定，企业的非货币性交易必须在有关交易发生时，确认非现金资产交易的转让所得或损失。

（1）视同销售收入的确认。A 公司在非货币性交易过程中，按换出资产公允价值为 8 万元，减去会计上确认的补价损益（0.25 万元），以余额 7.75 万元，确认视同销售收入。

确认视同销售收入额 7.75 万元，填入附表一（1）第 14 行“非货币性交易视同销售收入”。

（2）视同销售成本的确认。由于视同销售收入是按净额法确认的，视同销售成本的计量方法如下：

按税收确认的换出资产计税基础 7 万元 = 会计上账面价值 6 万元 + 应转回的以前年度计提减值准备 1 万元。

视同销售成本 7 万元 = 按税收确认的换出资产计税基础 7 万元。

税收确认视同销售成本额 7 万元，填入附表二（1）第 13 行“非货币性交易视同销售成本”。

（3）会计上确认的营业外收入 0.25 万元，填入附表一（1）第 20 行“非货币性资产交易收益”。

10.7 视同销售收入、视同销售成本计算

计算视同销售收入和视同销售成本，可以选择净额法，也可以选择总额法。由于会计制度规定营业外收入按净额法确认，相应的视同销售收入和视同销售成本，也应按净额法确认。

单位：元

税收确认金额	净额法		总额法	
收入总额 80000	视同销售收入 77250	营业外收入 2500	视同销售收入 70000	营业外收入 10000
扣除总额 70000	视同销售成本 70000	营业外支出 0	视同销售成本 62500	营业外支出 7500

10.8 不涉及补价情况下的案例分析

〔例〕

一、交易情况

A公司以生产的产品与B公司作为固定资产的货运汽车交换。

A公司产品的售价为12万元（不含税），生产成本为10万元，增值税税率为17%。

B公司换出的货运汽车账面原值为14万元，累计折旧3万元，账面价值11万元，公允价值为12万元。

B公司换入A公司产品的目的是用于企业主要产品的生产，假定两公司间不存在关联方关系。

二、非货币资产交换的计量基础选择

A公司以其生产的产品与B公司生产经营用的货运汽车进行交换，该项交易中不涉及货币性资产，也不涉及补价，属于非货币性资产交换。由于该换入资产能够为企业带来未来的经济利益流入，具有商业实质，同时，换出与换入资产的公允价值均可以可靠计量。

因此，该项非货币性资产交换可以按换出资产公允价值为基础计量换入资产的成本，即应当按照换出资产的公允价值加上应支付的相关税费作为换入资产的入账价值。

三、A公司的会计处理和所得税处理

（一）数据计算

换入资产的入账价值＝换出资产公允价值＋相关税费

＝12×（1＋17%）＝14.04（万元）

（二）会计处理

借：固定资产　　14.04

　贷：主营业务收入　　12

　　　应交税费——应交增值税（销项税额）　　2.04

借：主营业务成本　　10

　贷：库存商品　　10

（三）税务处理

以公允价值为基础计量换入资产成本的非货币资产交换，会计与税务处理方法一致，不存在视同销售的纳税调整事项。

四、B公司的会计处理和所得税处理

（一）将固定资产净值转入固定资产清理

借：固定资产清理　　11

　　累计折旧　　3

　贷：固定资产　　14

（二）换入资产的入账价值＝换出资产公允价值＋相关税费＝14.04（万元）

相关分录如下：

借：原材料　　12

　　应交税金——应交增值税（进项税额）　　2.04

贷：固定资产清理　　　　　　　　　　　　　　14.04

（三）结转公允价值与账面价值的差额

公允价值为12万元，与账面价值11万元的差额1万元，应确认营业外收入。

借：固定资产清理　　　　　　　　　　　　1

贷：营业外收入　　　　　　　　　　　　　1

（四）税务处理

以公允价值为基础计量换入资产成本的非货币资产交换，会计与税务处理方法一致。本案例满足公允价值计价模式条件，不存在视同销售的纳税调整事项。

10.9 不涉及补价的已计提减值准备的非货币性资产交换

〔例〕

一、交易情况

A公司以库存商品换入B公司的材料。换出的库存商品的账面价值为100万元，以前年度已提存货跌价准备20万元，公允价值110万元。假设A、B公司均为增值税一般纳税人，增值税率17%，该交换具有商业实质，公允价值能可靠计量。

二、上述交易满足公允价值确认条件，属于具有商业实质的非货币性资产交换

三、A公司会计处理

借：原材料　　　　　　　　　　　　　　110

应交税费——应交增值税(进项税额)(110×17%)

18.7

贷：主营业务收入　　　　　　　　　　　110

应交税费——应交增值税（销项税额）（110×17%）

18.7

借：主营业务成本　　　　　　　　　　　100

存货跌价准备　　　　　　　　　　　20

贷：库存商品　　　　　　　　　　　　　120

四、A公司税务处理

企业所得税对于销售收入、销售成本和营业外收入，确认结果与会计一致。

A公司为转让的产品，在以前年度提取了20万元的存货跌价准备，在计提年度汇算清缴时已作纳税调增处理，在本年度汇算清缴时应作纳税调减处理。

提取的20万元的存货跌价准备，填入附表十《资产减值准备项目调整明细表》存货跌价准备的本期转回额对应栏次。

10.10 涉及补价情况下的会计处理

涉及补价的非货币性资产交换，主要有两个问题需要解决：

一、涉及补价的非货币性资产交换的判断标准

（一）非货币性资产交换的概念

非货币性资产交换并不意味着交易不涉及任何货币性资产。如果该项交换中涉及少量

的货币性资产，则该项交换仍属于非货币性资产交换。其中，涉及少量的货币性资产通常是看补价占整个交易金额的比例。

（二）非货币性交易的判断条件

《〈企业会计准则第7号——非货币性资产交换〉准则应用指南》规定，判断非货币性交易的参考比例为25%，即：从收取补价方看，如果收取的货币性资产占换出资产公允价值的比例低于或等于25%；从支付补价方看，如果支付的货币性资产占换出资产的公允价值与支付补价之和的比例低于或等于25%，均确认为非货币性交易。

（三）公允价值确认

公允价值，指在公平交易中，熟悉情况的交易双方，自愿进行资产交换或债务清偿的金额。确定公允价值可根据以下依据：

如果该资产存在活跃市场，则该资产的市价即为公允价值；

如果该资产不存在活跃市场，但与该资产类似的资产存在活跃市场，则该资产的公允价值比照相关类似资产的市价确定；

如果该资产及其类似资产均不存在活跃市场，则该资产的公允价值按照使用该资产所能产生的未来现金流量的现值评估确定。

〔例〕

A公司以一辆小汽车换取B公司一辆中巴，A公司小汽车的账面价值为19万元，公允价值为16万元，B公司小型中巴的账面价值为25万元，公允价值20万元，A公司支付了4万元现金。

从支付现金的A公司看，所支付的4万元现金占换出资产小汽车的公允价值与支付补价之和20万元（16+4）的20%，小于25%，确认为非货币性交易。

从收取现金的B公司看，所收取的4万元现金占换出资产中巴的公允价值20万元的比例为20%，小于25%，故确认为非货币性交易。

（四）货币性资产与现金等价物的区别

对此，在理解以上概念时，应注意货币性资产与现金等价物是不同的概念。货币性资产以可确定金额为其特征，如现金、应收账款和应收票据以及准备持有至到期的债券投资，可收回的金额是确定的。而现金等价物，是指企业持有的期限短、流动性强、易于转换为已知金额现金、价值变动风险很小的投资，如交易性的债券、证券，因其交易后能收回的金额不确定，故不是货币性资产。

二、换入资产入账价值的确定及损益的确认和计量

在涉及补价的情况下，换入资产的入账价值除考虑公允价值和应支付的相关税费外，还应考虑补价的影响，应分收到和支付补价的情况分别确定。

（一）换入资产成本的计算方法

支付补价方应当以换出资产的公允价值加上支付的补价（或换入资产的公允价值）和应支付的相关税费，作为换入资产的成本；

收到补价的一方应当以换入资产的公允价值（或换出资产的公允价值减去补价）和应支付的相关税费，作为换入资产的成本。

（二）支付补价方的换入资产成本和损益的计算公式

换入资产的成本 = 换出资产公允价值 + 补价 + 应支付的相关税费

应确认的损益 = 换出资产公允价值 − 换出资产账面价值

（三）收到补价方的换入资产成本和损益的计算公式

换入资产入账价值 = 换出资产公允价值 + 应支付的相关税费 − 补价

应确认的收益 = 换出资产公允价值 − 换出资产账面价值

（四）损益的定义

无论是支付补价还是收到补价的企业，其损益实质上均为换出资产公允价值与换出资产账面价值之间的差额。

（五）换出资产为存货的损益会计处理

换出资产为存货的，应当作为销售处理，按照《企业会计准则第 14 号——收入》以其公允价值确认收入，同时结转相应的成本。

（六）换出资产为固定资产、无形资产的损益会计处理

换出资产为固定资产、无形资产的，换出资产公允价值和换出资产账面价值的差额，计入营业外收入或营业外支出。

（七）换出资产为长期股权投资的损益会计处理

换出资产为长期股权投资的，换出资产公允价值和换出资产账面价值的差额，计入投资收益。

三、涉及补价情况下的案例分析

〔例〕

（一）交易情况

A 公司以一辆小汽车换取 B 公司一辆中巴车。

A 公司小汽车的账面价值为 29 万元，公允价值为 26 万元。

B 公司中巴车的账面价值为 35 万元，公允价值为 30 万元。A 公司支付了 4 万元现金。

（二）交易分析

从支付现金的 A 公司看，所支付的 4 万元现金占换出资产小汽车的公允价值与支付补价之和 30 =（26 + 4）万元的 13.33%，小于 25%，该项交易属于非货币性资产交换。

从收到现金的 B 公司看，所收取的 4 万元现金占换出资产中巴车的公允价值 30 万元的比例为 13.33%，小于 25%，确认为非货币性交易。

（三）A 公司换入资产成本和营业外支出计算

换入资产成本 30 万元 = 换出资产公允价值 26 万元 + 补价 4 万元

换出资产小汽车的营业外支出 3 万元 = 小汽车的账面价值 29 万元 − 小汽车的公允价值 26 万元

（四）A 公司会计处理

借：固定资产——中巴车	30	
营业外支出	3	
贷：固定资产——小汽车（换出资产账面价值）		29
银行存款		4

（五）B公司换入资产成本和营业外支出计算

换入资产成本26万元＝换出资产公允价值30万元－收到补价4万元

换出资产中巴车的营业支出5万元＝中巴车的账面价值35万元－中巴车的公允价值30万元

（六）B公司会计处理

借：固定资产——小汽车　　26
　　银行存款　　4
　　营业外支出　　5
　贷：固定资产——中巴车（换出资产账面价值）　　35

（七）所得税处理

以公允价值为基础计量换入资产成本的非货币资产交换，会计与税务处理方法一致。

本案例满足公允价值计价模式条件，在企业所得税方面，不存在视同销售的纳税调整事项。

10.11　以现金资产偿还债务（未计提坏账准备）

〔例〕

一、交易情况

2009年2月10日，A公司销售一批材料给B公司，不含税价格为10万元，增值税税率为17%。当年3月20日，B公司财务发生困难，无法按合同规定偿还债务，经双方协议，A公司同意减免B公司2万元债务，余额用现金立即偿清。A公司未对债权计提坏账准备。

二、债务人（B公司）的计算

债务重组日，重组债务的账面价值与应支付的现金之间的差额＝11.7－9.7＝2（万元）。

三、债务人（B公司）的会计处理

借：应付账款　　11.7
　贷：银行存款　　9.7
　　　营业外收入——债务重组利得　　2

四、债务人（B公司）的所得税处理

企业所得税对债务人的债务重组利得处理方法，与新会计准则处理方法相同，不需要进行纳税调整。根据会计资料，填报附表一（1）第23行“债务重组收益”。

10.12　以非现金资产偿还债务（已计提减值准备）

〔例〕

一、交易情况

A企业为一工业制造业企业，2009年2月因销售一批机床给B公司，B公司未及时付款形成应收账款234万元。2009年9月，B公司发生财务困难，经协商，A企业同意B公司用产品偿还欠款。换出产品公允价值（售价总额）为180万元，增值税税率为17%，产品成本170万元。B公司为转让的产品，在2008年提取了0.2万元的存货跌价准备。

二、债务人B公司的重组收益计算

债务人B公司在债务重组日，重组债务的账面金额为234万元，减去转让产品的公允价值和增值税后的债务重组收益为：

重组收益23.4万元=重组债务的账面金额为234万元-换出产品公允价值（售价总额）为180万元-销售税额180万元×0.17；

产品公允价值180万元与其账面价值169.8万元之间的差额10.2万元作为资产转让收益。

三、债务人B公司的账务处理

借：应付账款	234	
贷：主营业务收入		180
营业外收入——债务重组收益		23.4
应交税金——应交增值税（销项税额）		30.6
借：主营业务成本	169.8	
存货跌价准备	0.2	
贷：库存商品		170

四、债务人B公司的税务处理

对于存货用于抵债的交易，会计准则与企业所得税法对销售收入、销售成本和利得的确认方法是一致的；所不同的是，抵债存货在以前年度已计提跌价准备的情况下，会计准则要求将以前年度已计提的存货跌价准备，作为存库商品或产成品的备抵项目，冲减以前年度已计提的“存货跌价准备”。

B公司为转让的产品，在2008年提取了0.2万元的存货跌价准备，在汇算清缴已作纳税调增处理；在2009年度汇算清缴时应作纳税调减处理。

根据会计资料确认的债务重组收益23.4万元，填报附表一（1）第23行“债务重组收益”。

10.13 将债务转为资本

〔例〕

一、交易情况

2008年2月10日，A公司销售一批材料给B公司（股份有限公司），同时收到B公司签发并承兑的一张票据，面值100000元，年利率7%、6个月期、到期还本付息。8月10日，B公司与A公司协商，以其普通股抵偿该票据。B公司用于抵债的普通股为10000股，股票市价为每股9.60元。假定印花税税率为0.5%，不考虑其他税费。

二、债务人B公司的重组收益计算

重组收益7500元=重组债务的账面价值（面值100000+利息收入3500）103500元-债权人享有股份的面值10000元总额-债权人享有股份市价与面值86000元差额。

三、债务人B公司的账务处理

借：应付票据　　103500

贷：股本 10000

资本公积——股本溢价 86000

营业外收入——债务重组利得 7500

借：管理费用——印花税 480

贷：银行存款 480

四、债务人B公司的税务处理

企业所得税对债务人的债务重组利得处理方法，与新《会计准则》处理方法相同，不需要进行纳税调整。根据会计资料确认的债务重组利得7500元，填报附表一（1）第23行“债务重组收益”。

10.14 修改其他债务条件

〔例〕

一、交易情况

A公司销售一批商品送至B公司，价款520万元（含增值税）。按双方协议规定，款项应于2010年3月20日之前付清。由于连年亏损，资金周转发生困难，B公司不能在规定的时间内偿付A公司。经协商，于2010年3月20日进行债务重组。重组协议如下：A公司同意豁免B公司债务20万元，其余款项于重组日起一年后付清；债务延长期间内，A公司加收余款2%的利息，利息与债务本金一同支付。

二、债务人B公司的重组收益计算

重组债务的账面价值＝520（万元）

将来应付金额＝（520－20）×（1＋2%）＝510（万元）

重组债务的账面价值与将来应付金额现值之间的差额＝10（万元）

三、债务人B公司的重组利得账务处理

借：应付账款 520

贷：应付账款——债务重组 510

营业外收入——债务重组利得 10

四、债务人B公司的税务处理

（一）营业外收入填报

根据会计资料确认的债务重组利得10万元，填报附表一（1）第23行“债务重组收益”。

（二）或有负债的纳税调整

对于债务重组过程中，豁免B公司债务20万元所形成的利得，根据《企业所得税法》的规定，应全额确认收入。

会计上只确认了10万元，另外10万元用未来应付债务抵减。税法不承认未发生的或有事项，豁免B公司债务20万元应全额确认收入，有关费用在未来发生时的年度进行抵扣。

重组年度企业所得税汇算清缴时，应将会计上用未来应付债务抵减的10万元豁免利得，在附表三《纳税调整项目明细表》中进行填报。

10.15 与资产相关的政府补助的会计处理

〔例〕

一、交易情况

A公司计划修建一座污水处理厂，根据地方政府补助政策的有关规定，公司可以从当地政府获得200万元人民币的政府补助（不属于政府投资），该笔款项已于2007年1月收到。该工厂于2010年1月1日建成，总成本800万元。工厂预计使用寿命20年，以直线法折旧，预计没有残值。

二、交易分析

该公司收到的政府补助是货币性资产且已收到，符合准则规定的确认条件，可以在收到时予以确认，并按收到的金额计量。该笔资金用于建造污水处理厂，污水处理厂属于固定资产，因此该笔政府补助属于与资产相关的政府补助。根据我国会计准则规定，政府补助采用收益法和总额法分别按不同情况进行处理。与资产相关的政府补助不能直接确认为当期损益，应当确认一项负债（递延收益），自相关资产形成并可供使用时起，在相关资产使用寿命内平均分配，分次计入以后各期的损益中。

三、会计处理

2007年1月收到政府补助时：

借：银行存款　　2000000

　贷：递延收益　　2000000

2010年1月1日：

借：固定资产　　8000000

　贷：在建工程　　8000000

从2010年末开始摊销20年递延收益：

借：递延收益　　100000

　贷：营业外收入　　100000

10.16 与收益相关的政府补助

〔例〕

一、交易情况

A公司主要生产、销售燃料乙醇，根据国家相关政策，按照保本微利的精神生产、销售的变性燃料乙醇发生的亏损，由中央财政给予定额补贴。具体为：销售每吨变性燃料乙醇补贴1628元。该公司5月份销售变性燃料乙醇2000吨，该月的财政补贴尚未收到，预计在下月收到。

二、交易分析

该公司应收的定额补贴是政府无偿拨付的资金，属于政府补助中的财政拨款。根据政府补助准则，虽然政府补助尚未收到，但符合确认的标准，而且有相应政策表明该项补助是按照固定的定额标准拨付的，可以按应收的金额3256000元计量。同时，该政府补助用于弥补当期已发生的损失，属于与收益相关的政府补助，可以直接计入当期损益。

三、会计处理

借：其他应收款　　　　　　　　　　　　　　　3256000

　贷：营业外收入　　　　　　　　　　　　　　　3256000

10.17 政府补助的返还

〔例〕

一、交易情况

某地方政府为鼓励A公司研究开发一项环境治理新技术，改善空气污染状况，与A公司签订了新技术开发与财政扶持协议。协议规定由政府提供资金500000元，用于弥补该项技术研究阶段资金的不足。A公司估计该项技术研究阶段的时间为10个月。2009年4月2日，A公司收到上述款项，并于5月1日开始研究。

假定2009年10月1日经审查发现，A公司实际上并没有按照协议规定将500000元用于环境治理新技术的研究，地方政府决定收回全部政府补助并予以30000元的罚款，A公司已支付相关款项。

二、交易分析

该例属于政府补助的返还。已确认的政府补助需要返还的，应当分别按不同情况处理。如存在相关递延收益的，冲减相关递延收益账面余额，超出部分计入当期损益，借记"递延收益"、"营业外支出"科目，贷记"银行存款"、"其他应付款"等科目。假设A公司已将递延收益确认为营业外收入的金额是250000元。

三、会计处理

冲减递延收益账面余额：

借：递延收益　　　　　　　　　　　　　　　250000

　　营业外支出　　　　　　　　　　　　　　30000

　贷：银行存款　　　　　　　　　　　　　　　280000

第四章 居民企业的查账征收应纳税所得额计算

第一节　主表项目的填报

应纳税所得额的计算，包括由第 14 行至第 25 行等 12 个栏次组成，根据表间逻辑关系，没有直接填报栏次，只有表内计算栏次和依据附表填报的栏次，具体情况如下：

一、表内计算栏次

（1）主表第 23 行纳税调整后所得；

（2）主表第 25 行应纳税所得额。

二、依据附表填报的栏次

（1）主表第 14 行纳税调整增加额（填附表三）；

（2）主表第 15 行减：纳税调整减少额（填附表三）；

（3）主表第 16 行其中：不征税收入（填附表三）；

（4）主表第 17 行免税收入（填附表五）；

（5）主表第 18 行减计收入（填附表五）；

（6）主表第 19 行减、免税项目所得（填附表五）；

（7）主表第 20 行加计扣除（填附表五）；

（8）主表第 21 行抵扣应纳税所得额（填附表五）；

（9）主表第 22 行加：境外应税所得弥补境内亏损（填附表八）；

（10）主表第 24 行减：弥补以前年度亏损（填附表四）。

1.1　纳税调整增加额

一、填报要求

《企业所得税年度纳税申报表（A 类）》第 14 行“纳税调整增加额”：填报纳税人会计处理与税收规定不一致，进行纳税调整增加的金额。本行通过附表三《纳税调整项目明细表》“调增金额”列计算填报。

二、填报数据来源

《企业所得税年度纳税申报表（A 类）》第 14 行“纳税调整增加额”填报数据来源为附表三《纳税调整项目明细表》第 55 行“调增金额”。

纳税调整增加额填报和审核的相关内容，请参见第四章中的“第二节《纳税调整项目明细表》的填报和审核”。

1.2 纳税调整减少额

一、填报要求

《企业所得税年度纳税申报表（A类）》第15行“纳税调整减少额”：填报纳税人会计处理与税收规定不一致，进行纳税调整减少的金额。本行通过附表三《纳税调整项目明细表》“调减金额”列计算填报。

二、填报数据来源

《企业所得税年度纳税申报表（A类）》第15行“纳税调整减少额”填报数据来源为附表三《纳税调整项目明细表》第55行“调减金额”。

纳税调整增加额填报和审核的相关内容，请参见第四章中的“第二节《纳税调整项目明细表》的填报和审核”。

1.3 不征税收入

一、填报要求

《企业所得税年度纳税申报表（A类）》第16行“不征税收入”：填报纳税人计入利润总额，但属于税收规定不征税的财政拨款、依法收取并纳入财政管理的行政事业性收费、政府性基金，以及国务院规定的其他不征税收入。本行通过附表一（3）《事业单位、社会团体、民办非企业单位收入明细表》计算填报。

二、填报数据来源

《企业所得税年度纳税申报表（A类）》第16行“其中：不征税收入”填报数据来源为附表一（3）第10行“不征税收入总额”。

1.4 免税收入

一、填报要求

《企业所得税年度纳税申报表（A类）》第17行“免税收入”：填报纳税人计入利润总额，但属于税收规定免税的收入或收益，包括国债利息收入；符合条件的居民企业之间的股息、红利等权益性投资收益；从居民企业取得与该机构、场所有实际联系的股息、红利等权益性投资收益；符合条件的非营利组织的收入。

二、填报数据来源

《企业所得税年度纳税申报表（A类）》第17行“其中：免税收入”填报数据来源为“附表五《税收优惠明细表》第1行”、“附表三《纳税调整项目明细表》第15行第4列”。

1.5 减计收入

一、填报要求

《企业所得税年度纳税申报表（A类）》第18行“减计收入”：填报纳税人以《资源综合利用企业所得税优惠目录》规定的资源作为主要原材料，生产国家非限制和禁止并符合国家和行业相关标准的产品取得收入10%的数额。

二、填报数据来源

《企业所得税年度纳税申报表（A类）》第18行“其中：减计收入”填报数据来源为“附表五《税收优惠明细表》第6行”、“附表三《纳税调整项目明细表》第16行第4列”。

1.6 减免税项目所得

一、填报要求

《企业所得税年度纳税申报表（A类）》第19行“减、免税项目所得”：填报纳税人按照税收规定减征、免征企业所得税的所得额。

二、填报数据来源

《企业所得税年度纳税申报表（A类）》第19行“其中：减、免税项目所得”填报数据来源为“附表五《税收优惠明细表》第14行”、“附表三《纳税调整项目明细表》第17行第4列”。

1.7 加计扣除

一、填报要求

《企业所得税年度纳税申报表（A类）》第20行“加计扣除”：填报纳税人开发新技术、新产品、新工艺发生的研究开发费用，以及安置残疾人员及国家鼓励安置的其他就业人员所支付的工资，符合税收规定条件的准予按照支出额一定比例，在计算应纳税所得额时加计扣除的金额。

二、填报数据来源

《企业所得税年度纳税申报表（A类）》第20行“其中：加计扣除”填报数据来源为“附表五《税收优惠明细表》第9行”、“附表三《纳税调整项目明细表》第39行第4列”。

1.8 抵扣应纳税所得额

一、填报要求

《企业所得税年度纳税申报表（A类）》第21行“抵扣应纳税所得额”：填报创业投资企业采取股权投资方式投资于未上市的中小高新技术企业2年以上的，可以按照其投资额的70%在股权持有满2年的当年抵扣该创业投资企业的应纳税所得额。当年不足抵扣的，可以在以后纳税年度结转抵扣。

二、填报数据来源

《企业所得税年度纳税申报表（A类）》第21行“其中：抵扣应纳税所得额”填报数据来源为“附表五《税收优惠明细表》第39行”。

1.9 境外应税所得弥补境内亏损

一、填报要求

《企业所得税年度纳税申报表（A类）》第22行“境外应税所得弥补境内亏损”：填

报纳税人根据税收规定，境外所得可以弥补境内亏损的数额。

二、填报数据来源

《企业所得税年度纳税申报表（A类）》第22行“境外应税所得弥补境内亏损”填报数据来源“附表六《境外所得税抵免计算明细表》第7列合计”。（当第13+14-15行≥0时，本行=0）

（1）境外所得弥补境内本年度亏损后，还有余额，再弥补境内结转以前年度的亏损。

（2）境内、境外本年度都有所得时，存在以前年度亏损，先用境外的所得弥补境内以前年度亏损，再用境内所得弥补以前年度亏损。

（3）境外所得可以弥补境内当期亏损或以前年度亏损，境内不可以弥补境外亏损。

（4）境外损失只有依法处置、股权转让产生的损失，5年内境外所得不足弥补，5年以后可以用境内的所得弥补。

1.10 纳税调整后所得

一、填报要求

《企业所得税年度纳税申报表（A类）》第23行“纳税调整后所得”，填报纳税人经过纳税调整计算后的所得额。

当本表第23行<0时，即为可结转以后年度弥补的亏损额；如本表第23行>0时，继续计算应纳税所得额。

二、填报数据来源

《企业所得税年度纳税申报表（A类）》第23行“纳税调整后所得”为表内计算栏次，根据下列公式计算得出填报数据：

第23行=第13+14-15+22行。

1.11 弥补以前年度亏损

一、填报要求

《企业所得税年度纳税申报表（A类）》第24行“弥补以前年度亏损”：填报纳税人按照税收规定可在税前弥补的以前年度亏损的数额。

二、填报数据来源

《企业所得税年度纳税申报表（A类）》第24行“弥补以前年度亏损”填报数据来源“附表四《企业所得税弥补亏损明细表》第6行第10列”，但不得超过本表第23行“纳税调整后所得”。

纳税调整增加额填报和审核的相关内容，请参见第四章中的“第三节《税前弥补亏损明细表》的填报和审核”。

1.12 应纳税所得额

一、填报要求

《企业所得税年度纳税申报表（A类）》第25行“应纳税所得额”：金额等于本表第23-24行。本行不得为负数。本表第23行或者按照上述行次顺序计算结果本行为负数，本行金额填零。

二、填报数据来源

《企业所得税年度纳税申报表（A类）》第25行“应纳税所得额”为表内计算栏次，根据下列公式计算得出填报数据：

第25行=本表第23－24行（当本行<0时，则先调整21行的数据，使其本行≥0；当21行=0时，23－24行≥0）。

第二节 《纳税调整项目明细表》的填报和审核

2.1 《纳税调整项目明细表》概说

2.1.1 适用范围及依据

《纳税调整项目明细表》适用于实行查账征收企业所得税的居民纳税人填报。

根据《中华人民共和国企业所得税法》及其实施条例、相关税收政策，以及国家统一会计制度的规定，填报企业财务会计处理与税收规定不一致、进行纳税调整项目的金额。

2.1.2 报表结构说明

一、报表主体结构

（一）《纳税调整项目明细表》报表主体结构中，纳税调整事项分为以下七类：

（1）收入类项目；

（2）扣除类项目；

（3）资产类调整项目；

（4）准备金调整项目；

（5）房地产企业预售收入计算的预计利润；

（6）特别纳税调整应税所得；

（7）其他。

上述七个大项分类填报汇总，并计算出纳税“调增金额”和“调减金额”的合计数。

（二）填报项目分类

《纳税调整项目明细表》根据表间逻辑关系，可以分为以下三类：

（1）表内计算栏次；

（2）依据附表填报的栏次；

（3）直接填报的栏次。

二、报表数据栏设置

（1）附表三《纳税调整项目明细表》中，数据栏分别设置“账载金额”、“税收金额”、“调增金额”、“调减金额”四个栏次。

“账载金额”是指纳税人按照国家统一会计制度规定核算的项目金额。

“税收金额”是指纳税人按照税收规定计算的项目金额。

（2）“收入类调整项目”：“税收金额”扣减“账载金额”后的余额为正，填报在“调增金额”，余额如为负数，将其绝对值填报在“调减金额”。其中第4行“3. 不符合税收规定的销售折扣和折让”，按“扣除类调整项目”处理。

（3）“扣除类调整项目”、“资产类调整项目”：“账载金额”扣减“税收金额”后的余额为正，填报在“调增金额”，余额如为负数，将其绝对值填报在“调减金额”。

（4）其他项目的“调增金额”、“调减金额”按上述原则计算填报。

（5）本表打 * 号的栏次均不填报。

三、表内计算栏次关系

（1）附表三第 1 行 = 第 2 + 3 + … + 19 行。

（2）附表三第 20 行 = 第 21 行 + 22 行 + … + 40 行。

（3）附表三第 41 行 = 第 42 + 43 + … + 50 行。

（4）附表三第 55 行“合计”：“调增金额”等于本表第 1、20、41、51、52、53、54 行第 3 列合计；“调减金额”分别等于本表第 1、20、41、51、52、53、54 行第 4 列合计。

四、表间计算栏次关系

（1）一般工商企业：附表三第 2 行第 3 列 = 附表一（1）第 13 行。

金融企业：附表三第 2 行第 3 列 = 附表一（2）第 38 行。

（2）附表三第 6 行第 4 列 = 附表十一第 5 列“合计”行的绝对值。

（3）当附表七第 10 行第 5 列为正数时，附表三第 10 行第 3 列 = 附表七第 10 行第 5 列；附表七第 10 行第 5 列为负数时，附表三第 10 行第 4 列 = 附表七第 10 行第 5 列负数的绝对值。

（4）附表三第 14 行第 4 列 = 附表一（3）第 10 行。

（5）附表三第 15 行第 4 列 = 附表五第 1 行。

（6）附表三第 16 行第 4 列 = 附表五第 6 行。

（7）附表三第 17 行第 4 列 = 附表五第 14 行。

（8）附表三第 18 行第 4 列 = 附表五第 39 行。

（9）一般工商企业：附表三第 21 行第 4 列 = 附表二（1）第 12 行。

金融企业：附表三第 21 行第 4 列 = 附表二（2）第 41 行。

（10）附表三第 27 行第 3 列 = 附表八第 7 行。27 行第 4 列 = 附表八第 10 行。

（11）附表三第 39 行第 4 列 = 附表五第 9 行。

（12）附表九第 1 行第 7 列为正数时，附表三第 43 行第 3 列 = 附表九第 1 行第 7 列；附表九第 1 行第 7 列为负数时，附表三第 43 行第 4 列 = 附表九第 1 行第 7 列负数的绝对值。

（13）附表九第 7 行第 7 列为正数时，附表三第 44 行第 3 列 = 附表九第 7 行第 7 列；附表九第 7 行第 7 列为负数时，附表三第 44 行第 4 列 = 附表九第 7 行第 7 列负数的绝对值。

（14）附表九第 10 行第 7 列为正数时，附表三第 45 行第 3 列 = 附表九第 10 行第 7 列；附表九第 10 行第 7 列为负数时，附表三第 45 行第 4 列 = 附表九第 10 行第 7 列负数的绝对值。

（15）附表九第 15 行第 7 列为正数时，附表三第 46 行第 3 列 = 附表九第 15 行第 7 列；附表九第 15 行第 7 列为负数时，附表三第 46 行第 4 列 = 附表九第 15 行第 7 列负数的绝对值。

(16) 附表九第16行第7列为正数时，附表三第48行第3列=附表九第16行第7列；附表九第16行第7列为负数时，附表三第48行第4列=附表九第16行第7列负数的绝对值。

(17) 附表九第17行第7列为正数时，附表三第49行第3列=附表九第17行第7列；附表九第17行第7列为负数时，附表三第49行第4列=附表九第17行第7列负数的绝对值。

(18) 附表十第17行第5列合计数为正数时，附表三第51行第3列=附表十第17行第5列；附表十第17行第5列合计数为负数时，附表三第51行第4列=附表十第17行第5列的绝对值。

(19) 附表三第55行第3列=主表第14行。

(20) 附表三第55行第4列=主表第15行。

2.1.3 审核时的注意问题

(1) 填报附表三《纳税调整项目明细表》时，对于根据会计核算资料提供的会计信息填报的栏次，有关栏次填报完会计数据后，还应根据税法的规定对存在的差异事项进行纳税调整。

(2) 在填写附表三《纳税调整项目明细表》时，当税收扣除限额大于账载金额时，税收金额应填写账载金额。

(3) 根据国税函〔2008〕1081号文件规定，附表一（1）第1行“销售（营业）收入合计”金额为本表第2+13行。本行数据作为计算业务招待费、广告费和业务宣传费支出扣除限额的计算基数。

附表一（2）第1行第1+38行的数据作为计算业务招待费、广告费和业务宣传费支出扣除限额的计算基数。

2.2 收入类调整项目的填报和审核

2.2.1 收入类调整项目

附表三第1行“一、收入类调整项目”：填报收入类调整项目第2行至第19行的合计数。第1列“账载金额”、第2列“税收金额”不填报。审核时，应关注下列事项。

一、税法收入的范围

税法中收入的概念包括以下几项内容：一是收入的各种来源，如销售收入、劳务收入、资产使用收入及境内和境外收入；二是收入的各种形式，包括货币性资产、非货币性资产和有价证券等；三是任何收入不作为应税收入或不申报纳税需要有法律依据；四是收入包括一切经济利益。

按税种划分的收入，包括增值税收入、营业税收入、企业所得税收入、个人所得税收入等等。按税收待遇可将收入总额划分为应税收入与不征税收入，应税收入又划分为免税收入与不免税收入。

对税法的收入，应从以下几方面进行把握：

(1) 税法中的收入总额，是一种包含收入内容往往比会计准则规定更广的概念，一切能够提高企业纳税能力的收入，都应当计入收入总额，列入企业所得税纳税申报表。收入总额应是使企业资产总额增加或负债总额减少，同时导致所有者权益发生变化、纳税能力提高的收入。如果收入使资产与负债同额增或减，结果未导致所有者权益发生变化、纳税能力提高，则不是应税收入，如从银行贷款、企业代第三方收取的款项等，都不应当确认为收入总额。

（2）税法有不征税收入的概念，会计上没有此概念。税法上的不征税收入，是指从税法原理上讲应永久不列为征税范围的收入范畴，从性质上和根源上不属于企业营利性活动带来的经济利益，不负有纳税义务的收入。比如，从企业所得税的立法精神来看，所得税的税基应是企业经营活动所产生的所得，而政府预算拨款、依法收取并纳入财政管理的行政事业性收费、政府性基金等，对这种性质的收入如果征税，会导致无意义地增加政府的收入与支出成本。非应税收入不属于税收优惠。

（3）税法有免税收入的概念，会计上没有此概念。税法的免税收入，是指企业负有纳税义务，而政府根据社会经济政策目标的需要，可以在一定时间免予征税，而在一定时期又有可能恢复征税的收入。

二、企业所得税收入确认时间

2008 年 10 月 30 日，国家税务总局发布的《关于确认企业所得税收入若干问题的通知》（国税函〔2008〕875 号）文件，对企业所得税收入确认明确如下：

1. 除企业所得税法及实施条例另有规定外，企业销售收入的确认，必须遵循权责发生制原则和实质重于形式原则。

（1）企业销售商品同时满足下列条件的，应确认收入的实现：

①商品销售合同已经签订，企业已将商品所有权相关的主要风险和报酬转移给购货方；

②企业对已售出的商品既没有保留通常与所有权相联系的继续管理权，也没有实施有效控制；

③收入的金额能够可靠地计量；

④已发生或将发生的销售方的成本能够可靠地核算。

（2）符合上款收入确认条件，采取下列商品销售方式的，应按以下规定确认收入实现时间：

①销售商品采用托收承付方式的，在办妥托收手续时确认收入。

②销售商品采取预收款方式的，在发出商品时确认收入。

③销售商品需要安装和检验的，在购买方接受商品以及安装和检验完毕时确认收入。如果安装程序比较简单，可在发出商品时确认收入。

④销售商品采用支付手续费方式委托代销的，在收到代销清单时确认收入。

（3）采用售后回购方式销售商品的，销售的商品按售价确认收入，回购的商品作为购进商品处理。有证据表明不符合销售收入确认条件的，如以销售商品方式进行融资，收到的款项应确认为负债，回购价格大于原售价的，差额应在回购期间确认为利息费用。

（4）销售商品以旧换新的，销售商品应当按照销售商品收入确认条件确认收入，回收的商品作为购进商品处理。

（5）企业为促进商品销售而在商品价格上给予的价格扣除属于商业折扣，商品销售涉及商业折扣的，应当按照扣除商业折扣后的金额确定销售商品收入金额。

债权人为鼓励债务人在规定的期限内付款而向债务人提供的债务扣除属于现金折扣，销售商品涉及现金折扣的，应当按扣除现金折扣前的金额确定销售商品收入金额，现金折扣在实际发生时作为财务费用扣除。

企业因售出商品的质量不合格等原因而在售价上给的减让属于销售折让；企业因售出商品质量、品种不符合要求等原因而发生的退货属于销售退回。企业已经确认销售收入的售出商品发生销售折让和销售退回，应当在发生当期冲减当期销售商品收入。

2. 企业在各个纳税期末，提供劳务交易的结果能够可靠估计的，应采用完工进度（完工百分比）法确认提供劳务收入

（1）提供劳务交易的结果能够可靠估计，是指同时满足下列条件：

①收入的金额能够可靠地计量；

②交易的完工进度能够可靠地确定；

③交易中已发生和将发生的成本能够可靠地核算。

（2）企业提供劳务完工进度的确定，可选用下列方法：

①已完工作的测量；

②已提供劳务占劳务总量的比例；

③发生成本占总成本的比例。

（3）企业应按照从接受劳务方已收或应收的合同或协议价款确定劳务收入总额，根据纳税期末提供劳务收入总额乘以完工进度扣除以前纳税年度累计已确认提供劳务收入后的金额，确认为当期劳务收入；同时，按照提供劳务估计总成本乘以完工进度扣除以前纳税期间累计已确认劳务成本后的金额，结转为当期劳务成本。

（4）下列提供劳务满足收入确认条件的，应按规定确认收入：

①安装费。应根据安装完工进度确认收入。安装工作是商品销售附带条件的，安装费在确认商品销售实现时确认收入。

②宣传媒介的收费。应在相关的广告或商业行为出现于公众面前时确认收入。广告的制作费，应根据制作广告的完工进度确认收入。

③软件费。为特定客户开发软件的收费，应根据开发的完工进度确认收入。

④服务费。包含在商品售价内可区分的服务费，在提供服务的期间分期确认收入。

⑤艺术表演、招待宴会和其他特殊活动的收费。在相关活动发生时确认收入。收费涉及几项活动的，预收的款项应合理分配给每项活动，分别确认收入。

⑥会员费。申请入会或加入会员，只允许取得会籍，所有其他服务或商品都要另行收费的，在取得该会员费时确认收入。申请入会或加入会员后，会员在会员期内不再付费就可得到各种服务或商品，或者以低于非会员的价格销售商品或提供服务的，该会员费应在整个受益期内分期确认收入。

⑦特许权费。属于提供设备和其他有形资产的特许权费，在交付资产或转移资产所有权时确认收入；属于提供初始及后续服务的特许权费，在提供服务时确认收入。

⑧劳务费。长期为客户提供重复的劳务收取的劳务费，在相关劳务活动发生时确认

收入。

3．企业以买一赠一等方式组合销售本企业商品的，不属于捐赠，应将总的销售金额按各项商品的公允价值的比例来分摊，确认各项的销售收入。

三、收入业务处理的差异

（一）收入业务处理的适用原则不同

会计核算要遵循客观性原则、实质重于形式的原则和谨慎性原则，注重收入实质性的实现，而不仅仅是收入法律上的实现。税款的征收要遵循法律性原则和确保收入的原则，注重界定和准确计算应纳税额的计税依据。

（1）财务会计和税法虽然在收入的核算上都遵循配比原则，但两者是有区别的。前者是从准确地反映经营成果和财务状况的角度，确认收入与成本的配比，包括对象的配比和期间的配比；后者是从保护税基、公平税负的角度对有关成本、费用和损失加以规定。

（2）会计强调谨慎原则，税法对谨慎原则的使用是有范围的，只要纳税人对赢利或潜在的赢利有控制权时，税法就会对纳税人的所得加以确认。当然有时税法会根据社会经济政策需要，限制或推迟收入的确认及收入时间的确认。

（3）权责发生制与收付实现制的适用两者不一致。会计与税法都以权责发生制为主，但在具体业务的处理上会计与税法存在差异。例如，对房地产预收款销售，会计上按权责发生制原则进行处理，而营业税和所得税均按收付实现制原则进行处理。再例如，对投资收益的处理，会计适用收付实现制原则，而税法则适用权责发生制原则。

（4）及时性原则。由于确认范围的差异，财务会计在运用及时性原则时，对符合会计确认条件的收入及时记录，对不符合会计确认条件的不允许在收入中记录；纳税会计对符合应税收入确认条件但不符合会计收入确认条件的交易事项，要求在应税收入中记录，并计算应纳税额。纳税会计的具体操作方法是在有关科目的摘要中，描述交易事项，记录应税收入金额，在借（贷）方发生额栏记录应纳税额。

（二）收入业务处理政策方法选择的自由度不同

会计允许企业选择自身的会计政策和会计方法，允许会计人员对收入的处理作出职业上的判断。税法要求纳税人必须严格遵守税法的相关规定，会计处理方法与国家有关税收规定相抵触的，应当按照国家有关税收的规定计算纳税。同时，纳税会计的处理方法一经确定，不得随意变动。

2.2.2 视同销售收入

一、填报要求

附表三第2行“1．视同销售收入”：填报纳税人会计上不作为销售核算、税收上应确认为应税收入的金额。

（1）事业单位、社会团体、民办非企业单位直接填报第3列“调增金额”。

（2）金融企业第3列“调增金额”取自附表一（2）《金融企业收入明细表》第38行。

（3）一般工商企业第3列“调增金额”取自附表一（1）《收入明细表》第13行。

（4）第1列“账载金额”、第2列“税收金额”和第4列“调减金额”不填。

二、不需要填报项目

根据填报要求，第2行“1. 视同销售收入”的“账载金额”、“税收金额”和“调减金额”等三个栏次不需要填报。

三、事业单位、社会团体、民办非企业单位“调增金额”直接填报

事业单位、社会团体、民办非企业单位分析填报第3列“调增金额”，分析填报时的税法依据如下：

（1）根据《企业所得税法实施条例》，企业发生非货币性资产交换，以及将货物、财产、劳务用于捐赠、偿债、赞助、集资、广告、样品、职工福利或者利润分配等用途的，应当视同销售货物、转让财产或者提供劳务，但国务院财政、税务主管部门另有规定的除外。

（2）根据国税函〔2008〕828号文件，处置资产除将资产转移至境外以外，由于资产所有权属在形式和实质上均不发生改变，可作为内部处置资产，不视同销售确认收入，相关资产的计税基础延续计算。

企业将资产移送他人时，如因资产所有权属已发生改变而不属于内部处置资产，应按规定视同销售确定收入。

企业发生国税函〔2008〕828号第二条规定情形时，属于企业自制的资产，应按企业同类资产同期对外销售价格确定销售收入；属于外购的资产，可按购入时的价格确定销售收入。

四、金融企业“调增金额”依据附表一（2）填报

金融企业第3列“调增金额”取自附表一（2）《金融企业收入明细表》第38行。

五、其他企业“调增金额”依据附表一（1）填报

其他企业第3列“调增金额”取自附表一（1）《收入明细表》第13行。

2.2.3 接受捐赠收入（直接填报栏次）

一、填报要求

附表三第3行“2. 接受捐赠收入”：第2列“税收金额”填报纳税人按照国家统一会计制度规定，将接受捐赠直接计入资本公积核算、进行纳税调整的金额。第3列“调增金额”等于第2列“税收金额”。第1列“账载金额”和第4列“调减金额”不填。

二、不需要填报项目

根据填报要求，第3行“2. 接受捐赠收入”的“账载金额”和“调减金额”两个栏次不需要填报。

三、事业单位、社会团体、民办非企业单位不需要填报

执行《事业单位会计准则》、《民间非营利组织会计制度》的纳税人接受捐赠，在附表一（3）第9行“其他收入”行次中填报，不需要填报附表三的本行次。

四、执行会计准则金融企业不需要填报

执行会计准则金融企业接受捐赠，已在“营业外收入”科目中核算。在企业所得税汇算清缴时，不在本行次填报。

五、执行会计准则其他企业不需要填报

执行会计准则其他企业接受捐赠，已在“营业外收入”科目中核算。在企业所得税汇

算清缴时，不在本行次填报。

2.2.4 不符合税收规定的销售折扣和折让（直接填报栏次）

一、填报要求

附表三第4行“3. 不符合税收规定的销售折扣和折让”：填报纳税人不符合税收规定的销售折扣和折让应进行纳税调整的金额。第1列“账载金额”填报纳税人按照国家统一会计制度规定，销售货物给购货方的销售折扣和折让金额。第2列“税收金额”填报纳税人按照税收规定可以税前扣除的销售折扣和折让的金额。第3列“调增金额”填报第1列与第2列的差额。第4列“调减金额”不填。

二、不需要填报项目

根据填报要求，第4行“3. 不符合税收规定的销售折扣和折让”的“调减金额”栏次不需要填报。

三、账载金额的填报

（一）事业单位、社会团体、民办非企业单位

执行《事业单位会计准则》、《民间非营利组织会计制度》的纳税人，未发生经营收入的，不需要填报。发生经营收入的，根据会计资料记录的填报。

（二）金融企业

根据金融企业会计核算资料中，关于销售货物给购货方的销售折扣和折让金额的记录，进行填报。填报时，应注意取得有关的会计核算证据。

（三）其他企业

根据其他企业会计核算资料中，关于销售货物给购货方的销售折扣和折让金额的记录，进行填报。填报时，应注意取得有关的会计核算证据。

四、税收金额的填报

根据国税函〔2008〕875号文件规定，商业折扣、现金折扣、销售折让等三个折扣折让项目，会计与税法的处理是一致的。“税收金额”填报按照税收规定可以税前扣除的销售折扣和折让，与“账载金额”填报纳税人销售货物给购货方的销售折扣和折让金额是一致的。

2.2.5 未按权责发生制原则确认的收入（直接填报栏次）

一、填报要求

附表三第5行“4. 未按权责发生制原则确认的收入”：填报纳税人会计上按照权责发生制原则确认收入，但按照税收规定不按照权责发生制确认收入，进行纳税调整的金额。

第1列“账载金额”填报纳税人按照国家统一会计制度确认的收入；

第2列“税收金额”填报纳税人按照税收规定确认的应纳税收入；

第3列“调增金额”填报纳税人纳税调整的金额；

第4列“调减金额”填报纳税人纳税调减的金额。

二、填报情况变化

根据2008年10月30日，国家税务总局发布的《关于〈确认企业所得税收入若干问题〉的通知》（国税函〔2008〕875号）规定，企业所得税对生产经营收入的确认时间，调整协调为参照会计制度和会计准则的确认条件，确认生产经营收入的实现。关于“企业

财务会计处理办法与税收规定不一致应进行纳税调整产生的时间性差异的项目”，由于政策的变化，上述差异事项已经基本协调统一。未按权责发生制确认收入包括以下两种情况：

（1）执行会计准则纳税人的融资性分期收款销售业务，《企业所得税法实施条例》第23条规定，按合同约定的收款日期作为确认销售收入的时间，体现的是收付实现制；根据会计准则规定，按应收的合同或协议价款的公允价值，贷记“主营业务收入”等科目，按其差额，贷记“未实现融资收益”科目。

（2）补贴收入。会计准则和会计制度与税法都存在差异，税收对流转税返还、补贴收入按收付实现制确认收入；会计制度要求按权责发生制确认收入；会计准则对与收益相关的按应收金额确认收入，对与资产相关的按资产使用寿命分摊确认收入，同样体现的是权责发生制原则。执行会计准则的纳税人对补贴收入差异事项调整，在“确认为递延收益的政府补助”栏次反映。

2.2.6 按权益法核算长期股权投资对初始投资成本调整确认收益

一、填报要求

附表三第6行“5. 按权益法核算长期股权投资对初始投资成本调整确认收益”：填报纳税人采取权益法核算，初始投资成本小于取得投资时，应享有被投资单位可辨认净资产公允价值份额的差额计入取得投资当期的营业外收入。本行“调减金额”数据通过附表十一《长期股权投资所得（损失）明细表》第5列“合计”填报。第1列“账载金额”、第2列“税收金额”和第3列“调增金额”不填。

二、执行会计准则纳税人的填报方法

《股权投资所得（损失）明细表》填报说明规定，第5列“权益法核算对初始投资成本调整产生的收益”：填报纳税人在权益法核算下，初始投资成本小于取得投资时应享有被投资单位可辨认净资产公允价值份额的，两者之间的差额计入取得投资当期的营业外收入的金额。此列合计数填入调整表中的第6行第4列。

在实际操作当中，执行会计准则的纳税人初始投资成本小于投资时可辨认净资产公允价值份额，应进行初始成本调整，并确认损益，大于投资时，不需要进行调整。

《会计准则第2号——长期股权投资》第九条规定，长期股权投资的初始投资成本大于投资时应享有被投资单位可辨认净资产公允价值份额的，不调整长期股权投资的初始投资成本；长期股权投资的初始投资成本小于投资时应享有被投资单位可辨认净资产公允价值份额的，其差额应当计入当期损益，同时调整长期股权投资的成本。

三、执行会计制度纳税人的填报方法

上述《股权投资所得（损失）明细表》第5列“权益法核算对初始投资成本调整产生的收益”填报说明，仅适用于执行新会计准则的纳税人，而不适用于执行会计制度的纳税人。

执行会计制度的纳税人，采用权益法核算的长期股权投资，投资成本与应享有被投资单位所有者权益份额的差额即股权投资差额，调整该长期股权投资的初始投资成本，经调整后的成本为新的投资成本（即“长期股权投资”科目下的“投资成本”明细科目的余额）。

2.2.7 按权益法核算的长期股权投资持有期间的投资损益

一、填报要求

附表三第7行“6. 按权益法核算的长期股权投资持有期间的投资损益”：第3列“调增金额”填报纳税人应分担被投资单位发生的净亏损、确认为投资损失的金额；第4列“调减金额”填报纳税人应分享被投资单位发生的净利润、确认为投资收益的金额。本行根据附表十一《长期股权投资所得（损失）明细表》分析填列。

二、分析填报方法介绍

由于新会计准则与会计制度对持有收益的确认计量方法是一致的，因此，对于根据附表十一分析填报附表三的事项，对有关数据的调增调减方法也是一致的。具体填报时，不存在执行会计准则与执行会计制度纳税人调整方法的差别。

按权益法核算的长期股权投资持有期间的投资损益，是指投资企业取得长期股权投资后，按照应享有或应分担的被投资单位实现的净损益的份额，确认的投资损益。

附表三填表说明要求，根据附表十一有关数据，分析填报附表三第7行的第3列“调增金额”、第4列“调减金额”，具体操作方法如下。

第一步：计算按权益法核算的当年投资净收益。

将附表十一第7列“会计投资收益”的“合计”行次以外各行次中，填报的按权益法核算的投资收益和损失金额，分别计算出按权益法核算的当年投资收益总额或投资损失总额。

第二步：调增调减情况选择。

按权益法核算的投资收益总额，进行纳税调整减少处理，填入附表三第7行的第4列“调减金额”；

按权益法核算的投资损失总额，进行纳税调整增加处理，填入附表三第7行的第3列“调增金额”。

三、会计处理方法

新会计准则及会计制度都要求根据被投资单位实现的净利润或经调整的净利润计算应享有的份额，借记“长期股权投资（损益调整）”，贷记“投资收益”科目。

被投资单位发生净亏损作相反的会计分录，但以长期股权投资的账面价值减记至零为限；还需承担的投资损失，应将其他实质上构成对被投资单位净投资的“长期应收款”等的账面价值减记至零为限；除按照以上步骤已确认的损失外，按照投资合同或协议约定将承担的损失，确认为预计负债。发生亏损的被投资单位以后实现净利润的，应按与上述相反的顺序进行处理。

被投资单位以后宣告发放现金股利或利润时，企业计算应分得的部分，借记“应收股利”科目，贷记长期股权投资（损益调整）。收到被投资单位宣告发放的股票股利，不进行账务处理，但应在备查簿中登记。

2.2.8 特殊重组（直接填报栏次）

一、填报要求

附表三第8行“7. 特殊重组”：填报纳税人按照税收规定作为特殊重组处理，导致财务会计处理与税收规定不一致进行纳税调整的金额。

第1列“账载金额”填报纳税人按照国家统一会计制度确认的账面金额；第2列“税收金额”填报纳税人按照税收规定确认的应税收入金额；第3列“调增金额”填报纳税人进行纳税调整增加的金额；第4列“调减金额”填报纳税人进行纳税调整减少的金额。

二、税收金额的填报方法

根据税务机关受理特殊重组备案申请的核准文件，确认特殊重组业务的税收数据。

三、审核的税法依据

根据财税〔2009〕59号文件规定，审核企业特殊重组的适用条件，对于符合条件的企业特殊重组，应根据国家税务总局公告2010年第4号规定向税务机关办理备案手续。

2.2.9 一般重组（直接填报栏次）

一、填报要求

附表三第9行“8. 一般重组”：填报纳税人按照税收规定作为一般重组处理，导致财务会计处理与税收规定不一致进行纳税调整的金额。

第1列“账载金额”填报纳税人按照国家统一会计制度确认的账面金额；

第2列“税收金额”填报纳税人按照税收规定确认的应税收入金额；

第3列“调增金额”填报纳税人进行纳税调整增加的金额；

第4列“调减金额”填报纳税人进行纳税调整减少的金额。

二、初始投资成本与支付对价账面价值之间差额的处理方法

根据国税函〔2008〕828号文件规定，企业发生处置资产除将资产转移至境外以外，由于资产所有权属在形式和实质上均不发生改变，可作为内部处置资产，不视同销售确认收入，相关资产的计税基础延续计算，对初始投资环节的投资差额，不进行纳税调整。

这项差异设计报表时，应进行纳税调整；政策变化后，根据国税函〔2008〕828号文件，不需要进行纳税调整。

三、填报方法

发生企业重组业务的纳税人，应根据特殊重组以外的重组业务所得或损失金额，确认“账载金额”和“税收金额”。

四、审核的税法依据

根据财税〔2009〕59号文件规定，审核企业一般重组的适用条件，对于符合条件的企业一般重组，应根据国家税务总局公告2010年第4号规定应准备相关资料，以备税务机关检查。

2.2.10 公允价值变动净收益

一、填报要求

附表三第10行“9. 公允价值变动净收益”：第3列“调增金额”或第4列“调减金额”通过附表七《以公允价值计量资产纳税调整表》第10行第5列数据填报。

附表七第5列“纳税调整额”第10行“合计”数为正数时，填入附表三第10行本行第3列“调增金额”；为负数时，将其绝对值填入本行第4列“调减金额”。

二、不需要填报项目

根据填报要求，第10行“9. 公允价值变动净收益”第1列“账载金额”、第2列“税收金额”等两个栏次不需要进行填报。

三、执行会计准则的纳税人填报方法

执行会计准则的纳税人，根据附表七《以公允价值计量资产纳税调整表》第10行“合计”第5列“纳税调整额”（纳税调减以“-”表示），填报此行。

四、执行会计制度的纳税人填报方法

执行会计制度纳税人，不填报此行。

2.2.11 确认为递延收益的政府补助（直接填报栏次）

一、填报要求

附表三第11行“10. 确认为递延收益的政府补助”：填报纳税人取得的不属于税收规定的不征税收入、免税收入以外的其他政府补助，按照国家统一会计制度确认为递延收益，税收处理应计入应纳税所得额应进行纳税调整的数额。

第1列“账载金额”填报纳税人按照国家统一会计制度确认的账面金额；

第2列“税收金额”填报纳税人按照税收规定确认的应税收入金额；

第3列“调增金额”填报纳税人进行纳税调整增加的金额；

第4列“调减金额”填报纳税人进行纳税调整减少的金额。

二、填报数据来源

执行会计准则纳税人，填报数据来源为“营业外收入”科目和“递延收益”科目。确认的政府补助利得，借记“银行存款”、“递延收益”等科目，贷记“营业外收入”。

三、执行会计制度的纳税人的填报方法

执行会计制度纳税人，不填报此行。

四、执行会计准则的纳税人的填报方法

（一）与资产相关的政府补助

与资产相关的政府补助，不能直接确认为当期损益，应当确认一项负债（递延收益），自相关资产形成并可供使用时起，在相关资产使用寿命内平均分配，分次计入以后各期的损益（营业外收入）。相关资产在使用寿命结束前被出售、转让、报废或发生毁损的，应将尚未分配的递延收益余额一次性转入资产处置当期的损益。

（二）案例：与资产相关的政府补助的会计处理

［**例**］

1. 交易情况

A公司计划修建一座污水处理厂，根据地方政府补助政策的有关规定，公司可以从当地政府获得200万元人民币的政府补助（不属于政府投资），该笔款项已于2007年1月收到。该工厂于2010年1月1日建成，总成本800万元。工厂预计使用寿命20年，以直线法折旧，预计没有残值。

2. 交易分析

该公司收到的政府补助是货币性资产且已收到，符合准则规定的确认条件，可以在收到时予以确认，并按收到的金额计量。该笔资金用于建造污水处理厂，污水处理厂属于固定资产，因此该笔政府补助属于与资产相关的政府补助。根据我国会计准则规定，政府补助采用收益法和总额法分别按不同情况进行处理。与资产相关的政府补助不能直接确认为当期损益，应当确认一项负债（递延收益），自相关资产形成并可供使用时起，在相关资产使用寿命内平均分配，分次计入以后各期的损益中。

3. 会计处理

2007 年 1 月收到政府补助时：

借：银行存款 200

　贷：递延收益 200

2010 年 1 月 1 日：

借：固定资产 800

　贷：在建工程 800

从 2010 年末开始摊销 20 年递延收益：

借：递延收益 10

　贷：营业外收入 10

4. 税务处理

（1）收到政府补助时作调增处理。2007 年 1 月收到政府补助 200 万元时，根据税法规定，应全额一次计入应纳税所得额，计征企业所得税。

第 1 列“账载金额”填报会计核算的账面金额 0 元，第 2 列“税收金额”填报税收规定的收入金额 200 万元；第 3 列“调增金额”填报按照税收规定应纳税调整增加的金额 200 万元；第 4 列“调减金额”填报按照税收规定应纳税调整减少的金额 0 元。

（2）摊销递延收益时做调减处理。在从 2010 年末开始摊销递延收益时，对会计上根据摊销额计入营业外收入 10 万元，应进行纳税调整减少处理。

第 1 列“账载金额”填报会计核算的账面金额 10 万元，第 2 列“税收金额”填报税收规定的收入金额 0 元；第 3 列“调增金额”填报按照税收规定应纳税调整增加的金额 0 元；第 4 列“调减金额”填报按照税收规定应纳税调整减少的金额 10 万元。

2.2.12 境外应税所得

一、填报要求

第 12 行“11. 境外应税所得”：第 3 列“调增金额”填报纳税人并入利润总额的成本费用或确认的境外投资损失。第 4 列“调减金额”填报纳税人并入利润总额的境外收入、投资收益等。第 1 列“账载金额”、第 2 列“税收金额”不填。

二、数据来源

填报附表三第 12 行“11. 境外应税所得”，应根据投资收益账户、核算并入利润总额的境外收入及成本费用的有关账户，取得下列数据：

（一）境外应税所得的调增金额数据

（1）并入利润总额的成本费用；

（2）确认的境外投资损失。

（二）境外应税所得的调减金额数据

（1）并入利润总额的境外收入；

（2）并入利润总额的投资收益。

2.2.13 不允许扣除的境外投资损失（直接填报栏次）

一、填报要求

附表三第13行“12. 不允许扣除的境外投资损失”：第3列“调增金额”填报纳税人境外投资除合并、撤销、依法清算外形成的损失。第1列“账载金额”、第2列“税收金额”和第4列“调减金额”不填。

二、不需要填报项目

根据填报要求，第1列“账载金额”、第2列“税收金额”和第4列“调减金额”不填。

三、会计数据来源

附表三第13行“12. 不允许扣除的境外投资损失”填报数据来源，为“投资收益”科目记录的，境外投资除合并、撤销、依法清算外形成的损失的会计数据。

2.2.14 不征税收入

一、填报要求

附表三第14行“13. 不征税收入”：第4列“调减金额”通过附表一（3）《事业单位、社会团体、民办非企业单位收入项目明细表》第12行“不征税收入总额”填报。第1列“账载金额”、第2列“税收金额”和第3列“调增金额”不填。

二、不需要填报项目

根据填报要求，第14行“13. 不征税收入”第1列“账载金额”、第2列“税收金额”和第3列“调增金额”不填。

三、事业单位、社会团体、民办非企业单位填报

附表三第14行“13. 不征税收入”属于事业单位、社会团体、民办非企业单位专用填报项目，其他企业不填报此行。

第4列“调减金额”取自附表一（3）《事业单位、社会团体、民办非企业单位收入项目明细表》第12行“不征税收入总额”。

2.2.15 免税收入

一、填报要求

附表三第15行“14. 免税收入”：第4列“调减金额”通过附表五《税收优惠明细表》第1行“免税收入”填报。第1列“账载金额”、第2列“税收金额”和第3列“调增金额”不填。

二、不需要填报项目

根据填报要求，附表三第15行“14. 免税收入”第1列“账载金额”、第2列“税收金额”和第3列“调增金额”不填。

三、填报数据来源

附表三第15行“14. 免税收入”第4列“调减金额”取自附表五《税收优惠明细表》第1行“免税收入”金额栏数据。

2.2.16 减计收入

一、填报要求

附表三第16行“15. 减计收入”：第4列“调减金额”通过取自附表五《税收优惠

明细表》第6行“减计收入”填报。第1列“账载金额”、第2列“税收金额”和第3列“调增金额”不填。

二、不需要填报项目

根据填报要求，附表三第16行“15. 减计收入”第1列“账载金额”、第2列“税收金额”和第3列“调增金额”不填。

三、填报数据来源

附表三第16行“15. 减计收入”第4列“调减金额”取自附表五《税收优惠明细表》第6行“减计收入”金额栏数据。

2.2.17 减、免税项目所得

一、填报要求

附表三第17行“16. 减、免税项目所得”：第4列“调减金额”通过取自附表五《税收优惠明细表》第14行“减免所得额合计”填报。第1列“账载金额”、第2列“税收金额”和第3列“调增金额”不填。

二、不需要填报项目

根据填报要求，附表三第17行“16. 减、免税项目所得”第1列“账载金额”、第2列“税收金额”和第3列“调增金额”不填。

三、填报数据来源

附表三第17行“16. 减、免税项目所得”第4列“调减金额”取自附表五《税收优惠明细表》第14行“减免所得额合计”金额栏数据。

2.2.18 抵扣应纳税所得额

一、填报要求

附表三第18行“17. 抵扣应纳税所得额”：第4列“调减金额”通过取自附表五《税收优惠明细表》第39行“创业投资企业抵扣应纳税所得额”填报。第1列“账载金额”、第2列“税收金额”和第3列“调增金额”不填。

二、不需要填报项目

根据填报要求，附表三第18行“17. 抵扣应纳税所得额”第1列“账载金额”、第2列“税收金额”和第3列“调增金额”不填。

三、填报数据来源

附表三第18行“17. 抵扣应纳税所得额”第4列“调减金额”取自附表五《税收优惠明细表》第39行“创业投资企业抵扣应纳税所得额”金额栏数据。

2.2.19 其他（直接填报栏次）

附表三第19行“18. 其他”：填报企业财务会计处理与税收规定不一致、进行纳税调整的其他收入类项目金额。应特别关注下列填报说明没有明确规定调整栏次的事项：

（1）一般工商企业和金融企业不征税收入的纳税调整在本行填列；

（2）执行企业会计制度的被鉴证人摊销股权投资差额的纳税调整在本行填列；

（3）长期股权投资持有收益会计与税收的差异中，除权益法核算投资损益以外的持有收益差异事项在本行填列。

2.3 扣除类调整项目的填报和审核

2.3.1 扣除类调整项目

附表三第20行“二、扣除类调整项目”：填报扣除类调整项目第21行至第40行的合计数。第1列“账载金额”、第2列“税收金额”不填报。审核时，应关注下列事项：

一、扣除项目的范围

《企业所得税法》及《企业所得税实施条例》规定，企业实际发生的与取得收入有关的和合理的支出，包括成本、费用、税金、损失和其他支出，准予在计算应纳税所得额时扣除。“有关的支出”，是指与取得收入直接相关的支出。“合理的支出”，是指符合生产经营活动常规，应当计入当期损益或者有关资产成本的必要和正常的支出。

（一）成本

成本是指企业在生产经营活动中发生的销售成本、销货成本、业务支出以及其他耗费。

存货成本，是指企业持有以备出售的产品或者商品，处在生产过程中的在产品、在生产或者提供劳务过程中耗用的材料和物料等。

企业使用或者销售存货，按照规定计算的存货成本，准予在计算应纳税所得额时扣除。

存货按照以下方法确定成本：

（1）通过支付现金方式取得的存货，以购买价款和支付的相关税费为成本；

（2）通过支付现金以外的方式取得的存货，以该存货的公允价值和支付的相关税费为成本；

（3）生产性生物资产收获的农产品，以产出或者采收过程中发生的材料费、人工费和分摊的间接费用等必要支出为成本。

企业使用或者销售的存货的成本计算方法，可以在先进先出法、加权平均法、个别计价法中选用一种。计价方法一经选用，不得随意变更。

（二）费用

费用是指企业在生产经营活动中发生的销售费用、管理费用和财务费用，已经计入成本的有关费用除外。

（三）税金

税金是指企业发生的除企业所得税和允许抵扣的增值税以外的各项税金及其附加。

（四）损失

损失是指企业在生产经营活动中发生的固定资产和存货的盘亏、毁损、报废损失，转让财产损失，呆账损失，坏账损失，自然灾害等不可抗力因素造成的损失以及其他损失。企业发生的损失，减除责任人赔偿和保险赔款后的余额，依照国务院财政、税务主管部门的规定扣除。企业已经作为损失处理的资产，在以后纳税年度又全部收回或者部分收回时，应当计入当期收入。

（五）其他支出

其他支出是指除成本、费用、税金、损失外，企业在生产经营活动中发生的与生产经营活动有关的、合理的支出。企业发生的支出应当区分收益性支出和资本性支出。收益性支出在发生当期直接扣除；资本性支出应当分期扣除或者计入有关资产成本，不得在发生当期直接扣除。

二、扣除项目确认原则的差异

税前扣除项目基本计算方法是，以会计核算的成本、费用、损失和税金等为基数，扣减税法规定不允许税前扣除的项目，再扣除会计核算的成本费用中列支的超过税法规定限额的税前扣除项目。从计算方法可以看出，关于成本费用所得税与会计准则的计量差异，体现在不允许扣除项目和限额扣除项目等两个方面。下面介绍确认原则的差异。

（一）客观性原则的差异

（1）会计强调客观真实性，税法的法定真实性优于客观真实性。客观性原则要求会计核算以实际发生的交易或事项为依据。税法与此相对应的要求是真实性原则，要求企业申报纳税的收入、费用等计税依据必须是真实可靠的。差别在于基于税收目的，有些实际发生的交易或事项由于税法有特殊规定也要受到限制或特殊处理，受法定性原则修正，客观性原则的在税收中并未完全贯彻。比如视同销售事项，又如研发费的加计扣除是法定的扣除事项，加计部分，客观上并未真实发生。法定真实性不仅强调内容的真实性，还强调程序真实性（或叫形式真实性），比如有些扣除项目必须经法定程序经税务机关审批或在税务机关备案后才允许税前扣除。

（2）适用对象不同。会计上的客观真实性，适用于会计核算事项，是会计报告的确认和计量必须遵守的原则。所得税的真实性仅适用于企业所得税的申报事项，是企业所得税纳税申报必须遵守的原则。所得税的真实性原则在会计处理上不能适用，在其他税种申报时，同样不能适用。

（3）评价标准不同。会计上的客观真实性贯彻情况，评价标准是会计准则和相关的会计制度。对于企业所得税的真实性贯彻情况，评价标准是企业所得税法及相关规定。比如视同销售，所得税上有自己的标准，三个流转税和土地增值税又有各自的标准。所得税确认视同销售只能适用所得税规定的确认计量标准，而不能跨税种适用视同销售的政策。

（4）真实性的内涵层次不同。会计上判断真实性，是从交易事项、账户余额和报表披露等三个层次进行评价判断；企业所得税判断真实性，包括会计上的三个层次，还进一步延伸到纳税申报表层次，且重点是纳税申报层次。

（二）相关性原则的差异

（1）含义不同。会计上的相关性原则或称有用性原则，是指会计信息应当满足不同的会计信息使用者了解企业的财务情况和经营成果的需要，满足财务报告使用者决策的要求。相关性所说的相关是指与决策有关，有助于决策。会计信息使用者对会计信息的需求有所不同，会计应采用适当的方法为有关方面的决策提供有用的信息。税法的相关性是指经济性质上的因果性，即应予以确认的费用与期间收入项目具有必然的因果关系，也就是有所得必有所费，不同收入的取得是由于发生了不同的费用。

（2）属性不同。会计上的相关性是质量属性，反映会计信息质量的要求；税法上的相关性属于计量属性，反映的是会计确认计量的要求。新会计准则取消了配比原则，用会计分期和权益发生制前提吸收了收入与成本配比原则。企业会计制度、事业单位会计制度和民间非营利组织会计制度仍强调收入成本配比原则。实际工作当中，税收相关原则与会计配比原则的差异处理，对纳税调整事项影响较大。

（3）影响的对象不同。会计上的相关性与税收上的相关性，词同意不同。会计上的相关，强调有用性；税收上的相关，强调因果性。会计上的相关性，关注的对象是决策事项；税收的相关性，关注的对象是应税事项。如企业所得税关注的是应税所得，或称为计税利润。

（三）可比性原则的差异

为了方便差异分析，我们把可比性与一致性原则都统一按新会计准则进行定义，核心的内容是：同主体不同时间，指标纵向可比，政策一贯；不同主体同时间，指标横向可比，政策一致。差异事项主要体现在以下几方面：

（1）确认的内容不同。指标可比这是财务会计与纳税会计共同遵循的原则，但由于指标的设置种类不同，还由于同名指标内容不同，在确认时会计和税法存在着差异。收入方面主要是受视同销售和价外费用的影响，扣除方面主要是扣除标准和加计扣除。

（2）适用范围不同。由于会计核算体系由六大会计准则或制度组成，不同的准则或制度适用范围不同。由于新准则和会计制度关于可比性的内涵存在差异，可比性的适用范围也必然存在差异。企业所得税的可比性要求，适用于执行各类会计准则或制度的纳税人，不受会计准则或会计制度适用范围的限制。如果会计准则或会计制度的可比性原则与税法冲突，在纳税申报时应让位于税法。

（3）控制的影响不同。会计的可比性受企业内部控制的影响较大，内部控制的质量直接影响会计信息的质量。税收的可比性受外部影响较大，税收控制核心是外部控制。企业内部控制制度不包括税收控制，税收控制属于外部控制的范畴。道理很简单，企业内部控制制度并不反对避税，税收外部控制将关联避税、转让定价等都作为打击的对象。

（四）实质重于形式原则的差异

（1）“实质”的含义不同。会计强调的是经济业务内容的实质，税法强调的是有关经济业务认定的实质性法定条件和证据。比如视同销售收入，按照会计的确认条件是不能作为财务会计的收入项目，按照税收的确认条件，则属于应税收入。因为会计与税收在确认计量会计要素的方法、理论、标准等方面存在着差别，这一差别也就决定了实质性的差别。

（2）目的不同。会计核算强调的实质重于形式原则，目的是选择会计核算方法和政策。税收上运用实质重于形式原则，目的是反避税，选择的措施是特别纳税调整。税法的实质重于形式原则，比会计准则和会计制度的要求有更深的内涵。《企业所得税法》第四十七条规定：企业实施其他不具有合理商业目的的安排，而减少其应纳税收入或者所得额的，税务机关有权按照合理方法调整。这是税法第六章特别纳税调整的一般反避税条款。依据这一条款，税务机关可以对企业不具有合理商业目的的税收筹划、避税、节税安排，实施有效的反避税。

（3）运用的程序不同。会计上主要是依据会计工作人员的职业判断，税收上要求履行法定的运用程序。

（五）配比原则的差异

（1）内容不同。由于会计与税法确认收入的口径不同，所配比的成本费用等扣除项目口径也不同。比如，税法上有视同销售，相应的也就有视同销售成本，而会计上没有这个概念。

（2）期间不同。会计上的会计期间以公历1月1日起至12月31日止为一个会计年度。企业所得税汇算清缴期间以公历1月1日起至12月31日止为一个纳税年度。土地增值税与会计年度和纳税年度不同，而是以整个开发期间作为一个清算期间，大多数项目都在一个年度以上。

（3）金额的计量方法不同。会计上一般以实际发生额计量收入与成本费用的配比依据，税收上企业所得税和土地增值税都有加计扣除的方法。

（六）区分收益性支出与资本性支出的原则的差异

（1）标准不同。会计上以会计年度作为划分标准，税法以纳税期间作为划分标准。另外，不同的税种，划分标准并不相同。税法不仅考虑支出的受益年度，有时还考虑均衡入库稳定税基，对一些支出实行递延扣除。如投资损失在当年投资收益不足抵扣的，实行递延抵扣。

（2）收益性支出和资本性支出的划分不同。有些项目会计上作为资本性支出，但税收上为更好地发挥促进经济的杠杆作用，规定了一些特殊的划分标准。如企业购置用于环境保护、节能节水、安全生产等专用设备的投资额，可以按一定比例实行税额抵免。又如，购进税控设备可以一次性当年扣除。

（3）计价方法不同。对于一些资产的初始计价和后续计价，会计与税法的处理方法不同，就导致了收益性支出和资本性支出的计量结果不同。

三、扣除项目审核方法

企业所得税税前扣除项目，可以分为据实扣除、限条件扣除、不允许扣除。据实扣除项目包括：成本、费用、税金、损失、视同销售成本等5个项目。限条件扣除项目包括：工资薪金支出、职工福利费支出、职工教育经费支出、工会经费支出、业务招待费支出、广告费与业务宣传费支出、捐赠支出、利息支出、住房公积金、各类基本社会保障性缴款、补充养老保险、补充医疗保险、加计扣除等13个项目。不允许扣除的项目包括：罚金、罚款、被没收财物的损失、税收滞纳金、赞助支出、与取得收入无关的支出、不征税收入用于支出所形成的费用等7个项目。

根据现行的企业所得税年度纳税申报表的栏次设计，对据实扣除项目，除视同销售成本外重点审核发生的真实性，会计记录的合规性，所得税处理的合法性；对限条件扣除项目，根据会计记录确认账载金额，按税法规定计算税收扣除限额，分析对比计算纳税调整额；对不允许扣除项目，重点审核账载金额，确认纳税调整额。

纳税调整项目中的难点是，视同销售成本、工资薪金支出、与未实现融资收益相关在当期确认的财务费用等3个项目的审核。

2.3.2 视同销售成本

一、填报要求

附表三第21行“1. 视同销售成本”：第2列“税收金额”填报按照税收规定视同销

售应确认的成本。

1. 事业单位、社会团体、民办非企业单位直接填报第4列“调减金额”。

2. 金融企业第4列“调减金额”取自附表二（2）《金融企业成本费用明细表》第41行。

3. 一般工商企业第4列“调减金额”取自附表二（1）《成本费用明细表》第12行。

4. 第1列“账载金额”、第2列“税收金额”和第3列“调增金额”不填。

二、不需要填报项目

根据填报要求，第1列“账载金额”、第2列“税收金额”和第3列“调增金额”不填。

三、事业单位、社会团体、民办非企业单位“调增金额”直接填报

事业单位、社会团体、民办非企业单位分析填报第4列“调增金额”，分析填报时的税法依据如下：

（1）根据《企业所得税法实施条例》，企业发生非货币性资产交换，以及将货物、财产、劳务用于捐赠、偿债、赞助、集资、广告、样品、职工福利或者利润分配等用途的，应当视同销售货物、转让财产或者提供劳务，但国务院财政、税务主管部门另有规定的除外。

（2）根据国税函〔2008〕828号文件，处置资产除将资产转移至境外以外，由于资产所有权属在形式和实质上均不发生改变，可作为内部处置资产，不视同销售确认收入，相关资产的计税基础延续计算。

企业将资产移送他人时，如因资产所有权属已发生改变而不属于内部处置资产，应按规定视同销售确定收入。

企业发生国税函〔2008〕828号第二条规定情形时，属于企业自制的资产，应按企业同类资产同期对外销售价格确定销售收入；属于外购的资产，可按购入时的价格确定销售收入。

四、金融企业“调增金额”依据附表一（2）填报

金融企业第4列“调增金额”取自附表二（2）《金融企业收入明细表》第44行。

五、其他企业“调增金额”依据附表一（1）填报

其他企业第4列“调增金额”取自附表二（1）《收入明细表》第12行。

2.3.3 工资薪金支出（直接填报栏次）

一、填报要求

附表三第22行“2. 工资薪金支出”：第1列“账载金额”填报纳税人按照国家统一会计制度计入成本费用的职工工资、奖金、津贴和补贴；第2列“税收金额”填报纳税人按照税收规定允许税前扣除的工资薪金。如本行第1列≥第2列，第1列减去第2列的差额填入本行第3列“调增金额”；如本行第1列＜第2列，第2列减去第1列的差额填入本行第4列“调增金额”。

二、会计数据来源

附表三第22行“2. 工资薪金支出”第1列“账载金额”，填报数据来源为“生产成本”、“制造费用”、“销售（营业）费用”、“管理费用”、“在建工程”、“业务及管理费”

等成本费用科目二级明细科目记录的会计数据。填报时，应根据成本费用本年度累计发生额累计汇总后，再进行填报。

三、税收数据来源和审核注意事项

（一）税收数据来源

附表三第22行“2. 工资薪金支出”第2列“税收金额”，对工效挂钩企业需对当年实际发放的职工薪酬中应计入当年的部分予以填报，对非工效挂钩企业即为账载金额。

（二）审核税收数据注意事项

（1）新的所得税法强调工资支出的合理性原则。对于不合理的支出，应当进行纳税调整，但调整时应取得相关的证据材料。如对于国有控股等垄断企业的管理者、雇员利用垄断地位；或私人控股企业股东以及在企业任职直系亲属，利用工资与股息分配存在税负差别，而支出不合理工资。审核时应考虑与行业（或该企业）的合理水平进行比较。

（2）注意对“实际发放”的理解，“发放”包括以货币资金形式直接支出方式的发放，还包括转账方式间接发放。转账方式是指企业按照工资单确认的，将职工个人的应付债务计入“其他应付款”科目，并按规定缴纳个人所得税。

3. 要考虑与个人所得税的对应关系，应将企业所得税税前扣除的工资薪金支出，与个人所得税的计税基数进行比对。

四、调整金额来源

附表三第22行“2. 工资薪金支出”第3列“调增金额”、第4列“调减金额”属于表内计算栏次，根据下列公式计算得出填报数据：

（1）当第1列“账载金额”－第2列“税收金额”的差额>0时，其差额填入第3列“调增金额”；

（2）当第1列“账载金额”－第2列“税收金额”的差额<0时，其差额填入第4列“调减金额”。

五、审核的税法依据

（一）工资薪金的范围

《企业所得税法实施条例》第二十四条规定，企业发生的合理的工资薪金支出，准予扣除。

前款所称工资薪金，是指企业每一纳税年度支付给在本企业任职或者受雇的员工的所有现金形式或者非现金形式的劳动报酬，包括基本工资、奖金、津贴、补贴、年终加薪、加班工资，以及与员工任职或者受雇有关的其他支出。

（二）“合理工资薪金”的界定

《新企业所得税法》第八条规定，企业实际发生的与取得收入有关的、合理的支出，包括成本、费用、税金、损失和其他支出，准予在计算应纳税所得额时扣除。据此，实施条例规定，企业发生的合理的工资薪金支出，准予扣除。同时将工资薪金支出进一步界定为企业每一纳税年度支付给在本企业任职或者受雇的员工的所有现金或者非现金形式的劳动报酬，包括基本工资、奖金、津贴、补贴、年终加薪、加班工资，以及与任职或者受雇有关的其他支出。

对工资支出合理性的判断，主要包括两个方面。一是雇员实际提供了服务，二是报酬总额在数量上是合理的。实际操作中主要考虑雇员的职责、过去的报酬情况，以及雇员的业务量和复杂程度等相关因素。同时，还要考虑当地同行业职工平均工资水平。

国税函〔2009〕3号第一条规定，《实施条例》第三十四条所称的“合理工资薪金”，是指企业按照股东大会、董事会、薪酬委员会或相关管理机构制定的工资薪金制度规定实际发放给员工的工资薪金。税务机关在对工资薪金进行合理性确认时，可按以下原则掌握：

（1）企业制定了较为规范的员工工资薪金制度；

（2）企业所制定的工资薪金制度符合行业及地区水平；

（3）企业在一定时期所发放的工资薪金是相对固定的，工资薪金的调整是有序进行的；

（4）企业对实际发放的工资薪金，已依法履行了代扣代缴个人所得税义务国

（5）有关工资薪金的安排，不以减少或逃避税款为目的。

（三）不属于工资薪金的项目

国税函〔2009〕3号规定，《实施条例》第四十条、四十一条、四十二条所称的“工资薪金总额”，是指企业按照本通知第一条规定实际发放的工资薪金总和，不包括企业的职工福利费、职工教育经费、工会经费以及养老保险费、医疗保险费、失业保险费、工伤保险费、生育保险费等社会保险费和住房公积金。属于国有性质的企业，其工资薪金，不得超过政府有关部门给予的限定数额；超过部分，不得计入企业工资薪金总额，也不得在计算企业应纳税所得额时扣除。

（四）工效挂钩企业工资储备基金的处理

国税函〔2009〕98号规定，原执行工效挂钩办法的企业，在2008年1月1日以前已按规定提取，但因未实际发放而未在税前扣除的工资储备基金余额，2008年及以后年度实际发放时，可在实际发放年度企业所得税前据实扣除。

（五）个人工资薪金所得与企业的工资费用支出比对

国税函〔2009〕259号规定如下：

（1）各地国税局应于每年7月底前，将所辖进行年度汇算清缴企业的纳税人名称、纳税人识别号、登记注册地址、企业税前扣除工资薪金支出总额等相关信息传递给同级地税局。

地税局应对所辖企业及国税局转来的企业的工资薪金支出总额和已经代扣代缴个人所得税的工资薪金所得总额进行比对分析，对差异较大的，税务人员应到企业进行实地核查，或者提交给稽查部门，进行税务稽查。

2009年，地税局进行比对分析的户数，不得低于实际汇算清缴企业总户数的10%。信息化基础较好的地区，可以根据本地实际扩大比对分析面，直至对所有汇算清缴的企业进行比对分析。

（2）地税局到企业进行实地核查时，主要审核其税前扣除的工资薪金支出是否足额扣缴了个人所得税，是否存在将个人工资、薪金所得在福利费或其他科目中列支而未扣缴个人所得税的情况，有无按照企业全部职工平均工资适用税率计算纳税的情况，以非货币形式发放的工资薪金性质的所得是否依法履行了代扣代缴义务，有无隐匿或少报个人收入情

况，企业有无虚列人员、增加工资费用支出等情况。

（3）地税局在核查或检查中发现的问题，属于地税局征管权限的，应按照税收征管法及相关法律、法规的规定处理；属于国税局征管权限的，应及时将相关信息转交国税局处理。

各地地税局应于每年11月底前，将国税局提供的有关信息的比对及使用效果等情况通报或反馈同级国税局。

（4）各级税务机关要高度重视此项工作，要将其作为提高个人所得税征管质量，规范工资薪金支出税前扣除，大力组织所得税收入的有效措施，精心组织，周密部署，扎扎实实地开展工作。要制订切实可行的工作方案，充分利用信息化手段加强比对工作。国税局和地税局之间要密切配合，通力协作，形成工作合力，按照本通知要求及时传递和反馈信息，共享信息资源和工作成果，对工作过程中发现的带有共性的问题，要联合采取措施，加强所得税管理。各省国税局、地税局在2009年底之前将工作情况正式书面上报税务总局（所得税司）。税务总局将在下半年组织检查、督导。

2.3.4 职工福利费支出（直接填报栏次）

一、填报要求

附表三第23行"3. 职工福利费支出"：第1列"账载金额"填报纳税人按照国家统一会计制度计入成本费用的职工福利费；第2列"税收金额"填报纳税人按照税收规定允许税前扣除的职工福利费，金额小于等于第22行"工资薪金支出"第2列"税收金额"×14%；如本行第1列≥第2列，第1列减去第2列的差额填入本行第3列"调增金额"，如本行第1列<第2列，第2列减去第1列的差额填入本行第4列"调减金额"。

二、会计数据来源

附表三第23行"3. 职工福利费支出"第1列"账载金额"，填报数据来源为"生产成本"、"制造费用"、"销售（营业）费用"、"管理费用"、"在建工程"、"业务及管理费"等成本费用科目二级明细科目记录的会计数据。填报时，应根据成本费用本年度累计发生额累计汇总后，再进行填报。

三、税收数据来源和审核注意事项

（一）税收数据来源

附表三第23行"3. 职工福利费支出"第2列"税收金额"填报税收规定允许扣除的职工福利费，金额小于等于第22行"工资薪金支出"第2列"税收金额"×14%。

（二）审核注意事项

（1）"职工福利费支出"支出不按规定记账。实际发生的"职工福利费支出"不计入有关应付款账户，而是计入成本、费用账户。应注意企业有无提取职工福利费后，发生职工福利的支出时，又重复计入成本费用账户的问题。

（2）超比例计提。有无不按规定提取比例计提职工福利费的问题。

（3）不合理工资支出不能作为计提基数。对于经有关方面检查认定，不具有合理性的工资，不得作为计提"三费"的基数，已经计提的部分，必须按规定进行纳税调整。

（4）2007年底结余职工福利费的使用方法，按国税函〔2008〕264号文件规定执行。文件的具体内容是："2008年及以后年度发生的职工福利费，应先冲减以前年度累计计提但尚未实际使用的职工福利费余额，不足部分按新企业所得税法规定扣除。企业以前年度累计计提但尚未实际使用的职工福利费余额已在税前扣除，属于职工权益，如果改变用途的，应调整增加应纳税所得额。”

四、调整金额来源

附表三第23行“3. 职工福利费支出”第3列“调增金额”、第4列“调减金额”调整金额来源如下：

（1）当第23行“3. 职工福利费支出”第1列“账载金额”≥第2列“税收金额”时，第1列“账载金额”减去第2列“税收金额”的差额，填入第3列“调增金额”；

（2）当第23行“3. 职工福利费支出”第1列“账载金额”＜第2列“税收金额”时，第2列减去第1列的差额填入本行第4列“调减金额”。

五、审核的税法依据

（1）职工福利费扣除标准

《企业所得税法实施条例》第四十条规定，企业发生的职工福利费支出，不超过工资薪金总额14%的部分，准予扣除。

（2）职工福利费的范围

国税函〔2009〕3号规定，《实施条例》第四十条规定的企业职工福利费，包括以下内容：

（1）尚未实行分离办社会职能的企业，其内设福利部门所发生的设备、设施和人员费用，包括职工食堂、职工浴室、理发室、医务所、托儿所、疗养院等集体福利部门的设备、设施及维修保养费用和福利部门工作人员的工资薪金、社会保险费、住房公积金、劳务费等。

（2）为职工卫生保健、生活、住房、交通等所发放的各项补贴和非货币性福利，包括企业向职工发放的因公外地就医费用、未实行医疗统筹企业职工医疗费用、职工供养直系亲属医疗补贴、供暖费补贴、职工防暑降温费、职工困难补贴、救济费、职工食堂经费补贴、职工交通补贴等。

（3）按照其他规定发生的其他职工福利费，包括丧葬补助费、抚恤费、安家费、探亲假路费等。

（三）职工福利费的核算

国税函〔2009〕3号规定，企业发生的职工福利费，应该单独设置账册，进行准确核算。没有单独设置账册准确核算的，税务机关应责令企业在规定的期限内进行改正。逾期仍未改正的，税务机关可对企业发生的职工福利费进行合理的核定。

（四）以前年度职工福利费余额的处理

国税函〔2009〕98号规定，根据《国家税务总局关于做好2007年度企业所得税汇算清缴工作的补充通知》（国税函〔2008〕264号）的规定，企业2008年以前按照规定计提但尚未使用的职工福利费余额，2008年及以后年度发生的职工福利费，应首先冲减上述的职工福利费余额，不足部分按新税法规定扣除；仍有余额的，继续留在以后年度使用。企业2008年以前节余的职工福利费，已在税前扣除，属于职工权益，如果改变用途，应调整增加企业应纳税所得额。

2.3.5 职工教育经费支出（直接填报栏次）

一、填报要求

附表三第24行“4. 职工教育经费支出”：第1列“账载金额”填报纳税人按照国家统一会计制度计入成本费用的教育经费支出；第2列“税收金额”填报纳税人按照税收规定允许税前扣除的职工教育经费，金额小于等于第22行“工资薪金支出”第2列“税收金额”×2.5%，或国务院财政、税务主管部门另有规定的金额；如本行第1列≥第2列，第1列减去第2列的差额填入本行第3列“调增金额”，如本行第1列<第2列，第2列减去第1列的差额填入本行第4列“调减金额”。

二、会计数据来源

附表三第24行“4. 职工教育经费支出”第1列“账载金额”，填报数据来源为“销售（营业）费用”、“管理费用”、“业务及管理费”等成本费用科目二级明细科目记录的会计数据。填报时，应根据成本费用本年度累计发生额累计汇总后，再进行填报。

三、税收数据来源和审核注意事项

（一）税收数据来源

附表三第2列“税收金额”填报税收规定允许扣除的职工教育经费，金额小于等于第22行“工资薪金支出”第2列“税收金额”×2.5%，或国务院财政、税务主管部门另有规定的金额。

（二）审核注意事项

（1）职工教育经费支出不按规定记账。实际发生的“职工教育经费支出”不计入有关应付款账户，而是计入成本、费用账户。应注意企业有无提取教育经费后，发生教育方面的支出时，又重复计入成本费用账户的问题。

（2）超比例计提。有无不按规定提取比例计提职工教育经费的问题。

（3）不合理工资支出不能作为计提基数。对于经有关方面检查认定，不具有合理性的工资，不得作为计提“职工教育经费支出”的基数，已经计提的部分，必须按规定进行纳税调整。

4. 2007年底结余职工教育经费的使用方法。

2008年发生的职工教育经费，应先冲减以前年度累计计提但尚未实际使用的教育经费余额，然后再与税收金额进行比较，是否超过2.5%，再进行纳税调整。如还有尚未实际使用的教育经费余额，不得结转以后年度。

四、调整金额来源

附表三第24行“4. 职工教育经费支出”第3列“调增金额”、第4列“调减金额”的调整金额来源如下：

（1）当第24行“4. 职工教育经费支出”第1列“账载金额”≥第2列“税收金额”时，第1列“账载金额”减去第2列“税收金额”的差额，填入本行第3列“调增金额”；

（2）当第24行“4. 职工教育经费支出”第1列“账载金额”<第2列“税收金额”时，第2列减去第1列的差额填入本行第4列“调减金额”。

企业当年实际发生的职工教育经费，超过税收规定金额纳税调整增加的部分，企业应作好备查登记。

五、审核的税法依据

（一）职工教育经费范围

《企业所得税法实施条例》第四十二条规定，除国务院财政、税务主管部门另有规定外，企业发生的职工教育经费支出，不超过工资薪金总额2.5%的部分，准予扣除；超过部分，准予在以后纳税年度结转扣除。

职工教育经费是指企业为职工学习先进技术和提高文化水平而支付的费用。根据财建〔2006〕317号文件规定如下。

1. 企业职工教育培训经费列支范围包括：

（1）上岗和转岗培训；

（2）各类岗位适应性培训；

（3）岗位培训、职业技术等级培训、高技能人才培训；

（4）专业技术人员继续教育；

（5）特种作业人员培训；

（6）企业组织的职工外送培训的经费支出；

（7）职工参加的职业技能鉴定、职业资格认证等经费支出；

（8）购置教学设备与设施；

（9）职工岗位自学成才奖励费用；

（10）职工教育培训管理费用；

（11）有关职工教育的其他开支。

2. 经单位批准或按国家和省、市规定必须到本单位之外接受培训的职工，与培训有关的费用由职工所在单位按规定承担。

3. 经单位批准参加继续教育以及政府有关部门集中举办的专业技术、岗位培训、职业技术等级培训、高技能人才培训所需经费，可从职工所在企业职工教育培训经费中列支。

4. 为保障企业职工的学习权利和提高他们的基本技能，职工教育培训经费的60%以上应用于企业一线职工的教育和培训。当前和今后一个时期，要将职工教育培训经费的重点投向技能型人才特别是高技能人才的培养以及在岗人员的技术培训和继续学习。

5. 企业职工参加社会上的学历教育以及个人为取得学位而参加的在职教育，所需费用应由个人承担，不能挤占企业的职工教育培训经费。

6. 对于企业高层管理人员的境外培训和考察，其一次性单项支出较高的费用应从其他管理费用中支出，避免挤占日常的职工教育培训经费开支。

7. 矿山和建筑企业等聘用外来农民工较多的企业，以及在城市化进程中接受农村转移劳动力较多的企业，对农民工和农村转移劳动力培训所需的费用，可从职工教育培训经费中支出。

（二）以前年度职工教育经费余额的处理

国税函〔2009〕98号规定，对于在2008年以前已经计提但尚未使用的职工教育经费余额，2008年及以后新发生的职工教育经费应先从余额中冲减。仍有余额的，留在以后年度继续使用。

（三）软件生产企业职工教育经费的处理

国税函〔2009〕202号规定，软件生产企业发生的职工教育经费中的职工培训费用，根据《财政部 国家税务总局关于企业所得税若干优惠政策的通知》（财税〔2008〕1号）规定，可以全额在企业所得税前扣除。软件生产企业应准确划分职工教育经费中的职工培训费支出，对于不能准确划分的，以及准确划分后职工教育经费中扣除职工培训费用的余额，一律按照《实施条例》第四十二条规定的比例扣除。

2.3.6 工会经费支出（直接填报栏次）

一、填报要求

附表三第25行“5. 工会经费支出”：第1列“账载金额”填报纳税人按照国家统一会计制度计入成本费用的工会经费支出。第2列“税收金额”填报纳税人按照税收规定允许税前扣除的工会经费，金额等于第22行“工资薪金支出”第2列“税收金额”×2%减去没有工会专用凭据列支的工会经费后的余额，如本行第1列≥第2列，第1列减去第2列的差额填入本行第3列“调增金额”，如本行第1列<第2列，第2列减去第1列的差额填入本行第4列“调减金额”。

二、会计数据来源

附表三第25行“5. 工会经费支出”第1列“账载金额”，填报数据来源为“销售（营业）费用”、“管理费用”、“业务及管理费”等成本费用科目二级明细科目记录的会计数据。填报时，应根据成本费用本年度累计发生额累计汇总后，再进行填报。

三、税收数据来源和审核注意事项

（一）税收数据来源

附表三第25行“5. 工会经费支出”第2列“税收金额”填报税收规定允许扣除的工会经费，金额等于第22行“工资薪金支出”第2列“税收金额”×2%减去没有工会专用凭据列支的工会经费后的余额。

（二）审核注意事项

（1）工会经费支出不按规定记账。实际发生的“工会经费”不计入有关应付款账户，而是计入成本、费用账户。应注意企业有无提取工会经费后，发生工会活动的支出时，又重复计入成本费用账户的问题。

（2）超比例计提。有无不按规定提取比例计工会经费的问题。

（3）不合理工资支出能作为计提基数。对于经有关方面检查认定，不具有合理性的工资，不得作为计提“工会经费”的基数，已经计提的部分，必须按规定进行纳税调整。

4.“工会经费”扣除凭证审核。新所得税法的有关文件，虽然还没有明确的规定，但就实际征管情况来看，依据凭证扣除这项原则还是要坚持。

四、调整金额来源

附表三第25行“5. 工会经费支出”第3列“调增金额”、第4列“调减金额”的调整金额来源如下：

（1）当第25行“5. 工会经费支出”第1列“账载金额”≥第2列“税收金额”时，则第1列“账载金额”减去第2列“税收金额”的差额，填入本行第3列“调增金额”；

（2）当第25行“5. 工会经费支出”第1列“账载金额”<第2列“税收金额”时，第2列减去第1列的差额填入本行第4列“调减金额”。

五、审核的税法依据

（一）职工工会经费扣除比例

《企业所得税法实施条例》第四十一条规定，企业拨缴的工会经费，不超过工资薪金总额2%的部分，准予扣除。

（二）工会经费企业所得税税前扣除凭据

国家税务总局公告2010年第24号规定，根据《工会法》、《中国工会章程》和财政部颁布的《工会会计制度》，以及财政票据管理的有关规定，全国总工会决定从2010年7月1日起，启用财政部统一印制并套印财政部票据监制章的《工会经费收入专用收据》，同时废止《工会经费拨缴款专用收据》。为加强对工会经费企业所得税税前扣除的管理，就工会经费税前扣除凭据问题公告如下：

（1）自2010年7月1日起，企业拨缴的职工工会经费，不超过工资薪金总额2%的部分，凭工会组织开具的《工会经费收入专用收据》在企业所得税税前扣除。

（2）《国家税务总局关于工会经费税前扣除问题的通知》（国税函〔2000〕678号）同时废止。

2.3.7 业务招待费支出（直接填报栏次）

一、填报要求

附表三第26行“6. 业务招待费支出”：第1列“账载金额”填报纳税人按照国家统一会计制度计入成本费用的业务招待费支出；第2列“税收金额”填报纳税人按照税收规定允许税前扣除的业务招待费支出的金额。比较“本行第1列×60%”与“附表一（1）《收入明细表》第1行×5‰”或“附表一（2）《金融企业收入明细表》第1+38行合计×5‰”或“本行第1列×60%”两数，孰小者填入本行第2列。如本行第1列≥第2列，本行第1列减去第2列的余额填入本行第3列“调增金额”，第4列“调减金额”不填。如本行第1列<第2列，第3列“调增金额”，第4列“调减金额”均不填。

二、不需要填报项目

根据填报要求，附表三第26行“6. 业务招待费支出”第4列“调减金额”不填。

三、会计数据来源

附表三第26行“6. 业务招待费支出”：第1列“账载金额”填报数据来源为“生产成本”、“制造费用”、“销售（营业）费用”、“管理费用”、“在建工程”、“业务及管理费”等成本费用科目二级明细科目记录的会计数据。填报时，应根据成本费用本年度累计发生额累计汇总后，再进行填报。

四、税收数据来源和审核注意事项

附表三第26行“6. 业务招待费支出”第2列“税收金额”经比较后填列：

（一）“账载金额”×60%≥税收限额时

（1）当第1列“账载金额”×60%≥“附表一（1）《收入明细表》第1行销售（营业）收入合计×5‰”时，第2列“税收金额”填入“附表一（1）《收入明细表》第1行销售（营业）收入合计×5‰”的金额；

（2）当第1列“账载金额”×60%≥“附表一（2）《金融企业收入明细表》（第1行“营业收入”+第38行“视同销售收入”）×5‰”时，第2列“税收金额”填入“附表一（2）《金融企业收入明细表》（第1行“营业收入”+第38行“视同销售收入”）×5‰”的金额；

（3）当第1列“账载金额”×60%≥主表第1行“营业收入”×5‰时，第2列“税收金额”填入主表第1行“营业收入”×5‰的金额。

（二）“账载金额”×60%<税收限额时

（1）当第1列“账载金额”×60%<“附表一（1）《收入明细表》第1行销售（营业）收入合计×5‰”时，第2列“税收金额”填入第1列“账载金额”×60%的金额；

（2）当第1列“账载金额”×60%<“附表一（2）《金融企业收入明细表》（第1行“营业收入”+第38行“视同销售收入”）×5‰”时，第2列“税收金额”填入第1列“账载金额”×60%的金额；

（3）当第1列“账载金额”×60%<主表第1行“营业收入”×5‰时，第2列“税收金额”填入第1列“账载金额”×60%的金额。

（三）审核注意事项

（1）企业应将业务招待费与会议费严格区分，不得将业务招待费挤入会议费；

（2）要注意不要把业务执行费的范围扩大化，比如：差旅费中的餐费就不能归入业务招待费、会务活动的餐费、在福利费中列支的职工餐费。

五、调整金额来源

附表三第26行“6. 业务招待费支出”第3列“调增金额”属于表内计算填报栏次，计算公式如下：

当第26行“6. 业务招待费支出”第1列“账载金额”≥第2列“税收金额”，第1列“账载金额”减去第2列“税收金额”的差额，填入本行第3列“调增金额”。

六、审核的税法依据

（一）业务招待费扣除比例及方法

《企业所得税法实施条例》第四十三条规定，企业发生的与生产经营活动有关的业务招待费支出，按照发生额的60%扣除，但最高不得超过当年销售（营业）收入的5‰。

国税函〔2008〕159号规定，业务招待是正常的商业做法，但商业招待又不可避免包括个人消费的成分，在许多情况下，无法将商业招待与个人消费区分开。因此，国际上许多国家采取对企业业务招待费支出在税前“打折”扣除的做法。业务招待费属于商业招待的可在税前扣除，比如意大利为30%，加拿大为80%，美国、新西兰为50%。借鉴国际做法，结合原税法按销售收入的一定比例限制扣除的经验，同时考虑到业务招待费管理难度大，坚持从严控制的要求，《实施条例》规定，将企业发生的与生产经营活动有关的业务招待费，按照发生额的60%扣除，且扣除总额全年最高不得超过当年销售（营业）收入的5‰。

（二）销售（营业）收入基数的确定

国税函〔2009〕202号规定，企业在计算业务招待费、广告费和业务宣传费等费用扣除限额时，其销售（营业）收入额应包括《实施条例》第二十五条规定的视同销售（营业）收入额。

（三）从事股权投资业务的企业业务招待费计算

国税函〔2010〕79号规定，对从事股权投资业务的企业（包括集团公司总部、创业投资企业等），其从被投资企业所分配的股息、红利以及股权转让收入，可以按规定的比例计算业务招待费扣除限额。

2.3.8 广告费与业务宣传费支出

一、填报要求

附表三第27行“7．广告费与业务宣传费支出”：第3列“调增金额”取自附表八《广告费和业务宣传费跨年度纳税调整表》第7行“本年广告费和业务宣传费支出纳税调整额”，第4列“调减金额”取自附表八《广告费和业务宣传费跨年度纳税调整表》第10行“本年扣除的以前年度结转额”。第1列“账载金额”和第2列“税收金额”不填。

二、不需要填报项目

附表三第27行“7．广告费与业务宣传费支出”第1列“账载金额”和第2列“税收金额”不填。

三、填报数据来源

附表三第27行“7．广告费与业务宣传费支出”第3列“调增金额”取自附表八《广告费和业务宣传费跨年度纳税调整表》第7行“本年广告费和业务宣传费支出纳税调整额”，第4列“调减金额”取自附表八《广告费和业务宣传费跨年度纳税调整表》第10行“本年扣除的以前年度结转额”。

2.3.9 捐赠支出（直接填报栏次）

一、填报要求

附表三第28行“8．捐赠支出”：第1列“账载金额”填报纳税人按照国家统一会计制度实际发生的捐赠支出。第2列“税收金额”填报纳税人按照税收规定允许税前扣除的捐赠支出的金额。如本行第1列≥第2列，第1列减去第2列的差额填入本行第3列“调增金额”，第4列“调减金额”不填；如本行第1列<第2列，第3列“调增金额”、第4列“调减金额”均不填。

二、不需要填报项目

根据填报要求，附表三第28行“8．捐赠支出”第4列“调减金额”不填。

三、会计数据来源

附表三第28行“8．捐赠支出”：第1列“账载金额”填报数据来源为“营业外支出”或其他成本费用科目二级明细科目记录捐赠支出的会计数据。填报时，应根据成本费用本年度累计发生额累计汇总后，再进行填报。

四、税收数据来源和审核注意事项

（一）税收数据来源

附表三第28行“8．捐赠支出”第2列“税收金额”填报按税收规定可以税前扣除的捐赠限额，计算公式如下：

第2列“税收金额”=主表第13行“利润总额”×12%

（二）审核注意事项

1．注意区分公益救济性捐赠和非公益救济性捐赠

2．接受捐赠的非营利公益性社会团体和基金会是否符合下列税法规定的条件：

（1）依法登记，具有法人资格；

（2）以发展公益事业为宗旨，且不以营利为目的；

（3）全部资产及其增值为该法人所有；

（4）收益和营运结余主要用于符合该法人设立目的的事业；

（5）终止后的剩余财产不归属任何个人或者营利组织；

（6）不经营与其设立目的无关的业务；

（7）有健全的财务会计制度；

（8）捐赠者不以任何形式参与社会团体财产的分配；

（9）国务院财政、税务主管部门会同国务院民政部门等登记管理部门规定的其他条件。

3．选择税前扣除金额是否正确

填表时，有两个金额可供选择，一是扣除限额，二是实际扣除额。选择方法是，“实际”小于等于“限额”，按“实际”；“实际”大于“限额”，按“限额”。

五、调整金额来源

附表三第28行“8．捐赠支出”第3列“调增金额”属于表内计算填报栏次，计算公式如下：

（1）当第28行“8．捐赠支出”第1列“账载金额”≥第2列“税收金额”时，第1列“账载金额”减去第2列“税收金额”的差额，填入第3列“调增金额”；

（2）当第28行“8．捐赠支出”第1列“账载金额”＜第2列“税收金额”时，则第3列“调增金额”不填。

六、审核的税法依据

（一）公益性捐赠支出的扣除比例及方法

《企业所得税法》第九条企业发生的公益性捐赠支出，在年度利润总额12%以内的部分，准予在计算应纳税所得额时扣除。

《企业所得税法实施条例》第五十三条规定，企业发生的公益性捐赠支出，不超过年度利润总额12%的部分，准予扣除。

国税函〔2008〕159号规定，允许公益性捐赠支出按一定比例在税前扣除，主要是为了鼓励企业支持社会公益事业，促进我国社会公益事业的发展。新《企业所得税法》规定，企业发生的公益性捐赠支出，在年度利润总额12%以内的部分，准予在计算应纳税所得额时扣除。

实施条例将公益性捐赠界定为，企业通过公益性社会团体或者县级以上人民政府及其部门，用于《中华人民共和国公益事业捐赠法》规定的公益事业的捐赠。同时规定，将计算公益性捐赠扣除比例的基数由应纳税所得额改为企业会计利润总额，并将年度利润总额界定为企业依照国家统一会计制度的规定计算的年度会计利润。这样更方便公益性捐赠税前扣除的计算，有利于纳税人正确申报，体现了国家对发展社会公益性事业的支持。

财税〔2009〕124号规定，企业通过公益性社会团体或者县级以上人民政府及其部门，用于公益事业的捐赠支出，在年度利润总额12%以内的部分，准予在计算应纳税所得额时扣除。

财税〔2008〕160号规定，企业通过公益性群众团体用于公益事业的捐赠支出，在年度利润总额12%以内的部分，准予在计算应纳税所得额时扣除。年度利润总额，是指企业依照国家统一会计制度的规定计算的大于零的数额。个人通过公益性群众团体向公益事业的捐赠支出，按照现行税收法律、行政法规及相关政策规定准予在所得税税前扣除。

（二）“公益性捐赠”解释

《企业所得税法实施条例》第五十一条规定，企业所得税法第九条所称公益性捐赠，是指企业通过公益性社会团体或者县级以上人民政府及其部门，用于《中华人民共和国公益事业捐赠法》规定的公益事业的捐赠。

（三）“公益事业的捐赠”解释

财税〔2008〕160号规定，用于公益事业的捐赠支出，是指《中华人民共和国公益事业捐赠法》规定的向公益事业的捐赠支出，具体范围包括：

（1）救助灾害、救济贫困、扶助残疾人等困难的社会群体和个人的活动；

（2）教育、科学、文化、卫生、体育事业；

（3）环境保护、社会公共设施建设；

（4）促进社会发展和进步的其他社会公共和福利事业。

（四）“公益性社会团体”解释

1.《企业所得税法实施条例》第五十一条所称公益性社会团体，是指同时符合下列条件的基金会、慈善组织等社会团体：

（1）依法登记，具有法人资格；

（2）以发展公益事业为宗旨，且不以营利为目的；

（3）全部资产及其增值为该法人所有；

（4）收益和营运结余主要用于符合该法人设立目的的事业；

（5）终止后的剩余财产不归属任何个人或者营利组织；

（6）不经营与其设立目的无关的业务；

（7）有健全的财务会计制度；

（8）捐赠者不以任何形式参与社会团体财产的分配；

（9）国务院财政、税务主管部门会同国务院民政部门等登记管理部门规定的其他条件。（依据《企业所得税法实施条例》第五十二条）

2.“公益性社会团体”和“社会团体”均指依据国务院发布的《基金会管理条例》和《社会团体登记管理条例》的规定，经民政部门依法登记，符合以下条件的基金会、慈善组织等公益性社会团体：

（1）符合《中华人民共和国企业所得税法实施条例》第五十二条第（一）项到第（八）项规定的条件；

（2）申请前3年内未受到行政处罚；

（3）基金会在民政部门依法登记3年以上（含3年）的，应当在申请前连续2年年度检查合格，或最近1年年度检查合格且社会组织评估等级在3A以上（含3A），登记3年以下1年以上（含1年）的，应当在申请前1年年度检查合格或社会组织评估等级在3A以上（含3A），登记1年以下的基金会具备本款第（一）项、第（二）项规定的条件；

（4）公益性社会团体（不含基金会）在民政部门依法登记3年以上，净资产不低于登记的活动资金数额，申请前连续2年年度检查合格，或最近1年年度检查合格且社会组织评估等级在3A以上（含3A），申请前连续3年每年用于公益活动的支出不低于上年总收入的70%（含70%），同时需达到当年总支出的50%以上（含50%）。

前款所称年度检查合格是指民政部门对基金会、公益性社会团体（不含基金会）进行年度检查，作出年度检查合格的结论；社会组织评估等级在3A以上（含3A）是指社会组织在民政部门主导的社会组织评估中被评为3A、4A、5A级别，且评估结果在有效期内。

（依据财税〔2008〕160号）

（五）“年度利润总额”解释

年度利润总额，是指企业依照国家统一会计制度的规定计算的年度会计利润。

（依据《企业所得税法实施条例》第五十三条）

年度利润总额，是指企业依照国家统一会计制度的规定计算的大于零的数额。

（依据财税〔2008〕160号）

（六）“县级以上人民政府及其部门”和“国家机关”解释

“县级以上人民政府及其部门”和“国家机关”均指县级（含县级，下同）以上人民政府及其组成部门和直属机构。

（依据财税〔2008〕160号）

（七）“公益事业”解释

所称的公益事业，是指《中华人民共和国公益事业捐赠法》规定的下列事项：

（1）救助灾害、救济贫困、扶助残疾人等困难的社会群体和个人的活动；

（2）教育、科学、文化、卫生、体育事业；

（3）环境保护、社会公共设施建设；

（4）促进社会发展和进步的其他社会公共和福利事业。

（依据财税〔2009〕124号）

（八）“公益性群众团体”解释

所称的公益性群众团体，是指同时符合以下条件的群众团体：

（1）符合《中华人民共和国企业所得税法实施条例》第五十二条第（一）项至第（八）项规定的条件；

（2）县级以上各级机构编制部门直接管理其机构编制；

（3）对接受捐赠的收入以及用捐赠收入进行的支出单独进行核算，且申请前连续3年接受捐赠的总收入中用于公益事业的支出比例不低于70%。

（依据财税〔2009〕124号）

（九）捐赠住房作为廉租住房的扣除

企事业单位、社会团体以及其他组织于2008年1月1日前捐赠住房作为廉租住房的，按《中华人民共和国企业所得税暂行条例》（国务院令第137号）、《中华人民共和国外商投资企业和外国企业所得税法》有关公益性捐赠政策执行；2008 年 1 月 1 日后捐赠的，按《中华人民共和国企业所得税法》有关公益性捐赠政策执行。

廉租住房、经济适用住房、廉租住房承租人、经济适用住房购买人以及廉租住房租金、货币补贴标准等须符合国发〔2007〕24 号文件及《廉租住房保障办法》（建设部等 9 部委令第 162 号）、《经济适用住房管理办法》（建住房〔2007〕258 号）的规定；廉租住房、经济适用住房经营管理单位为县级以上人民政府主办或确定的单位。

（依据财税〔2008〕24 号）

（十）向汶川地震灾区的捐赠

对企业、个人通过公益性社会团体、县级以上人民政府及其部门向受灾地区的捐赠，允许在当年企业所得税前和当年个人所得税前全额扣除。

（依据国发〔2008〕21 号，上述优惠政策，一律执行至 2008 年 12 月 31 日。确需延长期限的，由国务院另行决定。）

鼓励社会各界支持抗震救灾和灾后恢复重建的税收政策措施。自 2008 年 5 月 12 日起，对企业、个人通过公益性社会团体、县级以上人民政府及其部门向受灾地区的捐赠，允许在当年企业所得税前和当年个人所得税前全额扣除。

上述捐赠行为须符合《中华人民共和国公益事业捐赠法》和《国务院办公厅关于加强汶川地震抗震救灾捐赠款物管理使用的通知》（国办发〔2008〕39 号）的相关规定。

（依据财税〔2008〕104 号）

（十一）汶川地震、29 届奥运会、2010 年上海世博会捐赠

企业发生为汶川地震灾后重建、举办北京奥运会和上海世博会等特定事项的捐赠，按照《财政部海关总署国家税务总局关于支持汶川地震灾后恢复重建有关税收政策问题的通知》（财税〔2008〕104 号）、《财政部国家税务总局海关总署关于 29 届奥运会税收政策问题的通知》（财税〔2003〕10 号）、《财政部国家税务总局关于 2010 年上海世博会有关税收政策问题的通知》（财税〔2005〕180 号）等相关规定，可以据实全额扣除。企业发生的其他捐赠，应按《企业所得税法》第九条及《实施条例》第五十一、五十二、五十三条的规定计算扣除。

（依据国税函〔2009〕202 号）

（十二）不得扣除公益性捐赠支出

对于通过公益性群众团体发生的公益性捐赠支出，主管税务机关应对照财政、税务部门联合发布的名单，接受捐赠的群众团体位于名单内，则企业或个人在名单所属年度发生的公益性捐赠支出可按规定进行税前扣除；接受捐赠的群众团体不在名单内，或虽在名单内但企业或个人发生的公益性捐赠支出不属于名单所属年度的，不得扣除。

获得公益性捐赠税前扣除资格的公益性群众团体，应自不符合财税〔2009〕124 号第四条规定条件之一或存在本通知第九条规定情形之一之日起 15 日内向主管税务机关报告，主管税务机关可暂时明确其获得资格的次年内企业向该群众团体的公益性捐赠支出，不得税前扣除，同时提请财政部、国家税务总局或省级财政、税务部门明确其获得资格的次年不具有公益性捐赠税前扣除资格。

（依据财税〔2009〕124 号）

（十三）2008 年度第一批获得公益性捐赠税前扣除资格的公益性社会团体名单

1. 中国红十字基金会	34. 中华慈善总会
2. 南都公益基金会	35. 中华健康快车基金会
3. 华民慈善基金会	36. 中国法律援助基金会
4. 中国金融教育发展基金会	37. 中国癌症基金会
5. 中国残疾人福利基金会	38. 桃源居公益事业发展基金会
6. 中国肝炎防治基金会	39. 腾讯公益慈善基金会
7. 詹天佑科学技术发展基金会	40. 中国西部人才开发基金会
8. 中国人口福利基金会	41. 中国教育发展基金会
9. 中国健康促进基金会	42. 中国医学基金会
10. 中国老龄事业发展基金会	43. 中国儿童少年基金会
11. 友成企业家扶贫基金会	44. 中国煤矿尘肺病治疗基金会
12. 中国华夏文化遗产基金会	45. 香江社会救助基金会
13. 中国扶贫基金会	46. 中华思源工程扶贫基金会
14. 海仓慈善基金会	47. 凯风公益基金会
15. 爱佑华夏慈善基金会	48. 中国民航科普基金会
16. 北京大学教育基金会	49. 李四光地质科学奖基金会
17. 清华大学教育基金会	50. 北京航空航天大学教育基金会
18. 中国光华科技基金会	51. 天诺慈善基金会
19. 中国古生物化石保护基金会	52. 中国青少年发展基金会
20. 中国检察官教育基金会	53. 中国发展研究基金会
21. 中国华文教育基金会	54. 心平公益基金会
22. 中国医药卫生事业发展基金会	55. 中国妇女发展基金会
23. 中国预防性病艾滋病基金会	56. 中国留学人才发展基金会
24. 国寿慈善基金会	57. 中国光彩事业基金会
25. 中国孔子基金会	58. 中国青少年社会教育基金会
26. 中国华侨经济文化基金会	59. 中国宋庆龄基金会
27. 中国绿化基金会	60. 中国拥军优属基金会
28. 万科公益基金会	61. 中国敦煌石窟保护研究基金会
29. 援助西藏发展基金会	62. 中华社会文化发展基金会
30. 中华环境保护基金会	63. 中国国际文化交流基金会
31. 中国初级卫生保健基金会	64. 中国交响乐发展基金会
32. 人保慈善基金会	65. 南航“十分”关爱基金会
33. 中远慈善基金会	66. 中华全国体育基金会

（依据财税〔2009〕85 号）

（十四）2009 年度第一批获得公益性捐赠税前扣除资格的公益性社会团体名单

（1）电网公益基金会

（2）中国志愿服务基金会

（3）中华社会救助基金会

（依据财税〔2009〕85 号）

根据《财政部国家税务总局关于通过公益性群众团体的公益性捐赠税前扣除有关问题的通知》（财税〔2009〕124 号）精神，经财政部、国家税务总局联合审核确认，中国红十字会总会具有 2008 年度、2009 年度和 2010 年度公益性捐赠税前扣除的资格。

（依据财税〔2010〕37 号）

2.3.10 利息支出（直接填报栏次）

一、填报要求

附表三第29行“9．利息支出”：第1列“账载金额”填报纳税人按照国家统一会计制度实际发生的向非金融企业借款计入财务费用的利息支出的金额；第2列“税收金额”填报纳税人按照税收规定允许税前扣除的利息支出的金额。如本行第1列≥第2列，第1列减去第2列的差额填入本行第3列“调增金额”，第4列“调减金额”不填；如本行第1列<第2列，第3列“调增金额”、第4列“调减金额”均不填。

二、数据来源

附表三第29行“9．利息支出”第1列“账载金额”填报数据来源为“财务费用”或其他成本费用科目二级明细科目记录利息支出的会计数据。填报时，应根据成本费用本年度累计发生额累计汇总后，再进行填报。

三、税收数据来源和审核注意事项

（一）税收数据来源

附表三第29行“9．利息支出”第2列“税收金额”填报企业向非金融企业借款按照金融企业同期同类贷款利率计算的数额的部分；其中，纳税人从关联方取得的借款，符合税收规定债权性投资和权益性投资比例的，再根据金融企业同期同类贷款利率计算填报。

（二）审核注意事项

（1）纳税人从关联方取得的借款，是否符合税收规定债权性投资和权益性投资比例。

（2）纳税人向关联方支付的借款利息，比照独立交易原则，不得高于金融企业同期同类贷款利率。

（3）纳税人向关联方支付的借款利息，不符合财税〔2008〕121号文件规定，在此行调整，否则，在53行调整。

四、调整金额来源

附表三第29行“9．利息支出”第3列“调增金额”、第4列“调减金额”属于表内计算填报栏次，计算公式如下：

（1）当第29行“9．利息支出”第1列“账载金额”≥第2列“税收金额”时，第1列“账载金额”减去第2列“税收金额”的差额，填入第3列“调增金额”。

（2）当第29行“9．利息支出”第1列“账载金额”<第2列“税收金额”时，第3列“调增金额”、第4列“调减金额”均不填。

五、审核的税法依据

（一）利息支出扣除范围和比例

《企业所得税法实施条例》第三十八条规定，企业在生产经营活动中发生的下列利息支出，准予扣除：

（1）非金融企业向金融企业借款的利息支出、金融企业的各项存款利息支出和同业拆借利息支出、企业经批准发行债券的利息支出；

（2）非金融企业向非金融企业借款的利息支出，不超过按照金融企业同期同类贷款利率计算的数额的部分。

（二）企业投资者投资未到位而发生的利息支出

国税函〔2009〕312 号文件规定：关于企业由于投资者投资未到位而发生的利息支出扣除问题，根据《中华人民共和国企业所得税法实施条例》第二十七条规定，凡企业投资者在规定期限内未缴足其应缴资本额的，该企业对外借款所发生的利息，相当于投资者实缴资本额与在规定期限内应缴资本额的差额应计付的利息，其不属于企业合理的支出，应由企业投资者负担，不得在计算企业应纳税所得额时扣除。

具体计算不得扣除的利息，应以企业一个年度内每一账面实收资本与借款余额保持不变的期间作为一个计算期，每一计算期内不得扣除的借款利息按该期间借款利息发生额乘以该期间企业未缴足的注册资本占借款总额的比例计算，公式为：

企业每一计算期不得扣除的借款利息 = 该期间借款利息额 × 该期间未缴足注册资本额 ÷ 该期间借款额

企业一个年度内不得扣除的借款利息总额为该年度内每一计算期不得扣除的借款利息额之和。

（三）企业向自然人借款的利息支出

国税函〔2009〕777 号文件规定：

（1）企业向股东或其他与企业有关联关系的自然人借款的利息支出，应根据《中华人民共和国企业所得税法》（以下简称税法）第四十六条及《财政部、国家税务总局关于企业关联方利息支出税前扣除标准有关税收政策问题的通知》（财税〔2008〕121号）规定的条件，计算企业所得税扣除额。

（2）企业向除第一条规定以外的内部职工或其他人员借款的利息支出，其借款情况同时符合以下条件的，其利息支出在不超过按照金融企业同期同类贷款利率计算的数额的部分，根据《税法》第八条和《税法实施条例》第二十七条规定，准予扣除。

企业与个人之间的借贷是真实、合法、有效的，并且不具有非法集资目的或其他违反法律、法规的行为；

企业与个人之间签订了借款合同。

2.3.11 住房公积金（直接填报栏次）

一、填报要求

附表三第 30 行“10. 住房公积金”：第 1 列“账载金额”填报纳税人按照国家统一会计制度实际发生的住房公积金的金额；第 2 列“税收金额”填报纳税人按照税收规定允许税前扣除的住房公积金的金额。如本行第 1 列≥第 2 列，第 1 列减去第 2 列的差额填入本行第 3 列“调增金额”，第 4 列“调减金额”不填；如本行第 1 列 < 第 2 列，第 3 列“调增金额”、第 4 列“调减金额”均不填。

二、不需要填报项目

根据填报要求，附表三第 30 行“10. 住房公积金”第 4 列“调减金额”不填。

三、会计数据来源

附表三第 30 行“10. 住房公积金”第 1 列“账载金额”填报数据来源为“管理费用”或其他成本费用科目二级明细科目记录住房公积金支出的会计数据。填报时，应根据住房公积金支出本年度累计发生额汇总后，再进行填报。

四、税收数据来源和审核注意事项

（一）税收数据来源

附表三第30行“10．住房公积金”第2列“税收金额”填报按税收规定允许税前扣除的住房公积金。

（二）审核注意事项

上述填报要求所述“填报按税收规定允许税前扣除的住房公积金”，实际就是根据各省、自治区、直辖市的公布住房公积金缴存比例，计算出的上缴住房公积金管理中心的金额，并实际缴纳取得缴款凭证。

五、调整金额来源

附表三第30行“10．住房公积金”第3列“调增金额”属于表内计算填报栏次，计算公式如下：

1．当第30行“10．住房公积金”第1列“账载金额”≥第2列“税收金额”时，第1列“账载金额”减去第2列“税收金额”的差额，填入第3列“调增金额”；

2．当第30行“10．住房公积金”第1列“账载金额”<第2列“税收金额”时，则第3列“调增金额”、第4列“调减金额”均不填。

六、审核的税法依据

《企业所得税法实施条例》第三十五条规定，企业依照国务院有关主管部门或者省级人民政府规定的范围和标准为职工缴纳的基本养老保险费、基本医疗保险费、失业保险费、工伤保险费、生育保险费等基本社会保险费和住房公积金，准予扣除。

《住房公积金管理条例》第十六条规定，职工住房公积金的月缴存额为职工本人上一年度月平均工资乘以职工住房公积金缴存比例。单位为职工缴存的住房公积金的月缴存额为职工本人上一年度月平均工资乘以单位住房公积金缴存比例。

《住房公积金管理条例》第十八条规定，职工和单位住房公积金的缴存比例均不得低于职工上一年度月平均工资的5%；有条件的城市，可以适当提高缴存比例。具体缴存比例由住房公积金管理委员会拟订，经本级人民政府审核后，报省、自治区、直辖市人民政府批准。

《住房公积金管理条例》第十九条规定，职工个人缴存的住房公积金，由所在单位每月从其工资中代扣代缴。

实际填报审核时，应注意各省、自治区、直辖市的住房公积金缴存比例不统一，计算住房公积金扣除限额时，按当地政府公布的公积金缴存比例计算。

2.3.12 罚金、罚款和被没收财物的损失（直接填报栏次）

一、填报要求

附表三第31行“11．罚金、罚款和被没收财物的损失”：第1列“账载金额”填报纳税人按照国家统一会计制度实际发生的罚金、罚款和被罚没财物损失的金额，不包括纳税人按照经济合同规定支付的违约金（包括银行罚息）、罚款和诉讼费；第3列“调增金额”等于第1列；第2列“税收金额”和第4列“调减金额”不填。

二、不需要填报项目

附表三第31行“11．罚金、罚款和被没收财物的损失”第2列“税收金额”和第4

列“调减金额”不填。

三、会计数据来源

附表三第31行“11. 罚金、罚款和被没收财物的损失”第1列“账载金额”填报数据来源为“营业外支出”或其他成本费用科目二级明细科目记录罚金、罚款和被没收财物的损失的会计数据。填报时，应根据成本费用本年度累计发生额累计汇总后，再进行填报。

四、调整金额来源

附表三第31行“11. 罚金、罚款和被没收财物的损失”第3列“调增金额”属于直接填报事项，第3列“调增金额” =第1列“账载金额”。

五、审核的税法依据

《企业所得税法》第十条规定，在计算应纳税所得额时，罚金、罚款和被没收财物的损失支出不得扣除。

2.3.13 税收滞纳金（直接填报栏次）

一、填报要求

附表三第32行“12. 税收滞纳金”：第1列“账载金额”填报纳税人按照国家统一会计制度实际发生的税收滞纳金的金额；第3列“调增金额”等于第1列；第2列“税收金额”和第4列“调减金额”不填。

二、不需要填报项目

附表三第32行“12. 税收滞纳金”第2列“税收金额”和第4列“调减金额”不填。

三、会计数据来源

附表三第32行“12. 税收滞纳金”第1列“账载金额”填报数据来源为“营业外支出”或其他成本费用科目二级明细科目记录税收滞纳金的会计数据。填报时，应根据成本费用本年度累计发生额累计汇总后，再进行填报。

四、调整金额来源

附表三第32行“12. 税收滞纳金”第3列“调增金额”属于直接填报事项，第3列“调增金额” =第1列“账载金额”。

五、审核的税法依据

《企业所得税法》第十条规定，在计算应纳税所得额时，税收滞纳金支出不得扣除。

2.3.14 赞助支出（直接填报栏次）

一、填报要求

附表三第33行“13. 赞助支出”：第1列“账载金额”填报纳税人按照国家统一会计制度实际发生且不符合税收规定的公益性捐赠的赞助支出的金额。第3列“调增金额”等于第1列；第2列“税收金额”和第4列“调减金额”不填。

广告性的赞助支出按广告费和业务宣传费的规定处理，在第27行“广告费与业务宣传费支出”中填报。

二、不需要填报项目

附表三第33行“13. 赞助支出”第2列“税收金额”和第4列“调减金额”不填。

三、会计数据来源

附表三第33行“13. 赞助支出”第1列“账载金额”填报数据来源为“营业外支出”或其他成本费用科目二级明细科目记录赞助支出的会计数据。填报时，应根据成本费用本年度累计发生额累计汇总后，再进行填报。

四、调整金额来源

附表三第33行“13. 赞助支出”第3列“调增金额”属于直接填报事项，第3列“调增金额”=第1列“账载金额”。

五、审核的税法依据

《企业所得税法》第十条规定，在计算应纳税所得额时，赞助支出支出不得扣除。

2.3.15 各类基本社会保障性缴款（直接填报栏次）

一、填报要求

附表三第34行“14. 各类基本社会保障性缴款”：第1列“账载金额”填报纳税人按照国家统一会计制度实际发生的各类基本社会保障性缴款的金额，包括基本医疗保险费、基本养老保险费、失业保险费、工伤保险费和生育保险费；第2列“税收金额”填报纳税人按照税收规定允许税前扣除的各类基本社会保障性缴款的金额。本行第1列≥第2列，第1列减去第2列的差额填入本行第3列“调增金额”；如本行第1列<第2列，第3列“调增金额”、第4列“调减金额”均不填。

二、会计数据来源

附表三第34行“14. 各类基本社会保障性缴款”第1列“账载金额”填报数据来源为“管理费用”、“营业费用”、“业务及管理费”或其他成本费用科目二级明细科目记录各类基本社会保障性缴款的会计数据。填报时，应根据成本费用本年度累计发生额累计汇总后，再进行填报。

三、税收数据来源和审核注意事项

（一）税收数据来源

附表三第34行“14. 各类基本社会保障性缴款”第2列“税收金额”填报按税收规定允许扣除的金额。

（二）审核注意事项

上述填报要求所述“填报按税收规定允许扣除的金额”，实际就是根据各省的社保机构公布基本社会保障性缴款缴存比例，计算出的上缴各类基本社会保障性缴款的金额，并实际缴纳取得缴款凭证。

四、调整金额来源

附表三第34行“14. 各类基本社会保障性缴款”第3列“调增金额”、第4列“调减金额”填报数据来源如下：

1. 第34行“14. 各类基本社会保障性缴款”第1列“账载金额”≥第2列“税收金额”时，第1列“账载金额”减去第2列“税收金额”的差额，填入第3列“调增金额”；

2. 第34行“14. 各类基本社会保障性缴款”第1列“账载金额”<第2列“税收金额”时，则第3列“调增金额”、第4列“调减金额”均不填。

五、审核的税法依据

《企业所得税法实施条例》第三十五条规定，企业依照国务院有关主管部门或者省级人民政府规定的范围和标准为职工缴纳的基本养老保险费、基本医疗保险费、失业保险费、工伤保险费、生育保险费等基本社会保险费和住房公积金，准予扣除。

2.3.16 补充养老保险、补充医疗保险（直接填报栏次）

一、填报要求

附表三第35行“15. 补充养老保险、补充医疗保险”：第1列“账载金额”填报纳税人按照国家统一会计制度实际发生的补充养老保险、补充医疗保险的金额；第2列“税收金额”填报纳税人按照税收规定允许税前扣除的补充养老保险、补充医疗保险的金额。如本行第1列≥第2列，第1列减去第2列的差额填入本行第3列“调增金额”，如本行第1列<第2列，则第3列“调增金额”、第4列“调减金额”均不填。

二、会计数据来源

附表三第35行“15. 补充养老保险、补充医疗保险”第1列“账载金额”填报数据来源为“管理费用”、“营业费用”、“业务及管理费”或其他成本费用科目二级明细科目记录补充养老保险、补充医疗保险的会计数据。填报时，应根据成本费用本年度累计发生额累计汇总后，再进行填报。

三、税收数据来源和审核注意事项

（一）税收数据来源

附表三第35行“15. 补充养老保险、补充医疗保险”第2列“税收金额”填报按税收规定允许扣除的金额。

（二）审核注意事项

企业年金，是指企业及其职工在依法参加基本养老保险的基础上自愿建立的补充养老保险制度。

审核时应注意，职工可以提取或转移企业年金基金的条件，仅限于退休、变动工作单位、死亡等三种情况，对于限定条件之外的其他原因提取或转移企业年金，应作纳税调整增加处理。

根据《企业年金基金管理试行办法》的规定，在以下几种情况下，职工可以提取或转移企业年金基金：

（1）职工在达到国家规定的退休年龄时，可以从本人企业年金个人账户中一次或定期领取企业年金。职工未达到国家规定的退休年龄的，不得从个人账户中提前提取资金。出境定居人员的企业年金个人账户资金，可根据本人要求一次性支付给本人。

（2）职工变动工作单位时，企业年金个人账户资金可以随同转移。职工升学、参军、失业期间或新就业单位没有实行企业年金制度的，其年金个人账户可由原管理机构继续管理。

（3）职工或退休人员死亡后，其企业年金个人账户余额由其指定的受益人或法定继承人一次性领取。

四、调整金额来源

附表三第35行“15. 补充养老保险、补充医疗保险”第3列“调增金额”、第4列

“调减金额”填报数据来源如下：

(1) 第35行“15. 补充养老保险、补充医疗保险”第1列“账载金额”≥第2列“税收金额”时，第1列“账载金额”减去第2列“税收金额”的差额，填入第3列“调增金额”；

(2) 第35行“15. 补充养老保险、补充医疗保险”第1列“账载金额”<第2列“税收金额”时，则第3列“调增金额”、第4列“调减金额”均不填。

五、审核的税法依据

《企业所得税法实施条例》第三十五条规定，企业为投资者或者职工支付的补充养老保险费、补充医疗保险费，在国务院财政、税务主管部门规定的范围和标准内，准予扣除。

财税〔2009〕27号文件规定：自2008年1月1日起，企业根据国家有关政策规定，为在本企业任职或者受雇的全体员工支付的补充养老保险费、补充医疗保险费，分别在不超过职工工资总额5%标准内的部分，在计算应纳税所得额时准予扣除；超过的部分，不予扣除。

2.3.17 与未实现融资收益相关在当期确认的财务费用（直接填报栏次）

一、填报要求

附表三第36行“16. 与未实现融资收益相关在当期确认的财务费用”：第1列“账载金额”填报纳税人按照国家统一会计制度实际发生的、与未实现融资收益相关并在当期确认的财务费用的金额；第2列“税收金额”填报纳税人按照税收规定允许税前扣除的相关金额。

二、会计数据来源

未实现融资收益是资产类科目，使用要求如下：

1. 未实现融资收益科目核算企业分期计入租赁收入或利息收入的未实现融资收益

2. 未实现融资收益科目可按未实现融资收益项目进行明细核算

3. 未实现融资收益的主要账务处理

(1) 出租人融资租赁产生的应收租赁款，在租赁期开始日，应按租赁开始日最低租赁收款额与初始直接费用之和，借记“长期应收款”科目，按未担保余值，借记“未担保余值”科目，按融资租赁资产的公允价值（最低租赁收款额的现值和未担保余值的现值之和），贷记“融资租赁资产”科目，按融资租赁资产的公允价值与账面价值的差额，借记“营业外支出”科目或贷记“营业外收入”科目，按发生的初始直接费用，贷记“银行存款”等科目，按其差额，贷记“未实现融资收益”科目。采用实际利率法按期计算确定的融资收入，借记“未实现融资收益”科目，贷记“租赁收入”科目。

(2) 采用递延方式分期收款、实质上具有融资性质的销售商品或提供劳务等经营活动产生的长期应收款，满足收入确认条件的，按应收的合同或协议价款，借记“长期应收款”科目，按应收的合同或协议价款的公允价值，贷记“主营业务收入”等科目，按其差额，贷记“未实现融资收益”科目。涉及增值税的，还应进行相应的处理。采用实际利率法按期计算确定的利息收入，借记“未实现融资收益”科目，贷记“财务费用”科目。

三、税收数据来源

附表三第36行“16. 与未实现融资收益相关在当期确认的财务费用”第2列“税收金额”填报纳税人按照税收规定允许税前扣除的相关金额。

四、纳税调整金额来源

《企业所得税法实施条例》第二十三条规定，企业的下列生产经营业务可以分期确认收入的实现：以分期收款方式销售货物的，按照合同约定的收款日期确认收入的实现。

对于融资性的分期收款业务，会计上对于利息收益的处理方法与企业所得税的处理方法是一致的，对于本金收现比税法规定的确认时间提前了，应进行纳税调整，作为以后年度可转回的收入事项处理。

五、融资性分期收款销售

〔例〕

(一) 交易情况

2007年1月1日，大华公司售出大型设备一套，协议约定采用分期收款方式，从销售当年末分5年分期收款，每年收取2000元，合计10000元。如果购货方在销售成立日支付贷款，只需付8000元即可。

(二) 分析

应收金额的公允价值可以认之为8000元，与名义金额10000元的差额较大，应采用公允价值计量。

(三) 收益计算

计算得出将名义金额折现为当前售价的利率为7.93%，其余计算如下表所示。

利息收益和本金收现计算表（单位：元）

年 份	未收本金 ①	利息收益 ②=①×7.93%	本金收现 ③=④-②	总收现 ④
销售日	8000	0	0	0
2007年末	8000	634	1366	2000
2008年末	6634	526	1474	2000
2009年末	5160	410	1590	2000
2010年末	3570	283	1717	2000
2011年末	1853	147	1853	2000
总额		2000	8000	10000

(四) 会计处理

会计处理（不考虑增值税因素）为：

销售成立时：

借：长期应收款 10000

　贷：主营业务收入 8000

　　　未实现融资收益 2000

第1年末：

借：银行存款 2000

贷：长期应收款　　2000

借：未实现融资收益　　634

贷：财务费用　　634

第5年末：

借：银行存款　　2000

贷：长期应收款　　2000

借：未实现融资收益　　147

贷：财务费用　　147

（五）税务处理

(1) 销售商品收入的差异。根据《企业所得税法》规定，以分期收款方式销售货物的，按照合同约定的收款日期确认收入的实现，即每年确认2000元的收入。对于本金收现会计比税法规定的确认时间提前了。

(2) 利息收益的差异。会计上将每年确认的未实现融资收益做冲减财务费用处理，企业所得税要求作纳税调减应纳税所得额处理。

年　份	会计上确认的收入①	按税收规定应确认的收入额②	纳税调整收入额③=②-①	会计上确认的冲减财务费用金额	纳税调减应纳税所得额
2007年末	8000	2000	-6000	634	634
2008年末	0	2000	2000	526	526
2009年末	0	2000	2000	410	410
2010年末	0	2000	2000	283	283
2011年末	0	2000	2000	147	147
总额	8000	10000	2000	2000	2000

2.3.18　与取得收入无关的支出（直接填报栏次）

一、填报要求

附表三第37行“17. 与取得收入无关的支出”：第1列“账载金额”填报纳税人按照国家统一会计制度实际发生的、与取得收入无关的支出的金额。第3列“调增金额”等于第1列；第2列“税收金额”和第4列“调减金额”不填。

二、不需要填报项目

附表三第37行“17. 与取得收入无关的支出”第2列“税收金额”和第4列“调减金额”不填。

三、会计数据来源

附表三第37行“17. 与取得收入无关的支出”第1列“账载金额”填报数据来源，为“营业外支出”或成本费用科目二级明细科目记录与取得收入无关的会计数据。填报时，应根据成本费用本年度累计发生额累计汇总后，再进行填报。

四、调整金额来源

附表三第37行“17. 与取得收入无关的支出”第3列“调增金额”属于直接填报事项，第3列“调增金额”＝第1列“账载金额”。

五、审核的税法依据

《企业所得税法》第十条规定，在计算应纳税所得额时，与取得收入无关的支出不得扣除。

2.3.19 不征税收入用于支出所形成的费用（直接填报栏次）

一、填报要求

附表三第38行“18. 不征税收入用于支出所形成的费用”：第1列“账载金额”填报纳税人按照国家统一会计制度实际发生的、不征税收入用于支出形成的费用的金额；第3列“调增金额”等于第1列；第2列“税收金额”和第4列“调减金额”不填。

二、不需要填报项目

根据填报要求，附表三第38行“18. 不征税收入用于支出所形成的费用”第2列“税收金额”和第4列“调减金额”不填。

三、会计数据来源

附表三第38行“18. 不征税收入用于支出所形成的费用”填报数据来源为“专项应付款”、“财政补助收入”等科目核算的本年度实际发生的与不征税收入相关的支出的会计数据。

四、调整金额来源

附表三第38行“18. 不征税收入用于支出所形成的费用”第3列“调增金额”属于直接填报事项，第3列“调增金额” =第1列“账载金额”。

五、审核的税法依据

（一）财政拨款

《企业所得税法》及其《实施条例》规定：第二十六条企业所得税法第七条第（一）项所称财政拨款，是指各级人民政府对纳入预算管理的事业单位、社会团体等组织拨付的财政资金，但国务院和国务院财政、税务主管部门另有规定的除外。

（二）行政事业性收费、政府性基金

1.《企业所得税法》及其《实施条例》规定

企业所得税法第七条第（二）项所称行政事业性收费，是指依照法律法规等有关规定，按照国务院规定程序批准，在实施社会公共管理，以及在向公民、法人或者其他组织提供特定公共服务过程中，向特定对象收取并纳入财政管理的费用。

企业所得税法第七条第（二）项所称政府性基金，是指企业依照法律、行政法规等有关规定，代政府收取的具有专项用途的财政资金。

2. 财税〔2008〕151号文件规定

（1）企业按照规定缴纳的、由国务院或财政部批准设立的政府性基金以及由国务院和省、自治区、直辖市人民政府及其财政、价格主管部门批准设立的行政事业性收费，准予在计算应纳税所得额时扣除。

企业缴纳的不符合上述审批管理权限设立的基金、收费，不得在计算应纳税所得额时扣除。

（2）企业收取的各种基金、收费，应计入企业当年收入总额。

（3）对企业依照法律、法规及国务院有关规定收取并上缴财政的政府性基金和行政事业性收费，准予作为不征税收入，于上缴财政的当年在计算应纳税所得额时从收入总额中减除；未上缴财政的部分，不得从收入总额中减除。

（三）其他不征税收入

1. 国务院规定的其他不征税收入的范围

《企业所得税法》及其《实施条例》规定：企业所得税法第七条第（三）项所称国务院规定的其他不征税收入，是指企业取得的，由国务院财政、税务主管部门规定专项用途并经国务院批准的财政性资金。

2. 财政性资金的范围

财税〔2008〕151号规定：

（1）企业取得的各类财政性资金，除属于国家投资和资金使用后要求归还本金的以外，均应计入企业当年收入总额。

（2）对企业取得的由国务院财政、税务主管部门规定专项用途并经国务院批准的财政性资金，准予作为不征税收入，在计算应纳税所得额时从收入总额中减除。

（3）纳入预算管理的事业单位、社会团体等组织按照核定的预算和经费报领关系收到的由财政部门或上级单位拨入的财政补助收入，准予作为不征税收入，在计算应纳税所得额时从收入总额中减除，但国务院和国务院财政、税务主管部门另有规定的除外。

上述规定所称“财政性资金”，是指企业取得的来源于政府及其有关部门的财政补助、补贴、贷款贴息，以及其他各类财政专项资金，包括直接减免的增值税和即征即退、先征后退、先征后返的各种税收，但不包括企业按规定取得的出口退税款；所称“国家投资”，是指国家以投资者身份投入企业，并按有关规定相应增加企业实收资本（股本）的直接投资。

3. 不征税财政性资金的确认条件

财税〔2009〕87号文件规定：

（1）对企业在2008年1月1日至2010年12月31日期间从县级以上各级人民政府财政部门及其他部门取得的应计入收入总额的财政性资金，凡同时符合以下条件的，可以作为不征税收入，在计算应纳税所得额时从收入总额中减除：

①企业能够提供资金拨付文件，且文件中规定该资金的专项用途；

②财政部门或其他拨付资金的政府部门对该资金有专门的资金管理办法或具体管理要求；

③企业对该资金以及以该资金发生的支出单独进行核算。

（2）根据《实施条例》第二十八条的规定，上述不征税收入用于支出所形成的费用，不得在计算应纳税所得额时扣除；用于支出所形成的资产，其计算的折旧、摊销不得在计算应纳税所得额时扣除。

（3）企业将符合本通知第一条规定条件的财政性资金作不征税收入处理后，在5年（60个月）内未发生支出且未缴回财政或其他拨付资金的政府部门的部分，应重新计入取得该资金第6年的收入总额；重新计入收入总额的财政性资金发生的支出，允许在计算应纳税所得额时扣除。

（四）不征税收入的确认原则

国税函〔2008〕159号规定：考虑到我国企业所得税纳税人的组织形式多样，除企业外，有的以非政府形式（如事业单位）存在，有的以公益慈善组织形式存在，还有的以社会团体形式存在，等等。这些组织中有些主要承担行政性或公共事务职能，不从事或很少从事营利性活动，收入来源主要靠财政拨款、行政事业性收费等，纳入预算管理，对这些收入征税没有实际意义。因此，新企业所得税法引入"不征税收入"概念。实施条例将不征税收入的财政拨款，界定为各级人民政府对纳入预算管理的事业单位、社会团体等组织拨付的财政资金，但国务院和国务院财政、税务主管部门另有规定的除外。这里面包含了两层含义：

（1）作为不征税收入的财政拨款，原则上不包括各级人民政府对企业拨付的各种价格补贴、税收返还等财政性资金，这样有利于加强财政补贴收入和减免税的规范管理，同时与现行财务会计制度处理保持一致；

（2）对于一些国家重点支持的政策性补贴以及税收返还等，为了提高财政资金的使用效率，根据需要，有可能也给予不征税收入的待遇，但这种待遇应由国务院和国务院财政、税务主管部门来明确。

（五）外交人员服务局出售外交馆舍收入

国税函〔2009〕349号规定：鉴于外交馆舍属于政府资产，外交人员服务局是代表政府对外交馆舍行使经营管理权，财政部曾以《关于外交人员服务局将出售馆舍款留作更改资金的复函》（〔92〕财外字第805号）明确规定，该局根据政府间协议出售馆舍收入可视同国家财政拨款，全部留用，专款用于改造老馆舍、公寓及附属设施。因此，在企业所得税处理上，该局取得的上述收入，也视同国家财政拨款，不计入当期应纳税所得额，专款用于改造老馆舍、公寓及附属设施。

2.3.20 加计扣除

一、填报要求

附表三第39行"19. 加计扣除"：第4列"调减金额"取自附表五《税收优惠明细表》第9行"加计扣除额合计"金额。第1列"账载金额"、第2列"税收金额"和第3列"调增金额"不填。

二、不需要填报项目

附表三第39行"19. 加计扣除"第1列"账载金额"、第2列"税收金额"和第3列"调增金额"不填。

三、填报数据来源

附表三第39行"19. 加计扣除"第4列"调减金额"取自附表五《税收优惠明细表》第9行"加计扣除额合计"金额栏数据。

2.3.21 其他（直接填报栏次）

附表三第40行"20. 其他"：填报企业财务会计处理与税收规定不一致、进行纳税调整的其他扣除类项目金额。如税法规定的下列项目：

（1）不需要资本化的借款费用；

（2）汇兑损失；

（3）环境保护、生态恢复等方面的专项资金；
（4）租入固定资产支付的租赁费；
（5）劳动保护支出；
（6）机构管理费；
（7）企业转让资产的净值；
（8）母子公司之间提供服务支付费用；
（9）企业手续费及佣金支出；
（10）保险公司再保险业务赔款支出；
（11）免税收入所对应的费用。

2.4 资产类调整项目的填报和审核

资产类调整项目中，直接填报的有财产损失和其他等两项，根据附表填报的栏次有七项，分别是固定资产折旧、生产性生物资产折旧、长期待摊费用、无形资产摊销、投资转让处置所得、油气勘探投资、油气开发投资。

2.4.1 资产类调整项目

附表三第 41 行“三、资产类调整项目”：填报资产类调整项目第 42 行至第 50 行的合计数。第 1 列“账载金额”、第 2 列“税收金额”不填报。审核时，应关注下列事项。

一、资产的分类

（一）新会计准则的分类

新基本准则资产部分删除了旧基本准则中对资产的详细分类，以及对各种不同资产类型定义的规定，体现了对资产的高度概括，更具有一般意义。资产的分类体现在具体准则中。

资产按流动性质一般分为流动资产和非流动资产。

其中，流动资产是指可以在 1 年内或者超过 1 年的一个营业周期内变现或者耗用的资产，包括各种现金、银行存款、交易性金融资产、应收及预付款项、存货、其他流动资产等。

非流动资产包括可供出售金融资产、持有至到期投资、长期股权投资、投资性房地产、长期应收款、固定资产、无形资产、开发支出、商誉、长期待摊费用、递延所得税资产等。

可供出售金融资产是指初始确认时即被指定为可供出售的非衍生金融资产，以及没有被划分为以上其他类别的其他非衍生金融资产。例如，购入的在活跃市场上有报价的股票、债券等。

持有至到期投资是指同时满足以下三项条件的投资：

（1）到期日和回收金额固定或可确定；
（2）企业有能力持有至到期；
（3）企业有明确的意图持有至到期。

长期股权投资是持有时间准备超过 1 年（不含 1 年）的各种股权性质的长期投资。

投资性房地产，是指为赚取租金或资本增值，或两者兼有而持有的房地产。投资性房地产的一项显著特点就是它应当能够单独计量和出售。投资性房地产主要包括以下三类：

（1）已出租的土地使用权；

（2）持有并准备增值后转让的土地使用权；

（3）已出租的建筑物。

固定资产是指企业使用期限超过1年的房屋、建筑物、机器、机械、运输工具，以及其他与生产、经营有关的设备、器具、工具等。

无形资产是指企业为生产商品、提供劳务、出租给他人或为管理目的而持有的、没有实物形态的非货币性长期资产。

商誉通常是指在购买法下，购买价格超过所购子公司净资产账面价值的差额部分。我们把这部分超过可辨认资产项目的重估增值部分，确认为合并商誉。

（二）会计制度的分类

企业拥有的资产形态多样，在生产经营活动中的特点也各不相同。为了正确地认识它，需要按照一定的标准对其进行分类。《企业会计制度》规定："在资产负债表上，资产应当按照其流动性进行分类分项列示，包括流动资产、长期投资、固定资产、无形资产及其他资产。"

（三）企业所得税的分类

税法关于资产的分类问题，主要涉及所得税会计。企业所得税法将资产分为：固定资产、生物资产、无形资产、长期待摊费用、投资资产、存货，与新会计准则相比，减少了投资性房地产和金融资产。与会计制度相比，增加了生物资产、存货、长期待摊费用，减少了流动资产、其他资产。

二、资产的确认

（一）资产定义的代表性观点

在所有财务会计（财务报表）要素中，资产的定义最为重要，因为资产的定义决定和影响着其他要素的定义。经济资源或资产是企业和非营利组织生命所系的血液，企业的存在，主要是进行资源的取得、使用、生产和流通。通过这些活动，企业既向社会成员提供货物和劳务，也获得现金和其他资产。有关资产的定义，代表性观点有三种：

（1）未来经济利益观。这种观点认为，资产是指处于货币形态的未来服务，或可转换为货币的未来服务。资产是预期的未来经济利益。这种经济利益已经由企业通过现在或过去的交易结果而获得。资产是指企业因为过去的事项所控制的、可望向企业流入未来经济利益的资源。

（2）变现能力观点。资产是现金、对现金或劳务活动的要求权，以及能够单独出售、变现的一些项目。这种定义强调资产的变现能力，特别是单独的变现能力。

（3）财产权利观点。资产是财产权或财富未来服务的权利。把资产定义为财产权，就有可能更明确地区分资产和费用。财产权同样可以被定义为要求获取一项或多项商品财富的某些或全部未来服务的权利。资产是能够用于交换的抽象权利，资产价值是财产权利的货币表示。可见，这种定义强调资产是财产的权利，突出资产的法律特征。

（二）会计制度的资产确认

资产是指由过去的交易、事项形成并由企业拥有或者控制的资源，这种资源在可预计的期间内会给企业带来经济利益。资产的三项基本特征为：

（1）资产是由过去的交易或事项所形成的。资产必须是现实的资产，而不能是预期的资产，是由过去已经发生的交易或事项所产生的结果。至于未来交易或事项以及未发生的交易或事项可能产生的结果，则不属于现在的资产，不得作为资产确认。

（2）资产是由企业拥有或者控制的。一般来说，一项资源要作为企业的资产予以确认，应该拥有此项资源的所有权，可以按照自己的意愿使用或处置。对于一些特殊方式形成的资产，企业虽然对其不拥有所有权，但能够实际控制，如融资租入固定资产，按照实质重于形式原则的要求，也应当将其作为企业资产予以确认。

（3）资产预期会给企业带来经济利益。所谓带来经济利益，是指资产预期会给企业带来现金流入等经济资源。对于那些应淘汰而未被淘汰的资产，尽管在实物形态上仍然存在，且账面上还有反映，但它实际上已经不能再用于生产经营，不能为企业带来经济利益，就应在其失去为企业创造未来经济利益的时候，对其进行清理，确认相应的损失，而不能确认为企业的资产。

（三）会计准则的资产确认

1. 资产定义

《企业会计准则——基本准则》第二十条规定"资产是指企业过去的交易或者事项形成的、由企业拥有或者控制的、预期会给企业带来经济利益的资源。"

这一定义包含以下几方面的含义：

（1）资产是一项由过去交易或事项形成的资源，而不是由未来交易或事项形成的资源。

也就是说，资产必须是现实的资产，而不能是预期的资产，是企业在过去一段时期里，通过交易或事项所形成的，是过去已经发生的交易或事项所产生的结果。至于未来交易或事项以及未发生的交易或事项可能产生的结果，则不属于现在的资产，不得作为资产确认。这里所说的企业过去的交易或者事项包括购买、生产、建造行为或其他交易或者事项。预期在未来发生的交易或者事项不形成资产。例如，企业通过购买、自行建造等方式形成某项设备，或因销售产品而形成一项应收账款等等，都是企业的资产；但企业预计在未来某个时点将要购买的设备，因其相关的交易或事项尚未发生，就不能作为企业的资产。

资产是一项经济资源，这项资源单独或与其他资产相结合在一起时，可以直接或间接地为企业带来经济利益。

资产通过与对企业有价值的其他事物相交换，通过生产有价值的产品，可以为企业带来经济上的好处。资产必须具有为企业服务的潜能或某些特定的权利，只有这种经济资源才能列为资产。反过来说，如果这种经济资源或能力已经耗尽，它就不应列做资产。

（2）资产应当为企业所拥有或控制。

由企业拥有或控制，是指企业享有某项资源的所有权，或者虽然不享有某项资源的所有权，但该资源能被企业所控制。一般来说，一项资源要作为企业的资产予以确认，应该拥有此项资源的所有权，可以按照自己的意愿使用或处置资产，其他企业或个人未经同意，不能擅自使用本企业的资产。但在某些情况下，对于一些特殊方式形成的资产，企业虽然对其不拥有所有权，但能够实际控制的，按照实质重于形式的原则，也应当确认为企业的资产，如融资租入固定资产。

企业所拥有的一项资产产生的利益只能归于该企业，从而限制其他主体对这一利益的取得。也就是说，资产对企业具有提供经济效益的能力，而这种能力是排他性的。如果各个主体都能分享这种利益，利用这种服务，它就不是企业的资产。这里，“拥有”指企业拥有所有权，是所有者或债权人投入的，或是企业购入的；“控制”指企业虽没有取得所有权，但在一定时期或一定条件下可以自主支配，如融资租入固定资产。

（3）预期会给企业带来经济利益。

它是指直接或者间接导致现金和现金等价物流入企业的潜力。预期不能带来经济利益的，就不能确认为企业的资产。某项支出如果具有未来的经济利益的全部或一部分，它就可以作为企业的资产，否则，就只能作为费用或损失处理。例如，待处理财产损失、已失效或已毁损的存货，它们已经不能给企业带来未来经济利益，就不应该再作为资产出现在资产负债表中；在实际工作中，有的企业将本应列作费用的巨额支出长期作为资产挂账，还有的企业将已失去效益的冷背、陈旧商品或产品仍按其历史成本挂账。这些做法一方面夸大了资产，另一方面也虚增了利润，造成会计信息失真。

2. 资产的确认条件

符合基本准则第二十条规定的资产定义的资源，在同时满足以下条件时，确认为资产：

（1）与该资源有关的经济利益很可能流入企业，即该资源有较大的可能直接或者间接导致现金和现金等价物流入企业。

（2）该资源的成本或者价值能够可靠计量，即应当能以货币来计量。如果一项资源的成本或价值不能用货币加以计量，企业就难以确认和计量它的价值，它在未来转化为费用也难以进行计量。

对资产的确认，关键是要判断是否存在未来经济利益。任何一项资源，如果不具备未来经济利益，那么，即便企业过去为取得该项资源曾发生过巨额耗费，也不能确认为资产。已确认为资产的，也应从账面上予以剔除。按照这一要求，原来制度中规定作为递延资产，特别是一些待处理财产损失以及实际上已没有任何价值的存货和老化的设备，就不应该作为资产。能否带来未来经济利益是资产确认的必要条件。确认资产还应该符合可靠计量的要求。可靠计量要求有确凿、可靠的证据，即具有交易发生或完成时所形成的各种交易价格。

（四）税法的资产确认

《企业所得税法》及《实施条例》对资产没有作出明确定义，也没有规定具体的确认条件，除另有规定外一般按照财务会计的方法确认资产。

（1）待审批的财产损失的规定。

（2）商誉。企业所得税法及其实施条例规定：“外购商誉的支出，在企业整体转让或者清算时，准予扣除，自创商誉不得计算摊销费用扣除。”

（3）超标准广告费。

（五）资产确认的差异

（1）观点不同。会计制度和新会计准则强调未来效益观点，税法强调财产权利观点。

（2）定义的方式不同。会计制度和会计准则分别对资产作出了明确的定义，税法对资产没有一个明确的定义。财务会计采取显式表达，税法采取的是隐式表达。

（3）确认资产的内容不同。税法对会计上不确认资产的一些财产项目，站在财产权利的角度，仍确认为所得税资产。

释例1：待审批的财产损失，会计上一般已不记入资产，而税法仍作为一项所得税资产。

释例2：外购商誉的成本不能作为计税成本，这说明税法在确认无形资产时不承认外购商誉。会计上将外购商誉的支出摊销计入管理费用，将外购商誉作为无形资产的一部分。

释例3：对于一些会计制度已作为当期成本费用的超标准广告费，税法要求无限期向以后年度递延，当年不得税前扣除。税法的这种处理实际上是把会计定义的支出定义为其他资产当中的长期待摊费用。

（4）资产化标准不同。

新企业会计准则取消了划分经营性支出和资本性支出的原则，这项差异主要是会计制度与税法的差异。

会计制度与税法规定有差别，主要是固定资产的改良支出与修理支出的界限，要求资本化为资产成本的标准也略有不同。比如，按照会计制度的规定，税控机、发票打印机等属于固定资产购进支出，应当资本化而不能作为当期的经营支出；按照税法的规定，属于存货购进支出，不需要资本化，而是在使用年度全额税前扣除。

三、资产取得（增加）时的初始计量

1. 财务会计规定

会计制度和新会计准则对资产的初始计量，一是根据会计的一般计量原则，二是根据各类资产的计量方法的具体规定。相关内容在有关章节作介绍，这里不再重复。

2. 税法规定

《企业所得税法实施条例》第五十六条规定，企业的各项资产，包括固定资产、生物资产、无形资产、长期待摊费用、投资资产、存货等，以历史成本为计税基础。

前款所称历史成本，是指企业取得该项资产时实际发生的支出。

企业持有各项资产期间资产增值或者减值，除国务院财政、税务主管部门规定可以确认损益外，不得调整该资产的计税基础。

3. 差异比较

企业会计制度和税法对存货、固定资产、无形资产和投资等取得时的初始成本都规定应当按照实际成本入账。除债务重组、企业合并、分立等改组以及通过非货币性交易取得的资产的初始成本，税法规定与会计制度不同外，在一般情况下，各项资本的初始成本的确定两者是一致的。

四、资产持有期间的后续计量

企业会计制度与税法对资产的计价基本原则都是历史成本原则计价。但由于在改组、非货币交易、债务重组等业务中，为保证资产中隐含的增值或损失不会逃逸出征税范围之外，税收上对企业资产按评估价值调整原入账价格有严格的限制要求。同时，税收上要求将非货币性交易（包括以非现金资产对外投资）和债务重组中的非现金资产抵债等业务分解为资产买卖交易，要确认损益，要按公允价值确定有关资产成本，这与会计制度中限制公允价值使用形成差异。

五、资产处置（减少）时的计量

资产处置是指资产的转让、销售、捐赠、投资收回、报废和损失等事项。对转让、销售处置的差异在收入部分已作说明，投资收回的差异在本书“对外投资”章节中将作专题介绍。这里重点介绍对外捐赠、报废和损失三种处置的差异。

1. 对外捐赠的差异

在会计核算时，捐赠支出不分公益、救济性捐赠和非公益、救济性捐赠，一律在“营业外支出”科目核算。

税收上，企业对外捐赠，除符合税收法律法规规定的公益救济性捐赠外，一律不得在税前扣除。

2. 资产报废和损失的差异

（1）扣除管理不同；

（2）投资损失处理方法不同；

（3）扣除时限不同；

（4）扣除范围不同；

（5）各类准备损失列支；

（6）损失金额的计算方法不同。

3. 资产用于企业合并支付对价

《企业会计准则第2号——长期股权投资》规定，同一控制下的企业合并中，合并方以支付现金、转让非现金资产方式作为合并对价的，长期股权投资初始投资成本与支付的现金、转让的非现金资产账面价值之间的差额，应当调整资本公积；资本公积不足冲减的，调整留存收益。

会计准则以取得被合并方所有者权益账面价值的份额，作为初始成本。税法以支付的现金总额，或非现金资产的公允价值，作为初始成本。

对于初始投资环节的初始成本计量差异，在初始投资环节和持有投资期间不需要进行纳税调整，应在处置环节作为“投资转让的税收成本”计算因素。

4. 债权经过重组转化为股权

根据《企业会计准则第12号——债务重组》的有关规定，债务重组采用债务转为资本方式的，债权人应当将享有股份的公允价值确认为对债务人的投资，重组债权的账面余额与股份的公允价值之间的差额，确认为债务重组损失，计入当期损益。债权人已对债权计提减值准备的，应当先将该差额冲减减值准备，减值准备不足以冲减的部分，确认为债务重组损失，计入当期损益。

2.4.2 财产损失（直接填报栏次）

一、填报要求

附表三第42行“1. 财产损失”：第1列“账载金额”填报纳税人按照国家统一会计制度确认的财产损失金额；第2列“税收金额”填报纳税人按照税收规定允许税前扣除的财产损失金额。如本行第1列≥第2列，第1列减去第2列的差额填入本行第3列“调增金额”；如本行第1列<第2列，第1列减去第2列的差额的绝对值填入第4列“调减金额”。

二、会计数据来源

附表三第42行“1. 财产损失”第1列“账载金额”填报本纳税年度实际发生的需报税务机关审批的财产损失金额，以及固定资产、无形资产转让、处置所得（损失）和金融资产转让、处置所得等损失金额，其填报数据来源为“营业外支出”科目记录的会计数据。

三、税收数据来源

附表三第42行“1. 财产损失”第2列“税收金额”填报税务机关审批的本纳税年度财产损失金额，以及按照税收规定计算的固定资产、无形资产转让、处置所得（损失）和金融资产转让、处置所得等损失金额，长期股权投资除外，其填报数据来源为“税务机关的批准文件”记录批准的财产损失金额。

需要税务机关审批的财产损失，如未取得“税务机关的批准文件”，则税收金额为0。

四、调整金额来源

附表三第42行“1. 财产损失”第3列“调增金额”、第4列“调减金额”属于表内计算栏次，根据下列公式计算得出填报数据：

（1）当第42行“1. 财产损失”第1列“账载金额”≥第2列“税收金额”，第1列减去第2列的差额填入本行第3列“调增金额”；

（2）当第42行“1. 财产损失”第1列“账载金额”<第2列“税收金额”，第1列减去第2列的差额的绝对值填入第4列“调减金额”。

五、审核注意事项

关于财产损失这里仅介绍计算时应注意的六个问题：

（1）税法不允许扣除的资产评估增值；

（2）税法不允许计算折旧、摊销的资产；

（3）国税发〔2009〕88号第四十一条规定的担保资产；

（4）国税发〔2009〕88号第四十二条规定的资产；

（5）减值准备转回，在计算财产损失金额时，应按有关资料账面净值，加上计提税前没有扣除的减值准备，作为应确认的财产损失金额；

（6）会计上是按企业资产账面净值确认损失金额，税法则是按原值扣除税法规定的以前年度已税前扣除的折旧额、摊销额，再扣除可回收金额为损失额。

在实际工作中，应注意不要用会计账面折旧、摊销额替代税法允许税前扣除的折旧、摊销额。

2.4.3 其他（直接填报栏次）

附表三第50行“7. 其他”：填报企业财务会计处理与税收规定不一致、进行纳税调整的其他资产类项目金额。

2.5 准备金调整项目的填报和审核

一、填报要求

附表三第51行“四、准备金调整项目”：通过附表十《资产减值准备项目调整明细表》填报。附表十《资产减值准备项目调整明细表》第17行“合计”第5列“纳税调整额”的正数填入本行第3列“调增金额”；附表十《资产减值准备项目调整明细表》第17行“合计”第5列“纳税调整额”的负数的绝对值填入本行第4列“调减金额”。第1列“账载金额”、第2列“税收金额”不填。

二、不需要填报项目

根据填报要求，附表三第51行“四、准备金调整项目”第1列“账载金额”、第2列“税收金额”不填。

三、填报数据来源

附表三第51行“四、准备金调整项目”的填报数据来源为附表十《资产减值准备项目调整明细表》，具体数据来源如下：

第3列“调增金额”填报数据来源附表十《资产减值准备项目调整明细表》第16行“合计”第5列“纳税调整额”的正数；

第4列“调减金额”填报数据来源附表十《资产减值准备项目调整明细表》第16行“合计”第5列“纳税调整额”的负数的绝对值。

2.6 房地产企业预售收入计算的预计利润的填报和审核（直接填报栏次）

一、填报要求

附表三第52行“五、房地产企业预售收入计算的预计利润”：第3列“调增金额”填报从事房地产开发业务的纳税人本期取得的预售收入，按照税收规定的预计利润率计算的预计利润的金额；第4列“调减金额”填报从事房地产开发业务的纳税人本期将预售收入转为销售收入，转回已按税收规定征税的预计利润的数额。第1列“账载金额”、第2列“税收金额”不填。

二、不需要填报项目

根据填报要求，附表三第52行“五、房地产企业预售收入计算的预计利润”第1列“账载金额”、第2列“税收金额”不填。

三、填报数据来源

附表三第52行“五、房地产企业预售收入计算的预计利润”第3列“调增金额”填报从事房地产业务的纳税人本期取得的预售收入，按照税收规定的预计利润率计算的预计利润；第4列“调减金额”填报本期将预售收入转为销售收入，其结转的预售收入已按税收规定的预计利润率计算的预计利润转回数。

四、税法规定调整方法

国家税务总局《关于印发〈房地产开发经营业务企业所得税处理办法〉的通知》（国税发〔2009〕第031号）规定如下：

第八条 企业销售未完工开发产品的计税毛利率由各省、自治、直辖市国家税务局、地方税务局按下列规定进行确定：

(1) 开发项目位于省、自治区、直辖市和计划单列市人民政府所在地城市城区和郊区的，不得低于15%。

(2) 开发项目位于地及地级市城区及郊区的，不得低于10%。

(3) 开发项目位于其他地区的，不得低于5%。

(4) 属于经济适用房、限价房和危改房的，不得低于3%。

第九条 企业销售未完工开发产品取得的收入，应先按预计计税毛利率分季（或月）计算出预计毛利额，计入当期应纳税所得额。开发产品完工后，企业应及时结算其计税成本并计算此前销售收入的实际毛利额，同时将其实际毛利额与其对应的预计毛利额之间的差额，计入当年度企业本项目与其他项目合并计算的应纳税所得额。

在年度纳税申报时，企业须出具对该项开发产品实际毛利额与预计毛利额之间差异调整情况的报告以及税务机关需要的其他相关资料。

2.7 特别纳税调整应税所得的填报和审核（直接填报栏次）

一、填报要求

附表三第53行“六、特别纳税调整应税所得”：第3列“调增金额”填报纳税人按特别纳税调整规定，自行调增的当年应纳税所得；第1列“账载金额”、第2列“税收金额”、第4列“调减金额”不填。

二、不需要填报项目

根据填报要求，附表三第53行“六、特别纳税调整应税所得”第1列“账载金额”、第2列“税收金额”、第4列“调减金额”不填。

三、特别纳税调整的内容

特别纳税调整是指税务机关出于实施反避税目的，而对纳税人特定纳税事项所作的税务调整，包括针对纳税人转让定价、资本弱化、避税港避税及其他避税情况所进行的税务调整。

新企业所得税法及其实施条例规定的特别纳税调整，主要内容包括以下几部分内容：

(1) 明确提出了转让定价的核心原则——“独立交易原则”，增列了成本分摊协议条款，强化了纳税人、关联方和可比企业对转让定价调查的协助义务。这些规定有利于防止跨国集团利用转让定价向国外转移利润，侵蚀我国税基。

(2) 规定了受控外国企业、资本弱化、一般反避税等相关条款，对反避税制度作了进一步规范。

(3) 赋予了税务机关必要的反避税处置权，规定了加收利息条款。新企业所得税法通过上述反避税措施的安排，建立了比较全面、规范、与国际惯例接轨的企业所得税反避税制度。

2.8 其他的填报和审核（直接填报栏次）

一、填报要求

附表三第54行“六、其他”：填报企业财务会计处理与税收规定不一致、进行纳税调整的其他项目金额。第1列“账载金额”、第2列“税收金额”不填报。

二、不需要填报项目

根据填报要求，附表三第54行“六、其他”第1列“账载金额”、第2列“税收金额”不填。

第三节 《税前弥补亏损明细表》的填报和审核

3.1 《税前弥补亏损明细表》概说

3.1.1 适用范围及依据

附表四《税前弥补亏损明细表》适用于实行查账征收企业所得税的居民纳税人填报。

根据《中华人民共和国企业所得税法》及其实施条例、相关税收政策规定，填报本纳税年度及本纳税年度前5年度发生的税前尚未弥补的亏损额。

3.1.2 报表结构说明

一、报表结构说明

附表四《税前弥补亏损明细表》横向第1行至第6行内容，是按年度划分行次，分别填报各年对应的亏损或盈利额、转入可弥补亏损额、已弥补亏损额、可弥补亏损额、未弥补亏损额；第7行为可结转以后年度弥补的亏损额。

附表四《税前弥补亏损明细表》纵向第1列至第11列内容，第一部分为反映各年度盈亏情况，包括第1列至第4列的有关内容；第二部分为在亏损年度以后已弥补过的亏损额，包括第5列至第9列的有关内容；第三部分为本年度可弥补的亏损额，相关内容在第10列反映；第四部分为可结转下一年度弥补的亏损额，相关内容在第11列反映。

二、表间计算栏次关系

附表四第6行第10列=主表第24行。

3.1.3 会计科目使用

企业按照会计制度和会计准则的规定进行会计核算，如果当年账面利润为负数，即为会计上讲的“亏损”额。

企业在当年发生亏损的情况下，与实现利润的情况相同，应当将本年发生的亏损自“本年利润”科目，转入“利润分配——未分配利润”科目，借记“利润分配——未分配利润”科目，贷记“本年利润”科目，结转后“利润分配”科目的借方余额，即为未弥补亏损的数额。然后通过“利润分配”科目核算有关亏损的弥补情况。

企业发生的亏损可以次年实现的税前利润弥补。在以次年实现的税前利润弥补以前年度亏损的情况下，企业当年实现的利润自“本年利润”科目，转入“利润分配——未分配利润”科目，将本年实现的利润结转到“利润分配——未分配利润”科目的贷方，其贷方发生额与“利润分配——未分配利润”的借方余额自然抵补。因此，以当年实现净利润弥补以前年度结转的未弥补亏损时，不需要进行专门的账务处理。

由于未弥补亏损形成的时间长短不同等原因，以前年度未弥补亏损有的可以以当年实现的税前利润弥补，有的则须用税后利润弥补。无论是以税前利润还是以税后利润弥补亏损，其会计处理方法相同，无需专门作会计分录。但如果用盈余公积弥补亏损，则需作账务处理，借记“盈余公积”科目，贷记“未分配利润——盈余公积补亏”科目。

3.1.4 填报时注意的问题

（1）纵向主要栏次的加减关系，第4列为各年度第2列加第3列的金额之和等于第4列。第4列减第9列，再减第10列，等于第11列。

（2）附表四第10列与主表第23行的逻辑关系。第10列本年度可弥补亏损额只能小于或等于主表第23行“纳税调整后所得”。

（3）根据《跨地区经营汇总纳税企业所得税征收管理暂行办法》第十七条规定，总机构和分支机构2007年及以前年度按独立纳税人计缴所得税尚未弥补完的亏损，允许在法定剩余年限内继续弥补。因此，凡发生上述情况的，应将总机构尚未弥补完的亏损和分机构尚未弥补完的亏损的合计数填报于“合并分立企业转入可弥补亏损额”栏。

四、企业无论盈利还是亏损，都必须填报附表四《税前弥补亏损明细表》。

3.1.5 审核的税法依据

（1）亏损含义。《企业所得税法实施条例》第十条规定，亏损是指企业依照企业所得税法和本条例的规定将每一纳税年度的收入总额减除不征税收入、免税收入和各项扣除后小于零的数额。

（2）汇总纳税企业境外亏损不得抵减境内亏损。《企业所得税法》第十七条规定，企业在汇总计算缴纳企业所得税时，其境外营业机构的亏损不得抵减境内营业机构的盈利。

（3）弥补亏损的期限。《企业所得税法》第十八条规定，企业纳税年度发生的亏损，准予向以后年度结转，用以后年度的所得弥补，但结转年限最长不得超过5年。

实际填报审核时，应注意一是亏损弥补期必须自亏损年度的下一个年度起连续5年不间断地计算；二是连续发生年度亏损，自第一个亏损年度算起，先亏先补，按顺序连续计算亏损弥补期限。

（4）技术开发费的加计扣除形成的亏损。国税函〔2009〕98号规定：企业技术开发费加计扣除部分已形成企业年度亏损，可以用以后年度所得弥补，但结转年限最长不得超过5年。

3.2 《税前弥补亏损明细表》填报和审核

弥补亏损应注意审查企业以前年度亏损弥补期限及结转的计算是否正确，有无少转或多转亏损的问题。对照以前年度税务机关调整后的亏损额，核实本年度弥补亏损金额，对不符合规定的应加以调整，按调整后的金额弥补亏损。下面介绍各项目填报和审核的相关内容。

3.2.1 第1列“年度”

附表四第1列“年度”：填报公历年度。第1至5行依次从6行往前倒推5年，第6

行为申报年度。

3.2.2 第2列“盈利额或亏损额”

一、填报要求

附表四第2列“盈利额或亏损额”：填报主表的第23行“纳税调整后所得”的金额（亏损额以“-”表示）。

二、填报审核

（一）弥亏年度盈利额填报审核

弥亏年度盈利额是指弥补亏损年度企业所得税汇算清缴，纳税调整后所得额。弥亏年度盈利额应与按税法规定计算确认的纳税调整后所得数据相同。

在审核时，应注意弥亏年度查补应纳税所得额和房地产开发企业预计毛利额的审核。

1. 查补的应纳税所得额弥亏的审核

（1）对接受税务部门检查过的企业，应查阅相关检查结论，企业应审核申请弥补的以前年度亏损，是否为已调减查补应纳税所得额后的余额，有无全额申请弥补的情况；

（2）审核企业是否存在将查补的应纳税所得额并入所属年度应纳税所得额，用来弥补以前年度亏损的情况。

2. 房地产企业预计利润弥亏的审核

（1）房地产开发企业应审核是否存在对外进行预售并取得销售款的情况。

（2）房地产开发企业应审核按照预计利润率计算出来的预计利润额是否正确。

（3）房地产开发企业应审核是否存在预计利润并入所得额重复弥补亏损的情况。

（二）企业前5年发生的亏损额

（1）企业前5年发生的亏损额，是指企业在弥亏年度按税前弥补亏损的有关规定，向税务机关申报的以前年度亏损额数据。

（2）企业应审核前5年发生的亏损额，审核依据为亏损年度报送税务机关的备案（核准）资料，或中介机构出具的”企业亏损年度企业所得税汇算清缴鉴证报告“，进行审核确认。

3.2.3 第3列“合并分立企业转入可弥补亏损额”

一、填报要求

附表四第3列“合并分立企业转入可弥补亏损额”：填报按照税收规定企业合并、分立允许税前扣除的亏损额，以及按税收规定汇总纳税后分支机构在2008年以前按独立纳税人计算缴纳企业所得税尚未弥补完的亏损额（以“-”表示）。

二、填报审核

（一）企业前5年发生的合并分立企业转入可弥补亏损额，是指企业在弥亏年度按税前弥补亏损的有关规定，向税务机关申报的以前年度合并分立企业转入可弥补亏损数据。

（二）企业应审核前5年发生的合并分立企业转入可弥补亏损额，应依据合并分立企业转入亏损年度，报送税务机关的备案（核准）资料，或中介机构出具的企业转入亏损年度企业所得税汇算清缴鉴证报告，进行审核确认。

3.2.4 第4列“当年可弥补的所得额”

一、填报要求

附表四第4列“当年可弥补的所得额”：金额等于第2+3列合计。

二、填报审核

《税前弥补亏损明细表》第4列“当年可弥补的所得额”为表内计算栏次，根据下列公式计算得出填报数据：

第4列“当年可弥补的所得额”=第2列“盈利额或亏损额”+第3列“合并分立企业转入可弥补亏损额”

3.2.5 第9列“以前年度亏损弥补额”

一、填报要求

附表四第9列“以前年度亏损弥补额”：金额等于第5+6+7+8列合计。（第4列为正数的不填。）

二、填报审核

（1）以前年度亏损弥补额，是指企业在弥亏年度按税前弥补亏损的有关规定，向税务机关申报的以前年度已弥补过的亏损额数据。

（2）审核验证以前年度亏损弥补额，应根据弥亏年度报送税务机关的备案（核准）资料，或中介机构出具的”弥亏年度企业所得税汇算清缴鉴证报告“，进行审核验证。

3.2.6 第10列第1至5行“本年度实际弥补的以前年度亏损额”

一、填报要求

附表四第10列第1至5行“本年度实际弥补的以前年度亏损额”：填报主表第24行金额，用于依次弥补前5年度的尚未弥补的亏损额。

二、填报审核

（1）本年度可弥补的以前年度亏损额，是指企业在弥亏年度按税前弥补亏损的有关规定，向税务机关申报的弥亏年度实际弥补的前5年度的尚未弥补的亏损额。

（2）企业应审核验证本年度可弥补的以前年度亏损额，应根据在弥亏年度，实际弥补以前5年度的亏损额计算确认，确认顺序是从第1个年度至第5个年度，按年度依次计算实际弥亏额，没有弥亏的年度所对应的行次应为0。

弥亏年度可弥补的亏损额合计数，应小于或等于申报的弥亏年度纳税调整后所得额。

3.2.7 第6行第10列“本年度实际弥补的以前年度亏损额”

一、填报要求

附表四第6行第10列“本年度实际弥补的以前年度亏损额”：金额等于第1至5行第10列的合计数（6行10列的合计数≤6行4列的合计数）。

二、填报审核

《税前弥补亏损明细表》第6行第10列“本年度实际弥补的以前年度亏损额”为表内计算栏次，根据下列公式计算得出填报数据：

第6行第10列“本年度实际弥补的以前年度亏损额”=第10列第1至5行“本年度实际弥补的以前年度亏损额”合计数

3.2.8 第11列第2至6行“可结转以后年度弥补的亏损额”

一、填报要求

附表四第11列第2至6行“可结转以后年度弥补的亏损额”：填报前5年度的亏损额被本年主表中第24行数据依次弥补后，各年度仍未弥补完的亏损额，以及本年度尚未弥补的亏损额。11列=4列的绝对值-9列-10列（第4列大于零的行次不填报）。

二、填报审核

（1）可结转以后年度弥补的亏损额，是指企业在弥亏年度按税前弥补亏损的有关规定，向税务机关申报的弥亏年度实际弥补后，前4年度的尚未弥补的亏损额。

（2）企业应审核验证可结转以后年度弥补的亏损额，应以弥补亏损前5年度的亏损额为基数，减去弥亏年度申报的实际弥补亏损额之后的余额，计算确认弥亏年度前4年度仍未弥补完的亏损额。

弥亏年度前5年的第1年尚未弥补亏损额，由于已过法定弥补亏损期限，不能作为“可结转下一年度弥补的亏损额”，向以后年度结转。

计算确认应以弥亏年度前5年的第二年为起点，单独计算弥亏年度弥亏后，前4年度尚未弥补完的亏损额。计算方法是从弥亏年度前4年度的第1个年度至第4个年度，按年度依次计算确认。已全额弥补亏损的年度的不存在“可结转以后年度弥补的亏损额”，相关数据为0。

3.2.9 第7行第11列“可结转以后年度弥补的亏损额合计”

一、填报要求

附表四第7行第11列“可结转以后年度弥补的亏损额合计”：填报第2至6行第11列的合计数。

二、填报审核

《税前弥补亏损明细表》第7行第11列“可结转以后年度弥补的亏损额合计”为表内计算栏次，根据下列公式计算得出填报数据：

第7行第11列“可结转以后年度弥补的亏损额合计”=第2至6行第11列的合计数

3.3 《税前弥补亏损明细表》填报例题

〔例〕

A企业2004年度至2009年度经营情况如下：2004年度亏损500万元、2005年度亏损100万元、2006年度盈利200万元、2007年度亏损100万元、2008年度盈利100万元、2009年度盈利400万元。其中2005年度被税务机关查增应纳税所得额50万元，2007年度从被合并企业转入亏损80万元（已经税务机关确认，剩余弥补期3年），2008年度被税务机关查增应纳税所得额60万元。该企业2009年度《企业所得税弥补亏损明细表》填报结果如下：

企业所得税弥补亏损明细表

（金额单位：万元）

行次	项目	年度	盈利额或亏损额	合并分立企业转入可弥补亏损额	当年可弥补的所得额	以前年度亏损弥补额					本年度实际弥补的以前年度亏损额	可结转以后年度弥补的亏损额
						前四年度 2005	前三年度 2006	前二年度 2007	前一年度 2008	合计		
		1	2	3	4	5	6	7	8	9	10	11
1	第一年	20×4	-500		-500	0	200	0	100	300	200	*
2	第二年	20×5	-50		-50	*	0	0	0	0	50	0
3	第三年	20×6	200		200	*	*	0	0	0	0	0
4	第四年	20×7	-100	-80	-180	*	*	*	0	0	150	30
5	第五年	20×8	100		100	*	*	*	*	0	0	0
6	本年	20×9	400		400	*	*	*	*	*	400	0
7	可结转以后年度弥补的亏损额合计											30

第四节 《税收优惠明细表》的填报和审核

4.1 《税收优惠明细表》概说

4.1.1 适用范围及依据

附表五《税收优惠明细表》适用于实行查账征收企业所得税的居民纳税人填报。

根据《中华人民共和国企业所得税法》及其实施条例、相关税收政策规定，填报纳税人本纳税年度发生的免税收入、减计收入、加计扣除、减免所得、减免税、抵扣的应纳税所得额和抵免税额。

4.1.2 报表结构说明

附表五《税收优惠明细表》横向按企业所得税法优惠项目，分为免税收入、减计收入、加计扣除、减免所得额、减免税、创业投资企业抵扣的应纳税所得额、抵免所得税额、减免税附列资料。

一、表内计算栏次关系

（1）附表五第1行=本表第2+3+4+5行；

（2）附表五第6行=本表第7+8行；

（3）附表五第9行=本表第10+11+12+13行；

（4）附表五第14行=本表第15+25+29+30+31+32行；

（5）附表五第15行=本表第16至24行合计；

（6）附表五第25行=本表第26+27+28行；

（7）附表五第33行=本表第34+35+36+37+38行；

（8）附表五第40行=本表第41+42+43+44行。

二、表间计算栏次关系

（1）附表五第1行=附表三第15行第4列=主表第17行；

（2）附表五第6行=附表三第16行第4列=主表第18行；

（3）附表五第9行=附表三第39行第4列=主表第20行；

（4）附表五第14行=附表三第17行第4列=主表第19行；

（5）附表五第39行=附表三第18行第4列；

（6）附表五第33行=主表第28行；

（7）附表五第40行=主表第29行。

4.1.3 审核方法

附表五《税收优惠明细表》所列税收优惠事项的审核，主要包括备案类和审批类等两类税收优惠事项。

对于备案类税收优惠事项，应依据税务机关审核确认后的备案通知文件，确认免税项目和免税金额。

对于审批类税收优惠事项，应依据税务机关的批准文件，确认免税项目和免税金额。

对于不需要报批的税收优惠事项，重点审核是否符合税法规定，享受税收优惠的条件，并取得必要的证据资料。

4.1.4 办理税收优惠备案、审批手续的税法依据

一、减免税管理政策适用

国税发〔2008〕111 号文件规定，企业所得税的各类减免税应按照《国家税务总局关于印发〈税收减免管理办法（试行）〉的通知》（国税发〔2005〕129 号）的相关规定办理。

国税发〔2005〕129 号文件规定与《中华人民共和国企业所得税法》及其实施条例规定不一致的，按《中华人民共和国企业所得税法》及其实施条例的规定执行。

二、“减免税”解释

国税发〔2005〕129 号规定：减免税是指依据税收法律、法规以及国家有关税收规定给予纳税人减税、免税。减税是指从应纳税款中减征部分税款；免税是指免征某一税种、某一项目的税款。

三、报批类（备案）类减免税的内容

（一）国税发〔2005〕129 号规定

减免税分为报批类减免税和备案类减免税。报批类减免税是指应由税务机关审批的减免税项目；备案类减免税是指取消审批手续的减免税项目和不需税务机关审批的减免税项目。

（二）国税函〔2009〕25 号规定

（1）列入企业所得税优惠管理的各类企业所得税优惠包括免税收入、定期减免税、优惠税率、加计扣除、抵扣应纳税所得额、加速折旧、减计收入、税额抵免和其他专项优惠政策。

（2）除国务院明确的企业所得税过渡类优惠政策、执行新税法后继续保留执行的原企业所得税优惠政策、《新企业所得税法》第二十九条规定的民族自治地方企业减免税优惠政策，以及国务院另行规定实行审批管理的企业所得税优惠政策外，其他各类企业所得税优惠政策，均实行备案管理。

（3）备案管理的具体方式分为事先备案和事后报送相关资料两种。具体划分除国家税务总局确定的外，由各省、自治区、直辖市和计划单列市国家税务局和地方税务局在协商一致的基础上确定。

列入事先备案的税收优惠，纳税人应向税务机关报送相关资料，提请备案，经税务机关登记备案后执行。对需要事先向税务机关备案而未按规定备案的，纳税人不得享受税收优惠；经税务机关审核不符合税收优惠条件的，税务机关应书面通知纳税人不得享受税收优惠。

列入事后报送相关资料的税收优惠，纳税人应按照《新企业所得税法》及其实施条例和其他有关税收规定，在年度纳税申报时附报相关资料，主管税务机关审核后如发现其不符合享受税收优惠政策的条件，应取消其自行享受的税收优惠，并相应追缴税款。

（4）今后国家制定的各项税收优惠政策，凡未明确为审批事项的，均实行备案管理。

四、享受减免税的程序

国税发〔2005〕129 号规定：纳税人享受报批类减免税，应提交相应资料，提出申

请，经按本办法规定具有审批权限的税务机关审批确认后执行。未按规定申请或虽申请但未经有权税务机关审批确认的，纳税人不得享受减免税。

纳税人享受备案类减免税，应提请备案，经税务机关登记备案后，自登记备案之日起执行。纳税人未按规定备案的，一律不得减免税。

五、可以享受减免税未享受而多缴税款的处理

国税发〔2005〕129 号规定：纳税人依法可以享受减免税待遇，但未享受而多缴税款的，凡属于无明确规定需经税务机关审批或没有规定申请期限的，纳税人可以在《税收征管法》第五十一条规定的期限内申请减免税，要求退还多缴的税款，但不加算银行同期存款利息。

六、减免税权限的管理

国税发〔2005〕129 号规定：减免税审批机关由税收法律、法规、规章设定。凡规定应由国家税务总局审批的，经由各省、自治区、直辖市和计划单列市税务机关上报国家税务总局；凡规定应由省级税务机关及省级以下税务机关审批的，由各省级税务机关审批或确定审批权限，原则上由纳税人所在地的县（区）税务机关审批；对减免税金额较大或减免税条件复杂的项目，各省、自治区、直辖市和计划单列市税务机关可根据效能与便民、监督与责任的原则适当划分审批权限。各级税务机关应按照规定的权限和程序进行减免税审批，禁止越权和违规审批减免税。

4.2 《税收优惠明细表》的填报和审核

4.2.1 免税收入

、填报要求

（1）附表五第 2 行“国债利息收入”：填报纳税人持有国务院财政部门发行的国债取得的利息收入。

（2）附表五第 3 行“符合条件的居民企业之间的股息、红利等权益性投资收益”：填报居民企业直接投资于其他居民企业所取得的投资收益，不包括连续持有居民企业公开发行并上市流通的股票不足 12 个月取得的投资收益。

（3）附表五第 4 行“符合条件的非营利组织的收入”：填报符合条件的非营利组织的收入，不包括除国务院财政、税务主管部门另有规定外的从事营利性活动所取得的收入。

（4）附表五第 5 行“其他”：填报国务院根据税法授权制定的其他免税收入。

二、审核的税法依据

（一）免税收入范围

《企业所得税法》第二十六条规定，企业的下列收入为免税收入：

（1）国债利息收入；

（2）符合条件的居民企业之间的股息、红利等权益性投资收益；

（3）在中国境内设立机构、场所的非居民企业从居民企业取得与该机构、场所有实际联系的股息、红利等权益性投资收益；

（4）符合条件的非营利组织的收入。

（二）审核方法

1. 对国债利息收入免税的审核，应关注企业是否持有国务院财政部门发行的国债，所取得利息收入是否财政部门支付的国债利息。

2. 对于居民企业权益性投资收益免税的审核，在附表十一中作具体说明。

3. 对非居民企业权益性投资收益免税的审核，应依据下列证据资料，审核权益性投资的真实性、投资收益的确认时间和金额计算，确认免税金额。

（1）被投资方的公司章程或投资协议；

（2）被投资企业董事会、股东会作出决议批准分配方案；

（3）被投资企业会计上是否作利润分配处理的会计核算资料；

（4）被投资企业财务报表；

（5）确认投资收益征、免的税收政策。

4. 对于符合条件的非营利组织的收入免税审核，根据税务机关出具的免税备案通知或免税批准文件确认，依据非经营收入确认免税金额。

三、非营利组织办理免税手续的税法依据

（一）非营利组织的认定条件

《企业所得税法实施条例》第八十四条规定，《企业所得税法》第二十六条第（四）项所称符合条件的非营利组织，是指同时符合下列条件的组织：

（1）依法履行非营利组织登记手续；

（2）从事公益性或者非营利性活动；

（3）取得的收入除用于与该组织有关的、合理的支出外，全部用于登记核定或者章程规定的公益性或者非营利性事业；

（4）财产及其利息不用于分配；

（5）按照登记核定或者章程规定，该组织注销后的剩余财产用于公益性或者非营利性目的，或者由登记管理机关转赠与该组织性质、宗旨相同的组织，并向社会公告；

（6）投入人对投入该组织的财产不保留或者享有任何财产权利；

（7）工作人员工资福利开支控制在规定的比例内，不变相分配该组织的财产。

前款规定的非营利组织的认定管理办法由国务院财政、税务主管部门会同国务院有关部门制定。

（二）非营利组织免税资格认定管理（财税〔2009〕123号）

1. 依据本通知认定的符合条件的非营利组织，必须同时满足以下条件：

（1）依照国家有关法律法规设立或登记的事业单位、社会团体、基金会、民办非企业单位、宗教活动场所以及财政部、国家税务总局认定的其他组织；

（2）从事公益性或者非营利性活动，且活动范围主要在中国境内；

（3）取得的收入除用于与该组织有关的、合理的支出外，全部用于登记核定或者章程规定的公益性或者非营利性事业；

（4）财产及其孳息不用于分配，但不包括合理的工资薪金支出；

（5）按照登记核定或者章程规定，该组织注销后的剩余财产用于公益性或者非营利性目的，或者由登记管理机关转赠给与该组织性质、宗旨相同的组织，并向社会公告；

（6）投入人对投入该组织的财产不保留或者享有任何财产权利，本款所称投入人是指除各级人民政府及其部门外的法人、自然人和其他组织；

（7）工作人员工资福利开支控制在规定的比例内，不变相分配该组织的财产，其中：工作人员平均工资薪金水平不得超过上年度税务登记所在地人均工资水平的两倍，工作人员福利按照国家有关规定执行；

（8）除当年新设立或登记的事业单位、社会团体、基金会及民办非企业单位外，事业单位、社会团体、基金会及民办非企业单位申请前年度的检查结论为“合格”；

（9）对取得的应纳税收入及其有关的成本、费用、损失应与免税收入及其有关的成本、费用、损失分别核算。

2. 经省级以上（含省级）登记管理机关批准设立或登记的非营利组织，凡符合规定条件的，应向其所在地省级税务主管机关提出免税资格申请，并提供本通知规定的相关材料；经市（地）级或县级登记管理机关批准设立或登记的非营利组织，凡符合规定条件的，分别向其所在地市（地）级或县级税务主管机关提出免税资格申请，并提供本通知规定的相关材料。

财政、税务部门按照上述管理权限，对非营利组织享受免税的资格联合进行审核确认，并定期予以公布。

3. 申请享受免税资格的非营利组织，需报送以下材料：

（1）申请报告；

（2）事业单位、社会团体、基金会、民办非企业单位的组织章程或宗教活动场所的管理制度；

（3）税务登记证复印件；

（4）非营利组织登记证复印件；

（5）申请前年度的资金来源及使用情况、公益活动和非营利活动的明细情况；

（6）具有资质的中介机构鉴证的申请前会计年度的财务报表和审计报告；

（7）登记管理机关出具的事业单位、社会团体、基金会、民办非企业单位申请前年度的年度检查结论；

（8）财政、税务部门要求提供的其他材料。

4. 非营利组织免税优惠资格的有效期为5年。

非营利组织应在期满前3个月内提出复审申请，不提出复审申请或复审不合格的，其享受免税优惠的资格到期自动失效。非营利组织免税资格复审，按照初次申请免税优惠资格的规定办理。

5. 非营利组织必须按照《中华人民共和国税收征收管理法》（以下简称《税收征管法》）及《中华人民共和国税收征收管理法实施细则》（以下简称《实施细则》）等有关规定，办理税务登记，按期进行纳税申报。

取得免税资格的非营利组织应按照规定向主管税务机关办理免税手续，免税条件发生变化的，应当自发生变化之日起15日内向主管税务机关报告；不再符合免税条件的，应当依法履行纳税义务；未依法纳税的，主管税务机关应当予以追缴。取得免税资格的非营利组织注销时，剩余财产处置违反本通知第一条第五项规定的，主管税务机关应追缴其应纳企业所得税款。

主管税务机关应根据非营利组织报送的纳税申报表及有关资料进行审查，当年符合《企业所得税法》及其《实施条例》和有关规定免税条件的收入，免予征收企业所得税；当年不符合免税条件的收入，照章征收企业所得税。主管税务机关在执行税收优惠政策过程中，发现非营利组织不再具备本通知规定的免税条件的，应及时报告核准该非营利组织免税资格的财政、税务部门，由其进行复核。

核准非营利组织免税资格的财政、税务部门根据本通知规定的管理权限，对非营利组织的免税优惠资格进行复核，复核不合格的，取消其享受免税优惠的资格。

6. 已认定的享受免税优惠政策的非营利组织有下述情况之一的，应取消其资格：

（1）事业单位、社会团体、基金会及民办非企业单位逾期未参加年检或年度检查结论为“不合格”的；

（2）在申请认定过程中提供虚假信息的；

（3）有逃避缴纳税款或帮助他人逃避缴纳税款行为的；

（4）通过关联交易或非关联交易和服务活动，变相转移、隐匿、分配该组织财产的；

（5）因违反《税收征管法》及其《实施细则》而受到税务机关处罚的；

（6）受到登记管理机关处罚的。

因上述第（1）项规定的情形被取消免税优惠资格的非营利组织，财政、税务部门在一年内不再受理该组织的认定申请；因上述规定的除第（1）项以外的其他情形被取消免税优惠资格的非营利组织，财政、税务部门在5年内不再受理该组织的认定申请。

（三）非营利组织从事营利性活动取得的收入

《企业所得税法实施条例》第八十五条规定，企业所得税法第二十六条第（四）项所称符合条件的非营利组织的收入，不包括非营利组织从事营利性活动取得的收入，但国务院财政、税务主管部门另有规定的除外。

（四）非营利组织企业所得税免税收入范围

财税〔2009〕122号规定，非营利组织的下列收入为免税收入：

（1）接受其他单位或者个人捐赠的收入；

（2）除《中华人民共和国企业所得税法》第七条规定的财政拨款以外的其他政府补助收入，但不包括因政府购买服务取得的收入；

（3）按照省级以上民政、财政部门规定收取的会费；

（4）不征税收入和免税收入孳生的银行存款利息收入；

（5）财政部、国家税务总局规定的其他收入。

4.2.2 减计收入

一、填报要求

（1）附表五第7行“企业综合利用资源，生产符合国家产业政策规定的产品所取得的收入”：填报纳税人以《资源综合利用企业所得税优惠目录》内的资源作为主要原材料，生产非国家限制和禁止并符合国家和行业相关标准的产品所取得的收入减计10%部分的数额。

（2）附表五第8行“其他”：填报国务院根据税法授权制定的其他减计收入的数额。

二、办理税收优惠手续的税法依据

（一）企业综合利用资源所得的范围

（1）《企业所得税法》第三十三条规定，企业综合利用资源，生产符合国家产业政策规定的产品所取得的收入，可以在计算应纳税所得额时减计收入。

（2）《企业所得税法实施条例》第九十九条规定，企业所得税法第三十三条所称减计收入，是指企业以《资源综合利用企业所得税优惠目录》规定的资源作为主要原材料，生产国家非限制和禁止并符合国家和行业相关标准的产品取得的收入，减按90%计入收入总额。

前款所称原材料占生产产品材料的比例不得低于《资源综合利用企业所得税优惠目录》规定的标准。

（3）财税〔2008〕47号文件规定，企业自2008年1月1日起以《目录》中所列资源为主要原材料，生产《目录》内符合国家或行业相关标准的产品取得的收入，在计算应纳税所得额时，减按90%计入当年收入总额。享受上述税收优惠时，《目录》内所列资源占产品原料的比例应符合《目录》规定的技术标准。

（二）不得享受资源综合利用优惠政策范围

财税〔2008〕47号文件规定，企业同时从事其他项目而取得的非资源综合利用收入，应与资源综合利用收入分开核算，没有分开核算的，不得享受优惠政策。

企业从事不符合实施条例和《目录》规定范围、条件和技术标准的项目，不得享受资源综合利用企业所得税优惠政策。

（三）资源综合利用企业所得税优惠目录（2008年版）

财税〔2008〕117号规定，《资源综合利用企业所得税优惠目录》（2008年版），已经国务院批准，现予以公布，自2008年1月1日起施行。2004年1月12日国家发展改革委、财政部、国家税务总局发布的《资源综合利用目录》（2003年修订）同时废止。

财税〔2008〕47号规定，根据经济社会发展需要及企业所得税优惠政策实施情况，国务院财政、税务主管部门会同国家发展改革委等有关部门适时对《目录》内的项目进行调整和修订，并在报国务院批准后对《目录》进行更新。

（四）资源综合利用企业所得税优惠管理（国税函〔2009〕185号）

（1）本通知所称资源综合利用企业所得税优惠，是指企业自2008年1月1日起以《资源综合利用企业所得税优惠目录》（2008年版）（以下简称《目录》）规定的资源作为主要原材料，生产国家非限制和非禁止并符合国家及行业相关标准的产品取得的收入，减按90%计入企业当年收入总额。

（2）经资源综合利用主管部门按《目录》规定认定的生产资源综合利用产品的企业（不包括仅对资源综合利用工艺和技术进行认定的企业），取得《资源综合利用认定证书》，可按本通知规定申请享受资源综合利用企业所得税优惠。

（3）企业资源综合利用产品的认定程序，按《国家发展改革委 财政部 国家税务总局关于印发〈国家鼓励的资源综合利用认定管理办法〉的通知》（发改环资〔2006〕1864号）的规定执行。

（4）2008年1月1日之前经资源综合利用主管部门认定取得《资源综合利用认定证

书》的企业，应按本通知第二条、第三条的规定，重新办理认定并取得《资源综合利用认定证书》，方可申请享受资源综合利用企业所得税优惠。

(5) 企业从事非资源综合利用项目取得的收入与生产资源综合利用产品取得的收入没有分开核算的，不得享受资源综合利用企业所得税优惠。

(6) 税务机关对资源综合利用企业所得税优惠实行备案管理。备案管理的具体程序，按照国家税务总局的相关规定执行。

(7) 享受资源综合利用企业所得税优惠的企业因经营状况发生变化而不符合《目录》规定的条件的，应自发生变化之日起15个工作日内向主管税务机关报告，并停止享受资源综合利用企业所得税优惠。

(8) 企业实际经营情况不符合《目录》规定条件，采用欺骗等手段获取企业所得税优惠，或者因经营状况发生变化而不符合享受优惠条件，但未及时向主管税务机关报告的，按照税收征管法及其实施细则的有关规定进行处理。

(9) 税务机关应对企业的实际经营情况进行监督检查。税务机关发现资源综合利用主管部门认定有误的，应停止企业享受资源综合利用企业所得税优惠，并及时与有关认定部门协调沟通，提请纠正，已经享受的优惠税额应予追缴。

(10) 各省、自治区、直辖市和计划单列市国家税务局、地方税务局可根据本通知制定具体管理办法。

(五) 减计收入优惠条件的审核

〔**例**〕

国家税务总局2009年对江西泰和玉华水泥有限公司旋窑余热利用电厂利用该公司旋窑水泥生产过程中产生的余热发电，是否享受减计收入优惠问题，作出答复，“不能享受资源综合利用减计收入的企业所得税优惠政策。”理由有两点：一是旋窑余热利用电厂属于非法人分支机构，不构成企业所得税纳税人；二是余热发电产品直接供给所属公司使用，不计入企业收入。答复文件国税函〔2009〕567号的具体内容如下：

江西泰和玉华水泥有限公司旋窑余热利用电厂利用该公司旋窑水泥生产过程中产生的余热发电，其生产活动虽符合《资源综合利用企业所得税优惠目录》(2008年版)的规定范围，但由于旋窑余热利用电厂属于江西泰和玉华水泥有限公司的内设非法人分支机构，不构成企业所得税纳税人，且其余热发电产品直接供给所属公司使用，不计入企业收入，因此，旋窑余热利用电厂利用该公司旋窑水泥生产过程中产生的余热发电业务不能享受资源综合利用减计收入的企业所得税优惠政策。

4.2.3 加计扣除额合计

一、填报要求

(1) 附表五第10行“开发新技术、新产品、新工艺发生的研究开发费用”：填报纳税人为开发新技术、新产品、新工艺发生的研究开发费用，未形成无形资产计入当期损益的，按研究开发费用的50%加计扣除的金额。

(2) 附表五第11行“安置残疾人员所支付的工资”：填报纳税人按照有关规定条件安置残疾人员，支付给残疾职工工资的100%加计扣除额。

(3) 附表五第12行“国家鼓励安置的其他就业人员支付的工资”：填报国务院根据

税法授权制定的其他就业人员支付工资的加计扣除额。

（4）附表五第13行“其他”：填报国务院根据税法授权制定的其他加计扣除额。

二、办理税收优惠手续的税法依据

（一）新技术、新产品、新工艺研究开发费用的加计扣除与摊销

2008年12月10日国家税务总局发布《企业研究开发费用税前扣除管理办法（试行）》（国税发〔2008〕116号），具体文件规定如下：

1. 适用企业研究开发费用税前扣除的企业范围

《企业研究开发费用税前扣除管理办法（试行）》适用于财务核算健全并能准确归集研究开发费用的居民企业（以下简称企业）。

2. 研究开发活动的范围

《企业研究开发费用税前扣除管理办法（试行）》所称研究开发活动是指企业为获得科学与技术（不包括人文、社会科学）新知识，创造性运用科学技术新知识，或实质性改进技术、工艺、产品（服务）而持续进行的具有明确目标的研究开发活动。

创造性运用科学技术新知识，或实质性改进技术、工艺、产品（服务），是指企业通过研究开发活动在技术、工艺、产品（服务）方面的创新取得了有价值的成果，对本地区（省、自治区、直辖市或计划单列市）相关行业的技术、工艺领先具有推动作用，不包括企业产品（服务）的常规性升级或对公开的科研成果直接应用等活动（如直接采用公开的新工艺、材料、装置、产品、服务或知识等）。

3. 企业研究开发费用加计扣除的范围

企业从事《国家重点支持的高新技术领域》和国家发展改革委等部门公布的《当前优先发展的高技术产业化重点领域指南（2007年度）》规定项目的研究开发活动，其在一个纳税年度中实际发生的下列费用支出，允许在计算应纳税所得额时按照规定实行加计扣除。

（1）新产品设计费、新工艺规程制定费以及与研发活动直接相关的技术图书资料费、资料翻译费。

（2）从事研发活动直接消耗的材料、燃料和动力费用。

（3）在职直接从事研发活动人员的工资、薪金、奖金、津贴、补贴。

（4）专门用于研发活动的仪器、设备的折旧费或租赁费。

（5）专门用于研发活动的软件、专利权、非专利技术等无形资产的摊销费用。

（6）专门用于中间试验和产品试制的模具、工艺装备开发及制造费。

（7）勘探开发技术的现场试验费。

（8）研发成果的论证、评审、验收费用。

4. 合作开发项目研究开发费用加计扣除

对企业共同合作开发的项目，凡符合企业研究开发费用加计扣除的范围的，由合作各方就自身承担的研发费用分别按照规定计算加计扣除。

5. 委托开发项目研究开发费用加计扣除

对企业委托给外单位进行开发的研发费用，凡符合上述条件的，由委托方按照规定计算加计扣除，受托方不得再进行加计扣除。

对委托开发的项目，受托方应向委托方提供该研发项目的费用支出明细情况，否则，该委托开发项目的费用支出不得实行加计扣除。

6. 研发费用收益化或资本化的加计扣除方法

企业根据财务会计核算和研发项目的实际情况，对发生的研发费用进行收益化或资本化处理的，可按下述规定计算加计扣除：

（1）研发费用计入当期损益未形成无形资产的，允许再按其当年研发费用实际发生额的50%，直接抵扣当年的应纳税所得额。

（2）研发费用形成无形资产的，按照该无形资产成本的150%在税前摊销。除法律另有规定外，摊销年限不得低于10年。

7. 不允许计入研究开发费用的范围

法律、行政法规和国家税务总局规定不允许企业所得税前扣除的费用和支出项目，均不允许计入研究开发费用。

8. 研究开发费用核算要求

企业未设立专门的研发机构或企业研发机构同时承担生产经营任务的，应对研发费用和生产经营费用分开进行核算，准确、合理地计算各项研究开发费用支出，对划分不清的，不得实行加计扣除。

企业必须对研究开发费用实行专账管理，同时必须按照本办法附表的规定项目，准确归集填写年度可加计扣除的各项研究开发费用实际发生金额。企业应于年度汇算清缴所得税申报时向主管税务机关报送本办法规定的相应资料。申报的研究开发费用不真实或者资料不齐全的，不得享受研究开发费用加计扣除，主管税务机关有权对企业申报的结果进行合理调整。

企业在一个纳税年度内进行多项研究开发活动的，应按照不同开发项目分别归集可加计扣除的研究开发费用额。

9. 研究开发费加计扣除报送资料

企业申请研究开发费加计扣除时，应向主管税务机关报送如下资料：

（1）自主、委托、合作研究开发项目计划书和研究开发费预算。

（2）自主、委托、合作研究开发专门机构或项目组的编制情况和专业人员名单。

（3）自主、委托、合作研究开发项目当年研究开发费用发生情况归集表。

（4）企业总经理办公会或董事会关于自主、委托、合作研究开发项目立项的决议文件。

（5）委托、合作研究开发项目的合同或协议。

（6）研究开发项目的效用情况说明、研究成果报告等资料。

10. 研究开发费加计扣除的期限

企业实际发生的研究开发费，在年度中间预缴所得税时，允许据实计算扣除，在年度终了进行所得税年度申报和汇算清缴时，再依照本办法的规定计算加计扣除。

11. 税务机关审核调整范围

主管税务机关对企业申报的研究开发项目有异议的，可要求企业提供政府科技部门的鉴定意见书。

企业研究开发费各项目的实际发生额归集不准确、汇总额计算不准确的，主管税务机关有权调整其税前扣除额或加计扣除额。

12. 企业集团研究开发费加计扣除

（1）企业集团根据生产经营和科技开发的实际情况，对技术要求高、投资数额大，需要由集团公司进行集中开发的研究开发项目，其实际发生的研究开发费，可以按照合理的分摊方法在受益集团成员公司间进行分摊。

（2）企业集团采取合理分摊研究开发费的，企业集团应提供集中研究开发项目的协议或合同，该协议或合同应明确规定参与各方在该研究开发项目中的权利和义务、费用分摊方法等内容。如不提供协议或合同，研究开发费不得加计扣除。

（3）企业集团采取合理分摊研究开发费的，企业集团集中研究开发项目实际发生的研究开发费，应当按照权利和义务、费用支出和收益分享一致的原则，合理确定研究开发费用的分摊方法。

（4）企业集团采取合理分摊研究开发费的，企业集团母公司负责编制集中研究开发项目的立项书、研究开发费用预算表、决算表和决算分摊表。

（5）税企双方对企业集团集中研究开发费的分摊方法和金额有争议的，如企业集团成员公司设在不同省、自治区、直辖市和计划单列市的，企业按照国家税务总局的裁决意见扣除实际分摊的研究开发费；企业集团成员公司在同一省、自治区、直辖市和计划单列市的，企业按照省税务机关的裁决意见扣除实际分摊的研究开发费。

（二）安置残疾人员及国家鼓励安置的其他就业人员所支付工资的加计扣除

1. 加计扣除项目范围

《企业所得税法》第三十条规定，企业的下列支出，可以在计算应纳税所得额时加计扣除：安置残疾人员及国家鼓励安置的其他就业人员所支付的工资。

2. 安置残疾人员及国家鼓励安置的其他就业人员所支付的工资

（1）《企业所得税法实施条例》第九十六条规定，企业所得税法第三十条第（二）项所称企业安置残疾人员所支付的工资的加计扣除，是指企业安置残疾人员的，在按照支付给残疾职工工资据实扣除的基础上，按照支付给残疾职工工资的100%加计扣除。残疾人员的范围适用《中华人民共和国残疾人保障法》的有关规定。

企业所得税法第三十条第（二）项所称企业安置国家鼓励安置的其他就业人员所支付的工资的加计扣除办法，由国务院另行规定。

（2）财税〔2009〕70号规定，根据《中华人民共和国企业所得税法》和《中华人民共和国企业所得税法实施条例》（国务院令第512号）的有关规定，现就企业安置残疾人员就业有关企业所得税优惠政策问题，通知如下：

①企业安置残疾人员的，在按照支付给残疾职工工资据实扣除的基础上，可以在计算应纳税所得额时按照支付给残疾职工工资的100%加计扣除。

企业就支付给残疾职工的工资，在进行企业所得税预缴申报时，允许据实计算扣除；在年度终了进行企业所得税年度申报和汇算清缴时，再依照本条第一款的规定计算加计扣除。

②残疾人员的范围适用《中华人民共和国残疾人保障法》的有关规定。

③企业享受安置残疾职工工资100%加计扣除应同时具备如下条件：

• 依法与安置的每位残疾人签订了1年以上（含1年）的劳动合同或服务协议，并且安置的每位残疾人在企业实际上岗工作。

• 为安置的每位残疾人按月足额缴纳了企业所在区县人民政府根据国家政策规定的基本养老保险、基本医疗保险、失业保险和工伤保险等社会保险。

• 定期通过银行等金融机构向安置的每位残疾人实际支付了不低于企业所在区县适用的经省级人民政府批准的最低工资标准的工资。

• 具备安置残疾人上岗工作的基本设施。

④企业应在年度终了进行企业所得税年度申报和汇算清缴时，向主管税务机关报送本通知第四条规定的相关资料、已安置残疾职工名单及其《中华人民共和国残疾人证》或《中华人民共和国残疾军人证（1至8级）》复印件和主管税务机关要求提供的其他资料，办理享受企业所得税加计扣除优惠的备案手续。

⑤在企业汇算清缴结束后，主管税务机关在对企业进行日常管理、纳税评估和纳税检查时，应对安置残疾人员企业所得税加计扣除优惠的情况进行核实。

三、研究开发费用加计扣除审核

研究开发费用加计扣除的审核，应按填报要求审核填报数据是否正确，还应关注以下几个问题：

（1）审核是否属于研究开发费用加计扣除政策的企业范围；

（2）审核是否符合税务机关管理的要求；

（3）研究开发费用的核算内容是否符合税法规定；

（4）审核是否符合加计扣除的限定条件。

4.2.4 减免所得额合计

一、填报要求

（1）附表五第16行“蔬菜、谷物、薯类、油料、豆类、棉花、麻类、糖料、水果、坚果的种植”：填报纳税人种植蔬菜、谷物、薯类、油料、豆类、棉花、麻类、糖料、水果、坚果的免征的所得额。

（2）附表五第17行“农作物新品种的选育”：填报纳税人从事农作物新品种的选育免征的所得额。

（3）附表五第18行“中药材的种植”：填报纳税人从事中药材的种植免征的所得额。

（4）附表五第19行“林木的培育和种植”：填报纳税人从事林木的培育和种植免征的所得额。

（5）附表五第20行“牲畜、家禽的饲养”：填报纳税人从事牲畜、家禽的饲养免征的所得额。

（6）附表五第21行“林产品的采集”：填报纳税人从事采集林产品免征的所得额。

（7）附表五第22行“灌溉、农产品初加工、兽医、农技推广、农机作业和维修等农、林、牧、渔服务业项目”：填报纳税人从事灌溉、农产品初加工、兽医、农技推广、农机作业和维修等农、林、牧、渔服务业免征的所得额。

（8）附表五第23行“远洋捕捞”：填报纳税人从事远洋捕捞免征的所得额。

（9）附表五第24行“其他”：填报国务院根据税法授权制定的其他免税所得额。

（10）附表五第26行“花卉、茶以及其他饮料作物和香料作物的种植”：填报纳税人从事花卉、茶以及其他饮料作物和香料作物种植取得的所得减半征收的部分。

（11）附表五第27行“海水养殖、内陆养殖”：填报纳税人从事海水养殖、内陆养殖取得的所得减半征收的部分。

（12）附表五第28行“其他”：填报国务院根据税法授权制定的其他减税所得额。

（13）附表五第29行“从事国家重点扶持的公共基础设施项目投资经营的所得”：填报纳税人从事《公共基础设施项目企业所得税优惠目录》规定的港口码头、机场、铁路、公路、城市公共交通、电力、水利等项目的投资经营的所得额。不包括企业承包经营、承包建设和内部自建自用该项目的所得。

（14）附表五第30行“从事符合条件的环境保护、节能节水项目的所得”：填报纳税人从事公共污水处理、公共垃圾处理、沼气综合开发利用、节能减排技术改造、海水淡化等项目减征、免征的所得额。

（15）附表五第31行“符合条件的技术转让所得”：填报居民企业技术转让所得免征、减征的部分（技术转让所得不超过500万元的部分，免征企业所得税；超过500万元的部分，减半征收企业所得税）。

（16）附表五第32行“其他”：填报国务院根据税法授权制定的其他减免所得。

二、办理税收优惠手续的税法依据

（一）从事农、林、牧、渔业项目的所得

1. 从事农、林、牧、渔业项目的范围

（1）《企业所得税法》第二十七条规定，企业从事农、林、牧、渔业项目的所得，可以免征、减征企业所得税。

（2）《企业所得税法实施条例》第八十六条规定，企业所得税法第二十七条第（一）项规定的企业从事农、林、牧、渔业项目的所得，可以免征、减征企业所得税。

①企业从事下列项目的所得，免征企业所得税：蔬菜、谷物、薯类、油料、豆类、棉花、麻类、糖料、水果、坚果的种植，农作物新品种的选育，中药材的种植，林木的培育和种植，牲畜、家禽的饲养，林产品的采集，灌溉，农产品初加工，兽医，农技推广，农机作业和维修等农、林、牧、渔服务业项目，远洋捕捞。

②企业从事下列项目的所得，减半征收企业所得税：花卉、茶以及其他饮料作物和香料作物的种植、海水养殖、内陆养殖。

企业从事国家限制和禁止发展的项目，不得享受本条规定的企业所得税优惠。

国税函〔2008〕159号规定，对农林牧渔项目实行不同的税收优惠政策，可以更好地体现国家政策的引导作用，突出优惠政策的导向性。粮食、蔬菜、肉类、水果等农产品，关系到国计民生，是维持人们基本生存条件的生活必需品，应当列为税收优惠政策重点鼓励的对象。同时为生产此类产品的服务业也应同样扶持，因此，实施条例中将此类归为免税项目。花卉、饮料和香料作物，以及海水养殖、内陆养殖，一般盈利水平较高，也不是人们基本生活必需品，在优惠力度上应与基本生活需要的农产品等免税有所区别，因此，实行减半征收。

国税函〔2008〕850号规定，《中华人民共和国企业所得税法实施条例》第八十六条规定的农、林、牧、渔业项目企业所得税优惠政策，各地可直接贯彻执行。对属已明确的免税项目，如有征税的，要及时退还税款。

农、林、牧、渔业项目中尚需进一步细化规定的农产品初加工等少数项目，税务总局正与相关部门抓紧研究，拟于近期下发执行。对从事此类项目的企业，因有特殊困难，不能按期缴纳企业所得税税款的，可按《中华人民共和国税收征收管理法》及其实施细则的相关规定，申请延期缴纳税款。

2. 从事农、林、牧、渔业项目的办理程序

国税函〔2008〕850号规定，各地可暂按《国家税务总局关于印发〈税收减免管理办法（试行）〉的通知》（国税发〔2005〕129号）规定的程序，办理《中华人民共和国企业所得税法》及其实施条例规定的从事农、林、牧、渔业项目的企业所得税优惠政策事宜。

3.《享受企业所得税优惠政策的农产品初加工范围（试行）》

财税〔2008〕149号规定，根据《中华人民共和国企业所得税法》及其实施条例的规定，为贯彻落实农、林、牧、渔业项目企业所得税优惠政策，现将《享受企业所得税优惠政策的农产品初加工范围（试行）》印发给你们，自2008年1月1日起执行。

各地财政、税务机关对《享受企业所得税优惠政策的农产品初加工范围（试行）》执行中发现的新情况、新问题应及时向国务院财政、税务主管部门反馈，国务院财政、税务主管部门会同有关部门将根据经济社会发展需要，适时对《享受企业所得税优惠政策的农产品初加工范围（试行）》内的项目进行调整和修订。

（二）从事国家重点扶持的公共基础设施项目投资经营的所得

1. 国家重点扶持的公共基础设施项目范围

《企业所得税法》第二十七条规定，企业从事国家重点扶持的公共基础设施项目投资经营的所得，可以免征、减征企业所得税。

《企业所得税法实施条例》第八十七条规定，企业所得税法第二十七条第（二）项所称国家重点扶持的公共基础设施项目，是指《公共基础设施项目企业所得税优惠目录》规定的港口码头、机场、铁路、公路、城市公共交通、电力、水利等项目。

2. 免税期的起止时间

（1）《企业所得税法实施条例》规定，企业从事前款规定的国家重点扶持的公共基础设施项目的投资经营的所得，自项目取得第一笔生产经营收入所属纳税年度起，第一年至第三年免征企业所得税，第四年至第六年减半征收企业所得税。

（2）财税〔2008〕46号规定，企业从事《目录》内符合相关条件和技术标准及国家投资管理相关规定、于2008年1月1日后经批准的公共基础设施项目，其投资经营的所得，自该项目取得第一笔生产经营收入所属纳税年度起，第一年至第三年免征企业所得税，第四年至第六年减半征收企业所得税。第一笔生产经营收入，是指公共基础设施项目已建成并投入运营后所取得的第一笔收入。

（3）国税函〔2008〕159号规定，重点基础设施投资大，回收期长，关系国计民生，《实施条例》规定，对企业从事港口码头、机场、铁路、公路、电力、水利等项目投资经

营所得，给予“三免三减半”的优惠。与原来的“两免三减半”相比，减免期限作了适当延长，缓解基础设施建设初期的经营困难。

原《外资企业所得税法》规定以获利年度为企业减免税的起始日，在实践中出现了一些企业用推迟获利年度来避税的问题，税收征管难度大。《实施条例》规定了从企业取得第一笔生产经营收入所属纳税年度起计算减免税起始日的新办法，可以兼顾项目投资规模大、建设周期长的情况，较原内资企业从开业之日起计算减免税优惠，更为符合实际，也促使企业缩短建设周期，尽快实现盈利，提高投资效益。

（4）国税发〔2009〕80号规定：

①对居民企业（以下简称企业）经有关部门批准，从事符合《公共基础设施项目企业所得税优惠目录》（以下简称《目录》）规定范围、条件和标准的公共基础设施项目的投资经营所得，自该项目取得第一笔生产经营收入所属纳税年度起，第一年至第三年免征企业所得税，第四年至第六年减半征收企业所得税。

企业从事承包经营、承包建设和内部自建自用《目录》规定项目的所得，不得享受前款规定的企业所得税优惠。

②本通知所称第一笔生产经营收入，是指公共基础设施项目建成并投入运营（包括试运营）后所取得的第一笔主营业务收入。

③本通知所称承包经营，是指与从事该项目经营的法人主体相独立的另一法人经营主体，通过承包该项目的经营管理而取得劳务性收益的经营活动。

④本通知所称承包建设，是指与从事该项目经营的法人主体相独立的另一法人经营主体，通过承包该项目的工程建设而取得建筑劳务收益的经营活动。

⑤本通知所称内部自建自用，是指项目的建设仅作为本企业主体经营业务的设施，满足本企业自身的生产经营活动需要，而不属于向他人提供公共服务业务的公共基础设施建设项目。

3. 不得享受公共基础设施项目优惠的范围

（1）企业承包经营、承包建设和内部自建自用的项目。

《企业所得税法实施条例》规定，企业承包经营、承包建设和内部自建自用本条规定的项目，不得享受本条规定的企业所得税优惠。

财税〔2008〕46号规定，企业承包经营、承包建设和内部自建自用公共基础设施项目，不得享受上述企业所得税优惠。

（2）未分开核算《目录》范围内所得和《目录》范围外所得。

财税〔2008〕46号规定，企业同时从事不在《目录》范围内的项目取得的所得，应与享受优惠的公共基础设施项目所得分开核算，并合理分摊期间费用，没有分开核算的，不得享受上述企业所得税优惠政策。

国税发〔2009〕80号规定，企业同时从事不在《目录》范围的生产经营项目取得的所得，应与享受优惠的公共基础设施项目经营所得分开核算，并合理分摊企业的期间共同费用；没有单独核算的，不得享受上述企业所得税优惠。

期间共同费用的合理分摊比例可以按照投资额、销售收入、资产额、人员工资等参数确定。上述比例一经确定，不得随意变更。凡特殊情况需要改变的，需报主管税务机关核准。

4. 转让税收优惠项目优惠权限的衔接

《企业所得税法实施条例》第八十九条规定，依照《企业所得税法实施条例》第八十七条规定享受减免税优惠的项目，在减免税期限内转让的，受让方自受让之日起，可以在剩余期限内享受规定的减免税优惠；减免税期限届满后转让的，受让方不得就该项目重复享受减免税优惠。

5.《公共基础设施项目企业所得税优惠目录》

财税〔2008〕116号规定，《公共基础设施项目企业所得税优惠目录（2008年版）》已经国务院批准，现予以公布，自2008年1月1日起施行。

财税〔2008〕46号规定，根据经济社会发展需要及企业所得税优惠政策实施情况，国务院财政、税务主管部门会同国家发展改革委等有关部门适时对《目录》内的项目进行调整和修订，并在报国务院批准后对《目录》进行更新。

6. 国家重点扶持的公共基础设施项目优惠政策备案

（1）国税发〔2009〕80号规定，从事《目录》范围项目投资的居民企业应于从该项目取得的第一笔生产经营收入后15日内向主管税务机关备案并报送如下材料后，方可享受有关企业所得税优惠：

①有关部门批准该项目文件复印件；

②该项目完工验收报告复印件；

③该项目投资额验资报告复印件；

④税务机关要求提供的其他资料。

（2）企业因生产经营发生变化或因《目录》调整，不再符合本办法规定减免税条件的，企业应当自发生变化15日内向主管税务机关提交书面报告并停止享受优惠，依法缴纳企业所得税。

（三）从事符合条件的环境保护、节能节水项目的所得

1. 符合条件的环境保护、节能节水项目的所得范围

《企业所得税法》第二十七条规定，企业从事符合条件的环境保护、节能节水项目的所得，可以免征、减征企业所得税。

《企业所得税法实施条例》第八十八条规定，企业所得税法第二十七条第（三）项所称符合条件的环境保护、节能节水项目，包括公共污水处理、公共垃圾处理、沼气综合开发利用、节能减排技术改造、海水淡化等。项目的具体条件和范围由国务院财政、税务主管部门商国务院有关部门制订，报国务院批准后公布施行。

2. 免税期的起止时间

《企业所得税法实施条例》规定，企业从事前款规定的符合条件的环境保护、节能节水项目的所得，自项目取得第一笔生产经营收入所属纳税年度起，第一年至第三年免征企业所得税，第四年至第六年减半征收企业所得税。

3. 转让税收优惠项目优惠权限的衔接

《企业所得税法实施条例》第八十九条规定，依照《企业所得税法实施条例》第八十八条规定享受减免税优惠的项目，在减免税期限内转让的，受让方自受让之日起，可以在

剩余期限内享受规定的减免税优惠；减免税期限届满后转让的，受让方不得就该项目重复享受减免税优惠。

4. 环境保护节能节水项目企业所得税优惠目录（试行）

财税〔2009〕166号文件规定，《环境保护、节能节水项目企业所得税优惠目录（试行）》，已经国务院批准，现予以公布，自2008年1月1日起施行。

（四）符合条件的技术转让所得的减免规定

1. 技术转让所得优惠政策

《企业所得税法》第二十七条规定，企业符合条件的技术转让所得，可以免征、减征企业所得税。

《企业所得税法实施条例》第九十条规定，企业所得税法第二十七条第（四）项所称符合条件的技术转让所得免征、减征企业所得税，是指一个纳税年度内，居民企业技术转让所得不超过500万元的部分，免征企业所得税；超过500万元的部分，减半征收企业所得税。

2. 技术转让享受减免优惠的条件

国税函〔2009〕212号规定，根据企业所得税法第二十七条第（四）项规定，享受减免企业所得税优惠的技术转让应符合以下条件：

（1）享受优惠的技术转让主体是企业所得税法规定的居民企业；

（2）技术转让属于财政部、国家税务总局规定的范围；

（3）境内技术转让经省级以上科技部门认定；

（4）向境外转让技术经省级以上商务部门认定；

（5）国务院税务主管部门规定的其他条件。

3. 技术转让所得计算方法

国税函〔2009〕212号规定：

（1）符合条件的技术转让所得应按以下方法计算：

技术转让所得 = 技术转让收入 - 技术转让成本 - 相关税费

技术转让收入是指当事人履行技术转让合同后获得的价款，不包括销售或转让设备、仪器、零部件、原材料等非技术性收入。不属于与技术转让项目密不可分的技术咨询、技术服务、技术培训等收入，不得计入技术转让收入。

技术转让成本是指转让的无形资产的净值，即该无形资产的计税基础减除在资产使用期间按照规定计算的摊销扣除额后的余额。

相关税费是指技术转让过程中实际发生的有关税费，包括除企业所得税和允许抵扣的增值税以外的各项税金及其附加、合同签订费用、律师费等相关费用及其他支出。

（2）享受技术转让所得减免企业所得税优惠的企业，应单独计算技术转让所得，并合理分摊企业的期间费用；没有单独计算的，不得享受技术转让所得企业所得税优惠。

4. 技术转让所得减免税备案

国税函〔2009〕212号规定，企业发生技术转让，应在纳税年度终了后至报送年度纳税申报表以前，向主管税务机关办理减免税备案手续。

（1）企业发生境内技术转让，向主管税务机关备案时应报送以下资料：技术转让合同

（副本），省级以上科技部门出具的技术合同登记证明，技术转让所得归集、分摊、计算的相关资料，实际缴纳相关税费的证明资料，主管税务机关要求提供的其他资料。

（2）企业向境外转让技术，向主管税务机关备案时应报送以下资料：技术出口合同（副本），省级以上商务部门出具的技术出口合同登记证书或技术出口许可证，技术出口合同数据表，技术转让所得归集、分摊、计算的相关资料，实际缴纳相关税费的证明资料，主管税务机关要求提供的其他资料。

4.2.5 减免税合计

一、填报要求

（1）附表五第34行“符合规定条件的小型微利企业”：填报纳税人从事国家非限制和禁止行业并符合规定条件的小型微利企业享受优惠税率减征的企业所得税税额。

（2）附表五第35行“国家需要重点扶持的高新技术企业”：填报纳税人从事国家需要重点扶持拥有核心自主知识产权等条件的高新技术企业享受减征企业所得税税额。

（3）附表五第36行“民族自治地方的企业应缴纳的企业所得税中属于地方分享的部分”：填报纳税人经民族自治地方所在省、自治区、直辖市人民政府批准，减征或者免征民族自治地方的企业缴纳的企业所得税中属于地方分享的企业所得税税额。

（4）附表五第37行“过渡期税收优惠”：填报纳税人符合国务院规定以及经国务院批准给予过渡期税收优惠政策。

（5）附表五第38行“其他”：填报国务院根据税法授权制定的其他减免税额。

二、办理税收优惠手续的税法依据

（一）小型微利企业

《企业所得税法》第二十八条规定，符合条件的小型微利企业，减按20%的税率征收企业所得税。

《企业所得税法实施条例》第九十二条规定，企业所得税法第二十八条第一款所称符合条件的小型微利企业，是指从事国家非限制和禁止行业，并符合下列条件的企业：工业企业，年度应纳税所得额不超过30万元，从业人数不超过100人，资产总额不超过3000万元；其他企业，年度应纳税所得额不超过30万元，从业人数不超过80人，资产总额不超过1000万元。

（二）国家需要重点扶持的高新技术企业

1．企业所得税法对高新技术企业优惠的主要变化

与原税收优惠政策相比，新企业所得税法对高新技术企业优惠的主要变化，表现在以下方面：

（1）扩大高新技术企业的生产经营范围。实施条例将高新技术企业的界定范围，由现行按高新技术产品划分改为按高新技术领域划分，规定产品（服务）应在《国家重点支持的高新技术领域》的范围之内，以解决现行政策执行中产品列举不全、覆盖面偏窄、前瞻性欠缺等问题。

（2）明确高新技术企业的具体认定标准。《实施条例》将高新技术企业的认定标准原则化处理，对研究开发费用占销售收入的比例、高新技术产品（服务）收入占企业总收入的比例、科技人员占企业职工总数的比例以及其他条件等具体标准，放在由国务院科技、

财政、税务主管部门会同国务院有关部门制定的认定办法中，便于今后根据发展需要适时调整。

（3）强调核心自主知识产权问题。《实施条例》最后采用“核心自主知识产权”作为高新技术企业的认定条件之一，相对容易操作，突出技术创新导向。

2．国家需要重点扶持的高新技术企业适用税率

《企业所得税法》第二十八条规定，国家需要重点扶持的高新技术企业，减按15%的税率征收企业所得税。

3．国家需要重点扶持的高新技术企业的条件

《企业所得税法实施条例》第九十三条规定，企业所得税法第二十八条第二款所称国家需要重点扶持的高新技术企业，是指拥有核心自主知识产权，并同时符合下列条件的企业：

（1）产品（服务）属于《国家重点支持的高新技术领域》规定的范围；

（2）研究开发费用占销售收入的比例不低于规定比例；

（3）高新技术产品（服务）收入占企业总收入的比例不低于规定比例；

（4）科技人员占企业职工总数的比例不低于规定比例；

（5）高新技术企业认定管理办法规定的其他条件。

《国家重点支持的高新技术领域》和高新技术企业认定管理办法由国务院科技、财政、税务主管部门商国务院有关部门制定，报国务院批准后公布施行。

4．不同地区高新技术企业的政策适用

国科发火〔2008〕362号文件规定，2007年底前国家高新技术产业开发区（包括北京市新技术产业开发试验区）内、外已按原认定办法认定的仍在有效期内的高新技术企业资格依然有效，但在按《认定办法》和《工作指引》重新认定合格后方可依照《企业所得税法》及其实施条例等有关规定享受企业所得税优惠政策。企业可提前按《认定办法》和《工作指引》申请重新认定，亦可在资格到期后申请重新认定。

对原依法享受企业所得税定期减免税优惠未期满的高新技术企业，可依照《国务院关于实施企业所得税过渡优惠政策的通知》（国发〔2007〕39号）的有关规定执行。

对经济特区和上海浦东新区内新设立并按《认定办法》和《工作指引》认定的高新技术企业，按《国务院关于经济特区和上海浦东新区新设立高新技术企业实行过渡性税收优惠的通知》（国发〔2007〕40号）的有关规定执行。

5．高新技术企业所得税优惠政策衔接（国税函〔2009〕203号）

（1）当年可减按15%的税率征收企业所得税或按照《国务院关于经济特区和上海浦东新区新设立高新技术企业实行过渡性税收优惠的通知》（国发〔2007〕40号）享受过渡性税收优惠的高新技术企业，在实际实施有关税收优惠的当年，减免税条件发生变化的，应按《科学技术部财政部国家税务总局关于印发〈高新技术企业认定管理办法〉的通知》（国科发火〔2008〕172号）第九条第二款的规定处理。

（2）原依法享受企业所得税定期减免税优惠尚未期满同时符合本通知第一条规定条件的高新技术企业，根据《高新技术企业认定管理办法》以及《科学技术部财政部国家税务总局关于印发〈高新技术企业认定管理工作指引〉的通知》（国科发火〔2008〕362

号）的相关规定，在按照新标准取得认定机构颁发的高新技术企业资格证书之后，可以在2008年1月1日后，享受对尚未到期的定期减免税优惠执行到期满的过渡政策。

（3）2006年1月1日至2007年3月16日期间成立，截止到2007年底仍未获利（弥补完以前年度亏损后应纳税所得额为零）的高新技术企业，根据《高新技术企业认定管理办法》以及《高新技术企业认定管理工作指引》的相关规定，按照新标准取得认定机构颁发的高新技术企业证书后，可依据企业所得税法第五十七条的规定，免税期限自2008年1月1日起计算。

（4）认定（复审）合格的高新技术企业，自认定（复审）批准的有效期当年开始，可申请享受企业所得税优惠。企业取得省、自治区、直辖市、计划单列市高新技术企业认定管理机构颁发的高新技术企业证书后，可持“高新技术企业证书”及其复印件和有关资料，向主管税务机关申请办理减免税手续。手续办理完毕后，高新技术企业可按15%的税率进行所得税预缴申报或享受过渡性税收优惠。

（5）纳税年度终了后至报送年度纳税申报表以前，已办理减免税手续的企业应向主管税务机关备案以下资料：

①产品（服务）属于《国家重点支持的高新技术领域》规定的范围的说明；

②企业年度研究开发费用结构明细表；

③企业当年高新技术产品（服务）收入占企业总收入的比例说明；

④企业具有大学专科以上学历的科技人员占企业当年职工总数的比例说明、研发人员占企业当年职工总数的比例说明。

以上资料的计算、填报口径参照《高新技术企业认定管理工作指引》的有关规定执行。

（6）未取得高新技术企业资格，或虽取得高新技术企业资格但不符合企业所得税法及实施条例以及本通知有关规定条件的企业，不得享受高新技术企业的优惠；已享受优惠的，应追缴其已减免的企业所得税税款。

（三）民族自治地方免征项目

《企业所得税法》第二十九条规定，民族自治地方的自治机关对本民族自治地方的企业应缴纳的企业所得税中属于地方分享的部分，可以决定减征或者免征。自治州、自治县决定减征或者免征的，须报省、自治区、直辖市人民政府批准。

《企业所得税法实施条例》第九十四条规定，企业所得税法第二十九条所称民族自治地方，是指依照《中华人民共和国民族区域自治法》的规定，实行民族区域自治的自治区、自治州、自治县。

对民族自治地方内国家限制和禁止行业的企业，不得减征或者免征企业所得税。

（四）过渡性政策

1. 落实国务院关于实施企业所得税过渡优惠政策（财税〔2008〕21号）

为贯彻落实《国务院关于实施企业所得税过渡优惠政策的通知》（国发〔2007〕39号）和《国务院关于经济特区和上海浦东新区新设立高新技术企业实行过渡性税收优惠的通知》（国发〔2007〕40号）（以下简称过渡优惠政策通知），现将有关事项通知如下：

（1）各级财政、税务部门要密切配合，严格按照国务院过渡优惠政策通知的有关规定，抓紧做好新旧企业所得税优惠政策的过渡衔接工作。对过渡优惠政策要加强规范管理，不得超越权限擅自扩大过渡优惠政策执行范围。同时，要及时跟踪、了解过渡优惠政策的执行情况，对发现的新问题及时反映，确保国务院过渡优惠政策通知落实到位。

（2）对按照国发〔2007〕39号文件有关规定适用15%企业所得税率并享受企业所得税定期减半优惠过渡的企业，应一律按照国发〔2007〕39号文件第一条第二款规定的过渡税率计算的应纳税额实行减半征税，即2008年按18%税率计算的应纳税额实行减半征税，2009年按20%税率计算的应纳税额实行减半征税，2010年按22%税率计算的应纳税额实行减半征税，2011年按24%税率计算的应纳税额实行减半征税，2012年及以后年度按25%税率计算的应纳税额实行减半征税。

对原适用24%或33%企业所得税率并享受国发〔2007〕39号文件规定企业所得税定期减半优惠过渡的企业，2008年及以后年度一律按25%税率计算的应纳税额实行减半征税。

（3）根据《中华人民共和国企业所得税法》（以下称新税法）第二十九条有关“民族自治地方的自治机关对本民族自治地方的企业应缴纳的企业所得税中属于地方分享的部分，可以决定减征或者免征”的规定，对2008年1月1日后民族自治地方批准享受减免税的企业，一律按新税法第二十九条的规定执行，即对民族自治地方的企业减免企业所得税，仅限于减免企业所得税中属于地方分享的部分，不得减免属于中央分享的部分。民族自治地方在新税法实施前已经按照《财政部国家税务总局海关总署关于西部大开发税收优惠政策问题的通知》（财税〔2001〕202号）第二条第2款有关减免税规定批准享受减免企业所得税（包括减免中央分享企业所得税的部分）的，自2008年1月1日起计算，对减免税期限在5年以内（含5年）的，继续执行至期满后停止；对减免税期限超过5年的，从第6年起按新税法第二十九条规定执行。

2. 企业所得税法公布后的法律适用（财税〔2007〕115号）

新税法第五十七条第一款所称“本法公布前已经批准设立的企业”，是指在2007年3月16日前经工商等登记管理机关登记成立的企业。

2007年3月17日至2007年12月31日期间经工商等登记管理机关登记成立的企业，在2007年12月31日前，分别依照现行《中华人民共和国企业所得税暂行条例》和《中华人民共和国外商投资企业和外国企业所得税法》及其实施细则等相关规定缴纳企业所得税。自2008年1月1日起，上述企业统一适用新税法及国务院相关规定，不享受新税法第五十七条第一款规定的过渡性税收优惠政策。

3. 企业所得税法公布后税收优惠过渡性政策（国发〔2007〕39号）

（1）新税法公布前批准设立的企业税收优惠过渡办法。

企业按照原税收法律、行政法规和具有行政法规效力文件规定享受的企业所得税优惠政策，按以下办法实施过渡：

自2008年1月1日起，原享受低税率优惠政策的企业，在新税法施行后5年内逐步过渡到法定税率。其中：享受企业所得税15%税率的企业，2008年按18%税率执行，2009年按20%税率执行，2010年按22%税率执行，2011年按24%税率执行，2012年按25%税率执行；原执行24%税率的企业，2008年起按25%税率执行。

自2008年1月1日起，原享受企业所得税“两免三减半”、“五免五减半”等定期减免税优惠的企业，新税法施行后继续按原税收法律、行政法规及相关文件规定的优惠办法及年限享受至期满为止，但因未获利而尚未享受税收优惠的，其优惠期限从2008年度起计算。

享受上述过渡优惠政策的企业，是指2007年3月16日以前经工商等登记管理机关登记设立的企业；实施过渡优惠政策的项目和范围按《实施企业所得税过渡优惠政策表》（见附表）执行。

（2）继续执行西部大开发税收优惠政策。

根据国务院实施西部大开发有关文件精神，财政部、税务总局和海关总署联合下发的《财政部、国家税务总局、海关总署关于西部大开发税收优惠政策问题的通知》（财税〔2001〕202号）中规定的西部大开发企业所得税优惠政策继续执行。

（3）实施企业税收过渡优惠政策的其他规定。

享受企业所得税过渡优惠政策的企业，应按照新税法和实施条例中有关收入和扣除的规定计算应纳税所得额，并按本通知第一部分规定计算享受税收优惠。

企业所得税过渡优惠政策与新税法及实施条例规定的优惠政策存在交叉的，由企业选择最优惠的政策执行，不得叠加享受，且一经选择，不得改变。

4. 经济特区和上海浦东新区新设立高新技术企业

（1）法律设置的发展对外经济合作和技术交流的特定地区，是指深圳、珠海、汕头、厦门和海南经济特区；国务院已规定执行上述地区特殊政策的地区，是指上海浦东新区。

（2）对经济特区和上海浦东新区内在2008年1月1日（含）之后完成登记注册的国家需要重点扶持的高新技术企业（以下简称新设高新技术企业），在经济特区和上海浦东新区内取得的所得，自取得第一笔生产经营收入所属纳税年度起，第一年至第二年免征企业所得税，第三年至第五年按照25%的法定税率减半征收企业所得税。

国家需要重点扶持的高新技术企业，是指拥有核心自主知识产权，同时符合《中华人民共和国企业所得税法实施条例》第九十三条规定的条件，并按照《高新技术企业认定管理办法》认定的高新技术企业。

（3）经济特区和上海浦东新区内新设高新技术企业同时在经济特区和上海浦东新区以外的地区从事生产经营的，应当单独计算其在经济特区和上海浦东新区内取得的所得，并合理分摊企业的期间费用；没有单独计算的，不得享受企业所得税优惠。

（4）经济特区和上海浦东新区内新设高新技术企业在按照本通知的规定享受过渡性税收优惠期间，由于复审或抽查不合格而不再具有高新技术企业资格的，从其不再具有高新技术企业资格年度起，停止享受过渡性税收优惠；以后再次被认定为高新技术企业的，不得继续享受或者重新享受过渡性税收优惠。

5. 其他有关行业、企业的优惠政策执行期限

财税〔2008〕1号文件规定：为保证部分行业、企业税收优惠政策执行的连续性，对原有关就业再就业，奥运会和世博会，社会公益，债转股、清产核资、重组、改制、转制等企业改革，涉农和国家储备，其他单项优惠政策共6类定期企业所得税优惠政策（见附件），自2008年1月1日起，继续按原优惠政策规定的办法和时间执行到期。

（五）其他

1. 鼓励软件产业和集成电路产业（财税〔2008〕1号）

（1）软件生产企业实行增值税即征即退政策所退还的税款，由企业用于研究开发软件产品和扩大再生产，不作为企业所得税应税收入，不予征收企业所得税。

（2）我国境内新办软件生产企业经认定后，自获利年度起，第一年和第二年免征企业所得税，第三年至第五年减半征收企业所得税。

（3）国家规划布局内的重点软件生产企业，如当年未享受免税优惠的，减按10%的税率征收企业所得税。

（4）软件生产企业的职工培训费用，可按实际发生额在计算应纳税所得额时扣除。

（5）企事业单位购进软件，凡符合固定资产或无形资产确认条件的，可以按照固定资产或无形资产进行核算，经主管税务机关核准，其折旧或摊销年限可以适当缩短，最短可为2年。

（6）集成电路设计企业视同软件企业，享受上述软件企业的有关企业所得税政策。

（7）集成电路生产企业的生产性设备，经主管税务机关核准，其折旧年限可以适当缩短，最短可为3年。

（8）投资额超过80亿元人民币或集成电路线宽小于0.25μm的集成电路生产企业，可以减按15%的税率缴纳企业所得税，其中，经营期在15年以上的，从开始获利的年度起，第一年至第五年免征企业所得税，第六年至第十年减半征收企业所得税。

（9）对生产线宽小于0.8微米（含）集成电路产品的生产企业，经认定后，自获利年度起，第一年和第二年免征企业所得税，第三年至第五年减半征收企业所得税。

已经享受自获利年度起企业所得税“两免三减半”政策的企业，不再重复执行本条规定。

（10）自2008年1月1日起至2010年底，对集成电路生产企业、封装企业的投资者，以其取得的缴纳企业所得税后的利润，直接投资于本企业增加注册资本，或作为资本投资开办其他集成电路生产企业、封装企业，经营期不少于5年的，按40%的比例退还其再投资部分已缴纳的企业所得税税款。再投资不满5年撤出该项投资的，追缴已退的企业所得税税款。

自2008年1月1日起至2010年底，对国内外经济组织作为投资者，以其在境内取得的缴纳企业所得税后的利润，作为资本投资于西部地区开办集成电路生产企业、封装企业或软件产品生产企业，经营期不少于5年的，按80%的比例退还其再投资部分已缴纳的企业所得税税款。再投资不满5年撤出该项投资的，追缴已退的企业所得税税款。

2. 鼓励证券投资基金（财税〔2008〕1号）

（1）对证券投资基金从证券市场中取得的收入，包括买卖股票、债券的差价收入，股权的股息、红利收入，债券的利息收入及其他收入，暂不征收企业所得税。

（2）对投资者从证券投资基金分配中取得的收入，暂不征收企业所得税。

（3）对证券投资基金管理人运用基金买卖股票、债券的差价收入，暂不征收企业所得税。

3. 其他有关行业、企业（财税〔2008〕1号）

为保证部分行业、企业税收优惠政策执行的连续性，对原有关就业再就业，奥运会和世博会，社会公益，债转股、清产核资、重组、改制、转制等企业改革，涉农和国家储备，其他单项优惠政策共6类定期企业所得税优惠政策（见附件），自2008年1月1日起，继续按原优惠政策规定的办法和时间执行到期。

4. 外国投资者从外商投资企业取得利润（财税〔2008〕1号）

2008年1月1日之前外商投资企业形成的累积未分配利润，在2008年以后分配给外国投资者的，免征企业所得税；2008年及以后年度外商投资企业新增利润分配给外国投资者的，依法缴纳企业所得税。

5. 税收优惠政策制定权限（财税〔2008〕1号）

除《中华人民共和国企业所得税法》、《中华人民共和国企业所得税法实施条例》、《国务院关于实施企业所得税过渡优惠政策的通知》（国发〔2007〕39号），《国务院关于经济特区和上海浦东新区新设立高新技术企业实行过渡性税收优惠的通知》（国发〔2007〕40号）及本通知规定的优惠政策以外，2008年1月1日之前实施的其他企业所得税优惠政策一律废止。各地区、各部门一律不得越权制定企业所得税的优惠政策。

4.2.6 创业投资企业抵扣的应纳税所得额

一、填报要求

附表五第39行"创业投资企业抵扣的应纳税所得额"：填报创业投资企业采取股权投资方式投资于未上市的中小高新技术企业2年以上的，可以按照其投资额的70%在股权持有满2年的当年抵扣该创业投资企业的应纳税所得额；当年不足抵扣的，可以在以后纳税年度结转抵扣。

二、办理税收优惠手续的税法依据

2009年4月30日国家税务总局发布《关于实施创业投资企业所得税优惠问题的通知》（国税发〔2009〕87号），具体文件规定如下：

（一）创业投资企业范围

创业投资企业是指依照《创业投资企业管理暂行办法》（国家发展改革委等10部委令〔2005〕第39号，以下简称《暂行办法》）和《外商投资创业投资企业管理规定》（商务部等五部委令〔2003〕第2号）在中华人民共和国境内设立的专门从事创业投资活动的企业或其他经济组织。

（二）创业投资企业优惠政策及享受条件

创业投资企业采取股权投资方式投资于未上市的中小高新技术企业2年（24个月）以上，凡符合以下条件的，可以按照其对中小高新技术企业投资额的70%，在股权持有满2年的当年抵扣该创业投资企业的应纳税所得额；当年不足抵扣的，可以在以后纳税年度结转抵扣。

（1）经营范围符合《暂行办法》规定，且工商登记为"创业投资有限责任公司"、"创业投资股份有限公司"等专业性法人创业投资企业。

（2）按照《暂行办法》规定的条件和程序完成备案，经备案管理部门年度检查核实，投资运作符合《暂行办法》的有关规定。

（3）创业投资企业投资的中小高新技术企业，除应按照科技部、财政部、国家税务总局《关于印发〈高新技术企业认定管理办法〉的通知》（国科发火〔2008〕172 号）和《关于印发〈高新技术企业认定管理工作指引〉的通知》（国科发火〔2008〕362 号）的规定，通过高新技术企业认定以外，还应符合职工人数不超过 500 人，年销售（营业）额不超过 2 亿元，资产总额不超过 2 亿元的条件。

2007 年底前按原有规定取得高新技术企业资格的中小高新技术企业，且在 2008 年继续符合新的高新技术企业标准的，向其投资满 24 个月的计算，可自创业投资企业实际向其投资的时间起计算。

（4）财政部、国家税务总局规定的其他条件。

（三）“抵扣应纳税所得额”解释

《企业所得税法》第三十一条所称抵扣应纳税所得额，是指创业投资企业采取股权投资方式投资于未上市的中小高新技术企业 2 年以上的，可以按照其投资额的 70% 在股权持有满 2 年的当年抵扣该创业投资企业的应纳税所得额；当年不足抵扣的，可以在以后纳税年度结转抵扣。

（四）“投资于未上市的中小高新技术企业 2 年以上的”解释

《实施条例》第九十七条所称投资于未上市的中小高新技术企业 2 年以上的，包括发生在 2008 年 1 月 1 日以前满 2 年的投资。

（五）“中小高新技术企业”解释

所称中小高新技术企业是指按照《高新技术企业认定管理办法》（国科发火〔2008〕172 号）和《高新技术企业认定管理工作指引》（国科发火〔2008〕362 号）取得高新技术企业资格，且年销售额和资产总额均不超过 2 亿元、从业人数不超过 500 人的企业，其中 2007 年底前已取得高新技术企业资格的，在其规定有效期内不需重新认定。

（六）创业投资企业的投资期限的确认

中小企业接受创业投资之后，经认定符合高新技术企业标准的，应自其被认定为高新技术企业的年度起，计算创业投资企业的投资期限。该期限内中小企业接受创业投资后，企业规模超过中小企业标准，但仍符合高新技术企业标准的，不影响创业投资企业享受有关税收优惠。

（七）申请享受投资抵扣应纳税所得额报送资料

创业投资企业申请享受投资抵扣应纳税所得额，应在其报送申请投资抵扣应纳税所得额年度纳税申报表以前，向主管税务机关报送以下资料备案：

（1）经备案管理部门核实后出具的年检合格通知书（副本）；

（2）关于创业投资企业投资运作情况的说明；

（3）中小高新技术企业投资合同或章程的复印件、实际所投资金验资报告等相关材料；

（4）中小高新技术企业基本情况（包括企业职工人数、年销售（营业）额、资产总额等）说明；

（5）由省、自治区、直辖市和计划单列市高新技术企业认定管理机构出具的中小高新技术企业有效的高新技术企业证书（复印件）。

4.2.7 抵免所得税额合计

一、填报要求

（一）附表五第41—43行，填报纳税人购置并实际使用《环境保护专用设备企业所得税优惠目录》、《节能节水专用设备企业所得税优惠目录》和《安全生产专用设备企业所得税优惠目录》规定的环境保护、节能节水、安全生产等专用设备的，允许从企业当年的应纳税额中抵免的投资额10%的部分。当年不足抵免的，可以在以后5个纳税年度结转抵免。

（二）附表五第44行“其他”：填报国务院根据税法授权制定的其他抵免所得税额部分。

二、办理税收优惠手续的税法依据

（一）购置环保、节能节水、安全生产等设备优惠的范围及抵免年限

《企业所得税法》第三十四条规定，企业购置用于环境保护、节能节水、安全生产等专用设备的投资额，可以按一定比例实行税额抵免。

《企业所得税法实施条例》第一百条规定，企业所得税法第三十四条所称税额抵免，是指企业购置并实际使用《环境保护专用设备企业所得税优惠目录》、《节能节水专用设备企业所得税优惠目录》和《安全生产专用设备企业所得税优惠目录》规定的环境保护、节能节水、安全生产等专用设备的，该专用设备的投资额的10%可以从企业当年的应纳税额中抵免；当年不足抵免的，可以在以后5个纳税年度结转抵免。

享受前款规定的企业所得税优惠的企业，应当实际购置并自身实际投入使用前款规定的专用设备；企业购置上述专用设备在5年内转让、出租的，应当停止享受企业所得税优惠，并补缴已经抵免的企业所得税税款。

（二）《安全生产专用设备企业所得税优惠目录》（2008年版）

财税〔2008〕118号规定，《安全生产专用设备企业所得税优惠目录》（2008年版）已经国务院批准，现予以公布，自2008年1月1日起施行。

（三）《节能节水专用设备企业所得税优惠目录》（2008年版）

财税〔2008〕115号规定，《节能节水专用设备企业所得税优惠目录》（2008年版）和《环境保护专用设备企业所得税优惠目录》（2008年版），已经国务院批准，现予以公布，自2008年1月1日起施行。

（四）《环境保护专用设备企业所得税优惠目录》（2008年版）

财税〔2008〕115号规定，《节能节水专用设备企业所得税优惠目录》（2008年版）和《环境保护专用设备企业所得税优惠目录》（2008年版），已经国务院批准，现予以公布，自2008年1月1日起施行。

4.2.8 减免税附列资料

（1）附表五第45行“企业从业人数”：填报纳税人全年平均从业人员，按照纳税人年初和年末的从业人员平均计算，用于判断是否为税收规定的小型微利企业。

（2）附表五第46行“资产总额”：填报纳税人全年资产总额平均数，按照纳税人年初和年末的资产总额平均计算，用于判断是否为税收规定的小型微利企业。

（3）附表五第47行“所属行业（工业企业其他企业）”项目：填报纳税人所属的行

业，用于判断是否为税收规定的小型微利企业。

第五节 《境外所得税抵免计算明细表》的填报和审核

5.1 《境外所得税抵免计算明细表》概述

5.1.1 报表结构说明

一、适用范围及依据

附表六《境外所得税抵免计算明细表》适用于实行查账征收企业所得税的居民纳税人填报。

根据《中华人民共和国企业所得税法》及其实施条例、相关税收政策的规定，填报纳税人本纳税年度来源于不同国家或地区的境外所得，按照税收规定应缴纳和应抵免的企业所得税额。

二、报表结构说明

附表六《境外所得税抵扣计算明细表》是根据境外已缴纳所得税税款的两种抵扣方法设计的。第一种方法为分国不分项抵扣，企业能全面提供境外完税凭证的，可采取分国不分项抵扣；第二种方法为定率抵扣，企业可以不区分免税或非免税项目，统一按税法规定的比率抵扣。

附表六《境外所得税抵扣计算明细表》横向结构按抵扣方式分为两部分。

一是直接抵免，适用于总分关系之间的或境外提供劳务已缴纳的税金；

二是间接抵免，适用于间接在境外缴纳的所得税，包括：母子公司关系之间的缴纳税金，必须是直接或间接控制子公司。控制权比例计算时，直接控制和间接控制不能相加，全部为间接控制能相加。

附表六《境外所得税抵扣计算明细表》横向结构可以分为以下四个部分内容：

第一部分为境外应税所得情况，在第 1 列至第 8 列反映；

第二部分为境外所得应纳税情况，在第 9 列、第 10 列反映；

第三部分为抵扣情况，采用分国不分项的方法的在第 11 列至第 15 列反映，采用定率抵扣的方法，在第 17 列反映；

第四部分为未抵扣余额，在第 16 列反映。

三、表内计算栏次关系

（1）附表六第 6 列 = 本表第 3 - 4 - 5 列。

（2）附表六第 8 列 = 本表第 6 - 7 列。

（3）附表六第 10 列 = 本表第 8 ×9 列。

（4）附表六第 14 列 = 本表第 12 - 13 列。

（5）附表六第 13 列“本年可抵免的境外所得税款”。第 12 列某行≤同一行次的第 11 列，第 13 列 = 第 12 列；当第 12 列某行≥同一行次的第 11 列，第 13 列 = 第 11 列。

（6）附表六第 14 列“未超过境外所得税款抵免限额的余额”各行 = 同一行的第 12 - 13列，当计算出的值≤0 时，本列该行为 0；当计算出的值≥0 时，第 14 列 = 第

15列。

(7) 附表六第15列“本年可抵免以前年度所得税额”各行≤同一行次的第14列；第13列合计行+第15列合计行=主表第32行。

四、表间计算栏次关系

(1) 附表六第10列合计数=主表第31行。

(2) 附表六第13列合计行+第15列合计行=主表第32行。

(3) 附表六第17列合计行=主表第32行。

5.1.2 要点解说

一、直接抵免

(一) 直接抵免是指居住国政府对其居民纳税人在非居住国直接缴纳的所得税款，允许冲抵其应缴本国政府的所得税款。

(二) 直接抵免的适用范围：直接抵免是一种适用于同一经济实体的跨国纳税人的税收抵免方法。具体适用范围包括：总公司在国外的分公司（分支机构）所直接缴纳的企业所得税；跨国纳税人在国外缴纳的预提所得税。

二、间接抵免

间接抵免是适用于跨国母子公司（不同经济实体）之间的税收抵免。

间接抵免是指居住国政府对其母公司来自外国子公司股息红利的相应利润所负担的企业所得税，允许母公司在应缴本国政府的企业所得税内进行抵免。由于上述税额不是直接缴纳，且由于子公司在某一纳税年度内的税后收益不一定全部作为股息分配，因此母公司只能按其分得的股息红利收入额（剔除预提所得税）占外国子公司缴纳所得税后的利润的比例，分摊外国子公司所得税额，即为母公司分得股息红利应承担的外国子公司所得税，该所得税才能够作为间接抵免额从母公司应缴纳的所得税内扣除。由于跨国投资的复杂性及间接持股的方式，间接抵免可分为一层间接抵免和多层间接抵免。推算含税所得基本公式为：

母公司取得子公司的股息的含税所得=母公司取得子公司的股息+母公司取得境外子企业的股息所负担的企业所得税额

母公司取得境外子企业的股息所负担的企业所得税额=子公司已缴的企业所得税额×子公司支付给母公司的股息÷子公司的税后利润

在通常情况下，子公司所在国不仅对子公司的所得课征公司所得税，还要对支付给境外母公司的股息课征预提所得税。因此，母公司所在国还要对这两种税采用直接和间接相结合的方式进行税收抵免。

三、抵免限额

抵免限额=中国境内、境外所得依照企业所得税法和条例的规定计算的应纳税总额×来源于某国（地区）的应纳税所得额÷中国境内、境外应纳税所得总额

上述应纳税总额应根据中国企业所得税法和实施条例的规定加以计算，包括应纳税所得额的确定、适用税率的确定、具体计算方法等。同样应纳税所得额的计算也是如此，即各种税前扣除、摊销、折旧等应符合中国税法的规定。

上述公式可简化为：

抵免限额＝按照税法规定计算的来源于某国（地区）的应纳税所得额×基本税率（25%）

考虑到国际税收抵免情况的复杂性，基于维护国家税收利益的需要或者更好地平衡纳税人的利益需要，税法授权国务院财政、税务主管部门可以规定不同于条例规定的计算方法和公式。

四、外国企业

在所得税法对税收抵免章节中出现的“外国企业”是指依照其他国家（地区）法律在中国境外设立的公司、企业和其他经济组织。它与新税法中的居民企业和非居民企业是不同的概念。外国企业既可以是我国的居民企业，也可以是我国的非居民企业，判断的标准是实际管理机构是否在中国境内。

五、可抵免的税款

新税法规定，已在境外缴纳的所得税额是指企业来源于中国境外的所得依照中国境外税收法律以及相关规定应当缴纳并已经实际缴纳的企业所得税性质的税款。这有几点含义：

（1）如果是来源于境内的所得，即使在境外缴纳了所得税款，也不能适用税收抵免；

（2）可抵免的税款，仅限于境外缴纳的所得税性质的税款；

（3）可抵免的税款，仅限于境外应缴并已实际缴纳的税款；

（4）被境外减免的税收优惠（税收协定中特别规定除外，免税所得栏有税收饶让部分，必须参照税收协定）以及纳税后得到补偿或者由他人代为承担的税款，均不属于税收抵免的范围。

六、分国不分项

“分国不分项”是指纳税人区别对待来源于每一个外国国家（地区）的所得，不再逐一区分各项所得，并以此为基础，以每一个国家（地区）为单位，分别计算各个国家（地区）的抵免限额。

七、多层间接抵免

（1）计算间接抵免的关键一步是将外国子公司支付的股息还原成税前利润，该税前利润应该等于上一层企业收到的下一层企业实际支付的股息加上该股息在下一层企业所应负担的企业所得税，公式表示如下：

本层企业支付给上一层企业的股息含税所得＝本层企业支付给上一层企业的股息＋本层企业支付给上一层的股息所负担的企业所得税额

本层企业支付给上一层企业的股息所负担的企业所得税额＝本层企业已缴的企业所得税额×本层企业支付给上一层企业的股息÷本层企业的税后利润

（2）若本层企业所在国存在股息预提税，则本层企业支付给上一层企业的股息还应包括股息预提税在内，即：

本层企业支付给上一层企业的股息（不含企业所得税）＝本层企业支付给上一层企业的股息（不含所得税）＋股息预提税

在知道该国预提税率的情况下，上公式可改写为：

本层企业支付给上一层企业的股息（不含企业所得税）＝本层企业支付给上一层企业

的股息（不含企业所得税）÷（1-股息预提税率）

（3）间接抵免同样采用限额抵免的方式，其计算公式与直接抵免方式下的公式相同，根据间接抵免的特点重新表述为：

本层企业所得税税额的抵免限额=本层及下一层企业所得按照税法计算的应纳税总额×按税法计算的本层企业的应纳税所得额÷本层及下一层企业所得按照税法计算的应纳税所得总额

上述公式可简化为：

本层企业所得税税额的抵免限额=按照税法计算的下一层应纳税所得额×本层企业的基本税率

八、居民企业直接控制或间接控制的外国企业的判断

（1）中国企业A直接拥有甲国企业B20%的股份，则中国企业A直接控制甲国企业B。

（2）中国企业A直接拥有甲国企业B20%的股份，B又直接拥有乙国C企业100%的股权，则中国企业A直接控制甲国企业B，同时间接控制乙国企业C（20%×100%=20%）。

（3）中国企业A直接拥有乙国C企业10%的股份，同时A直接拥有甲国企业B30%的股份，而B又直接拥有C企业60%的股份，则A通过B间接拥有C企业18%的股份（30%×60%=18%），据此A直接控制B，但不控制C，因为A直接拥有C企业10%和通过B间接拥有C的18%不能相加，因此达不到20%的控制比例。

（4）中国企业A直接拥有甲国企业B30%的股份，而B又直接拥有乙国企业C企业60%的股份，同时中国企业A直接拥有丙国企业D40%的股份，而D又直接拥有乙国企业C企业30%的股份，则A直接控制B和D，并通过B和D间接控制C企业（30%×60%+40%×30%=20%）。

九、税收饶让

（1）税收饶让也称“饶让抵免”或“虚拟抵免”、“虚税实扣”，是指居住国政府对其居民在国外得到减免税优惠的那一部分所得税，视同已经缴纳，同样给予税收抵免待遇，不再按居住国税法规定的税率予以补征。它是配合税收抵免的一种特殊方式，是税收抵免内容的附加。

（2）税收饶让的方式。税收饶让的方式主要有差额饶让抵免和定率饶让抵免两种。

差额饶让抵免，是一国政府对其居民在国外实际缴纳的税额与按外国税法规定税率计算的应纳税额之间的差额，视同已纳外国税款而予以的抵免。

定率饶让抵免，是一国政府对其居民在国外享受的减免税或按税收协定限制税率享受的差额税款，也视同已经缴纳，但只允许其按一固定税率计算的税额进行抵免。

（3）税收饶让下的直接抵免方法和间接抵免方法。

对于税收饶让方式下的直接抵免与间接抵免，在确定居住国总公司或母公司可以直接或间接抵免的已缴或已承担的外国所得税额时，必须考虑包括两方面的税额，即一方面是在外国实际缴纳或承担的税额，另一方面则是视同已经缴纳或承担的减免税额。在按居住国税法规定计算的抵免限额内，可以将上述两方面的税额冲减居住国纳税义务。

5.2 《境外所得税抵免计算明细表》填报要求

（1）第1列“国家或地区”

填报境外所得来源的国家或地区的名称。来源于同一国家或地区的境外所得可合并到一行填报。

（2）第2列“境外所得”

填报来自境外的税后境外所得的金额。

（3）第3列“境外所得换算含税收入的所得”

填报第2列境外所得换算成包含在境外缴纳企业所得税以及按照我国税收规定计算的所得。

境外所得换算含税收入的所得＝适用所在国家地区所得税税率的境外所得÷（1－适用所在国家地区所得税税率）＋适用所在国家预提所得税率的境外所得÷（1－适用所在国家预提所得税率）

（4）第4列“弥补以前年度亏损”

填报境外所得按税收规定弥补以前年度境外亏损额。

（5）第5列“免税所得”

填报按照税收规定予以免税的境外所得。

（6）第6列“弥补亏损前境外应税所得额”

填报境外所得弥补境内亏损前的应税所得额。第6列＝3列－4列－5列。

（7）第7列“可弥补境内亏损”

填报境外所得按税收规定弥补境内亏损额。

（8）第8列“境外应纳税所得额”

填报弥补亏损前境外应纳税所得额扣除可弥补境内亏损后的金额。

（9）第9列“税率”

填报纳税人境内税法规定的税率25%。

（10）第10列“境外所得应纳税额”

填报境外应纳税所得额与境内税法规定税率的乘积的金额。

（11）第11列“境外所得可抵免税额”

填报纳税人已在境外缴纳的所得税税款的金额。

本列填报从境外子公司取得的所得在所在国家或地区缴纳的企业所得税额，可分为直接抵免和间接抵免。子公司从境外取得的所得在所在国家或地区缴纳的企业所得税额为直接抵免税额；从境外二级子公司取得的所得在所在国家或地区缴纳的企业所得税额为间接抵免税额。

二级子公司可抵免税额＝（纳税人分得的所得÷同一纳税年度子公司税后应分配总额）×（子公司分得的所得÷同一纳税年度二级子公司税后应分配总额）×二级子公司同一纳税年度已缴所得税

（12）第12列“境外所得税款抵免限额”

抵免限额＝中国境内、境外所得依照企业所得税法和条例的规定计算的应纳税总额×

来源于某国（地区）的应纳税所得额 ÷ 中国境内、境外应纳税所得总额。

（13）第 13 列“本年可抵免的境外所得税款”

填报本年来源于境外的所得已缴纳所得税，在本年度允许抵免的金额。

（14）第 14 列“未超过境外所得税款抵免限额的余额”

填报本年度在抵免限额内抵免完境外所得税后，可用于抵免以前年度结转的待抵免的所得税额。

（15）第 15 列“本年可抵免以前年度税额”

填报本年可抵免以前年度未抵免、结转到本年度抵免的境外所得税额。

（16）第 16 列“前五年境外所得已缴税款未抵免余额”

填报可结转以后年度抵免的境外所得税未抵免余额。

（17）第 17 列“定率抵免”

本列适用于实行定率抵免境外所得税款的纳税人，填报此列的纳税人不填报第 11 至 16 列。

5.3 《境外所得税抵免计算明细表》直接抵免填报

5.3.1 中国企业 2010 年企业情况描述

某中国企业在 2010 年境内应纳税所得额为 200 万元，其在 A、B 两国设有分支机构，2006 年至 2009 年期间，中国企业和 A、B 两国分支机构未发生亏损，B 国以前年度未抵免完毕结转到本年度抵免的企业所得税额为 10 万元。

2010 年取得 A 国分支机构税后所得为 60 万元，A 国所得税率为 40%，取得利息所得 8 万元，特许权使用所得 8 万元，A 国规定的预提税率为 20%。

取得 B 国分支机构税后所得为 75 万元，B 国所得税率为 25%，取得租金所得 9 万元，B 国规定的预提税率为 10%。

假设境外法律规定与中国税收法规无差别，且境外税款已全部缴纳。

5.3.2 中国企业 2010 年应纳税额的计算要点

采用直接抵免方法，计算中国企业在 2010 年度应纳税额时，应关注的要点：

一、境外所得抵免计算的审核要点

（1）本年可抵免的境外所得税款

（2）未超过境外所得税款抵免限额的余额

（3）本年可抵免以前年度税额

（4）前 5 年境外所得已缴税款未抵免余额

二、中国企业 2008 年度应纳税额计算的审核要点

（1）中国企业境内应纳税所得额；

（2）从境外分支机构取得的含税所得额；

（3）境外分支机构本年度可抵免的境外所得税款。

5.3.3 中国企业 2010 年度应纳税额的计算

1. 计算自 A 国取得的含税所得及应纳税款

A 国取得的含税所得总额及应纳税总额分别为 120 万元和 44 万元，具体计算过程

如下：

（1）分支机构含税所得 =60 ÷（1 -40%）=100（万元）

（2）分支机构应纳税额 =100 ×40% =40（万元）

（3）利息及特许权使用费含税所得 =（8 +8）÷（1 -20%）=20（万元）

（4）利息及特许权使用费应纳税额 =20 ×20% =4（万元）

2. 计算自 B 国取得的含税所得及应纳税款

B 国取得的含税所得总额及应纳税总额分别为 110 万元和 26 万元，具体计算过程如下：

（1）分支机构含税所得 =75 ÷（1 -25%）=100（万元）

（2）分支机构应纳税额 =100 ×25% =25（万元）

（3）租金含税所得 =9 ÷（1 -10%）=10（万元）

（4）租金应纳税额 =10 ×10% =1（万元）

3. 假定境外法律与中国法律在计算应纳税所得额和应纳税额方面无差异，则该企业汇总计算的应纳税额为：

（200 +120 +110）×25% =107.5（万元）

4. 同上，A 国所得的抵免限额为：120 ×25% =30（万元）

5. 同上，B 国所得的抵免限额为：110 ×25% =27.5（万元）

6. 中国企业自 A、B 两国取得的所得本年可抵免的境外所得税额为：

（1）由于 A 国已纳税额为 44 万元 > 抵免限额 30 万元，因此只能抵免 30 万元；

（2）由于 B 国分支机构已纳税额为 26 万元 < 抵免限额 27.5 万元，因此该 26 万元可全部抵免。

（3）2006 年至 2009 年期间，B 国以前年度未抵免完毕结转到本年度抵免的企业所得税额为 10 万元，本年抵免以前年度税额 1.5 万元。

7. 某中国企业 2010 年应纳所得税额为：107.5 -30 -27.5 =50（万元）

8. A 国分支机构已纳税额 44 万元不足抵免部分（44 -30）=14（万元），应留待自 2009 年度起连续 5 年内在税额扣除不超过抵免限额的余额内补扣

5.3.4 中国企业 2010 年度直接抵免填报方法

一、第 1 列“国家或地区”、第 2 列“境外所得”填报

（一）A 国分支机构情况填报

1. A 国分支机构税后所得组成

2010 年取得 A 国分支机构境外所得 76 万元，其中：税后所得为 60 万元，A 国所得税率为 40%；取得利息所得 8 万元，特许权使用所得 8 万元，A 国规定的预提税率为 20%。

2. 填报情况

第 1 列“国家或地区”，填写“A 国”；

第 2 列“境外所得”，填写 2010 年取得 A 国分支机构境外所得 76 万元。

（二）B 国分支机构情况填报

1. B 国分支机构税后所得组成

2010 年取得 B 国分支机构境外所得 84 万元，其中：税后所得为 75 万元，B 国所得税

率为25%；取得租金所得9万元，B国规定的预提税率为10%。

2. 填报情况

第1列“国家或地区”，填写“B国”；

第2列“境外所得”，填写2010年取得B国分支机构境外所得84万元。

二、第3列“境外所得换算含税所得”填报

（一）第3列“境外所得换算含税所得”A国填报

1. A国取得的含税所得总额120万元，应纳税总额44万元，A国所得税税率40%，预提税率为20%。具体计算如下：

分支机构含税所得=60÷（1-40%）=100（万元）

利息及特许权使用费含税所得=（8+8）÷（1-20%）=20（万元）

2. 填报情况

第3列“境外所得换算含税所得”，填写A国取得的含税所得总额120万元。

（二）第3列“境外所得换算含税所得”B国填报

1. B国取得的含税所得总额110万元，应纳税总额为26万元，B国所得税税率为25%，预提税率为10%。具体计算如下：

分支机构含税所得=75÷（1-25%）=100（万元）

租金含税所得=9÷（1-10%）=10（万元）

2. 填报情况

第3列“境外所得换算含税所得”，填写B国取得的含税所得总额110万元。

三、第4列“弥补以前年度亏损”填报

A国、B国以前年度未发生境外亏损，第4列“弥补以前年度亏损”填写为0元。

四、第5列“免税所得”填报

A国、B国未发生免税的境外所得，第5列“免税所得”填写为0元。

五、第7列“可弥补境内亏损”填报

根据国税函〔2008〕1081号文件规定，境外所得先用于境内亏损额，并作为计算“境外应税所得额”扣减因素。

中国企业2006年至2009年期间，未发生亏损，第7列“可弥补境内亏损”填写为0元。

六、第11列“境外所得可抵免税额”填报

（1）A国取得的含税所得总额120万元，按A国税率计算已缴纳的应纳税总额44万元，填入第11列“境外所得可抵免税额”对应行次。

（2）B国取得的含税所得总额110万元，按B国税率计算已缴纳的应纳税总额为26万元，填入第11列“境外所得可抵免税额”对应行次。

七、第12列“境外所得税款抵免限额”填报

A国所得的抵免限额为30万元（120×25%），填入第12列“境外所得税款抵免限额”。

B国所得的抵免限额为27.5万元（110×25%），填入第12列“境外所得税款抵免限额”。

八、第13列“本年可抵免的境外所得税额”填报

（1）由于A国已纳税额为44万元>抵免限额30万元，因此只能抵免30万元，填入第13列“本年可抵免的境外所得税额”对应行次。

（2）由于B国分支机构已纳税额为26万元<抵免限额27.5万元，因此该26万元可全部抵免，填入第13列“本年可抵免的境外所得税额”对应行次。

九、第14列“未超过境外所得税款抵免限额的余额”填报

（1）A国分支机构已纳税额44万元不足抵免部分（44－30）＝14（万元），应留待自2009年度起连续5年内在税额扣除不超过抵免限额的余额内补扣，填入第14列“未超过境外所得税款抵免限额的余额”对应行次数据应为0万元。

（2）B国分支机构已纳税额26万元（已纳税额为26万元<抵免限额27.5万元）已全额抵免，填入第14列“未超过境外所得税款抵免限额的余额”对应行次数据为1.5（27.5－26）万元。

十、第15列“本年可抵免以前年度税额”填报

（1）A国分支机构已纳税额44万元不足抵免部分（44－30）＝14（万元），应留待自2009年度起连续5年内在税额扣除不超过抵免限额的余额内补扣，填入第15列“本年可抵免以前年度税额”对应行次0万元。

（2）2006年至2009年期间，B国以前年度未抵免完毕结转到本年度抵免的企业所得税额为10万元，B国未超过境外所得税款抵免限额的余额为1.5万元，填入第15列“本年可抵免以前年度税额”对应行次。

（3）填报第15列“本年可抵免以前年度税额”时，应注意以下两个问题：

抵免条件。境外分支机构已纳税额小于境外所得税款抵免限额（第10列<第12列）；

抵免标准。本年可抵免以前年度税额小于或等于未超过境外所得税款抵免限额的余额（第15列≤第14列）。

十一、第16列“前五年境外所得已缴税款未抵免余额”

（1）A国分支机构已纳税额44万元不足抵免部分（44万－30万）＝14万元，应留待自2009年度起连续五年内在税额扣除不超过抵免限额的余额内补扣，填入第16列“前5年境外所得已缴税款未抵免余额”对应行次14万元。

（2）2006年至2009年期间，B国以前年度未抵免完毕结转到本年度抵免的企业所得税额为10万元，本年抵免以前年度税额1.5万元，其差额8.5万元（10万－1.5万）填入第16列“前5年境外所得已缴税款未抵免余额”对应行次。

5.4 《境外所得税抵免计算明细表》一层间接抵免填报

5.4.1 中国A企业2010年企业情况描述

中国A企业拥有设立在甲国B企业60%的股份，2006年至2009年期间，中国A企业未发生亏损。

2010年A企业本部应纳税所得额为1000万元，收到甲国B企业分回的股息90万元，A企业适用所得税率为25%。

B企业2010年应纳税所得额为500万元，适用所得税率20%，甲国规定的股息预提

税率为10%。

假定B企业已按照甲国的法律规定缴纳了相关税额，且甲国法律规定与中国规定无差异。

5.4.2 中国A企业2010年应纳税额的计算要点

采用间接抵免方法，计算中国企业在2010年度应纳税额时，应关注的要点：

一、境外所得抵免计算的审核要点

（1）境外所得可抵免税额；

（2）境外所得税款可抵免限额；

（3）本年可抵免的境外所得税款。

二、中国企业2010年度应纳税额计算的审核要点

（1）中国企业境内应纳税所得额；

（2）从境外分支机构取得的含税所得额；

（3）境外分支机构本年度可抵免的境外所得税款。

5.4.3 中国A企业2010年度应纳税额的计算

（1）B企业支付给A企业的预提税税前股息为：90÷（1－10%）＝100万元

（2）B企业支付给A企业的股息代扣代缴预提税为：100×10%＝10万元

（3）B企业当年实现的税后利润为：500×（1－20%）＝400万元

（4）B企业支付给A企业的股息（不含预提税）应负担的所得税额为：500×20%×（100÷400）＝25（万元）

（5）B企业支付给A企业的股息的税前所得为125万元，计算公式如下：

B企业支付给A企业的股息的税前所得125万元＝B企业分回的股息90＋B企业代扣代缴股息预提税10＋B企业支付给A企业的股息应负担的所得税额25万元

（6）B企业支付给A企业的股息已在甲国缴纳的所得税额为35万元（10万＋25万）

（7）A企业收到的B企业股息抵免限额为：125×25%＝31.25（万元）

（8）A企业本年可抵免的境外所得税额

由于A境外子公司B在甲国实际缴纳税额为35万元＞抵免限额31.25万元，因此只能抵免31.25万元；且不足抵免部分（35万－31.25万）＝3.75万元，不得列为费用，也不得递延到以后年度抵免。

（9）中国企业A在2010年度应纳所得税额为：（1000＋125）×25%－31.25＝250（万元）

5.4.4 中国A企业2010年度一层间接抵免填报方法

一、第1列“国家或地区”、第2列“境外所得”填报

（1）中国企业A拥有设立在甲国B企业60%的股份，2006年至2009年期间，中国企业A未发生亏损。2010年A企业本部应纳税所得额为1000万元，收到甲国B企业分回的股息90万元。

（2）填报情况

第1列“国家或地区”，填写“甲国”。

第2列“境外所得”，填写中国A企业收到甲国B企业分回的股息90万元。

二、第3列“境外所得换算含税所得”填报

（1）换算过程

①B企业支付给A企业的预提税税前股息为：90÷（1－10%）＝100（万元）

②B企业支付给A企业的股息代扣代缴预提税为：100×10%＝10（万元）

③B企业当年实现的税后利润为：500×（1－20%）＝400（万元）

④B企业支付给A企业的股息（不含预提税）应负担的所得税额为：500×20%×（100÷400）＝25（万元）

⑤B企业支付给A企业的股息的税前所得为：90＋10＋25＝125（万元）

（2）填报情况

B企业支付给A企业的股息的税前所得为125万元（90万＋10万＋25万），填入第3列“境外所得换算含税所得”。

三、第7列“可弥补境内亏损”填报

根据国税函〔2008〕1081号文件规定，境外所得先用于境内亏损额，并作为计算“境外应税所得额”扣减因素。

中国企业2006年至2009年期间，未发生亏损，第7列“可弥补境内亏损”对应行次填写为0元。

四、第11列“境外所得可抵免税额”填报

B企业支付给A企业的股息已在甲国缴纳的所得税额为：10万＋25万＝35万元，填入第11列“境外所得可抵免税额”对应行次。

五、第12列“境外所得税款抵免限额”填报

A企业收到的B企业股息抵免限额为：125×25%＝31.25（万元），填入第12列“境外所得税款抵免限额”对应行次。

六、第13列“本年可抵免的境外所得税额”填报

由于A境外子公司B在甲国实际缴纳税额为35万元＞抵免限额31.25万元，因此只能抵免31.25万元，且不足抵免部分（35万－31.25万）＝3.75万元，不得列为费用，也不得递延到以后年度抵免。

A企业本年可抵免的境外所得税额为31.25万元，填入第13列“本年可抵免的境外所得税额”对应行次。

5.5 《境外所得税抵免计算明细表》多层间接抵免填报

5.5.1 中国A企业2010年企业情况

中国A企业拥有设立在甲国B企业60%的股份，B同时拥有在乙国设立的C企业50%的股份，2006年至2009年期间，中国A企业未发生亏损。

2010年A企业本部应纳税所得额为1000万元，收到甲国B企业分回的股息90万元，A企业适用所得税率为25%。

B企业本部2010年应纳税所得额为500万元，适用所得税率为20%，收到C企业分回的股息85万元，甲国规定的股息预提税率为10%。

C企业实现应纳税所得额为500万元，适用所得税率30%，乙国规定的股息预提税率

为15%。

假定B企业所在国也适用限额间接抵免方法处理境外所得，且B、C已按照所在国法律规定缴纳了相关税额，上述国法律规定与中国规定无差异。

5.5.2 中国企业2010年应纳税额的计算要点

采用间接抵免方法，计算中国企业在2010年度应纳税额时，应关注的要点：

一、境外所得抵免计算的审核要点

（1）境外所得可抵免税额；

（2）境外所得税款可抵免限额；

（3）本年可抵免的境外所得税款。

二、中国企业2010年度应纳税额计算的审核要点

（1）中国企业境内应纳税所得额；

（2）从境外分支机构取得的含税所得额；

（3）子公司、孙公司及以下级次境外公司所纳税额的因素影响；

（4）境外分支机构本年度可抵免的境外所得税款。

5.5.3 中国A企业2010年度应纳税额的计算

一、首先计算B企业2010年度在甲国的应纳税额

（1）C企业支付给B企业的预提税税前股息为：85÷（1-15%）=100（万元）

（2）C企业支付给B企业的股息代扣代缴预提税为：100×15%=15（万元）

（3）C企业当年实现的税后利润为：500×（1-30%）=350（万元）

（4）C企业支付给B企业的股息（不含预提税）应负担的所得税额为：500×30%×（100÷350）=42.86（万元）

（5）C企业支付给B企业的股息的税前所得为：85+15+42.86=142.86（万元）

（6）C企业支付给B企业的股息已在乙国缴纳的所得税额为：15+42.86=57.86（万元）

（7）B企业收到的C企业股息抵免限额为：142.86×20%=28.57（万元）

（8）B企业本年可抵免的境外所得税额为：

由于B境外子公司C在乙国实际缴纳税额为57.86万元>抵免限额28.57万元，因此只能抵免28.57万元。

（9）中国企业A的子公司B在甲国实际缴纳的2010年度所得税额为：（500+142.86）×20%-28.57=100（万元）。

二、其次计算A企业2010年度在中国的应纳税额

（1）B企业实际缴纳的所得税总额为：在甲国实际缴纳的2010年度所得税额100万元+境外子公司C向B支付股息在乙国实际缴纳税额57.86万元=157.86（万元）

（2）B企业支付给A企业的预提税税前股息为：90÷（1-10%）=100（万元）

（3）B企业支付给A企业的股息代扣代缴预提税为：100×10%=10（万元）

（4）B企业当年实现的税后利润为：B企业应纳税所得额500×（1-20%）+C企业支付给B企业股息85=485（万元）

（5）B企业支付给A企业的股息（不含预提税）应负担的所得税额为：157.86×

(100÷485) =32.55 万元，其中 B 企业支付给 A 企业的预提税税前股息 100 万元。

(6) B 企业支付给 A 企业的股息的税前所得为 132.55 万元，具体计算如下：

B 企业支付给 A 企业的股息的税前所得为 132.55 万元 = 甲国 B 企业分回的股息 90 万 + B 企业支付给 A 企业的股息代扣代缴预提税 10 万 + B 企业支付给 A 企业的股息（不含预提税）应负担的所得税额 32.55 万

(7) B 企业支付给 A 企业的股息已在甲国缴纳的所得税额为：10 + 32.55 = 42.55（万元）

(8) A 企业收到的 B 企业股息抵免限额为：132.55 × 25% = 33.14（万元）

(9) A 企业本年可抵免的境外所得税额为：

由于 A 境外子公司 B 在甲国实际缴纳税额为 42.55 万元 > 抵免限额 33.14 万元，因此只能抵免 33.14 万元。

(10) 中国企业 A 在中国实际缴纳的 2010 年度所得税额为：(1000 + 132.55) × 25% − 33.14 = 250（万元）。

(11) 不足抵免部分 (42.55 − 33.14) = 9.41（万元），不得列为费用，也不得递延到以后年度抵免。

5.5.4 中国 A 企业 2010 年度多层间接抵免填报方法

一、第 1 列“国家或地区”、第 2 列“境外所得”填报

(1) 中国企业 A 拥有设立在甲国 B 企业 60% 的股份，B 同时拥有在乙国设立的 C 企业 50% 的股份，2010 年 A 企业本部应纳税所得额为 1000 万元，收到甲国 B 企业分回的股息 90 万元。

(2) 填报情况

第 1 列“国家或地区”，填写“甲国”。

第 2 列“境外所得”，填写中国 A 企业收到甲国 B 企业分回的股息 90 万元。

二、第 3 列“境外所得换算含税所得”填报

(1) 换算过程

①B 企业实际缴纳的所得税总额为：在甲国实际缴纳的 2010 年度所得税额 100 万元 + 境外子公司 C 向 B 支付股息在乙国实际缴纳税额 57.86 万元 = 157.86 万元

②B 企业支付给 A 企业的预提税税前股息为：90 ÷ (1 − 10%) = 100（万元）

③B 企业支付给 A 企业的股息代扣代缴预提税为：100 × 10% = 10（万元）

④B 企业当年实现的税后利润为：500 × (1 − 20%) + 85 = 485（万元）

⑤B 企业支付给 A 企业的股息（不含预提税）应负担的所得税额为：157.86 × (100 ÷ 485) = 32.55（万元）

⑥B 企业支付给 A 企业的股息的税前所得为：90 + 10 + 32.55 = 132.55（万元）

(2) 填报情况

B 企业支付给 A 企业的股息的税前所得为 132.55 万元（90 万 + 10 万 + 32.55 万），填入第 3 列“境外所得换算含税所得”。

三、第 7 列“可弥补境内亏损”填报

根据国税函〔2008〕1081 号文件规定，境外所得先用于境内亏损额，并作为计算

"境外应税所得额"扣减因素。

中国A企业2006年至2009年期间，未发生亏损，第7列"可弥补境内亏损"对应行次填写为0元。

四、第11列"境外所得可抵免税额"填报

B企业支付给A企业的股息已在甲国缴纳的所得税额为：10+32.55=42.55（万元），填入第11列"境外所得可抵免税额"对应行次。

五、第12列"境外所得税款抵免限额"填报

A企业收到的B企业股息抵免限额为：132.55×25%=33.14万元，填入第12列"境外所得税款抵免限额"对应行次。

六、第13列"本年可抵免的境外所得税额"填报

由于A境外子公司B在甲国实际缴纳税额为42.55万元>抵免限额33.14万元，因此只能抵免33.14万元。不足抵免部分（42.55－33.14）=9.41（万元），不得列为费用，也不得递延到以后年度抵免。

A企业本年可抵免的境外所得税额为33.14万元，填入第13列"本年可抵免的境外所得税额"对应行次。

5.6 《境外所得税抵免计算明细表》审核的税法依据

一、《企业所得税法》第三条规定，居民企业应当就其来源于中国境内、境外的所得缴纳企业所得税；非居民企业在中国境内设立机构、场所的，应当就其所设机构、场所取得的来源于中国境内的所得，以及发生在中国境外但与其所设机构、场所有实际联系的所得，缴纳企业所得税。

二、《企业所得税法》第二十三条规定，企业取得的下列所得已在境外缴纳的所得税税额，可以从其当期应纳税额中抵免，抵免限额为该项所得依照本法规定计算的应纳税额；超过抵免限额的部分，可以在以后5个年度内，用每年度抵免限额抵免当年应抵税额后的余额进行抵补：

（1）居民企业来源于中国境外的应税所得；

（2）非居民企业在中国境内设立机构、场所，取得发生在中国境外但与该机构、场所有实际联系的应税所得。

三、《企业所得税法》第二十四条规定，居民企业从其直接或者间接控制的外国企业分得的来源于中国境外的股息、红利等权益性投资收益，外国企业在境外实际缴纳的所得税税额中属于该项所得负担的部分，可以作为该居民企业的可抵免境外所得税税额，在本法第二十三条规定的抵免限额内抵免。

四、《企业所得税法》第十四条规定：企业对外投资期间，投资资产的成本在计算应纳税所得额时不得扣除。

五、《企业所得税法》第十七条规定：企业在汇总计算缴纳企业所得税时，其境外营业机构的亏损不得抵减境内营业机构的盈利；

六、《企业所得税法》第十八条规定：企业纳税年度发生的亏损，准予向以后年度结转，用以后年度的所得弥补，但结转年限最长不得超过5年。

七、《企业所得税法实施条例》第七十七条规定：《企业所得税法》第二十三条所称已在境外缴纳的所得税额，是指企业来源于中国境外的所得依照中国境外税收法律以及相关规定应当缴纳并已经实际缴纳的企业所得税性质的税款。

八、《企业所得税法实施条例》第七十八条规定：企业《企业所得税法》第二十三条所称抵免限额，是指企业来源于中国境外的所得，依照企业《企业所得税法》和本条例的规定计算的应纳税额。除国务院财政、税务主管部门另有规定外，该抵免限额应当分国（地区）不分项计算，计算公式如下：

抵免限额 = 中国境内、境外所得依照企业《企业所得税法》和本条例的规定计算的应纳税总额 × 来源于某国（地区）的应纳税所得额 ÷ 中国境内、境外应纳税所得总额

九、《企业所得税法实施条例》第七十九条规定：企业《企业所得税法》第二十三条所称 5 个年度，是指企业取得的来源于中国境外的所得，已经在中国境外缴纳的企业所得税性质的税额超过抵免限额的当年的次年起连续 5 个纳税年度。

十、《企业所得税法实施条例》第八十条规定：企业《企业所得税法》第二十四条所称直接控制，是指居民企业直接持有外国企业 20% 以上股份。

十一、《企业所得税法》第二十四条所称“间接控制”，是指居民企业以间接持股方式持有外国企业 20% 以上股份。具体认定办法由国务院财政、税务主管部门另行制定。

十二、《企业所得税法实施条例》第八十一条规定：企业按照企业《企业所得税法》第二十三条、二十四条的规定抵免企业所得税税额时，应当提供中国境外税务机关出具的税款所属年度的有关纳税凭证。

第六节 《以公允价值计量资产纳税调整表》的填报和审核

6.1 《以公允价值计量资产纳税调整表》概说

6.1.1 适用范围及依据

附表七《以公允价值计量资产纳税调整表》适用于实行查账征收企业所得税的居民纳税人填报。

根据《中华人民共和国企业所得税法》及其实施条例、相关税收政策，以及企业会计准则的规定，填报纳税人以公允价值计量且其变动计入当期损益的金融资产、金融负债、投资性房地产的期初、期末的公允价值、计税基础以及纳税调整额。

6.1.2 报表结构说明

一、附表七《以公允价值计量资产纳税调整表》横向，按资产种类分为以下三部分内容：

（1）公允价值计量且其变动计入当期损益的金融资产；

（2）公允价值计量且其变动计入当期损益的金融负债；

（3）投资性房地产。

二、附表七《以公允价值计量资产纳税调整表》纵向，按数据来源可以分为以下三部分：

（1）期初金额，包括账载金额（公允价值）、计税基础等两列；

（2）期末金额，包括账载金额（公允价值）、计税基础等两列；

（3）纳税调整额。

6.1.3 表间计算逻辑关系

（1）第10行第5列为正数时：附表七第10行第5列＝附表三第10行第3列；

（2）第10行第5列为负数时：附表七第10行第5列负数的绝对值＝附表三第10行第4列。

6.1.4 金融资产和金融负债的分类及确认条件

一、金融资产初始确认时的划分

（1）以公允价值计量且其变动计入当期损益的金融资产，包括交易性金融资产和指定为以公允价值计量且其变动计入当期损益的金融资产；

（2）持有至到期投资；

（3）贷款和应收款项；

（4）可供出售金融资产。

二、金融负债初始确认时的划分。

（1）以公允价值计量且其变动计入当期损益的金融负债，包括交易性金融负债和指定为以公允价值计量且其变动计入当期损益的金融负债；

（2）其他金融负债。

三、金融资产或金融负债确认条件

金融资产或金融负债满足下列条件之一的，应当划分为交易性金融资产或金融负债：

（1）取得该金融资产或承担该金融负债的目的，主要是为了近期内出售或回购。

（2）属于进行集中管理的可辨认金融工具组合的一部分，且有客观证据表明企业近期采用短期获利方式对该组合进行管理。

（3）属于衍生工具。但是，被指定且为有效套期工具的衍生工具、属于财务担保合同的衍生工具、与在活跃市场中没有报价且其公允价值不能可靠计量的权益工具投资挂钩，并须通过交付该权益工具结算的衍生工具除外。

四、特殊条件的金融资产或负债的确认条件

（1）除《企业会计准则第22号——金融工具确认和计量》第二十一条和第二十二条的规定外，只有符合下列条件之一的金融资产或金融负债，才可以在初始确认时指定为以公允价值计量，且其变动计入当期损益的金融资产或金融负债：

①该指定可以消除或明显减少由于该金融资产或金融负债的计量基础不同，所导致的相关利得或损失在确认或计量方面不一致的情况。

②企业风险管理或投资策略的正式书面文件已载明，该金融资产组合该金融负债组合、或该金融资产和金融负债组合，以公允价值为基础进行管理、评价并向关键管理人员报告。

（2）在活跃市场中没有报价、公允价值不能可靠计量的权益工具投资，不得指定为以公允价值计量且其变动计入当期损益的金融资产。

活跃市场，是指同时具有下列特征的市场：

①市场内交易的对象具有同质性；

②可随时找到自愿交易的买方和卖方；

③市场价格信息是公开的。

(3) 企业可以将混合工具指定为以公允价值计量且其变动计入当期损益的金融资产或金融负债。但是下列情况除外：

①嵌入衍生工具对混合工具的现金流量没有重大改变；

②类似混合工具所嵌入的衍生工具，明显不应当从相关混合工具中分拆。

(4) 嵌入衍生工具相关的混合工具没有指定为以公允价值计量且其变动计入当期损益的金融资产或金融负债，且同时满足下列条件的，该嵌入衍生工具应当从混合工具中分拆，作为单独存在的衍生工具处理：

①与主合同在经济特征及风险方面不存在紧密关系；

②与嵌入衍生工具条件相同，单独存在的工具符合衍生工具定义。

无法在取得时或后续的资产负债表日对其进行单独计量的，应当将混合工具整体指定为以公允价值计量且其变动计入当期损益的金融资产或金融负债。

6.2 《以公允价值计量资产纳税调整表》的填报和审核

6.2.1 各项目填报要求

(1) 附表七第1列、第3列“账载金额（公允价值)”：填报纳税人根据会计准则规定以公允价值计量且其变动计入当期损益的金融资产、金融负债以及投资性房地产的期初、期末账面金额。

(2) 附表七第2列、第4列“计税基础”：填报纳税人以公允价值计量且其变动计入当期损益的金融资产、金融负债以及投资性房地产按照税收规定确定的计税基础的金额。

(3) 对附表七第6行第5列交易性金融负债的“纳税调整额” = 本表（第2列 - 第4列) - (第1列 - 第3列)。其他行次第5列“纳税调整额” = 本表（第4列 - 第2列) - (第3列 - 第1列)。

6.2.2 执行会计制度纳税人——会计数据审核

执行会计制度纳税人，不需要填报《以公允价值计量资产纳税调整表》。因为，金融资产、金融负债、投资性房地产等是新会计准则新增的内容，会计制度对金融资产、金融负债、投资性房地产等三类事项没有相关规定，会计制度核算体系中，也无法提供有关数据。

6.2.3 执行会计准则纳税人——会计数据审核

一、公允价值计量且其变动计入当期损益的金融资产

公允价值计量且其变动计入当期损益的金融资产，主要包括交易性金融资产和指定为以公允价值计量且其变动计入当期损益的金融资产两种类型。

(一) 交易性金融资产

(1) 交易性金融资产，主要是指企业为了近期出售或回购的金融资产。比如，企业以

赚取差价为目的从二级市场购入的股票、债券、基金等。

（2）交易性金融资产核算内容

①交易性金融资产科目核算企业为交易目的所持有的债券投资、股票投资、基金投资等交易性金融资产的公允价值。

企业持有的直接指定为以公允价值计量且其变动计入当期损益的金融资产，也在“交易性金融资产”科目核算。

企业（金融）接受委托采用全额承购包销、余额承购包销方式承销的证券，应在收到证券时将其进行分类。划分为以公允价值计量且其变动计入当期损益的金融资产的，应在“交易性金融资产”科目核算；划分为可供出售金融资产的，应在“可供出售金融资产”科目核算。

衍生金融资产在“衍生工具”科目核算。

②“交易性金融资产”科目可按交易性金融资产的类别和品种，分为“成本”、“公允价值变动”等进行明细核算。

③“交易性金融资产”科目期末借方余额，反映企业持有的交易性金融资产的公允价值。

（3）交易性金融资产的会计处理

①企业取得交易性金融资产，按其公允价值，借记“交易性金融资产”科目（成本），按发生的交易费用，借记“投资收益”科目，按已到付息期但尚未领取的利息或已宣告但尚未发放的现金股利，借记“应收利息”或“应收股利”科目；按实际支付的金额，贷记“银行存款”、“存放中央银行款项”、“结算备付金”等科目。

②交易性金融资产持有期间被投资单位宣告发放的现金股利，或在资产负债表日按分期付息、一次还本债券投资的票面利率计算的利息，借记“应收股利”或“应收利息”科目，贷记“投资收益”科目。

③资产负债表日，交易性金融资产的公允价值高于其账面余额的差额，借记“交易性金融资产”科目（公允价值变动），贷记“公允价值变动损益”科目；公允价值低于其账面余额的差额作相反的会计分录。

④出售交易性金融资产，应按实际收到的金额，借记“银行存款”、“存放中央银行款项”、“结算备付金”等科目，按该金融资产的账面余额，贷记“交易性金融资产”科目，按其差额，贷记或借记“投资收益”科目。同时，将原计入该金融资产的公允价值变动转出，借记或贷记“公允价值变动损益”科目，贷记或借记“投资收益”科目。

（二）衍生金融工具

（1）衍生金融工具，是以货币、债券、股票等基本金融工具为基础而创新出来的金融工具，它以另一些金融工具的存在为前提，以这些金融工具为买卖对象，价格也由这些金融工具决定。具体而言，衍生金融工具包括远期、期货、互换或期权合约，或具有相似特征的其他金融工具。

（2）衍生工具的核算内容。

①“衍生工具”科目核算企业衍生工具的公允价值及其变动形成的衍生资产或衍生负债。

衍生工具作为套期工具的，在“套期工具”科目核算。

②“衍生工具”科目可按衍生工具类别进行明细核算。

③“衍生工具”科目期末借方余额，反映企业衍生工具形成资产的公允价值；“衍生工具”科目期末贷方余额，反映企业衍生工具形成负债的公允价值。

3. 衍生工具的会计处理

(1) 企业取得衍生工具，按其公允价值，借记“衍生工具”科目，按发生的交易费用，借记“投资收益”科目，按实际支付的金额，贷记“银行存款”、“存放中央银行款项”等科目。

(2) 资产负债表日，衍生工具的公允价值高于其账面余额的差额，借记“衍生工具”科目，贷记“公允价值变动损益”科目；公允价值低于其账面余额的差额做相反的会计分录。

(3) 终止确认的衍生工具，应当比照“交易性金融资产”、“交易性金融负债”等科目的相关规定进行处理。

(三) 其他以公允价值计量的金融资产

(1) 直接指定为以公允价值计量且其变动计入当期损益的金融资产，是指企业基于风险管理需要或消除金融资产在会计确认和计量方面存在不一致情况等所作的指定。例如，企业准备运用某项衍生工具对采用摊余成本计量的金融资产进行套期保值，但由于套期有效性未能达到《企业会计准则第 24 号——套期保值》规定的条件而无法运用套期会计方法。

(2) 会计处理。企业持有的直接指定为以公允价值计量且其变动计入当期损益的金融资产，也在“交易性金融资产”科目核算。

(四) 公允价值计量且其变动计入当期损益的金融资产

［例］

(1) 交易情况。《北京青年报》2008 年 11 月 30 日，财经新闻版刊登文章称：继国航发布公告称其航油套期保值浮亏 31 亿元人民币之后，东航发布公告称，截至 2008 年 10 月 31 日，东航航油套期保值合约所测算的公允价值损失约为 18.3 亿元人民币。上航 2008 年 10 月 29 日也披露称，截至 2008 年 10 月 31 日，上航的航油套期保值合约所测算的公允价值损失约为 0.98 亿元人民币。

在国航、东航等公布航油套期保值业务损失的同时，国泰航空近日也发布公告称，截至 2008 年 10 月 31 日，公司燃油对冲合约未变现的以市值计价亏损估计为 28 亿港元，预计今年燃油支出总额为 400 亿港元左右，高于上年的 246.2 亿港元。

运用金融工具规避风险无可厚非，然而十几亿元甚至几十亿元的账面浮亏，着实令人惊叹，它将市场风险真切地暴露在人们眼前。

(2) 税务处理。对上述几家航空公司的套期保值浮亏，如果是发生在截至 12 月 31 日的公允价值变动损失，在企业所得税汇算清缴时，对套期保值浮亏应作纳税调增处理。

二、公允价值计量且其变动计入当期损益的金融负债

(一) 交易性金融负债

(1) 交易性金融负债，主要是指企业打算近期内出售或回购的金融负债。比如，企业

以赚取差价为目的从二级市场购入股票、债券、基金而形成的金融负债等。

（2）交易性金融负债核算内容。

金融工具确认和计量准则范围内的衍生工具，不作为有效套期工具的，也可划分为交易性金融负债。企业应设置“交易性金融负债”科目核算企业承担的交易性金融负债的公允价值。企业持有的指定为以公允价值计量且其变动计入当期损益的金融负债，也在此科目核算。但衍生金融负债不在该科目核算。“交易性金融负债”科目应当按照交易性金融负债类别，分别用“本金”、“公允价值变动”进行明细核算。

（3）交易性金融负债的会计处理。

①企业承担交易性金融负债时，应按实际收到的金额，借记“银行存款”等科目，按发生的交易费用，借记“投资收益”科目，按交易性金融负债的公允价值，贷记“交易性金融负债”科目（本金）。

②资产负债表日，按交易性金融负债票面利率计算的利息，借记“投资收益”，贷记“应付利息”科目；资产负债表日，交易性金融负债的公允价值高于其账面余额的差额，借记“公允价值变动损益”科目，贷记“交易性金融负债”科目（公允价值变动）；公允价值低于其账面余额的差额，作相反的会计分录。

③处置交易性金融负债时，应按其账面余额，借记“交易性金融负债”科目，按实际支付的金额，贷记“银行存款”等科目，按其差额，贷记或借记“投资收益”科目。同时，按该金融负债的公允价值变动，借记或贷记“公允价值变动损益”科目，贷记或借记“投资收益”科目。

“交易性金融负债”科目期末贷方余额，反映企业承担的交易性金融负债的公允价值。

（二）衍生金融工具

在“金融资产”部分已作介绍，这里不再重复，请参照上述有关内容。

（三）其他金融负债

根据金融工具确认和计量准则第八条的规定，其他金融负债是除以公允价值计量且其变动计入当期损益的负债以外的负债。通常情况下，企业发行的债券、因购买商品产生的应付账款、长期应付款等，应当划分为其他负债。其他负债应当按其公允价值和相关交易费用之和作为初始入账金额。其他金融负债通常采用摊余成本进行后续计量。

三、投资性房地产

（一）投资性房地产，是指为赚取租金或资本增值，或两者兼有而持有的房地产

投资性房地产的一个显著特点就是其应当能够单独计量和出售。投资性房地产主要包括以下三类：

（1）已出租的土地使用权；

（2）持有并准备增值后转让的土地使用权；

（3）已出租的建筑物。

（二）下列两个项目不属于投资性房地产

1. 自用房地产，即为生产商品、提供劳务或者经营管理而持有的房地产，该项目应作为企业的固定资产核算；

2. 作为存货的房地产，该项目应作为企业的库存商品等核算。

（三）投资性房地产准则不涉及下列内容

1. 企业代建的房地产，该业务应适用《企业会计准则第15号——建造合同》；

2. 投资性房地产的租金收入和售后租回业务，该业务适用于《企业会计准则第21号——租赁》。

四、交易性金融资产公允价值变动的纳税调整

〔例〕

（一）交易情况

甲公司2008年在证券市场买入A上市公司的股票，并将其划分为交易性金融资产管理，具体交易价格如下：

2008年11月25日，以每股3元的价格购入10万股，支付交易费用3000元。

2008年12月31日，该股票的价格为每股4元。

2009年5月3日，收到A上市公司发放的股票股利1万元。

2010年6月1日，以每股4.20元的价格将所有A公司股票出售。

（二）2008年会计处理

2008年11月25日购入股票时：

借：交易性金融资产——成本（A股票）　　300000
　　投资收益　　3000
　贷：银行存款　　303000

2008年12月31日，股票价格上涨：

借：交易性金融资产——公允价值变动　　100000
　贷：公允价值变动损益　　100000

假设当年公允价值变动损益无其他发生额，则在12月31日将其余额转入本年利润：

借：公允价值变动损益　　100000
　贷：本年利润　　100000

（三）2008年度税务处理

《企业所得税法实施条例》规定，通过支付现金方式取得的投资资产，以购买价款为成本。以支付现金方式取得投资资产的，在交易环节发生的费用，企业所得税与会计准则都作为当期费用列支，处理方法是一致的。

在2008年度企业所得税汇算清缴时，对于交易性金融资产的公允价值变动损益，会计上计入当期“公允价值变动损益”科目，企业所得税汇算清缴时，应作纳税调整减少处理。

(1) 调整方法。2008年12月31日，股票价格上涨，该公司的账务处理，所确认的当年公允价值变动收益10万元，在企业所得税汇算清缴时，应作纳税调减处理。

(2) 填报方法。假设甲公司仅有A上市公司股票一项交易性金融资产。在填报申报表时，《以公允价值计量资产纳税调整表》第2行“交易性金融资产”，“期初金额”所对应的第1列“账载金额”为30万元，所对应的第2列“计税基础”为30万元；“期末金额”所对应的第3列“账载金额”为40万元，所对应的第4列“计税基础”为30万元；

所对应第5列“纳税调整额”为-10万元，计算过程如下：

纳税调整减少10万元=（30-30）-（40-30）

（四）2009年会计处理

2009年12月31日，收到现金股利：

借：银行存款　　　　10000

　贷：交易性金融资产——公允价值变动　　　　10000

（五）2009年度企业所得税汇算清缴时税务处理

（1）调整方法。2009年12月31日，收到现金股利1万元，该公司的账务处理，冲减交易性金融资产的成本，没有确认为当期收益，在企业所得税汇算清缴时，应作纳税调整增加处理。

（2）填报方法。假设甲公司仅有A上市公司股票一项交易性金融资产。

在填报申报表时，《以公允价值计量资产纳税调整表》第2行“交易性金融资产”，“期初金额”所对应的第1列“账载金额”为40万元，所对应的第2列“计税基础”为30万元；“期末金额”所对应的第3列“账载金额”为39万元，所对应的第4列“计税基础”为30万元；所对应第5列“纳税调整额”为1万元，计算过程如下：

纳税调整增加1万元=（30-30）-（39-40）

（六）2010年度会计处理

2010年6月1日，将上述股票出售：

借：银行存款　　　　420000

　贷：交易性金融资产——公允价值变动　　　　90000

　　　交易性金融资产——成本　　　　300000

　　　投资收益　　　　30000

（七）2010年度企业所得税汇算清缴时税务处理

（1）调整方法。2010年6月1日，将股票出售时，该公司的账务处理，确认当期收益3万元，在企业所得税汇算清缴时，应按下列方法进行纳税调整。

第一步计算：处置收益金额12万元=股票出售收入42万元-股票取得时的计税成本30万元。

第二步计算：应调增的收益金额9万元=处置收益金额12万元-会计上确认的投资收益3万元。

（2）填报方法。假设甲公司仅有A上市公司股票一项交易性金融资产。

在填报申报表时，《以公允价值计量资产纳税调整表》第2行“交易性金融资产”，“期初金额”所对应的第1列“账载金额”为39万元，所对应的第2列“计税基础”为30万元；“期末金额”所对应的第3列“账载金额”为0万元，所对应的第4列“计税基础”为0万元；所对应第5列“纳税调整额”为9万元，计算过程如下：

纳税调整增加9万元=（0-30）-（0-39）

3. 2010年6月1日股票出售时，确认的投资收益3万元，在附表十一《长期股权投资所得（损失）明细表》中填报。

第七节 《广告费和业务宣传费跨年度纳税调整表》的填报和审核

7.1 《广告费和业务宣传费跨年度纳税调整表》概说

7.1.1 适用范围及依据

附表八《广告费和业务宣传费跨年度纳税调整表》适用于实行查账征收企业所得税的居民纳税人填报。

根据《中华人民共和国企业所得税法》及其实施条例、相关税收政策，以及国家统一企业会计制度的规定，填报纳税人本年发生的全部广告费和业务宣传费支出的有关情况、按税收规定可扣除额、本年结转以后年度扣除额及以前年度累计结转扣除额等。

7.1.2 表间计算栏次关系

第7行=附表三第27行第3列。

第10行=附表三第27行第4列。

7.1.3 招待费、广告费、宣传费的收入基数

第4行“本年计算广告费和业务宣传费扣除限额的销售（营业）收入”：

一般工商企业：填报附表一（1）第1行的“销售（营业）收入合计”数额。

金融企业：填报附表一（2）第1行“营业收入”+第38行“按税法规定视同销售的收入”。

事业单位、社会团体、民办非企业单位：填报主表第1行“营业收入”。

7.2 《广告费和业务宣传费跨年度纳税调整表》的填报和审核

7.2.1 本年度广告费和业务宣传费支出

一、填报要求

第1行“本年度广告费和业务宣传费支出”：填报纳税人本期实际发生的广告费和业务宣传费用的金额。

二、填报数据来源

第1行“本年度广告费和业务宣传费支出”填报数据来源为“营业（销售）费用”、“管理费用”、“业务及管理费”科目二级明细科目记录的费用支出。填报时，应根据本年度二级明细科目记录的费用累计发生额累计汇总后，再进行填报。

7.2.2 不允许扣除的广告费和业务宣传费支出

一、填报要求

第2行“不允许扣除的广告费和业务宣传费支出”：填报税收规定不允许扣除的广告费和业务宣传费支出的金额。

二、填报数据来源

根据《中华人民共和国广告法》（中华人民共和国主席令第三十四号）第十六条规定，麻醉药品、精神药品、毒性药品、放射性药品等特殊药品，不得做广告。

第十八条规定，禁止利用广播、电影、电视、报纸、期刊发布烟草广告。禁止在各类等侯室、影剧院、会议厅堂、体育比赛场馆等公共场所设置烟草广告。

第十九条规定，食品、酒类、化妆品广告的内容必须符合卫生许可的事项，并不得使用医疗用语或者易与药品混淆的用语。

7.2.3 本年度符合条件的广告费和业务宣传费支出

一、填报要求

第3行“本年度符合条件的广告费和业务宣传费支出”：本行等于本表第1行-2行。

二、填报数据来源

第3行“本年度符合条件的广告费和业务宣传费支出”为表内计算栏次，根据下列公式计算得出填报数据：

第3行“本年度符合条件的广告费和业务宣传费支出”=第1行“本年度广告费和业务宣传费支出”-第2行“不允许扣除的广告费和业务宣传费支出”

7.2.4 本年计算广告费和业务宣传费扣除限额的销售（营业）收入

一、填报要求

第4行“本年计算广告费和业务宣传费扣除限额的销售（营业）收入”。

一般工商企业：填报附表一（1）第1行的“销售（营业）收入合计”数额。

金融企业：填报附表一（2）第1行“营业收入”+第38行“按税法规定视同销售的收入”。

事业单位、社会团体、民办非企业单位：填报主表第1行“营业收入”。

二、一般企业填报数据来源

除金融企业、事业单位、社会团体、民办非企业单位以外的企业，填报第4行“本年计算广告费和业务宣传费扣除限额的销售（营业）收入”的数据来源为附表一（1）第1行的“销售（营业）收入合计”数额。

三、金融企业填报数据来源

金融企业填报第4行“本年计算广告费和业务宣传费扣除限额的销售（营业）收入”的数据来源为附表一（2）第1行“营业收入”+第38行“按税法规定视同销售的收入”。

四、事业单位、社会团体、民办非企业单位填报数据来源

事业单位、社会团体、民办非企业单位填报第4行“本年计算广告费和业务宣传费扣除限额的销售（营业）收入”的数据来源为《企业所得税年度纳税申报表（A类)》主表第1行“营业收入”。

7.2.5 税收规定的扣除率

一、填报要求

第5行“税收规定的扣除率”：填报按照税收规定纳税人适用的扣除率。

二、填报数据来源

《企业所得税法实施条例》第四十四条规定，企业发生的符合条件的广告费和业务宣传费支出，除国务院财政、税务主管部门另有规定外，不超过当年销售（营业）收入15%的部分，准予扣除；超过部分，准予在以后纳税年度结转扣除。

7.2.6 本年广告费和业务宣传费扣除限额

一、填报要求

第6行“本年广告费和业务宣传费扣除限额”：金额等于本表第4×5行。

二、填报数据来源

第6行“本年广告费和业务宣传费扣除限额”为表内计算栏次，根据下列公式计算得出填报数据：

第6行“本年广告费和业务宣传费扣除限额”=第4行“本年计算广告费和业务宣传费扣除限额的销售（营业）收入”×第5行“税收规定的扣除率”

7.2.7 本年广告费和业务宣传费支出纳税调整额

一、填报要求

第7行“本年广告费和业务宣传费支出纳税调整额”：当第3行≤第6行，本行=本表第2行；当第3行>第6行，本行=本表第1-6行。

二、填报数据来源

第7行“本年广告费和业务宣传费支出纳税调整额”为表内计算栏次，根据下列条件计算得出填报数据：

（1）当第3行“本年度符合条件的广告费和业务宣传费支出”≤第6行“本年广告费和业务宣传费扣除限额”时，第7行“本年广告费和业务宣传费支出纳税调整额”数据来源为第2行“不允许扣除的广告费和业务宣传费支出”；

（2）当第3行“本年度符合条件的广告费和业务宣传费支出”>第6行“本年广告费和业务宣传费扣除限额”时，第7行“本年广告费和业务宣传费支出纳税调整额”=第1行“本年度广告费和业务宣传费支出”-第6行“本年广告费和业务宣传费扣除限额”

7.2.8 本年结转以后年度扣除额

一、填报要求

第8行“本年结转以后年度扣除额”：当第3行>第6行，本行=本表第3-6行；当第3行≤第6行，本行填0。

二、填报数据来源

第8行“本年结转以后年度扣除额”为表内计算栏次，根据下列条件选择填报数据：

（1）当第3行“本年度符合条件的广告费和业务宣传费支出”>第6行“本年广告费和业务宣传费扣除限额”时，第8行“本年结转以后年度扣除额”=第3行“本年度符合条件的广告费和业务宣传费支出”-第6行“本年广告费和业务宣传费扣除限额”

（2）当第3行“本年度符合条件的广告费和业务宣传费支出”≤第6行“本年广告费和业务宣传费扣除限额”时，第8行“本年结转以后年度扣除额”=0

7.2.9 以前年度累计结转扣除额

第9行“加：以前年度累计结转扣除额”：填报以前年度允许税前扣除但超过扣除限额未扣除、结转扣除的广告费和业务宣传费的金额。

7.2.10 本年扣除的以前年度结转额

一、填报要求

第10行“减：本年扣除的以前年度结转额”：当第3行≥第6行，本行填0；当第3

行<第6行，第3-6行差额如果小于或者等于第9行“以前年度累计结转扣除额”，直接将差额填入本行；其差额如果大于第9行“以前年度累计结转扣除额”，本行=第9行。

二、填报数据来源

第10行“本年扣除的以前年度结转额”为表内计算栏次，根据下列条件选择填报数据：

（1）当第3行“本年度符合条件的广告费和业务宣传费支出”≥第6行“本年广告费和业务宣传费扣除限额”时，第10行“本年扣除的以前年度结转额”=0；

（2）当第3行“本年度符合条件的广告费和业务宣传费支出”<第6行“本年广告费和业务宣传费扣除限额”时：

①在第3行“本年度符合条件的广告费和业务宣传费支出”减第6行“本年广告费和业务宣传费扣除限额”的差额≤第9行“以前年度累计结转扣除额”情况下，差额直接填入第10行“本年扣除的以前年度结转额”；

②在第3行“本年度符合条件的广告费和业务宣传费支出”减第6行“本年广告费和业务宣传费扣除限额”的差额>第9行“以前年度累计结转扣除额”情况下，第10行“本年扣除的以前年度结转额”=第9行“以前年度累计结转扣除额”。

7.2.11 累计结转以后年度扣除额

一、填报要求

第11行“累计结转以后年度扣除额”：本行=本表第8+9-10行。

二、填报数据来源

第11行“累计结转以后年度扣除额”为表内计算栏次，根据下列公式计算得出填报数据：

第11行“累计结转以后年度扣除额”=第8行“本年结转以后年度扣除额”+第9行“以前年度累计结转扣除额”-第10行“本年扣除的以前年度结转额”

7.3 《广告费和业务宣传费跨年度纳税调整表》纳税调整

（1）审查“销售费用”、“营业费用”、“管理费用”、“业务及管理费用”等账户中有无广告、业务宣传等费用支出，如有应抽调相应记账凭证，核对原始凭证，看是否符合税法规定的申报扣除条件。

（2）以企业销售（营业）收入乘以适用比例计算出准予列支的最高限额，对照实际支出总额，将超支部分调增应纳税所得额。

（3）注意特殊行业广告费的列支标准。

（4）注意审核计提基数是否符合税法规定。

7.4 广告费和业务宣传费审核的税法依据

7.4.1 广告费和业务宣传费支出扣除比例和扣除条件

《企业所得税法实施条例》第四十四条规定，企业发生的符合条件的广告费和业务宣传费支出，除国务院财政、税务主管部门另有规定外，不超过当年销售（营业）收入15%的部分，准予扣除；超过部分，准予在以后纳税年度结转扣除。

7.4.2 以前年度未扣除的广告费

国税函〔2009〕98 号规定，企业在 2008 年以前按照原政策规定已发生但尚未扣除的广告费，2008 年实行新税法后，其尚未扣除的余额，加上当年度新发生的广告费和业务宣传费后，按照新税法规定的比例计算扣除。

7.4.3 销售（营业）收入基数的确定

国税函〔2009〕202 号规定，企业在计算业务招待费、广告费和业务宣传费等费用扣除限额时，其销售（营业）收入额应包括《实施条例》第二十五条规定的视同销售（营业）收入额。

7.4.4 化妆品制造、医药制造和饮料制造业扣除比例

财税〔2009〕72 号规定，对化妆品制造、医药制造和饮料制造（不含酒类制造，下同）企业发生的广告费和业务宣传费支出，不超过当年销售（营业）收入 30% 的部分，准予扣除；超过部分，准予在以后纳税年度结转扣除。

7.4.5 采取特许经营模式的饮料制造企业扣除比例

财税〔2009〕72 号规定，对采取特许经营模式的饮料制造企业，饮料品牌使用方发生的不超过当年销售（营业）收入 30% 的广告费和业务宣传费支出可以在本企业扣除，也可以将其中的部分或全部归集至饮料品牌持有方或管理方，由饮料品牌持有方或管理方作为销售费用据实在企业所得税前扣除。饮料品牌持有方或管理方在计算本企业广告费和业务宣传费支出企业所得税税前扣除限额时，可将饮料品牌使用方归集至本企业的广告费和业务宣传费剔除。饮料品牌持有方或管理方应当将上述广告费和业务宣传费单独核算，并将品牌使用方当年销售（营业）收入数据资料以及广告费和业务宣传费支出的证明材料专案保存以备检查。

前款所称饮料企业特许经营模式，指由饮料品牌持有方或管理方授权品牌使用方在指定地区生产及销售其产成品，并将可以由双方共同为该品牌产品承担的广告费及业务宣传费用统一归集到品牌持有方或管理方承担的营业模式。

7.4.6 烟草企业扣除比例

财税〔2009〕72 号规定，烟草企业的烟草广告费和业务宣传费支出，一律不得在计算应纳税所得额时扣除。

第八节 《资产折旧、摊销纳税调整表》的填报和审核

8.1 《资产折旧、摊销纳税调整表》概说

8.1.1 适用范围及依据

附表九《资产折旧、摊销纳税调整表》适用于实行查账征收企业所得税的居民纳税人填报。

根据《中华人民共和国企业所得税法》及其实施条例、相关税收政策，以及国家统一会计制度的规定，填报固定资产、生产性生物资产、长期待摊费用、无形资产、油气勘探投资、油气开发投资会计处理与税收处理的折旧、摊销，以及纳税调整额。

8.1.2 报表结构说明

(1) 附表九《资产折旧、摊销纳税调整表》横向反映资产类别的情况，反映固定资产折旧、生产性生物资产、长期摊销费用、无形资产、油气勘探投资和油气开发投资的摊销情况。企业应根据固定资产折旧、生产性生物资产折旧、长期待摊费用摊销、无形资产摊销、油气勘探投资摊销和油气开发投资摊销分别进行分类统计，统计时可根据税法规定和企业会计核算情况进行适当归类。

(2) 附表九《资产折旧、摊销纳税调整表》纵向分为以下四部分内容：

第一部分资产原值。第1列“账载金额”：填报纳税人按照会计准则、会计制度应提取折旧、摊销的资产原值（或历史成本）。第2列“计税基础”，填报纳税人按照税收规定据以计算折旧、摊销的资产价值。

第二部分折旧、摊销年限。第3列“会计折旧、摊销年限”：填报纳税人按照会计制度、会计准则提取折旧、进行摊销的年限。第4列“税收折旧、摊销年限”：填报纳税人按照税收规定提取折旧、进行摊销的年限。

第三部分本期折旧、摊销额。第5列“会计本期折旧、摊销额”：填报纳税人按照会计核算的资产账面价值、资产折旧、摊销年限及资产折旧、摊销率计算的资产折旧、摊销额。第6列“税收本期折旧、摊销额”：填报纳税人按照税收规定的资产计税基础、资产折旧、摊销年限及资产折旧、摊销率计算的资产折旧、摊销额。

第四部分纳税调整额。第7列“纳税调整额”为表内计算栏次（第5列-第6列），计算结果为正数，即调增应纳税所得额；计算结果为负数时，即调减应纳税所得额。

8.1.3 表间计算关系

(1) 附表九第1行第7列>0时：第1行第7列=附表三第43行第3列。第1行第7列<0时：第1行第7列负数的绝对值=附表三第43行第4列。

(2) 附表九第7行第7列>0时：第7行第7列=附表三第44行第3列。第7行第7列<0时：第7行第7列负数的绝对值=附表三第44行第4列。

(3) 附表九第10行第7列>0时：第10行第7列=附表三第45行第3列。第10行第7列<0时：第10行第7列负数的绝对值=附表三第45行第4列。

(4) 附表九第15行第7列>0时：第15行第7列=附表三第46行第3列。第15行第7列为<0时：第15行第7列负数的绝对值=附表三第46行第4列。

(5) 附表九第16行第7列>0时：第16行第7列=附表三第48行第3列。第16行第7列<0时：第16行第7列负数的绝对值=附表三第48行第4列。

(6) 附表九第17行第7列>0时：第17行第7列=附表三第49行第3列。第17行第7列<0时：第17行第7列负数的绝对值=附表三第49行第4列。

8.2 《资产折旧、摊销纳税调整表》会计处理

《资产折旧、摊销纳税调整表》资产原值第1列“账载金额”，折旧、摊销年限第3列“会计折旧、摊销年限”，本期折旧、摊销额第5列“会计本期折旧、摊销额”等三列，是根据会计核算资料填报。

审核时，应对作为会计核算证据的会计核算资料的数据逻辑关系、会计处理方法的合

规性进行审核。

如果存在会计处理存在差错，应按更正后的数据填报《资产折旧、摊销纳税调整表》；如果不能更正的，在企业所得税汇算清缴时，应作为纳税调整项目，在“计税基础”栏次内填报。

审核时，应根据会计制度和会计准则的规定进行处理，为方便实务操作，将会计制度和会计准则的相关规定介绍如下。

8.2.1 执行会计制度的纳税人的会计处理

一、固定资产的会计核算

（一）固定资产会计科目使用

固定资产应按其取得时的成本作为入账的价值，取得时的成本包括买价、进口关税、运输和保险等相关费用，以及为使固定资产达到预定可适用状态前所必要的支出。固定资产取得时的成本应当根据具体情况分别确定。

（1）购置不需建造即可使用的固定资产，按入账价值直接计入“固定资产”科目。

（2）购置需安装的固定资产，应先通过“在建工程”科目核算，完工后再按入账价值转入“固定资产”。

（3）自行建造的固定资产分为两种方式，第一种是自营工程，自营工程应先通过“工程物资”核算，完工后再按入账价值转入“固定资产”；第二种是出包工程，出包工程应先通过“在建工程”核算，完工后再按入账价值转入“固定资产”。

（4）投资者投入的固定资产，按入账价值直接计入“固定资产”科目。

（5）融资租入的固定资产，应先通过“固定资产——融资租赁固定资产”核算，租赁期满支付价款时，再转入“固定资产”科目。

（6）改建、扩建的固定资产，应先通过“在建工程”核算，完工后再按入账价值转入“固定资产”。

（7）抵偿债务方式取得的固定资产，按入账价值计入“固定资产”科目。

（8）非货币性交易换入的固定资产，应先通过“固定资产清理”科目核算，在交易完成时，按入账价值转入“固定资产”科目。

（9）接受捐赠的固定资产，按入账价值计入“固定资产”科目。

（10）盘盈的固定资产，按入账价值计入“固定资产”科目。

（11）无偿调入的固定资产，按入账价值计入“固定资产”科目。

经批准无偿调入的固定资产，按调出单位的账面价值加上发生的运输费、安装费等相关费用，作为入账价值。固定资产的入账价值中，还应当包括企业为取得固定资产而交纳的契税、耕地占用税、车辆购置税等相关税费。企业购置计算机硬件所附带的、未单独计价的软件，与所购置的计算机硬件一并作为固定资产管理。

已达到预定可使用状态但尚未办理竣工决算手续的固定资产，可先按估计价值记账，待确定实际价值后，再进行调整。

（二）固定资产折旧的会计科目使用

固定资产计提折旧时，应以月初可提取折旧的固定资产账面原值为依据。当月增加的固定资产，当月不提折旧，从下月起计提折旧；当月内减少或停用的固定资产，当月仍提折旧，从下月起停止计提折旧。因此，企业各月计算提取折旧时，可以在上月计提折旧的基础上，对上月固定资产的增减情况进行调整后计算当月应计提的折旧额。

当月固定资产应计提的折旧额＝上月固定资产计提的折旧额＋上月增加固定资产应计提的折旧额－上月减少固定资产应计提的折旧额。

在我国的会计实务中，各月计提折旧的工作一般是通过编制“固定资产折旧计算表”来完成的。

企业按月计提的固定资产折旧，借记“制造费用”、“营业费用”、“管理费用”、“其他业务支出”等科目，贷记“累计折旧”科目。

其中属于基本生产车间和辅助生产车间的固定资产折旧，作为制造费用；属于管理部门的固定资产折旧，计入管理费用；属于专设销售机构的固定资产折旧，计入营业费用。

二、无形资产的会计核算

企业取得无形资产时，应按取得时的实际成本计量。无形资产在确认后发生的支出，应在发生时计入当期损益。取得时的实际成本计入“无形资产”科目。

摊销无形资产价值时，借记“管理费用——无形资产摊销”科目，贷记“无形资产”科目。

若预计某项无形资产已经不能给企业带来未来经济利益，应当将该项无形资产的账面价值全部转入当期管理费用。

三、其他资产的会计核算

会计制度中取消了“递延资产”的概念，采用“其他资产”的提法。其他资产是指流动资产、长期投资、固定资产、无形资产等以外的资产，主要包括长期待摊费用和其他长期资产。其他长期资产包括特准储备物资，银行冻结存款、冻结物资、诉讼中财产等。

其他资产摊销通过“长期待摊费用”与“待摊费用”核算。

长期待摊费用与待摊费用性质相同，区别在于长期待摊费用的摊销期限超过1年（不含1年），而待摊费用的摊销期限一般在1年以内（含1年），包括固定资产修理支出、租入固定资产的改良支出等。企业发生的长期待摊费用单独设置“长期待摊费用”科目核算，并按费用的分类设置明细科目进行明细核算。

8.2.2 执行会计准则的纳税人的会计处理

一、固定资产的会计核算

（一）“固定资产”科目核算企业持有的固定资产原价

建造承包商的临时设施，以及企业购置计算机硬件所附带的、未单独计价的软件，也通过“固定资产”科目核算。

（二）“固定资产”科目可按固定资产类别和项目进行明细核算

融资租入的固定资产，可在“固定资产”科目设置“融资租入固定资产”明细科目。

（三）固定资产的主要账务处理

（1）企业购入不需要安装的固定资产，按应计入固定资产成本的金额，借记“固定资产”科目，贷记“银行存款”等科目。购入需要安装的固定资产，先记入“在建工程”科目，达到预定可使用状态时再转入“固定资产”科目。

购入固定资产超过正常信用条件延期支付价款，实质上具有融资性质的，按应付购买价款的现值，借记“固定资产”科目或“在建工程”科目，按应支付的金额，贷记“长期应付款”科目，按其差额，借记“未确认融资费用”科目。

（2）自行建造达到预定可使用状态的固定资产，借记“固定资产”科目，贷记“在建工程”科目。已达到预定可使用状态，但尚未办理竣工决算手续的固定资产，应按估计价值入账，待确定实际成本后再进行调整。

（3）融资租入的固定资产，在租赁期开始日，按应计入固定资产成本的金额（租赁开始日租赁资产公允价值与最低租赁付款额现值两者中较低者，加上初始直接费用），借记“固定资产”科目或“在建工程”科目，按最低租赁付款额，贷记“长期应付款”科目，按发生的初始直接费用，贷记“银行存款”等科目，按其差额，借记“未确认融资费用”科目。

租赁期届满，企业取得该项固定资产所有权的，应将该项固定资产从“融资租入固定资产”明细科目转入有关明细科目。

（4）固定资产存在弃置义务的，应在取得固定资产时，按预计弃置费用的现值，借记“固定资产”科目，贷记“预计负债”科目。在该项固定资产的使用寿命内，计算确定各期应负担的利息费用，借记“财务费用”科目，贷记“预计负债”科目。

（5）处置固定资产时，按该项固定资产账面价值，借记“固定资产清理”科目，按已提的累计折旧，借记“累计折旧”科目，按其账面原价，贷记“固定资产”科目。已计提减值准备的，还应同时结转已计提的减值准备。

（四）“固定资产”科目期末借方余额，反映企业固定资产的原价

二、无形资产的会计核算

（1）“无形资产”科目核算企业持有的无形资产成本，包括专利权、非专利技术、商标权、著作权、土地使用权等。

（2）“无形资产”科目可按无形资产项目进行明细核算。

（3）无形资产的主要账务处理。

①企业外购的无形资产，按应计入无形资产成本的金额，借记“无形资产”科目，贷记“银行存款”等科目。

自行开发的无形资产，按应予资本化的支出，借记“无形资产”科目，贷记“研发支出”科目。

②无形资产预期不能为企业带来经济利益的，应按已计提的累计摊销，借记“累计摊销”科目，按其账面余额，贷记“无形资产”科目，按其差额，借记“营业外支出”科目。已计提减值准备的，还应同时结转减值准备。

③处置无形资产，应按实际收到的金额等，借记“银行存款”等科目，按已计提的累计摊销，借记“累计摊销”科目，按应支付的相关税费及其他费用，贷记“应交税费”、“银行存款”等科目，按其账面余额，贷记“无形资产”科目，按其差额，贷记“营业外收入——处置非流动资产利得”科目或借记“营业外支出——处置非流动资产损失”科目。已计提减值准备的，还应同时结转减值准备。

（4）“无形资产”科目期末借方余额，反映企业无形资产的成本。

三、生产性生物资产的会计核算

（1）“生产性生物资产”科目核算企业（农业）持有的生产性生物资产原价。

（2）“生产性生物资产”科目可按“未成熟生产性生物资产”和“成熟生产性生物资产”，分别按生物资产的种类、群别、所属部门等进行明细核算。

生产性生物资产发生减值的，可以单独设置“生产性生物资产减值准备”科目，比照“固定资产减值准备”科目进行处理。

（3）生产性生物资产的主要账务处理

①企业外购的生产性生物资产，按应计入生产性生物资产成本的金额，借记“生产性生物资产”科目，贷记“银行存款”等科目。

②自行营造的林木类生产性生物资产、自行繁殖的产畜和役畜，应按达到预定生产经营目的前发生的必要支出，借记“生产性生物资产”科目（未成熟生产性生物资产），贷记“银行存款”等科目。

③天然起源的生产性生物资产，应按名义金额，借记“生产性生物资产”科目，贷记“营业外收入”科目。

④育肥畜转为产畜或役畜，应按其账面余额，借记“生产性生物资产”科目，贷记“消耗性生物资产”科目。已计提跌价准备的，还应同时结转跌价准备。

产畜或役畜淘汰转为育肥畜，按转群时的账面价值，借记“消耗性生物资产”科目，按已计提的累计折旧，借记“生产性生物资产累计折旧”科目，按其账面余额，贷记“生产性生物资产”科目。已计提减值准备的，还应同时结转减值准备。

⑤未成熟生产性生物资产达到预定生产经营目的时，按其账面余额，借记“生产性生物资产”科目（成熟生产性生物资产），贷记“生产性生物资产”科目（未成熟生产性生物资产）。已计提减值准备的，还应同时结转减值准备。

⑥择伐、间伐或抚育更新等生产性采伐而补植林木类生产性生物资产发生的后续支出，借记“生产性生物资产”科目，贷记“银行存款”等科目。

生产性生物资产达到预定生产经营目的后发生的管护、饲养费用等后续支出，借记“管理费用”科目，贷记“银行存款”等科目。

⑦处置生产性生物资产，应按实际收到的金额，借记“银行存款”等科目，按已计提的累计折旧，借记“生产性生物资产累计折旧”科目，按其账面余额，贷记“生产性生物资产”科目，按其差额，借记“营业外支出——处置非流动资产损失”科目或贷记“营业外收入——处置非流动资产利得”科目。已计提减值准备的，还应同时结转减值准备。

（4）“生产性生物资产”科目期末借方余额，反映企业生产性生物资产的原价。

四、长期待摊费用的会计核算

（1）“长期待摊费用”科目核算企业已经发生但应由本期和以后各期负担的分摊期限在1年以上的各项费用，如以经营租赁方式租入的固定资产发生的改良支出等。

（2）“长期待摊费用”科目可按费用项目进行明细核算。

（3）企业发生的长期待摊费用，借记“长期待摊费用”科目，贷记”银行存款”、“原材料”等科目。摊销长期待摊费用，借记“管理费用”、“销售费用”等科目，贷记

"长期待摊费用"科目。

(4)"长期待摊费用"科目期末借方余额，反映企业尚未摊销完毕的长期待摊费用。

五、油气资产的会计核算

石油天然气行业的整个经营过程具有与其他工业部门不同的特点：高风险、高投资、长周期、产量和效益递减等。这些特点导致了石油天然气行业会计核算制度也有着独特的特征。为此，《企业会计准则第27号——石油天然气开采》规范了石油天然气开采活动的会计处理和相关信息的披露，而油气开采活动包括矿区权益的取得以及油气的勘探、开发和生产等阶段。企业会计准则只规范石油天然气企业从事的矿区权益取得、油气的勘探、开发和生产（即"上游活动"）阶段，油气的储运、炼制和销售（即"下游活动"）等业务的会计处理与一般企业相同，由其他相关准则规范。

（一）油气资产的会计核算

(1) 油气资产核算企业（石油天然气开采）持有的矿区权益和油气井及相关设施的原价。企业（石油天然气开采）可以单独设置"油气资产清理"科目，比照"固定资产清理"科目进行处理。企业（石油天然气开采）与油气开采活动相关的辅助设备及设施在"固定资产"科目核算。

(2) 油气资产可按油气资产的类别、不同矿区或油田等进行明细核算。

(3) 油气资产的主要账务处理。

①企业购入油气资产（含申请取得矿区权益）的成本，借记"油气资产"，贷记"银行存款"、"应付票据"、"其他应付款"等科目。

②自行建造的油气资产，在油气勘探、开发工程达到预定可使用状态时，借记"油气资产"，贷记"油气勘探支出"、"油气开发支出"等科目。

③油气资产存在弃置义务的，应在取得油气资产时，按预计弃置费用的现值，借记"油气资产"，贷记"预计负债"科目。在油气资产的使用寿命内，计算确定各期应负担的利息费用，借记"财务费用"科目，贷记"预计负债"科目。

(4) 处置油气资产，应按该项油气资产的账面价值，借记"油气资产清理"科目，按已计提的累计折耗，借记"累计折耗"科目，按其账面原价，贷记"油气资产"科目。已计提减值准备的，还应同时结转减值准备。

(5) 油气资产期末借方余额，反映企业油气资产的原价。

（二）累计折耗的会计核算

(1) 累计折耗科目核算企业（石油天然气开采）油气资产的累计折耗。

(2) 累计折耗科目可按油气资产的类别、不同矿区或油田进行明细核算。

(3) 企业按期（月）计提油气资产的折耗，借记"生产成本"等科目，贷记"累计折耗"科目。处置油气资产时，还应同时结转油气资产累计折耗。

(4)"累计折耗"科目期末贷方余额，反映企业油气资产的累计折耗额。

8.2.3 执行事业单位会计准则的纳税人的会计处理

一、固定资产的会计核算

固定资产应设置"固定资产"科目进行核算，"固定资产"科目核算事业单位固定资产的原值。

事业单位应根据规定的固定资产标准和分类，结合本单位情况，制订固定资产目录，作为核算依据。

固定资产的具体核算方法如下：

（1）事业单位购置固定资产时，应按资金来源分别借记“专用基金——修购基金”、“事业支出”、“专款支出”等科目，贷记“银行存款”科目，同时借记“固定资产”科目，贷记“固定基金”科目。

（2）单位接受捐赠的固定资产，借记“固定资产”科目，贷记“固定基金”科目。

（3）融资租入的固定资产，借记“固定资产”科目，贷记“其他应付款”科目，支付租金时，借记有关支出科目，贷记“固定基金”科目；同时借记“其他应付款”科目，贷记“银行存款”科目。

（4）盘盈的固定资产，按重置价借记“固定资产”科目，贷记“固定基金”科目。

（5）因报废、毁损及盘亏等原因减少的固定资产，按减少固定资产的原值，借记“固定基金”科目，贷记“固定资产”科目。

清理报废、毁损固定资产的残值变价收入和清理费用列入专用基金科目中的修购基金。

（6）出售固定资产时，按实际收到的价款借记“银行存款”科目，贷记“专用基金——修购基金”科目，同时按原价借记“固定基金”科目，贷记“固定资产”科目。

（7）投资转出固定资产，按“对外投资”科目的有关规定处理。

事业单位应按固定资产分类设置明细账和固定资产卡片进行明细核算。

二、无形资产的会计核算

无形资产设置“无形资产”科目进行核算，“无形资产”科目核算事业单位的专利权、非专利技术、著作权、商标权、土地使用权、商誉等各种无形资产的价值。

事业单位购入或自行开发并按法律程序申请取得无形资产应按实际支出数，借记“无形资产”科目，贷记“银行存款”等有关科目。

各种无形资产应合理摊销。不实行内部成本核算的事业单位，其购入和自行开发的无形资产摊销时，应一次记入“事业支出”科目，借记“事业支出”科目，贷记“无形资产”科目，对于实行内部成本核算的事业单位，其无形资产应在受益期内分期摊销，摊销时借记“经营支出”科目，贷记“无形资产”科目。

单位向外转让已入账的无形资产的所有权，其转让收入，借记“银行存款”科目，贷记“事业收入”科目，结转转让无形资产的成本，借记“事业支出——其他费用”科目，贷记“无形资产”科目。

对外投资转出无形资产按“对外投资”科目的有关规定处理。

“无形资产”科目的期末余额为尚未摊销的无形资产的价值。

“无形资产”科目应按无形资产类别设明细账。

8.2.4 执行民间非营利组织会计制度的纳税人的会计处理

一、固定资产的会计核算

（一）“固定资产”科目核算民间非营利组织固定资产的原价

固定资产是指同时具有以下特征的有形资产：

（1）为行政管理、提供服务、生产商品或者出租目的而持有的；

（2）预计使用年限超过1年；

（3）单位价值较高。

（二）民间非营利组织应当根据固定资产定义，结合本组织的具体情况，制订适合于本组织的固定资产目录、分类方法、每类或每项固定资产的折旧年限及折旧方法，作为进行固定资产核算的依据

民间非营利组织的固定资产如果发生了重大减值，计提减值准备的，应当单独设置“固定资产减值准备”科目进行核算。

（三）固定资产的主要账务处理

（1）固定资产在取得时，应当按照取得时的实际成本入账。取得时的实际成本包括买价、包装费、运输费、交纳的有关税金等相关费用，以及为使固定资产达到预定可使用状态前所必要的支出。具体如下：

①外购的固定资产，按照实际支付的买价、相关税费以及为使固定资产达到预定可使用状态前发生的可直接归属于该固定资产的其他支出（如运输费、安装费、装卸费等），借记“固定资产”科目，贷记“银行存款”、“应付账款”等科目。

如果以一笔款项购入多项没有单独标价的固定资产，按照各项固定资产公允价值的比例对总成本进行分配，分别确定各项固定资产的入账价值。

②自行建造的固定资产，按照建造该项固定资产达到预定可使用状态前所发生的全部支出，借记“固定资产”科目，贷记“在建工程”科目。

③融资租入的固定资产，按照租赁协议或者合同确定的价款、运输费、途中保险费、安装调试费以及融资租入固定资产达到预定可使用状态前发生的借款费用等，借记“固定资产”科目“融资租入固定资产”明细科目，贷记“长期应付款”科目。

④接受捐赠的固定资产，按照所确定的成本，借记“固定资产”科目，贷记“捐赠收入”科目。

（2）按月提取固定资产折旧时，按照应提取的折旧金额，借记“存货——生产成本”、“管理费用”等科目，贷记“累计折旧”科目。

（3）与固定资产有关的后续支出，如果使可能流入民间非营利组织的经济利益或者服务潜力超过了原先的估计，如延长了固定资产的使用寿命，或者使服务质量实质性提高，或者使商品成本实质性降低，则应当计入固定资产账面价值，但其增计后的金额不应当超过该固定资产的可收回金额，其他后续支出，应当计入当期费用。

发生后续支出时，按照应当计入固定资产账面价值的金额，借记“在建工程”、“固定资产”科目，贷记“银行存款”等科目；按照应当计入当期费用的金额，借记“管理费用”等科目，贷记“银行存款”等科目。

（4）固定资产出售、报废或者毁损，或以其他方式处置时，按照所处置固定资产的账面价值，借记“固定资产清理”科目，按照已提取的折旧，借记“累计折旧”科目，按照固定资产账面余额，贷记“固定资产”科目。

（四）民间非营利组织对固定资产应当定期或者至少每年实地盘点一次。对盘盈、盘亏的固定资产，应当及时查明原因，并根据管理权限，报经批准后，在期末前结账处理

完毕：

（1）如为固定资产盘盈，按照其公允价值，借记“固定资产”科目，贷记“其他收入”科目。

（2）如为固定资产盘亏，按照固定资产账面价值扣除可以收回的保险赔偿和过失人的赔偿等后的金额，借记“管理费用”科目，按照可以收回的保险赔偿和过失人赔偿等，借记“现金”、“银行存款”、“其他应收款”等科目，按照已提取的累计折旧，借记“累计折旧”科目，按照固定资产的账面余额，贷记“固定资产”科目。

（五）民间非营利组织应当设置“固定资产登记簿”和“固定资产卡片”，按固定资产类别设置明细账，进行明细核算。

经营租入的固定资产，应当另设辅助簿进行登记，不在“固定资产”科目核算。

二、累计折旧的会计核算

（1）“累计折旧”科目核算民间非营利组织固定资产的累计折旧。

（二）民间非营利组织应当对固定资产计提折旧，在固定资产的预计使用寿命内系统地分摊固定资产的成本。但是，用于展览、教育或研究等目的的历史文物、艺术品以及其他具有文化或者历史价值并作长期永久保存的典藏等，不计提折旧。

①民间非营利组织应当根据固定资产的性质和消耗方式，合理地确定固定资产的预计使用寿命和预计净残值。

②民间非营利组织应当按照固定资产所包含经济利益或服务潜力的预期实现方式选择折旧方法，可选用的折旧方法包括年限平均法、工作量法、双倍余额递减法和年数总和法。折旧方法一经确定，不得随意变更。

③固定资产的价值、使用寿命、预计净残值等发生变更的，应当根据变更后的价值、预计尚可使用寿命和净残值等，按照选定的折旧方法计提折旧。

④民间非营利组织一般应当按月提取折旧，当月增加的固定资产，当月不提折旧，从下月起计提折旧；当月减少的固定资产，当月照提折旧，从下月起不提折旧。

固定资产提足折旧后，无论能否继续使用，均不再提取折旧；提前报废的固定资产，也不再补提折旧。所谓提足折旧，是指已经提足该项固定资产应当提取的折旧总额，其中应当提取的折旧总额为固定资产原价减去预计净残值。

⑤计提融资租入固定资产折旧时，应当采用与自有应折旧固定资产相一致的折旧政策。能够合理确定租赁期届满时将会取得租入固定资产所有权的，应当在租入固定资产尚可使用年限内计提折旧；无法合理确定租赁期届满时能够取得租入固定资产所有权的，应当在选择租赁期与租入固定资产尚可使用年限两者中较短的期间内计提折旧。

（3）累计折旧的主要账务处理

按月计提固定资产折旧时，按照应当计提的金额，借记“存货——生产成本”、“管理费用”等科目，贷记“累计折旧”科目。

（4）“累计折旧”科目期末贷方余额，反映民间非营利组织提取的固定资产折旧累计数。

三、无形资产的会计核算

（1）“无形资产”科目核算民间非营利组织为开展业务活动、出租给他人或为管理目的而持有的且没有实物形态的非货币性长期资产，包括专利权、非专利技术、商标权、著作权、土地使用权等。

民间非营利组织的无形资产如果发生了重大减值，计提减值准备的，应当单独设置“无形资产减值准备”科目进行核算。

（2）无形资产在取得时，应当按照取得时的实际成本入账。

①购入的无形资产，按照实际支付的价款，借记“无形资产”科目，贷记“银行存款”等科目。

②接受捐赠的无形资产，按照所确定的成本，借记“无形资产”科目，贷记“捐赠收入”科目。

③自行开发并按法律程序申请取得的无形资产，按依法取得时发生的注册费、聘请律师费等费用，借记“无形资产”科目，贷记“银行存款”等科目。

依法取得前，在研究与开发过程中发生的材料费用、直接参与开发人员的工资及福利费、开发过程中发生的租金、借款费用等直接计入当期费用，借记“管理费用”等科目，贷记“银行存款”等科目。

（三）无形资产应当自取得当月起在预计使用年限内分期平均摊销，按照应提取的摊销金额，借记“管理费用”科目，贷记“无形资产”科目。

如果预计使用年限超过了相关合同规定的受益年限或法律规定的有效年限，该无形资产的摊销年限按以下原则确定：

1. 合同规定了受益年限但法律没有规定有效年限的，摊销期不应超过合同规定的受益年限；

2. 合同没有规定受益年限但法律规定了有效年限的，摊销期不应超过法律规定的有效年限；

3. 合同规定了受益年限，法律也规定了有效年限的，摊销期不应超过受益年限和有效年限两者之中较短者。

如果合同没有规定受益年限，法律也没有规定有效年限的，摊销期不应超过10年。

（四）出售或以其他方式处置无形资产，按照实际取得的价款，借记“银行存款”等科目，按照该项无形资产的账面余额，贷记“无形资产”科目，按照其差额，贷记“其他收入”科目或借记“其他费用”科目。

（五）“无形资产”科目应当按照无形资产类别设置明细账，进行明细核算。

（六）“无形资产”科目期末借方余额，反映民间非营利组织已入账，但尚未摊销的无形资产的摊余价值。

8.3 《资产折旧、摊销纳税调整表》的填报审核

8.3.1 《资产折旧、摊销纳税调整表》填报审核基本方法

一、应根据有关资产账户记录的有关数据，计算确认资产的原值、折旧摊销、减值、增值等财务会计数据。

二、审核资产的范围。按税法规定审核资产的范围，资产包括：固定资产、生物资产、无形资产、长期待摊费用、投资资产、存货等。

三、审核资产的计税基础。资产取得时，以实际发生的支出为计税基础；重组时，除国务院财政、税务主管部门另有规定外，企业在重组过程中，应当在交易发生时确认有关资产的转让所得或者损失，相关资产应当按照交易价格重新确定计税基础；企业持有各项资产期间资产增值或者减值，除国务院财政、税务主管部门规定可以确认损益外，不得调整该资产的计税基础。

四、正确选择成本和折旧摊销额的计算方法。资产按照直线法计算折旧、摊销。企业应当自固定资产投入使用月份的次月起计算折旧；停止使用的固定资产，应当自停止使用月份的次月起停止计算折旧。企业应当根据固定资产的性质和使用情况，合理确定固定资产的预计净残值，固定资产的预计净残值一经确定，不得变更，按税法规定选择折旧、摊销年限。

企业使用或者销售的存货的成本计算方法，可以在先进先出法、加权平均法、个别计价法中选用一种。计价方法一经选用，不得随意变更。

五、资产净值验证方法。以有关资产、财产的计税基础为基数，按减除已经按照规定扣除的折旧、折耗、摊销、准备金等后的余额，确认资产净值。

六、资产的纳税调整。根据财务会计数据和税收数据的分析对比结果，确认资产项目的纳税调整项目证据资料和纳税调整项目金额计算资料。

8.3.2 资产原值

一、账载金额的填报要求

附表九第1列“账载金额”：填报纳税人按照国家统一会计制度计算提取折旧、摊销的资产原值（或历史成本）的金额。

二、计税基础的填报要求

附表九第2列“计税基础”，填报纳税人按照税收规定计算税前扣除折旧、摊销的金额。

三、固定资产计税基础

（一）税法规定

《企业所得税法实施条例》第五十八条规定，固定资产按照以下方法确定计税基础：

1. 外购的固定资产，以购买价款和支付的相关税费以及直接归属于使该资产达到预定用途发生的其他支出为计税基础；

2. 自行建造的固定资产，以竣工结算前发生的支出为计税基础；

3. 融资租入的固定资产，以租赁合同约定的付款总额和承租人在签订租赁合同过程中发生的相关费用为计税基础，租赁合同未约定付款总额的，以该资产的公允价值和承租人在签订租赁合同过程中发生的相关费用为计税基础；

4. 盘盈的固定资产，以同类固定资产的重置完全价值为计税基础；

5. 通过捐赠、投资、非货币性资产交换、债务重组等方式取得的固定资产，以该资产的公允价值和支付的相关税费为计税基础；

6. 改建的固定资产，除《企业所得税法》第十三条第（一）项已足额提取折旧的固定资产的改建支出和第（二）项租入固定资产的改建支出外，以改建过程中发生的改建支出增加计税基础。

（二）会计制度与税法的差异

根据固定资产的取得方式，购置、自建、改建、扩建等方式取得的固定资产，会计制度与税法的计量方法一致；对以下几种方式取得的固定资产成本的计量，会计制度与税法存在差异。

1. 投资者投入的固定资产成本

会计制度按照投资各方确认的价值作为实际成本，税法以固定资产的公允价值为基础确定其计税的成本。会计的“各方确认价值”，如果是公允价值，就与计税成本一致，如果是按固定资产在投资方投资前账面价值为基础确定，就会产生差异。

修改后的投资、非货币性交易准则和企业会计制度认为，由于我国市场的活跃程度，公允价值因其缺少可靠性而容易被操纵，因而放弃了使用换出资产的公允价值作为换入资产入账价值确定标准的做法，以换出资产的账面价值加上相关的税费作为换入资产的入账价值。从税法的角度，为防止避税，对这类换出股权换入固定资产的资产置换交易，对于资产公允价值的确定，有活跃市场可比价格的，按市价；没有市价的，按税法规定的视同销售的组成计税价格；针对关联交易，专门有转让定价的特殊规则；关联方之间定价不合理的，税务机关可以据以进行调整。

税法对被投资方取得有关非现金资产，包括作为固定资产管理的资产，因为其中包含的增值或损失在税收上已得到处理，因此，原则上可以固定资产的公允价值为基础确定其计税的成本。但会计制度规定，投资者投入的固定资产是以投资各方确认的价值作为其入账的实际成本。这个所谓的“各方确认价值”，如果是公允价值，就与计税成本一致，如果是按固定资产在投资方投资前账面价值为基础确定，就会产生差异，并有可能导致对该固定资产中包含的税收上已确认了的损益再重复确认。

2. 融资租入固定资产成本

（1）计算基础不同。会计制度以原账面价值或最低租赁付款额的现值，为入账价值的计算基础；企业所得税以合同约定付款总额或融资租入资产的公允价值，作为入账的计算基础。

（2）计算依据不同。会计强调资产的实质标准，以账面记录为依据；税法强调资产的合同形式标准，以合同为依据。

3. 债务重组

会计制度与税法关于债务重组处理的主要差别与非货币交易类似。会计上通过以换出资产账面价值“替代”换入资产入账价值的方法，不确认交易中非货币性资产蕴含的增值或损失，但通过替代各项资产未确认实现的损益仍然保留在原企业。

企业所得税法是以债务重组取得固定资产的公允价值和支付的相关税费为成本。

按照会计制度确认的入账价值，如果小于按公允价值确认的入账价值，按照从小原则，可以不进行纳税调整。如果大于按公允价值确认的入账价值，就应当进行纳税调整。调整的方法可以选择在入账环节一次性全额调整差额，也可以选择在结转销售成本环节调减资产价值。按照征管习惯一般在入账环节一次性全额调整。下面举例说明债务重组的入账价值调整问题。

〔例〕

（1）交易情况。

B企业向A企业销售商品一批，价款为10万元，增值税率为17%，假设A公司与B协商决定以A公司的一项固定资产清偿债务。A公司该批固定资产不含税价格为11万元，公允价值12万元。

（2）债权人B企业会计上应确认的固定资产入账价值。

固定资产入账价值＝应收债权的账面价值11.7万元－增值税进项税额1.87万元＝9.83万元。

（3）债权人B企业企业所得税应确认的固定资产入账价值。

B企业的纳税调整方法是将应收债权的账面价值，调整为固定资产的公允价值，计算结果的差额调增固定资产的计税价格。具体计算公式如下：

固定资产入账价值＝固定资产的公允价值12万元－增值税进项税额1.87万元＝10.13万元。

4. 非货币交易取得的固定资产成本

会计制度与税法关于非货币性交易处理的主要差别是：会计上通过以换出资产账面价值"替代"换入资产入账价值的方法，不确认交易中非货币性资产蕴涵的增值或损失，但通过替代各项资产未确认实现的损益仍然保留在原企业。

《企业所得税法》是以非货币交易取得固定资产的公允价值和支付的相关税费为成本。

按照会计制度确认的入账价值，如果小于按公允价值确认的入账价值，按照从小原则，可以不进行纳税调整。如果大于按公允价值确认的入账价值，就应当进行纳税调整。调整的方法可以选择在入账环节一次性全额调整差额，也可以选择在结转销售成本环节调减资产价值。按照征管习惯一般在入账环节一次性全额调整。下面举例说明非货币交易的入账价值调整问题。

〔例〕

（1）交易情况。

A公司与B公司进行非货币性交易。A公司以本企业固定资产100件（账面价值每件100元，公允价值每件125元），账面价值总额10000元，公允价值总额12500元。

与B公司交换原材料，账面价值总额10000元，公允价值总额12000元。B公司购入A公司的产品作为生产用料。

A公司公允价值大于B公司公允价值500元，交易中A公司销项税85元，B公司支付差价款585元。A、B公司增值税率为17%。

（2）收到补价方A公司换入资产的入账价值。

①会计确认的入账价值

按含税价确认补价情况下的原材料入账价值9617元（换出资产账面价值10000元－含税补价成本468元－换入资产的进项税2040元＋应交纳的相关税费2125元）。

按不含税价计算的原材料入账价值9600元（换出资产账面价值10000元－补价成本400元－补税85元－换入资产的进项税2040元＋应交纳的相关税费2125元）。

②税法确认的入账价值

按照所得税法的规定，A公司上述公式中换出资产账面价值10000元，应使用公允价值总额12500元，其他数字不变。

③支付补价方B公司的换入资产的入账价值

会计上应确认的入账价值

原材料入账价值10500元（换出资产账面价值10000元+支付的补价585元－换入资产的进项税2125元+应交纳的相关税费2040元）

税法确认的入账价值

按照《所得税法》的规定，B公司上述公式中换出资产账面价值10000元，应使用公允价值总额12000元，其他数字不变。

5. 接受捐赠的固定资产

税法以该固定资产的公允价值和支付的相关税费为成本，还要求对接受捐赠的固定资产按入账价值确认应纳税所得，计算征收所得税。

会计制度区分能否提供有关凭证两种情况，采取两种不同的方法，只有在同类或类似固定资产存在活跃市场的情况下才用公允价值计量，其他情况下均不采用公允价值计量。

会计制度按以下规定确定其实际成本：

（1）捐赠方提供了有关凭据（如发票、报关单、有关协议）的，按凭据上标明的金额加上应支付的相关税费，作为实际成本。

（2）捐赠方没有提供有关凭据的，按如下顺序确定其实际成本：

同类或类似固定资产存在活跃市场的，按同类或类似固定资产的市场价格估计的金额，加上应支付的相关税费，作为实际成本。

同类或类似固定资产不存在活跃市场的，按该接受捐赠的固定资产的预计未来现金流量现值，作为实际成本。

6. 盘盈的固定资产

会计制度按照同类或类似固定资产的市场价格作为实际成本。会计制度选择的确认方法，应属于重置成本法。税法按公允价值确认，重置成本可靠性较强，合理性较差。

按重置成本或公允价值确认盘盈的固定资产成本，如果会计与税法的两种方法确认结果存在差异，在纳税申报时应按所得税法的规定进行纳税调整。

重置成本是一种现行成本，它和原始成本在资产取得当时是一致的。之后，由于价格的变动，同一资产或其等价物就可能需要用较多的或较少的交换价格才能获得。因此，重置成本表示当时取得同一资产或其等价物需要的交换价格。这种交换价格应该是从企业资产或劳务市场获得的成本价格，而不是从企业正常经营过程中，通常出售其资产或劳务的市场中的销售价格。

7. 无偿调入固定资产

会计制度以调出单位的账面价值，作为入账价值的计算基础；税法接受捐赠固定资产的公允价值，作为入账价值的计算基础。

（三）会计准则与税法的差异

根据固定资产的取得方式，购入、自制、委托加工、投资者投入、接受捐赠、债务重组等六种方式取得的固定资产，会计制度与税法的计量方法一致；对以下三种方式取得的固定资产成本的计量，会计准则与税法存在差异。

1. 企业合并取得的固定资产

会计准则按照合并方的历史成本或合并协议定价确定固定资产的初始成本。

根据《企业所得税法及其实施条例》的规定，企业合并取得的固定资产，应按固定资产的公允价值和支付相关税费等两项金额的合计确认初始成本。

如果会计上按历史成本确认固定资产的初始成本，在一般情况下小于按公允价值确认的金额，根据从小原则，可以不进行纳税调整；如果会计上按合并协议定价确认固定资产的初始成本，在协议价大于公允价值时应当进行纳税调整，在协议价小于公允价值时可以不进行纳税调整。

2. 非货币交易取得的固定资产

(1) 公允价值计量模式的差异。通过以下分析，可以看出在采用公允价值计价模式时，会计与税法的差异主要体现在：公允价值的类型选择，是换出资产还是换入资产的。从字面上看，会计有两种选择，税法只有一种选择。

会计准则在满足公允价值计量条件时，以换出资产或换入资产公允价值和应支付的相关税费作为换入资产的成本。根据《企业所得税法实施条例》的规定，非货币交易取得的固定资产，以“该固定资产的公允价值”作为计算基础。税法所称“该固定资产的公允价值”，从字面上理解应该是指换入资产的公允价值。

(2) 账面价值计价模式的差异。会计准则规定未能同时满足公允价值计量模式条件的非货币性资产交换，应当以换出资产的账面价值作为计算基础。

在采用账面价值计价模式时，所产生的差异与会计制度的差异是相同的，这里不再重复。

3. 盘盈固定资产的成本

会计按重置成本确认，税法按公允价值确认。重置成本可靠性较强，合理性较差。公允价值可靠性最差，合理性最强。按重置成本或公允价值确认盘盈的固定资产成本，如果会计与税法的两种方法确认结果相差较大，在纳税申报时应按所得税法的规定进行纳税调整。

重置成本，无可靠的外来凭证，但有透明度较高的市价参考。

公允价值计量现实的货币与非货币的交易，甚至期末计价的虚拟交易，都能比较合理地反映计量对象的内在价值，尤其在成熟的市场经济环境下。但是，如果在商业信用不成熟的市场经济环境下，可能有更多的机会削弱财务报告的可靠性。

四、生产性生物资产计税基础

执行会计制度纳税人，不填报此项。执行会计准则的纳税人，需要对以其他方式取得的生物资产的几种情况，存在的差异事项，进行纳税调整。以其他方式取得的生物资产的计税基础，差异事项与执行会计准则纳税人固定资产差异事项相同。下面介绍企业所得税法的有关规定。

《企业所得税法实施条例》第六十二条规定，生产性生物资产按照以下方法确定计税基础：

（1）外购的生产性生物资产，以购买价款和支付的相关税费为计税基础；

（2）通过捐赠、投资、非货币性资产交换、债务重组等方式取得的生产性生物资产，以该资产的公允价值和支付的相关税费为计税基础。

前款所称生产性生物资产，是指企业为生产农产品、提供劳务或者出租等而持有的生物资产，包括经济林、薪炭林、产畜和役畜等。

五、长期待摊费用计税基础

（一）税法规定

1. 长期待摊费用的摊销

《企业所得税法》及其实施条例规定，在计算应纳税所得额时，企业发生的下列支出作为长期待摊费用，按照规定摊销的，准予扣除：

（1）已足额提取折旧的固定资产的改建支出，按照固定资产预计尚可使用年限分期摊销；

（2）租入固定资产的改建支出，按照合同约定的剩余租赁期限分期摊销。固定资产的改建支出，是指改变房屋或者建筑物结构、延长使用年限等发生的支出。

（3）固定资产的大修理支出；

（4）其他应当作为长期待摊费用的支出，自支出发生月份的次月起，分期摊销，摊销年限不得低于3年。

（5）改建的固定资产延长使用年限的，除上述（一）项和第（二）项规定外，应当适当延长折旧年限。

2. 固定资产的大修理支出的确认条件

《企业所得税法实施条例》第六十九条规定，企业所得税法第十三条第（三）项所称固定资产的大修理支出，是指同时符合下列条件的支出：

（1）修理支出达到取得固定资产时的计税基础50%以上；

（2）修理后固定资产的使用年限延长2年以上。

《企业所得税法》第十三条第（三）项规定的固定资产的大修理支出，按照固定资产尚可使用年限分期摊销。

（二）会计制度与税法的差异比较

固定资产修理主要是为了维持固定资产的正常运转和使用，充分发挥其使用效能而进行的维护和修理。例如对机器设备进行局部检修、更换零部件、排除故障或清理设备，对房屋进行局部的修缮等。

固定资产改良是指企业为了改进产品性能、提高产品质量、增加产品品种、降低能源和原材料消耗而对原有固定资产进行技术改造，使固定资产在原来基础上增添新的功能，增加了价值，延长使用年限。如对原机器设备进行改装，对房屋建筑物进行易地重建等。固定资产的改建、扩建也称之为固定资产改良。

1. 大修理支出的差异

会计制度和企业所得税法都要求，将固定资产大修理支出作为长期待摊费用处理，差异只是以下的处理方法不同。

（1）摊销方法不同。会计制度采取预提或待摊方式，将“固定资产大修理费用”在两次大修理间隔期内各期均衡地计入成本费用。税法对预提的固定资产大修费不允许税前扣除。

(2) 资本化的标准不同。会计实务中是做日常修理还是作大修理处理，主要是根据会计人员作出职业判断。税法规定了固定资产大修理的两个判断标准，同时符合下列条件的支出，属于固定资产大修理支出。

①修理支出达到取得固定资产时的计税基础50%以上；

②修理后固定资产的使用年限延长2年以上。

(3) 摊销期限不同。

会计制度要求，应当将发生的大修理费用在下一次大修理前平均摊销。

《企业所得税法实施条例》规定，固定资产大修理支出，按照固定资产尚可使用年限分期摊销。

2. 改扩建支出的差异

自行建造的固定资产，按建造该项资产达到预定可使用状态前所发生的全部支出，作为入账价值。

在原有固定资产的基础上进行改建、扩建的，按原固定资产的账面价值，加上由于改建、扩建而使该项资产达到预定可使用状态前发生的支出，减去改建、扩建过程中发生的变价收入，作为入账价值。

(1) 判断标准不同。会计实务中固定资产是改建支出还是修理支出，主要是根据会计人员作出职业判断。税法规定了明确的标准。《企业所得税法实施条例》规定，固定资产的改建支出，是指改变房屋或者建筑物结构、延长使用年限等发生的支出。

(2) 计量方法不同。会计制度要求，以改扩建支出为基数，扣除改建、扩建过程中发生的变价收入，作为计税基础。税法要求以改建过程中发生的改建支出增加计税基础，没有考虑变价收入的因素。

(3) 折旧期限不同。根据会计制度和企业内控制度的要求，固定资产折旧期限由企业管理当局确认，对期限没有作出具体规定。企业所得税税法，对改建的固定资产延长使用年限的，要求适当延长折旧年限；对已提足折旧固定资产改建支出，要求按照固定资产预计尚可使用年限分期摊销。

3. 租入固定资产改良支出的差异

会计制度和税法对租入改良支出都作为长期待摊费用，存在不同的是待摊期限的确认方法。会计制度要求，租入固定资产改良支出应当在租赁期限与租赁资产尚可使用年限两者孰短的期限内平均摊销。企业所得税法规定，租入固定资产改建的支出，按照合同约定的剩余租赁期限分期摊销。

4. 开办费摊销

企业会计制度与税法开办费的差异，体现在摊销期限上，会计制度在开始生产经营当期一次性摊销，企业所得税分年摊销并规定摊销年限不得低于3年。

开办费是指企业在筹建期间发生的费用，包括筹建期人员工资、办公费、培训费、差旅费、印刷费、注册登记费以及不计入固定资产和无形资产购建成本的汇兑损益和利息支出。筹建期是指企业自被批准筹建之日起至开始生产、经营（包括试生产、试营业）之日的期间。

企业发生的下列费用，不得计入开办费：

（1）由投资者负担的费用支出；

（2）由取得各项固定资产、无形资产所发生的支出；

（3）筹建期间应当计入资产价值的汇兑损益、利息支出。

（三）会计准则与税法的差异比较

1．固定资产修理费用的差异

会计准则对固定资产修理费用，不论是中小修理还是大修理要求于发生时直接计入当期费用。

税法规定，对固定资产大修理支出要求资本化，作长期待摊费用处理，按照固定资产尚可使用年限分期摊销。

2．自有固定资产改良支出

对于固定资产改建扩建性的改良支出，会计准则与企业所得税的处理方法是一致的，都要求将改良支出资本化，并按预计可使用年限计提折旧。

自有固定资产改良支出，应当计入固定资产账面价值，其增计后的金额在该固定资产的预计使用期内计提折旧。

企业所得税税法，对改建的固定资产延长使用年限的，要求适当延长折旧年限；对已提足折旧固定资产改建支出，要求按照固定资产预计尚可使用年限分期摊销。

3．固定资产装修费用

固定资产装修费用，符合资本化原则的，可在固定资产科目下单设“固定资产装修”明细科目核算，并在两次装修期间与固定资产尚可使用年限两者中较短的期间内，采用合理的方法单独计提折旧。

对固定资产装修费用，会计准则与税法相同之处是都要求资本化，所不同的是折旧期限和折旧方法。

（1）折旧期限。会计准则要求，选择在两次装修期间与固定资产尚可使用年限两者中较短的期间内。税法要求在固定资产尚可使用年限内摊销。

（2）折旧方法。会计准则允许会计人员选择会计准则规定的多种折旧方法。税法仅允许使用直线法。

4．融资租赁方式租入的固定资产发生的固定资产后续支出

对融资租赁方式租入的固定资产发生的固定资产后续支出，会计与税法都要求资本化，所不同的是折旧摊销年限。

会计准则要求，如果租赁期末采取留购，则选择预计使用年限；如果租赁期末采取退租，则选择租期。税法明确规定了固定资产的折旧年限，没有给纳税人留下选择的空间。

5．经营租赁方法租入的固定资产发生的改良支出

会计准则和税法规定对租入改良支出都作为长期待摊费用，存在不同的是待摊期限的确认方法。会计准则要求，租入固定资产改良支出应当在租赁期限与租赁资产尚可使用年限两者孰短的期限内平均摊销。企业所得税法规定，租入固定资产改建的支出，按照合同约定的剩余租赁期限分期摊销。

6. 开办费

开办费的差异，体现在摊销期限上，会计准则在开始生产经营当期一次性摊销，企业所得税分年摊销并规定摊销年限不得低于3年。

《企业会计准则》规定，除购置和建造固定资产以外，所有筹建期间发生的费用，先在长期待摊费用中归集，待企业开始生产经营起一次计入开始生产经营当期的损益。

税法规定，其他应当作为长期待摊费用的支出，自支出发生月份的次月起，分期摊销，摊销年限不得低于3年。

六、无形资产计税基础

（一）税法规定

《企业所得税法实施条例》第六十六条规定，无形资产按照以下方法确定计税基础：

1. 外购的无形资产，以购买价款和支付的相关税费以及直接归属于使该资产达到预定用途发生的其他支出为计税基础；

2. 自行开发的无形资产，以开发过程中该资产符合资本化条件后至达到预定用途前发生的支出为计税基础；

3. 通过捐赠、投资、非货币性资产交换、债务重组等方式取得的无形资产，以该资产的公允价值和支付的相关税费为计税基础。

（二）会计制度与税法的差异

1. 投资者投入的无形资产成本

会计制度按照投资各方确认的价值作为实际成本，税法以无形资产的公允价值为基础确定其计税的成本。会计的“各方确认价值”，如果是公允价值，就与计税成本一致，如果是按无形资产在投资方投资前账面价值为基础确定，就会产生差异。

修改后的投资、非货币性交易准则和企业会计制度认为，由于我国市场的活跃程度，公允价值因其缺少可靠性而容易被操纵，因而放弃了使用换出资产的公允价值作为换入资产入账价值确定标准的做法，以换出资产的账面价值加上相关的税费作为换入资产的入账价值。从税法的角度，为防止避税，对这类换出股权换入无形资产的资产置换交易，对于资产公允价值的确定，有活跃市场可比价格的，按市价；没有市价的，按税法规定的视同销售的组成计税价格；针对关联交易，专门有转让定价的特殊规则；关联方之间定价不合理的，税务机关可以据以进行调整。

税法对被投资方取得有关非现金资产，包括作为无形资产管理的资产因为其中包含的增值或损失在税收上已得到处理，因此，原则上可以无形资产的公允价值为基础确定其计税的成本。但会计制度规定，投资者投入的无形资产是以投资各方确认的价值作为其入账的实际成本，这个所谓的“各方确认价值”，如果是公允价值，就与计税成本一致，如果是按无形资产在投资方投资前账面价值为基础确定，就会产生差异，并有可能导致对该无形资产中包含的税收上已确认了的损益再重复确认。

2. 融资租入无形资产成本

（1）计算基础不同。会计制度以原账面价值或最低租赁付款额的现值，为入账价值的计算基础；企业所得税以合同约定付款总额或融资租入资产的公允价值，作为入账的计算基础。

（2）计算依据不同。会计强调资产的实质标准，以账面记录为依据；税法强调资产的合同形式标准，为合同为依据。

3. 债务重组

会计制度与税法关于债务重组处理的主要差别与非货币交易类似，会计上通过以换出资产账面价值"替代"换入资产入账价值的方法，不确认交易中非货币性资产蕴含的增值或损失，但通过替代各项资产未确认实现的损益仍然保留在原企业。

企业所得税法是以债务重组取得无形资产的公允价值和支付的相关税费为成本。

按照会计制度确认的入账价值，如果小于按公允价值确认的入账价值，按照从小原则，可以不进行纳税调整。如果大于按公允价值确认的入账价值，就应当进行纳税调整。调整的方法可以选择在入账环节一次性全额调整差额，也可以选择在结转销售成本环节调减资产价值。按照征管习惯一般在入账环节一次性全额调整。

下面举例说明，债务重组的入账价值调整问题。

［例］

（1）交易情况

B企业向A企业销售商品一批，价款为10万元，增值税率为17%，假设A公司与B协商决定以A公司所生产的一项无形资产清偿债务。A公司该批无形资产账面价值为11万元，公允价值12万元。

（2）债权人B企业会计上应确认的无形资产入账价值

无形资产入账价值＝应收债权的账面价值11.7万元－增值税进项税额1.87万元＝9.83万元。

（3）债权人B企业企业所得税应确认的无形资产入账价值

B企业的纳税调整方法是将应收债权的账面价值，调整为无形资产的公允价值，计算结果的差额调增无形资产的计税价格。具体计算公式如下：

无形资产入账价值＝无形资产的公允价值12万元－增值税进项税额1.87万元＝10.13万元。

4. 非货币交易取得的无形资产成本

会计制度与税法关于非货币性交易处理的主要差别是：会计上通过以换出资产账面价值"替代"换入资产入账价值的方法，不确认交易中非货币性资产蕴含的增值或损失，但通过替代各项资产未确认实现的损益仍然保留在原企业。

企业所得税法是以非货币交易取得无形资产的公允价值和支付的相关税费为成本。

按照会计制度确认的入账价值，如果小于按公允价值确认的入账价值，按照从小原则，可以不进行纳税调整。如果大于按公允价值确认的入账价值，就应当进行纳税调整。调整的方法可以选择在入账环节一次性全额调整差额，也可以选择在结转销售成本环节调减资产价值。按照征管习惯，一般在入账环节一次性全额调整。

5. 接受捐赠的无形资产

税法以该无形资产的公允价值和支付的相关税费为成本，还要求对接受捐赠的无形资产按入账价值确认应纳税所得，计算征收所得税。

会计制度区分能否提供有关凭证两种情况采取两种不同的方法，只有在同类或类似无形资产存在活跃市场的情况下才用公允价值计量，其他情况下均不采用公允价值计量。

会计制度按以下规定确定其实际成本。

（1）捐赠方提供了有关凭据（如发票、报关单、有关协议）的，按凭据上标明的金额加上应支付的相关税费，作为实际成本。

（2）捐赠方没有提供有关凭据的，按如下顺序确定其实际成本：

同类或类似无形资产存在活跃市场的，按同类或类似无形资产的市场价格估计的金额，加上应支付的相关税费，作为实际成本。

同类或类似无形资产不存在活跃市场的，按该接受捐赠的无形资产的预计未来现金流量现值，作为实际成本。

6. 盘盈的无形资产

会计制度按照同类或类似无形资产的市场价格作为实际成本。会计制度选择的确认方法，应属于重置成本法。税法按公允价值确认。重置成本可靠性较强，合理性较差。

按重置成本或公允价值确认盘盈的无形资产成本，如果会计与税法的两种方法确认结果相差较大，在纳税申报时应按所得税法的规定进行纳税调整。

重置成本是一种现行成本，它和原始成本在资产取得当时是一致的。之后，由于物价的变动，同一资产或其等价物就可能需要用较多的或较少的交换价格才能获得。因此，重置成本表示当时取得同一资产或其等价物需要的交换价格。这种交换价格应该是从企业资产或劳务市场获得的成本价格，而不是从企业正常经营过程中通常出售其资产或劳务的市场中的销售价格。

7. 无偿调入无形资产

会计制度以调出单位的账面价值，作为入账价值的计算基础；税法接受捐赠无形资产的公允价值，作为入账价值的计算基础。

（三）会计准则与税法的差异

根据无形资产的取得方式，购入、自制、委托加工、投资者投入、接受捐赠、债务重组等六种方式取得的无形资产，会计准则与税法的计量方法一致；对以下两种方式取得的无形资产成本的计量，会计准则与税法存在差异。

1. 非货币交易取得的无形资产

（1）公允价值计量模式的差异。采用公允价值计价模式时，会计与税法的差异主要体现在：公允价值的类型选择，是换出资产还是换入资产的。从字面上看，会计有两种选择，税法只有一种选择。

会计准则在满足公允价值计量条件时，以换出资产或换入资产公允价值和应支付的相关税费作为换入资产的成本。根据《企业所得税法实施条例》的规定，非货币交易取得的无形资产，以“该无形资产的公允价值”作为计算基础。税法所称“该无形资产的公允价值”，从字面上理解应该是指换入资产的公允价值。

（2）账面价值计价模式的差异。会计准则规定未能同时满足公允价值计量模式条件的非货币性资产交换，应当以换出资产的账面价值作为计算基础。

在采用账面价值计价模式时，所产生的差异，与会计制度的差异是相同的，这里不再重复。

2. 盘盈无形资产的成本

会计按重置成本确认，税法按公允价值确认。重置成本可靠性较强，合理性较差。公允价值可靠性最差，合理性最强。按重置成本或公允价值确认盘盈的无形资产成本，如果会计与税法的两种方法确认结果相差较大，在纳税申报时应按所得税法的规定进行纳税调整。

重置成本，无可靠的外来凭证，但有透明度较高的市价参考。

公允价值计量现实的货币与非货币的交易，甚至期末计价的虚拟交易，都能比较合理地反映计量对象的内在价值，尤其在成熟的市场经济环境下。但是，在商业信用不成熟的市场经济环境下，可能有更多的机会削弱财务报告的可靠性。

七、油气勘探投资计税基础

《企业所得税法实施条例》第六十一条从事开采石油、天然气等矿产资源的企业，在开始商业性生产前发生的费用和有关固定资产的折耗、折旧方法，由国务院财政、税务主管部门另行规定。

八、油气开发投资计税基础

《企业所得税法实施条例》第六十一条从事开采石油、天然气等矿产资源的企业，在开始商业性生产前发生的费用和有关固定资产的折耗、折旧方法，由国务院财政、税务主管部门另行规定。

8.3.3 折旧、摊销年限

一、会计折旧、摊销年限的填报审核

（一）填报要求

附表九第3列：填报纳税人按照国家统一会计制计算提取折旧、摊销额的年限。

（二）固定资产折旧年限

1. 企业会计制度对固定资产折旧年限规定

《企业会计制度》第三十六条规定，企业应当根据固定资产的性质和消耗方式，合理地确定固定资产的预计使用年限和预计净残值，并根据科技发展、环境及其他因素，选择合理的固定资产折旧方法，按照管理权限，经股东大会或董事会，或经理（厂长）会议或类似机构批准，作为计提折旧的依据。同时，按照法律、行政法规的规定报送有关各方备案，并备置于企业所在地，以供投资者等有关各方查阅。企业已经确定并对外报送，或备置于企业所在地的有关固定资产预计使用年限和预计净残值、折旧方法等，一经确定不得随意变更。如需变更，仍然应当按照上述程序，经批准后报送有关各方备案，并在会计报表附注中予以说明。

固定资产折旧方法可以采用年限平均法、工作量法、年数总和法、双倍余额递减法等。折旧方法一经确定，不得随意变更。如需变更，应当在会计报表附注中予以说明。

企业因更新改造等原因而调整固定资产价值的，应当根据调整后价值，预计尚可使用年限和净残值，按选用的折旧方法计提折旧。

对于接受捐赠旧的固定资产，企业应当按照确定的固定资产入账价值、预计尚可使用年限，预计净残值，按选用的折旧方法计提折旧。

融资租入的固定资产，应当采用与自有应计折旧资产相一致的折旧政策。能够合理确定租赁期届满时将会取得租赁资产所有权的，应当在租赁资产尚可使用年限内计提折旧；无法合理确定租赁期届满时能够取得租赁资产所有权的，应当选择在租赁期与租赁资产尚可使用年限两者中较短的期间内计提折旧。

2. 企业会计准则对固定资产折旧年限规定

《企业会计准则》规定，固定资产的使用寿命，指企业使用固定资产的预计期间，或者该固定资产所能生产产品或提供劳务的数量。企业确定固定资产使用寿命时，应当考虑下列因素：

（1）该项资产预计生产能力或实物产量；

（2）该项资产预计有形损耗，如设备使用中发生磨损、房屋建筑物受到自然侵蚀等；

（3）该项资产预计无形损耗，如因新技术的出现而使现有的资产技术水平相对陈旧，市场需求变化使产品过时，等；

（4）法律或者类似规定对该项资产使用的限制。某些固定资产的使用寿命可能受法律或类似规定的约束。如对于融资租赁的固定资产，根据《企业会计准则第21号——租赁》规定，能够合理确定租赁期届满时将会取得租赁资产所有权的，应当在租赁资产使用寿命内计提折旧；如果无法合理确定租赁期届满时能够取得租赁资产所有权的，应当在租赁期与租赁资产使用寿命两者中选择较短的期间内计提折旧。

（三）生物资产摊销年限

《企业会计准则——生物资产》规定，只对达到预定生产经营目的的生产性生物资产按期计提折旧。折旧期应该根据生产性生物资产的预计使用寿命来确定。

可选用的折旧方法包括年限平均法、工作量法或产量法等。

年限平均法是计提固定资产折旧最常采用的一种方法。它是将应提折旧总额在预计生物资产使用寿命的期间内平均分配，从而计算出每期折旧额的折旧方法。

（四）无形资产摊销年限

1. 企业会计制度的相关规定

《企业会计制度》规定，无形资产应当自取得当月起在预计使用年限内分期平均摊销，计入损益。如预计使用年限超过了相关合同规定的受益年限或法律规定的有效年限，该无形资产的摊销年限按如下原则确定：

（1）合同规定受益年限但法律没有规定有效年限的，摊销年限不应超过合同规定的受益年限；

（2）合同没有规定受益年限但法律规定有效年限的，摊销年限不应超过法律规定的有效年限；

（3）合同规定了受益年限，法律也规定了有效年限的，摊销年限不应超过受益年限和有效年限两者之中较短者。

如果合同没有规定受益年限，法律也没有规定有效年限的，摊销年限不应超过10年。

2.《企业会计准则》的相关规定

企业会计准则的规定，无形资产使用寿命按下列规定确认。

（1）源自合同性权利或其他法定权利取得的无形资产，其有用寿命不应超过合同性权利或其他法定权利的期限。如果合同和法律都规定了期限的，则按照两者孰短来确定其有效寿命。

（2）没有明确的合同或法律规定期限的无形资产，企业应当综合各方面情况，如企业聘请相关专家进行论证或与同行业的情况进行比较以及企业的历史经验等，来确定无形资产为企业带来未来经济利益的期限。如果经过以上努力后，确实无法合理确定无形资产为企业带来经济利益期限，再将其作为使用寿命不确定的无形资产进行处理。

（五）长期待摊费用摊销年限

《企业会计制度》第五十条规定，其他资产，是指除上述资产以外的其他资产，如长期待摊费用。

长期待摊费用，是指企业已经支出，但摊销期限在1年以上（不含1年）的各项费用，包括固定资产大修理支出、租入固定资产的改良支出等。应当由本期负担的借款利息、租金等，不得作为长期待摊费用处理。

长期待摊费用应当单独核算，在费用项目的受益期限内分期平均摊销。大修理费用采用待摊方式的，应当将发生的大修理费用在下一次大修理前平均摊销；租入固定资产改良支出应当在租赁期限与租赁资产尚可使用年限两者孰短的期限内平均摊销；其他长期待摊费用应当在受益期内平均摊销。

企业会计准则规定，长期待摊费用应当单独核算，在费用项目的受益期限内分期平均摊销。大修理费用采用待摊方式的，应当将发生的大修理费用在下一次大修理前平均摊销。租入固定资产改良支出应当在租赁期限与预计可使用年限两者孰短的期限内平均摊销，其他长期待摊费用应当在受益期内平均摊销。

（六）油气勘探投资摊销年限

企业应当采用产量法或年限平均法对探明矿区权益计提折耗。采用产量法计提折耗的，折耗额可按照单个矿区计算，也可按照若干具有相同或类似地质构造特征或储层条件的相邻矿区所组成的矿区组计算。

（七）油气开发投资摊销年限

企业应当采用产量法或年限平均法对探明矿区权益计提折耗。采用产量法计提折耗的，折耗额可按照单个矿区计算，也可按照若干具有相同或类似地质构造特征或储层条件的相邻矿区所组成的矿区组计算。

二、税收折旧、摊销年限的填报审核

（一）填报要求

第4列：填报纳税人按照税收规定计算税前扣除折旧、摊销额的年限。

填报第4列“税收折旧、摊销年限”时，应按申报表的类别归集填报，当同一类别资产折旧、摊销年限不同时，此列不填报。

（二）固定资产折旧年限

《企业所得税法实施条例》第六十条除国务院财政、税务主管部门另有规定外，固定资产计算折旧的最低年限如下：

1. 房屋、建筑物，为20年；
2. 飞机、火车、轮船、机器、机械和其他生产设备，为10年；
3. 与生产经营活动有关的器具、工具、家具等，为5年；

4. 飞机、火车、轮船以外的运输工具，为4年；

5. 电子设备，为3年。

（三）生产性生物资产折旧年限

《企业所得税法实施条例》第六十四条规定，生产性生物资产计算折旧的最低年限如下：

1. 林木类生产性生物资产，为10年；

2. 畜类生产性生物资产，为3年。

（四）无形资产摊销时间

《企业所得税法实施条例》规定，无形资产的摊销年限不得低于10年。作为投资或者受让的无形资产，有关法律规定或者合同约定了使用年限的，可以按照规定或者约定的使用年限分期摊销。

外购商誉的支出，在企业整体转让或者清算时，准予扣除。

（五）长期待摊费用

1. 已足额提取折旧的固定资产的改建支出和租入固定资产的改建支出。

《企业所得税法实施条例》第六十八条规定，企业所得税法第十三条第（一）项和第（二）项所称固定资产的改建支出，是指改变房屋或者建筑物结构、延长使用年限等发生的支出。

《企业所得税法》第十三条第（一）项规定的支出，按照固定资产预计尚可使用年限分期摊销；第（二）项规定的支出，按照合同约定的剩余租赁期限分期摊销。

改建的固定资产延长使用年限的，除《企业所得税法》第十三条第（一）项和第（二）项规定外，应当适当延长折旧年限。

2. 固定资产的大修理支出。

《企业所得税法》第十三条第（三）项规定的固定资产的大修理支出，按照固定资产尚可使用年限分期摊销。

3. 其他应当作为长期待摊费用的支出。

《企业所得税法实施条例》第七十条规定，《企业所得税法》第十三条第（四）项所称其他应当作为长期待摊费用的支出，自支出发生月份的次月起，分期摊销，摊销年限不得低于3年。

（六）石油、天然气等开采矿产资源企业的处理

《企业所得税法实施条例》第六十一条规定，从事开采石油、天然气等矿产资源的企业，在开始商业性生产前发生的费用和有关固定资产的折耗、折旧方法，由国务院财政、税务主管部门另行规定。

8.3.4 本期折旧、摊销额

一、会计本期折旧、摊销额

（一）填报要求

附表九第5列：填报纳税人按照国家统一会计制度计算本纳税年度的折旧、摊销额。

（二）固定资产折旧额

1．企业会计制度规定

（1）应计提折旧的固定资产。

下列固定资产应当计提折旧：

①房屋和建筑物；

②在用的机器设备、仪器仪表、运输工具、工具器具；

③季节性停用、大修理停用的固定资产；

④融资租入和以经营租赁方式租出的固定资产。

达到预定可使用状态应当计提折旧的固定资产，在年度内办理竣工决算手续的，按照实际成本调整原来的暂估价值，并调整已计提的折旧额，作为调整当月的成本、费用处理。如果在年度内尚未办理竣工决算的，应当按照估计价值暂估入账，并计提折旧；待办理了竣工决算手续后，再按照实际成本调整原来的暂估价值，调整原已计提的折旧额，同时调整年初留存收益各项目。

（2）不得计提折旧的固定资产。

下列固定资产不计提折旧：

①房屋、建筑物以外的未使用、不需用固定资产；

②以经营租赁方式租入的固定资产；

③已提足折旧继续使用的固定资产；

④按规定单独估价作为固定资产入账的土地。

（3）折旧方法。

企业应当根据固定资产的性质和消耗方式，合理地确定固定资产的预计使用年限和预计净残值，并根据科技发展、环境及其他因素，选择合理的固定资产折旧方法，按照管理权限，经股东大会或董事会，或经理（厂长）会议，或类似机构批准，作为计提折旧的依据。同时，按照法律、行政法规的规定报送有关各方备案，并备置于企业所在地，以供投资者等有关各方查阅。企业已经确定并对外报送，或备置于企业所在地的有关固定资产预计使用年限和预计净残值、折旧方法等，一经确定不得随意变更。如需变更，仍然应当按照上述程序，经批准后报送有关各方备案，并在会计报表附注中予以说明。

固定资产折旧方法可以采用年限平均法、工作量法、年数总和法、双倍余额递减法等。折旧方法 经确定，不得随意变更。如需变更，应当在会计报表附注中予以说明。

企业因更新改造等原因而调整固定资产价值的，应当根据调整后价值，预计尚可使用年限和净残值，按选用的折旧方法计提折旧。

对于接受捐赠旧的固定资产，企业应当按照确定的固定资产入账价值、预计尚可使用年限、预计净残值，按选用的折旧方法计提折旧。

融资租入的固定资产，应当采用与自有应计折旧资产相一致的折旧政策。能够合理确定租赁期届满时将会取得租赁资产所有权的，应当在租赁资产尚可使用年限内计提折旧；无法合理确定租赁期届满时能够取得租赁资产所有权的，应当在租赁期与租赁资产尚可使用年限两者中较短的期间内计提折旧。

（4）折旧计提时间。

企业一般应按月提取折旧，当月增加的固定资产，当月不提折旧，从下月起计提折旧；当月减少的固定资产，当月照提折旧，从下月起不提折旧。

固定资产提足折旧后，不论能否继续使用，均不再提取折旧；提前报废的固定资产，也不再补提折旧。所谓提足折旧，是指已经提足该项固定资产应提的折旧总额。应提的折旧总额为固定资产原价减去预计残值加上预计清理费用。

2．企业会计准则规定

（1）预计净残值的定义。

预计净残值，是指假定固定资产预计使用寿命已满并处于使用寿命终了时的预期状态，企业目前从该项资产处置中获得的扣除预计处置费用后的金额。

新的预计净残值的定义强调了现值。也就是说，在确定预计净残值时，其金额应为其折现值。在企业准备出售固定资产时，应复核其预计净残值，在这种情况预计净残值通常应等于公允价值减去处置费用后的净额。

（2）计提折旧固定资产的范围。

《企业会计准则第4号——固定资产》第十四条规定，企业应当对所有固定资产计提折旧。但是，已提足折旧仍继续使用的固定资产和单独计价入账的土地除外。

在确定计提折旧的范围时还应注意以下几点：

①固定资产应当按月计提折旧，并根据用途计入相关资产的成本或者当期损益。当月增加的固定资产，当月不计提折旧，从下月起计提折旧；当月减少的固定资产，当月仍计提折旧，从下月起不计提折旧。

②固定资产提足折旧后，不论能否继续使用，均不再计提折旧，提前报废的固定资产也不再补提折旧。所谓提足折旧是指已经提足该项固定资产的应计折旧额。

③已达到预定可使用状态但尚未办理竣工决算的固定资产，应当按照估计价值确定其成本，并计提折旧；待办理竣工决算后再按实际成本调整原来的暂估价值，但不需要调整原已计提的折旧额。

（3）影响固定资产折旧额的因素。

影响固定资产折旧额的因素主要有以下几个方面：

①固定资产原价，指固定资产的成本。

②预计净残值，指假定固定资产预计使用寿命已满并处于使用寿命终了时的预期状态，企业目前从该项资产处置中获得的扣除预计处置费用后的金额。

③固定资产减值准备，指固定资产已计提的固定资产减值准备累计金额。固定资产计提减值准备后，应当在剩余使用寿命内根据调整后的固定资产账面价值（固定资产账面余额扣减累计折旧和累计减值准备后的金额）和预计净残值重新计算确定折旧率和折旧额。

④固定资产的使用寿命，指企业使用固定资产的预计期间，或者该固定资产所能生产产品或提供劳务的数量。企业确定固定资产使用寿命时，应当考虑下列因素：

·该项资产预计生产能力或实物产量；

·该项资产预计有形损耗，如设备使用中发生磨损、房屋建筑物受到自然侵蚀等；

·该项资产预计无形损耗，如因新技术的出现而使现有的资产技术水平相对陈旧、市场需求变化使产品过时等；

·法律或者类似规定对该项资产使用的限制。某些固定资产的使用寿命可能受法律或类似规定的约束。如对于融资租赁的固定资产，根据《企业会计准则第21号——租赁》规定，能够合理确定租赁期届满时将会取得租赁资产所有权的，应当在租赁资产使用寿命内计提折旧；如果无法合理确定租赁期届满时能够取得租赁资产所有权的，应当在租赁期与租赁资产使用寿命两者中较短的期间内计提折旧。

（4）固定资产的折旧方法。

《企业会计准则第4号——固定资产》规定第十七条规定，企业应当根据与固定资产有关的经济利益的预期实现方式，合理选择固定资产折旧方法。可选用的折旧方法包括年限平均法、工作量法、双倍余额递减法和年数总和法等。固定资产的折旧方法一经确定，不得随意变更。但是，符合本准则第十九条折旧方法复核相关规定的除外。

①年限平均法

年限平均法（又称为直线法），企业可根据自己的情况采用个别折旧率、分类折旧率、综合折旧率。但是，为了确保折旧计算的准确性，有条件的企业应该尽量采用个别折旧率。

年折旧率 = （1 - 预计净残值） ÷预计使用年限 ×100%

月折旧率 = 年折旧率 ÷12

月折旧额 = 固定资产原值 × 月折旧率

②工作量法

每一工作量折旧额的计算公式如下：

每一工作量折旧额 = 固定资产原值 × （1 - 净残值率） ÷预计总工作量

月折旧额 = 固定资产当月工作量 × 每一工作量折旧额

③双倍余额递减法

加速折旧法的一种，其特点是固定资产使用前期提取折旧多，使用后期提取折旧逐年减少。这种方法在平常计算折旧时不考虑净残值，并且不是以固定资产原值而是以固定资产净值为依据，乘以平均年限法二倍的折旧率计算每年的折旧额，在固定资产使用到期前两年才考虑净残值。

企业在选用双倍余额递减法计提折旧时，残值不能从固定资产价值中抵减。因此，每年计提的固定资产折旧额是用两倍于直线法的折旧率去乘固定资产的账面净值。由于只要该项固定资产仍使用，则其账面净值就不可能被冲销完毕，因此，在固定资产使用的后期，如果发现使用双倍余额递减法计算的折旧额小于采用直线法计算的折旧时，就可以改用直线法计提折旧。为了操作方便，实行双倍余额递减法计提折旧的固定资产，应当在其折旧年限到期前两年内，将固定资产账面净值扣除预计残值后的净额平均摊销。

其折旧额采用如下公式计算：

年折旧率 = 2 ÷ 预计使用年限 ×100%

月折旧率 = 年折旧率 ÷12

月折旧额 = 固定资产净值 × 月折旧率

最后两年：

年折旧额 =（固定资产折余价值 - 净残值）÷2

月折旧额 = 年折旧额 ÷12

④年数总和法

加速折旧法的一种，它是在固定资产预计使用年限内，每年以年数的序数总和作为分母、以各该年份的尚可使用年数作为分子计算出的年折旧率乘以固定资产应提折旧总额，从而计算确定固定资产折旧额的方法。计算公式如下：

年折旧率 = 尚可使用年数 ÷ 预计使用年限的年数总和 ×100%

月折旧率 = 年折旧率 ÷12

月折旧额 =（固定资产原值 - 预计净残值）×月折旧率

以上多种折旧法可供企业选择，要求企业会计人员按固定资产的实际情况通过职业判断的方式来确定。因此，固定资产折旧方法的选用过程通过企业会计人员与注册会计师博弈之后，使得选用的固定资产折旧方法更能符合反映固定资产价值转移的实质，为利益相关者提供决策相关的财务信息。

（5）折旧政策的复核与调整。

《企业会计准则第 4 号——固定资产》第十九条规定，企业至少应当于每年年度终了，对固定资产的使用寿命、预计净残值和折旧方法进行复核。

使用寿命预计数与原先估计数有差异的，应当调整固定资产使用寿命。

预计净残值预计数与原先估计数有差异的，应当调整预计净残值。

与固定资产有关的经济利益预期实现方式有重大改变的，应当改变固定资产折旧方法。

固定资产使用寿命、预计净残值和折旧方法的改变应当做为会计估计变更。

（三）生物资产折旧额

1. 后续支出

生物资产在郁闭或达到预定生产经营目的后发生的管护、饲养费用等后续支出，应当计入当期损益。但在某些情形下发生的后续支出可予以资本化，如因择伐、间伐而补植林木类消耗性或生产性生物资产而发生的后续支出。

2. 计提折旧

《企业会计准则——生产资产准则》规定，只对达到预定生产经营目的的生产性生物资产按期计提折旧。折旧期应该根据生产性生物资产的预计使用寿命来确定。

可选用的折旧方法包括年限平均法、工作量法或产量法等。

年限平均法是计提固定资产折旧最常采用的一种方法。它是将应提折旧总额在预计生物资产使用寿命的期间内平均分配，从而计算出每期折旧额的折旧方法。

（四）无形资产的摊销额

1. 企业会计制度的规定

《企业会计制度》规定，无形资产应当自取得当月起在预计使用年限内分期平均摊销，计入损益。如预计使用年限超过了相关合同规定的受益年限或法律规定的有效年限，该无形资产的摊销年限按如下原则确定：

（1）合同规定受益年限但法律没有规定有效年限的，摊销年限不应超过合同规定的受益年限；

（2）合同没有规定受益年限但法律规定有效年限的，摊销年限不应超过法律规定的有效年限；

（3）合同规定了受益年限，法律也规定了有效年限的，摊销年限不应超过受益年限和有效年限两者之中较短者。

如果合同没有规定受益年限，法律也没有规定有效年限的，摊销年限不应超过10年。

2．企业会计准则的规定

（1）估计无形资产使用寿命应考虑的因素。

企业应当于取得无形资产时分析判断其使用寿命。无形资产的使用寿命如为有限的，应当估计该使用寿命的年限或者构成使用寿命的产量等类似计量单位数量；无法预见无形资产为企业带来未来经济利益期限的，应当视为使用寿命不确定的无形资产。

估计无形资产使用寿命应考虑的主要因素包括：

①该资产通常的产品寿命周期，以及可获得的类似资产使用寿命的信息；

②技术、工艺等方面的现实情况及对未来发展的估计；

③以该资产在该行业运用的稳定性和生产的产品或服务的市场需求情况；

④现在或潜在的竞争者预期采取的行动；

⑤为维持该资产产生未来经济利益的能力所需要的维护支出，以及企业预计支付有关支出的能力；

⑥对该资产的控制期限，以及对该资产使用的法律或类似限制，如特许使用期间、租赁期间等；

⑦与企业持有的其他资产使用寿命的关联性等。

例如，企业以支付土地出让金方式取得一块土地50年的使用权，如果企业准备持续持有，在50年期间内没有计划出售，则该项土地使用权预期为企业带来未来经济利益的期间为50年。

（2）无形资产使用寿命的确定。

①源自合同性权利或其他法定权利取得的无形资产，其有用寿命不应超过合同性权利或其他法定权利的期限。如果合同和法律都规定了期限的，则按照两者孰短来确定其有效寿命。

②没有明确的合同或法律规定期限的无形资产，企业应当综合各方面情况，如企业聘请相关专家进行论证或与同行业的情况进行比较以及企业的历史经验等，来确定无形资产为企业带来未来经济利益的期限。如果经过以上努力后，确实无法合理确定无形资产为企业带来经济利益期限，再将其作为使用寿命不确定的无形资产进行处理。

（3）使用寿命有限的摊销方法。

使用寿命有限的无形资产，应在其预计的使用寿命内采用系统合理的方法对应摊销金额进行摊销。应摊销金额，是指无形资产的成本扣除残值后的金额。已计提减值准备的无形资产，还应扣除已计提的无形资产减值准备累计金额。使用寿命有限的无形资产，其残值一般应当视为零。

①摊销期和摊销方法。

无形资产的摊销期自其可供使用（即其达到预定用途）时起至终止确认时止。即，无形资产摊销的起始和停止日期为：当月增加的无形资产，当月开始摊销；当月减少的无形资产，当月不再摊销。

在无形资产的使用寿命内系统地分摊其应摊销金额，存在多种方法。这些方法包括直线法、生产总量法等。企业选择的无形资产摊销方法，应当能够反映与该项无形资产有关的经济利益的预期实现方式，并一致地运用于不同会计期间。例如，受技术陈旧因素影响较大的专利权和专有技术等无形资产，可采用类似固定资产加速折旧的方法进行摊销；有特定产量限制的特许经营权或专利权，应采用产量法进行摊销。无法可靠确定其预期实现方式的，应当采用直线法进行摊销。

无形资产的摊销一般应计入当期损益，但如果某项无形资产是专门用于生产某种产品或者其他资产，其所包含的经济利益是通过转入到所生产的产品或其他资产中实现的，则无形资产的摊销费用应当计入相关资产的成本。例如，某项专门用于生产过程中的专利技术，其摊销费用应构成所生产产品成本的一部分，计入制造该产品的制造费用。

②残值的确定。

除下列情况除外，无形资产的残值一般为零：

• 有第三方承诺在无形资产使用寿命结束时购买该项无形资产；

• 可以根据活跃市场得到无形资产预计残值信息，并且该市场在该项无形资产使用寿命结束时可能存在。

无形资产的残值意味着，在其经济寿命结束之前企业预计将会处置该无形资产，并且从该处置中取得利益。估计无形资产的残值应以资产处置时的可收回金额为基础，此时的可收回金额是指在预计出售日，出售一项使用寿命已满且处于类似使用状况下，同类无形资产预计的处置价格（扣除相关税费）。残值确定以后，在持有无形资产的期间，至少应于每年年末进行复核，预计其残值与原估计金额不同的，应按照会计估计变更进行处理。如果无形资产的残值重新估计以后高于其账面价值，则无形资产不再摊销，直至残值降至低于账面价值时再恢复摊销。

例如，企业从外单位购入一项实用专利技术的成本为100万元，根据目前企业管理层的持有计划，预计5年后转让给第三方。根据目前活跃市场上得到的信息，该实用专利技术预计残值为10万元。企业采取生产总量法对该项无形资产进行摊销。到第3年期末，市场发生变化，经复核重新估计，该项实用专利技术预计残值为30万元，如果此时企业已摊销72万元，该项实用专利技术账面价值为28万元，低于重新估计的该项实用专利技术的残值，则不再对该项实用专利技术进行摊销，直至残值降至低于其账面价值时再恢复摊销。

③使用寿命有限的无形资产摊销的账务处理。

使用寿命有限的无形资产应当在其使用寿命内，采用合理的摊销方法进行摊销。摊销时，应当考虑该项无形资产所服务的对象，并以此为基础将其摊销价值计入相关资产的成本或者当期损益。

（4）使用寿命不确定的不需要摊销。

根据可获得的相关信息判断，如果无法合理估计某项无形资产的使用寿命，应作为使用寿命不确定的无形资产进行核算。对于使用寿命不确定的无形资产，在持有期间内不需要摊销，但应当在每个会计期间进行减值测试。其减值测试的方法按照资产减值的原则进行处理，如经减值测试表明已发生减值，则需要计提相应的减值准备，其相关的账务处理为：借记“资产减值损失”科目，贷记“无形资产减值准备”科目。

（五）长期待摊费用的摊销额

1．企业会计制度规定

长期待摊费用，是指企业已经支出，但摊销期限在1年以上（不含1年）的各项费用，包括固定资产大修理支出、租入固定资产的改良支出等。应当由本期负担的借款利息、租金等，不得作为长期待摊费用处理。

长期待摊费用应当单独核算，在费用项目的受益期限内分期平均摊销。大修理费用采用待摊方式的，应当将发生的大修理费用在下一次大修理前平均摊销；租入固定资产改良支出应当在租赁期限与租赁资产尚可使用年限两者孰短的期限内平均摊销；其他长期待摊费用应当在受益期内平均摊销。

2．企业会计准则规定

长期待摊费用，是指企业已经发生但应由本期和以后各期负担的分摊期限在1年以上的各项费用，包括固定资产大修理支出、租入固定资产的改良支出等。应当由本期负担的借款利息、租金等，不得作为长期待摊费用处理。

长期待摊费用应当单独核算，在费用项目的受益期限内分期平均摊销。大修理费用采用待摊方式的，应当将发生的大修理费用在下一次大修理前平均摊销。租入固定资产改良支出应当在租赁期限与预计可使用年限两者孰短的期限内平均摊销。其他长期待摊费用应当在受益期内平均摊销。

企业应设置“长期待摊费用”科目核算企业已经发生但应由本期和以后各期负担的分摊期限在1年以上的各项费用。该科目可应按费用项目进行明细核算。企业发生长期待摊费用时，借记“长期待摊费用”科目，贷记有关科目。摊销长期待摊费用时，借记“管理费用”、“销售费用”等科目，贷记“长期待摊费用”科目。该科目期末借方余额反映企业尚未摊销完毕的长期待摊费用的摊余价值。

除购置和建造固定资产以外，所有筹建期间发生的费用，先在长期待摊费用中归集，待企业开始生产经营起，一次计入开始生产经营当期的损益。

如果“长期待摊的费用”项目不能使以后会计期间受益，应当将尚未摊销的该项目的摊余价值全部转入当期损益。

其他非流动资产则包括企业期末持有的“衍生工具”、“套期工具”、“被套期项目”的借方余额以及公益性生物资产等。“衍生工具”、“套期工具”、“被套期项目”的贷方余额则应在“其他流动负债”项目反映。

（六）油气勘探投资摊销额

1．油气勘探，是指为了识别勘探区域或探明油气储量而进行的地质调查、地球物理勘探、钻探活动以及其他相关活动。

2. 油气勘探支出包括钻井勘探支出和非钻井勘探支出。钻井勘探支出主要包括钻探区域探井、勘探型详探井、评价井和资料井等活动发生的支出；非钻井勘探支出主要包括进行地质调查、地球物理勘探等活动发生的支出。

3. 钻井勘探支出在完井后，确定该井发现了探明经济可采储量的，应当将钻探该井的支出结转为井及相关设施成本。

确定该井未发现探明经济可采储量的，应当将钻探该井的支出扣除净残值后计入当期损益。

确定部分井段发现了探明经济可采储量的，应当将发现探明经济可采储量的有效井段的钻井勘探支出结转为井及相关设施成本，无效井段钻井勘探累计支出转入当期损益。

未能确定该探井是否发现探明经济可采储量的，应当在完井后一年内将钻探该井的支出予以暂时资本化。

4. 在完井一年时仍未能确定该探井是否发现探明经济可采储量，同时符合下列条件的，应当将钻探该井的暂时资本化支出继续暂时资本化，否则应当计入当期损益：

（1）该井已发现足够数量的储量，但要确定其是否属于探明经济可采储量，还需要实施进一步的勘探活动。

（2）进一步的勘探活动已在实施中或已有明确计划并即将实施。

钻井勘探支出已费用化的探井又发现了探明经济可采储量的，已费用化的钻井勘探支出不作追溯调整，重新钻探和完井发生的支出予以资本化。

5. 非钻井勘探支出于发生时计入当期损益。

6. 企业应当采用产量法或年限平均法对探明矿区权益计提折耗。采用产量法计提折耗的，折耗额可按照单个矿区计算，也可按照若干具有相同或类似地质构造特征或储层条件的相邻矿区所组成的矿区组计算。计算公式如下：

探明矿区权益折耗额＝探明矿区权益账面价值×探明矿区权益折耗率

探明矿区权益折耗率＝探明矿区当期产量÷（探明矿区期末探明经济可采储量＋探明矿区当期产量）

（七）油气开发投资摊销额

1. 油气开发活动所发生的支出，应当根据其用途分别予以资本化，作为油气开发形成的井及相关设施的初始成本。

油气开发形成的井及相关设施的成本主要包括：

（1）钻前准备支出，包括前期研究、工程地质调查、工程设计、确定井位、清理井场、修建道路等活动发生的支出。

（2）井的设备购置和建造支出。井的设备包括套管、油管、抽油设备和井口装置等，井的建造包括钻井和完井。

（3）购建提高采收率系统发生的支出。

（4）购建矿区内集输设施、分离处理设施、计量设备、储存设施、各种海上平台、海底及陆上电缆等发生的支出。

2. 在探明矿区内，钻井至现有已探明层位的支出，作为油气开发支出；为获取新增探明经济可采储量而继续钻至未探明层位的支出，作为钻井勘探支出，按照本准则下列规定处理。

（1）钻井勘探支出在完井后，确定该井发现了探明经济可采储量的，应当将钻探该井的支出结转为井及相关设施成本。

确定该井未发现探明经济可采储量的，应当将钻探该井的支出扣除净残值后计入当期损益。

确定部分井段发现了探明经济可采储量的，应当将发现探明经济可采储量的有效井段的钻井勘探支出结转为井及相关设施成本，无效井段钻井勘探累计支出转入当期损益。

未能确定该探井是否发现探明经济可采储量的，应当在完井后一年内将钻探该井的支出予以暂时资本化。

（2）在完井一年时仍未能确定该探井是否发现探明经济可采储量，同时符合下列条件的，应当将钻探该井的暂时资本化支出继续暂时资本化，否则应当计入当期损益：

①该井已发现足够数量的储量，但要确定其是否属于探明经济可采储量，还需要实施进一步的勘探活动。

②进一步的勘探活动已在实施中或已有明确计划并即将实施。

钻井勘探支出已费用化的探井又发现了探明经济可采储量的，已费用化的钻井勘探支出不作追溯调整，重新钻探和完井发生的支出予以资本化。

3．企业应当采用产量法或年限平均法对探明矿区权益计提折耗。采用产量法计提折耗的，折耗额可按照单个矿区计算，也可按照若干具有相同或类似地质构造特征或储层条件的相邻矿区所组成的矿区组计算。计算公式如下：

探明矿区权益折耗额＝探明矿区权益账面价值×探明矿区权益折耗率

探明矿区权益折耗率＝探明矿区当期产量÷（探明矿区期末探明经济可采储量＋探明矿区当期产量）

二、税收本期折旧、摊销额

（一）填报要求

附表九第6列：填报纳税人按照税收规定计算税前扣除的折旧、摊销额。

（二）固定资产折旧额

1．税法规定

（1）计提折旧固定资产的范围。

《企业所得税法》第十一条规定，在计算应纳税所得额时，企业按照规定计算的固定资产折旧，准予扣除。

下列固定资产不得计算折旧扣除：

①房屋、建筑物以外未投入使用的固定资产；

②以经营租赁方式租入的固定资产；

③以融资租赁方式租出的固定资产；

④已足额提取折旧仍继续使用的固定资产；

⑤与经营活动无关的固定资产；

⑥单独估价作为固定资产入账的土地；

⑦其他不得计算折旧扣除的固定资产。

（2）折旧方法。

《企业所得税法实施条例》第五十九条规定，固定资产按照直线法计算的折旧，准予扣除。

企业应当自固定资产投入使用月份的次月起计算折旧；停止使用的固定资产，应当自停止使用月份的次月起停止计算折旧。

企业应当根据固定资产的性质和使用情况，合理确定固定资产的预计净残值。固定资产的预计净残值一经确定，不得变更。

（3）计算折旧的最低年限。

《企业所得税法实施条例》第六十条规定，除国务院财政、税务主管部门另有规定外，固定资产计算折旧的最低年限如下：

①房屋、建筑物，为20年；

②飞机、火车、轮船、机器、机械和其他生产设备，为10年；

③与生产经营活动有关的器具、工具、家具等，为5年；

④飞机、火车、轮船以外的运输工具，为4年；

⑤电子设备，为3年。

（4）石油、天然气等开采矿产资源企业的处理。

《企业所得税法实施条例》第六十一条规定，从事开采石油、天然气等矿产资源的企业，在开始商业性生产前发生的费用和有关固定资产的折耗、折旧方法，由国务院财政、税务主管部门另行规定。

2. 差异调整事项

（1）计提折旧范围的差异。

财务会计与税法对于计提折旧的固定资产范围基本相同，差别主要在非生产经营用固定资产方面。

财务会计规定非生产经营用固定资产可以计提折旧。

税法规定与经营活动无关的固定资产，不得计提折旧。

（2）折旧年限。

财务会计要求企业根据固定资产的性质和消耗方式，合理地确定固定资产的预计使用年限，选择合理的固定资产折旧方法，按照管理权限，经股东大会、董事会或经理会等类似机构批准，作为计提折旧的依据。

税法明确规定了最低折旧年限，如果企业财务会计确定的折旧年限低于税法规定的最低年限，在计算企业所得税时要按税法规定进行纳税调整。

（3）折旧方法。

会计上固定资产折旧方法可以采用平均年限法、工作量法、年数总和法、双倍余额递减法等。折旧方法一经确定，不得随意变更。如需变更，应当在会计报表附表中予以说明。

《企业所得税法》规定，固定资产折旧费用的计算采取直线折旧法。在税法允许加速折旧的情况下，可以使用年数总和法、双倍余额递减法。

（三）生物资产折旧额

1．生产性生物资产折旧方法、折旧起始时间

《企业所得税法实施条例》第六十三条规定，生产性生物资产按照直线法计算的折旧，准予扣除。

企业应当自生产性生物资产投入使用月份的次月起计算折旧；停止使用的生产性生物资产，应当自停止使用月份的次月起停止计算折旧。

企业应当根据生产性生物资产的性质和使用情况，合理确定生产性生物资产的预计净残值。生产性生物资产的预计净残值一经确定，不得变更。

2．生产性生物资产计算折旧的最低年限

《企业所得税法实施条例》第六十四条规定，生产性生物资产计算折旧的最低年限如下：

（1）林木类生产性生物资产，为 10 年；

（2）畜类生产性生物资产，为 3 年。

（四）无形资产摊销额

1．税法规定

（1）无形资产摊销费用。

《企业所得税法》第十二条规定，在计算应纳税所得额时，企业按照规定计算的无形资产摊销费用，准予扣除。

（2）无形资产摊销方法。

《企业所得税法实施条例》第六十七条规定，无形资产按照直线法计算的摊销费用，准予扣除。

（3）无形资产摊销时间。

《企业所得税法实施条例》规定，无形资产的摊销年限不得低于 10 年。作为投资或者受让的无形资产，有关法律规定或者合同约定了使用年限的，可以按照规定或者约定的使用年限分期摊销。

外购商誉的支出，在企业整体转让或者清算时，准予扣除。

（4）不允许扣除摊销费用的无形资产。

《企业所得税法》第十二条规定，下列无形资产不得计算摊销费用扣除：

①自行开发的支出已在计算应纳税所得额时扣除的无形资产；

②自创商誉；

③与经营活动无关的无形资产；

④其他不得计算摊销费用扣除的无形资产。

（5）新技术开发费加计扣除。

《企业所得税法》第三十条、《企业所得税法实施条例》第九十五条规定，开发新技术、新产品、新工艺发生的研究开发费用，可以在计算应纳税所得额时加计扣除。

研究开发费用的加计扣除，是指企业为开发新技术、新产品、新工艺发生的研究开发费用，未形成无形资产计入当期损益的，在按照规定据实扣除的基础上，按照研究开发费用的 50% 加计扣除；形成无形资产的，按照无形资产成本的 150% 摊销。

2. 差异调整事项

（1）摊销范围不同。

根据企业会计准则和会计制度的规定，除使用寿命不确定的无形资产外，企业的所有无形资产，均应进行摊销。《企业所得税法》规定，下列无形资产不得计算摊销费用扣除：自行开发的支出已在计算应纳税所得额时扣除的无形资产、自创商誉、与经营活动无关的无形资产、其他不得计算摊销费用扣除的无形资产。

（2）摊销期限不同。《企业会计准则》和会计制度规定在无形资产的使用寿命内系统合理摊销，《企业所得税法及其实施条例》规定，无形资产的摊销年限不得低于10年。作为投资或者受让的无形资产，有关法律规定或者合同约定了使用年限的，可以按照规定或者约定的使用年限分期摊销。

（3）摊销方法不同。《企业所得税法》规定，无形资产按照直线法计算的摊销费用，允许扣除。企业会计准则和会计制度规定，企业选择的无形资产摊销方法，应当反映企业预期消耗该项无形资产所产生的未来经济利益的方式。无法可靠确定消耗方式的，应当采用直线法摊销。

（五）长期待摊费用摊销额

1. 税法规定

（1）长期待摊费用的摊销。

《企业所得税法》及其实施条例规定，在计算应纳税所得额时，企业发生的下列支出作为长期待摊费用，按照规定摊销的，准予扣除：

①已足额提取折旧的固定资产的改建支出，按照固定资产预计尚可使用年限分期摊销；

②租入固定资产的改建支出，按照合同约定的剩余租赁期限分期摊销。固定资产的改建支出，是指改变房屋或者建筑物结构、延长使用年限等发生的支出。

③固定资产的大修理支出；

④其他应当作为长期待摊费用的支出，自支出发生月份的次月起，分期摊销，摊销年限不得低于3年。

⑤改建的固定资产延长使用年限的，除上述①项和②项规定外，应当适当延长折旧年限。

（2）固定资产的大修理支出的确认条件。

《企业所得税法实施条例》第六十九条规定，企业所得税法第十三条第（三）项所称固定资产的大修理支出，是指同时符合下列条件的支出：

①修理支出达到取得固定资产时的计税基础50%以上；

②修理后固定资产的使用年限延长2年以上。

《企业所得税法》第十三条第（三）项规定的固定资产的大修理支出，按照固定资产尚可使用年限分期摊销。

2. 会计制度与税法的差异事项

固定资产修理主要是为了维持固定资产的正常运转和使用，充分发挥其使用效能而进行的维护和修理。例如对机器设备进行局部检修、更换零部件、排除故障或清理设备，对房屋进行局部的修缮等。

固定资产改良是指企业为了改进产品性能、提高产品质量、增加产品品种、降低能源和原材料消耗而对原有固定资产进行技术改造，使固定资产在原来基础上增添新的功能，增加了价值，延长使用年限。如对原机器设备进行改装，对房屋建筑物进行易地重建等。固定资产的改建、扩建也称之为固定资产改良。

（1）大修理支出的差异。

会计制度和企业所得税法都要求，将固定资产大修理支出作为长期待摊费用处理，差异只是以下的处理方法不同。

①资本化的标准不同。会计实务中是做日常修理还是做大修理处理，主要是根据会计人员作出职业判断。税法规定了固定资产大修理的两个判断标准，同时符合下列条件的支出，属于固定资产大修理支出：修理支出达到取得固定资产时的计税基础 50% 以上；修理后固定资产的使用年限延长 2 年以上。

②摊销期限不同。

会计制度要求，应当将发生的大修理费用在下一次大修理前平均摊销。

《企业所得税法实施条例》规定，固定资产大修理支出，按照固定资产尚可使用年限分期摊销。

（2）改扩建支出的差异。

自行建造的固定资产，按建造该项资产达到预定可使用状态前所发生的全部支出，作为入账价值。

在原有固定资产的基础上进行改建、扩建的，按原固定资产的账面价值，加上由于改建、扩建而使该项资产达到预定可使用状态前发生的支出，减去改建、扩建过程中发生的变价收入，作为入账价值。

①判断标准不同。会计实务中固定资产是改建支出还是修理支出，主要是根据会计人员作出职业判断。税法规定了明确的标准。《企业所得税法实施条例》规定，固定资产的改建支出，是指改变房屋或者建筑物结构、延长使用年限等发生的支出。

②计量方法不同。会计制度要求，以改扩建支出为基数，扣除改建、扩建过程中发生的变价收入，作为计税基础。税法要求以改建过程中发生的改建支出增加计税基础，没有考虑变价收入的因素。

③折旧期限不同。根据会计制度和企业内控制度的要求，固定资产折旧期限由企业管理当局确认，对期限没有作出具体规定。企业所得税税法对改建的固定资产延长使用年限的，要求适当延长折旧年限；对已提足折旧固定资产改建支出，要求按照固定资产预计尚可使用年限分期摊销。

（3）租入固定资产改良支出的差异。

会计制度和税收企业对租入改良支出都作为长期待摊费用，存在不同的是待摊期限的确认方法。会计制度要求，租入固定资产改良支出应当在租赁期限与租赁资产尚可使用年限两者孰短的期限内平均摊销。企业所得税法规定，租入固定资产改建的支出，按照合同约定的剩余租赁期限分期摊销。

3．会计准则与税法的差异事项

（1）固定资产修理费用的差异。

会计准则对固定资产修理费用，不论是中小修理还是大修理要求直接计入当期费用，均于发生时确认为费用。

《企业所得税法实施条例》规定，对固定资产大修理支出要求资本化，作长期待摊费用处理，按照固定资产尚可使用年限分期摊销。

（2）自有固定资产改良支出。

对于固定资产改建扩建性的改良支出，会计准则与企业所得税的处理方法是一致的，都要求将改良支出资本化，并按预计可使用年限计提折旧。

自有固定资产改良支出，应当计入固定资产账面价值，其增计后的金额在该固定资产的预计使用期内计提折旧。

企业所得税法规定，对改建的固定资产延长使用年限的，要求适当延长折旧年限；对已提足折旧固定资产改建支出，要求按照固定资产预计尚可使用年限分期摊销。

（3）固定资产装修费用。

固定资产装修费用，符合资本化原则的，可在固定资产科目下单设“固定资产装修”明细科目核算，并在两次装修期间与固定资产尚可使用年限两者中较短的期间内，采用合理的方法单独计提折旧。

对固定资产装修费用，会计准则与税法相同之处是都要求资本化，所不同的是折旧期限和折旧方法。

①折旧期限。会计准则要求，选择在两次装修期间与固定资产尚可使用年限两者中较短的期间内。税法要求在固定资产尚可使用年限内摊销。

②折旧方法。会计准则允许会计人员选择会计准则规定的多种折旧方法。税法仅允许使用直线法。

（4）融资租赁方式租入的固定资产发生的固定资产后续支出。

对融资租赁方式租入的固定资产发生的固定资产后续支出，会计与税法都要求资本化，所不同的是折旧摊销年限。

会计准则要求，如果租赁期末采取留购，则选择预计使用年限；如果租赁期末采取退租，则选择租期。税法明确规定了固定资产的折旧年限，没有给纳税人留下选择的空间。

（5）经营租赁方法租入的固定资产发生的改良支出。

会计准则和税收企业对租入改良支出都作为长期待摊费用，存在不同的是待摊期限的确认方法。会计准则要求，租入固定资产改良支出应当在租赁期限与租赁资产尚可使用年限两者孰短的期限内平均摊销。企业所得税法规定，租入固定资产改建的支出，按照合同约定的剩余租赁期限分期摊销。

4．其他应当作为长期待摊费用的支出

其他应当作为长期待摊费用的支出，会计与税法差异是摊销期限的不同。税法规定摊销期限不得低于3年。会计制度和企业会计准则规定，在费用项目的受益期限内分期平均摊销。

在审核时应注意，如果会计的摊销期限小于3年，应对其做纳税调增处理；如大于3

年，则不作纳税调整。

（六）计提资产减值准备后，重新计算折旧、摊销额的纳税调整

资产减值准备影响固定资产、生物资产、无形资产等三项资产的税收本期折旧、摊销额，固定资产、生物资产、无形资产等三项资产在会计处理时，对企业计提资产减值准备，在剩余使用寿命内根据调整后的资产账面价值（资产账面余额扣减累计折旧、摊销和累计减值准备后的金额）和预计净残值重新计算确定折旧率和折旧、摊销额。

在税务处理时，根据国税函〔2008〕1081 号文件的规定，是根据资产的计税基础（历史成本）作为计算基数，会计上计提减值准备金额不影响税收折旧摊销额的计算。

8.3.5 纳税调整额填报要求

附表九第7列“纳税调整额”：金额=第5-6列。如本列为正数，进行纳税调增；如本列为负数，进行纳税调减。

第7列“纳税调整额”为表内计算栏次（第5列-第6列），计算结果为正数，即调增应纳税所得额；计算结果为负数时，为即调减应纳税所得额。

第九节 《资产减值准备项目调整明细表》的填报和审核

9.1 《资产减值准备项目调整明细表》概说

9.1.1 适用范围及依据

《资产减值准备项目调整明细表》适用于实行查账征收企业所得税的居民纳税人填报。

根据《中华人民共和国企业所得税法》及其实施条例、相关税收政策，以及国家统一会计制度的规定，填报各项资产减值准备、风险准备等准备金支出，以及会计处理与税收处理差异的纳税调整额。

9.1.2 报表结构说明

一、《资产减值准备项目调整明细表》横向反映各项资产计提减值准备的情况，包括下列16项：

坏（呆）账准备、存货跌价准备（其中：消耗性生物资产减值准备）、持有至到期投资减值准备、可供出售金融资产减值、短期投资跌价准备、长期股权投资减值准备、投资性房地产减值准备、固定资产减值准备、在建工程（工程物资）减值准备、生产性生物资产减值准备、无形资产减值准备、商誉减值准备、贷款损失准备、矿区权益减值、其他。

二、《资产减值准备项目调整明细表》纵向分为以下五部分内容：

（一）“期初余额”：填报纳税人按照国家统一会计制度核算的各项准备金期初数金额。

（二）“本期转回额”：填报纳税人按照国家统一会计制度核算价值恢复、资产转让等原因转回的准备金本期转回金额。

（三）“本期计提额”：填报纳税人按照国家统一会计制度核算资产减值的准备金本期计提数的金额。

（四）“期末余额”：填报纳税人按照国家统一会计制度核算的各项准备金期末数的

金额。

（五）“纳税调整额”：第5列“纳税调整额”：金额等于本表第3列－第2列。当第5列>0时，进行纳税调增；第5列<0时，进行纳税调减。

9.1.3 填报栏次说明

一、执行会计准则纳税人专用填报栏次。包括：消耗性生物资产减值准备、持有至到期投资减值准备、可供出售金融资产减值、投资性房地产减值准备、生产性生物资产减值准备等五种减值准备。

二、执行企业会计制度、小企业会计制度纳税人专用填报栏次。包括：短期投资跌价准备。

三、执行会计准则纳税人和执行企业会计制度、小企业会计制度纳税人共用栏次。坏（呆）账准备、存货跌价准备、长期股权投资减值准备、固定资产减值准备、在建工程（工程物资）减值准备、无形资产减值准备、商誉减值准备、贷款损失准备、矿区权益减值、其他。

9.1.4 表间计算栏次关系

第17行第5列>0时，第17行第5列＝附表三第51行第3列；第17行第5列<0时，第17行第5列＝附表三第51行第4列。

9.2 《资产减值准备项目调整明细表》的填报和审核

9.2.1 各项目填报说明

一、附表十第1列“期初余额”：填报纳税人按照国家统一会计制度核算的各项准备金期初数金额。

二、附表十第2列“本期转回额”：填报纳税人按照国家统一会计制度核算价值恢复、资产转让等原因转回的准备金本期转回金额。

三、附表十第3列“本期计提额”：填报纳税人按照国家统一会计制度核算资产减值的准备金本期计提数的金额。

四、附表十第4列“期末余额”：填报纳税人按照国家统一会计制度核算的各项准备金期末数的金额。

五、附表十第5列“纳税调整额”：金额等于本表第3列－第2列。当第5列>0时，进行纳税调增；第5列<0时，进行纳税调减。

9.2.2 执行会计制度纳税人——会计数据审核

会计制度关于资产减值准备的有关规定，具体内容如下：

一、计提减值的一般要求

企业应当定期或者至少于每年年度终了，对各项资产进行全面检查，并根据谨慎性原则的要求，合理地预计各项资产可能发生的损失，对可能发生的各项资产损失计提资产减值准备。

企业应当合理地计提各项资产减值准备，但不得计提秘密准备。如有确凿证据表明企业不恰当地运用了谨慎性原则计提秘密准备的，应当作为重大会计差错予以更正，并在会计报表附注中说明事项的性质、调整金额，以及对企业财务状况、经营成果的影响。

二、短期投资跌价准备

企业应当在期末对各项短期投资进行全面检查。短期投资应按成本与市价孰低计量，市价低于成本的部分，应当计提短期投资跌价准备。

企业在运用短期投资成本与市价孰低时，可以根据其具体情况，分别采用按投资总体、投资类别或单项投资计提跌价准备，如果某项短期投资比较重大（占整个短期投资10%及以上），应按单项投资为基础计算并确定计提的跌价准备。

企业应当对委托贷款本金进行定期检查，并按委托贷款本金与可收回金额孰低计量，可收回金额低于委托贷款本金的差额，应当计提减值准备。在资产负债表上，委托贷款的本金和应收利息减去计提的减值准备后的净额，并入短期投资或长期债权投资项目。

本制度所称的可收回金额，是指资产的销售净价与预期从该资产的持续使用和使用寿命结束时的处置中形成的预计未来现金流量的现值两者之中的较高者。其中，销售净价是指资产的销售价格减去所发生的资产处置费用后的余额。对于长期投资而言，可收回金额是指投资的出售净价与预期从该资产的持有和投资到期处置中形成的预计未来现金流量的现值两者之中较高者。其中，出售净价是指出售投资所得价款减去所发生的相关税费后的金额。

三、应收款项的坏账准备

（一）企业应当在期末分析各项应收款项的可收回性，并预计可能产生的坏账损失。

对预计可能发生的坏账损失计提坏账准备。企业计提坏账准备的方法由企业自行确定。企业应当制订计提坏账准备的政策，明确计提坏账准备的范围、提取方法、账龄的划分和提取比例，按照法律、行政法规的规定报有关各方备案，并备置于企业所在地。坏账准备计提方法一经确定，不得随意变更。如需变更，应当在会计报表附注中予以说明。

（二）在确定坏账准备的计提比例时，企业应当根据以往的经验、债务单位的实际财务状况和现金流量等相关信息予以合理估计。

除有确凿证据表明该项应收款项不能够收回或收回的可能性不大外（如债务单位已撤销、破产、资不抵债、现金流量严重不足、发生严重的自然灾害等导致停产而在短时间内无法偿付债务等，以及3年以上的应收款项），下列各种情况不能全额计提坏账准备：

1. 当年发生的应收款项；

2. 计划对应收款项进行重组；

3. 与关联方发生的应收款项；

4. 其他已逾期，但无确凿证据表明不能收回的应收款项。

（三）企业的预付账款，如有确凿证据表明其不符合预付账款性质，或者因供货单位破产、撤销等原因已无望再收到所购货物的，应当将原计入预付账款的金额转入其他应收款，并按规定计提坏账准备。

（四）企业持有的未到期应收票据，如有确凿证据证明不能够收回或收回的可能性不大时，应将其账面余额转入应收账款，并计提相应的坏账准备。

四、存货跌价准备

（一）企业应当在期末对存货进行全面清查，如由于存货毁损、全部或部分陈旧过时或销售价格低于成本等原因，使存货成本高于可变现净值的，应按可变现净值低于存货成本部分，计提存货跌价准备。可变现净值，是指企业在正常经营过程中，以估计售价减去估计完工成本及销售所必需的估计费用后的价值。

（二）存货跌价准备应按单个存货项目的成本与可变现净值计量，如果某些存货具有类似用途并与在同一地区生产和销售的产品系列相关，且实际上难以将其与该产品系列的其他项目区别开来进行估价的存货，可以合并计量成本与可变现净值；对于数量繁多、单价较低的存货，可以按存货类别计量成本与可变现净值。当存在以下一项或若干项情况时，应当将存货账面价值全部转入当期损益：

1. 已霉烂变质的存货；

2. 已过期且无转让价值的存货；

3. 生产中已不再需要，并且已无使用价值和转让价值的存货；

4. 其他足以证明已无使用价值和转让价值的存货。

（三）当存在下列情况之一时，应当计提存货跌价准备：

1. 市价持续下跌，并且在可预见的未来无回升的希望；

2. 企业使用该项原材料生产的产品的成本大于产品的销售价格；

3. 企业因产品更新换代，原有库存原材料已不适应新产品的需要，而该原材料的市场价格又低于其账面成本；

4. 因企业所提供的商品或劳务过时或消费者偏好改变而使市场的需求发生变化，导致市场价格逐渐下跌；

5. 其他足以证明该项存货实质上已经发生减值的情形。

五、长期投资、固定资产、无形资产的减值准备

（一）企业应当在期末对长期投资、固定资产、无形资产逐项进行检查，如果由于市价持续下跌、被投资单位经营状况恶化，或技术陈旧、损坏、长期闲置等原因导致其可收回金额低于其账面价值的，应当计提长期投资、固定资产、无形资产减值准备。

长期投资、固定资产和无形资产减值准备，应按单项项目计提。

（二）对有市价的长期投资可以根据下列迹象判断是否应当计提减值准备：

1. 市价持续 2 年低于账面价值；

2. 该项投资暂停交易 1 年或 1 年以上；

3. 被投资单位当年发生严重亏损；

4. 被投资单位持续 2 年发生亏损；

5. 被投资单位进行清理整顿、清算或出现其他不能持续经营的迹象。

（三）对无市价的长期投资可以根据下列迹象判断是否应当计提减值准备：

1. 影响被投资单位经营的政治或法律环境的变化，如税收、贸易等法规的颁布或修订，可能导致被投资单位出现巨额亏损；

2. 被投资单位所供应的商品或提供的劳务因产品过时或消费者偏好改变而使市场的需求发生变化，从而导致被投资单位财务状况发生严重恶化；

3. 被投资单位所在行业的生产技术等发生重大变化，被投资单位已失去竞争能力，从而导致财务状况发生严重恶化，如进行清理整顿、清算等；

4. 有证据表明该项投资实质上已经不能再给企业带来经济利益的其他情形。

（四）如果企业的固定资产实质上已经发生了减值，应当计提减值准备。对存在下列情况之一的固定资产，应当全额计提减值准备：

1. 长期闲置不用，在可预见的未来不会再使用，且已无转让价值的固定资产；
2. 由于技术进步等原因，已不可使用的固定资产；
3. 虽然固定资产尚可使用，但使用后产生大量不合格品的固定资产；
4. 已遭毁损，以至于不再具有使用价值和转让价值的固定资产；
5. 其他实质上已经不能再给企业带来经济利益的固定资产。

已全额计提减值准备的固定资产，不再计提折旧。

（五）当存在下列一项或若干项情况时，应当将该项无形资产的账面价值全部转入当期损益：

1. 某项无形资产已被其他新技术等所替代，并且该项无形资产已无使用价值和转让价值；
2. 某项无形资产已超过法律保护期限，并且已不能为企业带来经济利益；
3. 其他足以证明某项无形资产已经丧失了使用价值和转让价值的情形。

（六）当存在下列一项或若干项情况时，应当计提无形资产的减值准备：

1. 某项无形资产已被其他新技术等所替代，使其为企业创造经济利益的能力受到重大不利影响；
2. 某项无形资产的市价在当期大幅下跌，在剩余摊销年限内预期不会恢复；
3. 某项无形资产已超过法律保护期限，但仍然具有部分使用价值；
4. 其他足以证明某项无形资产实质上已经发生了减值的情形。

六、资产减值准备补提、冲回

企业计算的当期应计提的资产减值准备金额如果高于已提资产减值准备的账面余额，应按其差额补提减值准备；如果低于已提资产减值准备的账面余额，应按其差额冲回多提的资产减值准备，但冲减的资产减值准备，仅限于已计提的资产减值准备的账面余额。实际发生的资产损失，冲减已提的减值准备。

已确认并转销的资产损失，如果以后又收回，应当相应调整已计提的资产减值准备。

如果企业滥用会计估计，应当作为重大会计差错，按照重大会计差错更正的方法进行会计处理，即企业因滥用会计估计而多提的资产减值准备，在转回的当期，应当遵循原渠道冲回的原则（如原追溯调整的、当期转回时仍然追溯调整至以前各期；原从上期利润中计提的，当期转回时仍然调整上期利润），不得作为增加当期的利润处理。

七、处置各项资产的减值准备处理

处置已经计提减值准备的各项资产，以及债务重组、非货币性交易、以应收款项进行交换等，应当同时结转已计提的减值准备。

八、冲销资产减值准备

企业对于不能收回的应收款项、长期投资等应当查明原因，追究责任。对有确凿证据表明确实无法收回的应收款项、长期投资等，如债务单位或被投资单位已撤销、破产、资不抵债、现金流量严重不足等，根据企业的管理权限，经股东大会或董事会，或经理（厂长）会议或类似机构批准作为资产损失，冲销已计提的相关资产减值准备。

九、在建工程减值准备

企业在建工程预计发生减值时，如长期停建并且预计在3年内不会重新开工的在建工程，也应当根据上述原则计提资产减值准备。

9.2.3 执行会计准则纳税人——会计数据审核

一、资产减值的会计准则适用

资产减值，是指资产的可收回金额低于其账面价值。下面列示各项资产发生的减值适用的相关会计准则：

（一）存货的减值，适用《企业会计准则第1号——存货》。

（二）采用公允价值计量模式计量的投资性房地产的减值，适用《企业会计准则第3号——投资性房地产》。

（三）消耗性生物资产的减值，适用《企业会计准则第5号——生物资产》。

（四）建造合同形成的资产的减值，适用《企业会计准则第15号——建造合同》。

（五）递延所得税资产的减值，适用《企业会计准则第18号——所得税》。

（六）融资租赁中出租人未担保余值的减值，适用《企业会计准则第21号——租赁》。

（七）《企业会计准则第22号——金融工具确认和计量》规范的金融资产的减值，适用《企业会计准则第22号——金融工具确认和计量》。

（八）未探明矿区权益的减值，适用《企业会计准则第27号——石油天然气开采》。

（九）除上述八项资产外的其他资产发生的资产减值，适用《企业会计准则第8号——资产减值》。

二、存货减值准备

在资产负债表日，存货应当按照成本与可变现净值孰低计量。成本与可变现净值孰低计量，是指对期末存货按照成本与可变现净值两者之中较低者计量的方法。存货的成本高于其可变现净值的，按其差额计提存货跌价准备，计入当期损益；存货的成本低于其可变现净值的，按其成本计量，不计提存货跌价准备；但原已计提存货跌价准备的，应在已计提存货跌价准备金额的范围内转回。

（一）存货减值的迹象

1. 存货存在下列情形之一的，表明存货的可变现净值低于成本：

(1) 该存货的市场价格持续下跌，并且在可预见的未来无回升的希望；

(2) 企业使用该项原材料生产的产品的成本大于产品的销售价格；

(3) 企业因产品更新换代，原有库存原材料已不适应新产品的需要，而该原材料的市场价格又低于其账面成本；

(4) 因企业所提供的商品或劳务过时或消费者偏好改变而使市场的需求发生变化，导致市场价格逐渐下跌；

(5) 其他足以证明该项存货实质上已经发生减值的情形。

2. 存货存在下列情形之一的，表明存货的可变现净值为零：

(1) 已霉烂变质的存货；

(2) 已过期且无转让价值的存货；

（3）生产中已不再需要，并且已无使用价值和转让价值的存货；

（4）其他足以证明已无使用价值和转让价值的存货。

（二）存货应当按照成本与可变现净值孰低计量

在资产负债表日，存货应当按照成本与可变现净值孰低计量。当成本低于可变现净值时，期末存货按成本计量；当可变现净值低于成本时，期末存货按可变现净值计量。“成本与可变现净值孰低法”的理论基础主要在于使存货符合资产的定义。当存货的可变现净值下跌至成本以下时，由此所形成的损失已不符合资产的定义，因而应将这部分损失从资产价值中抵销，列入当期损益。否则，当存货的可变现净值低于其成本价值时，如果仍然以其历史成本计价，就会出现虚夸资产的现象，导致会计信息的失真。因此，成本与可变现净值孰低法是谨慎原则（即稳健性原则）在存货会计上的具体运用，是对历史成本原则的修正。

成本与可变现净值孰低法中的“成本”，是指期末存货的实际成本（即历史成本）；如企业在存货成本的日常核算中采用计划成本法、售价金额核算法等简化核算方法，则“成本”为经调整后的实际成本。“可变现净值”是指在日常活动中，存货的估计售价减去至完工时估计将要发生的成本、估计的销售费用以及相关税费后的金额。必须注意，可变现净值是指未来净现金流入，而不是指存货的售价或合同价。企业销售存货预计取得的现金流入，并不完全构成存货的可变现净值。由于存货在销售过程中可能发生相关税费和销售费用，以及为达到预定可销售状态还可能发生进一步的加工成本，这些相关税费、销售费用和成本支出，均构成存货销售产生现金流入的抵减项目，只有在扣除这些现金流出后，才能确定存货的可变现净值。

企业应当以确凿证据为基础，并且考虑持有存货的目的、资产负债表日后事项的影响等因素，计算确定存货的可变现净值。存货可变现净值的确凿证据，是指对确定存货的可变现净值有直接影响的确凿证明，如产品或商品的市场销售价格、与企业产品或商品相同或类似商品的市场销售价格、供货方提供的有关资料、销售方提供的有关资料、生产成本资料等。

（三）不同存货可变现净值的确定

（1）产成品、商品和用于出售的材料等直接用于出售的商品存货，在正常生产经营过程中，应当以该存货的估计售价减去估计的销售费用和相关税费后的金额确定其可变现净值。

（2）需要经过加工的材料存货，在正常生产经营过程中，应当以所生产的产成品的估计售价减去至完工时估计将要发生的成本、估计的销售费用以及相关税费后的金额确定其可变现净值。

（3）资产负债表日，同一项存货中一部分有合同价格约定，其他部分不存在合同价格的，企业应分别确定其可变现净值，并与其相对应的成本进行比较，分别确定存货跌价准备的计提或转回的金额。

另外，在期末，为生产而持有的材料等，用其生产的产成品的可变现净值高于成本的，该材料仍应当按照其成本计量；材料价格的下降表明产成品的可变现净值低于产成品的成本，该材料应当按其可变现净值计量。

（四）计提存货跌价准备的方法

企业通常应当按照单个存货项目计提存货跌价准备，即单项比较法。但在下列情况下，企业可以按照存货类别或合并基础计提存货跌价准备：

（1）对于数量繁多、单价较低的存货，可以按照存货类别计提存货跌价准备，即分类比较法。

（2）与在同一地区生产和销售的产品系列相关、具有相同或类似最终用途或目的，且难以与其他项目分开计量的存货，可以合并计提存货跌价准备，即总额比较法。

（五）存货减值的账务处理

企业应设置"存货跌价准备"科目核算企业存货发生减值时计提的存货跌价准备，贷方登记期末实际计提的存货跌价准备，借方登记转出或转回的存货跌价准备，期末贷方余额，反映企业已计提但尚未转销的存货跌价准备。

具体做法是：企业应在资产负债表日，根据存货准则确定存货发生减值的，按存货可变现净值低于成本的差额，借记"资产减值损失"科目，贷记"存货跌价准备"科目。已计提跌价准备的存货价值以后又得以恢复，应在原已计提的存货跌价准备金额内，按恢复增加的金额，借记"存货跌价准备"科目，贷记"资产减值损失"科目。发出存货结转计提的存货跌价准备的，借记"存货跌价准备"科目，贷记"主营业务成本"等科目。

企业应当合理地计提存货跌价准备，但不得计提秘密准备。如有确凿证据表明企业不恰当地运用了谨慎性原则计提秘密准备的，应当作为重大会计差错予以更正，并在会计报表附注中说明事项的性质、调整金额，以及对企业财务状况、经营成果的影响。

三、采用公允价值计量模式计量的投资性房地产的减值

（一）在有确凿证据表明投资性房地产的公允价值能够持续可靠取得的情况下，可以对投资性房地产采用公允价值模式进行后续计量。采用公允价值模式计量的，应当同时满足下列条件：

（1）投资性房地产所在地有活跃的房地产交易市场；

（2）企业能够从房地产交易市场上取得同类或类似房地产的市场价格及其他相关信息，从而对投资性房地产的公允价值作出合理的估计。

（二）采用公允价值模式计量的，不对投资性房地产计提折旧或进行摊销，应当以资产负债表日投资性房地产的公允价值为基础调整其账面价值，公允价值与原账面价值之间的差额计入当期损益。

（三）企业对投资性房地产的计量模式一经确定，不得随意变更。从成本模式转为公允价值模式，视为会计政策变更，应当根据《企业会计准则第28号——会计政策、会计估计变更和差错更正》的相关规定进行处理。

已采用公允价值模式计量的投资性房地产，不得从公允价值模式转为成本模式。

（四）如果"有确凿证据表明投资性房地产的公允价值能够持续可靠取得的情况下，可以对投资性房地产采用公允价值模式进行后续计量"。在公允价值模式下，企业不对投资性房地产计提折旧或进行摊销，而应以资产负债表日投资性房地产的公允价值为基础调整其账面价值，公允价值与原账面价值之间的差额计入"公允价值变动损益"科目。

〔例〕

A企业有一项投资性房地产，采用公允价值模式核算。2010年末，账面价值为2000万元，公允价值为2200万元。

会计处理如下：

借：投资性房地产——公允价值变动　　200

　贷：公允价值变动损益　　200

如果期末价值为1900万元，则进行的账务处理为：

借：公允价值变动损益　　100

　贷：投资性房地产——公允价值变动　　100

投资性房地产期末计价采用何种方式，关键要看是否可以连续获得判断房地产公允价值的证据。这是为了防止在公允价值不易获得的情况下，企业利用公允价值政策调节会计信息。判断能否取得公允价值的标准需要同时满足下列两个条件：

（1）投资性房地产所在地有活跃的房地产交易市场。

（2）企业能够从房地产交易市场上取得同类或类似房地产的市场价格及其他相关信息，从而对投资性房地产的公允价值作出合理的估计。

所在地，通常是指投资性房地产所在地的城市。对于大中型城市，应当为投资性房地产所在地的城区。

同类或类似的房地产，对建筑物而言，是指所处地理位置和地理环境相同、性质相似、结构类型相同或相近、新旧程度相同或相近、可使用状况相同或相近的建筑物；对土地使用权而言，是指同一城区、同一位置区域、所处地理环境相同或相近、可使用状况相同或相近的土地。

从理论上说，投资性房地产的公允价值应等于对情况熟悉并自愿交易的当事人根据目前的市场状况，对租赁可能产生的未来租金收益所持的"现值"判断。实践中，判断公允价值最好的途径通常是看同一地点或相同条件的活跃市场中，类似房地产的现时价格或租赁价格。

企业在确定公允价值时，需要注意：电梯或空调等设备往往是某一项建筑物的完整组成部分，通常应包括在投资性房地产中，而不是单独作为资产确认。如果某一间办公室与配备的家具一道出租，办公室的公允价值通常包括家具的公允价值，因为租金收益是配备了家具的办公室的收益。

四、消耗性生物资产

企业至少应当于每年年度终了对消耗性生物资产和生产性生物资产进行检查，有确凿证据表明由于遭受自然灾害、病虫害、动物疫病侵袭或市场需求变化等原因，使消耗性生物资产的可变现净值或生产性生物资产的可收回金额低于其账面价值的，应当按照可变现净值或可收回金额低于账面价值的差额，计提生物资产跌价准备或减值准备，并确认为当期损失。上述可变现净值和可收回金额，应当分别按照《企业会计准则第1号——存货》和《企业会计准则第8号——资产减值》确定。

消耗性生物资产减值的影响因素已经消失的，减记金额应当予以恢复，并在原已计提的跌价准备金额内转回，计入当期损益。生产性生物资产减值准备一经计提，不得转回。

公益性生物资产不计提减值准备。

五、建造合同

如果合同预计总成本超过合同总收入的，应将预计损失确认为当期费用。

当期应计提的合同预计损失准备 =（合同预计总成本 - 合同总收入）×（1 - 完工进度百分比）- 以前预计损失准备

借：资产减值损失

　贷：存货跌价准备——合同预计损失准备

合同预计损失减少时，作相反的会计分录，在前期累计预计的合同损失范围内冲回。合同完工确认合同费用时，应转销预计损失准备，作如下会计处理：

借：主营业务成本（合同累计实际总成本 - 以前累计已经确认的工程合同费用后的余额）

　　工程施工——合同毛利（差额，如果为负差额记入贷方）

　贷：主营业务收入（实际总收入 - 累计已确认收入后的余额）

借：存货跌价准备——合同预计损失准备（已计提的预计合同损失准备）

　贷：资产减值损失（已计提的预计合同损失准备）

工程竣工移交时，将工程施工和工程结算两个科目的余额对冲，作如下会计处理：

借：工程结算

　贷：工程施工

六、融资租赁中出租人未担保余值的减值

（一）在租赁期开始日，出租人应当将租赁开始日最低租赁收款额与初始直接费用之和作为应收融资租赁款的入账价值，同时记录未担保余值；将最低租赁收款额、初始直接费用及未担保余值之和与其现值之和的差额确认为未实现融资收益。

（二）未实现融资收益应当在租赁期内各个期间进行分配。

出租人应当采用实际利率法计算确认当期的融资收入。

（三）出租人应当至少于每年年度终了，对未担保余值进行复核。

未担保余值增加的，不作调整。

有证据表明未担保余值已经减少的，应当重新计算租赁内含利率，将由此引起租赁投资净额的减少，计入当期损益；以后各期根据修正后的租赁投资净额和重新计算的租赁内含利率确认融资收入。租赁投资净额是指融资租赁中最低租赁收款额及未担保余值之和与未实现融资收益之间的差额。

已确认损失的未担保余值得以恢复的，应当在原已确认的损失金额内转回，并重新计算租赁内含利率，以后各期根据修正后的租赁投资净额和重新计算的租赁内含利率确认融资收入。

（四）或有租金应当在实际发生时计入当期损益

（五）出租人会计科目设置

为了正确核算租赁业务，出租人一般需要设置以下会计科目：

“长期应收款”科目核算企业采用融资租赁方式租出固定资产而应向承租人收取的各种款项。

“未担保余值”科目核算企业采用融资租赁方式租出固定资产的未担保余值。

“未实现融资收益”科目核算企业应当分期计入租赁收入或利息收入的未实现融资收益。

“融资租赁资产”科目核算企业（租赁）为开展融资租赁业务取得资产的实际成本，包括租赁资产的价款、贸易手续费、银行手续费、运输费、运输保险费、仓储保管费、财产保险费、增值税等税款及租前借款费用（指从出租人支付设备价款或实际负担与承租人有关的费用之日起至租赁开始日止所产生的借款费用，下同）等，如果租赁资产是从境外购入的，还应包括境外运输费、境外运输保险费和进口关税。

“应收账款——应收经营租赁款”科目核算企业采用经营租赁方式租出资产而应向承租人收取的租金。

“固定资产——经营租赁资产”科目核算企业为经营租赁购建的资产的实际成本，包括租赁资产的价款、运输费、运输保险费、贸易手续费、银行手续费、国内运输费、运输保险费、仓储保管费、财产保险费、增值税等税款及租前借款费用等。如果租赁资产是从境外购入的，还应包括境外运输费、境外运输保险费和进口关税。

“累计折旧——经营租赁资产累计折旧”科目核算企业采用经营租赁方式租出资产的累计折旧。

“租赁收入”科目核算专门从事租赁业务的企业根据租赁准则确认的租赁收入。“租赁收入”科目可以设置“融资收入”和“租金收入”两个二级科目。其他企业进行租赁业务所取得的收入，在“其他业务收入”等科目核算。

（六）出租人对融资租赁的会计处理

1．租赁开始日的会计处理

在租赁开始日，出租人应当将租赁开始日最低租赁收款额与初始直接费用之和作为应收融资租赁款的入账价值，同时记录未担保余值；将最低租赁收款额、初始直接费用及未担保余值之和与其现值之和的差额记录为未实现融资收益。

出租人应按最低租赁收款额与初始直接费用之和，借记“长期应收款”科目，按未担保余值的金额，借记“未担保余值”科目；按最低租赁收款额、初始直接费用及未担保余值现值之和，贷记“融资租赁资产”科目，按上述科目计算后的差额，贷记“未实现融资收益”科目。

2．初始直接费用的会计处理

出租人发生的初始直接费用和承租人发生的初始直接费用相类似，通常也有印花税、佣金、律师费、差旅费、谈判费等。根据有关规定，出租人发生的初始直接费用，应作为应收融资租赁款的人账价值之一部分，借记“长期应收款”等科目，贷记“银行存款”、“现金”等科目。

3．未实现融资收益的分配

出租人每期收到的租金包括了本金和利息两部分，未实现融资收益应当在租赁期内各个期间进行分配，确认为各期的融资收入。分配时，出租人应当采用实际利率法计算确认当期的融资收入。

出租人每期收到租金时，按收到的租金金额，借记“银行存款”科目，贷记“长期应收款”科目，同时，根据当期应确认的融资收入金额，借记“未实现融资收益”科目，贷记“租赁收入”或“其他业务收入”科目。

4．未担保余值发生变动时的会计处理

出租人至少应当于每年年度终了，对未担保余值进行复核。未担保余值增加的，不作调整。有证据表明未担保余值已经减少的，应当重新计算租赁内含利率，将由此引起的租赁投资净额的减少，计入当期损益；以后各期根据修正后的租赁投资净额和重新计算的租赁内含利率确认融资收入。租赁投资净额是融资租赁中最低租赁收款额及未担保余值之和与未实现融资收益之间的差额。

已确认损失的未担保余值得以恢复的，应当在原已确认的损失金额内转回，并重新计算租赁内含利率，以后各期根据修正后的租赁投资净额和重新计算的租赁内含利率确认融资收入。其账务处理：

（1）期末，出租人的未担保余值的预计可收回金额低于其账面价值的差额，借记“未实现融资收益”科目，贷记“未担保余值”科目。

（2）如果已确认的未担保余值得以恢复，应在原已确认的损失金额内转回，借记“未担保余值”科目，贷记“未实现融资收益”科目。

5．或有租金的会计处理

出租人在融资租赁方式下收到的或有租金应在实际发生时计入当期损益，借记“应收账款”、“银行存款”等科目，贷记“租赁收入”等科目。

6．租赁期届满时的会计处理

租赁期届满时出租人应区别以下情况进行会计处理。

（1）租赁期届满时，承租人将租赁资产交还出租人。这时有可能出现四种情况：

第一，存在担保余值，不存在未担保余值。出租人收到承租人交还的租赁资产时，借记“融资租赁资产”科目，贷记“长期应收款”科目。

第二，存在担保余值，同时存在未担保余值。出租人收到承租人交还的租赁资产时，借记“融资租赁资产”科目，贷记“长期应收款”、“未担保余值”等科目。

第三，存在未担保余值，不存在担保余值。出租人收到承租人交还的租赁资产时，借记“融资租赁资产”科目，贷记“未担保余值”科目。

第四，担保余值和未担保余值均不存在。此时，出租人不作账务处理，只需相应的备查登记。

（2）优惠续租租赁资产。如果承租人行使优惠续租选择权，则出租人应视同该项租赁一直存在而作出相应的账务处理。如果租赁期届满时承租人没有续租，根据租赁合同规定应向承租人收取违约金时，借记“其他应收款”科目，贷记“营业外收入”科目。同时，将收回的租赁资产按上述规定进行处理。

（3）留购租赁资产。租赁期届满时，承租人行使了优惠购买选择权。出租人应按收到的承租人支付的购买资产的价款，借记“银行存款”等科目，贷记“长期应收款”科目。

七、金融工具准则中规范的金融资产的减值

（一）企业应当在资产负债表日对以公允价值计量且其变动计入当期损益的金融资产以外的金融资产的账面价值进行检查，有客观证据表明该金融资产发生减值的，应当计提减值准备。

（二）表明金融资产发生减值的客观证据，是指金融资产初始确认后实际发生的、对该金融资产的预计未来现金流量有影响，且企业能够对该影响进行可靠计量的事项。金融资产发生减值的客观证据，包括下列各项：

（1）发行方或债务人发生严重财务困难；

（2）债务人违反了合同条款，如偿付利息或本金发生违约或逾期等；

（3）债权人出于经济或法律等方面因素的考虑，对发生财务困难的债务人作出让步；

（4）债务人很可能倒闭或进行其他财务重组；

（5）因发行方发生重大财务困难，该金融资产无法在活跃市场继续交易；

（6）无法辨认一组金融资产中的某项资产的现金流量是否已经减少，但根据公开的数据对其进行总体评价后发现，该组金融资产自初始确认以来的预计未来现金流量确已减少且可计量，如该组金融资产的债务人支付能力逐步恶化，或债务人所在国家或地区失业率提高、担保物在其所在地区的价格明显下降、所处行业不景气等；

（7）债务人经营所处的技术、市场、经济或法律环境等发生重大不利变化，使权益工具投资人可能无法收回投资成本；

（8）权益工具投资的公允价值发生严重或非暂时性下跌；

（9）其他表明金融资产发生减值的客观证据。

（三）以摊余成本计量的金融资产发生减值时，应当将该金融资产的账面价值减记至预计未来现金流量（不包括尚未发生的未来信用损失）现值，减记的金额确认为资产减值损失，计入当期损益。

预计未来现金流量现值，应当按照该金融资产的原实际利率折现确定，并考虑相关担保物的价值（取得和出售该担保物发生的费用应当予以扣除）。原实际利率是初始确认该金融资产时计算确定的实际利率。对于浮动利率贷款、应收款项或持有至到期投资，在计算未来现金流量现值时可采用合同规定的现行实际利率作为折现率。

短期应收款项的预计未来现金流量与其现值相差很小的，在确定相关减值损失时，可不对其预计未来现金流量进行折现。

（四）对单项金额重大的金融资产应当单独进行减值测试，如有客观证据表明其已发生减值，应当确认减值损失，计入当期损益。对单项金额不重大的金融资产，可以单独进行减值测试，或包括在具有类似信用风险特征的金融资产组合中进行减值测试。

单独测试未发生减值的金融资产（包括单项金额重大和不重大的金融资产），应当包括在具有类似信用风险特征的金融资产组合中再进行减值测试。已单项确认减值损失的金融资产，不应包括在具有类似信用风险特征的金融资产组合中进行减值测试。

（五）对以摊余成本计量的金融资产确认减值损失后，如有客观证据表明该金融资产价值已恢复，且客观上与确认该损失后发生的事项有关（如债务人的信用评级已提高等），原确认的减值损失应当予以转回，计入当期损益。但是，该转回后的账面价值不应当超过假定不计提减值准备情况下该金融资产在转回日的摊余成本。

（六）在活跃市场中没有报价且其公允价值不能可靠计量的权益工具投资，或与该权益工具挂钩并须通过交付该权益工具结算的衍生金融资产发生减值时，应当将该权益工具投资或衍生金融资产的账面价值，与按照类似金融资产当时市场收益率对未来现金流量折现确定的现值之间的差额，确认为减值损失，计入当期损益。

（七）可供出售金融资产发生减值时，即使该金融资产没有终止确认，原直接计入所有者权益的因公允价值下降形成的累计损失，应当予以转出，计入当期损益。该转出的累计损失，为可供出售金融资产的初始取得成本扣除已收回本金和已摊销金额、当前公允价值和原已计入损益的减值损失后的余额。

（八）对于已确认减值损失的可供出售债务工具，在随后的会计期间公允价值已上升且客观上与确认原减值损失确认后发生的事项有关的，原确认的减值损失应当予以转回，计入当期损益。

（九）可供出售权益工具投资发生的减值损失，不得通过损益转回。但是，在活跃市场中没有报价且其公允价值不能可靠计量的权益工具投资，或与该权益工具挂钩并须通过交付该权益工具结算的衍生金融资产发生的减值损失，不得转回。

（十）金融资产发生减值后，利息收入应当按照确定减值损失时对未来现金流量进行折现采用的折现率作为利率计算确认。

八、未探明矿区权益的减值

对于未探明矿区权益，应当至少每年进行一次减值测试。单个矿区取得成本较大的，应当以单个矿区为基础进行减值测试，并确定未探明矿区权益减值金额。单个矿区取得成本较小且与其他相邻矿区具有相同或类似地质构造特征或储层条件的，可按照若干具有相同或类似地质构造特征或储层条件的相邻矿区所组成的矿区组进行减值测试。

未探明矿区权益公允价值低于账面价值的差额，应当确认为减值损失，计入当期损益。未探明矿区权益减值损失一经确认，不得转回。

九、八项资产外其他资产减值准备

（一）可能发生减值资产的认定

1. 企业应当在会计期末判断资产是否存在可能发生减值的迹象。

因企业合并所形成的商誉和使用寿命不确定的无形资产，无论是否存在减值迹象，每年都应当进行减值测试。

2. 存在下列迹象的，表明资产可能发生了减值：

（1）资产的市价当期大幅度下跌，其跌幅明显高于因时间的推移或者正常使用而预计的下跌。

（2）企业经营所处的经济、技术或法律等环境以及资产所处的市场在当期或将在近期发生重大变化，从而对企业产生不利影响。

（3）市场利率或者其他市场投资回报率在当期已经提高，从而影响企业计算资产预计未来现金流量现值的折现率，导致资产可收回金额大幅度降低。

（4）有证据表明资产已经陈旧过时或其实体已经损坏。

（5）资产已经或者将被闲置、终止使用或者计划提前处置。

3. 企业内部报告的证据表明资产的经济绩效已经低于或者将低于预期，如资产所创造的净现金流量或者实现的营业利润（或者损失）远远低于预计金额等。

4. 其他表明资产可能已经发生减值的迹象。

（二）资产可收回金额的计量

1. 资产存在减值迹象的，应当估计其可收回金额。

可收回金额应当根据资产的公允价值减去处置费用后的净额与资产预计未来现金流量的现值两者之间较高者确定。

处置费用包括与资产处置有关的法律费用、相关税金、搬运费以及为使资产达到可销售状态所发生的直接费用等。

2. 资产的公允价值减去处置费用后的净额与资产预计未来现金流量的现值，只要有一项超过了资产的账面价值就表明资产没有发生减值，不需要再估计另一项金额。

3. 资产的公允价值减去处置费用后的净额，应当根据公平交易中有法律约束力的销售协议价格减去直接归属于该资产处置费用的金额确定，资产的市场价格通常应当根据资产的买方出价确定。

在既没有法律约束力的销售协议，又不存在活跃市场的情况下，应当以可获取的最佳信息为基础，估计资产的公允价值减去处置费用后的净额，同行业类似资产的最近交易价格或者结果可以作为估计资产公允价值减去处置费用后的净额的参考。

企业按照上述规定仍然无法可靠估计资产的公允价值减去处置费用后的净额的，应当以该资产未来现金流量的现值作为其可收回金额。

4. 资产未来现金流量的现值，应当按照资产在持续使用过程中和最终处置时所产生的预计未来现金流量，选择恰当的折现率对其进行折现后的金额加以确定。

预计资产未来现金流量的现值，应当综合考虑资产的预计未来现金流量、使用寿命和折现率等因素。

5. 预计的资产未来现金流量应当包括：

（1）资产持续使用过程中预计产生的现金流入；

（2）为实现资产持续使用过程中产生的现金流入所必需的预计现金流出（包括为使资产达到预定可使用状态所发生的现金流出）。该现金流出应当是可直接归属于或者可通过合理而一致的基础分配到资产中的现金流出；

（3）资产使用寿命结束时，处置资产所收到或支付的净现金流量。该现金流量应当是在公平交易中，熟悉情况的交易双方志愿进行交易时，企业预期可从资产的处置中获取或者支付的、减去预计处置费用后的金额。

6. 预计未来现金流量时，企业管理层应当在合理和有依据的基础上对资产剩余使用寿命内整个经济状况进行最佳估计。

预计资产的未来现金流量，应当以经管理层批准的最近财务预算或预测数据，以及该预算或预测期之后年份稳定的或者递减的增长率为基础，企业管理层如能证明递增的增长率是合理的，可以以递增的增长率为基础。

建立在预算或者预测基础上的预计现金流量最多涵盖5年，企业管理层如能证明更长的期间是合理的，可以涵盖更长的期间。

在对预算或者预测期之后年份的现金流量进行预计时，所使用的增长率除了企业能够证明更高的增长率是合理的之外，不应当超过企业经营的产品、市场、所处的行业或者所在国家或者地区的长期平均增长率，或者该资产所处市场的长期平均增长率。

7. 预计资产的未来现金流量，应当以资产的当前状况为基础，不应当包括与将来可能会发生的、尚未作出承诺的重组事项或者与资产改良有关的预计未来现金流量。

预计资产的未来现金流量也不应当包括筹资活动产生的现金流入或者流出以及与所得税收付有关的现金流量。

企业已经承诺重组的，在确定资产的未来现金流量的现值时，预计的未来现金流入和流出数，应当反映重组所能节约的费用和由重组所带来的其他利益，以及因重组所导致的估计未来现金流出数。其中重组所能节约的费用和由重组所带来的其他利益，通常应当根据企业管理层批准的最近财务预算或者预测数据进行估计；因重组所导致的估计未来现金流出数应当根据，《企业会计准则第13号——或有事项》所确认的因重组所发生的预计负债金额进行估计。

8. 折现率应当是一个反映当前市场货币时间价值和资产特定风险的税前利率，它是企业在购置或者投资资产时所要求的必要报酬率。

在预计资产的未来现金流量时已经对资产特定风险的影响作了调整的，估计折现率不需要考虑这些特定风险。如果用于估计折现率的基础是税后的，应当将其调整为税前的折现率。

9. 预计资产的未来现金流量涉及外币的，应当以该资产所产生的未来现金流量的结算货币为基础，按照该货币适用的折现率计算资产的现值；然后将该外币现值采用计算资产未来现金流量现值当日的即期汇率进行折算。

（三）资产减值损失的确定

1. 可收回金额的计量结果表明，资产的可收回金额低于其账面价值的，应当将资产的账面价值减记至可收回金额，减记的金额确认为资产减值损失，计入当期损益，同时计提相应的资产减值准备。

2. 资产减值损失确认后，减值资产的折旧或者摊销费用应当在未来期间作相应调整，以使该资产在剩余使用寿命内，系统地分摊调整后的资产账面价值（扣除预计净残值）。

3. 资产减值损失一经确认，在以后会计期间不得转回。

（四）资产组的认定及减值处理

1. 有迹象表明 项资产可能发生减值的，企业应当以单项资产为基础估计其可收回金额。企业难以对单项资产的可收回金额进行估计的，应当按照该资产所属的资产组为基础确定资产组的可收回金额。

资产组的认定，应当以资产组产生的主要现金流入是否独立于其他资产或者资产组的现金流入为依据。同时，在认定资产组时，应当考虑企业管理层管理生产经营活动的方式（如是按照生产线、业务种类还是按照地区或者区域等）和对资产的持续使用或者处置的决策方式等。

几项资产的组合生产的产品（或者其他产出）存在活跃市场的，即使部分或者所有这些产品（或者其他产出）均供内部使用，也应当在符合前款规定的情况下，将这几项资产的组合认定为一个资产组。如果该资产组的现金流入受内部转移价格的影响，企业应当按照其管理层在公平交易中对未来价格的最佳估计数来确定资产组的未来现金流量。

资产组一经确定，各个会计期间应当保持一致，不得随意变更。如需变更，企业管理层应当证明该变更是合理的，并根据《企业会计准则第8号——资产减值》第二十七条的规定在附注中作相应说明。

2. 资产组账面价值的确定基础应当与其可收回金额的确定方式相一致。

资产组的账面价值包括可直接归属于资产组和可以合理且一致地分摊至资产组的资产账面价值，通常不应当包括已确认负债的账面价值，但如不考虑该负债金额就无法确定资产组可收回金额的除外。

资产组的可收回金额应当按照该资产组的公允价值减去处置费用后的净额与其预计未来现金流量的现值两者之间较高者确定。

资产组在处置时如要求购买者承担一项负债（如环境恢复负债等），该负债金额已经确认并计入相关资产账面价值，而且企业只能取得包括上述资产和负债在内的单一公允价值减去处置费用后的净额的，为了比较资产组的账面价值和可收回金额，在确定资产组的账面价值及其未来现金流量的现值时，应当将已确认的负债金额从中扣除。

3. 企业总部资产包括企业集团或者事业部的办公楼、电子数据处理设备等资产。总部资产的显著特征是难以脱离其他资产或者资产组产生独立的现金流入，而且其账面价值难以完全归属于某一资产组。

有迹象表明某项总部资产可能发生减值的，企业应当计算确定该总部资产所归属的资产组或者资产组组合的可收回金额，然后将其与相应的账面价值相比较，据以判断是否需要确认减值损失。

资产组组合，是指由若干个资产组组成的最小资产组组合，包括资产组或者资产组组合，以及按合理方法分摊的总部资产部分。

4. 对某一资产组作减值测试时，首先应当认定所有与该资产组相关的总部资产。然后，根据相关总部资产能否按照合理和一致的基础分摊至该资产组分别处理。

对于相关总部资产能够按照合理和一致的基础分摊至该资产组的部分，企业应当将该部分总部资产的账面价值分摊至该资产组，再据以比较该资产组的账面价值（包括已分摊的总部资产的账面价值部分）和可收回金额，并按照《企业会计准则第8号——资产减值》第二十二条的规定处理。

对于相关总部资产中有部分资产难以按照合理和一致的基础分摊至该资产组的，应当按照下列步骤处理：

（1）首先在不考虑相关总部资产的情况下，估计和比较资产组的账面价值和可收回金额，并按照《企业会计准则第8号——资产减值》第二十二条的规定处理；

（2）其次认定由若干个资产组组成的最小的资产组组合，该资产组组合应当包括所测试的资产组和可以按照合理和一致的基础把该部分总部资产的账面价值分摊其上的部分；

（3）最后比较所认定的资产组组合的账面价值（包括已分摊的总部资产的账面价值部分）和可收回金额，并按照《企业会计准则第8号——资产减值》第二十二条的规定处理。

5. 资产组或者资产组组合的可收回金额低于其账面价值的（总部资产和商誉分摊至某资产组或者资产组组合的，该资产组或者资产组组合的账面价值应当包括相关总部资产和商誉的分摊额），应当确认相应的减值损失，损失的金额应当按照下列顺序进行分摊，以抵减资产组或者资产组组合中资产的账面价值：

（1）首先抵减分摊至资产组或者资产组组合中商誉的账面价值；

（2）然后根据资产组或者资产组组合中除商誉之外的其他各项资产的账面价值所占比重，按比例抵减其他各项资产的账面价值。

以上资产账面价值的抵减，应当作为单项资产的减值损失处理，计入当期损益。抵减后的各资产的账面价值不得低于以下三者之中最高者：该资产的公允减值减去处置费用后的净额（如可确定的）、该资产预计未来现金流量的现值（如可确定的）和零。因此而导致的未能分摊的减值损失金额，应当按照相关资产组或者资产组组合中其他各项资产的账面价值所占比重进行分摊。

（五）商誉减值的处理

1. 企业合并所形成的商誉，至少应当在每年年度终了进行减值测试。商誉难以独立于其他资产为企业单独产生现金流量，应当结合与其相关的资产组或者资产组组合进行减值测试。相关的资产组或者资产组组合应当是能够从企业合并的协同效应中收益的资产组或者资产组组合，不应当大于按照《企业会计准则第 35 号——分部报告》所确定的报告分部。

2. 为了减值测试的目的，企业应当自购买日起将因企业合并形成的商誉的账面价值按照合理的方法分摊至相关的资产组；难以分摊至相关的资产组的，应当将其分摊至相关的资产组组合。

在将商誉的账面价值分摊至相关的资产组或者资产组组合时，应当按照各资产组或者资产组组合的公允价值占相关资产组或者资产组组合公允价值总额的比例进行分摊。公允价值难以可靠计量的，按照各资产组或者资产组组合的账面价值占相关资产组或者资产组组合账面价值总额的比例进行分摊。

企业因重组等原因改变了其报告结构，从而影响到已分摊商誉的一个或者若干个资产组或者资产组组合构成的，应当按照与本条前款规定相似的分摊方法，将商誉重新分摊至受影响的资产组或者资产组组合。

3. 在对包含商誉的相关资产组或者资产组组合进行减值测试时，如与商誉相关的资产组或者资产组组合存在减值迹象的，应当首先对不包含商誉的资产组或者资产组组合进行减值测试，计算可收回金额，并与相关账面价值相比较，确认相应的减值损失。然后，再对包含商誉的资产组或者资产组组合进行减值测试，比较这些相关资产组或者资产组组合的账面价值（包括所分摊的商誉的账面价值部分）与其可收回金额，如相关资产组或者资产组组合的可收回金额低于其账面价值的，应当按照《企业会计准则第 8 号——资产减值》第二十二条的规定处理，确认减值损失。

9.2.4 纳税调整的原则

会计制度和新会计准则强调谨慎性原则，在资产的确认、计量中对资产减值单独作出了规定；税法不承认各项资产减值（跌价）准备。财税〔2009〕33 号、财税〔2009〕48 号、财税〔2009〕62 号、财税〔2009〕64 号、财税〔2009〕99 号、财税〔2009〕110 号对于金融、保险、证券、期货等行业的准备金项目，明确了可以税前扣除的比例。

对于不允许税前扣除的准备金项目，在本行进行调整；对于税法规定允许扣除的准备金项目，在附表三第54行“六、其他”进行调整。

9.3 资产减值准备审核的税法依据

一、2008年1月1日以前计提的各类准备金余额处理

国税函〔2009〕202号规定，根据《实施条例》第五十五条规定，除财政部和国家税务总局核准计提的准备金可以税前扣除外，其他行业、企业计提的各项资产减值准备、风险准备等准备金均不得税前扣除。

2008年1月1日前按照原企业所得税法规定计提的各类准备金，2008年1月1日以后，未经财政部和国家税务总局核准的，企业以后年度实际发生的相应损失，应先冲减各项准备金余额。

二、保险公司准备金支出

财税〔2009〕48号文件自2008年1月1日至2010年12月31日对保险公司准备金支出企业所得税税前扣除有关问题明确如下。

（一）保险公司按下列规定缴纳的保险保障基金，准予据实税前扣除：

1. 非投资型财产保险业务，不得超过保费收入的0.8%；投资型财产保险业务，有保证收益的，不得超过业务收入的0.08%，无保证收益的，不得超过业务收入的0.05%。

2. 有保证收益的人寿保险业务，不得超过业务收入的0.15%；无保证收益的人寿保险业务，不得超过业务收入的0.05%。

3. 短期健康保险业务，不得超过保费收入的0.8%；长期健康保险业务，不得超过保费收入的0.15%。

4. 非投资型意外伤害保险业务，不得超过保费收入的0.8%；投资型意外伤害保险业务，有保证收益的，不得超过业务收入的0.08%，无保证收益的，不得超过业务收入的0.05%。

保险保障基金，是指按照《中华人民共和国保险法》和《保险保障基金管理办法》（保监会、财政部、人民银行令〔2008〕第2号）规定缴纳形成的，在规定情形下用于救助保单持有人、保单受让公司或者处置保险业风险的非政府性行业风险救助基金。

保费收入，是指投保人按照保险合同约定，向保险公司支付的保险费。

业务收入，是指投保人按照保险合同约定，为购买相应的保险产品支付给保险公司的全部金额。

非投资型财产保险业务，是指仅具有保险保障功能而不具有投资理财功能的财产保险业务。

投资型财产保险业务，是指兼具有保险保障与投资理财功能的财产保险业务。

有保证收益，是指保险产品在投资收益方面提供固定收益或最低收益保障。

无保证收益，是指保险产品在投资收益方面不提供收益保证，投保人承担全部投资风险。

（二）保险公司有下列情形之一的，其缴纳的保险保障基金不得在税前扣除：

1. 财产保险公司的保险保障基金余额达到公司总资产6%的。

2. 人身保险公司的保险保障基金余额达到公司总资产1%的。

（三）保险公司按规定提取的未到期责任准备金、寿险责任准备金、长期健康险责任准备金、未决赔款准备金，准予在税前扣除。

1. 未到期责任准备金、寿险责任准备金、长期健康险责任准备金依据精算师或出具专项审计报告的中介机构确定的金额提取。

未到期责任准备金，是指保险人为尚未终止的非寿险保险责任提取的准备金。

寿险责任准备金，是指保险人为尚未终止的人寿保险责任提取的准备金。

长期健康险责任准备金，是指保险人为尚未终止的长期健康保险责任提取的准备金。

2. 未决赔款准备金分已发生已报案未决赔款准备金、已发生未报案未决赔款准备金和理赔费用准备金。已发生已报案未决赔款准备金，按最高不超过当期已经提出的保险赔款或者给付金额的100%提取；已发生未报案未决赔款准备金按不超过当年实际赔款支出额的8%提取。

未决赔款准备金，是指保险人为非寿险保险事故已发生尚未结案的赔案提取的准备金。

已发生已报案未决赔款准备金，是指保险人为非寿险保险事故已经发生并已向保险人提出索赔、尚未结案的赔案提取的准备金。

已发生未报案未决赔款准备金，是指保险人为非寿险保险事故已经发生、尚未向保险人提出索赔的赔案提取的准备金。

理赔费用准备金，是指保险人为非寿险保险事故已发生尚未结案的赔案可能发生的律师费、诉讼费、损失检验费、相关理赔人员薪酬等费用提取的准备金。

（四）保险公司实际发生的各种保险赔款、给付，应首先冲抵按规定提取的准备金，不足冲抵部分，准予在当年税前扣除。

三、中小企业信用担保机构有关准备金

财税〔2009〕62号文件，自2008年1月1日起至2010年12月31日止对中小企业信用担保机构有关税前扣除政策问题通知如下：

（一）中小企业信用担保机构可按照不超过当年年末担保责任余额1%的比例计提担保赔偿准备，允许在企业所得税税前扣除。

（二）中小企业信用担保机构可按照不超过当年担保费收入50%的比例计提未到期责任准备，允许在企业所得税税前扣除，同时将上年度计提的未到期责任准备余额转为当期收入。

（三）中小企业信用担保机构实际发生的代偿损失，应依次冲减已在税前扣除的担保赔偿准备和在税后利润中提取的一般风险准备，不足冲减部分据实在企业所得税税前扣除。

（四）本通知所称中小企业信用担保机构是指以中小企业为服务对象的信用担保机构。

四、金融企业涉农贷款和中小企业贷款损失准备金

财税〔2009〕99号文件，自2008年1月1日起至2010年12月31日止对金融企业涉农贷款和中小企业贷款损失准备金税前扣除政策规定如下。

（一）金融企业根据《贷款风险分类指导原则》（银发〔2001〕416号），对其涉农贷款和中小企业贷款进行风险分类后，按照以下比例计提的贷款损失专项准备金，准予在计

算应纳税所得额时扣除：

1．关注类贷款，计提比例为2%；

2．次级类贷款，计提比例为25%；

3．可疑类贷款，计提比例为50%；

4．损失类贷款，计提比例为100%。

（二）本通知所称涉农贷款，是指《涉农贷款专项统计制度》（银发〔2007〕246号）统计的以下贷款：

1．农户贷款；

2．农村企业及各类组织贷款。

本条所称农户贷款，是指金融企业发放给农户的所有贷款。农户贷款的判定应以贷款发放时的承贷主体是否属于农户为准。农户，是指长期（一年以上）居住在乡镇（不包括城关镇）行政管理区域内的住户，还包括长期居住在城关镇所辖行政村范围内的住户和户口不在本地而在本地居住一年以上的住户，国有农场的职工和农村个体工商户。位于乡镇（不包括城关镇）行政管理区域内和在城关镇所辖行政村范围内的国有经济的机关、团体、学校、企事业单位的集体户；有本地户口，但举家外出谋生一年以上的住户，无论是否保留承包耕地均不属于农户。农户以户为统计单位，既可以从事农业生产经营，也可以从事非农业生产经营。

本条所称农村企业及各类组织贷款，是指金融企业发放给注册地位于农村区域的企业及各类组织的所有贷款。农村区域，是指除地级及以上城市的城市行政区及其市辖建制镇之外的区域。

（三）本通知所称中小企业贷款，是指金融企业对年销售额和资产总额均不超过2亿元的企业的贷款。

（四）金融企业发生的符合条件的涉农贷款和中小企业贷款损失，应先冲减已在税前扣除的贷款损失准备金，不足冲减部分可据实在计算应纳税所得额时扣除。

五、证券行业准备金支出

财税〔2009〕33号文件，自2008年1月1日起至2010年12月31日止对证券行业准备金支出企业所得税税前扣除有关政策问题明确如下。

（一）证券类准备金

1．证券交易所风险基金

上海、深圳证券交易所依据《证券交易所风险基金管理暂行办法》（证监发〔2000〕22号）的有关规定，按证券交易所交易收取经手费的20%、会员年费的10%提取的证券交易所风险基金，在各基金净资产不超过10亿元的额度内，准予在企业所得税税前扣除。

2．证券结算风险基金

（1）中国证券登记结算公司所属上海分公司、深圳分公司依据《证券结算风险基金管理办法》（证监发〔2006〕65号）的有关规定，按证券登记结算公司业务收入的20%提取的证券结算风险基金，在各基金净资产不超过30亿元的额度内，准予在企业所得税税前扣除。

（2）证券公司依据《证券结算风险基金管理办法》（证监发〔2006〕65号）的有关

规定，作为结算会员按人民币普通股和基金成交金额的十万分之三、国债现货成交金额的十万分之一、1 天期国债回购成交额的千万分之五、2 天期国债回购成交额的千万分之十、3 天期国债回购成交额的千万分之十五、4 天期国债回购成交额的千万分之二十、7 天期国债回购成交额的千万分之五十、14 天期国债回购成交额的十万分之一、28 天期国债回购成交额的十万分之二、91 天期国债回购成交额的十万分之六、182 天期国债回购成交额的十万分之十二逐日交纳的证券结算风险基金，准予在企业所得税税前扣除。

3. 证券投资者保护基金

（1）上海、深圳证券交易所依据《证券投资者保护基金管理办法》（证监会令第 27 号）的有关规定，在风险基金分别达到规定的上限后，按交易经手费的 20% 缴纳的证券投资者保护基金，准予在企业所得税税前扣除。

（2）证券公司依据《证券投资者保护基金管理办法》（证监会令第 27 号）的有关规定，按其营业收入 0.5% ~5% 缴纳的证券投资者保护基金，准予在企业所得税税前扣除。

（二）期货类准备金

1. 期货交易所风险准备金

上海期货交易所、大连商品交易所、郑州商品交易所和中国金融期货交易所依据《期货交易管理条例》（国务院令第 489 号）、《期货交易所管理办法》（证监会令第 42 号）和《商品期货交易财务管理暂行规定》（财商字〔1997〕44 号）的有关规定，分别按向会员收取手续费收入的 20% 计提的风险准备金，在风险准备金余额达到有关规定的额度内，准予在企业所得税税前扣除。

2. 期货公司风险准备金

期货公司依据《期货公司管理办法》（证监会令第 43 号）和《商品期货交易财务管理暂行规定》（财商字〔1997〕44 号）的有关规定，从其收取的交易手续费收入减去应付期货交易所手续费后的净收入的 5% 提取的期货公司风险准备金，准予在企业所得税税前扣除。

3. 期货投资者保障基金

上海期货交易所、大连商品交易所、郑州商品交易所和中国金融期货交易所依据《期货投资者保障基金管理暂行办法》（证监会令第 38 号）的有关规定，按其向期货公司会员收取的交易手续费的 3% 缴纳的期货投资者保障基金，在基金总额达到有关规定的额度内，准予在企业所得税税前扣除。

期货公司依据《期货投资者保障基金管理暂行办法》（证监会令第 38 号）的有关规定，从其收取的交易手续费中按照代理交易额的千万分之五至千万分之十的比例缴纳的期货投资者保障基金，在基金总额达到有关规定的额度内，准予在企业所得税税前扣除。

上述准备金如发生清算、退还，应按规定补征企业所得税。

六、金融企业贷款损失准备金

财税〔2009〕64 号文件自 2008 年 1 月 1 日起至 2010 年 12 月 31 日止对政策性银行、商业银行、财务公司和城乡信用社等国家允许从事贷款业务的金融企业提取的贷款损失准备税前扣除政策问题规定如下。

（一）准予提取贷款损失准备的贷款资产范围包括：

（1）贷款（抵押、质押、担保等贷款）；

（2）银行卡透支、贴现、信用垫款（含银行承兑汇票垫款、信用证垫款、担保垫款等）、进出口押汇、同业拆出等各项具有贷款特征的风险资产；

（3）由金融企业转贷并承担对外还款责任的国外贷款，包括国际金融组织贷款、外国买方信贷、外国政府贷款、日本国际协力银行不附条件贷款和外国政府混合贷款等资产。

（二）金融企业准予当年税前扣除的贷款损失准备计算公式如下：

准予当年税前扣除的贷款损失准备 = 本年末准予提取贷款损失准备的贷款资产余额 × 1% − 截至上年末已在税前扣除的贷款损失准备余额

金融企业按上述公式计算的数额如为负数，应当相应调增当年应纳税所得额。

（三）金融企业的委托贷款、代理贷款、国债投资、应收股利、上交央行准备金，以及金融企业剥离的债权和股权、应收财政贴息、央行款项等不承担风险和损失的资产，不得提取贷款损失准备在税前扣除。

（四）金融企业发生的符合条件的贷款损失，按规定报经税务机关审批后，应先冲减已在税前扣除的贷款损失准备，不足冲减部分可据实在计算当年应纳税所得额时扣除。

第十节 《长期股权投资所得（损失）明细表》的填报和审核

10.1 投资的概说

10.1.1 投资的概念

一、投资的定义

财务会计中的投资有广义和狭义之分，广义的投资既包括对外投资，又包括对内投资。

广义的投资可以分为两大类，一类是对内投资，如固定资产投资、存货投资等；另一类是对外投资，如权益性投资等。

狭义的投资一般仅包括对外投资，如权益性投资、债权性投资，而不包括对内投资。

投资是指企业为通过分配来增加财富，或为谋求其他利益而将资产让渡给其他单位所获得的另一项资产。从此定义中可以得出，投资主要包括两个方面：

（1）将企业的部分资产转让给其他单位使用，通过其他单位使用投资者投入的资产创造效益后进行分配，或者通过投资改善贸易关系等达到获取利益的目的；

（2）将企业的现金投资于一定的金融资产，通过金融资产的买卖使得资本增值。这两个方面的投资目的和增加财富的方式是不一样的。

二、投资的目的

企业在正常生产经营之外进行投资，可能目的是有效地利用暂时闲置的资金，以获取一定的经济利益，或者为了影响或控制其他企业的经营与财务政策，以保障本企业正常经营业务的顺利进行和经营规模的扩大；或者为了积累整笔巨额资金，为满足企业未来某些特定用途做准备等而将现金、实物资产或无形资产让渡给其他单位，获得股票、债券、期货、房地产、固定资产等，从而形成企业的各种投资。

10.1.2 投资的分类

为了更好地体现企业管理部门的目的和意图，便于加强对投资的管理，恰当地组织投资的核算，应按照不同的标准对投资进行分类。按照不同的标准，投资有各种不同的分类，主要有按投资的性质分类、按投资的变现能力分类、按投资的目的分类等几种。

一、按投资的性质分类

按投资的性质分类，投资可以分为权益性投资、债权性投资和混合性投资三类。

(1) 权益性投资。权益性投资是指为获取其他企业的权益或净资产所进行的投资。如对其他企业的普通股股票投资、为获取其他企业股权的联营投资等，均属于权益性投资。企业进行这种投资是为了取得对另一企业的控制权，或实施对另一企业的重大影响，或为了其他目的。

(2) 债权性投资。债权性投资是指为取得债权所进行的投资。如购买公司债券、购买国库券等，均属于债权性投资。企业进行这种投资不是为了获得其他企业的剩余资产，而是为了获取高于银行存款利率的利息，并保证按期收回本息。

(3) 混合性投资。混合性投资兼有权益性质和债权性质的投资。这种投资通常表现为混合性证券投资，如购买另一企业发行的优先股股票，购买可转换公司债券等，均属于混合性投资。

二、按投资的变现能力分类

按投资的变现能力分类，投资可以分为以下两类。

(1) 易于变现的投资。易于变现的投资是指能在证券市场上随时变现的投资。如企业持有的能够上市交易的股票、债券等，均属于易于变现的投资。

(2) 不易于变现的投资。不易于变现的投资是指不能轻易在证券市场上变现的投资。这类投资通常不能上市交易，要将所持投资变现并非易事，如企业持有的非上市公司的股票、持有的有限责任公司的股份、持有的不能上市交易的公司债券等，均属于不易于变现的投资。

三、按投资的目的分类

按投资的目的分类，投资可以分为以下两类。

(1) 短期投资。短期投资是指能够随时变现并且持有时间不准备超过一年的投资。这种投资的目的是为了暂时存放剩余资金，并通过这种投资取得高于银行存款利率的利息收入；或在转让时取得价差收入，待需要使用现金时即可兑换成现金。短期投资是一种易于变现的投资，它既可以是债权性投资，也可以是权益性投资，如企业购买的可上市交易的股票和债券。

(2) 长期投资。长期投资是指短期投资以外的投资。这种投资的目的是为了积累整笔资金，以供特定用途的需要，或为了达到控制其他企业或对其他企业实施重大影响，或出于其他长期性质的战略考虑等。长期投资是一种为了实现上述目的而准备长期持有的投资，它既可以是不易于变现的投资，也可以是易于变现的投资；既可以是权益性投资，也可以是债权性投资或混合性投资。

对于短期投资与长期投资的划分，不同的国家或地区有不同的标准。长短期投资的划分主要依管理当局的意图而定：管理当局准备短期持有的，作为短期投资，主要包括短期股票投资、短期债券投资和短期其他投资；准备长期持有的，作为长期投资，主要包括长期股权投资和长期债券投资。

10.1.3 会计制度的权益性投资和债权性投资

一、会计制度投资的范围

企业会计制度所称的投资仅指狭义投资中的权益性投资和债权性投资，不包括固定资产投资、存货投资、外币投资的折算、证券经营业务、合并会计报表、企业合并、房地产投资、期货投资、债务重组时债权人将债权转为股权或债权投资业务。

上述这些不包括在投资范围内的事项，由于其特殊性，已在或有待于在其他相关会计制度中规定。

企业会计制度所规定的投资范围与现金流量表中投资活动的范围不同。现金流量表中的投资范围比企业会计制度所称的投资范围大，它除了包括企业会计制度所称的投资外，还包括企业对内长期资产的投资，如购置固定资产、无形资产等。

税法对投资的界定，主要是为了区分经营活动中使用的资产和为投资目的而持有的资本资产。企业营业活动中使用的存货资产、固定资产、租赁资产、无形资产和其他资产不属于税法界定的投资资产。税法界定的投资比会计制度定义的投资业务范围要宽，是指一切为投资目的持有的资本资产，主要是为取得股息、利息和资本利得。

二、会计制度投资的定义

会计制度将投资定义为“企业为通过分配来增加财富，或为谋求其他利益，而将资产让渡给其他单位所获得的另一项资产”。投资具有以下特点：

（1）投资是通过让渡其他资产而换取的债权投资或股权投资等另一项资产。

（2）投资所流入的经济利益与其他资产为企业带来的经济利益在形式上有所不同。企业所拥有或者控制的除投资以外的其他资产，通常能为企业带来直接的经济利益。而投资通常是将企业的部分资产转让给其他单位使用，通过分配其他单位使用投资者投入的资产所创造的效益后取得利益的，或者通过投资改善贸易关系等手段达到获取利益的目的。

税法对投资没有作出明确定义，在税务处理当中，将投资界定为纳税人为了获得利息、股息、转让所得，或为了改善利益关系，用所持有现金资产、非现金资产与其他企业单位进行交换，取得股权资产。与会计制度相比较，关于投资的定义基本是一致的。

三、会计制度投资的分类

对投资进行适当的分类，是确定投资会计核算方法和如何在会计报表中披露的前提。按照不同的标准，投资有各种不同的分类。

按照投资性质分类，可以分为权益性投资、债权性投资、混合性投资等。

按照投资对象的变现能力分类，可以分为易于变现和不易变现两类。

按照投资目的分类，可以分为短期投资和长期投资两类。

会计制度对投资分短期投资、长期债权投资、长期股权投资三类分别进行核算。

从管理当局的意图和投资的可变现程度划分，能够随时变现并且持有时间不准备超过一年的投资，是短期投资；而管理当局准备长期持有，达到对被投资方管理控制或实施重大影响，不准备随时变现的投资，是长期投资。

从税法的角度，由于短期投资变现快，通货膨胀影响小，投机性强，一般不需要特殊政策照顾；长期投资变现慢，投资性高，有利于经济的稳定发展，其增值中有部分是膨胀的因素，同时是长期积累的增值，一朝实现，集中纳税有不合理之处，可能需要特别处理。债权性投资是指投资方与被投资方签署了表明债权、债务关系的合同或协议，规定有明确的到期日，被投资方必须在到期日或之前偿还本金和支付利息的投资，收益水平事先约定，具有相对稳定性，有明确的还本付息要求。权益性投资的要点是对被投资方有控制、重大影响关系，它参与剩余资产或权益的分配。税务机关有权根据纳税人的合同或协议的有关条款、投资双方的目的、投资双方的关系，投资方参与被投资方管理的程度、被投资方的资本结构、投资的风险性质、投资的使用范围、投资的清偿顺序等情况，本着实质重于形式的原则，视具体情况确定企业投资的性质。

10.1.4 会计准则的长期股权投资

一、长期股权投资的概念

（一）长期股权投资

长期股权投资是指能够取得并意图长期持有被投资单位股份的投资，包括股票投资和其他股权投资。

（二）股票投资

股票投资是指企业以购买股票的方式对其他企业所进行的投资。企业购买并持有某股份有限公司的股票后，即成为该公司的股东，投资企业有权参与被投资企业的经营管理，并可根据股份有限公司经营的好坏，按持有股份的比例分享利润、分担亏损。

（三）其他股权投资

其他股权投资是指除股票投资以外具有股权性质的投资，一般是企业直接将现金、实物或无形资产等投入其他企业而取得股权的一种投资。其他股权投资是一种直接投资，在我国主要是指联营投资。进行其他股权投资的企业，资产一经投出，除联营期满或由于特殊原因联营企业解散外，一般不得抽回投资。投资企业根据被投资企业经营的好坏，按其投资比例分享利润或分担亏损。其他投资与股票投资一样，也是一种权益性投资，其特点与股票投资基本相同。

二、准则的实施范围

《〈企业会计准则第2号——长期股权投资〉应用指南》规定："长期股权投资准则规范的范围包括：

（1）企业持有的能够对被投资单位实施控制的权益性投资，即对子公司投资。

（2）企业持有的能够与其他合营方一同对被投资单位实施共同控制的权益性投资，即对合营企业投资。

（3）企业持有的能够对被投资单位施加重大影响的权益性投资，即对联营企业投资。

（4）企业对被投资单位不具有控制、共同控制或重大影响、在活跃市场中没有报价、公允价值不能可靠计量的权益性投资。"

除上述所说的长期股权投资规定的这四个核算范围之外，其他的原有投资准则所规范的，包括短期投资（包括短期性债券投资和短期性股票投资）和长期债权投资，都须按照《企业会计准则第22号——金融工具确认和计量》来进行核算；对于长期股权投资中的外币折算则按照《企业会计准则第 19 号——外币折算》加以规范。

三、长期股权投资的内容及其分类

（一）长期股权投资按照是否取得股票分类

长期股权投资是指能够取得并意图长期持有的被投资单位股份的投资，包括股票投资和其他股权投资。股票投资是指企业以购买股票的方式对其他企业所进行的投资。与债券投资相比，股票投资具有风险较大、责任权力较大、获取经济利益较多等特点。

其他股权投资是指除股票投资以外具有权益性质的投资，一般是企业直接将现金、实物或无形资产等投入其他企业，取得所有者权益的一种投资。这种投资一经投出，除联营期满或由于特殊原因联营企业解散外，一般不得抽回投资。投资企业根据被投资企业经营的好坏，按其投资比例分享利润或分担亏损，这也是一种权益性投资，其特点与股票投资基本相同。

（二）长期股权投资按照是否公允交易分类

长期股权投资在国际会计准则中规定只能采用购买法进行会计核算，因为在资本市场发达的环境里，股权投资都是公开、公正、公平的，因而能够取得公允价值信息。以公允价值作为股权投资的实际成本，能够保证会计信息的相关性与可靠性。但是，我国现阶段实务中存在大量的股权投资并不是投资双方自愿的行为，投资方与被投资方之间有着一定的经济利益联系，甚至存在着上下级关系，或者双方共同受同一上级或权力机构的控制。他们之间的长期股权投资是一种没有讨价还价的权益投资，尽管投资方也要支付一定的代价，但对价不公允，导致参与合并投资各方在合并前后同受一方或相同多方的最终控制，称为同一控制下的长期股权投资。

除同一控制下的长期股权投资之外，那些不存在关联方关系，也不受同一上级或权力机构的控制的长期股权投资，能够按照公允价值计量股权投资成本的，导致参与合并投资各方在合并前后都不受一方或相同多方的最终控制，称为非同一控制下的长期股权投资。

四、新会计准则投资收益的性质

在我国的《新会计准则》中，投资收益包括长期股权投资收益和金融资产投资收益。一般而言，长期股权投资所取得的投资收益是企业在正常的生产经营中所取得的可持续投资收益。如下属公司生产经营状况好转，有了比较大的收益，开始回报母公司，这部分的投资收益越高，那么企业的可持续发展能力越强，对于投资者来说，这种企业就越具有投资价值。

并不是所有的长期股权投资都是可持续的，如企业处置长期股权投资所获得的投资收益就是一次性不可持续的。但是，这些收益是为企业带来真实现金流入的收益，它实际上也是资本市场发展的产物。作为投资者，没有理由否认它的存在。

至于大家所关心的由于股价的上升使得企业所持有的金融资产随之变动而所获得的虚拟收益在新会计准则中并没有计入投资收益科目，而是计入了公允价值变动和资本公积科目。这种确认方法一方面反映了企业所持有的金融资产的现时价值；另一方面由于这部分收益并未实现，从而没有将其计入投资收益。

五、新会计准则与旧会计准则及会计制度的变化

新准则与旧准则及会计制度进行比较，发生较大变化，主要变化如下。

（一）名称的变化

旧准则及会计制度及会计制度的名称叫“投资”，新准则叫“长期股权投资”，不难看出，新准则所规范的内容和范围比旧准则及会计制度窄。旧准则及会计制度主要规范短期投资、长期债权投资和长期股权投资；而新准则只规范长期股权投资。短期投资视为交易性证券，长期债权投资归入持有至到期投资，在金融工具准则中进行规范。

（二）框架结构的变化

旧准则包括引言、定义、投资的分类、初始投资成本的确定、投资账面价值的调整（包括短期投资、长期债权投资、长期股权投资、长期投资减值）、投资的划转、投资的处理、披露、衔接办法和附则共10项内容；新准则只有总则、初始计量、后续计量和披露共4章内容；会计制度对投资的会计处理与旧会计准则是相同的。

（三）初始投资成本计量的变化

旧准则及会计制度规定，初始投资成本是指取得投资时实际支付的全部价款（包括税金、手续费等相关费用）或放弃非现金资产的账面价值（以投出资产的账面价值作为计量基础）；新准则对初始成本的确定，分为企业合并和企业非合并形成的长期股权投资两种情况分别进行规定。

1．企业合并形成的长期股权投资分为同一控制下和非同一控制下两种情况

（1）同一控制下的企业合并形成的长期股权投资，旧准则及会计制度以投入资产的账面价值作为初始投资成本；而新准则是以取得被投资方所有者权益账面价值的份额作为初始投资成本。

〔例〕

A公司支付现金3000万元取得B公司80%的股权（A和B同受一方控制），投资时B公司的账面价值为5000万元。

按照旧准则及会计制度的做法，A公司对B公司的初始投资成本为3000万元。

若按新准则的做法，长期股权投资初始投资成本与支付的现金、转让的非现金资产以及所承担债务账面价值之间的差额，应当调整资本公积；资本公积不足冲减的，调整留存收益。A公司对B公司的初始投资成本为4000万元（5000万×80%），因为以3000万元的代价取得了4000万元的份额，多的1000万元应计入资本公积。

（2）非同一控制下企业合并形成的长期股权投资，初始投资成本为投资方在购买日应当按照《企业会计准则第20号——企业合并》确定的合并成本作为长期股权投资的初始投资成本。

2．企业非合并形成的长期股权投资的初始投资成本的确定，与非同一控制下的企业合并取得的长期股权投资基本一致

（四）成本法与权益法核算范围的变化

旧准则及会计制度中规定，投资企业对被投资单位具有控制权（即对子公司投资）应采用权益法核算；而新准则第五条明确规定投资企业能够对被投资单位实施控制的长期股权投资采用成本法核算，但在编制合并财务报表时才调整为权益法。其变化的原因是国际会计准则对子公司的投资采用成本法核算，为了和国际会计准则保持一致，新会计准则未采用旧准则及会计制度相关处理方法。

（五）披露内容的变化

新旧准则及会计制度披露部分相比较，变化较大。旧准则及会计制度中规定企业应在财务报告中披露的长期股权投资的相关信息包括8项；而新准则只有5项，所披露的内容也不相同。新准则主要披露如下内容：

（1）子公司、合营企业和联营企业清单，包括企业名称、注册地、业务性质、投资企业的持股比例和表决权比例。

（2）合营企业和联营企业当期的主要财务信息，包括资产、负债、收入、费用等合计金额。

（3）被投资单位向投资企业转移资金的能力受到严格限制的情况。

（4）当期及累计未确认的投资损失金额。

（5）与对子公司、合营企业及联营企业投资相关的或有负债。

六、新旧准则中投资收益核算的共同点

长期股权投资采用成本法核算时，被投资单位宣告分派的利润或股利，投资企业按应享有的部分，确认为投资收益。

长期股权投资采用权益法核算时，属于被投资单位当年实现的净利润而影响的所有者权益的变动，投资企业应按股份比例确认为投资收益。

处置长期股权投资时，应按照所收到的处置收入与长期股权投资账面价值和已确认，但尚未收到的应收股利的差额确认为投资收益。

10.2 《长期股权投资所得（损失）明细表》概说

10.2.1 适用范围及依据

《长期股权投资所得（损失）明细表》适用于实行查账征收企业所得税的居民纳税人填报。

根据《中华人民共和国企业所得税法》及其实施条例、相关税收政策，以及国家统一企业会计制度的规定，填报会计核算的长期股权投资成本、投资收益及其税收处理，以及会计处理与税收处理差异的纳税调整额。

10.2.2 报表结构说明

附表十一《长期股权投资所得（损失）明细表》由正表和投资损失补充资料两部分组成。

正表的核心内容是纵向第1至16列；横向行次反映被投资企业的构成情况及投资收益有关资料；投资损失补充资料反映以前年度投资损失弥补情况。

横向第1至8行是动态的，如果被投资企业超过8个时，就应增加行次。

10.2.3 表内逻辑关系

根据附表十一《长期股权投资所得（损失）明细表》表内列示的逻辑关系，可以归纳为以下五项：

（1）第6列“会计核算投资收益”=第7列“会计投资损益”+第14列“会计上确认的转让所得或损失”。

（2）第10列“会计与税收的差异”=第7列“会计投资损益”-第8列“税收确认

的股息红利”中的“免税收入”－第9列“税收确认的股息红利”中的“全额征税收入”。

(3) 第14列“会计与税收的差异”＝第11列“投资转让净收入”－第12列“投资转让的税收成本”。

(4) 第15列“按税收计算的投资转让所得或损失”＝第11列“投资转让净收入”－第13列“投资转让的税收成本”

(5) 第16列“会计与税收的差异”＝第14列会计与税收的差异－第15列“按税收计算的投资转让所得或损失”。

10.2.4 表间逻辑关系

附表十一《股权投资所得（损失）明细表》只涉及与附表三《纳税调整项目明细表》的逻辑关系。

第5列“合计”行＝附表三第6行第4列。

10.3 正表项目的填报和审核

10.3.1 第1列被投资企业

附表十一第1列“被投资企业”：填报被投资方企业行次时，应依据对外投资的合同、工商登记时附送的资料、产权登记时的资料、会计核算资料等证明材料，核实长期股权投资情况是否账实相符，确认与被投资单位有关的股权投资归投资方所有。

附表十一的正表横向第1至8行是动态的，如果被投资企业超过8个时，就应增加行次。

10.3.2 第2列期初投资额

一、填报要求

附表十一第2列“期初投资额”：填报对被投资企业的投资的期初余额。

二、填报数据来源

根据填表说明规定，填报第2列“期初投资额”时，应采集“长期股权投资”科目记录的有关数据，作为信息资料。

10.3.3 第3列本年度增（减）投资额

一、填报要求

附表十一第3列“本年度增（减）投资额”：填报本纳税年度内对同一企业股权投资增减变化金额。

二、填报数据来源

根据填表说明规定，填报第3列“本年度增（减）投资额”时，应采集长期股权投资明细账的有关数据，作为信息资料。

在填报第3列“本年度增（减）投资额”时，应根据增（减）对外投资的合同、工商登记时附送的资料、产权登记时的资料、会计核算资料等证明材料，核实长期股权投资变化情况是否账实相符。

10.3.4 第4列初始投资成本

一、填报要求

附表十一第4列“初始投资成本”：填报纳税人取得长期股权投资的所有支出的金额，包括支付的货币性资产、非货币性资产的公允价值及支付的相关税费。

由于会计制度与税法的计算基础是不一致的，说明中所规定的情况仅适用于执行新会计准则的纳税人，对于未执行新会计准则的纳税人不应以公允价值作为计算基础。

填报时，应注意执行会计制度纳税人和执行企业会计准则的纳税人，长期股权投资初始投资成本的确认方法，在非货币资产投资情况下存在下列区别：

（1）会计制度是按取得时双方议定的协议投资金额，作为长期股权投资初始投资成本的计算基础。纳税人取得投资时实际支付的全部价款，包括税金、手续费等相关费用（但不包括实际支付价款中包含的已宣告但尚未领取的股息）。

（2）新会计准则与税法处理方法一致，均按照公允价值作为长期股权投资初始投资成本的计算基础。

二、填报数据来源

执行会计制度纳税人，填报第4列“初始投资成本”的数据来源为“长期股权投资”科目下明细科目“投资成本”明细科目。

执行《会计准则》纳税人，填报第4列“初始投资成本”的数据来源为“长期股权投资”科目下明细科目“成本”明细科目。

10.3.5 第5列权益法核算对初始投资成本调整产生的收益

一、填报要求

附表十一第5列“权益法核算对初始投资成本调整产生的收益”：填报纳税人采取权益法核算，初始投资成本小于取得投资时应享有被投资单位可辨认净资产公允价值份额的差额计入取得投资当期的营业外收入的金额。

二、填报数据来源

根据“营业外收入”科目记录的当年“权益法核算对初始投资成本调整产生的收益”，填报第5列。

在实际操作当中，执行会计准则的纳税人初始投资成本小于投资时可辨认净资产公允价值份额，应进行初始成本调整，并确认损益；大于时，不需要进行调整。

三、执行会计制度纳税人处理方法

根据填报说明的要求，执行会计制度纳税人不填列第5列“权益法核算对初始投资成本调整产生的收益”。

在填报第13列“投资转让的税收成本”时，应注意由于确认投资差额时，所产生的损益没有作纳税调整，因投资差额影响的投资成本变动，也不应作纳税调整。

四、执行《会计准则》纳税人处理方法

（一）会计准则的处理方法

根据《会计准则第2号——长期股权投资》第九条规定，长期股权投资的初始投资成本大于投资时应享有被投资单位可辨认净资产公允价值份额的，不调整长期股权投资的初始投资成本；长期股权投资的初始投资成本小于投资时应享有被投资单位可辨认净资产公允价值份额的，其差额应当计入当期损益，在“营业外收入”科目核算，同时调整长期股权投资的成本。

（二）长期股权投资的初始投资成本大于投资时应享有被投资单位可辨认净资产公允价值份额。

〔例〕

（1）交易情况。

A公司2010年4月1日投资B公司，初始投资成本2000万元，取得B公司30%的股权，2010年4月1日被投资单位可辨认净资产的公允价值为6000万元。

（2）权益法核算的选择条件。

在不存在其他特殊情况的时候，这30%的股权既能够参与被投资单位的生产经营决策，也能够对其生产经营决策进行重大影响，所以要按照权益法进行核算。

（3）长期股权投资的初始投资成本大于投资时应享有被投资单位可辨认净资产公允价值份额的差额计算（投资差额）。

在2010年4月1日取得投资的时点上，被投资单位可辨认净资产的公允价值是6000万元，初始投资成本2000万元。投资差额计算方法如下：

投资差额200万元＝初始投资成本2000万元－取得对方可辨认净资产的公允价值30%的份额1800万元

投资差额200万元，是商誉的概念。按照长期股权投资准则的规定，将商誉的价值隐含在长期股权投资成本中，这时候无需对长期股权投资的成本进行调整。所以在具体进行账务处理时，确认这笔2000万元的长期股权投资。在这个时点上不再对它进行调整。

（4）公司会计处理。

借：长期股权投资　　　　2000

　贷：银行存款　　　　　　2000

（5）税务处理。

长期股权投资的初始投资成本大于投资时应享有被投资单位可辨认净资产公允价值份额，投资差额为正数，会计上没有作当期损益处理，不需要进行纳税调整。

如果A公司2010年度，仅有这一项对外投资，第5列“权益法核算对初始投资成本调整产生的收益”填0元。

（三）长期股权投资的初始投资成本小于投资时应享有被投资单位可辨认净资产公允价值份额。

〔例〕

（1）交易情况。

A公司2010年4月1日投资B公司，初始投资成本2000万元，取得B公司30%的股权，2010年4月1日B公司可辨认净资产的公允价值为7000万元。

（2）权益法核算的选择条件。

在不存在其他特殊情况的时候，这30%的股权既能够参与被投资单位的生产经营决策，也能够对其生产经营决策进行重大影响，所以要按照权益法进行核算。

（3）长期股权投资的初始投资成本小于投资时，应享有被投资单位可辨认净资产公允价值份额的差额计算。

在2010年4月1日取得投资的时点上，被投资单位可辨认净资产公允价值的总额是7000万元，按持股比例30%计算，此时应享有被投资单位可辨认净资产的份额是2100万元，初始投资成本2000万元。

投资差额－100万元＝初始投资成本2000万元－取得对方可辨认净资产的公允价值30%的份额2100万元。

实际取得对方股权的价值量是2100万元，100万元的投资差额相当于是在投资过程中，对方给予的一种无偿赠与。

会计处理方法是：调整长期股权投资的成本，投资差额记入当期损益的“营业外收入”科目。

(4) A公司会计处理。

取得时，初始投资成本账务处理。

借：长期股权投资　　2000

　贷：银行存款　　2000

调整长期股权投资的成本账务处理。

借：长期股权投资　　100

　贷：营业外收入　　100

(5) A公司税务处理。

长期股权投资的初始投资成本小于投资时应享有被投资单位可辨认净资产公允价值份额的差额，会计上记入当期损益的“营业外收入”科目，税收上应作纳税调减处理，填入第5列“权益法核算对初始投资成本调整产生的收益”。

10.3.6 第6列会计核算投资收益

一、填报要求

附表十一第6列“会计核算投资收益”：填报纳税人按照国家统一会计制度核算的投资收益的金额。本行根据“投资收益”科目的数额计算填报。

二、计算填报方法

第6列“会计核算投资收益”是表内计算填报栏次，包括会计上核算的持有收益和处置收益两部分内容。计算公式如下：

第6列“会计核算投资收益”＝第7列“会计投资损益”＋第14列“会计上确认的转让所得或损失”

10.3.7 第7列会计投资损益

一、填报要求

附表十一第7列“会计投资损益”：填报纳税人按照国家统一会计制度核算的扣除投资转让损益后的金额。

执行会计制度的纳税人，填报根据会计制度核算的长期股权投资的持有期间损益。

二、填报数据来源

(一) 第7列“会计投资损益”

是根据会计的投资收益科目所记录的本年度实现的长期股权投资的持有损益，进行填报。仅包括股息、红利性质的持有收益。

（二）第7列“会计投资损益”所填报的数据

包括按权益法核算的投资收益和按成本法核算的投资收益。按权益法核算的投资收益在附表三第7行“6. 按权益法核算的长期股权投资持有期间的投资损益”处进行纳税调整。按成本法核算的投资收益应根据征免情况，应分为附表十一第8列“免税收入”或第9列“全额征税收入”。

(1) 按权益法核算的长期股权投资持有期间的投资损益，是指投资企业取得长期股权投资后，按照应享有或应分担的被投资单位实现的净损益的份额，确认的投资损益。

(2) 按成本法核算的长期股权投资持有期间的投资损益，是指被投资单位宣告分派的现金股利或利润，确认为当期投资收益。

(3) 无论采取成本法核算，还是权益法核算的长期股权投资，投资企业会计上确认的投资收益，仅限于被投资单位接受投资后产生的累积净利润的分配额，所获得的利润或现金股利超过上述数额的部分作为初始投资成本的收回。

三、案例1：当年分回投资收益纳税调整

（一）交易情况

A公司于2009年10月1日通过发行普通股股票800万股与B公司股东进行交换并取得B公司有表决权股份的20%，从而导致对B公司财务和经营决策具有重大影响，A公司准备长期持有该股份。

假设该股票的面值为每股1元，其市场价格为每股3元，为此A公司还以存款支付了相关费用20万元。同日，B公司可辨认净资产的公允价值为9150万元。

（二）分配情况

2009年度，B公司实现净利润400万元，其中1—2月份实现的利润为100万元。2010年5月2日，B公司召开股东大会，审议董事会于2010年4月1日提出的2009年度利润分配方案。审议通过的利润方案为：按净利润的10%提取法定盈余公积；按净利润的5%提取法定公益金；分配现金股利100万元。

2010年6月2日，A收到B分派的2009年的现金股利。

（三）确认应得的投资收益

2009年12月31日，A公司确认应得的投资收益＝（400－100）×20%＝60（万元），其会计处理为：

借：长期股权投资——B公司（损益调整）　　60

　贷：投资收益　　60

（四）确认应收的现金股利

2010年5月2日A公司确认应收的现金股利，A公司预计收益大于实际宣布支付额，应做如下调整：

应减少损益调整的金额＝100×20%×（300÷400）＝15（万元）

应作为投资成本回收金额＝100×20%×（100÷400）＝5（万元）

借：应收股利　　20

　贷：长期股权投资——B公司（损益调整）　　15

长期股权投资——B 公司（投资成本） 5

（五）税务处理

1. 所得税不承认按权益法确认的投资收益 60 万元，在企业所得税汇算清缴时，作纳税调整减少处理，调整结果通过附表三《纳税调整项目明细表》中第 7 行“6. 按权益法核算的长期股权投资持有期间的投资损益”。

会计上确认的投资收益 60 万元，填入附表十一《股权投资所得（损失）明细表》第 7 列“会计投资收益”。

2. 2010 年 5 月 2 日 A 公司确认应收的现金股利时，冲减长期股权投损益调整 15 万元和投资成本 5 万元，应作纳税调整增加处理，全额计入应纳税所得额 20 万元。

纳税调整增加处理 20 万元，填入附表十一《股权投资所得（损失）明细表》第 8 列“免税收入”或第 9 列“全额征税收入”。

对于纳税调整增加处理的 20 万元股利，是否享受免税优惠待遇，应考虑持有时间在 12 个月以上的期限条件。

由于 A 公司持有 B 上市流通的股票不足 12 个月，不满足权益性投资收益的免税条件，不计入免税收入项目的调减金额。

《企业所得税法》第二十六条和《企业所得税法实施条例》第八十三条规定，居民企业直接投资于其他居民企业之间的股息、红利等权益性投资收益为免税收入。连续持有居民企业公开发行并上市流通的股票不足 12 个月取得的投资收益。

四、案例 2：当年被投资企业发生亏损确认应承担的投资损失

（一）交易情况

按案例 1。

2010 年 B 公司发生净亏损 8000 万元。

2010 年 12 月 31 日，A 公司确认应承担的投资损失 = $-8000 \times 20\% = -1600$（万元）。

未确认投资损失前，此时“长期股权投资”的账面价值 = $1830 - 20 + 60 - 15 - 5 = 1850$（万元）。

（二）确认当期投资损益

借：投资收益 1600

贷：长期股权投资——B 公司（损益调整） 1600

（三）税务处理

所得税处理：所得税不承认权益法确认的当期投资损失，对纳税人按权益法确认投资损失，在企业所得税汇算清缴时，作纳税调增处理，调整结果通过计算在第 10 列反映。

会计上确认的投资损失 1600 万元，以负数表示，填入附表十一《股权投资所得（损失）明细表》第 7 列“会计投资收益”。

纳税调增处理 1600 万元，填入附表三第 7 行“6. 按权益法核算的长期股权投资持有期间的投资损益”。

10.3.8 第 8、9 列税收确认的股息红利

一、填报要求

附表十一第 8、9 列“税收确认的股息红利”：填报纳税人在纳税本年度取得按照税收

规定确认的股息红利的金额。对于符合税收免税规定条件的股息红利，填入第8列“免税收入”，不符合的填入第9列“全额征税收入”。

二、成本法核算的纳税人填报方法

实行成本法核算的纳税人，按股权投资收益科目核算的本年实现的股息红利，分类确认免征收入和全额征税收入。

三、权益法核算的纳税人填报方法

权益法核算的纳税人，按分配方案规定的应收股利，确认本年持有收益。然后，再对应收股利分类确认免税收入和全额征税收入。

四、分回投资前产生的累计净利润时的调整方法

（一）调整方法

新会计准则和会计制度都要求，股息性所得仅限于被投资企业在接受投资后产生的累计净利润的分配额。对投资前产生的累计净利润分回时，不作投资收益冲减成本。

企业会计准则解释第3号规定，采用成本法核算的长期股权投资，除取得投资时实际支付的价款或对价中包含的已宣告但尚未发放的现金股利或利润外，投资企业应当按照享有被投资单位宣告发放的现金股利或利润确认投资收益，不再划分是否属于投资前和投资后被投资单位实现的净利润。

税法规定，股息性所得是指从被投资企业税后累计未分配利润和累计盈余公积金中取得的分配额。税法的处理方法是无论累计未分配利润和盈余公积是投资前产生，还是投资后产生的，都是税后利润，都归入持有收益，不作为处置收益处理。

（二）交易情况

A公司2007年12月，向B公司投入股100万元，占B公司股份10%的比例。2007年12月31日B公司账面累计未分配利润60万元，累计盈余公积金40万元，2008年度B公司当年亏损10万元。2009年3月股东决定，动用未分配利润50万元（60万元减当年亏损10万元）中的30万元，对股东分红。A公司2009年4月20日收到3万元的股息后，是B公司接受A公司投资前产生的净利润的分配。

（三）会计处理

借：银行存款　　　　　　　　　　　　　　　　3

　贷：长期股权投资　　　　　　　　　　　　　　3

（四）税务处理

B公司在2010年初，进行2009年度企业所得税汇算清缴时，应将会计冲长期股权投资成本的3万元，作为2009年度应税投资收益，填入附表十一《长期股权投资所得（损失）明细表》第8、9列“税收确认的股息红利”。

五、“税收确认的股息红利”的确认方法

附表十一第8、9列“税收确认的股息红利”，包括：不需要纳税调整的成本法核算的股息、红利和纳税调整确认的股息、红利。

纳税调整确认的股息、红利包括三部分：

（1）收到被投资单位分派的属于投资前累积盈余的分配额冲减投资成本的金额；

（2）权益法核算的长期股权投资，在确认应收股息、红利等权益性投资收益时，计入

长期股权投损益调整的金额；

（3）执行会计制度纳税人取得的股票股利，不进行会计处理也不作为投资所得。

（一）执行会计准则纳税人的确认方法

执行会计准则纳税人的纳税调整确认投资收益，是在确认应收的现金股利时，对下列三个事项，应作纳税调整增加处理，全额计入应纳税所得额：

（1）权益法核算的长期股权投资，在确认应收股息、红利等权益性投资收益时，计入长期股权投损益调整的金额；

（2）成本法核算的长期股权投资，从被投资企业分回的股息、红利等权益性投资收益；

（3）收到被投资单位分派的属于投资前累积盈余的分配额，冲减投资成本的金额。

（二）执行会计制度纳税人的确认方法

执行会计制度纳税人的纳税调整确认投资收益，是在确认应收的现金股利时，对下列四个事项，应作纳税调整增加处理，全额计入应纳税所得额：

（1）权益法核算的长期股权投资，在确认应收股息、红利等权益性投资收益时，计入长期股权投损益调整的金额；

（2）成本法核算的长期股权投资，从被投资企业分回的股息、红利等权益性投资收益；

（3）收到被投资单位分派的属于投资前累积盈余的分配额冲减投资成本的金额；

（4）股票股利所得。纳税人取得的股票股利，不进行会计处理也不作为投资所得；在汇算清缴时，对纳税人取得的股票股利，按股票面值确定投资所得，做纳税调整增加处理。

六、第 8 列"免税收入"填报方法

确认免税收入应关注上市的被投资企业与非上市的被投资企业税收待遇不同，对上市的被投资企业有"持有股份 12 个月以上"的限定条件。

（1）对从非上市被投资企业分回的股息、红利等权益性投资收益，全额确认为免税收入，填入第 8 列"免税收入"。

（2）从上市被投资企业分回的股息、红利等权益性投资收益，对持有股份 12 个月以上的股息红利收入，全额确认为免税收入，填入第 8 列"免税收入"。

七、第 9 列"全额征税收入"填报方法

第 9 列"全额征税收入"填报数据，按下列公式计算：

第 9 列"全额征税收入" = 税收确认的股息红利 - 第 8 列"免税收入"

根据附表十一填表说明的要求，第 8 列"免税收入"数据，填入附表五《税收优惠明细表》第 3 行"2，符合条件的居民企业之间的股息、红利等权益性投资收益"。第 9 列"全额征税收入"数据，如何填入附表三《纳税调整项目明细表》，填表说明没有作出具体规定。

八、"税收上应确认的股息红利"项目的纳税调整方法

应确认为纳税调整项目明细表中第 19 行"18. 其他"调增金额的数据，由于按成本法核算的股息、红利等投资收益金额，已在主表第 9 行的投资收益金额当中，在确认调整

金额时，应将税收上确认的股利、红利中所包含的按成本法核算的股息、红利等投资收益金额，应作减除处理。计算方法如下：

第19行“18．其他”调增金额＝税收上应确认的股息红利－成本法核算的股息、红利等投资收益金额

九、与附列资料的关系

当附表十一第8、9列“税收确认的股息红利”与第15列“按税法计算的投资转让所得或损失”的合计数大于零时，填报“投资损失补充资料”用于弥补以前年度投资损失。

10.3.9 第10列会计与税收的差异

一、填报方法

附表十一第10列“会计与税收的差异”是表内计算填报栏次。计算公式如下：

第10列“会计与税收的差异”＝第7列“会计投资损益”－第8列“免税收入”－第9列“全额征税收入”

二、与附表三的数据关系

附表十一第10列“会计与税收的差异”数据所反映的长期股权投资持有收益会计与税收的差异中，除权益法核算投资损益以外的持有收益差异事项，不直接填入主表，应直接填入附表三第19行“其他收入类调整项目”。

10.3.10 第11列投资转让净收入

一、填报要求

附表十一第11列“投资转让净收入”：填报纳税人因收回、转让或清算处置股权投资时，转让收入扣除相关税费后的金额。

二、填报数据来源

投资转让净收入的有关数据，是根据会计资料的有关数据计算取得，审核时的重点是有关业务的核算是否符合会计核算要求，不符合会计核算要求，按会计差错进行处理。

10.3.11 第12列投资转让的会计成本

一、填报要求

附表十一第12列“投资转让的会计成本”：填报纳税人因收回、转让或清算处置股权投资时，按照国家统一会计制度核算核算的投资转让成本的金额。

二、填报数据来源

“投资转让的会计成本”的有关数据,是根据会计资料的有关数据计算取得,审核时的重点是有关业务的核算是否符合会计核算要求,不符合会计核算要求,按会计差错进行处理。

10.3.12 第13列投资转让的税收成本

一、填报要求

附表十一第13列“投资转让的税收成本”：填报纳税人因收回、转让或清算处置股权投资时，按税收规定计算的投资转让成本的金额。

二、填报数据来源

根据纳税调整资料，对第13列“投资转让的税收成本”的数据进行填报，执行会计制度的纳税人和执行新会计准则的纳税人应分别填报。

（一）执行会计制度纳税人的填报数据来源

1．实行成本法核算长期股权投资的填报数据来源

实行成本法核算长期股权投资执行会计制度纳税人，“投资转让的税收成本”包括下列事项：

（1）会计上成本法核算的长期股权投资账户余额。

（2）收到被投资单位分派的属于投资前累积盈余的分配额，会计上冲减投资成本的金额。

需要调整的差异事项是，应收股息、红利的分配来源差异，应调整增加计入第13列“投资转让的税收成本”。调整理由如下：

税法规定，股息性所得是指从被投资企业税后累计未分配利润和累计盈余公积金中取得的分配额。税法的处理方法是无论累计未分配利润和盈余公积是投资前产生，还是投资后产生的，都是税后利润，都归入持有收益，不作为处置收益处理。

（3）以债转股方式取得长期股权投资的差异。会计上的基本方法是以应收债权账面价值“替代”债务重组换入的长期股权投资入账价值。税法是以应收债权的公允价值为计算基础（等重组清算办法）。

（4）以非货币性资产交易方式取得长期股权投资的差异。会计上以换出资产账面价值为基础，加上相关税费，计量长期股权投资的初始成本。涉及补价的，支付补价的应加上补价；收到补价方，还要加上应确认的收益，减去补价；企业所得税法是以换出资产的公允价值为基础，加上相关税费，计量长期股权投资的初始成本。

2．实行权益法核算长期股权投资的填报数据来源

实行权益法核算长期股权投资执行会计制度纳税人，在填报第13列“投资转让的税收成本”时，应注意由于确认投资差额时，所产生的损益没有作纳税调整，因投资差额影响的投资成本变动，也不应作纳税调整。

因此，实行权益法核算长期股权投资执行会计制度纳税人，“投资转让的税收成本”仅包括下列两项：

（1）会计上权益法核算的长期股权投资的初始成本。长期股权投资采用权益法核算的情况下，进行初始投资或追加投资时，按照初始投资或追加投资后的初始投资成本，作为长期股权投资的账面价值。

（2）收到被投资单位分派的属于投资前累积盈余的分配额，会计上冲减投资成本的金额。需要调整的差异事项是，应收股息、红利的分配来源差异，应调整增加计入第13列“投资转让的税收成本”。调整理由如下：

税法规定，股息性所得是指从被投资企业税后累计未分配利润和累计盈余公积金中取得的分配额。税法的处理方法是无论累计未分配利润和盈余公积是投资前产生，还是投资后产生的，都是税后利润，都归入持有收益，不作为处置收益处理。

（二）执行会计准则纳税人的填报数据来源

1．实行成本法核算长期股权投资的填报数据来源

实行成本法，核算长期股权投资执行会计准则的纳税人，由于初投资成本的计量差异，已在投资发生年度附表三第9行“8．一般重组”中进行调整，在处置年度不应作重

复调整。因此，“投资转让的税收成本”仅包括下列事项：

（1）会计上成本法核算的长期股权投资账户余额。

（2）收到被投资单位分派的属于投资前累积盈余的分配额，会计上冲减投资成本的金额。需要调整的差异事项是，应收股息、红利的分配来源差异，应调整增加计入第13列“投资转让的税收成本”。调整理由如下：

税法规定，股息性所得是指从被投资企业税后累计未分配利润和累计盈余公积金中取得的分配额。税法的处理方法是无论累计未分配利润和盈余公积是投资前产生，还是投资后产生的，都是税后利润，都归入持有收益，不作为处置收益处理。

2. 实行权益法核算长期股权投资的填报数据来源

实行权益法核算长期股权投资的执行会计准则的纳税人，“投资转让的税收成本”包括下列事项：

（1）按照《企业会计准则第2号——长期股权投资》确认的初始投资成本；

（2）收到被投资单位分派的属于投资前累积盈余的分配额，会计上冲减投资成本的金额。

（3）初始投资成本小于投资时可辨认净资产公允价值份额，所进行的初始成本调整，在处置环节应进行调减处理。

三、执行会计制度纳税人——会计数据审核

（一）初始计量的差异

对以现金购入的长期股权投资，税法与会计的处理是一致的，均按实际支付的全部价款（包括支付的税金、手续费等相关费用），作为初始投资成本；实际支付的价款中包含已宣告但尚未领取的现金股利，按实际支付的价款减去已宣告但尚未领取的现金股利后的差额，作为初始投资成本。

以债转股、非货币性交易、行政划拨等非现金资产方式取得时，长期股权投资成本的初始计量存在差异。

1. 以债转股方式取得的长期股权投资

会计上的基本方法是，以应收债权账面价值“替代”债务重组换入的长期股权投资入账价值。税法是以应收债权的公允价值为计算基础。

会计上以应收债权账面价值为基础，加上相关税费，计量长期股权投资的初始成本。

企业所得税法是以应收债权的公允价值为基础，加上相关税费，计量长期股权投资的初始成本。

2. 以非货币性资产交易方式取得的长期股权投资

会计上以换出资产账面价值为基础，加上相关税费，计量长期股权投资的初始成本。涉及补价的，支付补价的应加上补价；收到补价方，还要加上应确认的收益，减去补价；

企业所得税法是以换出资产的公允价值为基础，加上相关税费，计量长期股权投资的初始成本。

（二）后续计量的差异

投资一般应按取得时的初始投资成本计量。但如发生下列情况，投资成本应作调整，初始投资成本经调整后，重新计算初始投资成本。

1. 权益法核算的股权投资差额调整

权益法核算的长期股权投资，投资成本与应享有被投资单位所有者权益份额的差额即股权投资差额，调整该长期股权投资的初始投资成本，经调整后的成本为新的投资成本（即“长期股权投资”科目下的“投资成本”明细科目的余额）。税法对按权益法调整后的投资成本，在税务处理时不予承认，仍按历史成本计算损益。

2. 取得超过接受投资后产生的累积净利润分配额的成本调整

收到被投资单位分派的属于投资前累积盈余的分配额冲减投资成本的，其初始投资成本应按减去收到的利润或现金股利后的差额，作为新的投资成本。会计上对分配所得，以投资时点为界限，对分回的投资前的被投资单位累计盈余作为收回投资处理，对分回的被投资单位接受投资后产生的累积盈余作为股息性所得。税法没有作这个划分，规定股息性所得是指从被投资企业税后累积未分配利润和累计盈余公积金中取得的分配额。税法对投资人从被投资单位分回的股息，无论是接受投资前还是接受投资后产生的，只要是在持有股权期间分回的，均属于股权所得，只有处置股权时才确认股权收回。

3. 长期股权投资权益法改为成本法核算

取得股权投资后，由于减少被投资单位股份，而使原长期股权投资由权益法改为成本法核算，则按原投资账面价值作为新的投资成本。

如果在改变核算方法前，该项股权投资没有计提减值准备，对这项业务税法与会计制度的处理是一致的；该项股权投资计提了减值准备的情况下，对这项业务税法与会计制度的处理是不一致的。

因为，税法对以前年度计提的减值准备，已作纳税调增处理，该项资产的计税基础包括账面价值和减值准备等两项内容，会计只包括账面价值一项内容。

四、执行会计准则纳税人——会计数据审核

（一）同一控制下企业合并的长期股权投资成本初始计量差异

1. 初始成本的计量基础不同

会计准则以被合并方所有者权益账面价值为计算基础。企业所得税法以长期股权投资资产的购买价款或公允价值为计算基础。

会计准则规定，应当在合并日按照取得被合并方所有者权益账面价值的份额作为长期股权投资的初始投资成本。企业所得税法规定，通过支付现金方式取得的投资资产，以购买价款为成本；通过支付现金以外的方式取得的投资资产，以该资产的公允价值和支付的相关税费为成本。

2. 初始投资成本与支付对价账面价值之间差额的处理方法不同

会计准则要求，调整资本公积；资本公积不足冲减的，调整留存收益。根据国税函〔2008〕828 号文件规定，处置资产除将资产转移至境外以外，由于资产所有权属在形式和实质上均不发生改变，可作为内部处置资产，不视同销售确认收入，相关资产的计税基础延续计算，对初始投资环节的投资差额不进行纳税调整。

这项差异设计报表时，应进行纳税调整；政策变化后，根据国税函〔2008〕828 号文件，不需要进行纳税调整。

3．初始成本计量方法不同

《会计准则》“以取得被合并方所有者权益账面价值的份额”，作为初始成本。税法以支付的现金总额，或非现金资产的公允价值，作为初始成本。

根据附表三第9行“8．一般重组”的填报要求，初始成本计量差异应当进行纳税调整。调整的方法是：

会计确认初始成本，填入第9行“8．一般重组”第1列“账载金额”；税法确定的初始成本，填入第9行“8．一般重组”第2列“税收金额”。

长期股权投资初始成本的计量差异，影响的是处置环节的投资差异，不影响持有期间的投资收益。根据上述规定，在初始投资时进行调整，若干年后处置时，在根据会计数据和调整数据，分别填报附表十一《股权投资所得(损失)明细表》第12列“投资转让的会计成本”和第13列“投资转让的税收成本”。

从理论层面看，上述的方法是非常严谨的，但考虑有关调整数据在会计上并没有进行记录，在纳税申报台账上如何进行记录还没有明确的说法，若干年后，期初调整时的信息能否传递下去，现在看是没有保证的。因此，笔者认为，可以考虑放弃初始计量成本的差异调整。

4．案例1：以支付现金作为合并对价

（1）交易情况。

A、B两家公司同属C公司的子公司。A公司于2009年3月1日以货币资金1000万元取得B公司60%的股份。B公司在2009年3月1日的所有者权益为2000万元。

（2）初始成本和投资差额的计算。

A．投资的初始投资成本（取得被合并方所有者权益账面价值的份额）：1200万元＝被合并方所有者权益账面价值2000万元×60%

B．初始投资成本与支付对价账面价值差额：200万元＝初始投资成本1200万元－支付对价货币资金1000万元

（3）会计处理。

借：长期股权投资　　1200

　贷：银行存款　　1000

资本公积×200

（4）税务处理。

根据《企业所得税法》规定，以支付现金作为合并对价的，应当以支付的货币资金1000万元，作为长期股权投资的初始投资成本。

根据附表三第9行“8．一般重组”的填报要求，初始成本计量差异应当进行纳税调整。调整的方法是：

会计确认初始成本1200万元，填入第9行“8．一般重组”第1列“账载金额”；税法确定的初始成本1000万元，填入第9行“8．一般重组”第2列“税收金额”，第3列“调增金额”200万元。

5．案例2：以发行股票的方式作为合并对价

（1）交易情况。

A、B两家公司同属C公司的子公司。A公司于2009年3月1日以发行股票的方式从B公司的股东手中取得B公司60%的股份。A公司为此发行了1500万股普通股股票，该股票每股面值为1元。B公司在2009年3月1日的所有者权益为2000万元。A公司在2009年3月1日的资本公积为180万元，盈余公积为100万元，未分配利润为200万元。

（2）初始成本和投资差额的计算。

投资的初始投资成本（取得被合并方所有者权益账面价值的份额）：

1200万元＝被合并方所有者权益账面价值2000万元×60%

初始投资成本与支付对价账面价值差额：

－300万元＝初始投资成本1200万元－发行股份面值1500万元

（3）会计处理。

投资差额300万元，首先调减资本公积180万元，然后再调减盈余公积100万元，最后再调整未分配利润20万元。

其会计处理为：

借：长期股权投资	1200	
资本公积	180	
盈余公积	100	
未分配利润	20	
贷：股本		1500

（4）税务处理。

通过支付现金以外的方式取得的投资资产，以该资产的公允价值和支付的相关税费为成本。如果不考虑其他税费的情况下，该项投资的初始成本应为1500万元。

根据附表三第9行“8．一般重组”的填报要求，初始成本计量差异应当进行纳税调整。调整的方法是：

会计确认初始成本1200万元，填入第9行“8．一般重组”第1列“账载金额”；税法确定的初始成本1500万元，填入第9行“8．一般重组”第2列“税收金额”，第4列“调减金额”300万元。

（二）非同一控制下企业合并的长期股权投资成本初始计量差异

会计准则与企业所得税法，对非同一控制下企业合并的长期股权投资成本初始计量，相同的是按公允价值计量和投资差额计入当期损益，不同的是“可能影响合并成本的未来事项”购买方记入合并成本问题。

1．交易情况

A、B两家公司属非同一控制下的独立公司。A公司于2009年3月1日以本企业的固定资产对B公司投资，取得B公司60%的股份。该固定资产原值1500万元，已计提折旧400万元，已提取减值50万元，在投资当日该设备的公允价值为1250万元。B公司2007年3月1日的所有者权益为2000万元。

2. 初始成本和投资差额的计算

A. 投资的初始投资成本 = 固定资产的公允价值 1250 万元

B. 初始投资成本与支付对价资产账面价值差额：200 万元 = 初始投资成本 1250 万元 - 固定资产的账面价值 1050 万元（原值 1500 万元 - 累计折旧 400 万元 - 减值 50 万元）

3. 会计处理

购买方在购买日对作为企业合并对价付出的资产、发生或承担的负债应当按照公允价值计量，公允价值与其账面价值的差额，计入当期损益。

借：长期股权投资 1250

累计折旧 400

固定资产减值准备 50

贷：固定资产 1500

营业外收入 200

4. 税务处理

(1) 由于本案例不涉及"可能影响合并成本的未来事项"，计入合并成本问题，按《企业所得税法》确定的初始成本同样是 1250 万元、营业外收入 200 万元。

(2) 假设协议中约定，如果在 2009 年 12 月 31 日之前，合并后的企业第一车间发生经营转向，自 2010 年 1 月 1 日开始，对该车间的转向后，估计未来很可能发生并且对合并成本的影响金额为 20 万元。

会计确认初始成本 1270 万元 = 1250 万元 + 20 万元，营业外收入为 220 万元。

按《企业所得税法》确定的初始成本仍为 1250 万元，营业外收入仍为 200 万元，因为税法不承认或有事项。

(3) 差异调整。

处置时，应注意会计确认初始成本 1270 万元，在附表十一第 12 列"投资转让的会计成本"中填报；税法确定的初始成本仍为 1250 万元，在附表十一第 13 列"投资转让的税收成本"中填报。

（三）企业合并以外的其他方式

根据长期股权投资的取得方式，购入、自制、委托加工、投资者投入、接受捐赠、债务重组等六种方式取得的长期股权投资，会计准则与税法的计量方法一致；对以非货币性交易方式取得的长期股权投资成本的计量，会计准则与税法存在差异。具体内容如下：

1. 公允价值计量模式的差异

根据企业所得税法的规定，换入长期股权投资的初始成本，与会计准则的处理方法一致，同样按公允价值计量。

所不同的是当期收益的确认，税法还要调减以前年度已作纳税调整的减值准备，填入附表十《资产减值准备项目调整明细表》的"本期转回额"。

2. 账面价值计价模式的差异

根据国税函〔2008〕828 号文件规定，对账面价值计价模式的非货币资产交换，因资产所有权属已发生改变而不属于内部处置资产，应按规定视同销售确定收入。按换出资产账面价值和收到补价的合计，确认视同销售收入；按换出资产的账面价值，确认视同销售成本。

（四）案例1：以公允价值计价模式的差异

1. 交易情况

2009年10月，C电视机公司以其拥有的一项液晶电视屏专利技术与A电视机公司以其持有的对B公司的长期股权投资交换。

假设整个交易过程中没有发生其他相关税费。C公司专利技术的账面原价为800万元，累计已摊销金额为160万元，已计提减值准备为30万元，在交换日的公允价值为600万元。A公司持有的长期股权投资，在交换日的公允价值为600万元。

2. 公允价值计量条件的判断

该两项资产的交换具有商业实质，同时，两项资产的公允价值都能够可靠地计量，符合以公允价值计量的条件。

3. 非货币交易性质判断

本项交易不涉及货币资产交易，符合非货币交易的判断条件。

4. 初始投资成本计量和当期收益的计算

（1）换出资产公允价值600万元。

（2）换出资产账面价值610万元＝换出资产原值800万元－累计摊销160万元－减值准备30万元。

（3）当期损益－10万元＝600万元－610万元。

5. 投资方C公司的账务处理

借：长期股权投资	600	
累计摊销	160	
无形资产减值准备	30	
营业外支出	10	
贷：无形资产——专利权		800

6. 税务处理

根据《企业所得税法》的规定，换入长期股权投资的初始成本，与《会计准则》的处理方法一致，同样按公允价值计量，确认为600万元。

（五）案例2：账面价值计价模式的差异

1. 交易情况

C公司拥有一台专有设备，该设备账面原价450万元，已计提折旧330万元，换取D公司拥有一项长期股权投资，账面价值90万元，两项资产均未计提减值准备。C公司决定以其专有设备交换D公司的长期股权投资，该专有设备是生产某种产品必需的设备。由于专有设备系当时专门制造，性质特殊，其公允价值不能可靠计量；D公司拥有的长期股权投资在活跃市场中没有报价，其公允价值也不能可靠计量。经双方商定，D支付了20万元补价。假定交易中没有涉及相关税费。

2. 非货币性交易的判断

该项资产交换涉及收付货币性资产，即补价20万元。对C公司而言，收到的补价20万元÷换出资产账面价值120万元＝16.7%＜25%，因此，该项交换属于非货币性资产交换，D公司的情况也类似。

3. 计量模式的判断

由于两项资产的公允价值不能可靠计量，因此，对于该项资产交换，换入资产的成本应当按照换出资产的账面价值确定。

4. 初始投资成本计量

长期股权投资的初始成本100万元＝换出资产账面价值120万元－收到的补价20万元

换出资产的账面价值120万元＝换出资产账面原价450万元－已计提折旧330万元

5. 投资方C公司的账务处理

根据会计准则规定，尽管D公司支付了20万元补价，但由于整个非货币性资产交换是以账面价值为基础计量的，支付补价方和收到补价方均不确认损益。对C公司而言，换入资产是长期股权投资和银行存款20万元，换出资产是专有设备的账面价值减去货币性补价的差额，即100（120－20）万元；对D公司而言，换出资产是长期股权投资和银行存款20万元，换入资产专有设备的成本等于换出资产的账面价值，即110（90＋20）万元。由此可见，在以账面价值计量的情况下，发生的补价是用来调整换入资产的成本，不涉及确认损益问题。

借：固定资产清理	120	
累计折旧	330	
贷：固定资产专有设备		450
借：长期股权投资	100	
银行存款	20	
贷：固定资产清理		120

6. 税务处理

由于无法取得公允价值，会计准则规定按账面价值计价模式确认计量长期股权投资初始成本。

在无法取得公允价值的条件下，通过支付现金以外的方式取得的投资资产，如果按税法规定以该资产的公允价值作为计量基础，符合政策规定但不具备客观条件。

在无法取得公允价值的条件下，长期股权投资初始成本确认计量的税务处理，目前企业所得税法还没有作出具体规定。

（六）取得超过接受投资后产生的累积净利润分配额的成本调整

收到被投资单位分派的属于投资前累积盈余的分配额冲减投资成本的，其初始投资成本应按减去收到的利润或现金股利后的差额，作为新的投资成本。会计处理上对分配所得，以投资时点为界限，对分回的投资前的被投资单位累计盈余作为收回投资处理，对分回的被投资单位接受投资后产生的累积盈余作为股息性所得。

税法没有作这个划分，规定股息性所得是指从被投资企业税后累积未分配利润和累计盈余公积金中取得的分配额。税法对投资人从被投资单位分回的股息，无论是接受投资前还是接受投资后产生的，只要是在持有股权期间分回的，均属于股权所得，只有处置股权时才能确认股权收回。

（七）长期股权投资减值的差异

企业按照《企业会计准则》的规定，计提的长期股权投资减值准备，《企业所得税法》规定，不允许税前扣除，应作纳税调增处理。同时，因长期股权投资减值准备转回而增加的收益，应作纳税调减处理。

（八）长期股权投资处置的差异

处置长期股权投资时，会计上将收到金额与长期股权投资账面价值的差额，贷记或借记“投资收益”科目。已计提减值准备的，还应同时结转减值准备。采用权益法核算的长期股权投资，处置时还应结转原记入资本公积的相关金额，借记或贷记“资本公积——其他资本公积”科目，贷记或借记“投资收益”科目。

税法在确认投资收益或损失时，应扣除税法确定的投资成本。

10.3.13 第14列会计上确认的转让所得或损失

一、填报要求

附表十一第14列“会计上确认的转让所得或损失”：填报纳税人按照国家统一会计制度核算的长期股权投资转让所得或损失的金额。

二、计算填报方法

第14列“会计上确认的转让所得或损失”是表内计算填报栏次。计算公式如下：

第14列“会计上确认的转让所得或损失”＝第11列“投资转让净收入”－第12列“投资转让的会计成本”

10.3.14 第15列按税法计算的投资转让所得或损失

一、填报要求

附表十一第15列“按税收计算的投资转让所得或损失”：填报纳税人因收回、转让或清算处置股权投资时，按税收规定计算的投资转让所得或损失。

二、计算填报方法

第15列“按税法计算的投资转让所得或损失”是表内计算填报栏次。计算公式如下：

第15列“按税法计算的投资转让所得或损失”＝第11列“投资转让净收入”－第13列“投资转让的税收成本”

三、与附列资料的关系

当附表十一第8、9列“税收确认的股息红利”与第15列“按税法计算的投资转让所得或损失”的合计数大于零时，填报“投资损失补充资料”用于弥补以前年度投资损失。

10.3.15 第16列会计与税收的差异

一、填报方法

第16列“会计与税收的差异”是表内计算填报栏次。计算公式如下：

第16列“会计与税收的差异”＝第14列“会计上确认的转让所得或损失”－第15列“按税法计算的投资转让所得或损失”

二、与附表三的数据关系

附表三第47行“6. 投资转让、处置所得”：第3列“调增金额”和第4列“调减金额”需分析附表十一《股权投资所得（损失）明细表》后填列。第1列“账载金额”、第2列“税收金额”不填。

当第16列“会计与税收的差异”大于零时，应填报附表三第47行“6. 投资转让、处置所得”第4列“调减金额”；

当第16列“会计与税收的差异”小于零时，以绝对数应填报附表三第47行“6. 投资转让、处置所得”第3列“调增金额”。

10.4 投资损失补充资料填报和审核

（1）填报前提条件。

本部分主要反映投资转让损失历年弥补情况。如“按税收计算投资转让所得或损失”与“税收确认的股息红利”合计数大于零，可弥补以前年度投资损失。

（2）“年度”。

附表十一补充资料“年度”：分别填报本年度前5年自然年度。

（3）“当年度结转金额”。

附表十一补充资料“当年度结转金额”：当年投资转让损失需结转以后年度弥补的金额。

（4）“已弥补金额。

附表十一补充资料3.“已弥补金额”：已经用历年投资收益弥补的金额。

已弥补金额是指企业在弥补年度按税前弥补金额的有关规定，向税务机关申报的以前年度已弥补过的金额数据。

（5）“本年度弥补金额”。

附表十一补充资料“本年度弥补金额”：本年投资所得（损失）合计数为正数时，可按顺序弥补以前年度投资损失。

（6）“以前年度结转在本年度税前扣除的股权投资转让损失”。

附表十一补充资料“以前年度结转在本年度税前扣除的股权投资转让损失”：填报本年度弥补金额合计数+第一年结转填入附三表中“投资转让所得、处置所得”调减项目中。

10.5 审核的税法依据

（1）《企业所得税法》第十四条规定：企业对外投资期间，投资资产的成本在计算应纳税所得额时不得扣除。

（2）《企业所得税法实施条例》第十一条规定：企业所得税法第五十五条所称清算所得，是指企业的全部资产可变现价值或者交易价格减除资产净值、清算费用以及相关税费等后的余额。

投资方企业从被清算企业分得的剩余资产，其中相当于从被清算企业累计未分配利润和累计盈余公积中应当分得的部分，应当确认为股息所得；剩余资产减除上述股息所得后的余额，超过或者低于投资成本的部分，应当确认为投资资产转让所得或者损失。

（3）《企业所得税法实施条例》第七十一条规定：企业所得税法第十四条所称投资资产，是指企业对外进行权益性投资和债权性投资形成的资产。

企业在转让或者处置投资资产时，投资资产的成本，准予扣除。

投资资产按照以下方法确定成本：

①通过支付现金方式取得的投资资产，以购买价款为成本；

②通过支付现金以外的方式取得的投资资产，以该资产的公允价值和支付的相关税费为成本。

(4)《企业所得税法实施条例》第十七条规定：企业所得税法第六条第（四）项所称股息、红利等权益性投资收益，是指企业因权益性投资从被投资方取得的收入。

《企业所得税法实施条例》第八十三条规定：企业所得税法第二十六条第（二）项所称符合条件的居民企业之间的股息、红利等权益性投资收益，是指居民企业直接投资于其他居民企业取得的投资收益。企业所得税法第二十六条第（二）项和第（三）项所称股息、红利等权益性投资收益，不包括连续持有居民企业公开发行并上市流通的股票不足12个月取得的投资收益。

（5）国家税务总局公告2010年第6号规定：企业对外进行权益性（以下简称股权）投资所发生的损失，在经确认的损失发生年度，作为企业损失在计算企业应纳税所得额时一次性扣除。本规定自2010年1月1日起执行。本规定发布以前，企业发生的尚未处理的股权投资损失，按照本规定，准予在2010年度一次性扣除。

(6)《企业所得税法实施条例》第十七条规定，《企业所得税法》第六条第（四）项所称股息、红利等权益性投资收益，是指企业因权益性投资从被投资方取得的收入。

股息、红利等权益性投资收益，除国务院财政、税务主管部门另有规定外，按照被投资方作出利润分配决定的日期确认收入的实现。

（7）国税函〔2010〕79号规定，企业权益性投资取得股息、红利等收入，应以被投资企业股东会或股东大会作出利润分配或转股决定的日期，确定收入的实现。

被投资企业将股权（票）溢价所形成的资本公积转为股本的，不作为投资方企业的股息、红利收入，投资方企业也不得增加该项长期投资的计税基础。

10.6 填报方法的难点解析

一、2009年度持有收益取得情况

（1）被投资企业A公司（成本法核算）分回120万元，其中以投资前所得分回20万元，以投资后所得分回100万元。

（2）被投资企业B公司（权益法核算）会计上确认投资收益100万元，实际分回投资收益30万元。

（3）被投资企业C公司（权益法核算）确认投资损失50万元。

（4）被投资企业D公司分回股票股利10万元。

（5）被投资企业E公司持有不足12月，分回投资收益60万元

（6）被投资企业F公司（成本法核算）持有不足12月，分回投资收益70万元。

（7）被投资企业G公司持有不足12月，分回投资收益70万元，其中以投资前所得分回5万元。

二、《长期股权投资持有收益审核表》的填制

长期股权投资持有收益审核表

会计期间或会计截止日：2009 年 1 月 1 日—12 月 31 日　　　　金额单位：元

委托单位名称：								编制人			日期		
								复核人			日期		
行次	被投资企业	会计投资损益				税收确认的股息红利			会计与税收的差异				
		权益法		成本法	小计	免税收入	全额征税收入	小计	小计	权益法核算投资损益		其他投资收益	
		投资收益	投资损失							调增金额	调减金额	调增金额	调减金额
1	A			100	100	120		120	-20	–	–	20	
2	B	100			100	30		30	70	–	100	30	
3	C		50		-50			0	-50	50	–		
4	D					10		10	-10	–	–	10	
5	E	80			80		60	60	20	–	80	60	
6	F			70	70		70	70					
7	G			65	65		70	70	-5			5	
合计	*	–		–	–	–	–	–					

三、《长期股权投资所得（损失）明细表》的填制

（一）被投资企业A公司（成本法核算）分回120万元，其中以投资前所得分回20万元，投资后所得分回100万元。会计确认投资收益100万元，应填入《长期股权投资所得（损失）明细表》第7列“会计投资损益”的金额为100万元；税收确认的股息红利免税收入金额为120万元，填入《长期股权投资所得（损失）明细表》第8列“免税收入”中。

差异调整按下列步骤进行：

第一步，通过附表三《纳税调整项目明细表》收入类调整项目中的“其他”完成第一步对收入计量差异的纳税调整，调整的结果为调增应纳税所得额20万元。

第二步，通过附表三《纳税调整项目明细表》第15行“免税收入”，完成对免税收入的纳税调整，调整的结果为纳税调整减少120万元。

调整结果：通过上述两个步骤的纳税调整，本案净调减应纳税所得额100万元。

（二）被投资企业B公司（权益法核算）确认投资收益100万元，实际分回投资收益30万元。

（1）被投资企业B公司权益法确认100万元，会计确认投资收益100万元，应填入《长期股权投资所得（损失）明细表》第7列“会计投资损益”；税收不确认股息红利所得。

（2）被投资企业B公司分回投资收益30万元，会计上冲减投资成本，不确认投资收益，税收应确认股息红利所得30万元，填入《长期股权投资所得（损失）明细表》第8列“免税收入”中。

差异调整按下列步骤进行：

第一步，通过附表三《纳税调整项目明细表》第7行“按权益法核算的长期股权投资持有期间的投资损益”，完成对权益法核算的投资收益100万元的纳税调减处理。

第二步，通过附表三《纳税调整项目明细表》第19行收入类纳税调整项目中的“其他”对分回的现金股利30万元，进行纳税调增处理。

第三步，通过附表三《纳税调整项目明细表》第15行“免税收入”对符合免税条件的股息、红利所得30万元进行纳税调减处理。

调整结果：通过上述三个步骤的纳税调整，实际分回30万元，会计上未确认收入，税法上确认免税收入30万元，所以本案净调减应纳税所得额100万元。

（三）被投资企业C公司（权益法核算）确认投资损失50万元，会计确认投资损失50万元，应填入《长期股权投资所得（损失）明细表》第7列“会计投资损益”的金额为-50万元。税收不确认股息、红利所得。

差异调整方法为：通过附表三《纳税调整项目明细表》第7行“按权益法核算的长期股权投资持有期间的投资损益”，完成对权益法核算的投资损失50万元的纳税调增处理。

调整结果：本案净调增应纳税所得额50万元。

（四）被投资企业D公司分回股票股利10万元，会计上不需要进行会计处理，只需要在备查簿中进行记录。税收应确认股息、红利所得10万元，填入《长期股权投资所得（损失）明细表》第8列“免税收入”中的金额为10万元。

差异调整按下列步骤进行：

第一步，通过附表三《纳税调整项目明细表》第19行收入类纳税调整项目中的“其他”对分回的股票股利10万元，进行纳税调增处理。

第二步，通过附表三《纳税调整项目明细表》第15行“免税收入”对符合免税条件的股息、红利所得10万元进行纳税调减处理。

调整结果：通过上述两个步骤的纳税调整，本案净调减应纳税所得额0元。

（五）被投资企业E公司（权益法核算），持有不足12月，分回投资收益60万元。按权益法确认投资收益80万元，会计确认投资收益80万元，应填入《长期股权投资所得（损失）明细表》第7列“会计投资损益”的金额为80万元，税收不确认股息、红利所得。实际分回投资收益60万元，会计上冲减投资成本，不确认投资收益。税收应确认股息、红利所得，填入《长期股权投资所得（损失）明细表》第9列“全额征税收入”中的金额为60万元。

差异调整按下列步骤进行：

第一步，通过附表三《纳税调整项目明细表》第7行“按权益法核算的长期股权投资持有期间的投资损益”对权益法核算的投资收益80万元全额进行纳税调减处理。

第二步：通过附表三《纳税调整项目明细表》第19行收入类纳税调整项目中的“其他”对分回的不符合免税条件的股息、红利所得60万元全额进行纳税调增处理。

调整结果：通过上述三个步骤的纳税调整，本案净调减应纳税所得额20元。

（六）被投资企业F公司（成本法核算），持有不足12月，实际分回投资收益投资收益70万元，应填入《长期股权投资所得（损失）明细表》第7列“会计投资损益”的金额为70万元。税收应确认股息、红利所得70万元，填入《长期股权投资所得（损失）明细表》第9列“全额征税收入”中。本案会计与税收对股息红利所得的确认金额均为70万元，且均发生在一同一个纳税年度，不需要进行纳税调整。

（七）被投资企业G公司（成本法核算），持有不足12月，分回投资收益70万元，其中5万元为分回投资前所得。

实际分回投资收益70万元，会计上确认投收益65万元，冲减投资成本5万元，应填入《长期股权投资所得（损失）明细表》第7列“会计投资损益”的金额为65万元。税收确认股息、红利所得70万元，填入《长期股权投资所得（损失）明细表》第9列“全额征税收入”中的金额为70万元。

差异调整方法为：通过附表三《纳税调整项目明细表》第19行收入类纳税调整项目中的“其他”对成本法分回的现金股利进行纳税调增处理，调增金额为5万元。

附表十一　长期股权投资所得（损失）明细表

填报时间：　　年　月　日　　　　　　　　　　　　　　　　　　　　金额单位：万元

行次	被投资企业	期初投资额	本年度增（减）投资额	投资成本		会计核算投资收益	股息红利				投资转让所得（损失）					
				初始投资成本	权益法核算对初始投资成本调整产生的收益		会计投资损益	税收确认的股息红利		会计与税收的差异	投资转让净收入	投资转让的会计成本	投资转让的税收成本	会计上确认的转让所得或损失	按税收计算的投资转让所得或损失	会计与税收的差异
								免税收入	全额征税收入							
	1	2	3	4	5	6（7+14）	7	8	9	10（7-8-9）	11	12	13	14（11-12）	15（11-13）	16（14-15）
1	A						100	120		-20						
2	B						100	30		70						
3	C						-50			-50						
4	D							-10		-10						
5	E							80	60	20						
6	F						70		70	0						
7	G						65		70	-5						
合计																

第五章 居民企业的查账征收应纳税额计算

应纳税额的计算和附列资料，包括由第26行至第42行等17个栏次组成，根据表间逻辑关系，可以分为以下三类：

一、直接填报栏次

（1）主表第26行税率；

（2）主表第34行减：本年累计实际已预缴的所得税额；

（3）主表第35行其中：汇总纳税的总机构分摊预缴的税额；

（4）主表第36行汇总纳税的总机构财政调库预缴的税额；

（5）主表第37行汇总纳税的总机构所属分支机构分摊的预缴税额；

（6）主表第38行合并纳税（母子体制）成员企业就地预缴比例；

（7）主表第39行合并纳税企业就地预缴的所得税额；

（8）主表第41行以前年度多缴的所得税在本年抵减额；

（9）主表第42行以前年度应缴未缴在本年入库所得额。

二、表内计算栏次

（1）主表第27行应纳所得税额；

（2）主表第30行应纳税额；

（3）主表第33行实际应纳所得税额；

（4）主表第40行本年应补（退）的所得税额。

三、依据附表填报的栏次

（1）主表第28行减：减免所得税额（填附表五）；

（2）主表第29行减：抵免所得税额（填附表五）；

（3）主表第31行加：境外所得应纳所得税额（填附表六）；

（4）主表第32行减：境外所得抵免所得税额（填附表六）。

第一节 应纳税额的计算

1.1 税率

《企业所得税年度纳税申报表（A类）》第26行“税率”：填报税法规定的税率25%。

1.2 应纳所得税额

一、填报要求

《企业所得税年度纳税申报表（A类）》第27行“应纳所得税额”：金额等于本表第25×26行。

二、填报数据来源

《企业所得税年度纳税申报表（A类）》第27行“应纳所得税额”为表内计算栏次，根据下列公式计算得出填报数据：第27行=第25×26行。

1.3 减免所得税额

一、填报要求

《企业所得税年度纳税申报表（A类）》第28行“减免所得税额”：填报纳税人按税收规定实际减免的企业所得税额，包括小型微利企业、国家需要重点扶持的高新技术企业、享受减免税优惠过渡政策的企业，其法定税率与实际执行税率的差额，以及其他享受企业所得税减免税的数额。

二、填报数据来源

《企业所得税年度纳税申报表（A类）》第28行“减免所得税额”填报数据来源为附表五《税收优惠明细表》第33行。

纳税调整增加额填报和审核的相关内容，请参见本书第四章中第四节“《税收优惠明细表》的填报和审核”。

1.4 抵免所得税额

一、填报要求

《企业所得税年度纳税申报表（A类）》第29行“抵免所得税额”：填报纳税人购置用于环境保护、节能节水、安全生产等专用设备的投资额，其设备投资额的10%可以从企业当年的应纳所得税额中抵免的金额；当年不足抵免的，可以在以后5个纳税年度结转抵免。

二、填报数据来源

《企业所得税年度纳税申报表（A类）》第29行“抵免所得税额”填报数据来源为附表五《税收优惠明细表》第40行。

纳税调整增加额填报和审核的相关内容，请参见本书第四章中第四节“《税收优惠明细表》的填报和审核”。

1.5 应纳税额

一、填报要求

《企业所得税年度纳税申报表（A类）》第30行“应纳税额”：金额等于本表第27－28－29行。

二、填报数据来源

《企业所得税年度纳税申报表（A类）》第30行“应纳税额”为表内计算栏次，根据下列公式计算得出填报数据：第30行=第27-28-29行。

1.6 境外所得应纳所得税额

一、填报要求

《企业所得税年度纳税申报表（A类）》第31行“境外所得应纳所得税额”：填报纳税人来源于中国境外的所得，按照《企业所得税法》及其实施条例，以及相关税收规定计算的应纳所得税额。

二、填报数据来源

《企业所得税年度纳税申报表（A类）》第31行“境外所得应纳所得税额”填报数据来源为附表六《境外所得税抵免计算明细表》第10列合计数。

纳税调整增加额填报和审核的相关内容，请参见第四章中第五节“《境外所得税抵免计算明细表》的填报和审核”。

1.7 境外所得抵免所得税额

一、填报要求

《企业所得税年度纳税申报表（A类）》第32行“境外所得抵免所得税额”：填报纳税人来源于中国境外所得，依照中国境外税收法律以及相关规定应缴纳并实际缴纳的企业所得税性质的税款，准予抵免的数额。

企业已在境外缴纳的所得税额，小于抵免限额的，“境外所得抵免所得税额”按其在境外实际缴纳的所得税额填报；大于抵免限额的，按抵免限额填报，超过抵免限额的部分，可以在以后五个年度内，用每年度抵免限额抵免当年应抵税额后的余额进行抵补。

二、填报数据来源

《企业所得税年度纳税申报表（A类）》第32行“境外所得抵免所得税额”填报数据来源为附表六《境外所得税抵免计算明细表》第13列合计与附表六《境外所得税抵免计算明细表》第15列合计或附表六《境外所得税抵免计算明细表》第17列合计之和。

第32行=附表六第13列合计+第15列合计或附表六第17列合计。

纳税调整增加额填报和审核的相关内容，请参见第四章中第五节“《境外所得税抵免计算明细表》的填报和审核”。

1.8 实际应纳所得税额

一、填报要求

《企业所得税年度纳税申报表（A类）》第33行“实际应纳所得税额”：填报纳税人当期的实际应纳所得税额。

二、填报数据来源

《企业所得税年度纳税申报表（A类）》第33行“实际应纳所得税额”为表内计算栏次，根据下列公式计算得出填报数据：第33行=第30+31-32行。

1.9 本年累计实际已预缴的所得税额

一、填报要求

《企业所得税年度纳税申报表（A类）》第34行“本年累计实际已预缴的所得税额”：填报纳税人按照税收规定本纳税年度已在月（季）度累计预缴的所得税款。

二、填报数据来源

《企业所得税年度纳税申报表（A类）》第34行“本年累计实际已预缴的所得税额”填报数据来源为本年度应交税费会计核算资料、四个季度的企业所得税月（季）度预缴纳税申报表（A类）和税收缴款书。

1.10 汇总纳税的总机构分摊预缴的税额

一、填报要求

《企业所得税年度纳税申报表（A类）》第35行“其中：汇总纳税的总机构分摊预缴的税额”填报汇总纳税的总机构按照税收规定已在月（季）度在总机构所在地累计预缴的所得税款。

附报《中华人民共和国企业所得税汇总纳税分支机构企业所得税分配表》。

二、填报数据来源

《企业所得税年度纳税申报表（A类）》第35行“其中：汇总纳税的总机构分摊预缴的税额”填报数据来源企业所得税月（季）度预缴纳税申报表（A类）中第18行“总机构应分摊的所得税额”和税收缴款书。

1.11 汇总纳税的总机构财政调库预缴的税额

一、填报要求

《企业所得税年度纳税申报表（A类）》第36行“汇总纳税的总机构财政调库预缴的税额”：填报汇总纳税的总机构按照税收规定已在月（季）度在总机构所在地累计预缴在财政调节专户的所得税款。

附报《中华人民共和国企业所得税汇总纳税分支机构企业所得税分配表》。

二、填报数据来源

《企业所得税年度纳税申报表（A类）》第36行“汇总纳税的总机构财政调库预缴的税额”填报数据来源企业所得税月（季）度预缴纳税申报表（A类）中第19行“总机构应分摊的所得税额”和税收缴款书。

1.12 汇总纳税的总机构所属分支机构分摊的预缴税额

一、填报要求

《企业所得税年度纳税申报表（A类）》第37行“汇总纳税的总机构所属分支机构分摊的预缴税额”：填报汇总纳税的分支机构已在月（季）度在分支机构所在地累计分摊预缴的所得税款。

附报《中华人民共和国企业所得税汇总纳税分支机构企业所得税分配表》。

二、填报数据来源

《企业所得税年度纳税申报表（A类)》第37行“汇总纳税的总机构所属分支机构分摊的预缴税额”填报数据来源企业所得税月（季）度预缴纳税申报表（A类）中第20行“分支机构分摊的所得税额”和税收缴款书。

1.13 合并纳税（母子体制）成员企业就地预缴比例

《企业所得税年度纳税申报表（A类)》第38行“合并纳税（母子体制）成员企业就地预缴比例”：填报经国务院批准的实行合并纳税（母子体制）的成员企业按照税收规定就地预缴税款的比例。

1.14 合并纳税企业就地预缴的所得税额

《企业所得税年度纳税申报表（A类)》第39行“合并纳税企业就地预缴的所得税额”：填报合并纳税的成员企业已在月（季）度累计预缴的所得税款。

1.15 本年应补（退）的所得税额

一、填报要求

《企业所得税年度纳税申报表（A类)》第40行“本年应补（退）的所得税额”：填报纳税人当期应补（退）的所得税额。

二、填报数据来源

《企业所得税年度纳税申报表（A类)》第40行“本年应补（退）的所得税额”为表内计算栏次，根据下列公式计算得出填报数据：第40行=第33-34行。

第二节 附列资料

2.1 以前年度多缴的所得税在本年抵减额

一、填报要求

《企业所得税年度纳税申报表（A类)》第41行“以前年度多缴的所得税在本年抵减额”：填报纳税人以前纳税年度汇算清缴多缴的税款尚未办理退税，并在本纳税年度抵缴的所得税额。

二、填报数据来源

《企业所得税年度纳税申报表（A类)》第41行“以前年度多缴的所得税在本年抵减额”填报数据来源为本年度应交税费会计核算资料和报送税务机关的纳税申报资料，或中介机构出具的年度企业所得税汇算清缴鉴证报告。

2.2 以前年度应缴未缴在本年入库所得额

一、填报要求

《企业所得税年度纳税申报表（A类)》第42行“以前年度应缴未缴在本年入库所得

额”：填报纳税人以前纳税年度损益调整税款、上一纳税年度第四季度预缴税款和汇算清缴的税款，在本纳税年度入库所得税额。

二、填报数据来源

《企业所得税年度纳税申报表（A类）》第42行“以前年度应缴未缴在本年入库所得额”填报数据来源为本年度应交税费会计核算资料和税收缴款书。

第六章 居民企业核定征收年度纳税申报

第一节 《企业所得税年度纳税申报表（B类）》概说

根据国家税务总局关于《中华人民共和国企业所得税年度纳税申报表》的补充通知（国税函〔2008〕1081号）规定，按照企业所得税核定征收办法缴纳企业所得税的纳税人在年度申报缴纳企业所得税时，使用《中华人民共和国企业所得税月（季）度预缴纳税申报表》。

在实际工作中，各省市结合《国家税务总局关于印发〈中华人民共和国企业所得税月（季）度预缴纳税申报表〉等报表的通知》（国税函〔2008〕44号）、《国家税务总局关于印发〈中华人民共和国企业所得税年度纳税申报表〉的通知》（国税发〔2008〕101号）和《中华人民共和国企业所得税年度纳税申报表》的补充通知（国税函〔2008〕1081号）的文件规定，在此基础上形成了各省份的《企业所得税年度纳税申报表（B类）》，在这里不分别介绍各省份的《企业所得税年度纳税申报表（B类）》，主要介绍国家税务总局发布的"中华人民共和国企业所得税月（季）度预缴纳税申报表（B类）"，具体内容请参见"居民企业所得税月（季）度预缴纳税申报表"的相关内容。

第二节 居民企业核定征收审核的税法依据

国税发〔2008〕30号和国税函〔2009〕377号文件，对居民企业核定征收规定如下。

2.1 核定征收企业的范围

一、为了加强企业所得税征收管理，规范核定征收企业所得税工作，保障国家税款及时足额入库，维护纳税人合法权益，根据《中华人民共和国企业所得税法》及其实施条例、《中华人民共和国税收征收管理法》及其实施细则的有关规定，制定本办法。

二、本办法适用于居民企业纳税人。

三、纳税人具有下列情形之一的，核定征收企业所得税：

（一）依照法律、行政法规的规定可以不设置账簿的；

（二）依照法律、行政法规的规定应当设置但未设置账簿的；

（三）擅自销毁账簿或者拒不提供纳税资料的；

（四）虽设置账簿，但账目混乱或者成本资料、收入凭证、费用凭证残缺不全，难以查账的；

（五）发生纳税义务，未按照规定的期限办理纳税申报，经税务机关责令限期申报，逾期仍不申报的；

（六）申报的计税依据明显偏低，又无正当理由的。

特殊行业、特殊类型的纳税人和一定规模以上的纳税人不适用本办法。上述特定纳税人由国家税务总局另行明确。

四、上述所称“特定纳税人”包括以下类型的企业：

（一）享受《中华人民共和国企业所得税法》及其实施条例和国务院规定的一项或几项企业所得税优惠政策的企业（不包括仅享受《中华人民共和国企业所得税法》第二十六条规定免税收入优惠政策的企业）；

（二）汇总纳税企业；

（三）上市公司；

（四）银行、信用社、小额贷款公司、保险公司、证券公司、期货公司、信托投资公司、金融资产管理公司、融资租赁公司、担保公司、财务公司、典当公司等金融企业；

（五）会计、审计、资产评估、税务、房地产估价、土地估价、工程造价、律师、价格鉴证、公证机构、基层法律服务机构、专利代理、商标代理以及其他经济鉴证类社会中介机构；

（六）国家税务总局规定的其他企业。

对上述规定之外的企业，主管税务机关要严格按照规定的范围和标准确定企业所得税的征收方式，不得违规扩大核定征收企业所得税范围；对其中达不到查账征收条件的企业核定征收企业所得税，并促使其完善会计核算和财务管理，达到查账征收条件后要及时转为查账征收。

2.2 核定征收方式种类及确定

税务机关应根据纳税人具体情况，对核定征收企业所得税的纳税人，核定应税所得率或者核定应纳所得税额。具有下列情形之一的，核定其应税所得率：

（一）能正确核算（查实）收入总额，但不能正确核算（查实）成本费用总额的；

（二）能正确核算（查实）成本费用总额，但不能正确核算（查实）收入总额的；

（三）通过合理方法，能计算和推定纳税人收入总额或成本费用总额的。

纳税人不属于以上情形的，核定其应纳所得税额。

2.3 税务机关确定核定征收方式的方法

税务机关采用下列方法核定征收企业所得税：

（一）参照当地同类行业或者类似行业中经营规模和收入水平相近的纳税人的税负水平核定；

（二）按照应税收入额或成本费用支出额定率核定；

（三）按照耗用的原材料、燃料、动力等推算或测算核定；

（四）按照其他合理方法核定。

采用前款所列一种方法不足以正确核定应纳税所得额或应纳税额的，可以同时采用两种以上的方法核定。采用两种以上方法测算的应纳税额不一致时，可按测算的应纳税额从高核定。

2.4 应纳税所得额的确定

采用应税所得率方式核定征收企业所得税的，应纳所得税额计算公式如下：

应纳所得税额 = 应纳税所得额 × 适用税率

应纳税所得额 = 应税收入额 × 应税所得率

或：应纳税所得额 = 成本（费用）支出额 ÷（1 - 应税所得率）× 应税所得率

上述的“应税收入额”等于收入总额减去不征税收入和免税收入后的余额。用公式表示为：

应税收入额 = 收入总额 - 不征税收入 - 免税收入

其中，收入总额为企业以货币形式和非货币形式从各种来源取得的收入。

2.5 应税所得率

一、实行应税所得率方式核定征收企业所得税的纳税人，经营多业的，无论其经营项目是否单独核算，均由税务机关根据其主营项目确定适用的应税所得率。

主营项目应为纳税人所有经营项目中，收入总额或者成本（费用）支出额或者耗用原材料、燃料、动力数量所占比重最大的项目。

二、应税所得率按下表规定的幅度标准确定：

行业	应税所得率（%）	行业	应税所得率（%）
农、林、牧、渔业	3~10	建筑业	8~20
制造业	5~15	饮食业	8~25
批发和零售贸易业	4~15	娱乐业	15~30
交通运输业	7~15	其他行业	10~30

三、纳税人的生产经营范围、主营业务发生重大变化，或者应纳税所得额或应纳税额增减变化达到20%的，应及时向税务机关申报调整已确定的应纳税额或应税所得率。

2.6 核定征收方式确定的程序

主管税务机关应及时向纳税人送达《企业所得税核定征收鉴定表》（表样附后），及时完成对其核定征收企业所得税的鉴定工作。具体程序如下：

（一）纳税人应在收到《企业所得税核定征收鉴定表》后10个工作日内，填好该表并报送主管税务机关。《企业所得税核定征收鉴定表》一式三联，主管税务机关和县税务机关各执一联，另一联送达纳税人执行。主管税务机关还可根据实际工作需要，适当增加联次备用。

（二）主管税务机关应在受理《企业所得税核定征收鉴定表》后20个工作日内，分类逐户审查核实，提出鉴定意见，并报县税务机关复核、认定。

（三）县税务机关应在收到《企业所得税核定征收鉴定表》后30个工作日内，完成复核、认定工作。

纳税人收到《企业所得税核定征收鉴定表》后，未在规定期限内填列、报送的，税务机关视同纳税人已经报送，按上述程序进行复核认定。

2.7 企业核定征收方式的鉴定时间及变更

一、税务机关应在每年6月底前对上年度实行核定征收企业所得税的纳税人进行重新鉴定。重新鉴定工作完成前，纳税人可暂按上年度的核定征收方式预缴企业所得税；重新鉴定工作完成后，按重新鉴定的结果进行调整。

二、主管税务机关应当分类逐户公示核定的应纳所得税额或应税所得率。主管税务机关应当按照便于纳税人及社会各界了解、监督的原则确定公示地点、方式。

纳税人对税务机关确定的企业所得税征收方式、核定的应纳所得税额或应税所得率有异议的，应当提供合法、有效的相关证据，税务机关经核实认定后调整有异议的事项。

2.8 核定征收的预缴申报

一、实行核定应税所得率方式的预缴申报

纳税人实行核定应税所得率方式的，按下列规定申报纳税：

（一）主管税务机关根据纳税人应纳税额的大小确定纳税人按月或者按季预缴，年终汇算清缴。预缴方法一经确定，一个纳税年度内不得改变。

（二）纳税人应依照确定的应税所得率计算纳税期间实际应缴纳的税额，进行预缴。按实际数额预缴有困难的，经主管税务机关同意，可按上一年度应纳税额的1/12或1/4预缴，或者按经主管税务机关认可的其他方法预缴。

（三）纳税人预缴税款或年终进行汇算清缴时，应按规定填写《中华人民共和国企业所得税月（季）度预缴纳税申报表（B类）》，在规定的纳税申报时限内报送主管税务机关。

二、实行核定应纳所得税额方式的预缴申报

纳税人实行核定应纳所得税额方式的，按下列规定申报纳税：

（一）纳税人在应纳所得税额尚未确定之前，可暂按上年度应纳所得税额的1/12或1/4预缴，或者按经主管税务机关认可的其他方法，按月或按季分期预缴。

（二）在应纳所得税额确定以后，减除当年已预缴的所得税额，余额按剩余月份或季度均分，以此确定以后各月或各季的应纳税额，由纳税人按月或按季填写《中华人民共和国企业所得税月（季）度预缴纳税申报表（B类）》，在规定的纳税申报期限内进行纳税申报。

（三）纳税人年度终了后，在规定的时限内按照实际经营额或实际应纳税额向税务机关申报纳税。申报额超过核定经营额或应纳税额的，按申报额缴纳税款；申报额低于核定经营额或应纳税额的，按核定经营额或应纳税额缴纳税款。

第七章 非居民企业年度纳税申报

第一节　非居民企业所得税年度纳税申报表（据实申报）的填报和审核

1.1　《非居民企业所得税年度纳税申报表（主表）》的填报和审核

1.1.1　《非居民企业所得税年度纳税申报表（主表）》概说

一、适用范围及申报时限

（1）《非居民企业所得税年度纳税申报表》主表及附表适用于能够提供完整、准确的成本、费用凭证，如实计算应纳税所得额的非居民企业所得税纳税人。非居民企业（以下简称“企业”）正常经营的，自年度终了之日起5个月内向主管税务机关报送；在年度中间终止经营活动的，应当自实际终止经营之日起60日内向主管税务机关报送。在纳税年度内无论盈利或者亏损，都必须按照《企业所得税法》的规定报送本表和相关资料。

（2）企业应当按税法规定期限向主管税务机关报送本表，并同时报送主管税务机关要求报送的其他资料。

企业因确有困难，不能在规定期限内办理年度所得税申报，应当在规定的申报期限内向主管税务机关提出书面延期申请，经主管税务机关核准，可以适当延期。

（3）企业未按规定期限向主管税务机关报送本表、会计报表及主管税务机关要求报送的其他资料的，依照《中华人民共和国税收征收管理法》及其实施细则的有关规定，予以处罚。

二、填报依据及内容

（1）《非居民企业所得税年度纳税申报表》主表中所称国家有关税收规定除另有说明外，均指《中华人民共和国企业所得税法》及其实施条例的有关规定，以及国务院、国务院税务主管部门根据税法制定的相关规定。

（2）《非居民企业所得税年度纳税申报表》主表是在企业账载会计利润总额核算的基础上，依法进行纳税调整相关项目后申报企业应纳税所得额，并依法计算年度应纳所得税。本表及附表的账载金额是指企业根据现行国家统一会计制度的规定，记载在相应报表、总账、明细账上的汇总或明细金额；依法申报金额是指企业按照现行税收法律、行政法规、规章和规范性文件的规定，对账载金额进行调整后的申报金额。

（3）《非居民企业所得税年度纳税申报表》主表用中文填写。

三、表头、表尾项目

（一）《非居民企业所得税年度纳税申报表（主表）》表头项目的填报如下。

1. 税款所属期间：正常经营的企业，填写公历年度，自公历1月1日起至12月31日止；企业在年度中间开业的，应填报实际开始经营之日至同年12月31日；企业在年度中间终止经营活动的，应填报公历1月1日至实际终止经营之日。

2. 纳税人识别号：填写税务登记证上所注明的“纳税人识别号”或主管税务机关颁发的临时纳税人纳税识别号。

3. 金额单位：精确到小数点后两位，四舍五入。

4. 纳税人名称：填写企业税务登记证上的中文名称或临时税务登记的中文名称。

5. 居民国（地区）名称及代码：填写设立常驻代表机构的外国企业或来华承包工程、提供劳务等的外国企业的总机构的居民国（地区）的名称和代码。

（二）《非居民企业所得税年度纳税申报表（主表）》表尾项目的填报如下。

1. 声明人签字：由设立企业的外国企业法定代表人或其授权代表企业的负责人签字。

2. 申报日期：填写实际到主管税务机关进行纳税申报的当日。

四、表内栏次的类型

《非居民企业所得税年度纳税申报表（主表）》包括第1行至第23行等23个栏次组成，根据表间逻辑关系，可以分为以下三类。

1. 直接填报栏次

（1）第3行营业税金及附加；

（2）第8行营业外收入；

（3）第9行营业外支出；

（4）第11行其他应税项目调增（减）额；

（5）第14行法定税率（25%）；

（6）第16行实际征收率；

（7）第19行境外所得应补企业所得税额；

（8）第21行本年度已预缴企业所得税额；

（9）第22行以前年度损益应补（退）企业所得税额。

2. 表内计算栏次

（1）第7行营业利润；

（2）第10行利润（亏损）总额；

（3）第13行应纳税所得额；

（4）第15行应纳企业所得税额；

（5）第17行实际应纳企业所得税额；

（6）第18行减（免）企业所得税额；

（7）第20行境内外实际应纳企业所得税额；

（8）第23行本年度应补（退）企业所得税额；

3. 依据附表填报的栏次

（1）第1行营业收入（填附表一）；

（2）第2行营业成本（填附表一）；

（3）第4行营业费用（填附表一）；

（4）第5行管理费用（填附表一）；

（5）第6行财务费用（填附表一）；

（6）第12行按规定可弥补的以前年度亏损额（附表二）。

1.1.2 利润（亏损）总额的计算

一、营业收入

（一）填报要求

《非居民企业所得税年度纳税申报表（主表）》第1行“营业收入”：分别填写附表一第1行对应栏目数据。

（二）填报数据来源

《非居民企业所得税年度纳税申报表（主表）》第1行“营业收入”填报数据来源为附表一《营业收入及成本费用明细表》第1行“营业收入合计”。

二、营业成本

（一）填报要求

《非居民企业所得税年度纳税申报表（主表）》第2行“营业成本”：分别填写附表一第9行对应栏目数据。

（二）填报数据来源

《非居民企业所得税年度纳税申报表（主表）》第2行“营业成本”填报数据来源为附表一《营业收入及成本费用明细表》第9行“营业成本合计”。

三、营业税金及附加

（一）填报要求

《非居民企业所得税年度纳税申报表（主表）》第3行“营业税金及附加”：填报企业经营业务实际发生的营业税、消费税、城市维护建设税、资源税、土地增值税和教育费附加等。已经计入期间费用的税金及附加不得重复填列。

（二）填报数据来源

执行会计制度纳税人，第3行“营业税金及附加”填报数据来源为“主营业务税金及附加”科目及“应交税金”二级明细科目。

执行会计准则纳税人，第3行“营业税金及附加”填报数据来源为“主营业务税金及附加”科目及“应交税费”二级明细科目。

四、营业费用

（一）填报要求

《非居民企业所得税年度纳税申报表（主表）》第4行“营业费用”：分别填写附表一第14行对应栏目数据。

（二）填报数据来源。

《非居民企业所得税年度纳税申报表（主表）》第4行“营业费用”填报数据来源为附表一《营业收入及成本费用明细表》第14行“1. 营业费用”。

五、管理费用

（一）填报要求

《非居民企业所得税年度纳税申报表（主表）》第5行“管理费用”：分别填写附表一第30行对应栏目数据。

（二）填报数据来源

《非居民企业所得税年度纳税申报表（主表）》第5行“管理费用”填报数据来源为附表一《营业收入及成本费用明细表》第30行“2. 管理费用”。

六、财务费用

（一）填报要求

《非居民企业所得税年度纳税申报表（主表）》第6行“财务费用”：分别填写附表一第46行对应栏目数据。

（二）填报数据来源

《非居民企业所得税年度纳税申报表（主表）》第6行“财务费用”填报数据来源为附表一《营业收入及成本费用明细表》第46行“3. 财务费用”。

七、营业利润

（一）填报说明

《非居民企业所得税年度纳税申报表（主表）》第7行“营业利润”：金额等于本表第1－2－3－4－5－6行。

（二）填报数据来源

《非居民企业所得税年度纳税申报表（主表）》第7行“营业利润”为表内计算栏次，根据下列公式计算得出填报数据：第7行＝第1－2－3－4－5－6行。

八、营业外收入

（一）填报要求

《非居民企业所得税年度纳税申报表（主表）》第8行“营业外收入”：填写企业发生的与其经营活动无直接关系的各项收入总额。

（二）填报数据来源

《非居民企业所得税年度纳税申报表（主表）》第8行“营业外收入”填报数据来源为“营业外收入”会计科目，具体规定如下：

（1）会计制度规定。营业外收入是指企业发生的与其生产经营无直接关系的各项收益，包括固定资产盘盈、处置固定资产净收益、非货币性交易收益，出售无形资产收益、罚款净收入等。

（2）会计准则规定。营业外收入科目核算企业发生的各项营业外收入，主要包括非流动资产处置利得、非货币性资产交换利得、债务重组利得、政府补助、盘盈利得、捐赠利得等。

九、营业外支出

（一）填报要求

《非居民企业所得税年度纳税申报表（主表）》第9行“营业外支出”：填写企业发生的与其经营活动无直接关系的各项支出总额。

（二）填报数据来源

《非居民企业所得税年度纳税申报表（主表）》第9行“营业外支出”填报数据来源为“营业外支出”会计科目，具体规定如下：

（1）会计制度规定。会计制度规定，营业外支出是指企业发生的与其生产经营无直接关系的各项支出，如固定资产盘亏、处置固定资产净损失、出售无形资产损失、债务重组损失、计提的固定资产减值准备、计提的无形资产减值准备、计提的在建工程减值准备、罚款支出、捐赠支出、非常损失等。

（2）会计准则规定。《新会计准则》规定，营业外支出是指不属于企业生产经营费用，与企业生产活动没有直接关系，但按照有关规定应从企业实现的总额中扣除的支出，是直接计入利润的损失。营业外支出的内容具体包括处置非流动资产损失、非货币性资产交换损失、债务重组损失、盘亏损失、公益性捐赠支出、非常损失等。

十、利润（亏损）总额

（一）填报要求

《非居民企业所得税年度纳税申报表（主表）》第10行“利润（亏损）总额”：亏损以负数表示。

（二）填报数据来源

《非居民企业所得税年度纳税申报表（主表）》第10行“利润（亏损）总额”为表内计算栏次，根据下列公式计算得出填报数据：

第10行=第7+8-9行。

1.1.3 应纳税所得额的计算

一、其他应税项目调增（减）额

（一）填报要求

《非居民企业所得税年度纳税申报表（主表）》第11行“其他应税项目调增（减）额”：填写按照现行税收法律、行政法规、规章和规范性文件的规定，直接调整本年度应纳税所得额和其他应税项目的数额。已通过相应收入、成本、费用、营业外收支及其他损益等项目下进行调整的，不在本栏反映。调增时，用正数表示，调减时，用负数表示。

（二）填报数据来源

《非居民企业所得税年度纳税申报表（主表）》第11行“其他应税项目调增（减）额”为反映除第1行至第10行已经进行纳税调整之外的项目，而且本行次金额为调增额与调减额相抵之后的余额。

二、按规定可弥补的以前年度亏损

（一）填报要求

《非居民企业所得税年度纳税申报表（主表）》第12行“可弥补的以前年度亏损”：填写附表二中第6行第8栏数据。

（二）填报数据来源

《非居民企业所得税年度纳税申报表（主表）》第12行“可弥补的以前年度亏损”填报数据来源为附表二《弥补亏损明细表》第6行“本年”中第8栏数据“本年度可弥补的亏损额”。

三、应纳税所得额

（一）填报说明

《非居民企业所得税年度纳税申报表（主表）》第13行“应纳税所得额”金额等于第10＋11－12行。

（二）填报数据来源

《非居民企业所得税年度纳税申报表（主表）》第13行“应纳税所得额”表内计算栏次，根据下列公式计算得出填报数据：第13行＝第10＋11－12行。

1.1.4 应纳税额的计算

一、法定税率

企业所得税法及实施条例规定的法定税率为25%。

二、应纳企业所得税额

（一）填报说明

《非居民企业所得税年度纳税申报表（主表）》第15行“应纳企业所得税额”金额等于第13×14行。

（二）填报数据来源

《非居民企业所得税年度纳税申报表（主表）》第15行“应纳税所得额”表内计算栏次，根据下列公式计算得出填报数据：第15行＝第13×14行。

三、实际征收率

《非居民企业所得税年度纳税申报表（主表）》第16行“实际征收率”：本表的实际征收率是指在法定税率的基础上，按税法规定享受所得税税收优惠的企业，在税收优惠期内的企业所得税征收率。不享受所得税税收优惠的，填写本栏时数据应与“法定税率”栏相同。

四、实际应纳企业所得税额

（一）填报说明

《非居民企业所得税年度纳税申报表（主表）》第17行“实际应纳企业所得税额”金额等于第13×16行。

（二）填报数据来源

《非居民企业所得税年度纳税申报表（主表）》第17行“实际应纳税所得额”表内计算栏次，根据下列公式计算得出填报数据：第17行＝第13×16行。

五、减（免）企业所得税额

（一）填报说明

《非居民企业所得税年度纳税申报表（主表）》第18行“减（免）企业所得税额”金额等于第15－17行。

（二）填报数据来源

《非居民企业所得税年度纳税申报表（主表）》第18行“减（免）企业所得税额”表内计算栏次，根据下列公式计算得出填报数据：第18行＝第15－17行。

六、境外所得应补企业所得税额

（一）填报要求

《非居民企业所得税年度纳税申报表（主表）》第17行“境外所得应补企业所得税额”：填写企业来源于中国境外的应纳税所得额（如分得的为税后利润应还原计算），按《企业所得税法》及其实施条例规定的税率（25%）计算的应纳税额减去当期准予抵免限额后实际应补缴的所得税。

抵免限额是指企业来源于中国境外的所得，依照企业所得税法及其实施条例规定计算的应纳税额。除国务院财政、税务主管部门另有规定外，该抵免限额应当分国（地区）不分项计算，计算公式如下：

抵免限额 = 中国境内、境外所得依照企业所得税法及其实施条例的规定计算的应纳税总额 × 来源于某国（地区）的应纳税所得额 ÷ 中国境内、境外应纳税所得总额

企业已在境外缴纳的所得税税额，小于抵免限额的，当期准予抵免限额为其在境外实际缴纳的所得税税额；大于抵免限额的，当期准予抵免限额为计算的抵免限额。企业在境外实际缴纳的所得税税额超过抵免限额的部分，可以在以后五个年度内，用每年度抵免限额抵免当年应抵税额后的余额进行抵补。

（二）填报数据来源

《非居民企业所得税年度纳税申报表（主表）》第17行“境外所得应补企业所得税额”：填报数据来源为企业来源于中国境外的应纳税所得额，按25%的税率计算的应纳税额减去当期准予抵免限额后实际应补缴的所得税。

具体内容和计算方法，请参见第四章的“第五节《境外所得税抵免计算明细表》的填报和审核”。

七、境内外实际应纳企业所得税额

（一）填报说明

《非居民企业所得税年度纳税申报表（主表）》第20行“境内外实际应纳企业所得税额”金额等于第17+19行。

（二）填报数据来源

《非居民企业所得税年度纳税申报表（主表）》第20行“境内外实际应纳企业所得税额”表内计算栏次，根据下列公式计算得出填报数据：第20行=第17+19行。

八、本年已预缴企业所得税额

（一）填报要求

《非居民企业所得税年度纳税申报表（主表）》第21行“本年已预缴企业所得税额”：填写企业按照现行税收法律、行政法规、规章和规范性文件的规定已在本年的季度累计预缴的所得税额。

（二）填报数据来源

《非居民企业所得税年度纳税申报表（主表）》第21行“本年已预缴企业所得税额”填报数据来源为本年度应交税费会计核算资料、四个季度的企业所得税月（季）度预缴纳税申报表（A类）和税收缴款书。

九、以前年度损益应补（退）企业所得税额

《非居民企业所得税年度纳税申报表（主表）》第22行“以前年度损益应补（退）企业所得税额”：填写企业经主管税务机关核准后的因以前年度损益发生调整而导致的应补（退）所得税的数额。应补时，以正数表示；应退时，以负数表示。

十、本年度应补（退）企业所得税额

（一）填报说明

《非居民企业所得税年度纳税申报表（主表）》第23行“本年度应补（退）企业所得税额”金额等于第20－21＋22行。

（二）填报数据来源

《非居民企业所得税年度纳税申报表（主表）》第23行“本年度应补（退）企业所得税额”表内计算栏次，根据下列公式计算得出填报数据：第23行＝第20－21＋22行。

1.2 《营业收入及成本费用明细表》的填报和审核

1.2.1 《营业收入及成本费用明细表》的概说

一、适用范围

附表一《营业收入及成本费用明细表》是《非居民企业所得税年度纳税申报表（适用于据实申报企业）》相关栏目的明细补充，反映企业营业收入、成本和费用明细的情况。非居民企业（以下简称“企业”）在纳税年度内无论盈利或者亏损，都必须按照企业所得税法的规定将本表与主表和相关资料一并报送主管税务机关。

账载金额是指企业根据现行国家统一会计制度的规定，记载在相应报表、总账、明细账上的汇总或明细金额；

依法申报金额是指企业按照现行税收法律、行政法规、规章和规范性文件的规定，对账载金额进行调整后的申报金额。

二、表内栏次的类型

附表一《营业收入及成本费用明细表》由第1行至第48行48个栏次组成，根据表间逻辑关系，可以分为以下两类：

1. 直接填报栏次

（1）第3行销售货物收入；

（2）第4行提供劳务收入；

（3）第5行其他；

（4）第6行其他业务收入；

（5）第10行销售货物成本；

（6）第11行提供劳务成本；

（7）第12行其他业务成本；

（8）第14行营业费用至第48行汇兑损益。

2. 表内计算栏次

（1）第1行营业收入合计；

（2）第2行主营业务收入；

（3）第9行营业成本合计；

（4）第13行期间费用合计。

1.2.2 《营业收入及成本费用明细表》的填报和审核

一、营业收入合计

附表一《营业收入及成本费用明细表》第1行“一、营业收入合计”：填写第2行“主营业务收入”和第6行“其他业务收入”之和。

二、主营业务收入

（一）填报要求

附表一《营业收入及成本费用明细表》第2行“1．主营业务收入”：填写企业经常性的、主要业务所产生的收入，一般占企业收入的比重较大，对企业的经济效益产生较大的影响。

（二）填报数据来源

主营业务收入的审核：

附表一《营业收入及成本费用明细表》第2行“1．主营业务收入”为表内计算栏次，根据下列公式计算得出填报数据：

第2行=第3+4+5行（即：第2行主营业务收入=第3行销售货物收入+第4行提供劳务收入+第5行其他）

销售货物收入、提供劳务收入、其他的填报和审核：

（1）账载金额。《营业收入及成本费用明细表》第3行“销售货物收入”、第4行“提供劳务收入”、第5行“其他”等3行的填报数据来源为“主营业务收入”的二级明细科目，具体填报和审核的内容请参见“居民企业的查账征收利润总额计算”的“第一节营业收入的填报和审核”中“1.2《收入明细表》的填报审核”中的“1.2.2 主营业务收入的填报审核”。

（2）依法申报金额。《营业收入及成本费用明细表》第3行“销售货物收入”、第4行“提供劳务收入”、第5行“其他”等3行，是在账载金额的基础上，根据税法规定进行纳税调整，以调整后的金额进行填报。调整内容主要是对会计与税法存在差异的会计事项进行调整，归纳起来主要有确认、计量、记录等事项。

三、其他业务收入

（一）填报要求

附表一《营业收入及成本费用明细表》第6行“2．其他业务收入”：填写企业非经常性、兼营的业务所产生的收入。如果有其他业务收入的，填写数额的同时在其他业务收入下面的空白处填写收入的明细项目。

（二）填报数据来源

（1）账载金额。《营业收入及成本费用明细表》第6行“2．其他业务收入”填报数据来源为“其他业务收入”科目或者其二级明细科目内容。具体填报和审核的内容请参见本书第四章第一节“1.2.3 其他业务收入的填报审核”。

（2）依法申报金额。在企业的经营过程中，除了取得主营经营收入外，还会取得一些相对少量的或不经常发生的其他业务收入，或叫非主营业务收入。比如，工业企业的材料销售、外购商品销售、包装物出租、对外提供运输劳务等；施工企业的产品销售、作业销售、提供水、电、气的劳务收入等；商业企业为其他单位代销商品收取的手续费以及开展代修、代配、代租、代回收等业务取得的收入。企业的其他业务收入也分别按不同业务进行明细分类核算（特别是对那些经常发生且收入额较大的业务），以便正确地结转或计算各项业务的营业成本、营业税金和盈亏情况。其他业务收入的实现原则，与主营业务收入实现原则相同。纳税调整主要是对会计与税法存在差异的会计事项进行调整，归纳起来主要有确认、计量、记录等事项，与主营业务收入的调整基本相同。

四、营业成本合计

（一）填报说明

附表一《营业收入及成本费用明细表》第 9 行“二、营业成本合计”：填写第 10 行“销售货物成本”、第 11 行“提供劳务成本”、第 12 行“其他业务成本”3 行之和。

（二）填报数据来源

附表一《营业收入及成本费用明细表》第 9 行“营业成本合计”为表内计算栏次，根据下列公式计算得出填报数据：第 9 行 = 第 10 + 11 + 12 行（即：第 9 行营业成本合计 = 第 10 行销售货物成本 + 第 11 行提供劳务成本 + 第 12 行其他业务成本）。

（1）账载金额。《营业收入及成本费用明细表》第 10 行“销售货物成本”、第 11 行“提供劳务成本”、第 12 行“其他业务成本”等三行的填报数据来源为“主营业务成本”和“其他业务成本”的二级明细科目，具体填报和审核的内容请参见本书第三章第二节“2. 3. 2 主营业务成本的填报审核”。

（2）依法申报金额。《营业收入及成本费用明细表》第 10 行“销售货物成本”、第 11 行“提供劳务成本”、第 12 行“其他业务成本”等 3 行，在账载金额的基础上，根据税法规定进行纳税调整，以调整后的金额进行填报。调整内容主要为以下几方面：

①成本核算程序；

②确认成本的范围、时间和金额；

③永久性差异、时间性差异事项；

④暂时性差异事项。

五、营业费用

（一）填报要求

附表一《营业收入及成本费用明细表》第 14 行“1. 营业费用”：填写企业在销售货物过程中发生的包装费、广告费等费用和为销售本企业货物而专设的销售机构的职工薪酬、业务费等经营费用。本项目应根据“营业费用”科目的发生额分析填列。

（二）填报数据来源

（1）账载金额。附表一《营业收入及成本费用明细表》第 14 行“1. 营业费用”填报数据来源为“营业费用”科目累计发生额，第 15 行工资薪金至第 29 行租赁费填报数据来源为“营业费用”对应的二级明细科目累计发生额。

（2）依法申报金额。《营业收入及成本费用明细表》第 14 行“1. 营业费用”和第 15 行工资薪金至第 29 行租赁费填报，是在账载金额的基础上根据税法的规定进行纳税调整，以调整后的金额进行填报。调整项目主要有：工资薪金、福利费、职工教育经费、工会经费、住房公积金、退休保险基金、医疗保险基金、折旧费、保险费、广告宣传费、无形资产摊销、业务招待费、通讯费、差旅费、租赁费。

具体的纳税调整的内容与方法，请参见本书第四章第二节“《纳税调整项目明细表》的填报和审核”。

六、管理费用

（一）填报要求

附表一《营业收入及成本费用明细表》第30行“2. 管理费用”：填写企业为组织和管理生产经营发生的管理费用。本项目应根据“管理费用”科目的发生额分析填列。管理费用应按照表内所列项目分项如实填写。

（二）填报数据来源

（1）账载金额。《营业收入及成本费用明细表》第30行“2. 管理费用”填报数据来源为“管理费用”科目累计发生额，第31行工资薪金至第45行租赁费填报数据来源为“营业费用”对应的二级明细科目累计发生额。

（2）依法申报金额。《营业收入及成本费用明细表》第30行“2. 管理费用”和第31行工资薪金至第45行租赁费填报，是在账载金额的基础上，根据税法的规定进行纳税调整，以调整后的金额进行填报。调整项目主要有：工资薪金、福利费、职工教育经费、工会经费、住房公积金、退休保险基金、医疗保险基金、折旧费、保险费、广告宣传费、无形资产摊销、业务招待费、通讯费、差旅费、租赁费。

具体的纳税调整的内容与方法，请参见本书第四章第二节“《纳税调整项目明细表》的填报和审核”。

七、财务费用

（一）填报要求

附表一《营业收入及成本费用明细表》第46行“3. 财务费用”：填写企业筹集生产经营所需资金等而发生的筹资费用。本项目应根据“财务费用”科目的发生额分析填列。利息填写利息支出扣除利息收入后的净额；汇兑损益填写汇兑净损失，是汇兑收益扣除汇兑损失后的数额，如为汇兑净收入以负数填列。

（二）填报数据来源

1. 账载金额。《营业收入及成本费用明细表》第46行“3. 财务费用”填报数据来源为“财务费用”科目的累计发生发生额填写，第47行“利息”和第48行“汇总损益”填报数据来源为“财务费用”对应二级科目的累计发生发生额填写。

2. 依法申报金额。《营业收入及成本费用明细表》第46行“3. 财务费用”、第47行“利息”、第48行“汇总损益”在账载金额的基础上，根据税法的规定进行纳税调整，以调整后的金额进行填报。

1.3 《弥补亏损明细表》的填报和审核

1.3.1 《弥补亏损明细表》的概说

（1）附表二《弥补亏损明细表》是《非居民企业所得税年度纳税申报表（适用于据实征收企业）》相关栏目的明细补充，反映企业以前年度亏损在本年度弥补的情况。非居民企业（以下简称“企业”）在纳税年度内无论盈利或者亏损，都必须按照企业所得税法的规定将本表与主表和相关资料一并报送主管税务机关。

（2）附表二《税前弥补亏损明细表》横向第1行至第6行内容，是按年度划分行次，分别填报各年对应的亏损或盈利金额、已弥补亏损额、本年可弥补亏损额、本年度弥补以前年度亏损额；第7行为可结转以后年度弥补的亏损额。

附表二《税前弥补亏损明细表》纵向第1列至第11列内容，第一部分为反映各年度盈亏情况，包括第1列至第2列的有关内容；第二部分为在亏损年度以后已弥补过的亏损额，包括第3列至第7列的有关内容；第三部分为本年度可弥补的亏损额，相关内容在第8列反映；第四部分为可结转下一年度弥补的亏损额，相关内容在第9列反映。

（3）企业相关年度亏损和盈利额、已弥补的亏损额以及未弥补的亏损额发生变化的，应按调整后实际数额填报。

（4）表间计算栏次关系。附表二第6行第8列 = 主表第12行。

1.3.2 《弥补亏损明细表》的填报要求

一、年度

附表二《弥补亏损明细表》第1列“年度”：填写本纳税年度上溯前五年的年度，填写时依公历年度顺序填写。

二、盈利或亏损金额

附表二《弥补亏损明细表》第2列“盈利或亏损金额”：填写依照税法规定调整后经主管税务机关确认的盈利或亏损金额；亏损额以负数表示。如存在经税务机关审核确认的其他被合并、分立企业的有效亏损额分配结转至（出）本企业的数额，在本栏合并填写，同时提供被合并、分立企业的亏损弥补表和税务机关审核确认的其他被合并、分立企业的有效亏损额分配结转表和相关说明资料。

三、已弥补过的亏损额

附表二《弥补亏损明细表》第3列“已弥补过的亏损额”：填写每一年度当期亏损额用其以后四个年度盈利额弥补过的金额。

四、本年度可弥补的亏损额

附表二《弥补亏损明细表》第4列“本年度可弥补的亏损额”：填写以前年度发生的亏损尚未弥补或未弥补完的亏损额需用本年度盈利额弥补的金额。该金额应小于或等于本年度实际盈利额。如本年度为亏损，则弥补额为零。

五、可结转下一年度未弥补完的亏损额

附表二《弥补亏损明细表》第5列“可结转下一年度未弥补完的亏损额”：填写按税法规定可结转到下一年度可弥补的亏损额。

1.3.3 《弥补亏损明细表》的填报审核

附表二《弥补亏损明细表》的填报审核，应注意审查企业以前年度亏损弥补期限及结转的计算是否正确，有无少转或多转亏损的问题。对照以前年度税务机关调整后的亏损额，核实本年度弥补亏损金额，对不符合规定的应加以调整，按调整后的金额弥补亏损。

具体的纳税调整的内容与方法，请参见本书第四章第三节“《税前弥补亏损明细表》的填报和审核”。

第二节　非居民企业所得税年度纳税申报表（核定征收）的填报和审核

2.1　《非居民企业所得税年度纳税申报表》的概说

2.1.1　适用范围及申报期限

（1）《非居民企业所得税年度纳税申报表》适用于按核定利润率，以及按经费支出、成本费用换算收入方式缴纳所得税的非居民企业（以下简称“企业”），包括：《企业所得税法》第三条第二款规定的非居民企业和外国企业常驻代表机构。

（2）企业应当按税法规定期限向主管税务机关报送本表，并同时报送主管税务机关要求报送的其他资料。

（3）企业因确有困难，不能在规定期限内办理年度所得税申报，应当在规定的申报期限内向主管税务机关提出书面延期申请，经主管税务机关核准，可以适当延期。

企业未按规定期限向主管税务机关报送本表、会计报表及主管税务机关要求报送的其他资料的，依照《中华人民共和国税收征收管理法》及其实施细则的有关规定，予以处罚。

2.1.2　填报依据及内容

（1）《非居民企业所得税年度纳税申报表》中所称国家有关税收规定除另有说明外，均指《中华人民共和国企业所得税法》及其实施条例的有关规定，以及国务院、国务院税务主管部门根据税法制定的相关规定。

（2）《非居民企业所得税年度纳税申报表》的账载金额是指企业记载在相应报表、总账、明细账上的汇总或明细金额；依法申报金额是指企业按照现行税收法律、行政法规、规章和规范性文件的规定，对帐载金额进行调整后的申报金额。

2.1.3　报表结构说明

《非居民企业所得税年度纳税申报表》分为七部分内容，第一部分为表头项目，反映纳税人的基本情况信息；第二部为按收入总额核定应纳税所得额的计算，反映纳税人项目收入额；第三部分为按经费支出换算应纳税所得额的计算，反映纳税人的经费支出；第四部分为按成本费用核定应纳税所得额的计算，反映纳税人的成本费用额；第五部分为应纳企业所得税额的计算，反映纳税人应纳税款计算情况；第六部分为应补（退）所得额的计算，反映纳税人税款的应补（退）情况；第七部分为表尾项目，反映纳税人和中介代理机构申报情况、税务机关的受理情况等内容。

2.1.4　表内栏次的类型

《非居民企业所得税年度纳税申报表》包括第1行至第26行等栏次组成，根据表间逻辑关系，可以分为以下两类。

1. 直接填报栏次

（1）项目名称；

（2）第1行、第4行、第7行“收入额”；

（3）第2行、第5行、第8行“经税务机关核定的利润率（%）”；

（4）第12行“经费支出总额”及明细项目，包括：工资薪金、奖金、津贴、福利费、物品采购费、固定资产折旧、装修费、通讯费、差旅费、房租、设备租赁费、交通费、业务招待费；

（5）第13行、第17行“换算的收入额”；

（6）第14行、第18行“经税务机关核定的利润率（%）”；

（7）第16行“成本费用总额”；

（8）第20行“法定税率（25%）”；

（9）第22行“实际征收率（%）”；

（10）第25行“全年已预缴企业所得税额”。

2. 表内计算栏次

（1）第3行、第6行、第9行、第15行、第19行“应纳税所得额”；

（2）第11行“应纳税所得额合计”；

（3）第21行“应纳企业所得税额”；

（4）第23行“实际应纳企业所得税额”；

（5）第24行“减（免）企业所得税额”；

（6）第26行“应补（退）企业所得税额”。

2.1.5 表头、表尾项目填报

一、《非居民企业所得税年度纳税申报表》用中文填写，一式两份，一份由企业留存，一份由主管税务机关备查。

二、《非居民企业所得税年度纳税申报表》表头、表尾有关栏目的填写要求。

（1）税款所属期间：正常经营的企业，填写公历年度，自公历1月1日起至12月31日止；企业在年度中间开业的，应填报实际开始经营之日至同午12月31日；企业在午度中间终止经营活动的，应填报公历1月1日至实际终止经营之日。

（2）纳税人识别号：填写税务登记证上所注明的“纳税人识别号”或主管税务机关颁发的临时纳税人纳税识别号。

（3）金额单位：精确到小数点后两位，四舍五入。

（4）纳税人名称：填写企业税务登记证上的中文名称或临时税务登记的中文名称。

（5）居民国（地区）名称及代码：填写设立常驻代表机构的外国企业或来华承包工程、提高劳务等的外国企业的总机构的居民国（地区）的名称和代码。

（6）声明人签字：由设立企业的外国企业法定代表人或其授权代表企业的负责人签字。

（7）申报日期：填写实际到主管税务机关进行纳税申报的当日。

2.2 《非居民企业所得税年度纳税申报表》的填报和审核

2.2.1 按收入总额核定应纳税所得额的计算

一、项目名称

（一）填报要求

《非居民企业所得税年度纳税申报表》“按收入总额核定应纳税所得额的计算”中的

应税项目：企业在我国境内提供应税劳务时，凡同一项目下，发生适用不同核定利润率情况的应税劳务的，均应按照不同的核定利润率分别填报。在“应税项目名称”下填写具体的项目名称、合同号。

（二）填报数据来源

《非居民企业所得税年度纳税申报表》“按收入总额核定应纳税所得额的计算”中的项目名称填报数据来源为“双方签订的合同”，根据合同填写项目的名称和合同号，如：“承包某工程建设 + 合同号 + 境内工程设计”或“承包某工程建设 + 合同号 + 境内工程施工”。

二、收入额

（一）填报说明

《非居民企业所得税年度纳税申报表》第1行、第4行、第7行“收入额”：填报纳税人在我国境内提供应税劳务取得收入金额，包括：企业以货币形式和非货币形式取得的收入。

（二）填报数据来源

《非居民企业所得税年度纳税申报表》第1行、第4行、第7行“收入额”填报数据来源“营业收入”科目或者双方签订的合同提供劳务的金额。

三、经税务机关核定的利润率

（一）填报说明

《非居民企业所得税年度纳税申报表》第2行、第5行、第8行“经税务机关核定的利润率”：填报纳税人经税务机关审核批准后的利润率。

（二）填报数据来源

《非居民企业所得税年度纳税申报表》第2行、第5行、第8行“经税务机关核定的利润率”填报数据来源为税务机关批准文件。

国家税务总局关于印发《非居民企业所得税核定征收管理办法》的通知（国税发〔2010〕19号）规定，税务机关可按照以下标准确定非居民企业的利润率：

（1）从事承包工程作业、设计和咨询劳务的，利润率为15%～30%；

（2）从事管理服务的，利润率为30%～50%；

（3）从事其他劳务或劳务以外经营活动的，利润率不低于15%。

四、应纳税所得额

《非居民企业所得税年度纳税申报表》第3行、第6行、第9行“应纳税所得额”，属于表内计算栏次，计算关系如下：第3行 = 第1×2行；第6行 = 第4×5行；第9行 = 第7×8行。

五、收入总额

《非居民企业所得税年度纳税申报表》第10行“收入总额”属于表内计算栏次，金额等于第1行 + 第4行 + 第7行。

六、应纳税所得额合计

《非居民企业所得税年度纳税申报表》第11行“应纳税所得额合计”属于表内计算栏次，金额等于第3行 + 第6行 + 第9行。

2.2.2 按经费支出换算应纳税所得额的计算

一、“经费支出总额”的填报要求

《非居民企业所得税年度纳税申报表》第12行“经费支出总额”：该栏下设的“其中”栏为企业本纳税年度实际支出的经费明细，“其中”项下的各项之和应等于“经费支出总额”栏数据。企业本纳税年度实际支出的经费不能归集到本栏“其中”项下已列明的范围的，要将实际支出的经费的名称、金额在本栏空白行处据实填写。

（1）企业购置固定资产所发生的支出，在发生时一次性计入费用支出换算收入的，在“其中”项下的“物品采购费”中填写。不是一次性计入费用支出换算收入的，在“其中”项下的“固定资产折旧”中填写。

（2）企业发生的装修费，无论采用一次性计入费用支出还是5年摊销的，均在“其中”项下的“装修费”中填写。但采用5年摊销方式的应在“备注”栏中注明“5年摊销，第×年”。

二、“经费支出总额”的填报数据来源

《非居民企业所得税年度纳税申报表》第12行“经费支出总额”账载金额填报数据来源为经费支出项目：工资薪金、奖金、津贴、福利费、物品采购费、固定资产折旧、装修费、通讯费、差旅费、房租、设备租赁费、交通费、业务招待费等科目的本纳税年度实际支出金额的汇总。

三、“换算的收入额”的计算公式

《非居民企业所得税年度纳税申报表》第13行“换算收入额”：“按经费支出换算应纳税所得额的计算”中的“换算的收入额”按以下公式计算：换算的收入额＝经费支出总额÷（1－经税务机关核定的利润率－营业税税率）

四、经税务机关核定的利润率

（一）填报说明

《非居民企业所得税年度纳税申报表》第14行“经税务机关核定的利润率”：填报纳税人经税务机关审核批准后的利润率。

（二）填报数据来源

《非居民企业所得税年度纳税申报表》第14行“经税务机关核定的利润率”填报数据来源为税务机关批准文件。

五、应纳税所得额

《非居民企业所得税年度纳税申报表》第15行“应纳税所得额”，属于表内计算栏次，计算关系为第15行＝第13×14行。

2.2.3 按成本费用核定应纳税所得额的计算

一、成本费用总额

《非居民企业所得税年度纳税申报表》第16行“成本费用总额”：填写纳税人本年度累计发生的各项成本费用金额。

二、换算的收入额

《非居民企业所得税年度纳税申报表》第17行“换算的收入额”：“按成本费用核定应纳税所得额的计算”中的“换算的收入额”按以下公式计算：换算的收入额＝成本费

用总额 ÷（1 - 经税务机关核定的利润率）

三、经税务机关核定的利润率

（一）填报说明

《非居民企业所得税年度纳税申报表》第 18 行“经税务机关核定的利润率”：填报纳税人经税务机关审核批准后的利润率。

（二）填报数据来源

《非居民企业所得税年度纳税申报表》第 18 行“经税务机关核定的利润率”填报数据来源为税务机关批准文件。

四、应纳税所得额

《非居民企业所得税年度纳税申报表》第 19 行“应纳税所得额”，属于表内计算栏次，计算关系为第 19 行 = 第 17 × 18 行。

2.2.4 应纳企业所得税额的计算

一、法定税率

《非居民企业所得税年度纳税申报表》第 20 行“法定税率”：企业所得税法及实施条例规定的法定税率为 25%。

二、应纳企业所得税额

《非居民企业所得税年度纳税申报表》第 21 行“应纳企业所得税额”，属于表内计算栏次，分为三种情况：

（1）按收入总额核定应纳税所得额的计算时第 21 行 = 第 11 × 20 行；

（2）按经费支出换算应纳税所得额的计算时第 21 行 = 第 15 × 20 行；

（3）按成本费用核定应纳税所得额的计算时第 21 行 = 第 19 × 20 行。

三、实际征收率

《非居民企业所得税年度纳税申报表》第 22 行“实际征收率”：本表的实际征收率是指在法定税率的基础上，按税法规定享受所得税税收优惠的企业，在税收优惠期内的企业所得税征收率。不享受所得税税收优惠的，填写本栏时，数据应与“法定税率”栏相同。

四、实际应纳企业所得税额

《非居民企业所得税年度纳税申报表》第 23 行“实际应纳企业所得税额”，属于表内计算栏次，分为三种情况：

（1）按收入总额核定应纳税所得额的计算时第 23 行 = 第 11 × 22 行；

（2）按经费支出换算应纳税所得额的计算时第 23 行 = 第 15 × 22 行；

（3）按成本费用核定应纳税所得额的计算时第 23 行 = 第 19 × 22 行。

五、减（免）企业所得税额

《非居民企业所得税年度纳税申报表》第 24 行“减（免）企业所得税额”，属于表内计算栏次，金额等于第 21 - 23 行。

2.2.5 应补（退）所得额的计算

一、全年已预缴企业所得税额

（一）填报说明

《非居民企业所得税年度纳税申报表》第 25 行“全年已预缴企业所得税额”：填报纳

税人按照税收规定本纳税年度已累计预缴的所得税款。

（二）填报数据来源

《非居民企业所得税年度纳税申报表》第25行“全年已预缴企业所得税额”填报数据来源为本年度应交税费会计核算资料、四个季度的企业所得税预缴纳税申报表和税收缴款书。

二、应补（退）企业所得税额

《非居民企业所得税年度纳税申报表》第26行“应补（退）企业所得税额”，属于表内计算栏次，金额等于第23－25行。

2.3 非居民企业所得税核定征收审核的税法依据

2010年2月20日国家税务总局发布《非居民企业所得税核定征收管理办法》（国税发〔2010〕19号），对非居民企业核定征收工作作出了具体规定，下面将具体文件内容介绍如下。

2.3.1 核定征收企业的适用范围

第一条 为了规范非居民企业所得税核定征收工作，根据《中华人民共和国企业所得税法》（以下简称企业所得税法）及其实施条例和《中华人民共和国税收征收管理法》（以下简称税收征管法）及其实施细则，制定本办法。

第二条 本办法适用于企业所得税法第三条第二款规定的非居民企业，外国企业常驻代表机构企业所得税核定办法按照有关规定办理。

第三条 非居民企业应当按照税收征管法及有关法律法规设置账簿，根据合法、有效凭证记账，进行核算，并应按照其实际履行的功能与承担的风险相匹配的原则，准确计算应纳税所得额，据实申报缴纳企业所得税。

第四条 非居民企业因会计账簿不健全，资料残缺难以查账，或者其他原因不能准确计算并据实申报其应纳税所得额的，税务机关有权采取方法核定其应纳税所得额。

2.3.2 税务机关确定核定征收方式的方法

税务机关核定其应纳税所得额的方法：

（1）按收入总额核定应纳税所得额：适用于能够正确核算收入或通过合理方法推定收入总额，但不能正确核算成本费用的非居民企业。计算公式如下：应纳税所得额＝收入总额×经税务机关核定的利润率。

（2）按成本费用核定应纳税所得额：适用于能够正确核算成本费用，但不能正确核算收入总额的非居民企业。计算公式如下：应纳税所得额＝成本费用总额÷（1－经税务机关核定的利润率）×经税务机关核定的利润率。

（3）按经费支出换算收入核定应纳税所得额：适用于能够正确核算经费支出总额，但不能正确核算收入总额和成本费用的非居民企业。计算公式：应纳税所得额＝经费支出总额÷（1－经税务机关核定的利润率－营业税税率）×经税务机关核定的利润率。

2.3.3 非居民企业的利润率

第五条 税务机关可按照以下标准确定非居民企业的利润率：

（1）从事承包工程作业、设计和咨询劳务的，利润率为15%～30%；

（2）从事管理服务的，利润率为30%～50%；

（3）从事其他劳务或劳务以外经营活动的，利润率不低于15%。

税务机关有根据认为非居民企业的实际利润率明显高于上述标准的，可以按照比上述标准更高的利润率核定其应纳税所得额。

2.3.4 合同计价不合理税务机关核定的利润率

第六条 非居民企业与中国居民企业签订机器设备或货物销售合同，同时提供设备安装、装配、技术培训、指导、监督服务等劳务，其销售货物合同中未列明提供上述劳务服务收费金额，或者计价不合理的，主管税务机关可以根据实际情况，参照相同或相近业务的计价标准核定劳务收入。无参照标准的，以不低于销售货物合同总价款的10%为原则确定非居民企业的劳务收入。

2.3.5 非居民企业为中国境内客户提供劳务取得的收入的确认原则

第七条 非居民企业为中国境内客户提供劳务取得的收入，凡其提供的服务全部发生在中国境内的，应全额在中国境内申报缴纳企业所得税。凡其提供的服务同时发生在中国境内外的，应以劳务发生地为原则划分其境内外收入，并就其在中国境内取得的劳务收入申报缴纳企业所得税。税务机关对其境内外收入划分的合理性和真实性有疑义的，可以要求非居民企业提供真实有效的证明，并根据工作量、工作时间、成本费用等因素合理划分其境内外收入；如非居民企业不能提供真实有效的证明，税务机关可视同其提供的服务全部发生在中国境内，确定其劳务收入并据以征收企业所得税。

2.3.6 非居民企业在中国境内从事适用不同核定利润率的经营活动应分别核算

第八条 采取核定征收方式征收企业所得税的非居民企业，在中国境内从事适用不同核定利润率的经营活动，并取得应税所得的，应分别核算并适用相应的利润率计算缴纳企业所得税；凡不能分别核算的，应从高适用利润率，计算缴纳企业所得税。

2.3.7 核定征收方式确定程序、鉴定时间和变更

第九条 拟采取核定征收方式的非居民企业应填写《非居民企业所得税征收方式鉴定表》（见附件，以下简称《鉴定表》），报送主管税务机关。主管税务机关应对企业报送的《鉴定表》的适用行业及所适用的利润率进行审核，并签注意见。

对经审核不符合核定征收条件的非居民企业，主管税务机关应自收到企业提交的《鉴定表》后15个工作日内向其下达《税务事项通知书》，将鉴定结果告知企业。非居民企业未在上述期限内收到《税务事项通知书》的，其征收方式视同已被认可。

第十条 税务机关发现非居民企业采用核定征收方式计算申报的应纳税所得额不真实，或者明显与其承担的功能风险不相匹配的，有权予以调整。

第十一条 各省、自治区、直辖市和计划单列市国家税务局和地方税务局可按照本办法第五条规定确定适用的核定利润率幅度，并根据本办法规定制定具体操作规程，报国家税务总局（国际税务司）备案。

第八章 企业所得税预缴申报和专项申报

第一节 居民企业所得税月（季）度预缴纳税申报

1.1 《企业所得税月(季)度预缴纳税申报表(A类)》(查账征收)的填报和审核

1.1.1 适用范围及表头项目

一、适用范围

适用于实行查账征收方式申报企业所得税的居民纳税人及在中国境内设立机构的非居民纳税人在月（季）度预缴企业所得税时使用。

二、表头项目

（1）“税款所属期间”：纳税人填写的“税款所属期间”为公历1月1日至所属月（季）度最后一日。

企业年度中间开业的纳税人填写的“税款所属期间”为当月（季）开始经营之日至所属季度的最后一日，自次月（季）度起按正常情况填报。

（2）“纳税人识别号”：填报税务机关核发的税务登记证号码（15位）。

（3）“纳税人名称”：填报税务登记证中的纳税人全称。

1.1.2 申报表结构说明

《企业所得税月（季）度预缴纳税申报表（A类）》结构分为两部分。

1. 第一部分为第1行至第16行，纳税人根据自身的预缴申报方式分别填报，包括非居民企业设立的分支机构

（1）实行据实预缴的纳税人填报第2至9行；

（2）实行按上一年度应纳税所得额的月度或季度平均额预缴的纳税人填报第11至14行；

（3）实行经税务机关认可的其他方法预缴的纳税人填报第16行。

2. 第二部分为第17行至第22行，由实行汇总纳税的总机构在填报第一部分的基础上填报第18至20行；分支机构填报第20至22行

1.1.3 各列的填报说明

1. “据实预缴”的纳税人第2行－第9行：

（1）填报“本期金额”列，数据为所属月（季）度第一日至最后一日；

（2）填报“累计金额”列，数据为纳税人所属年度1月1日至所属季度（或月份）

最后一日的累计数。

(3) 纳税人当期应补（退）所得税额为“累计金额”列第9行“应补（退）所得税额”的数据。

2. “按照上一纳税年度应纳税所得额平均额预缴”的纳税人第11行至14行及“按照税务机关确定的其他方法预缴”的纳税人第16行：填报表内第11行至第14行、第16行“本期金额”列，数据为所属月（季）度第一日至最后一日

1.1.4 各行的填报说明

一、实行据实预缴的纳税人填报说明

(1) 第2行“营业收入”：填报会计制度核算的营业收入，事业单位、社会团体、民办非企业单位按其会计制度核算的收入填报。

(2) 第3行“营业成本”：填报会计制度核算的营业成本，事业单位、社会团体、民办非企业单位按其会计制度核算的成本（费用）填报。

(3) 第4行“实际利润额”：《国家税务总局关于填报企业所得税月（季）度预缴纳税申报表有关问题的通知》（国税函〔2008〕635号）文件规定，填报按会计制度核算的利润总额减除以前年度待弥补亏损以及不征税收入、免税收入后的余额。事业单位、社会团体、民办非企业单位比照填报。房地产开发企业本期取得预售收入按规定计算出的预计利润额计入本行。

(4) 第5行“税率（25%）”：按照《企业所得税法》第四条规定的25%税率计算应纳所得税额。

(5) 第6行“应纳所得税额”：填报计算出的当期应纳所得税额。第6行=第4行×第5行，且第6行≥0。

(6) 第7行“减免所得税额”：填报当期实际享受的减免所得税额，包括享受减免税优惠过渡期的税收优惠、小型微利企业优惠、高新技术企业优惠及经税务机关审批或备案的其他减免税优惠。第7行≤第6行。

(7) 第8行“实际已预缴的所得税额”：填报累计已预缴的企业所得税税额，“本期金额”列不填。

(8) 第9行“应补（退）所得税额”：填报按照税法规定计算的本次应补（退）预缴所得税额。第9行=第6行-第7行-第8行，且第9行<0时，填0，“本期金额”列不填。

二、实行按上一年度应纳税所得额的月度或季度平均额预缴的纳税人填报说明

(1) 第11行“上一纳税年度应纳税所得额”：填报上一纳税年度申报的应纳税所得额，本行不包括纳税人的境外所得。

(2) 第12行“本月（季）应纳所得税所得额”：填报纳税人依据上一纳税年度申报的应纳税所得额计算的当期应纳税所得额。

按季预缴企业：第12行=第11行×1/4

按月预缴企业：第12行=第11行×1/12

(3) 第13行“税率（25%）”：按照《企业所得税法》第四条规定的25%税率计算应纳所得税额。

（4）第14行“本月（季）应纳所得税额”：填报计算的本月（季）应纳所得税额。第14行=第12行×第13行。

三、实行经税务机关认可的其他方法预缴的纳税人填报说明

第16行“本月（季）确定预缴的所得税额”：填报依据税务机关认定的应纳税所得额计算出的本月（季）应缴纳所得税额。

四、总机构预缴填报说明

（1）第18行“总机构应分摊的所得税额”：填报汇总纳税总机构以本表第一部分（第1-16行）本月或本季预缴所得税额为基数，按总机构应分摊的预缴比例计算出的本期预缴所得税额。

（2）第19行“中央财政集中分配税款的所得税额”：填报汇总纳税总机构以本表第一部分（第1-16行）本月或本季预缴所得税额为基数，按中央财政集中分配税款的预缴比例计算出的本期预缴所得税额。

（3）第20行“分支机构分摊的所得税额”：填报汇总纳税总机构以本表第一部分（第1-16行）本月或本季预缴所得税额为基数，按分支机构分摊的预缴比例计算出的本期预缴所得税额。

根据《国家税务总局关于填报企业所得税月（季）度预缴纳税申报表有关问题的通知》（国税函〔2008〕635号）文件规定，上述第18—20行，汇总纳税总、分机构税率一致的，按《国家税务总局关于印发〈中华人民共和国企业所得税月（季）度预缴纳税申报表〉等报表的通知》（国税函〔2008〕44号）填报；汇总纳税总、分机构税率不一致的，按《国家税务总局关于印发〈跨地区经营汇总纳税企业所得税征收管理暂行办法〉的通知》（国税发〔2008〕28号）及相关补充文件的规定计算填报。

即第9行或14行或16行与第18—20行关系不成立，且《中华人民共和国企业所得税汇总纳税分支机构分配表》中分支机构分摊的所得税额×分配比例=分配税额计算关系不成立。

五、分支机构预缴填报说明

第21行“分配比例”：填报汇总纳税分支机构依据《汇总纳税企业所得税分配表》中确定的分配比例。

第22行“分配的所得税额”：填报汇总纳税分支机构依据当期总机构申报表中第20行“分支机构分摊的所得税额”×木表第21行“分配比例”的数额。

1.2 《企业所得税月(季)度预缴纳税申报表(B类)》(核定征收)的填报和审核

1.2.1 适用范围及表头项目

一、适用范围

《企业所得税月（季）度预缴纳税申报表（B类）》为按照核定征收管理办法（包括核定应税所得率和核定税额征收方式）缴纳企业所得税的纳税人在月（季）度申报缴纳企业所得税时使用，包括依法被税务机关指定的扣缴义务人。其中：核定应税所得率的纳税人按收入总额核定、按成本费用核定、按经费支出换算分别填写。

二、表头项目

（1）“税款所属期间”：纳税人填报的“税款所属期间”为公历1月1日至所属季（月）度最后一日。

企业年度中间开业的纳税人填报的“税款所属期间”为当月（季）度第一日至所属月（季）度的最后一日，自次月（季）度起按正常情况填报。

（2）“纳税人识别号”：填报税务机关核发的税务登记证号码（15位）。

（3）“纳税人名称”：填报税务登记证中的纳税人全称。

实行核定征收方式缴纳企业所得税的纳税人，在《企业所得税年度纳税申报表（B类）》未出台前，2008年度进行企业所得税年度纳税申报时，暂时使用《企业所得税月（季）度预缴纳税申报表（B类）》代替。如果享受税收优惠，还需报送《企业所得税年度纳税申报表（A类）》附表五《税收优惠明细表》。

1.2.2 申报表结构说明

《企业所得税月（季）度预缴纳税申报表（B类）》分为三部分。

一、应纳税所得额的计算，填报第1行至第10行，包括下列三种方式：

（1）按收入总额核定应纳税所得额，是指按照收入总额核定应税所得率的纳税人，填报第1行至第3行；

（2）按成本费用核定应纳税所得额，是指按照成本费用核定应税所得率的纳税人，填报第4行至第6行；

（3）按经费支出换算应纳税所得额，是指按照经费支出换算收入方式缴纳所得税的纳税人，填报第7行至第10行。

二、应纳所得税额的计算，填报第11行至第13行。

三、应补（退）所得税额的计算，填报第14行至第15行。

1.2.3 应纳税所得额计算的填报说明

一、按收入总额核定应纳税所得额的填报说明

（1）第1行“收入总额”：按照收入总额核定应税所得率的纳税人填报此行。填写本年度累计取得的各项收入金额。

（2）第2行“税务机关核定的应税所得率”：填报主管税务机关核定的应税所得率。

（3）第3行“应纳税所得额”：填报计算结果。计算公式：应纳税所得额 = 第1行“收入总额” ×第2行“税务机关核定的应税所得率”。

二、按成本费用核定应纳税所得额的填报说明

（1）第4行“成本费用总额”：按照成本费用核定应税所得率的纳税人填报此行。填写本年度累计发生的各项成本费用金额。

（2）第5行“税务机关核定的应税所得率”：填报主管税务机关核定的应税所得率。

（3）第6行“应纳税所得额”：填报计算结果。计算公式：应纳税所得额 = 第4行“成本费用总额” ÷（1 – 第5行“税务机关核定的应税所得率”）×第5行“税务机关核定的应税所得率”。

三、按经费支出换算应纳税所得额的填报说明

（1）第7行“经费支出总额”：按照经费支出换算收入方式缴纳所得税的纳税人填报

此行。填报累计发生的各项经费支出金额。

（2）第8行“经税务机关核定的应税所得率”：填报主管税务机关核定的应税所得率。

（3）第9行“换算的收入额”：填报计算结果。计算公式：换算的收入额 = 第7行“经费支出总额” ÷（1 - 第8行“税务机关核定的应税所得率”）。

（4）第10行“应纳税所得额”：填报计算结果。计算公式：应纳税所得额 = 第8行“税务机关核定的应税所得率” ×第9行“换算的收入额”。

1.2.4 应纳所得税额计算的填报说明

一、第11行“税率”：填写《企业所得税法》第四条规定的25%税率。

二、第12行“应纳所得税额”

（1）核定应税所得率的纳税人填报计算结果

按照收入总额核定应税所得率的纳税人，应纳所得税额 = 第3行“应纳税所得额” × 第11行“税率”

按照成本费用核定应税所得率的纳税人，应纳所得税额 = 第6行“应纳税所得额” × 第11行“税率”

按照经费支出换算应纳税所得额的纳税人，应纳所得税额 = 第10行“应纳税所得额” ×第11行“税率”

（2）实行核定税额征收的纳税人，填报税务机关核定的应纳所得税额

三、第13行“减免所得税额”

填报当期实际享受的减免所得税额，第13行≤第12行。包括享受减免税优惠过渡期的税收优惠、小型微利企业优惠、高新技术企业优惠及经税务机关审批或备案的其他减免税优惠。

1.2.5 应补（退）所得税额计算的填报说明

（1）第14行“已预缴的所得税额”：填报当年累计已预缴的企业所得税额。

（2）第15行“应补（退）所得税额”：填报计算结果。计算公式：应补（退）所得税额 = 第12行“应纳所得税额” - 第13行“减免所得税额” - 第14行“已预缴的所得税额”；当第15行≤0时，本行填0。

1.3 《企业所得税汇总纳税分支机构分配表》

1.3.1 使用对象及报送要求

一、使用对象

《企业所得税汇总纳税分支机构分配表》适用于在中国境内跨省、自治区、直辖市设立不具有法人资格的营业机构，并实行“统一计算、分级管理、就地预缴、汇总清算、财政调节”汇总纳税办法的居民企业填报。

二、报送要求

季度终了之日起10日内，由实行汇总纳税的总机构随同《中华人民共和国企业所得税月（季）度纳税申报表（A类）》报送。

季度终了之日起15日内，由实行汇总纳税，具有主体生产经营职能的分支机构随同

《中华人民共和国企业所得税月（季）度纳税申报表（A类）》报送总机构申报后加盖有主管税务机关受理专用章的《中华人民共和国汇总纳税分支机构企业所得税分配表》（复印件）。

年度终了之日起5个月内，由实行汇总纳税的总机构随同《中华人民共和国企业所得税年度纳税申报表（A类）》报送。

1.3.2 具体项目的填报说明

（1）“税款所属时期”：季度申报填写季度起始日期至所属季度的最后一日。年度申报填写公历1月1日至12月31日。

（2）“分配比例有效期”：填写经企业总机构所在地主管税务机关审批确认的分配比例有效期起及有效期止。

（3）“纳税人识别号”：填写税务机关统一核发的税务登记证号码。

（4）“纳税人名称”：填写税务登记证所载纳税人的全称。

（5）“收入总额”：填写基期年度总机构、各分支机构的经营收入总额。

（6）“工资总额”：填写基期年度总机构、各分支机构的工资总额。

（7）“资产总额”：填写基期年度总机构、各分支机构的资产总额，不包括无形资产。

（8）“合计”：填写基期年度总机构、各分支机构的经营收入总额、工资总额和资产总额三项因素的合计数。

（9）“分支机构分摊的所得税额”：填写本所属时期总机构根据税务机关确定的分摊方法计算，由各分支机构进行分摊的所得税额。

（10）“分配比例”：填写经企业总机构所在地主管税务机关审批确认的各分支机构分配比例。

各分支机构分配比例 =（基期年各分支机构的经营收入总额、工资总额和资产总额三项因素合计数 ÷ 总机构的经营收入总额、工资总额和资产总额三项因素合计数）×100%

（11）“分配税额”：填写本所属时期根据税务机关确定的分摊方法计算，分配给各分支机构缴纳的所得税额。

1.4 预缴申报和汇总纳税审核的税法依据

1.4.1 分月或者分季预缴期限

《企业所得税法》第五十四条规定，企业所得税分月或者分季预缴。

企业应当自月份或者季度终了之日起15日内，向税务机关报送预缴企业所得税纳税申报表，预缴税款。

企业应当自年度终了之日起5个月内，向税务机关报送年度企业所得税纳税申报表，并汇算清缴，结清应缴应退税款。

企业在报送企业所得税纳税申报表时，应当按照规定附送财务会计报告和其他有关资料。

1.4.2 预缴税款的计算方法

《企业所得税法实施条例》第一百二十八条规定，企业所得税分月或者分季预缴，由税务机关具体核定。企业根据企业所得税法第五十四条规定分月或者分季预缴企业所得税时，应当按照月度或者季度的实际利润额预缴；按照月度或者季度的实际利润额预缴有困难的，可以按照上一纳税年度应纳税所得额的月度或者季度平均额预缴，或者按照经税务机关认可的其他方法预缴。预缴方法一经确定，该纳税年度内不得随意变更。

1.4.3 预缴申报报关资料

《企业所得税法实施条例》第一百二十九条规定，企业在纳税年度内无论盈利或者亏损，都应当依照《企业所得税法》第五十四条规定的期限，向税务机关报送预缴企业所得税纳税申报表、年度企业所得税纳税申报表、财务会计报告和税务机关规定应当报送的其他有关资料。

1.4.4 房地产开发企业预缴

国税函〔2008〕299号文件对房地产开发企业预缴，作出如下规定：

一、房地产开发企业按当年实际利润据实分季（或月）预缴企业所得税的，对开发、建造的住宅、商业用房以及其他建筑物、附着物、配套设施等开发产品，在未完工前采取预售方式销售取得的预售收入，按照规定的预计利润率分季（或月）计算出预计利润额，计入利润总额预缴，开发产品完工、结算计税成本后按照实际利润再行调整。

二、预计利润率暂按以下规定的标准确定

（一）非经济适用房开发项目

（1）位于省、自治区、直辖市和计划单列市人民政府所在地城区和郊区的，不得低于20%。

（2）位于地级市、地区、盟、州城区及郊区的，不得低于15%。

（3）位于其他地区的，不得低于10%。

（二）经济适用房开发项目

经济适用房开发项目符合建设部、国家发展改革委、国土资源部、中国人民银行《关于印发〈经济适用房管理办法〉的通知》（建住房〔2004〕77号）等有关规定的，不得低于3%。

三、房地产开发企业按当年实际利润据实预缴企业所得税的，对开发、建造的住宅、商业用房以及其他建筑物、附着物、配套设施等开发产品，在未完工前采取预售方式销售取得的预售收入，按照规定的预计利润率分季（或月）计算出预计利润额，填报在《中华人民共和国企业所得税月（季）度预缴纳税申报表（A类）》（国税函〔2008〕44号文件附件1）第4行“利润总额”内。

四、房地产开发企业对经济适用房项目的预售收入进行初始纳税申报时，必须附送有关部门批准经济适用房项目开发、销售的文件以及其他相关证明材料。凡不符合规定或未附送有关部门的批准文件以及其他相关证明材料的，一律按销售非经济适用房的规定执行。

五、本通知适用于从事房地产开发经营业务的居民纳税人。

六、本通知自2008年1月1日起执行。已按原预计利润率办理完毕2008年第一季度预缴的外商投资房地产开发企业，从第二季度起按本通知执行。

1.4.5 小型微利企业预缴

国税函〔2008〕251号文件对小型微利企业预缴申报，作出如下规定：

一、企业按当年实际利润预缴所得税的，如上年度符合《中华人民共和国企业所得税法实施条例》第九十二条规定的小型微利企业条件，在本年度填写《中华人民共和国企业所得税月（季）度纳税申报表（A类）》（国税函〔2008〕44号文件附件1）时，第4行“利润总额”与5%的乘积，暂填入第7行“减免所得税额”内。

二、小型微利企业条件中，“从业人数”按企业全年平均从业人数计算，“资产总额”按企业年初和年末的资产总额平均计算。

三、企业在当年首次预缴企业所得税时，须向主管税务机关提供企业上年度符合小型微利企业条件的相关证明材料。主管税务机关对企业提供的相关证明材料核实后，认定企业上年度不符合小型微利企业条件的，该企业当年不得按本通知第一条规定填报纳税申报表。

四、纳税年度终了后，主管税务机关要根据企业当年有关指标，核实企业当年是否符合小型微利企业条件。企业当年有关指标不符合小型微利企业条件，但已按本通知第一条规定计算减免所得税额的，在年度汇算清缴时要补缴按本通知第一条规定计算的减免所得税额。

1.4.6 汇总纳税政策

一、汇总纳税企业的范围

居民企业在中国境内设立不具有法人资格的营业机构的，应当汇总计算并缴纳企业所得税。

除国务院另有规定外，企业之间不得合并缴纳企业所得税。

（依据《企业所得税法》）

企业汇总计算并缴纳企业所得税时，应当统一核算应纳税所得额，具体办法由国务院财政、税务主管部门另行制定。

（依据《企业所得税法实施条例》）

居民企业在中国境内跨地区（指跨省、自治区、直辖市和计划单列市，下同）设立不具有法人资格的营业机构、场所（以下称分支机构）的，该居民企业为汇总纳税企业（以下称企业），除另有规定外，适用本办法。

铁路运输企业（包括广铁集团和大秦铁路公司）、国有邮政企业、中国工商银行股份有限公司、中国农业银行、中国银行股份有限公司、国家开发银行、中国农业发展银行、中国进出口银行、中央汇金投资有限责任公司、中国建设银行股份有限公司、中国建银投资有限责任公司、中国石油天然气股份有限公司、中国石油化工股份有限公司以及海洋石油天然气企业（包括港澳台和外商投资、外国海上石油天然气企业）等缴纳所得税未纳入中央和地方分享范围的企业，不适用本办法。

（依据国税发〔2008〕28号第二条）

二、企业跨地区汇总纳税计算企业所得税的原则

（一）企业实行“统一计算、分级管理、就地预缴、汇总清算、财政调库”的企业所得税征收管理办法。

（二）统一计算，是指企业总机构统一计算包括企业所属各个不具有法人资格的营业机构、场所在内的全部应纳税所得额、应纳税额。

（三）分级管理，是指总机构、分支机构所在地的主管税务机关都有对当地机构进行企业所得税管理的责任，总机构和分支机构应分别接受机构所在地主管税务机关的管理。

（四）就地预缴，是指总机构、分支机构应按本办法的规定，分月或分季分别向所在地主管税务机关申报预缴企业所得税。

（五）汇总清算，是指在年度终了后，总机构负责进行企业所得税的年度汇算清缴，统一计算企业的年度应纳所得税额，抵减总机构、分支机构当年已就地分期预缴的企业所得税款后，多退少补税款。

（六）财政调库，是指财政部定期将缴入中央国库的跨地区总分机构企业所得税待分配收入，按照核定的系数调整至地方金库。

（依据国税发〔2008〕28 号）

三、汇总纳税企业总、分机构预缴规定

（一）总机构和具有主体生产经营职能的二级分支机构，就地分期预缴企业所得税。

二级分支机构及其下属机构均由二级分支机构集中就地预缴企业所得税；三级及以下分支机构不就地预缴企业所得税，其经营收入、职工工资和资产总额统一计入二级分支机构。

（二）总机构设立具有独立生产经营职能部门，且具有独立生产经营职能部门的经营收入、职工工资和资产总额与管理职能部门分开核算的，可将具有独立生产经营职能的部门视同一个分支机构，就地预缴企业所得税。具有独立生产经营职能部门与管理职能部门的经营收入、职工工资和资产总额不能分开核算的，具有独立生产经营职能的部门不得视同一个分支机构，不就地预缴企业所得税。

（三）不具有主体生产经营职能，且在当地不缴纳增值税、营业税的产品售后服务、内部研发、仓储等企业内部辅助性的二级及以下分支机构，不就地预缴企业所得税。

（四）上年度认定为小型微利企业的，其分支机构不就地预缴企业所得税。

（五）新设立的分支机构，设立当年不就地预缴企业所得税。

（六）撤销的分支机构，撤销当年剩余期限内应分摊的企业所得税款由总机构缴入中央国库。

（七）企业在中国境外设立的不具有法人资格的营业机构，不就地预缴企业所得税。

企业计算分期预缴的所得税时，其实际利润额、应纳税额及分摊因素数额，均不包括其在中国境外设立的营业机构。

（依据国税发〔2008〕28 号）

总机构和分支机构应分期预缴的企业所得税，50% 在各分支机构间分摊预缴，50% 由总机构预缴。总机构预缴的部分，其中 25% 就地入库，25% 预缴入中央国库，按照财预〔2008〕10 号文件的有关规定进行分配。

总机构应按照以前年度（1— 6 月份按上上年度，7—12 月份按上年度）分支机构的经营收入、职工工资和资产总额三项因素计算各分支机构应分摊所得税款的比例，三因素的权重依次为 0. 35、0. 35、0. 30。计算公式如下：某分支机构分摊比例 =0. 35 ×（该分支机构营业收入 ÷ 各分支机构营业收入之和） +0. 35 ×（该分支机构工资总额 ÷ 各分支机构工资总额之和） +0. 30 ×（该分支机构资产总额 ÷ 各分支机构资产总额之和）。

以上公式中分支机构仅指需要就地预缴的分支机构，该税款分摊比例按上述方法一经确定后，当年不作调整。

四、总机构和分支机构弥补亏损规定

总机构和分支机构2007年及以前年度按独立纳税人计缴所得税尚未弥补完的亏损，允许在法定剩余年限内继续弥补。

（依据国税发〔2008〕28号第十七条）

五、二级分支机构的判定问题

二级分支机构是指总机构对其财务、业务、人员等直接进行统一核算和管理的领取非法人营业执照的分支机构。

总机构应及时将其所属二级分支机构名单报送总机构所在地主管税务机关，并向其所属二级分支机构及时出具有效证明（支持证明的材料包括总机构拨款证明、总分机构协议或合同、公司章程、管理制度等）。

二级分支机构在办理税务登记时应向其所在地主管税务机关报送非法人营业执照（复印件）和由总机构出具的二级分支机构的有效证明。其所在地主管税务机关应对二级分支机构进行审核鉴定，督促其及时预缴企业所得税。

以总机构名义进行生产经营的非法人分支机构，无法提供有效证据证明其二级及二级以下分支机构身份的，应视同独立纳税人计算并就地缴纳企业所得税，不执行《国家税务总局关于印发〈跨地区经营汇总纳税企业所得税征收管理暂行办法〉的通知》（国税发〔2008〕28号）的相关规定。

（依据国税函〔2009〕221号）

六、总分支机构适用不同税率时企业所得税款计算和缴纳

（一）总机构和分支机构处于不同税率地区的，先由总机构统一计算全部应纳税所得额，然后依照本办法第十九条规定的比例和第二十三条规定的三因素及其权重，计算划分不同税率地区机构的应纳税所得额后，再分别按总机构和分支机构所在地的适用税率计算应纳税额。

（依据国税发〔2008〕28号第十六条）

（二）预缴时，总机构和分支机构处于不同税率地区的，先由总机构统一计算全部应纳税所得额，然后按照国税发〔2008〕28号文件第十九条规定的比例和第二十三条规定的三因素及其权重，计算划分不同税率地区机构的应纳税所得额，再分别按各自的适用税率计算应纳税额后加总计算出企业的应纳所得税总额。再按照国税发〔2008〕28号文件第十九条规定的比例和第二十三条规定的三因素及其权重，向总机构和分支机构分摊就地预缴的企业所得税款。

汇缴时，企业年度应纳所得税额应按上述方法并采用各分支机构汇算清缴所属年度的三因素计算确定。

除《国务院关于实施企业所得税过渡优惠政策的通知》（国发〔2007〕39号）、《财政部国家税务总局关于企业所得税若干优惠政策的通知》（财税〔2008〕1号）和《财政部国家税务总局关于贯彻落实国务院关于实施企业所得税过渡优惠政策有关问题的通知》（财税〔2008〕21号）有关规定外，跨地区经营汇总纳税企业不得按照上述总分支机构处

于不同税率地区的计算方法计算并缴纳企业所得税，应按照企业适用统一的税率计算并缴纳企业所得税。

（依据国税函〔2009〕221 号）

七、预缴和年度汇算清缴时分支机构应报送的资料

跨地区经营汇总纳税企业在进行企业所得税预缴和年度汇算清缴时，二级分支机构应向其所在地主管税务机关报送其本级及以下分支机构的生产经营情况，主管税务机关应对报送资料加强审核，并作为对二级分支机构计算分摊税款比例的三项指标和应分摊入库所得税税款进行查验核对的依据。

（依据国税函〔2009〕221 号）

八、总分机构就地预缴税款方法

（一）企业应根据当期实际利润额，按照本办法规定的预缴分摊方法计算总机构和分支机构的企业所得税预缴额，分别由总机构和分支机构分月或者分季就地预缴。

在规定期限内按实际利润额预缴有困难的，经总机构所在地主管税务机关认可，可以按照上一年度应纳税所得额的 1/12 或 1/4，由总机构、分支机构就地预缴企业所得税。

预缴方式一经确定，当年度不得变更。

（二）总机构和分支机构应分期预缴的企业所得税，50% 在各分支机构间分摊预缴，50% 由总机构预缴。总机构预缴的部分，其中 25% 就地入库，25% 预缴入中央国库，按照财预〔2008〕10 号文件的有关规定进行分配。

（依据国税发〔2008〕28 号第十八条、第十九条）

（一）按照当期实际利润额预缴的税款分摊方法

（1）分支机构应分摊的预缴数：总机构根据统一计算的企业当期实际应纳所得税额，在每月或季度终了后 10 日内，按照各分支机构应分摊的比例，将本期企业全部应纳所得税额的 50% 在各分支机构之间进行分摊并通知到各分支机构；各分支机构应在每月或季度终了之日起 15 日内，就其分摊的所得税额向所在地主管税务机关申报预缴。

（2）总机构应分摊的预缴数：总机构根据统一计算的企业当期应纳所得税额的 25%，在每月或季度终了后 15 日内自行就地申报预缴。

（3）总机构缴入中央国库分配税款的预缴数：总机构根据统一计算的企业当期应纳所得税额的 25%，在每月或季度终了后 15 日内自行就地申报预缴。

（依据国税发〔2008〕28 号第二十条）

（二）按照上一年度应纳税所得额的 1/12 或 1/4 预缴的税款分摊方法。

按照上一年度应纳税所得额的 1/12 或 1/4 预缴的税款分摊方法

（1）分支机构应分摊的预缴数总机构根据上年汇算清缴统一计算应缴纳所得税额的 1/12 或 1/4，在每月或季度终了之日起 10 日内，按照各分支机构应分摊的比例，将本期企业全部应纳所得税额的 50% 在各分支机构之间进行分摊，并通知到各分支机构；各分支机构应在每月或季度终了之日起 15 日内，就其分摊的所得税额向所在地主管税务机关申报预缴。

（2）总机构应分摊的预缴数：总机构根据上年汇算清缴统一计算应缴纳所得税额的 1/12或 1/4，将企业全部应纳所得税额的 25% 部分，在每月或季度终了后 15 日内自行向

所在地主管税务机关申报预缴。

（3）总机构缴入中央国库分配税款的预缴数总机构根据上年汇算清缴统一计算应缴纳所得税额的1/12或1/4，将企业全部应纳所得税额的25%部分，在每月或季度终了后15日内，自行向所在地主管税务机关申报预缴。

（依据国税发〔2008〕28号第二十一条）

九、总、分机构企业所得税汇算清缴的规定

总机构在年度终了后5个月内，应依照法律、法规和其他有关规定进行汇总纳税企业的所得税年度汇算清缴。各分支机构不进行企业所得税汇算清缴。

当年应补缴的所得税款，由总机构缴入中央国库。当年多缴的所得税款，由总机构所在地主管税务机关开具“税收收入退还书”等凭证，按规定程序从中央国库办理退库。

（依据国税发〔2008〕28号第二十二条）

十一、分支机构分摊税款比例的计算

（一）总机构应按照以前年度（1—6月份按上上年度，7—12月份按上年度）分支机构的经营收入、职工工资和资产总额三项因素计算各分支机构应分摊所得税款的比例，三因素的权重依次为0.35、0.35、0.30。计算公式如下：某分支机构分摊比例＝0.35×（该分支机构营业收入÷各分支机构营业收入之和）+0.35×（该分支机构工资总额÷各分支机构工资总额之和）+0.30×（该分支机构资产总额÷各分支机构资产总额之和）。

以上公式中分支机构仅指需要就地预缴的分支机构，该税款分摊比例按上述方法一经确定后，当年不作调整。

（二）本办法所称分支机构经营收入，是指分支机构在销售商品或者提供劳务等经营业务中实现的全部营业收入。其中，生产经营企业的经营收入是指销售商品、提供劳务等取得的全部收入；金融企业的经营收入是指利息和手续费等全部收入；保险企业的经营收入是指保费等全部收入。

（三）本办法所称分支机构职工工资，是指分支机构为获得职工提供的服务而给予职工的各种形式的报酬。

（四）本办法所称分支机构资产总额，是指分支机构拥有或者控制的除无形资产外能以货币计量的经济资源总额。

（五）各分支机构的经营收入、职工工资和资产总额的数据均以企业财务会计决算报告数据为准。

（六）分支机构所在地主管税务机关对总机构计算确定的分摊所得税款比例有异议的，应于收到《中华人民共和国企业所得税汇总纳税分支机构分配表》后30日内向企业总机构所在地主管税务机关提出书面复核建议，并附送相关数据资料。总机构所在地主管税务机关必须于收到复核建议后30日内，对分摊税款的比例进行复核，并作出调整或维持原比例的决定。分支机构所在地主管税务机关应执行总机构所在地主管税务机关的复核决定。

（七）分摊所得税款比例复核期间，分支机构应先按总机构确定的分摊比例申报预缴税款。

（依据国税发〔2008〕28号）

十二、总分机构应在所在地办理税务登记

总机构和分支机构均应依法办理税务登记，接受所在地税务机关的监督和管理。

（依据国税发〔2008〕28 号第三十条）

十三、总机构应向主管税务机关报送的资料

（一）总机构应在每年 6 月 20 日前，将依照本办法第二十三条规定方法计算确定的各分支机构当年应分摊税款的比例，填入《中华人民共和国企业所得税汇总纳税分支机构分配表》（见《国家税务总局关于印发〈中华人民共和国企业所得税月（季）度预缴纳税申报表〉等报表的通知》（国税函〔2008〕44 号）附件 4，该附件填报说明第二条第 10 项“各分支机构分配比例”的计算公式依照本办法第二十三条的规定执行），报送总机构所在地主管税务机关，同时下发各分支机构。

（二）总机构所在地主管税务机关收到总机构报送的《中华人民共和国企业所得税汇总纳税分支机构分配表》后 10 日内，应通过国家税务总局跨地区经营汇总纳税企业信息交换平台或邮寄等方式，及时传送给各分支机构所在地主管税务机关。

（三）总机构及其分支机构除按纳税申报规定向主管税务机关报送相关资料外，还应报送《中华人民共和国企业所得税汇总纳税分支机构分配表》、财务会计决算报告和职工工资总额情况表。

（依据国税发〔2008〕28 号第三十一条、第三十二条、第三十六条）

十四、总机构需向主管税务机关备案事项

（一）总机构应当将其所有二级分支机构（包括不参与就地预缴分支机构）的信息及二级分支机构主管税务机关的邮编、地址报主管税务机关备案。

（二）分支机构应将总机构信息、上级机构、下属分支机构信息报主管税务机关备案。

（三）分支机构注销后 15 日内，总机构应将分支机构注销情况报主管税务机关备案。

（依据国税发〔2008〕28 号第三十三条、第三十四条、第三十五条）

十五、分支机构各项财产损失报批

分支机构的各项财产损失，应由分支机构所在地主管税务机关审核并出具证明后，再由总机构向所在地主管税务机关申报扣除。

（依据国税发〔2008〕28 号第三十七条）

十六、分支机构少缴税款的法律责任

各分支机构主管税务机关应根据总机构主管税务机关反馈的《中华人民共和国企业所得税汇总纳税分支机构分配表》，对其主管分支机构应分摊入库的所得税税款和计算分摊税款比例的三项指标进行查验核对。发现计算分摊税款比例的三项指标有问题的，应及时将相关情况通报总机构主管税务机关。分支机构未按税款分配数额预缴所得税造成少缴税款的，主管税务机关应按照《中华人民共和国税收征收管理法》及其实施细则的有关规定对其处罚，并将处罚结果通知总机构主管税务机关。

（依据国税发〔2008〕28 号第三十八条）

十七、居民企业在同一省（市）内跨地、市（区、县）设立不具有法人资格营业机构、场所的征收

居民企业在同一省、自治区、直辖市和计划单列市内跨地、市（区、县）设立不具有

法人资格营业机构、场所的，其企业所得税征收管理办法，由各省、自治区、直辖市和计划单列市国家税务局、地方税务局参照本办法联合制定。

（依据国税发〔2008〕28号第三十九条）

十八、总机构不向分支机构提供企业所得税分配表，导致分支机构无法正常就地申报预缴企业所得税的处理

首先，分支机构主管税务机关要对二级分支机构进行审核鉴定，如该二级分支机构具有主体生产经营职能，可以确定为应就地申报预缴所得税的二级分支机构；其次，对确定为就地申报预缴所得税的二级分支机构，主管税务机关应责成该分支机构督促总机构限期提供税款分配表，同时函请总机构主管税务机关责成总机构限期提供税款分配表，并由总机构主管税务机关对总机构按照《中华人民共和国税收征收管理法》的有关规定予以处罚；总机构主管税务机关未尽责的，由上级税务机关对总机构主管税务机关依照税收执法责任制的规定严肃处理。

（依据国税函〔2008〕747号）

十九、实行跨地区汇总纳税的企业能否核定征收所得税处理

跨地区汇总纳税企业的所得税收入涉及跨区利益，跨区法人应健全财务核算制度并准确计算经营成果，不适用《国家税务总局关于印发〈企业所得税核定征收办法（试行）〉的通知》（国税发〔2008〕30号）。

（依据国税函〔2008〕747号）

二十、跨地区经营外商独资银行汇总纳税

（一）由外国银行在中国设立的分行改制而成的跨地区经营外商独资银行，其所属跨地区经营分支机构应按照《国家税务总局关于印发〈跨地区经营汇总纳税企业所得税征收管理暂行办法〉的通知》（国税发〔2008〕28号）的规定就地预缴企业所得税。

（二）对外商独资银行当年新设立的跨地区经营分支机构，因总机构无法获得新设分支机构上上年度的经营收入、职工工资和资产总额三项因素的相关数据而未分配税金的，新设分支机构在次年上半年可不就地预缴企业所得税。

（三）本通知自2008年1月1日起执行。本通知下发之前，外商独资银行总行没有向所属的跨地区经营分支机构分配应就地预缴税款的，所属的跨地区经营分支机构在以后预缴期间不再就地补缴。外商独资银行2007年新设立的跨地区经营分支机构，已就地预缴企业所得税的，在以后预缴期间也不再进行调整。

（四）其他跨地区经营汇总纳税企业，符合上述情况的，参照上述规定执行。

（依据国税函〔2008〕958号）

二十一、应执行未执行或未准确执行国税发〔2008〕28号文件企业的处理

对应执行国税发〔2008〕28号文件规定而未执行或未正确执行上述文件规定的跨地区经营汇总纳税企业，在预缴企业所得税时造成总机构与分支机构之间同时存在一方（或几方）多预缴另一方（或几方）少预缴税款的，其总机构或分支机构就地预缴的企业所得税低于按上述文件规定计算分配的数额的，应在随后的预缴期间内，由总机构将按上述文件规定计算分配的税款差额分配到总机构或分支机构补缴；其总机构或分支机构就地预缴的企业所得税高于按上述文件规定计算分配的数额的，应在随后的预缴期间内，由总机

构将按上述文件规定计算分配的税款差额从总机构或分支机构的预缴数中扣减。

国税发〔2008〕28号文件第二条第二款所列企业不适用国税函〔2009〕221号规定。

（依据国税函〔2009〕221号）

第二节 非居民企业所得税季度纳税申报

2.1 《非居民企业所得税季度纳税申报表》（据实征收）的填报和审核

2.1.1 适用范围、填报依据和报送要求

（1）《非居民企业所得税季度纳税申报表》（据实征收）适用于能够提供完整、准确的成本、费用凭证，如实计算应纳税所得额的非居民企业所得税纳税人。非居民企业（以下简称“企业”）正常经营的，自季度终了之日起15日内向主管税务机关报送。

（2）企业应当按税法规定期限向主管税务机关报送本表，并同时报送主管税务机关要求报送的其他资料。

（3）企业因确有困难，不能在规定期限内办理季度所得税申报，应当在规定的申报期限内向主管税务机关提出书面延期申请，经主管税务机关核准，可以适当延期。

（4）企业未按规定期限向主管税务机关报送本表、会计报表及主管税务机关要求报送的其他资料的，依照《中华人民共和国税收征收管理法》及其实施细则的有关规定，予以处罚。

本表中所称国家有关税收规定除另有说明外，均指《中华人民共和国企业所得税法》及其实施条例的有关规定，以及国务院、国务院税务主管部门根据税法制定的相关规定。

（5）《非居民企业所得税季度纳税申报表》（据实征收）是在企业账载会计利润总额核算的基础上，依法进行纳税调整相关项目后申报企业应纳税所得额，并依法计算季度应纳所得税。本表及附表的“账载金额”是指企业根据现行国家统一会计制度的规定，记载在相应报表、总账、明细账上的汇总或明细金额；“依法申报金额”是指企业按照现行税收法律、行政法规、规章和规范性文件的规定，对账载金额进行调整后的申报金额。

（6）《非居民企业所得税季度纳税申报表》（据实征收）用中文填写。

2.1.2 表头项目、表尾项目

（1）税款所属期间：填写公历年度，自公历每季度1日起至该季度末止。企业在一个纳税季度中间开业，或者终止经营活动，应当以其实际经营期为一个纳税季度。

（2）纳税人识别号：填写税务登记证上所注明的“纳税人识别号”或主管税务机关颁发的临时纳税人纳税识别号。

（3）金额单位：精确到小数点后两位，四舍五入。

（4）纳税人名称：填写企业税务登记证上的中文名称或临时税务登记的中文名称。

（5）居民国（地区）名称及代码：填写设立常驻代表机构的外国企业或来华承包工程、提供劳务等的外国企业的总机构的居民国（地区）的名称和代码。

（6）声明人签字：由设立企业的外国企业法定代表人或其授权代表企业的负责人签字。

(7) 申报日期：填写实际到主管税务机关进行纳税申报的当日。

(8)《非居民企业所得税季度纳税申报表》(据实征收) 一式二份，一份由企业留存，一份由主管税务机关备查。

2.1.3 具体项目填报要求

(1) 营业收入：填写企业在所属期间所取得的收入。

(2) 营业成本：填写企业在所属期间所支出的成本。

(3) 本季度利润 (亏损) 额：亏损以负数表示。

(4) 实际征收率：本表的实际征收率是指在法定税率的基础上，按税法规定享受所得税税收优惠的企业，在税收优惠期内的企业所得税征收率。不享受所得税税收优惠的，填写本栏时数据应与“法定税率”栏相同。

(5) 本季度前已预缴企业所得税额：填写企业按照现行税收法律、行政法规、规章和规范性文件的规定已在本季度前累计预缴的所得税额。

2.2 《非居民企业所得税季度纳税申报表》(核定征收) 的填报和审核

2.2.1 适用范围、填报依据和报送要求

(1)《非居民企业所得税季度纳税申报表》(核定征收) 适用于按核定利润率，以及按经费支出、成本费用换算收入方式缴纳所得税的非居民企业 (以下简称“企业”)。企业自季度终了之日起 15 日内向主管税务机关报送。企业应当按税法规定期限向主管税务机关报送本表，并同时报送主管税务机关要求报送的其他资料。

(2) 企业因确有困难，不能在规定期限内办理季度所得税申报，应当在规定的申报期限内向主管税务机关提出书面延期申请，经主管税务机关核准，可以适当延期。

(3) 企业未按规定期限向主管税务机关报送本表及主管税务机关要求报送的其他资料的，依照《中华人民共和国税收征收管理法》及其实施细则的有关规定，予以处罚。

(4)《非居民企业所得税季度纳税申报表》(核定征收) 中所称国家有关税收规定除另有说明外，均指《中华人民共和国企业所得税法》及其实施条例的有关规定，以及国务院、国务院税务主管部门根据税法制定的相关规定。

(5)《非居民企业所得税季度纳税申报表》(核定征收) 的账载金额是指企业根据现行国家统一会计制度的规定，记载在相应报表、总账、明细账上的汇总或明细金额；依法申报金额是指企业按照现行税收法律、行政法规、规章和规范性文件的规定，对账载金额进行调整后的申报金额。

(6)《非居民企业所得税季度纳税申报表》(核定征收) 用中文填写。

2.2.2 表头项目、表尾项目

(1) 税款所属期间：填写公历年度，自公历每季度 1 日起至该季度末止。企业在一个纳税季度中间开业，或者终止经营活动，应当以其实际经营期为一个纳税季度。

(2) 纳税人识别号：填写税务登记证上所注明的“纳税人识别号”或主管税务机关颁发的临时纳税人纳税识别号。

(3) 金额单位：精确到小数点后两位，四舍五入。

(4) 纳税人名称：填写企业税务登记证上的中文名称或临时税务登记的中文名称。

(5) 居民国（地区）名称及代码：填写设立常驻代表机构的外国企业或来华承包工程、提高劳务等的外国企业的居民国（地区）的名称和代码。

(6) 声明人签字：由设立企业的外国企业法定代表人或其授权代表企业的负责人签字。

(7) 申报日期：填写实际到主管税务机关进行纳税申报的当日。

(8)《非居民企业所得税季度纳税申报表》（核定征收）一式二份，一份由企业留存，一份由主管税务机关备查。

2.2.3 具体项目的填报要求

(1) “按收入总额核定应纳税所得额的计算”中的应税项目：企业在我国境内提供应税劳务时，凡同一项目项下，发生适用不同核定利润率情况的应税劳务的，均应按照不同的核定利润率分别填报。在“应税劳务名称”下填写具体的项目名称、合同号及应税劳务的具体名称。如：“承包某工程建设 + 合同号 + 境内工程设计”或“承包某工程建设 + 合同号 + 境内工程施工”。

(2) 经费支出总额：填写企业本期实际支出的经费总额。

(3) “按经费支出换算应纳税所得额的计算”中的“换算的收入额”按以下公式计算：换算的收入额 = 经费支出总额 ÷（1 - 经税务机关核定的利润率 - 营业税税率）。

(4) “按成本费用核定应纳税所得额的计算”中的“换算的收入额”按以下公式计算：换算的收入额 = 成本费用总额 ÷（1 - 经税务机关核定的利润率）。

(5) 实际征收率：本表的实际征收率是指在法定税率的基础上，按税法规定享受所得税税收优惠的企业，在税收优惠期内的企业所得税征收率。不享受所得税税收优惠的，填写本栏时数据应与“法定税率”栏相同。

第三节　企业年度关联业务往来报告表

3.1 《企业年度关联业务往来报告表》概说

3.1.1 适用范围及填报依据

(1) 根据《中华人民共和国企业所得税法》第四十三条的规定，制定《企业年度关联业务往来报告表》。

(2)《企业年度关联业务往来报告表》包括：“关联关系表（表一）”、“关联交易汇总表（表二）”、“购销表（表三）”、“劳务表（表四）”、“无形资产表（表五）”、“固定资产表（表六）”、“融通资金表（表七）”、“对外投资情况表（表八）”、“对外支付款项情况表（表九）”共九张报告表。

(3)《企业年度关联业务往来报告表》适用于实行查账征收的居民企业和在中国境内设立机构、场所并据实申报缴纳企业所得税的非居民企业填报。

(4) 企业向税务机关报送年度企业所得税纳税申报表时，应附送《企业年度关联业务往来报告表》。

3.1.2 《企业年度关联业务往来报告表》封面填报

一、纳税人填写内容

(1)“所属年度”：填写报告的关联业务往来事项的所属年度。

(2)“纳税人名称”：填报税务登记证所载纳税人的全称。

(3)“纳税人识别号”：填报税务机关统一核发的税务登记证号码。

(4)“法定代表人”：填写纳税人的法定代表人姓名。

(5)“联系电话”：填写纳税人负责涉税事宜部门或人员的电话号码。

(6)“申报日期”：填写向税务机关递交此关联业务往来事项报告表的日期。

二、税务机关填写内容

(1)“主管税务机关名称”：负责日常管理该纳税人的税务机关名称。

(2)“受理税务人员”：受理此申报事项的税务人员姓名。

(3)“联系电话”：受理该申报事项的税务部门的电话号码。

(4)“受理日期”：填写收到纳税人此关联业务往来事项报告表的日期。

三、填报时注意问题

(1)“所属年度”与“企业所得税年度纳税申报表（A类)”或“非居民企业所得税年度纳税申报表（核实征收)”表头部分的“税款所属期间”中的“年度”保持一致。

(2)“纳税人名称”和“纳税人识别号”与“企业所得税年度纳税申报表（A类)”或“非居民企业所得税年度纳税申报表（核实征收)”表头部分的“纳税人名称”和“纳税人识别号”保持一致。

3.2 《关联关系表》(表一) 填报

3.2.1 填报要求

一、“纳税人识别号”：填报关联方所在国家或地区用于纳税申报的纳税人号码。

二、“国家（地区)”：填报关联方所在国家或地区的名称。

三、“地址”：填报关联企业注册地址和实际经营管理机构所在地地址或关联个人仕所。

四、“关联关系类型”：应按以下关联关系标准填报代码A、B、C等，有多个关联关系类型的，应填报多个代码。

A. 一方直接或间接持有另一方的股份总和达到25%或以上，或者双方直接或间接同为第三方所持有股份达到25%或以上。若一方通过中间方对另一方间接持有股份，只要一方对中间方持股比例达到25%或以上，则一方对另一方的持股比例按照中间方对另一方的持股比例计算。

B. 一方与另一方（独立金融机构除外）之间借贷资金占一方实收资本50%或以上，或者一方借贷资金总额的10%或以上是由另一方（独立金融机构除外）担保。

B. 一方半数以上的高级管理人员（包括董事会成员和经理）或至少一名可以控制董事会的董事会高级成员是由另一方委派，或者双方半数以上的高级管理人员（包括董事会成员和经理）或至少一名可以控制董事会的董事会高级成员同为第三方委派。

D. 一方半数以上的高级管理人员（包括董事会成员和经理）同时担任另一方的高级

管理人员（包括董事会成员和经理），或者一方至少一名可以控制董事会的董事会高级成员同时担任另一方的董事会高级成员。

E. 一方的生产经营活动必须由另一方提供的工业产权、专有技术等特许权才能正常进行。

F. 一方的购买或销售活动主要由另一方控制。

G. 一方接受或提供劳务主要由另一方控制。

H. 一方对另一方的生产经营、交易具有实质控制，或者双方在利益上具有相关联的其他关系，包括虽未达到A项持股比例，但一方与另一方的主要持股方享受基本相同的经济利益，以及家族、亲属关系等。

3.2.2 填报提示

一、填报内容

《关联关系表》填报与纳税人有业务往来的关联方的信息，包括：关联方名称、纳税人识别号、国家（地区）、地址、法定代表人、关联关系类型等六项内容。

二、表间栏次关系

（1）《购销表》（表三）、《劳务表》（表四）中的“境外关联方名称”和对应的“国家（地区）”信息均应来自于本表。

（2）《融通资金表》（表七）中的“境外关联方名称”、“境内关联方名称”和对应的“国家（地区）”信息均应来自于本表。

3.3 《关联交易汇总表》（表二）填报

3.3.1 填报要求

一、《关联交易汇总表》（表二）为表三至表七的汇总情况表

除其他交易类型的交易金额外，所有交易类型的交易金额均为表三至表七各表的相应交易类型的交易金额汇总数。各表间勾稽关系如下：

（1）材料（商品）购入第1列=表3购销表第1项；

材料（商品）购入第4列=表3购销表第4项；

材料（商品）购入第7列=表3购销表第7项。

（2）商品（材料）销售第1列=表3购销表第8项；

商品（材料）销售第4列=表3购销表第11项；

商品（材料）销售第7列=表3购销表第14项。

（3）劳务收入第1列=表4劳务表第1项；

劳务收入第4列=表4劳务表第4项；

劳务收入第7列=表4劳务表第7项。

（4）劳务支出第1列=表4劳务表第8项；

劳务支出第4列=表4劳务表第11项；

劳务支出第7列=表4劳务表第14项。

（5）受让无形资产第1列=表5无形资产表总计第1列；

受让无形资产第4列=表5无形资产表总计第2列；

受让无形资产第7列=表5无形资产表总计第4列。

（6）出让无形资产第1列=表5无形资产表总计第6列；

出让无形资产第4列=表5无形资产表总计第7列；

出让无形资产第7列=表5无形资产表总计第9列。

（7）受让固定资产第1列=表6固定资产表总计第1列；

受让固定资产第4列=表6固定资产表总计第2列；

受让固定资产第7列=表6固定资产表总计第4列。

（8）出让固定资产第1列=表6固定资产表总计第6列；

出让固定资产第4列=表6固定资产表总计第7列；

出让固定资产第7列=表6固定资产表总计第9列。

（9）融资应计利息收入第4列=表7融通资金表合计1第8列；

融资应计利息收入第7列=表7融通资金表合计2第8列；

融资应计利息支出第4列=表7融通资金表合计1第7列；

融资应计利息支出第7列=表7融通资金表合计2第7列。

（10）其他是指除上述列举业务类型以外的业务发生金额。

二、“是否按要求准备了同期资料：是□否□”：按有关规定准备同期资料的企业在“是□”方框内打√，否则在“否□”方框内打√。

三、“免除准备同期资料□”：如符合免除准备同期资料的企业在方框内打√。

四、“本年度是否签订成本分摊协议：是□否□”：本年度签订成本分摊协议的企业在“是□”方框内打√，否则在“否□”方框内打√。

3.3.2 填报提示

一、填报企业的范围

《关联交易汇总表》填报与关联方发生材料（商品）购入、商品（材料）销售、提供或接收劳务、受让或出让无形资产、受让或出让固定资产、提供或接收融资以及不属于以上类型的其他业务的企业均需填报本表。

二、企业填报的项目

（一）手工录入的数据：本表第11行“其他”；

（二）取自其他表格的数据：

1. 本表第1~8行的1、4、7列数据由表3至表6的填报数据填写；

2. 本表第9、10行的4、7列数据由表7填报数据填写；

3. 根据本表逻辑关系计算生成的数据：第1~8行和第11行的2、3、5、6、8、9列数据，第9、10行的第2、6、9列数据，第12行（合计行）的第1、2、4、6、7、9列数据。

三、表内、表间关系

（一）表内关系

（1）第2列=第4列+第7列；

（2）第3列=第2列/第1列；

（3）第5列=第4列/第1列；

（4）第6列=第4列/第2列；

（5）第8列=第7列/第1列；

（6）第9列=第7列/第2列；

（7）“合计”行第1列=第1列1至11行合计；

（8）“合计”行第2列=第2列1至11行合计；

（9）“合计”行第4列=第4列1至11行合计；

（10）“合计”行第6列=“合计”行第4列/“合计”行第2列；

（11）“合计”行第7列=第7列1至11行合计；

（12）“合计”行第9列=第9列1至11行合计；

（13）“合计”行第9列=“合计”行第7列/“合计”行第2列。

（二）表间关系

（1）材料（商品）购入第1列=表3购销表第1项；

材料（商品）购入第4列=表3购销表第4项；

材料（商品）购入第7列=表3购销表第7项。

（2）商品（材料）销售第1列=表3购销表第8项；

商品（材料）销售第4列=表3购销表第11项；

商品（材料）销售第7列=表3购销表第14项。

（3）劳务收入第1列=表4劳务表第1项；

劳务收入第4列=表4劳务表第4项；

劳务收入第7列=表4劳务表第7项。

（4）劳务支出第1列=表4劳务表第8项；

劳务支出第4列=表4劳务表第11项；

劳务支出第7列=表4劳务表第14项。

（5）受让无形资产第1列=表5无形资产表总计第1列；

受让无形资产第4列=表5无形资产表总计第2列；

受让无形资产第7列=表5无形资产表总计第4列。

（6）出让无形资产第1列=表5无形资产表总计第6列；

出让无形资产第4列=表5无形资产表总计第7列；

出让无形资产第7列=表5无形资产表总计第9列。

（7）受让固定资产第1列=表6固定资产表总计第1列；

受让固定资产第4列=表6固定资产表总计第2列；

受让固定资产第7列=表6固定资产表总计第4列。

（8）出让固定资产第1列=表6固定资产表总计第6列；

出让固定资产第4列=表6固定资产表总计第7列；

出让固定资产第7列=表6固定资产表总计第9列。

（9）融资应计利息收入第4列=表7融通资金表境外定期融资应计利息收入合计（第9列）；

融资应计利息收入第7列=表7融通资金表境内定期融资应计利息收入合计（第9

列)；

融资应计利息支出第 4 列 = 表 7 融通资金表境外定期融资应计利息支出合计（第 8 列)；

融资应计利息支出第 7 列 = 表 7 融通资金表境内定期融资应计利息支出合计（第 8 列)。

3.4 《购销表》（表三）填报

3.4.1 填报要求

(1)“购入总额”：填报年度购入的原材料、半成品、材料（商品）等有形资产的金额，不包括固定资产、工程物资和低值易耗品。

(2)“销售总额”：填报年度所有销售商品（材料）的金额。

(3)“来料加工”：填报收取的加工费金额。

(4)“国家（地区)”：填报境外关联方或非关联方所在国家或地区的名称。

(5)“定价方法”：分为以下六种：1. 可比非受控价格法；2. 再销售价格法；3. 成本加成法；4. 交易净利润法；5. 利润分割法；6. 其他方法。本栏填报对应数字，如选择“6”，应在备注栏中说明所使用的具体方法。

3.4.2 填报提示

一、填报企业范围

《购销表》适用于执行《企业会计准则》、《企业会计制度》或《小企业会计制度》的纳税人填报。

二、填报数据来源

纳税人根据会计制度核算的“存货”、“营业收入”填报此表。

三、具体项目填报说明

(一）总购销的具体项目填报说明

(1)“总购销”第 1 项“购入总额”：填报年度购入的原材料、半成品、材料（商品）等有形资产的金额，不包括固定资产、工程物资和低值易耗品。金额为本表“总购销”内第 2 项“进口购入” + “总购销”内第 5 项“国内购入”。该项数额填入表 2 第 1 行第 1 列。

(2)“总购销”第 2 项“进口购入”：填报通过进口方式购进的原材料、半成品、材料（商品）等有形资产的金额，不包括固定资产、工程物资和低值易耗品。金额为本表“总购销”内第 3 项“非关联进口” + “总购销”内第 4 项“关联进口”。

(3)“总购销”第 4 项“关联进口”：填报通过境外关联方进口购入的原材料、半成品、材料（商品）等有形资产的金额，不包括固定资产、工程物资和低值易耗品。该项数额填入表 2 第 1 行第 4 列。

(4)“总购销”第 5 项“国内购入”：填报在本国境内购入的原材料、半成品、材料（商品）等有形资产的金额，不包括固定资产、工程物资和低值易耗品。金额为本表“总购销”内第 6 项“非关联购入” + “总购销”内第 7 项“关联购入”。

(5)“总购销”第 7 项“关联购入”：填报通过国内关联方购入的原材料、半成品、材料（商品）等有形资产的金额，不包括固定资产、工程物资和低值易耗品。该项数额填入表2第1行第7列。

（6）“总购销”第8项“销售总额”：填报年度所有销售商品（材料）的金额。金额为本表“总购销”内第9项“出口销售” + “总购销”内第12项“国内销售”。该项数额填入表2第2行第1列。

（7）“总购销”第9项“出口销售”：填报年度所有销往境外的商品（材料）的金额。金额为本表“总购销”内第10项“非关联出口” + “总购销”内第11项“关联出口”。

（8）“总购销”第11项“关联出口”：填报年度所有销往境外关联企业的商品（材料）的金额。该项数额填入表2第2行第4列。

（9）“总购销”第12项“国内销售”：填报年度所有销售国内的商品（材料）的金额。金额为本表“总购销”内第13项“非关联销售” + “总购销”内第14项“关联销售”。

（10）“总购销”第14项“关联销售”：填报年度所有销售国内关联企业的商品（材料）的金额。该项数额填入表2第2行第7列。

（二）按出口贸易方式分类的出口销售收入具体项目填报说明

（1）“来料加工”：填报年度收取的加工费金额。

（2）“国家（地区）”：填报境外关联方或非关联方所在国家或地区的名称。

（3）“定价方法”如填报“6）其他方法”，必须在本表“备注栏”中说明所使用的具体方法（不能为空）。

（三）占出口销售总额10%以上的境外销售对象及其交易和占进口采购总额10%以上的境外采购对象及其交易具体项目填报说明

（14）“三、占出口销售总额10%以上的境外销售对象及其交易：交易金额”应大于或等于“一、总购销：销售总额——出口销售（第9项）”×10%（允许0.50元误差）；“四、占进口采购总额10%以上的境外采购对象及其交易：交易金额”应大于或等于“一、总购销：购入总额——进口购入（第2项）”×10%（允许0.50元误差）。

（15）“一、总购销：销售总额——出口销售（第9项）”值应等于“二、按出口贸易方式分类的出口销售收入”各项值之和。

四、表内、表间关系

（一）表内关系

（1）“总购销”第1项“购入总额” = “总购销”内第2项“进口购入” + “总购销”内第5项“国内购入”。

（2）“总购销”第2项“进口购入” = “总购销”内第3项“非关联进口” + “总购销”内第4项“关联进口”。

（3）“总购销”第5项“国内购入” = “总购销”内第6项“非关联购入” + “总购销”内第7项“关联购入”。

（4）“总购销”第8项“销售总额” = “总购销”内第9项“出口销售” + “总购销”内第12项“国内销售”。

（5）“总购销”第9项“出口销售” = “总购销”内第10项“非关联出口” + “总

购销”内第11项“关联出口”。

（6）“总购销”第12项“国内销售”＝“总购销”内第13项“非关联销售”+“总购销”内第14项“关联销售”。

（二）表间关系

（1）“总购销”第1项“购入总额”＝表2第1行第1列。

（2）“总购销”第4项“关联进口”＝表2第1行第4列。

（3）“总购销”第7项“关联购入”＝表2第1行第7列。

（4）“总购销”第8项“销售总额”＝表2第2行第1列。

（5）“总购销”第11项“关联出口”＝表2第2行第4列。

（6）“总购销”第14项“关联销售”＝表2第2行第7列。

3.5 《劳务表》（表四）填报

3.5.1 填报要求

一、“境外劳务收入”：填报企业提供劳务从境外取得的收入。

二、“境外劳务支出”：填报企业接受劳务向境外支付的费用。

三、“国家（地区）”：填写境外关联方或非关联方所在国家或地区的名称。

四、“定价方法”：分为以下六种：1. 可比非受控价格法；2. 再销售价格法；3. 成本加成法；4. 交易净利润法；5. 利润分割法；6. 其他方法。本栏填报对应数字，如选择“6”，应在备注栏中说明所使用的具体方法。

3.5.2 填报提示

一、填报企业范围

《劳务表》适用于实行查帐征收的居民企业和在中国境内设立机构、场所并据实申报缴纳企业所得税的非居民企业填报，发生提供或接收劳务业务的企业均需填报此表。

二、填报数据来源

企业根据会计制度核算的“主营业务收入”、“其他业务收入”、“主营业务成本”、“其他业务支出”以及相关费用类科目填报。

三、具体项目填报说明

（1）“境外劳务收入”：填报企业提供劳务从境外取得的收入；“境外劳务支出”：填报企业接受劳务向境外支付的费用。

（2）“总劳务交易”中第1项“劳务收入”金额为第2项“境外劳务收入”与第5项“境内劳务收入”数据之和。该项数据填入表二第三行“劳务收入”第一列。

（3）“总劳务交易”中第2项“境外劳务收入”金额为第3项“非关联劳务收入”与第4项“关联劳务收入”数据之和。

（4）“总劳务交易”中第4项“关联劳务收入”数据填入表二第三行“劳务收入”第四列。

（5）“总劳务交易”中第5项“境内劳务收入”金额为第6项“非关联劳务收入”与第7项“关联劳务收入”数据之和。

（6）“总劳务交易”中第7项“关联劳务收入”数据填入表二第三行“劳务收入”第

七列。

（7）“总劳务交易”中第8项“劳务支出”金额为第9项“境外劳务支出”与第12项“境内劳务支出”数据之和。该项数据填入表二第四行“劳务支出”第一列。

（8）“总劳务交易”中第9项“境外劳务支出”金额为第10项“非关联劳务支出”与第11项“关联劳务支出”数据之和。

（9）“总劳务交易”中第11项“关联劳务支出”数据填入表二第四行“劳务支出”第四列。

（10）“总劳务交易”中第12项“境内劳务支出”金额为第13项“非关联劳务支出”与第14项“关联劳务支出”数据之和。

（11）“总劳务交易”中第14项“关联劳务支出”数据填入表二第四行“劳务支出”第七列。

（12）“二、占境外劳务收入额占劳务收入总额10%以上的境外交易对象及其交易：交易金额”应大于或等于“一、总劳务交易：劳务收入（第1项）”×10%（允许0.50元误差）；“三、占境外劳务支出额占劳务支出总额10%以上的境外交易对象及其交易：交易金额”应大于或等于“一、总劳务交易：劳务支出（第8项）”×10%（允许0.50元误差）。

（13）“定价方法”如填报“6. 其他方法”，必须在本表“备注栏”中说明所使用的具体方法（不能为空）。

四、表内、表间关系

（一）表内关系

（1）第1项=第2+5项。

（2）第2项=第3+4项。

（3）第5项=第6+7项。

（4）第8项=第9+12项。

（5）第9项=第10+11项。

（6）第12项=第13+14项。

（二）表间关系

（1）第1项=表二第3行（劳务收入）第1列（交易总金额）。

（2）第4项=表二第3行（劳务收入）第4列（境外关联交易：金额）。

（3）第7项=表二第3行（劳务收入）第7列（境内关联交易：金额）。

（4）第8项=表二第4行（劳务支出）第1列（交易总金额）。

（5）第11项=表二第4行（劳务支出）第4列（境外关联交易：金额）。

（6）第14项=表二第4行（劳务支出）第7列（境内关联交易：金额）。

3.6 《无形资产表》（表五）填报。

一、填报企业范围

《无形资产表》适用于实行查帐征收的居民企业和在中国境内设立机构、场所并据实申报缴纳企业所得税的非居民企业填报。发生受让或出让无形资产（包括使用权和所有权）业务的纳税人填报本表。

二、填报数据来源

纳税人根据会计制度核算的“制造费用”、“管理费用”、“营业费用”、“无形资产”、“主营业务收入”、“营业外收入”、“其他业务收入”填报此表。

三、具体项目的填报说明

（1）第1列“受让总交易金额”：金额为本表第2+3+4+5列。

（2）第2列“从境外受让无形资产关联交易金额”：填报受让无形资产使用权或购买无形资产所有权向境外关联方支付的金额。

（3）第3列“从境外受让无形资产非关联交易金额”：填报受让无形资产使用权或购买无形资产所有权向境外非关联方支付的金额。

（4）第4列“从境内受让无形资产关联交易金额”：填报受让无形资产使用权或购买无形资产所有权向境内关联方支付的金额。

（5）第5列“从境内受让无形资产非关联交易金额”：填报受让无形资产使用权或购买无形资产所有权向境内非关联方支付的金额。

（6）第6列“出让总交易金额”：金额为本表第7+8+9+10列。

（7）第7列“向境外出让无形资产关联交易金额”：填报出让无形资产使用权或出售无形资产所有权向境外关联方收取的金额。

（8）第8列“向境外出让无形资产非关联交易金额”：填报出让无形资产使用权或出售无形资产所有权向境外非关联方收取的金额。

（9）第9列“向境内出让无形资产关联交易金额”：填报出让无形资产使用权或出售无形资产所有权向境内关联方收取的金额。

（10）第10列“向境内出让无形资产非关联交易金额”：填报出让无形资产使用权或出售无形资产所有权向境内非关联方收取的金额。

（11）第1行“土地使用权”：填报受让土地使用权而发生的使用费支出或让渡土地使用权而取得的使用费收入。

（12）第2行“专利权”：填报受让专利权而发生的使用费支出或让渡专利权而取得的使用费收入。

（13）第3行“非专利技术”：填报受让非专利技术而发生的使用费支出或让渡非专利技术而取得的使用费收入。

（14）第4行“商标权”：填报受让商标权而发生的使用费支出或让渡商标权而取得的使用费收入。

（15）第5行“著作权”：填报受让著作权而发生的使用费支出或让渡著作权而取得的使用费收入。

（16）第6行“其他”：填报在“制造费用”、“管理费用”、“营业费用”会计科目核算的、上述未列举的其他受让无形资产使用权而发生的使用费支出或在“主营业务收入”、“其他业务收入”、“营业外收入”等会计科目核算的、上述未列举的其他让渡无形资产使用权而取得的使用费收入。

（17）第7行为“其中:”：填报需要特别列明的无形资产使用权受让支出或出让收入

（是第6行“其他”行的补充）。

（18）第8行“合计”：金额为本表第1+2+3+4+5+6行。

（19）第9行“专利权”：填报购买专利权所有权而发生的支出或出售专利权所有权而取得的收入。

（20）第10行“非专利技术”：填报购买非专利技术所有权而发生的支出或出售非专利技术所有权而取得的收入。

（21）第11行“商标权”：填报购买商标权所有权而发生的支出或出售商标权所有权而取得的收入。

（22）第12行“著作权”：填报购买著作权所有权而发生的支出或出售著作权所有权而取得的收入。

（23）第13行“其他”：填报在“无形资产”会计科目核算的、上述未列举的其他购买无形资产所有权而发生的支出或在“营业外收入”会计科目核算的、上述未列举的其他出售无形资产所有权而取得的收入。

（24）第14行为“其中”：填报需要特别列明的无形资产所有权受让支出或出让收入（是第13行“其他”的补充）。

（25）第15行“合计”：金额为本表第9+10+11+12+13行。

（26）第16行“总计”：金额为本表第8+15行。该行第1列数额填入（表二）第5行第1列，该行第2列数额填入（表二）第5行第4列，该行第4列数额填入（表二）第5行第7列；该行第6列数额填入（表二）第6行第1列，该行第7列数额填入（表二）第6行第4列，该行第9列数额填入（表二）第6行第7列。

四、表内、表间关系

（一）表内关系

（1）第1列=第2+3+4+5列。

（2）第6列=第7+8+9+10列。

（3）第8行=第1+2+3+4+5+6行。

（4）第15行=第9+10+11+12+13行。

（5）第16行=第8+15行。

（二）表间关系

（1）第16行第1列=（表二）第5行第1列。

（2）第16行第2列=（表二）第5行第4列。

（3）第16行第4列=（表二）第5行第7列。

（4）第16行第6列=（表二）第6行第1列。

（5）第16行第7列=（表二）第6行第4列。

（6）第16行第9列=（表二）第6行第7列。

3.7 《固定资产表》（表六）填报

一、填报企业范围

《固定资产表》适用于实行查帐征收的居民企业和在中国境内设立机构、场所并据实申报缴纳企业所得税的非居民企业填报。发生受让或出让固定资产（包括使用权和所有权）业务的纳税人填报本表。

二、填报数据来源

纳税人根据会计制度核算的“制造费用”、“管理费用”、“营业费用”、“固定资产”、“主营业务收入”、“其他业务收入”、“营业外收入”填报此表。

三、具体项目填报说明

（1）第1列“受让总交易金额”：金额为本表第2+3+4+5列。

（2）第2列“从境外受让固定资产关联交易金额”：填报受让固定资产使用权或购买固定资产所有权向境外关联方支付的金额。

（3）第3列“从境外受让固定资产非关联交易金额”：填报受让固定资产使用权或购买固定资产所有权向境外非关联方支付的金额。

（4）第4列“从境内受让固定资产关联交易金额”：填报受让固定资产使用权或购买固定资产所有权向境内关联方支付的金额。

（5）第5列“从境内受让固定资产非关联交易金额”：填报受让固定资产使用权或购买固定资产所有权向境内非关联方支付的金额。

（6）第6列“出让总交易金额”：金额为本表第7+8+9+10列。

（7）第7列“向境外出让固定资产关联交易金额”：填报出让固定资产使用权或出售固定资产所有权向境外关联方收取的金额。

（8）第8列“向境外出让固定资产非关联交易金额”：填报出让固定资产使用权或出售固定资产所有权向境外非关联方收取的金额。

（9）第9列“向境内出让固定资产关联交易金额”：填报出让固定资产使用权或出售固定资产所有权向境内关联方收取的金额。

（10）第10列“向境内出让固定资产非关联交易金额”：填报出让固定资产使用权或出售固定资产所有权向境内非关联方收取的金额。

（11）第1行“房屋、建筑物”：填报租入房屋、建筑物使用权而发生的租金支出或出租房屋、建筑物使用权而取得的租金收入。

（12）第2行“飞机、火车、轮船、机器、机械和其他生产设备”：填报租入“飞机、火车、轮船、机器、机械和其他生产设备”而发生的租金支出或出租“飞机、火车、轮船、机器、机械和其他生产设备”使用权而取得的租金收入。

（13）第3行“与生产经营活动有关的器具、工具、家具”：填报租入“与生产经营活动有关的器具、工具、家具”使用权而发生的租金支出或出租与生产经营活动有关的器具、工具、家具”使用权而取得的租金收入。

（14）第4行“飞机、火车、轮船以外的运输工具”：填报租入“飞机、火车、轮船以外的运输工具”使用权而发生的租金支出或出租“飞机、火车、轮船以外的运输工具”使用权而取得的租金收入。

（15）第5行为“电子设备”：填报租入“电子设备”使用权而发生的租金支出或出租“电子设备”使用权而取得的租金收入。

（16）第6行为“其他”：填报租入“未列入以上项目的其他固定资产”使用权而发

生的租金支出或出租“未列入以上项目的其他固定资产”使用权而取得的租金收入。

（17）第7行“合计”：金额为本表第1+2+3+4+5+6行。

（18）第8行“房屋、建筑物”：填报购买房屋、建筑物所有权而发生的支出或出售房屋、建筑物所有权而取得的收入。

（19）第9行“飞机、火车、轮船、机器、机械和其他生产设备”：填报购买“飞机、火车、轮船、机器、机械和其他生产设备”所有权而发生的支出或出售“飞机、火车、轮船、机器、机械和其他生产设备”所有权而取得的收入。

（20）第10行“与生产经营活动有关的器具、工具、家具”：填报购买“与生产经营活动有关的器具、工具、家具”所有权而发生的支出或出售“与生产经营活动有关的器具、工具、家具”所有权而取得的收入。

（21）第11行“飞机、火车、轮船以外的运输工具”：填报购买“飞机、火车、轮船以外的运输工具”所有权而发生的支出或出售“飞机、火车、轮船以外的运输工具”所有权而取得的收入。

（22）第12行为“电子设备”：填报购买“电子设备”所有权而发生的支出或出售“电子设备”所有权而取得的收入。

（23）第13行为“其他”：填报购买“未列入以上项目的其他固定资产”所有权而发生的支出或出售“未列入以上项目的其他固定资产”所有权而取得的收入。

（24）第14行“合计”：金额为本表第9+10+11+12+13行。

（25）第15行“总计”：金额为本表第8+14行。该行第1列数额填入（表二）第7行第1列，该行第2列数额填入（表二）第7行第4列，该行第4列数额填入（表二）第7行第7列；该行第6列数额填入（表二）第8行第1列，该行第7列数额填入（表二）第8行第4列，该行第9列数额填入（表二）第8行第7列。

四、表内、表间关系

（一）表内关系

（1）第1列=第2+3+4+5列。

（2）第6列=第7+8+9+10列。

（3）第7行=第1+2+3+4+5+6行。

（4）第14行=第9+10+11+12+13行。

（5）第15行=第7+14行。

（二）表间关系

（1）第15行第1列=（表二）第7行第1列。

（2）第15行第2列=（表二）第7行第4列。

（3）第15行第4列=（表二）第7行第7列。

（4）第15行第6列=（表二）第8行第1列。

（5）第15行第7列=（表二）第8行第4列。

（6）第15行第9列=（表二）第8行第7列。

3.8 《融通资金表》（表七）填报

3.8.1 填报要求

（1）企业从其关联方接受的债权性投资与企业接受的权益性投资的比例＝年度各月平均关联债权投资之和÷年度各月平均权益投资之和，其中：

各月平均关联债权投资＝（关联债权投资月初账面余额＋月末账面余额）÷2；

各月平均权益投资＝（权益投资月初账面余额＋月末账面余额）÷2。

（2）定期融资应按每笔融资分别填报，融入、融出不得填在同一行。

（3）“国家（地区）”：填报境外关联方所在国家或地区的名称。

（4）“利率”：填报融资的年利率。

（5）“应计利息支出”或“应计利息收入”：填报按权责发生制计算的应计利息支出或应计利息收入，应计利息支出包括资本化的应计利息支出。

（6）如果金额单位为外币的，按照纳税年度最后一日的人民币汇率中间价折合人民币。

3.8.2 填报提示

一、填报企业范围

《融通资金表》适用于实行查帐征收的居民企业和在中国境内设立机构、场所并据实申报缴纳企业所得税的非居民企业填报，发生从关联方接受债权性投资或向关联方提供债权性投资业务的企业均需填报此表，包括发生在当前所属申报年度或发生在以前所属申报年度但存续到当前所属申报年度。

二、填报数据来源

一般企业根据会计制度核算的“短期借款”、“长期借款”、“其他应收款”、“应计利息”、“财务费用”填报；金融企业根据“拆放同业”、“贷款及应收款”、“发行存款证及同业拆入”、“发行债券”、“营业收入”、“营业成本”填报。

三、具体项目填报说明

（1）定期融资应按每笔融资分别填报，针对同一关联方的融入、融出分行填列。填列“融资金额：融入金额”栏次后，“融资金额：融出金额”和“应计利息收入”栏则不能填报；填列“融资金额：融出金额”栏次后，“融资金额：融入金额”和“应计利息支出”栏则不能填报。

（2）对于关联方通过无关联第三方提供的债权性投资，或通过无关联第三方提供给关联方的债权性投资，境外关联方名称或境内关联方名称填该关联方；对于无关联第三方提供的、由关联方担保且负有连带责任的债权性投资，境外关联方名称或境内关联方名称与担保方名称均填报该关联方。

四、表内、表间关系

（一）表内关系

（1）境外合计栏＝境外定期融资栏次合计＋境外其他合计。

（2）境内合计栏＝境内定期融资栏次合计＋境内其他合计。

（3）总计栏＝境外合计＋境内合计。

（二）表间关系

（1）境外"应计利息支出"列"总计" =表2（《关联交易汇总表》）"融资应计利息支出"行第4列。

（2）境内"应计利息支出"列"总计" =表2（《关联交易汇总表》）"融资应计利息支出"行第7列。

（3）境外"应计利息收入"列"总计" =表2（《关联交易汇总表》）"融资应计利息收入"行第4列。

（4）境内"应计利息收入"列"总计" =表2（《关联交易汇总表》）"融资应计利息收入"行第7列。

3.9 《对外投资情况表》（表八）填报

3.9.1 填报要求

（1）《对外投资情况表》（表八）适用于持有外国（地区）企业股份的中国居民企业填报。

（2）"被投资外国企业基本信息"：填报企业所投资的外国企业的基本信息，如企业投资多个外国企业的，应分别填报。其中，"对人民币汇率"填报年度12月31日的记帐本位货币对人民币汇率的中间价。

（3）"被投资外国企业总股份信息"和"企业持有被投资外国企业股份信息"：填报外国企业全部股份数量和企业持有的股份数量，按照有表决权的普通股、无表决权的普通股、优先股以及其他类似股份的权益性资本等分类、分时间段填报。

（4）在香港特别行政区、澳门特别行政区和台湾地区成立的企业，参照适用本表所称的"外国企业"。

3.9.2 填报提示

一、填报企业范围

《对外投资情况表》适用于实行查帐征收的居民企业填报，在所属申报年度持有外国（地区）企业股份的中国居民企业均需填报此表。

二、填报数据来源

一般企业根据会计制度核算的"长期股权投资"填报；金融企业根据"投资子公司"、"投资联营企业及合营企业"填报。

三、表内、表间关系

（一）表内关系

（1）"被投资外国企业总股份信息"及"企业持有被投资外国企业股份信息"列6 =列5/列1

（2）"五、被投资外国企业年度所得税税负信息"列9（税后利润） =列7（应纳税所得额）－列8（实际缴纳所得税）。

（3）"五、被投资外国企业年度所得税税负信息"列10（实际税负比率%） =列8（实际缴纳所得税）/列7（应纳税所得额）。

（4）"七、企业从被投资外国企业分得的股息情况"列14（比例%） =列13（本年度实际分配股息额）/列12（本年度应分配股息额）。

（二）表间关系：无

3.10 《对外支付款项情况表》（表九）填报

3.10.1 填报要求

（1）本年度向境外支付款项金额"：填报本年度向境外实际支付款项的金额，包括未支付但已列入本年度成本费用的金额。

（2）"是否享受税收协定优惠"：填报"是"或"否"。

（3）"已扣缴企业所得税金额"：填报该项支付金额所对应的非居民企业所得税扣缴金额，不属于非居民企业所得税扣缴范围的，填报"不适用"。

（4）"股息、红利"：填报向权益性投资方支付的投资收益。

（5）"利息"：填报向债权性投资方支付的投资收益。

（6）"租金"：填报因取得固定资产等有形资产的使用权而向出租方支付的费用。

（7）"特许权使用费"：填报支付的专利权、非专利技术、商标权、著作权等的使用费。

（8）"财产转让支出"：填报因取得各种财产所有权而支付的款项。

（9）"佣金"：填报向居间介绍货物购销成交的第三方支付的费用，包括佣金、手续费、回扣等。

（10）"设计费"：填报委托受托方进行建筑、工程、系统、软件等项目设计而支付的费用。

（11）"咨询费"：填报接受咨询服务而支付的费用。

（12）"培训费"：填报接受业务技能、专业知识、系统操作、设备操作等培训而支付的费用。

（13）"管理服务费"：填报接受各种管理服务而支付的费用。

（14）"承包工程款"：填报接受承包装配、勘探等工程作业或有关工程项目劳务而支付的款项。

（15）"建筑安装款"：填报接受建筑、安装等项目的劳务而支付的款项。

（16）"文体演出款"填报向境外演出团体或个人支付的境内文艺、体育等表演的款项。

（17）"认证检测费"：填报接受有关资质、证书、产品检测等劳务而支付的费用。

（18）"市场拓展费"：填报接受有关市场开发、拓展、渗透等劳务而支付的费用。

（19）"售后服务费"：填报接受产品的检测、维修、保养等售后服务而支付的费用。

（20）"其他"：填报不能归入上述分类的劳务费支出，对于主要的项目应在下面的栏目中列明具体名称。

3.10.2 填报提示

一、填报企业范围

本报告表适用于实行查帐征收的居民企业和在中国境内设立机构、场所并据实申报缴纳企业所得税的非居民企业填报，发生向境外支付各项费用业务的企业均需填报此表。

二、填报数据来源纳税人根据会计制度核算的相关科目填列

三、具体项目填报说明

(1) 第17行“其他”：填报不能归入上述分类的劳务费支出。

(2)“其中”：作为第17行“其他”的补充，列明占“其他”金额的15%以上的明细。

(3)“合计”行填报“第1行”至“第17行”的加总数。

3.11 《企业年度关联业务往来报告表》填报的税法依据

3.11.1 特别纳税调整的意义

新企业所得税法及其实施条例专门规定了特别纳税调整条款，确立了我国企业所得税的反避税制度。这是在总结完善原来转让定价税制和调查实践基础上，借鉴国际反避税立法经验，结合我国税收征管实践基础上作出的具体规定，目的是制约和打击各种避税行为，这是我国首次较为全面的反避税立法。主要考虑在于如下两点。

一是税收法律体系建设的需要。我国2001年修订的《税收征收管理法》对关联交易的处理作出原则性规定，这些原则性规定远远不能满足企业所得税实体税法的要求，还需要从实体法的角度，对关联交易的税收处理以及其他反避税措施作出规定。新企业所得税法丰富和扩展了征管法的反避税规定，增加了成本分摊协议、提供资料义务、受控外国企业、资本弱化、一般反避税条款以及加收利息等规定，是对反避税的全面规范。

二是参照国际通行做法、维护我国税收权益的需要。随着我国对外经济开放度的不断提高，跨国经济往来愈加频繁，如果不加强对反避税的立法和管理，国家税收权益将会受到损害。近年来，各国都非常关注跨国公司避税问题，从完善反避税立法和加强管理两方面采取措施，防止本国税收转移到国外，维护本国税收权益。

（依据国税函〔2008〕159号）

3.11.2 特别纳税调整的主要内容

新《企业所得税法》及其实施条例规定的特别纳税调整的主要内容：

一是明确提出了转让定价的核心原则——“独立交易原则”，增列了成本分摊协议条款，强化了纳税人、关联方和可比企业对转让定价调查的协助义务。这些规定有利于防止跨国集团利用转让定价向国外转移利润，侵蚀我国税基。

二是规定了受控外国企业、资本弱化、一般反避税等相关条款，对反避税制度作了进一步规范。

三是赋予了税务机关必要的反避税处置权，规定了加收利息条款。新企业所得税法通过上述反避税措施的安排，建立了比较全面、规范、与国际惯例接轨的企业所得税反避税制度。

（依据国税函〔2008〕159号）

3.11.3 特别纳税调整实施办法适用范围

第一条 为了规范特别纳税调整管理，根据《中华人民共和国企业所得税法》、《中华人民共和国企业所得税法实施条例》、《中华人民共和国税收征收管理法》、《中华人民共和国税收征收管理法实施细则》以及我国政府与有关国家（地区）政府签署的避免双

重征税协定（安排）的有关规定，制定本办法。

第二条 本办法适用于税务机关对企业的转让定价、预约定价安排、成本分摊协议、受控外国企业、资本弱化以及一般反避税等特别纳税调整事项的管理。

（依据国税发〔2009〕2号）

3.11.4 关联方及关联交易的判定

一、关联交易的认定

企业与其关联方之间的业务往来，不符合独立交易原则而减少企业或者其关联方应纳税收入或者所得额的，税务机关有权按照合理方法调整。

企业与其关联方共同开发、受让无形资产，或者共同提供、接受劳务发生的成本，在计算应纳税所得额时应当按照独立交易原则进行分摊。

（依据《企业所得税法》第四十一条）

二、关联方的判定标准

（一）企业所得税法第四十一条所称关联方，是指与企业有下列关联关系之一的企业、其他组织或者个人：

1. 在资金、经营、购销等方面存在直接或者间接的控制关系；

2. 直接或者间接地同为第三者控制；

3. 在利益上具有相关联的其他关系。

（二）企业可以依照企业所得税法第四十一条第二款的规定，按照独立交易原则与其关联方分摊共同发生的成本，达成成本分摊协议。

企业与其关联方分摊成本时，应当按照成本与预期收益相配比的原则进行分摊，并在税务机关规定的期限内，按照税务机关的要求报送有关资料。

企业与其关联方分摊成本时违反本条第一款、第二款规定的，其自行分摊的成本不得在计算应纳税所得额时扣除。

（依据《企业所得税法实施条例》第一百零九条、第一百一十二条）

（三）新企业所得税法明确规定，企业与其关联方之间的业务往来，不符合独立交易原则而减少企业或者其关联方应纳税收入或者所得额的，主管税务机关有权按照合理方法调整。实施条例在总结我国对关联方税收管理实践的基础上，借鉴国际上成熟的做法，将有下列情况之一的企业、其他组织或者个人界定为关联方，即：

（1）在资金、经营、购销等方面存在直接或者间接的控制关系；

（2）直接或者间接地同为第三者控制；

（3）在利益上具有相关联的其他关系。

（依据国税函〔2008〕159号）

（四）所得税法实施条例第一百零九条及征管法实施细则第五十一条所称关联关系，主要是指企业与其他企业、组织或个人具有下列之一关系：

（1）一方直接或间接持有另一方的股份总和达到25%以上，或者双方直接或间接同为第三方所持有的股份达到25%以上。若一方通过中间方对另一方间接持有股份，只要一方对中间方持股比例达到25%以上，则一方对另一方的持股比例按照中间方对另一方的持股比例计算。

（2）一方与另一方（独立金融机构除外）之间借贷资金占一方实收资本50%以上，或者一方借贷资金总额的10%以上是由另一方（独立金融机构除外）担保。

（3）一方半数以上的高级管理人员（包括董事会成员和经理）或至少一名可以控制董事会的董事会高级成员是由另一方委派，或者双方半数以上的高级管理人员（包括董事会成员和经理）或至少一名可以控制董事会的董事会高级成员同为第三方委派。

（4）一方半数以上的高级管理人员（包括董事会成员和经理）同时担任另一方的高级管理人员（包括董事会成员和经理），或者一方至少一名可以控制董事会的董事会高级成员同时担任另一方的董事会高级成员。

（5）一方的生产经营活动必须由另一方提供的工业产权、专有技术等特许权才能正常进行。

（6）一方的购买或销售活动主要由另一方控制。

（7）一方接受或提供劳务主要由另一方控制。

（8）一方对另一方的生产经营、交易具有实质控制，或者双方在利益上具有相关联的其他关系，包括虽未达到本条第（一）项持股比例，但一方与另一方的主要持股方享受基本相同的经济利益，以及家族、亲属关系等。

（依据国税发〔2009〕2号）

三、关联交易的类型

（1）有形资产的购销、转让和使用，包括房屋建筑物、交通工具、机器设备、工具、商品、产品等有形资产的购销、转让和租赁业务；

（2）无形资产的转让和使用，包括土地使用权、版权（著作权）、专利、商标、客户名单、营销渠道、牌号、商业秘密和专有技术等特许权，以及工业品外观设计或实用新型等工业产权的所有权转让和使用权的提供业务；

（3）融通资金，包括各类长短期资金拆借和担保以及各类计息预付款和延期付款等业务；

（4）提供劳务，包括市场调查、行销、管理、行政事务、技术服务、维修、设计、咨询、代理、科研、法律、会计事务等服务的提供。

（依据国税发〔2009〕2号）

3.11.5 关联方交易披露的原则——独立交易原则

企业所得税法第四十一条所称独立交易原则，是指没有关联关系的交易各方，按照公平成交价格和营业常规进行业务往来遵循的原则。

（依据《企业所得税法实施条例》第一百一十条）

实施条例规定，独立交易原则是指没有关联关系的交易各方之间按照公平成交价格和营业常规进行业务往来所遵循的原则。在判断关联企业与其关联方之间的业务往来是否符合独立交易原则时，强调将关联交易定价或利润水平与可比情形下没有关联关系的交易定价和利润水平进行比较，如果存在差异，就说明因为关联关系的存在而导致企业没有遵循正常市场交易原则和营业常规，从而违背了独立交易原则。

（依据国税函〔2008〕159号）

3. 11. 6 转让定价管理

一、转让定价管理

第三条 转让定价管理是指税务机关按照所得税法第六章和征管法第三十六条的有关规定，对企业与其关联方之间的业务往来（以下简称关联交易）是否符合独立交易原则进行审核评估和调查调整等工作的总称。

（依据国税发〔2009〕2 号）

二、转让定价方法

（一）按照新企业所得税法的规定，在判定纳税人的关联交易不符合独立交易原则，减少了应税收入或者所得额之后，税务机关可以运用合理方法进行纳税调整。从国际上通行的转让定价调整方法看，合理方法是指符合独立交易原则的定价原则和方法，实施条例采取国际上通行的做法，规定转让定价具体调整方法包括：可比非受控法；再销售价格法；成本加成法；交易净利润法；利润分割法；其他符合独立交易原则的方法。

（依据国税函〔2008〕159 号）

（二）企业所得税法第四十一条所称合理方法，包括：

1. 可比非受控价格法，是指按照没有关联关系的交易各方进行相同或者类似业务往来的价格进行定价的方法；

2. 再销售价格法，是指按照从关联方购进商品再销售给没有关联关系的交易方的价格，减除相同或者类似业务的销售毛利进行定价的方法；

3. 成本加成法，是指按照成本加合理的费用和利润进行定价的方法；

4. 交易净利润法，是指按照没有关联关系的交易各方进行相同或者类似业务往来取得的净利润水平确定利润的方法；

5. 利润分割法，是指将企业与其关联方的合并利润或者亏损在各方之间采用合理标准进行分配的方法；

6. 其他符合独立交易原则的方法。

（依据《企业所得税法实施条例》第一百一十一条）

第二十一条 企业发生关联交易以及税务机关审核、评估关联交易均应遵循独立交易原则，选用合理的转让定价方法。

根据所得税法实施条例第一百一十一条的规定，转让定价方法包括可比非受控价格法、再销售价格法、成本加成法、交易净利润法、利润分割法和其他符合独立交易原则的方法。

（依据国税发〔2009〕2 号）

三、可比非受控价格法

第二十三条 可比非受控价格法以非关联方之间进行的与关联交易相同或类似业务活动所收取的价格作为关联交易的公平成交价格。

（依据国税发〔2009〕2 号）

四、再销售价格法

第二十四条 再销售价格法以关联方购进商品再销售给非关联方的价格减去可比非关联交易毛利后的金额作为关联方购进商品的公平成交价格。其计算公式如下：

公平成交价格 = 再销售给非关联方的价格 × (1 - 可比非关联交易毛利率)

可比非关联交易毛利率 = 可比非关联交易毛利 ÷ 可比非关联交易收入净额 ×100%

(依据国税发〔2009〕2号)

五、成本加成法

第二十五条 成本加成法以关联交易发生的合理成本加上可比非关联交易毛利作为关联交易的公平成交价格。其计算公式如下：

公平成交价格 = 关联交易的合理成本 × (1 + 可比非关联交易成本加成率)

可比非关联交易成本加成率 = 可比非关联交易毛利 ÷ 可比非关联交易成本 ×100%

(依据国税发〔2009〕2号)

六、交易净利润法

第二十六条 交易净利润法以可比非关联交易的利润率指标确定关联交易的净利润。利润率指标包括资产收益率、销售利润率、完全成本加成率、贝里比率等。

(依据国税发〔2009〕2号)

七、利润分割法

第二十七条 利润分割法根据企业与其关联方对关联交易合并利润的贡献计算各自应该分配的利润额。利润分割法分为一般利润分割法和剩余利润分割法。

一般利润分割法根据关联交易各参与方所执行的功能、承担的风险以及使用的资产，确定各自应取得的利润。

剩余利润分割法将关联交易各参与方的合并利润减去分配给各方的常规利润的余额作为剩余利润，再根据各方对剩余利润的贡献程度进行分配。

(依据国税发〔2009〕2号)

3.11.7 成本分摊协议

一、成本分摊协议

新企业所得税法第四十二条第二款借鉴了国际通行做法，将成本分摊协议引入我国税收立法。成本分摊协议是企业间签订的一种契约性协议，签约各方约定在研发或劳务活动中共摊成本、共担风险，并按照预期收益与成本相配比的原则合理分享收益。企业与其关联方共同开发、受让无形资产，或者共同提供、接受劳务时，应预先在各参与方之间达成协议安排，采用合理方法分摊上述活动发生的成本，即必须遵循独立交易原则：在可比情形下没有关联关系的企业之间共同开发、受让无形资产，或者共同提供、接受劳务所能接受的协议分配方法分摊上述活动发生的成本。

(依据国税函〔2008〕159号)

二、成本分摊协议管理

第五条 成本分摊协议管理是指税务机关按照所得税法第四十一条第二款的规定，对企业与其关联方签署的成本分摊协议是否符合独立交易原则进行审核评估和调查调整等工作的总称。

(依据国税发〔2009〕2号)

三、采用成本分摊协议的范围

第六十四条 根据所得税法第四十一条第二款及所得税法实施条例第一百一十二条的

规定，企业与其关联方签署成本分摊协议，共同开发、受让无形资产，或者共同提供、接受劳务，应符合本章规定。

第六十七条 涉及劳务的成本分摊协议一般适用于集团采购和集团营销策划。

（依据国税发〔2009〕2号）

四、成本分摊的原则

第六十五条 成本分摊协议的参与方对开发、受让的无形资产或参与的劳务活动享有受益权，并承担相应的活动成本。关联方承担的成本应与非关联方在可比条件下为获得上述受益权而支付的成本相一致。

参与方使用成本分摊协议所开发或受让的无形资产不需另支付特许权使用费。

第六十六条 企业对成本分摊协议所涉及无形资产或劳务的受益权应有合理的、可计量的预期收益，且以合理商业假设和营业常规为基础。

（依据国税发〔2009〕2号）

五、成本分摊协议的内容

第六十八条 成本分摊协议主要包括以下内容：

（1）参与方的名称、所在国家（地区）、关联关系、在协议中的权利和义务；

（2）成本分摊协议所涉及的无形资产或劳务的内容、范围，协议涉及研发或劳务活动的具体承担者及其职责、任务；

（3）协议期限；

（4）参与方预期收益的计算方法和假设；

（5）参与方初始投入和后续成本支付的金额、形式、价值确认的方法以及符合独立交易原则的说明；

（6）参与方会计方法的运用及变更说明；

（7）参与方加入或退出协议的程序及处理规定；

（8）参与方之间补偿支付的条件及处理规定；

（9）协议变更或终止的条件及处理规定；

（10）非参与方使用协议成果的规定。（依据国税发〔2009〕2号）

3.11.8 预约定价安排

一、预约定价安排

企业可以向税务机关提出与其关联方之间业务往来的定价原则和计算方法，税务机关与企业协商、确认后，达成预约定价安排。

企业实施其他不具有合理商业目的的安排而减少其应纳税收入或者所得额的，税务机关有权按照合理方法调整。

（依据《企业所得税法》第四十二条、第四十七条）

企业所得税法第四十二条所称预约定价安排，是指企业就其未来年度关联交易的定价原则和计算方法，向税务机关提出申请，与税务机关按照独立交易原则协商、确认后达成的协议。

企业所得税法第四十七条所称不具有合理商业目的，是指以减少、免除或者推迟缴纳税款为主要目的。

（依据《企业所得税法实施条例》第一百一十三条、第一百二十条）

二、预约定价安排管理

第四条 预约定价安排管理是指税务机关按照所得税法第四十二条和征管法实施细则第五十三条的规定，对企业提出的未来年度关联交易的定价原则和计算方法进行审核评估，并与企业协商达成预约定价安排等工作的总称。

（依据国税发〔2009〕2号）

三、预约定价安排的程序

第四十六条 企业可以依据所得税法第四十二条、所得税法实施条例第一百一十三条及征管法实施细则第五十三条的规定，与税务机关就企业未来年度关联交易的定价原则和计算方法达成预约定价安排。预约定价安排的谈签与执行通常经过预备会谈、正式申请、审核评估、磋商、签订安排和监控执行6个阶段。预约定价安排包括单边、双边和多边3种类型。

（依据国税发〔2009〕2号）

四、预约定价安排的受理

第四十七条 预约定价安排应由设区的市、自治州以上的税务机关受理。

（依据国税发〔2009〕2号）

五、预约定价安排适用的企业范围

第四十八条 预约定价安排一般适用于同时满足以下条件的企业：

（1）年度发生的关联交易金额在4000万元人民币以上；

（2）依法履行关联申报义务；

（3）按规定准备、保存和提供同期资料。

（依据国税发〔2009〕2号）

六、预约定价安排申请后适用年限

第四十九条 预约定价安排适用于自企业提交正式书面申请年度的次年起3至5个连续年度的关联交易。

预约定价安排的谈签不影响税务机关对企业提交预约定价安排正式书面申请当年或以前年度关联交易的转让定价调查调整。

如果企业申请当年或以前年度的关联交易与预约定价安排适用年度相同或类似，经企业申请，税务机关批准，可将预约定价安排确定的定价原则和计算方法适用于申请当年或以前年度关联交易的评估和调整。

（依据国税发〔2009〕2号）

3.11.9 受控外国企业反避税规则

一、受控外国企业的确认

第七十六条 受控外国企业是指根据所得税法第四十五条的规定，由居民企业，或者由居民企业和居民个人（以下统称中国居民股东，包括中国居民企业股东和中国居民个人股东）控制的设立在实际税负低于所得税法第四条第一款规定税率水平50%的国家（地区），并非出于合理经营需要对利润不作分配或减少分配的外国企业。

第七十七条 本办法第七十六条所称控制，是指在股份、资金、经营、购销等方面构成实质控制。其中，股份控制是指由中国居民股东在纳税年度任何一天单层直接或多层间接单一持有外国企业10%以上有表决权股份，且共同持有该外国企业50%以上股份。

中国居民股东多层间接持有股份按各层持股比例相乘计算，中间层持有股份超过50%的，按100%计算。

（依据国税发〔2009〕2号）

二、受控外国企业管理

（一）由居民企业，或者由居民企业和中国居民控制的设立在实际税负明显低于本法第四条第一款规定税率水平的国家（地区）的企业，并非由于合理的经营需要而对利润不作分配或者减少分配的，上述利润中应归属于该居民企业的部分，应当计入该居民企业的当期收入。

（依据《企业所得税法》第四十五条）

（二）企业所得税法第四十五条所称中国居民，是指根据《中华人民共和国个人所得税法》的规定，就其从中国境内、境外取得的所得在中国缴纳个人所得税的个人。

（三）企业所得税法第四十五条所称控制，包括：

1. 居民企业或者中国居民直接或者间接单一持有外国企业10%以上有表决权股份，且由其共同持有该外国企业50%以上股份；

2. 居民企业，或者居民企业和中国居民持股比例没有达到第（一）项规定的标准，但在股份、资金、经营、购销等方面对该外国企业构成实质控制。

（四）企业所得税法第四十五条所称实际税负明显低于企业所得税法第四条第一款规定税率水平，是指低于企业所得税法第四条第一款规定税率的50%。

（依据《企业所得税法实施条例》第116条、第117条、第118条）

（五）第六条受控外国企业管理是指税务机关按照所得税法第四十五条的规定，对受控外国企业不作利润分配或减少分配进行审核评估和调查，并对归属于中国居民企业所得进行调整等工作的总称。

（依据国税发〔2009〕2号）

3.11.10 资本弱化条款

第七条 资本弱化管理是指税务机关按照所得税法第四十六条的规定，对企业接受关联方债权性投资与企业接受的权益性投资的比例是否符合规定比例或独立交易原则进行审核评估和调查调整等工作的总称。

第八十七条 所得税法第四十六条所称的利息支出包括直接或间接关联债权投资实际支付的利息、担保费、抵押费和其他具有利息性质的费用。

第八十八条 所得税法第四十六条规定不得在计算应纳税所得额时扣除的利息支出，不得结转到以后纳税年度；应按照实际支付给各关联方利息占关联方利息总额的比例，在各关联方之间进行分配，其中，分配给实际税负高于企业的境内关联方的利息准予扣除；直接或间接实际支付给境外关联方的利息应视同分配的股息，按照股息和利息分别适用的所得税税率差补征企业所得税，如已扣缴的所得税税款多于按股息计算应征所得税税款，多出的部分不予退税。

（依据国税发〔2009〕2号）

第四节 《扣缴企业所得税报告表》

4.1 《扣缴企业所得税报告表》概说

4.1.1 报表结构说明

《扣缴企业所得税报告表》分为四个部分，包括：扣缴义务人基本情况、纳税人基本情况、源泉扣缴情况和主管税务机关指定扣缴情况。

4.1.2 适用范围

《扣缴企业所得税报告表》适用于扣缴义务人或纳税人按照《中华人民共和国企业所得税法》及其实施条例的规定，对下列所得，按次或按期扣缴或申报企业所得税税款的报告。

（1）非居民企业（以下简称“企业”）在中国境内未设立机构、场所的，应当就其来源于中国境内的所得缴纳企业所得税。

（2）企业虽设立机构、场所但取得的所得与其所设机构、场所没有实际联系的，应当就其来源于中国境内的所得缴纳企业所得税。

（3）企业在中国境内取得承包工程作业和提供劳务所得并实行指定扣缴的。

4.1.3 扣缴义务人义务和责任

（1）扣缴义务人应当按税法规定期限向主管税务机关报送本表，并同时报送主管税务机关要求报送的其他资料。

（2）扣缴义务人确有困难不能按规定期限报送本表的，应当在规定的报送期限内向主管税务机关提出书面延期申请，经主管税务机关核准，可以适当延期。

（3）扣缴义务人不依法履行扣缴义务的，将按《中华人民共和国税收征收管理法》及其实施细则的有关规定，予以处罚。

4.1.4 填报依据

《扣缴企业所得税报告表》中所称国家有关税收规定除另有说明外，均指《中华人民共和国企业所得税法》及其实施条例的有关规定，以及国务院、国务院税务主管部门根据税法制定的相关规定。

4.1.5 表尾项目

（1）《扣缴企业所得税报告表》要求中、英两种文字填写的栏目，应当使用中、英文同时填写。

（2）声明人签字：由扣缴义务人或企业的法定代表人或其授权代表负责人签字。

（3）申报日期：填写实际到主管税务机关进行纳税申报的当日。

（4）本表一式二份，一份由企业留存，一份由主管税务机关备查。

4.1.6 表内栏次计算关系

（1）第5行=第3×4行。

（2）第6行=第1+5行。

（3）第8行=第6-7行（本行数据≥0）。

（4）第10行=第8×9行。

（5）第12行=第8×11行。

（6）第13行=第10-12行（本行数据≥0）。

（7）第16行=第14×15行。

（8）第18行=第16×17行。

4.2 《扣缴企业所得税报告表》的填报要求

4.2.1 扣缴义务人基本信息填报要求

（1）扣缴义务人名称：填写税务登记证所载扣缴义务人的全称。

（2）扣缴义务人纳税人识别号：填写扣缴义务人税务登记证上注明的“纳税人识别号”。

（3）扣缴义务人地址名称：填写税务登记证所载扣缴义务人的地址。

（4）经济类型代码及名称：按企业的经济类型和税务机关确认的相应代码填写。

（5）经济行业分类代码及名称：按企业的经济行业和国家税务总局确认的、根据《国民经济行业分类》（GB/T4754—2002）编制的《经济行业代码》（代码位数6位）填写。

（6）纳税人在其居民国纳税识别号：填写企业在其居民国（地区）的纳税识别代码。

（7）居民国（地区）名称及代码：填写设立常驻代表机构的外国企业或来华承包工程、提供劳务等的外国企业的总机构的居民国（地区）的名称和代码。

4.2.2 纳税人基本信息填报要求

（1）纳税人在中国境内的名称：填写纳税人在中国境内的全称。

（2）纳税人在其居民国名称：填写纳税人在其居民国（地区）的全称。

（3）纳税人在其居民国地址名称：填写纳税人在其居民国（地区）的注册地址。

（4）申报所得类型及代码：请按照如后的类型及代码进行填写，股息红利所得-10，利息所得-11，特许权使用费所得-12，转让财产所得-13，不动产租金-6，承包工程、提供劳务所得、其他租金-7，其他所得-21。

（5）合同名称：填写外国企业在我国境内承包工程、提供劳务或通过其他方式取得来源于我国境内的所得与我国居民企业签订的合同名称。

（6）合同编号：填写外国企业在我国境内承包工程、提供劳务或通过其他方式取得来源于我国境内的所得与我国居民企业签订合同的合同编号。

（7）合同执行起始时间：填写合同开始执行的年月日。

（8）合同执行终止时间：填写合同执行完毕或终止执行的年月日。

（9）合同总金额：填写外国企业在我国境内承包工程、提供劳务或通过其他方式取得来源于我国境内的所得与我国居民企业签订的合同上注明的应税总金额。

（10）本次申报所得的取得日期：按照合同规定取得所得的日期填写，填写支付日期或应支付日期。

4.2.3 法定扣缴情况的填报和审核

一、本次申报收入

《扣缴企业所得税报告表》“本次申报收入”包括：人民币金额、外币（外币名称、外币金额、汇率、折算人民币金额）等行次，具体填报内容如下。

（1）人民币金额：本行填报纳税人取得的人民币所得金额。

（2）外币名称：本行填报纳税人取得外币的名称，如美元、港元等。

（3）外币金额：本行填报纳税人取得的外币所得金额。

（4）汇率：填写每1单位外币兑换人民币的额度，按国家公布牌价折算。

（5）折算人民币金额：本行属于计算栏次，金额等于第3行“外币金额”×第4行“汇率”。

（6）人民币金额合计：本行属于计算栏次，金额等于第1行“人民币金额”+第5行“折算人民币金额”。

二、应纳税所得额的计算

（一）扣除额

《扣缴企业所得税报告表》“扣除额”：填写转让财产所得类型中允许扣除的金额及其他允许扣除项目的金额。

（二）应纳税所得额

《扣缴企业所得税报告表》“应纳税所得额”：本行属于计算栏次，金额等于第6行“人民币金额合计”×第7行“扣除额”。

三、应纳企业所得税额的计算

（一）适用税率

《扣缴企业所得税报告表》“适用税率”：填写税法规定的申报的所得项目适用的税率。

（二）应缴纳的企业所得税额

《扣缴企业所得税报告表》“应缴纳的应纳所得税额”：本行属于计算栏次，金额等于第8行“应纳税所得额”×第9行“适用税率”。

（三）实际征收率

《扣缴企业所得税报告表》“实际征收率”：我国与企业居民国（地区）签订的税收协定或安排中对该项申报所得的税率低于10%的，填写税收协定或安排规定适用的税率。其他按税法规定享受所得税税收优惠的企业，填写在税收优惠期内的企业所得税征收率。

（四）实际应缴纳的企业所得税额

《扣缴企业所得税报告表》“实际应缴纳的企业所得税额”：本行属于计算栏次，金额等于第8行“应纳税所得额”×第11行“实际征收率”。

（五）减免企业所得税额

《扣缴企业所得税报告表》“减免企业所得税额”：本行属于计算栏次，金额等于第10行“应缴纳的应纳所得税额”－第12行“实际应缴纳的企业所得税额”。

4.2.4 税务机关指定扣缴情况的填报和审核

一、本次申报的收入总额

《扣缴企业所得税报告表》“本次申报的收入总额”：填报纳税人本次申报时的收入

额，包括：货币性收入和非货币收入。

二、税务机关核定的利润率

《扣缴企业所得税报告表》“经税务机关核定的利润率”：填报纳税人经税务机关审核批准后的利润率。

三、应纳税所得额

《扣缴企业所得税报告表》“应纳税所得额”：本行属于计算栏次，金额等于第 14 行“本次申报的收入总额” ×第 15 行“税务机关核定的利润率”。

四、适用税率

《扣缴企业所得税报告表》“适用税率”：填写税法规定的申报的所得项目适用的税率。

五、应纳企业所得税额

《扣缴企业所得税报告表》“应纳企业所得税额”：本行属于计算栏次，金额等于第 16 行“应纳税所得额” ×第 17 行“适用税率”。

4.3 源泉扣除审核的税法依据

4.3.1 扣缴义务人

一、源泉扣缴

源泉扣缴是指对外源泉扣缴国公司、企业和其他经济组织等在中国境内未设有机构，但有来源于我国的某些所得，按照规定的税率，由我国支付款项的单位实行源泉扣缴的一种征收方法。

二、法定扣缴义务人

（一）“扣缴义务人”的确认

对非居民企业取得本法第三条第三款规定的所得应缴纳的所得税，实行源泉扣缴，以支付人为扣缴义务人。税款由扣缴义务人在每次支付或者到期应支付时，从支付或者到期应支付的款项中扣缴。

（依据《企业所得税法》第三十七条）

对非居民企业取得来源于中国境内的股息、红利等权益性投资收益和利息、租金、特许权使用费所得、转让财产所得以及其他所得应当缴纳的企业所得税，实行源泉扣缴，以依照有关法律规定或者合同约定对非居民企业直接负有支付相关款项义务的单位或者个人为扣缴义务人。

（依据国税发〔2009〕3 号第三条）

（二）“支付人”的解释

企业所得税法第三十七条所称支付人，是指依照有关法律规定或者合同约定对非居民企业直接负有支付相关款项义务的单位或者个人。

（依据《企业所得税法实施条例》第一百零五条）

（三）“支付”的解释

企业所得税法第三十七条所称支付，包括现金支付、汇拨支付、转账支付和权益兑价支付等货币支付和非货币支付。

（依据《企业所得税法实施条例》第一百零五条）

（四）“到期应支付的款项”的解释

企业所得税法第三十七条所称到期应支付的款项，是指支付人按照权责发生制原则应当计入相关成本、费用的应付款项。

（依据《企业所得税法实施条例》第一百零五条）

三、指定扣缴义务人

（一）工程作业和劳务所得的扣缴义务人

对非居民企业在中国境内取得工程作业和劳务所得应缴纳的所得税，税务机关可以指定工程价款或者劳务费的支付人为扣缴义务人。

（依据《企业所得税法》第三十八条）

（二）税务机关指定非居民企业在中国境内扣缴义务人的情形

企业所得税法第三十八条规定的可以指定扣缴义务人的情形，包括：

（1）预计工程作业或者提供劳务期限不足一个纳税年度，且有证据表明不履行纳税义务的；

（2）没有办理税务登记或者临时税务登记，且未委托中国境内的代理人履行纳税义务的；

（3）未按照规定期限办理企业所得税纳税申报或者预缴申报的。

前款规定的扣缴义务人，由县级以上税务机关指定，并同时告知扣缴义务人所扣税款的计算依据、计算方法、扣缴期限和扣缴方式。

（依据《企业所得税法实施条例》第一百零六条）

由于外国企业在中国境内从事工程承包和提供劳务业务具有临时性和流动性特点，税收管理难度大，税款易于流失。国际、国内税收征管实践经验表明，采取一些特殊的税收征管措施是必要的，赋予税务机关指定扣缴义务人的权限也是一个行之有效的办法。原《中华人民共和国外商投资企业和外国企业所得税法》也有这方面的规定。为避免税务机关随意指定，特别是要防止其成为地区间争抢税源的手段，实施条例明确规定，税务机关指定非居民企业在中国境内取得工程价款或者劳务费的支付人为扣缴义务人，必须是以下几种特定情形：

（1）预计工程作业或者提供劳务期限不足一个纳税年度，且有证据表明不履行纳税义务的；

（2）没有办理税务登记或者临时税务登记，且未委托中国境内的代理人履行纳税义务的；

（3）未按照规定期限办理企业所得税纳税申报或者预缴申报的。

（依据国税函〔2008〕159号）

四、特定扣缴义务人

依照本法第三十七条、第三十八条规定应当扣缴的所得税，扣缴义务人未依法扣缴或者无法履行扣缴义务的，由纳税人在所得发生地缴纳。纳税人未依法缴纳的，税务机关可以从该纳税人在中国境内其他收入项目的支付人应付的款项中，追缴该纳税人的应纳税款。

（依据《企业所得税法》第三十九条）

第一百零七条 企业所得税法第三十九条所称所得发生地，是指依照本条例第七条规定的原则确定的所得发生地。在中国境内存在多处所得发生地的，由纳税人选择其中之一申报缴纳企业所得税。

第一百零八条 企业所得税法第三十九条所称该纳税人在中国境内其他收入，是指该纳税人在中国境内取得的其他各种来源的收入。

税务机关在追缴该纳税人应纳税款时，应当将追缴理由、追缴数额、缴纳期限和缴纳方式等告知该纳税人。

（依据《企业所得税法实施条例》）

4.3.2 扣缴义务发生时间

第七条 扣缴义务人在每次向非居民企业支付或者到期应支付本办法第三条规定的所得时，应从支付或者到期应支付的款项中扣缴企业所得税。

本条所称到期应支付的款项，是指支付人按照权责发生制原则应当计入相关成本、费用的应付款项。

扣缴义务人每次代扣代缴税款时，应当向其主管税务机关报送《中华人民共和国扣缴企业所得税报告表》（以下简称扣缴表）及相关资料，并自代扣之日起7日内缴入国库。

（依据国税发〔2009〕3号）

第五节 企业清算的企业所得税申报

5.1 《企业清算所得税申报表》的填报和审核

5.1.1 《企业清算所得税申报表》概说

一、适用范围

《企业清算所得税申报表》由一张主表和三张附表组成，分别为主表《企业清算所得税申报表》和附表《资产处置损益明细表》、《负债清偿损益明细表》、《剩余财产计算和分配明细表》等三张，适用于按税收规定进行清算、缴纳企业所得税的居民企业纳税人申报。

二、报表结构

（1）《企业清算所得税申报表（主表）》结构包括三部分：第一部分反映清算所得应纳税所得额的计算，从第1行至第11行；第二部分反映应纳所得税额的计算过程，从第12行至第13行；第三部分反映企业清算过程中税款的应补退情况，从第14行至第18行。

（2）《企业清算所得税申报表（主表）》主要反映的内容为企业所得税纳税义务情况，附表三《剩余财产计算和分配明细表》主要从财务会计、法律角度核算清算过程中的损益，并关注投资者所取得的清算收益和投资损失。主表数据与附表三数据起到相互验证，增强比对，达到加强税源管理的作用。

三、填报依据

根据《中华人民共和国企业所得税法》及其实施条例和相关税收政策规定计算填报。

四、表头项目

（1）“清算期间”：填报纳税人实际生产经营终止之日至办理完毕清算事务之日止的期间。

（2）“纳税人名称”：填报税务机关统一核发的税务登记证所载纳税人的全称。

（3）“纳税人识别号”：填报税务机关统一核发的税务登记证号码。

五、表间栏次计算关系

（1）主表第1行=附表一第32行“资产处置损益（4）”列的总计数；

（2）主表第2行=附表二第23行“负债清偿损益（4）”列的总计数；

（3）主表第3行=附表三第2行；

（4）主表第4行=附表三第6行；

（5）主表第16行=附表三第7行；

六、表内栏次计算关系

（1）主表第6行=主表第1+2-3-4+5行。

（2）主表第11行=主表第6-7-8-9-10行。

（3）主表第13行=主表第11×12行。

（4）主表第16行=主表第13-14+15行。

（5）主表第18行=主表第16+17行。

七、填报时注意问题

企业清算过程中，在填报《企业清算所得税申报表》时应关注下列事项：

（1）根据清算基准日正确划分正常经营期间的申报和清算期间的申报界限；

（2）清理清算基准日的资产负债情况；

（3）清算业务过程中的会计处理合规性；

（4）清算业务过程中的税务处理合法性。

5.1.2 应纳税所得额的计算

一、资产处置损益

（1）填报要求

《企业清算所得税申报表》第1行“资产处置损益”：填报纳税人全部资产按可变现价值或交易价格扣除其计税基础后确认的资产处置所得或损失金额。

（2）填报数据来源

《企业清算所得税申报表》第1行“资产处置损益”填报数据来源为附表一《资产处置损益明细表》第32行“资产处置损益（4）”列的总计数。填报时还应注意以下问题：

1. 在企业清算过程中，出售的资产确认收入分为两种

（1）按交易价格确认收入。企业重组中的清算，由于重组交易各方已同意购买或合并被重组方的资产，按照评估价或协商价格进行交易，该价格即为市场交易价格；

（2）按照可变现价值确认收入。对于近期内难以出售的资产，按照可变现价值进行估算，后续变现或处置工作由股东负责。

2. 企业清算改变持续经营原则，应对应收款项进行追收

二、负债清偿损益

（一）填报要求

《企业清算所得税申报表》第2行“负债清偿损益”：填报纳税人全部负债按计税基础减除其清偿金额后确认的负债清偿所得或损失金额。

（二）填报数据来源

《企业清算所得税申报表》第2行“负债清偿损益”填报数据来源为附表二《负债清偿损益明细表》第23行“负债清偿损益（4）”列的总计数。填报时还应注意下列问题：

（1）企业清算过程中，对即将发生的未来支付义务如未决诉讼、有关赔偿支付等要通过诉讼程序或经债权人、清算组同意，确认为现实义务；

（2）企业清算改变持续经营原则，对应付款项等进行清偿；

（3）企业清算过程中，其账面记载的负债账面数额为其应承担的最大义务，实际清算过程中往往按低于账面数额的金额清偿负债，因此，企业将会产生一些损益；

（4）企业清算处置货物（存货），所发生增值税销项税金可以抵扣留抵的进项税金，企业清算中一般不会发生大额增值税进项税金，但留抵税金未能抵扣完毕的，税务机关不予退税，在性质上近似于应收款项未收回，相当于对企业负债的负数的处理，可以填入本表第2行“负债清偿损益；

（5）对于以前欠税，填入本表第2行“负债清偿损益”。

三、清算费用

（一）填报要求

《企业清算所得税申报表》第3行“清算费用”：填报纳税人清算过程中发生的与清算业务有关的费用支出，包括清算组组成人员的报酬，清算财产的管理、变卖及分配所需的评估费、咨询费等费用，清算过程中支付的诉讼费用、仲裁费用及公告费用，以及为维护债权人和股东的合法权益支付的其他费用。

（二）填报数据来源

《企业清算所得税申报表》第3行“清算费用”：填报数据来源为纳税人清算过程中发生的与清算业务有关的费用支出，确认原则不按权责发生制原则，只要与清算业务有关，经清算组同意支付的，直接计入清算费用，不涉及纳税调整问题。但不包括企业清偿拖欠职工工资和基本社会保险费等。

四、清算税金及附加

（一）填报要求

《企业清算所得税申报表》第4行“清算税金及附加”：填报纳税人清算过程中发生的除企业所得税和允许抵扣的增值税以外的各项税金及其附加。

（二）填报数据来源

《企业清算所得税申报表》第4行“清算税金及附加”：填报数据来源为企业在清算过程中发生的税金，如转让房屋、土地使用权、专利权等缴纳的营业税、城建税、教育费附加等。

五、其他所得或支出

（一）填报要求

《企业清算所得税申报表》第5行“其他所得或支出”：填报纳税人清算过程中取得的其他所得或发生的其他支出。其中，其他支出以“-”号（负数）填列。

（二）填报数据来源

《企业清算所得税申报表》第5行“其他所得或支出”：填报数据来源为纳税人清算过程中取得的或发生的与清算业务关联度较小的其他所得或其他支出，如企业清算过程中，发生交通事故等支付的赔偿金等。

六、清算所得

（一）填报要求

《企业清算所得税申报表》第6行“清算所得”：填报纳税人全部资产按可变现价值或交易价格减除其计税基础、清算费用、相关税费，加上债务清偿损益等后的余额。

（二）填报数据来源

《企业清算所得税申报表》第6行“清算所得”为表内计算栏次，根据下列公式计算得出填报数据：第6行=第1+2-3-4+5行。

七、免税收入

（一）填报要求

《企业清算所得税申报表》第7行“免税收入”：填报纳税人清算过程中取得的按税收规定免税收入。

（二）填报数据来源。

《企业清算所得税申报表》第7行“免税收入”：填报数据来源为企业清算过程中处置对外股权投资时，从其他被清算企业取得的股息性收入、在此期间兑付的国债利息收入等项目。

八、不征税收入

（一）填报要求

《企业清算所得税申报表》第8行“不征税收入”：填报纳税人清算过程中取得的按税收规定不征税收入。

（二）填报数据来源

《企业清算所得税申报表》第8行“不征税收入”：填报数据来源为企业在清算时取得财政部门专项拨款等。

九、其他免税所得

填报要求。《企业清算所得税申报表》第9行“其他免税所得”：填报纳税人清算过程中取得的按税收规定免税的所得。

十、弥补以前年度亏损

（一）填报要求

《企业清算所得税申报表》第10行“弥补以前年度亏损”：填报纳税人按税收规定可在税前弥补的以前纳税年度尚未弥补的亏损额。

（二）填报数据来源

《企业清算所得税申报表》第 10 行“弥补以前年度亏损”填报数据来源包括：一是以前年度未超过五年弥补期限尚未弥补的亏损；二是 2008 年以前未能用投资收益弥补的股权转让损失。

十一、应纳税所得额

（一）填报要求

《企业清算所得税申报表》第 11 行“应纳税所得额”：金额等于本表第 6 - 7 - 8 - 9 - 10 行。本行按照上述顺序计算结果为负数时，本行金额填零。

（二）填报数据来源

《企业清算所得税申报表》第 11 行“应纳税所得额”为表内计算栏次，根据下列公式计算得出填报数据：第 11 行 = 第 6 - 7 - 8 - 9 - 10 行。

注意：第 11 行计算结果如果为负数，本行金额填零。

5.1.3 应纳所得税额的计算

一、税率

《企业清算所得税申报表》第 12 行“税率”：填报企业所得税法规定的税率 25%。

二、应纳所得税额

（一）填报要求

《企业清算所得税申报表》第 13 行“应纳所得税额”：金额等于本表第 11 × 12 行。

（二）填报数据来源

《企业清算所得税申报表》第 13 行“应纳所得税额”为表内计算栏次，根据下列公式计算得出填报数据：第 13 行 = 第 11 × 12 行。

5.1.4 应补（退）所得税额的计算

一、减（免）企业所得税额

（一）填报要求

《企业清算所得税申报表》第 14 行“减（免）企业所得税额”：填报纳税人按税收规定准予减免的企业所得税额。

（二）填报数据来源

《企业清算所得税申报表》第 14 行“减（免）企业所得税额”，填报数据来源为税务机关的批准文件或者在税务机关的备案资料。

二、境外应补所得税额

（一）填报要求

《企业清算所得税申报表》第 15 行“境外应补所得税额”：填报纳税人按税收规定在清算期间发生的境外所得应在境内补缴的企业所得税额。

（二）填报数据来源

《企业清算所得税申报表》第 15 行“境外应补所得税额”填报数据来源为企业来源于中国境外的应纳税所得额，按 25% 的税率计算的应纳税额减去当期准予抵免限额后实际应补缴的所得税。

《企业所得税法》第十七条规定，境外营业机构的亏损不得抵减境内营业机构的盈利。

具体内容和计算方法，请参见第四章的中“第五节 《境外所得税抵免计算明细表》的填报和审核”。

三、境内外实际应纳所得税额

（一）填报要求

《企业清算所得税申报表》第16行“境内外实际应纳所得税额”：金额等于本表第13-14+15行。

（二）填报数据来源

《企业清算所得税申报表》第16行“境内外实际应纳所得税额”为表内计算栏次，根据下列公式计算得出填报数据：第16行=第13-14+15行。

四、以前纳税年度应补（退）所得税额

《企业清算所得税申报表》第17行“以前纳税年度应补（退）所得税额”：填报纳税人因以前纳税年度损益调整、汇算清缴多缴、欠税等在清算期间应补（退）企业所得税额。其中，应退企业所得税额以“-”号（负数）填列。

企业清算处置财产可能发生企业所得税，如处置财产并委托代开票纳税人代开运费发票，按规定被代扣的企业所得税，不允许在清算所得本次扣除，但允许作为已缴所得税处理，建议填入第17行“以前纳税年度应补（退）所得税额”。

五、实际应补（退）所得税额

（一）填报要求

《企业清算所得税申报表》第18行“实际应补（退）所得税额”：金额=本表第16+17行。

（二）填报数据来源

《企业清算所得税申报表》第18行“实际应补（退）所得税额”为表内计算栏次，根据下列公式计算得出填报数据：第18行=第16+17行。

5.2 《资产处置损益明细表》的填报和审核

5.2.1 《资产处置损益明细表》概说

一、与主表的关系

《资产处置损益明细表》是《中华人民共和国企业清算所得税申报表》的附表，主要反映企业清算环节资产（财产）的处置损益。

二、报表结构说明

(1)《资产处置损益明细表》从横向反映资产项目，分为流动资产项目和非流动资产项目，具体项目列示如下：

货币资金、短期投资、交易性金融资产、应收票据、应收账款、预付账款、应收利息、应收股利、应收补贴款、其他应收款、存货、待摊费用、一年内到期的非流动资产、其他流动资产、可供出售金融资产、持有至到期投资、长期应收款、长期股权投资、长期债权投资、投资性房地产、固定资产、在建工程、工程物资、固定资产清理、生物资产、油气资产、无形资产、开发支出、商誉、长期待摊费用、其他非流动资产。

(2)《资产处置损益明细表》纵向分为以下四部分内容：

第一列为“账面价值（1）”列：填报纳税人按照国家统一会计制度规定确定的清算开始日的各项资产账面价值的金额。

第二列为“计税基础（2）”列：填报纳税人按照税收规定确定的清算开始日的各项资产计税基础的金额，即取得资产时确定的计税基础减除在清算开始日以前纳税年度内按照税收规定已在税前扣除折旧、摊销、准备金等的余额。

第三列为“可变现价值或交易价格（3）”列：填报纳税人清算过程中各项资产可变现价值或交易价格的金额。

第四列为“资产处置损益（4）”列：填报纳税人各项资产可变现价值或交易价格减除其计税基础的余额。

（3）标有 * 行次由执行企业会计制度的纳税人填报；标有#行次由执行企业会计准则的纳税人填报；其他行次执行企业会计制度和企业会计准则的纳税人均填报。

执行企业会计制度和企业会计准则以外的纳税人，按照本表的行次内容根据其负债情况分析填报。

三、表内栏次关系

（1）附表一“资产处置损益（4）”列 = 附表一“可变现价值或交易价格（3）”列 - “计税基础（2）”列。

（2）附表一第 32 行“账面价值（1）”列总计 = 附表一“账面价值（1）”列第 1 + … + 31 行总计。

（3）附表一第 32 行“计税基础（2）”列总计 = 附表一“计税基础（2）”列第 1 + … + 31 行总计。

（4）附表一第 32 行“可变现价值或交易价格（3）”列总计 = 附表一“可变现价值或交易价格（3）”列第 1 + … + 31 行总计。

（5）附表一第 32 行“资产处置损益（4）”列总计 = 附表一第 32 行“可变现价值或交易价格（3）”列总计 - 附表一第 32 行“计税基础（2）”列总计 = 附表一“资产处置损益（4）”列第 1 + … + 31 行总计。

5.2.2 流动资产项目的填报和审核

一、货币资金

（一）填报说明

《资产处置损益明细表》第 1 行“货币资金”：填报纳税人清算过程中的货币资金情况。本行执行企业会计制度和会计准则的纳税人都需要填报，由于账面价值与计税基础相同，原则上不会产生处置收益。

（二）填报数据来源

《资产处置损益明细表》第 1 行“货币资金”填报数据来源为“库存现金”、“银行存款”、“其他货币资金”等会计科目。

二、短期投资

（一）填报说明

《资产处置损益明细表》第 2 行“短期投资”：填报纳税人清算过程中的短期投资情况。本行执行企业会计制度的纳税人填报，执行企业会计准则的纳税人不需要填写。

（二）填报数据来源

《资产处置损益明细表》第 2 行“短期投资”填报数据来源为“短期投资”会计科目。

短期投资是指核算企业购入能随时变现并且持有时间不准备超过 1 年（含 1 年）的投资，包括各种股票、债券、基金等。

三、交易性金融资产

（一）填报说明

《资产处置损益明细表》第 3 行“交易性金融资产”：填报纳税人清算过程中交易性金融资产情况。本行由执行企业会计准则的纳税人填报，执行企业会计制度的纳税人不需要填报。

（二）填报数据来源

《资产处置损益明细表》第 3 行“交易性金融资产”填报数据来源为“交易性金融资产”会计科目。

交易性金融资产核算企业为交易目的所持有的债券投资、股票投资、基金投资等交易性金融资产的公允价值和企业持有的直接指定为以公允价值计量且其变动计入当期损益的金融资产，以及企业（金融）接受委托采用全额承购包销、余额承购包销方式承销的证券，应在收到证券时将其进行分类，划分为以公允价值计量且其变动计入当期损益的金融资产。

四、应收票据

（一）填报说明

《资产处置损益明细表》第 4 行“应收票据”：填报纳税人清算过程中应收票据的情况。本行执行企业会计制度和企业会计准则的纳税人均需要填报。

（二）填报数据来源

《资产处置损益明细表》第 4 行“应收票据”填报数据来源为“应收票据”会计科目。

应收票据核算企业因销售商品、产品、提供劳务等而收到的商业汇票，包括银行承兑汇票和商业承兑汇票。

五、应收账款

（一）填报说明

《资产处置损益明细表》第 5 行“应收账款”：填报纳税人清算过程中应收账款的情况。本行执行企业会计制度和企业会计准则的纳税人均需要填报。

（二）填报数据来源

《资产处置损益明细表》第 5 行“应收账款”填报数据来源为“应收账款”会计科目。

应收账款核算企业因销售商品、产品、提供劳务等，应向购货单位或接受劳务单位收取的款项。

六、预付账款

（一）填报说明

《资产处置损益明细表》第6行“预付账款”：填报纳税人清算过程中预付账款的情况。本行执行企业会计制度和企业会计准则的纳税人均需要填报。

（二）填报数据来源

《资产处置损益明细表》第6行“预付账款”：填报数据来源为“预付账款”，如果企业未设“预付账款”科目，还应关注“应付账款”科目。预付账款核算企业按照合同规定预付的款项。

七、应收利息

（一）填报说明

《资产处置损益明细表》第7行“应收利息”：填报纳税人清算过程中应收利息的情况。本行执行企业会计制度和《企业会计准则》的纳税人均需要填报。

（二）填报数据来源

《资产处置损益明细表》第7行“应收利息”：填报数据来源为“应收利息”会计科目。

（1）会计制度规定，应收利息核算企业因债权投资而应收取的利息。

（2）会计准则规定，应收利息核算企业交易性金融资产、持有至到期投资、可供出售金融资产、发放贷款、存放中央银行款项、拆出资金、买入返售金融资产等应收取的利息。

八、应收股利

（一）填报说明

《资产处置损益明细表》第8行“应收股利”：填报纳税人清算过程中应收股利的情况。本行执行企业会计制度和企业会计准则的纳税人均需要填报。

（二）填报数据来源

《资产处置损益明细表》第8行“应收股利”填报数据来源为“应收股利”会计科目。

应收股利核算企业应收取的现金股利和应收取其他单位分配的利润。

九、应收补贴款

（一）填报说明

《资产处置损益明细表》第9行“应收补贴款”：填报纳税人清算过程中应收补贴款的情况。执行企业会计制度的纳税人需要填报，执行企业会计准则的纳税人不需要填报。

（二）填报数据来源

《资产处置损益明细表》第9行“应收补贴款”填报数据来源为“应收补贴款”会计科目。

应收补贴款核算企业按国家规定给予的定额补贴而应收的补贴款。企业按规定实行所得税先征后返、流转税先征后返政策的，以及国家拨入具有专门用途的拨款和国家财政扶持的领域而给予的补贴，其应返还的所得税、流转税，以及应拨入的款项和国家财政应扶持的领域而给予的补贴，于实际收到时在有关科目核算，不在应收补贴款核算。

十、其他应收款

（一）填报说明

《资产处置损益明细表》第10行“其他应收款”：填报纳税人清算过程中其他应收款的情况。本行执行企业会计制度和企业会计准则的纳税人均需要填报。

（二）填报数据来源

《资产处置损益明细表》第10行“其他应收款”：填报数据来源为“其他应收款”会计科目。

其他应收款核算企业除存出保证金、买入返售金融资产、应收票据、应收账款、预付账款、应收股利、应收利息、应收代位追偿款、应收分保账款、应收分保合同准备金、长期应收款等以外的其他各种应收及暂付款项。

十一、存货

（一）填报说明

《资产处置损益明细表》第11行“存货”：填报纳税人清算过程中存货的情况。执行企业会计制度和企业会计准则的纳税人均需要填报。企业的存货的品种、类别、项目、型号较多，企业清算时往往分别处理，填报时，需要合并申报。

（二）填报数据来源

《资产处置损益明细表》第11行“存货”填报数据来源为“原材料”、“包装物”、“低值易耗品”、“自制半成品”、“库存商品”、“委托加工物资、“委托代销商品”、“受托代销商品”、“分期收款发出商品”、“材料采购”、“在途物资”、“发出商品”、“周转材料”等会计科目。

1. 原材料核算企业库存的各种材料，包括原料及主要材料、辅助材料、外购半成品（外购件）、修理用备件（备品备件）、包装材料、燃料等的计划成本或实际成本。

2. 包装物核算企业库存的各种包装物的实际成本或计划成本。包装物是指为了包装本企业商品而储备的各种包装容器，如桶、箱、瓶、坛、袋等。包括：

（1）生产过程中用于包装产品作为产品组成部分的包装物；

（2）随同商品出售而不单独计价的包装物；

（3）随同商品出售而单独计价的包装物；

（4）出租或出借给购买单位使用的包装物。

3. 低值易耗品

核算企业库存的低值易耗品的实际成本或计划成本。低值易耗品是指不能作为固定资产的各种用具物品，如工具、管理用具、玻璃器皿，以及在经营过程中周转使用的包装容器等。

4. 自制半成品

核算工业企业库存的自制半成品的实际成本。自制半成品，是指经过一定生产过程并已检验合格交付半成品仓库，但尚未制造完工成为商品产品，仍需继续加工的中间产品。

5. 库存商品

核算企业库存的各种商品的实际成本（或进价）或计划成本（或售价）。包括库存的外购商品、自制商品产品、存放在门市部准备出售的商品、发出展览的商品以及寄存在外库或存放在仓库的商品等。

6. 委托加工物资

核算企业委托外单位加工的各种材料、商品等物资的实际成本。

7. 委托代销商品核算企业委托其他单位代销的商品实际成本（或进价）或计划成本（或售价）。

8. 受托代销商品

核算企业接受其他单位委托代销的商品。企业代销国外的商品也在受托代销商品核算。

9. 分期收款发出商品

核算企业采用分期收款销售方式发出商品的实际成本（或进价）。

10. 材料采购

核算企业采用计划成本进行材料日常核算而购入材料的采购成本。采用实际成本进行材料日常核算的，购入材料的采购成本，在“在途物资”科目核算。委托外单位加工材料、商品的加工成本，在“委托加工物资”科目核算。

11. 在途物资

核算企业采用实际成本（或进价）进行材料、商品等物资的日常核算、货款已付尚未验收入库的在途物资的采购成本。

12. 发出商品

核算企业未满足收入确认条件但已发出商品的实际成本（或进价）或计划成本（或售价）。采用支付手续费方式委托其他单位代销的商品，也可以单独设置“委托代销商品”科目。

13. 周转材料

核算企业周转材料的计划成本或实际成本，包括包装物、低值易耗品，以及企业（建造承包商）的钢模板、木模板、脚手架等。

十二、待摊费用

（一）填报说明

《资产处置损益明细表》第12行“待摊费用”：填报纳税人清算过程中待摊费用的情况。本行由执行企业会计制度的纳税人填报，执行企业会计准则的纳税人不填写。

（二）填报数据来源

《资产处置损益明细表》第12行“待摊费用”填报数据来源为“待摊费用”会计科目。

待摊费用核算企业已经支出，但应由本期和以后各期分别负担的分摊期限在1年以内（包括1年）的各项费用，如低值易耗品摊销、预付保险费、固定资产修理费用，以及一次购买印花税票和一次交纳印花税税额较大需分摊的数额等。超过1年以上摊销的固定资产修理支出和租入固定资产改良支出，以及摊销期限在5年以上的其他费用，应当在“长期待摊费用”科目核算，不在待摊费用核算。

十三、一年内到期的非流动资产

（一）填报说明

《资产处置损益明细表》第13行“一年内到期的非流动资产”：填报纳税人清算过程中一年内到期的非流动资产的情况。本行执行企业会计制度和企业会计准则的纳税人均需要填报。

（二）填报数据来源

填报企业持有的一年内即将到期的国债、企业债券、金融债券、长期对外借款等非流动资产，在会计上，对于一年内到期的非流动资产视同流动资产进行管理。

十四、其他流动资产

（一）填报说明

《资产处置损益明细表》第14行“其他流动资产”：填报纳税人清算过程中其他流动资产的情况。本行执行企业会计制度和企业会计准则的纳税人均需要填报。

（二）填报数据来源

填报除本附表第1行至第13行所列举流动资产项目以外的其他流动资产。

5.2.3 非流动资产项目的填报和审核

一、可供出售金融资产

（一）填报说明

《资产处置损益明细表》第15行“可供出售金融资产”：填报纳税人清算过程中可供出售金融资产的情况。本行由执行企业会计准则的纳税人填报。本行主要填报企业持有的可供出售金融资产的公允价值，包括划分为可供出售的股票投资、债券投资等金融资产。期末借方余额，反映企业可供出售金融资产的公允价值。

（二）填报数据来源

《资产处置损益明细表》第15行“可供出售金融资产”：填报数据来源为“可供出售金融资产”会计科目。

可供出售金融资产核算：企业持有的可供出售金融资产的公允价值，包括划分为可供出售的股票投资、债券投资等金融资产。

二、持有至到期投资

（一）填报说明

《资产处置损益明细表》第16行“持有至到期投资”：填报纳税人清算过程中持有至到期投资情况。本行由执行企业会计准则的纳税人填报，执行企业会计制度的纳税人不需要填报。

（二）填报数据来源

《资产处置损益明细表》第16行“持有至到期投资”填报数据来源为“持有至到期投资”会计科目。

持有至到期投资核算：企业持有至到期投资的摊余成本。持有至到期投资可按持有至到期投资的类别和品种，分别按照“成本”、“利息调整”、“应计利息”等进行明细核算。

三、长期应收款

（一）填报说明

《资产处置损益明细表》第 17 行“长期应收款”：填报纳税人清算过程中长期应收款情况。本行由执行企业会计准则的纳税人填报，执行企业会计制度的纳税人不需要填报。

（二）填报数据来源

《资产处置损益明细表》第 17 行“长期应收款”填报数据来源为“长期应收款”会计科目。

长期应收款核算企业的长期应收款项，包括融资租赁产生的应收款项、采用递延方式具有融资性质的销售商品和提供劳务等产生的应收款项等。

实质上构成对被投资单位净投资的长期权益，也通过长期应收款核算。

四、长期股权投资

（一）填报说明

《资产处置损益明细表》第 18 行“长期股权投资”：填报纳税人清算过程中长期股权投资情况。本行执行企业会计准则和企业会计制度的纳税人均需填报。

填报采用成本法和权益法核算的长期股权投资的账面价值和计税基础，期末借方余额，反映企业长期股权投资的价值。长期股权投资采用权益法核算的，还应当分别“成本”、“损益调整”、“其他权益变动”进行明细核算。

（二）填报数据来源

《资产处置损益明细表》第 18 行“长期股权投资”填报数据来源为“长期股权投资”会计科目。

会计制度规定：长期股权投资核算企业投出的期限在 1 年以上（不含 1 年）各种股权性质的投资，包括购入的股票和其他股权投资等。

会计准则规定：长期股权投资核算企业持有的采用成本法和权益法核算的长期股权投资。

五、长期债权投资

（一）填报说明

《资产处置损益明细表》第 19 行“长期债权投资”：填报纳税人清算过程中长期债权投资情况。本行由执行企业会计制度的纳税人填报，执行企业会计准则的纳税人不需要填报。

（二）填报数据来源

《资产处置损益明细表》第 19 行“长期债权投资”填报数据来源为“长期债权投资”会计科目。

长期债权投资核算企业购入的在一年内不能变现或不准备随时变现的债券和其他债权投资，清算日借方余额反映长期债权投资的本息和溢折价摊销。

六、投资性房地产

（一）填报说明

《资产处置损益明细表》第 20 行“投资性房地产”：填报纳税人清算过程中投资性房地产情况。本行由执行企业会计准则的纳税人填报，执行企业会计制度的纳税人不填写。

（二）填报数据来源

《资产处置损益明细表》第20行“投资性房地产”填报数据来源为“投资性房地产”会计科目。

投资性房地产核算采用成本模式计量和采用公允价值模式计量投资性房地产。采用成本模式计量的投资性房地产成本的清算日借方余额，反映企业采用成本模式计量的投资性房地产成本；采用公允价值模式计量的投资性房地产的清算日借方余额，反映投资性房地产的公允价值。

七、固定资产

（一）填报说明

《资产处置损益明细表》第21行“固定资产”：填报纳税人清算过程中固定资产情况。本行执行《企业会计准则》和企业会计制度的纳税人均需填报，包括建造承包商的临时设施，企业购置计算机硬件所附带的、未单独计价的软件，融资租入的固定资产等。账面价值按折余价值填写，计税基础按固定资产的实际税收成本填写。

（二）填报数据来源

《资产处置损益明细表》第21行“固定资产”填报数据来源为“固定资产”会计科目。

会计制度规定：固定资产核算企业固定资产的原价。固定资产是指使用期限超过五年的房屋、建筑物、机器、机械、运输工具以及其他与生产、经营有关的设备、器具、工具等。不属于生产、经营主要设备的物品，单位价值在2000元以上，并且使用期限超过2年的，也应当作为固定资产。

会计准则规定：固定资产核算企业持有的固定资产原价。建造承包商的临时设施，以及企业购置计算机硬件所附带的、未单独计价的软件，也通过固定资产核算。

八、在建工程

（一）填报说明

《资产处置损益明细表》第22行“在建工程”：填报纳税人清算过程中在建工程情况。本行执行企业会计准则和企业会计制度的纳税人均需填报。

（二）填报数据来源

《资产处置损益明细表》第22行“在建工程”填报数据来源为“在建工程”会计科目。

在建工程核算企业基建、更新改造等在建工程发生的支出，包括在建工程发生的管理费、征地费、可行性研究费、临时设施费、公证费、监理费及应负担的税费等，可按“建筑工程”、“安装工程”、“在安装设备”、“待摊支出”以及单项工程等进行明细核算，清算日借方余额，反映企业尚未达到预定可使用状态的在建工程的成本。

九、工程物资

（一）填报说明

《资产处置损益明细表》第23行“工程物资”：填报纳税人清算过程中工程物资情况。本行执行《企业会计准则》和企业会计制度的纳税人均需填报。

（二）填报数据来源

《资产处置损益明细表》第23行“工程物资”：填报数据来源为“工程物资”会计科目。

工程物资核算企业为在建工程准备的各种物资的成本，包括工程用材料、尚未安装的设备以及为生产准备的工器具等，清算日借方余额，反映企业为在建工程准备的各种物资的成本。可按“专用材料”、“专用设备”、“工器具”等进行明细核算。

十、固定资产清理

（一）填报说明

《资产处置损益明细表》第24行“固定资产清理”：填报纳税人清算过程中固定资产清理情况。本行执行企业会计准则和企业会计制度的纳税人均需填报。

（二）填报数据来源

《资产处置损益明细表》第24行“固定资产清理”填报数据来源为“固定资产清理”会计科目。

固定资产清理核算企业因出售、报废、毁损、对外投资、非货币性资产交换、债务重组等原因转出的固定资产价值以及在清理过程中发生的费用等，“固定资产清理”是一个过渡性科目，固定资产清理完成后，属于生产经营期间正常处理损失，借记“营业外支出——处置非流动资产损失”，贷记“固定资产清理”；属于自然灾害等非正常原因的损失，借记“营业外支出——非常损失”科目，贷记“固定资产清理”。如为贷方余额，借记“固定资产清理”，贷记“营业外收入”，清算日借方余额，反映企业尚未清理完毕的固定资产清理净损失。

十一、生物资产

（一）填报说明

《资产处置损益明细表》第25行“生物资产”：填报纳税人清算过程中生物资产情况。本行由执行企业会计准则的纳税人填报，执行企业会计制度的纳税人不需要填写。

（二）填报数据来源

《资产处置损益明细表》第25行“生物资产”填报数据来源为“生产性生物资产”、“公益性生物资产”、“消耗性生物资产”会计科目。

生物资产包括生产性生物资产、公益性生物资产、消耗性生物资产，其中，生产性生物资产在会计和税法核算中近似于固定资产，填报生产性生物资产的折余价值；消耗性生物资产近似于存货，填报消耗性生物资产的账面价值和计税成本；公益性生物资产由于取得成本较低，企业不能自由处置，会计和税法不进行折旧或摊销，清算日借方余额，反映企业公益性生物资产的原价，一旦对其进行处理，按近似于投资资产或存货资产的方法处理。

十二、油气资产

（一）填报说明

《资产处置损益明细表》第26行“油气资产”：填报纳税人清算过程中油气资产情况。本行由执行企业会计准则并从事石油、天然气资源勘探、开发和商业化生产的纳税人填报，执行企业会计制度的纳税人不需要填报。

（二）填报数据来源

《资产处置损益明细表》第26行“油气资产”填报数据来源为“油气资产”会计科目。

油气资产核算指企业（石油天然气开采）持有的矿区权益和油气井及相关设施的原价，对于企业（石油天然气开采）与油气开采活动相关的辅助设备及设施作为“固定资产”处理。本行按照清算日油气资产原值扣除累计折耗后的余额填报。

十三、无形资产

（一）填报说明

《资产处置损益明细表》第27行“无形资产”：填报纳税人清算过程中无形资产情况。本行执行企业会计准则和企业会计制度的纳税人均需填报，填报无形资产的摊余价值，包括专利权、非专利技术、商标权、著作权、土地使用权等。执行企业会计制度的纳税人的无形资产包括商誉，不再填写本附表第29行“商誉”。

（二）填报数据来源

《资产处置损益明细表》第27行“无形资产”填报数据来源为“无形资产”会计科目。

无形资产核算企业为生产商品、提供劳务、出租给他人，或为管理目的而持有的、没有实物形态的非货币性长期资产。无形资产可分为可辨认无形资产和不可辨认无形资产。可辨认无形资产包括专利权、非专利技术、商标权、著作权、土地使用权等；不可辨认无形资产是指商誉。

十四、开发支出

（一）填报说明

《资产处置损益明细表》第28行“开发支出”：填报纳税人清算过程中开发支出情况。本行由执行企业会计准则的纳税人填报，执行企业会计制度的纳税人不需要填报。

根据《企业会计准则第6号——无形资产》规定，无形资产的形成划分为研究阶段和开发阶段，由于研究阶段基本属于探索性研究，不确定性较大，为降低研发风险，研究阶段的支出采取费用化处理，直接计入当期损益；开发阶段是指在进行商业性生产或使用前，将研究成果或其他知识应用于某项计划或设计，开发支出采取资本化处理方法。本行填报企业开发支出所归集的成本。

（二）填报数据来源

开发支出项目是反映企业开发无形资产过程中能够资本化形成无形资产成本的支出部分。开发支出项目应当根据“研发支出”科目中所属的“资本化支出”明细科目期末余额填列。

十五、商誉

（一）填报说明

《资产处置损益明细表》第29行“商誉”：填报纳税人清算过程中商誉情况。本行由执行企业会计准则的纳税人填报，执行企业会计制度的纳税人不需要填写。

（二）填报数据来源

《资产处置损益明细表》第29行“商誉”填报数据来源为“商誉”会计科目。

商誉核算企业合并中形成的商誉价值。企业会计制度和《企业所得税法》将商誉作为无形资产的一项内容，注意其区别。本行只填报企业合并中形成的外购商誉，对于自创商誉，会计制度与税法不予反映。

十六、长期待摊费用

（一）填报说明

《资产处置损益明细表》第30行“长期待摊费用”：填报纳税人清算过程中长期待摊费用情况。本行执行企业会计准则和企业会计制度的纳税人均需填报。

（二）填报数据来源

《资产处置损益明细表》第30行“长期待摊费用”填报数据来源为“长期待摊费用”会计科目。

长期待摊费用核算企业已经支出，但摊销期限在1年以上（不含1年）的各项费用，包括固定资产修理支出、租入固定资产的改良支出以及摊销期限在1年以上的其他待摊费用。

《企业所得税法》第十三条规定，长期待摊费用包括：一是已足额提取折旧的固定资产的改建支出；二是租入固定资产的改建支出；三是固定资产的大修理支出；四是其他应当作为长期待摊费用的支出。会计与税法有关“长期待摊费用”的范围基本一致，清算日借方余额，反映企业尚未摊销完毕的长期待摊费用。

十七、其他非流动资产

《资产处置损益明细表》第31行“其他非流动资产”：填报除本附表第14行至第30行以外的其他非流动资产的处置损益情况。

5.3 《负债清偿损益明细表》的填报和审核

5.3.1 《负债清偿损益明细表》概说

一、与主表的关系

《负债清偿损益明细表》是《企业清算所得税申报表》的附表，主要反映企业清算环节清偿负债所发生的损益。

二、报表结构说明

（一）《负债清偿损益明细表》从横向反映资产项目，分为流动负债项目和非流动负债项目，具体项目列示如下：

短期借款、交易性金融负债、应付票据、应付账款、预收账款、应付职工薪酬、应付工资、应付福利费、应交税费、应付利息、应付股利、其他应交款、其他应付款、预提费用、一年内到期的非流动负债、其他流动负债、长期借款、应付债券、长期应付款、专项应付款、预计负债、其他非流动负债。

（二）《负债清偿损益明细表》纵向分为以下四部分内容：

1.“账面价值（1）”列：填报纳税人按照国家统一会计制度规定确定的清算开始日的各项负债账面价值的金额。

2.“计税基础（2）”列：填报纳税人按照税收规定确定的清算开始日的各项负债计税基础的金额，即负债的账面价值减去未来期间计算应纳税所得额时按照税收规定予以扣除金额的余额。

3.“清偿金额（3）”列：填报纳税人清算过程中各项负债的清偿金额。

4.“负债清偿损益（4）”列：填报纳税人各项负债计税基础减除其清偿金额的余额。

（三）标有＊行次由执行企业会计制度的纳税人填报；标有#行次由执行企业会计准则的纳税人填报；其他行次执行企业会计制度和企业会计准则的纳税人均填报。

执行企业会计制度和企业会计准则以外的纳税人，按照本表的行次内容根据其负债情况分析填报。

三、表间、表内栏次关系

（一）附表二“负债清偿损益（4）”列＝附表二“计税基础（2）”列－“清偿金额（3）”列。

（二）附表二第23行“账面价值（1）”列总计＝附表二“账面价值（1）”列第1＋…＋22行总计。

（三）附表二第23行“计税基础（2）”列总计＝附表二“计税基础（2）”列第1＋…＋22行总计。

（四）附表二第23行“清偿金额（3）”列总计＝附表二“清偿金额（3）”列第1＋…＋22行总计。

（五）附表二第23行“负债清偿损益（4）”列总计＝附表二第23行“计税基础（2）”列总计－附表二第23行“清偿金额（3）”列总计＝附表二“负债清偿损益（4）”列第1＋…＋22行总计。

（六）附表二第23行“负债清偿损益”列总计＝主表第2行。

5.3.2 流动负债项目的填报和审核

一、短期借款

（一）填报说明

《负债清偿损益明细表》第1行“短期借款”：填报纳税人清算过程中短期借款情况。本行执行企业会计制度和企业会计准则的纳税人均需填报。

（二）填报数据来源

《负债清偿损益明细表》第1行“短期借款”填报数据来源为“短期借款”会计科目。

短期借款指企业向银行或其他金融机构等借入的期限在1年以下（含1年）的各种借款，可按借款种类、贷款人和币种明细核算，资产负债表日，应按计算确定的短期借款利息费用，借记“财务费用”、“利息支出”等科目，贷记“银行存款”、“应付利息”等科目，可见利息确认未影响短期投资的账面价值和计税基础。清算日贷方余额，反映企业尚未偿还的短期借款，会计与税法不存在差异。

二、交易性金融负债

（一）填报说明

《负债清偿损益明细表》第2行“交易性金融负债”：填报纳税人清算过程中交易性金融负债情况。本行执行企业会计准则的纳税人填报，执行企业会计制度的纳税人不需要填报。

（二）填报数据来源

《负债清偿损益明细表》第2行“交易性金融负债”填报数据来源为“交易性金融负债”会计科目。

交易性金融负债核算企业承担的交易性金融负债的公允价值，包括企业持有的直接指定为以公允价值计量且其变动计入当期损益的金融负债。会计上按交易性金融负债类别，分别“本金”、“公允价值变动”等进行明细核算。资产负债表日，按交易性金融负债票面利率计算的利息，借记“投资收益”科目，贷记“应付利息”科目，资产负债表日，交易性金融负债的公允价值高于其账面余额的差额，借记“公允价值变动损益”科目，贷记交易性金融负债——公允价值变动；公允价值低于其账面余额的差额，借记交易性金融负债——公允价值变动，贷记“公允价值变动损益”。处置交易性金融负债，应按该金融负债的账面余额，借记“交易性金融负债”，按实际支付的金额，贷记“银行存款”、“存放中央银行款项”、“结算备付金”等科目，按其差额，贷记或借记“投资收益”科目；同时，按该金融负债的公允价值变动，借记或贷记“公允价值变动损益”科目，贷记或借记“投资收益”科目。由于税法不认可交易性金融负债按公允价值计量所确认的损益，仍按历史成本法核算交易性金融负债的计税基础，因此，其账面价值与计税基础存在较大差异。

三、应付票据

（一）填报说明

《负债清偿损益明细表》第3行“应付票据”：填报纳税人清算过程中应付票据情况。本行执行企业会计制度和企业会计准则的纳税人均需填报。

（二）填报数据来源

《负债清偿损益明细表》第3行“应付票据”填报数据来源为“应付票据”会计科目。

应付票据核算企业购买材料、商品和接受劳务供应等开出、承兑的商业汇票，包括银行承兑汇票和商业承兑汇票，清算日贷方余额，反映企业尚未到期的商业汇票的票面金额。

四、应付账款

（一）填报说明

《负债清偿损益明细表》第4行“应付账款”：填报纳税人清算过程中应付账款情况。本行执行企业会计制度和企业会计准则的纳税人均需填报。

（二）填报数据来源

《负债清偿损益明细表》第4行“应付账款”填报数据来源为“应付账款”会计科目。

应付账款核算企业因购买材料、商品和接受劳务等经营活动应支付的款项，清算日贷方余额，反映企业尚未支付的应付账款余额。

五、预收账款

（一）填报说明

《负债清偿损益明细表》第5行“预收账款”：填报纳税人清算过程中预收账款情况。

本行执行企业会计制度和企业会计准则的纳税人均需填报。

（二）填报数据来源

《负债清偿损益明细表》第5行“预收账款”填报数据来源为“预收账款”会计科目。

预收账款核算企业按照合同规定向购货单位预收的款项。

六、应付职工薪酬

（一）填报说明

《负债清偿损益明细表》第6行“应付职工薪酬”：填报纳税人清算过程中应付职工薪酬情况。本行由执行企业会计准则的纳税人填报，执行企业会计制度的纳税人不需要填报。

（二）填报数据来源

《负债清偿损益明细表》第6行“应付职工薪酬”填报数据来源为“应付职工薪酬”会计科目。

应付职工薪酬核算企业根据有关规定应付给职工的各种薪酬。企业（外商）按规定从净利润中提取的职工奖励及福利基金，也在应付职工薪酬核算。

《企业会计准则第9号——职工薪酬》规定，职工薪酬指企业根据有关规定应付给职工的各种薪酬，以及外商投资企业从净利润中提取的职工奖励及福利基金，清算日贷方余额反映企业应付未付的职工薪酬。包括“工资”、“职工福利”、“社会保险费”、“住房公积金”、“工会经费”、“职工教育经费”、“非货币性福利”、“辞退福利”、“股份支付”等项目。可见，企业会计准则中规定的“应付职工薪酬”范围非常宽泛，而《企业所得税法》仍按企业会计制度和原内、外资企业所得税法的划分方法，明确区分工资、职工福利费、职工教育经费、工会经费、辞退福利等内容，由此本行会计与税法的差异较大。

笔者建议，鉴于本附表第1列不参与运算，本行第1列按企业会计准则的口径填写，第2列、第3列需将《企业所得税法》的应付工资、应付福利费等内容合并填写，职工薪酬其他内容原则上不存在清算日负债问题。

七、应付工资

（一）填报说明

《负债清偿损益明细表》第7行“应付工资”：填报纳税人清算过程中应付工资情况。本行由执行企业会计制度的纳税人填报，执行企业会计准则的纳税人不需要填报。

（二）填报数据来源

《负债清偿损益明细表》第7行“应付工资”填报数据来源为“应付工资”会计科目。

应付工资核算企业应支付给职工的工资总额，包括在工资总额内的工资、奖金、津补贴等，不包括在工资总额内发给职工的医药费、福利补助、退休费等。

八、应付福利费

（一）填报说明

《负债清偿损益明细表》第8行“应付福利费”：填报纳税人清算过程中应付福利费情况。本行由执行企业会计制度的纳税人填报，执行企业会计准则的纳税人不需要填报。

应付福利费贷方余额反映企业计提福利费的结余。会计上对职工福利费采取计提方法，2008 年以前，原企业所得税政策对福利费也采取计提方法，2008 年实施《企业所得税法》后，在税收上取消了预提职工福利费的做法，发生的职工福利支出先冲减职工福利费贷方余额。本项目会计数据与税法数据可能不一致，不排除在企业清算时部分职工福利费未能兑现的情形，应确认负债清偿收益。

（二）填报数据来源

《负债清偿损益明细表》第 8 行“应付福利费”填报数据来源为“应付福利费”会计科目。

应付福利费核算企业提取的福利费。外商投资企业按规定从税后利润中提取的职工奖励及福利基金、用于支付职工的非经常性奖金（如特别贡献奖、年终奖等）和职工集体福利的，也在应付福利费核算。

九、应交税费

（一）填报说明

《负债清偿损益明细表》第 9 行“应交税费”：填报纳税人清算过程中应交税费情况。本行执行企业会计制度和企业会计准则的纳税人均需填报。

《财政部　国家税务总局关于增值税若干政策的通知》（财税〔2005〕165 号）规定，一般纳税人注销时，其存货不作进项税额转出处理，其留抵税额也不予以退税，是企业清偿应交税费的损失。

（二）填报数据来源

《负债清偿损益明细表》第 9 行“应交税费”填报数据来源为“应交税费”会计科目。

应交税费核算企业按税法和有关规定计算应交纳的各种税费，包括增值税、消费税、营业税、所得税、资源税、土地增值税、城市维护建设税、房产税、土地使用税、车船使用税、教育费附加、矿产资源补偿费（执行企业会计制度的纳税人，不包括教育费附加、矿产资源补偿费）等。

十、应付利息

（一）填报说明

《负债清偿损益明细表》第 10 行“应付利息”：填报纳税人清算过程中应付利息情况。本行执行企业会计制度和企业会计准则的纳税人均需填报。

（二）填报数据来源

《负债清偿损益明细表》第 10 行“应付利息”填报数据来源为“应付利息”、“预提费用”、“长期借款”、“长期待摊费用”、“应付债券”会计科目。

应付利息核算企业按照合同约定应支付的利息，包括吸收存款、分期付息到期还本的长期借款、企业债券等应支付的利息。

（1）执行企业会计准则纳税人的会计处理：按摊余成本和实际利率计算确定的利息费用，借记“利息支出”、“在建工程”、“财务费用”、“研发支出”等科目，按合同利率计算确定的应付未付利息，贷记应付利息，按其差额，借记或贷记“长期借款——利息调整”、“吸收存款——利息调整”等科目。

(2) 执行企业会计制度纳税人的会计处理：企业发生的借款费用（包括利息、汇兑损失等），应按照上述规定，分别计入有关科目：属于筹建期间的，计入长期待摊费用，借记“长期待摊费用”科目，贷记“长期借款”；属于生产经营期间的，计入财务费用，借记“财务费用”科目，贷记“长期借款”；属于发生的与固定资产购建有关的专门借款的借款费用，在固定资产达到预定可使用状态前按规定应予以资本化的，借记“在建工程”科目，贷记“长期借款”；固定资产达到预定可使用状态后所发生的借款费用以及按规定不能予以资本化的借款费用，借记“财务费用”科目，贷记“长期借款”。

发生的短期借款利息应当直接计入当期财务费用，借记“财务费用”科目，贷记“预提费用”、“银行存款”等科目。

股份有限公司委托其他单位发行股票支付的手续费或佣金减去发行股票冻结期间的利息收入后的相关费用，从发行股票的溢价中不够抵消的，或者无溢价的，作为长期待摊费用，在不超过2年的期限内平均摊销，计入管理费用。

面值发行债券应计提的利息，借记“在建工程”、“财务费用”科目，贷记“应付债券——应计利息”。溢价发行债券，按应摊销的溢价金额，借记“应付债券——债券溢价”，按应计利息与溢价摊销的差额，借记“在建工程”、“财务费用”等科目，按应计利息，贷记“应付债券——应计利息”。

折价发行债券，按应摊销的折价金额和应计利息之和，借记“在建工程”、“财务费用”等科目，按应摊销的折价金额，贷记应付债券（债券折价），按应计利息，贷记“应付债券——应计利息”。

十一、应付股利

（一）填报说明

《负债清偿损益明细表》第11行“应付股利”：填报纳税人清算过程中应付股利情况。本行执行企业会计制度和企业会计准则的纳税人均需填报。

（二）填报数据来源

《负债清偿损益明细表》第11行“应付股利”填报数据来源为“应付股利”会计科目。

应付股利核算企业分配的现金股利或利润，贷方余额，反映企业应付未付的现金股利或利润；企业分配股票股利不作账务处理。

十二、其他应交款

（一）填报说明

《负债清偿损益明细表》第12行“其他应交款”：填报纳税人清算过程中其他应交款情况。本行由执行企业会计制度的纳税人填报，执行企业会计准则的纳税人不需要填报。

（二）填报数据来源

《负债清偿损益明细表》第12行“其他应交款”填报数据来源为“其他应交款”会计科目。

其他应交款核算企业除应交税金、应付股利等以外的其他各种应交的款项，包括应交的教育费附加、矿产资源补偿费、应交住房公积金等。

十三、其他应付款

（一）填报说明

《负债清偿损益明细表》第13行“其他应付款”：填报纳税人清算过程中其他应付款情况。本行执行企业会计制度和企业会计准则的纳税人均需填报。

（二）填报数据来源

《负债清偿损益明细表》第13行“其他应付款”填报数据来源为“其他应付款”会计科目。

其他应付款核算企业应付、暂收其他单位或个人的款项。

十四、预提费用

（一）填报说明

《负债清偿损益明细表》第14行“预提费用”：填报纳税人清算过程中预提费用情况。本行由执行企业会计制度的纳税人填报，执行企业会计准则的纳税人不需要填报。

（二）填报数据来源

《负债清偿损益明细表》第14行“预提费用”填报数据来源为“预提费用”会计科目。

预提费用核算企业按规定从成本费用中预先提取但尚未支付的费用，如预提的租金、保险费、借款利息、固定资产修理费等。

十五、一年内到期的非流动负债

（一）填报说明

《负债清偿损益明细表》第15行“一年内到期的非流动负债”：填报纳税人清算过程中一年内到期的非流动负债情况。本行执行企业会计制度和企业会计准则的纳税人均需填报。

（二）填报数据来源

一年内到期的非流动负债核算企业发行距到期日时间短于一年的长期债券、长期借款等非流动负债，需在一年内还本付息，在会计上，对于一年内到期的非流动负债视同流动负债进行管理。

十六、其他流动负债

（一）填报说明

《负债清偿损益明细表》第16行“其他流动负债”：填报纳税人清算过程中其他流动负债情况。本行执行企业会计制度和企业会计准则的纳税人均需填报。

（二）填报数据来源

《负债清偿损益明细表》第16行“其他流动负债”填报除本附表1行至第15行以外的其他流动负债。

5.3.3 非流动负债项目的填报和审核

一、长期借款

（一）填报说明

《负债清偿损益明细表》第17行“长期借款”：填报纳税人清算过程中长期借款情况。本行执行企业会计制度和企业会计准则的纳税人均需填报。

（二）填报数据来源

《负债清偿损益明细表》第17行“长期借款”填报数据来源为“长期借款”会计科目。

长期借款核算企业向银行或其他金融机构借入的期限在1年以上（不含1年）的各项借款，企业按贷款单位和贷款种类，分别“本金”、“利息调整”等进行明细核算。

二、应付债券

（一）填报说明

《负债清偿损益明细表》第18行“应付债券”：填报纳税人清算过程中应付债券情况。本行执行企业会计制度和企业会计准则的纳税人均需填报。

（二）填报数据来源

《负债清偿损益明细表》第18行“应付债券”填报数据来源为“应付债券”会计科目。

会计制度规定：应付债券核算企业为筹集长期资金而实际发行的债券及应付的利息。

发行1年期及1年期以下的短期债券，应当另设“2112应付短期债券”科目核算。

会计准则规定：应付债核算企业为筹集（长期）资金而发行债券的本金和利息。企业发行的可转换公司债券，应将负债和权益成分进行分拆，分拆后形成的负债成分在本科目核算。

三、长期应付款

（一）填报说明

《负债清偿损益明细表》第19行“长期应付款”：填报纳税人清算过程中长期应付款情况。本行执行企业会计制度和企业会计准则的纳税人均需填报。

（二）填报数据来源

《负债清偿损益明细表》第19行“长期应付款”填报数据来源为“长期应付款”会计科目。

长期应付款核算企业除长期借款和应付债券以外的其他各种长期应付款项，包括应付融资租入固定资产的租赁费、以分期付款方式购入固定资产等发生的应付款项等。

四、专项应付款

（一）填报说明

《负债清偿损益明细表》第20行“专项应付款”：填报纳税人清算过程中专项应付款情况。本行执行企业会计制度和企业会计准则的纳税人均需填报。

（二）填报数据来源

《负债清偿损益明细表》第20行“专项应付款”填报数据来源为“专项应付款”会计科目。

专项应付款核算企业取得政府作为企业所有者投入的具有专项或特定用途的款项，如专项用于技术改造、技术研究、环境治理等专项资金。

五、预计负债

（一）填报说明

《负债清偿损益明细表》第21行“预计负债”：填报纳税人清算过程中预计负债情

况。本行由执行企业会计准则的纳税人填报，执行会计制度的纳税人不需要填报。

（二）填报数据来源

《负债清偿损益明细表》第21行“预计负债”填报数据来源为“预计负债”会计科目。

预计负债核算企业确认的对外提供担保、未决诉讼、产品质量保证、重组义务、亏损性合同等预计负债。企业由对外提供担保、未决诉讼、重组义务产生的预计负债，应按确定的金额，借记“营业外支出”等科目，贷记“预计负债”。由产品质量保证产生的预计负债，应按确定的金额，借记“销售费用”科目，贷记“预计负债”；由资产弃置义务产生的预计负债，应按确定的金额，借记“固定资产”或“油气资产”科目，贷记“预计负债”。在固定资产或油气资产的使用寿命内，按计算确定各期应负担的利息费用，借记“财务费用”科目，贷记“预计负债”。

六、其他非流动负债

（一）填报说明

《负债清偿损益明细表》第22行“其他非流动负债”：填报纳税人清算过程中其他非流动负债情况。本行执行企业会计制度和企业会计准则的纳税人均需填报。

（二）填报数据来源

《负债清偿损益明细表》第22行“其他非流动负债”填报除本附表第17行至第21行以外的非流动负债。

5.4 《剩余财产计算和分配明细表》的填报和审核

5.4.1 《剩余财产计算和分配明细表》概说

一、与主表的关系及本表的定位

《剩余财产计算和分配明细表》是《企业清算所得税申报表（主表）》的附表，但附表三不参与主表数据运算，亦不协助主表生成数据。

从功能定位来讲，附表三与主表属于并列平行关系，主表侧重计算企业清算所得税问题，附表三则从股东角度，侧重计算企业清算财产的处置及剩余财产在股东之间的分配。

从结构分析，本附表结合企业清算特点，突出了企业所拖欠职工工资、基本社会保险费等清偿问题，主表在性质上近似于企业所得税纳税申报表，本附表则近似于利润表和利润分配表。

从计算顺序、方法分析，本附表侧重于从资产负债表角度反映企业清算过程，主表则严格按照《企业所得税法实施条例》第十一条有关规定设计。

二、报表结构说明

本附表可以为两部分：一是反映剩余财产的计算过程，从第1行至第12行；二是反映剩余财产在股东之间的分配过程，第13行至第17行。

三、表内栏次计算关系

附表三第10行=附表三表第1-2-…-9行。

5.4.2 剩余财产的计算

一、资产可变现价值或交易价格

（一）填报要求

《剩余财产计算和分配明细表》第1行“资产可变现价值或交易价格”：填报纳税人全部资产的可变现价值或交易价格金额。

（二）填报数据来源

《剩余财产计算和分配明细表》第1行“资产可变现价值或交易价格”填报数据来源为附表一《资产处置损益明细表》第32行第3列“资产可变现价值或交易价格”合计数。

二、清算费用

（一）填报要求

《剩余财产计算和分配明细表》第2行“清算费用”：填报纳税人清算过程中发生的与清算业务有关的费用支出，包括清算组组成人员的报酬，清算财产的管理、变卖及分配所需的评估费、咨询费等费用，清算过程中支付的诉讼费用、仲裁费用及公告费用，以及为维护债权人和股东的合法权益支付的其他费用。

（二）填报数据来源

《剩余财产计算和分配明细表》第2行“清算费用”填报数据来源为主表《中华人民共和国企业清算所得税申报表》第3行“清算费用”。

三、职工工资

（一）填报要求

《剩余财产计算和分配明细表》第3行“职工工资”：填报纳税人清算过程中偿还的职工工资。

（二）填报数据来源

《剩余财产计算和分配明细表》第3行“职工工资”填报数据来源与附表二《负债清偿损益明细表》第6行“应付职工薪酬”、第7行“应付工资”、第8行“应付福利费”存在一定对应关系。

四、社会保险费用

（一）填报要求

《剩余财产计算和分配明细表》第4行“社会保险费用”：填报纳税人清算过程中偿还欠缴的各种社会保险费用。

（二）填报数据来源

《剩余财产计算和分配明细表》第4行“社会保险费用”填报数据来源为“应付工资”、“应付职工薪酬”会计科目。

企业会计准则规定：按照国家有关规定缴纳社会保险费和住房公积金，借记“应付职工薪酬”，贷记“银行存款”科目。

五、法定补偿金

（一）填报要求

《剩余财产计算和分配明细表》第5行“法定补偿金”：填报纳税人清算过程中按照

有关规定支付的法定补偿金。

（二）填报数据来源

《剩余财产计算和分配明细表》第5行“法定补偿金”填报数据来源为对以前因公伤残职工给予的补偿。如：某人在20年前因公受伤，单位当时与其签订协议，每年支付此人生活费1万元。

六、清算税金及附加

（一）填报要求

《剩余财产计算和分配明细表》第6行“清算税金及附加”：填报纳税人清算过程中发生的除企业所得税和允许抵扣的增值税以外的各项税金及其附加。

（二）填报数据来源

《剩余财产计算和分配明细表》第6行“清算税金及附加”填报数据来源为主表《中华人民共和国企业清算所得税申报表》第4行“清算税金及附加”。

七、清算所得税额

（一）填报要求

《剩余财产计算和分配明细表》第7行“清算所得税额”：填报纳税人清算过程中应缴的清算企业所得税金额。

（二）填报数据来源

《剩余财产计算和分配明细表》第7行“清算所得税额”填报数据来源为主表《中华人民共和国企业清算所得税申报表》第16行“境内外实际应纳所得税额”。

八、以前年度欠税额

（一）填报要求

《剩余财产计算和分配明细表》第8行“以前年度欠税额”：填报纳税人以前年度欠缴的各项税金及其附加。

（二）填报数据来源

《剩余财产计算和分配明细表》第8行“以前年度欠税额”填报数据来源为纳税人以前年度所欠缴的各项税金及其附加，如：增值税、消费税、营业税、城市维护建设税、教育费附加等。

九、其他债务

（一）填报要求

《剩余财产计算和分配明细表》第9行“其他债务”：填报纳税人清算过程中偿还的其他债务。

（二）填报数据来源

《剩余财产计算和分配明细表》第9行“其他债务”填报数据来源结合附表二《负债清偿损益明细表》有关内容填报。

十、剩余财产

（一）填报要求

《剩余财产计算和分配明细表》第10行“剩余财产”：填报纳税人全部资产按可变现价值或交易价格减除清算费用、职工工资、社会保险费用、法定补偿金、清算税费、清算所得税额、以前年度欠税和企业其他债务后的余额。

（二）填报数据来源

《剩余财产计算和分配明细表》第10行“剩余财产”填报数据来源为本表第1行－2行－3行－4行－5行－6行－7行－8行－9行所得数据。

十一、累计盈余公积

（一）填报要求

《剩余财产计算和分配明细表》第11行“其中：累计盈余公积”：填报纳税人截止开始分配剩余财产时累计从净利润提取的盈余公积金额。

（二）填报数据来源

《剩余财产计算和分配明细表》第11行“其中：累计盈余公积”填报数据来源为“盈余公积”会计科目。

盈余公积科目核算企业从净利润中提取的盈余公积。

十二、累计未分配利润

（一）填报要求

《剩余财产计算和分配明细表》第12行“其中：累计未分配利润”：填报纳税人截止开始分配剩余财产时累计的未分配利润金额。

（二）填报数据来源

《剩余财产计算和分配明细表》第12行“其中：累计未分配利润”填报数据来源为“利润分配——未分配利润”会计科目。

利润分配科目核算企业利润的分配（或亏损的弥补）和历年分配（或弥补）后的余额。

5.4.3 剩余财产的分配

一、“股东名称”填报要求

《剩余财产计算和分配明细表》第13－17行“股东名称”列：填报清算企业的各股东名称。

二、“持有清算企业权益性投资比例”填报要求

《剩余财产计算和分配明细表》第13－17行“持有清算企业权益性投资比例”列：填报清算企业的各股东持有清算企业的权益性投资比例。

三、“投资额”填报要求

《剩余财产计算和分配明细表》第13－17行“投资额”列：填报清算企业各股东向清算企业进行权益性投资总额。

四、“分配的财产金额”填报要求

《剩余财产计算和分配明细表》第13－17行“分配的财产金额”列：填报清算企业的各股东从清算企业剩余财产中，按照其持有的清算企业的权益性投资比例分得的财产金额。

五、“确认为股息金额”填报要求

《剩余财产计算和分配明细表》第13－17行“其中：确认为股息金额”列：填报清算企业的各股东从清算企业剩余财产分得财产中，相当于累计未分配利润和累计盈余公积

按照其持有清算企业权益性投资比例计算确认的部分。清算企业的非企业所得税纳税人股东不填此列。

六、“确认为股息金额”填报数据来源

根据《企业所得税法》第二十六条、《企业所得税法实施条例》第十一条规定，投资方企业从被清算企业分得的剩余资产，其中相当于从被清算企业累计未分配利润和累计盈余公积中应当分得的部分，应当确认为股息所得，属于免税收入；剩余资产减除上述股息所得后的余额，超过或者低于投资成本的部分，应当确认为投资资产转让所得或者损失。因此，清算企业的非企业所得税纳税人股东不填此列（单设此列主要在于加强免税的股息收入的管理）。

5.5 企业清算所得税申报填报的税法依据

5.5.1 企业所得税清算的含义

企业清算的所得税处理，是指企业在不再持续经营，发生结束自身业务、处置资产、偿还债务以及向所有者分配剩余财产等经济行为时，对清算所得、清算所得税、股息分配等事项的处理。

（依据财税〔2009〕60号）

5.5.2 清算企业的范围

下列企业应进行清算的所得税处理：

（一）按《公司法》、《企业破产法》等规定需要进行清算的企业；

（二）企业重组中需要按清算处理的企业。

（依据财税〔2009〕60号）

5.5.3 企业清算的所得税处理内容

企业清算的所得税处理包括以下内容：

（一）全部资产均应按可变现价值或交易价格，确认资产转让所得或损失；

（二）确认债权清理、债务清偿的所得或损失；

（三）改变持续经营核算原则，对预提或待摊性质的费用进行处理；

（四）依法弥补亏损，确定清算所得；

（五）计算并缴纳清算所得税；

（六）确定可向股东分配的剩余财产、应付股息等。

（依据财税〔2009〕60号）

5.5.4 清算所得的确定

企业所得税法第五十五条所称清算所得，是指企业的全部资产可变现价值或者交易价格减除资产净值、清算费用以及相关税费等后的余额。

投资方企业从被清算企业分得的剩余资产，其中相当于从被清算企业累计未分配利润和累计盈余公积中应当分得的部分，应当确认为股息所得；剩余资产减除上述股息所得后的余额，超过或者低于投资成本的部分，应当确认为投资资产转让所得或者损失。

（依据《企业所得税法实施条例》第十一条）

企业的全部资产可变现价值或交易价格，减除资产的计税基础、清算费用、相关税费，加上债务清偿损益等后的余额，为清算所得。

（依据财税〔2009〕60号）

5.5.5 清算期的确定

企业依法清算时，应当以清算期间作为一个纳税年度。企业应将整个清算期作为一个独立的纳税年度计算清算所得。

（依据《企业所得税法》第五十三条、财税〔2009〕60号，）

企业清算时，应当以整个清算期间作为一个纳税年度，依法计算清算所得及其应纳所得税。企业应当自清算结束之日起15日内，向主管税务机关报送企业清算所得税纳税申报表，结清税款。

企业未按照规定的期限办理纳税申报或者未按照规定期限缴纳税款的，应根据《中华人民共和国税收征收管理法》的相关规定加收滞纳金。

进入清算期的企业应对清算事项，报主管税务机关备案。

（依据国税函〔2009〕684号）

5.5.6 向所有者分配的剩余资产的确认

企业全部资产的可变现价值或交易价格减除清算费用，职工的工资、社会保险费用和法定补偿金，结清清算所得税、以前年度欠税等税款，清偿企业债务，按规定计算可以向所有者分配的剩余资产。

被清算企业的股东分得的剩余资产的金额，其中相当于被清算企业累计未分配利润和累计盈余公积中按该股东所占股份比例计算的部分，应确认为股息所得；剩余资产减除股息所得后的余额，超过或低于股东投资成本的部分，应确认为股东的投资转让所得或损失。

被清算企业的股东从被清算企业分得的资产应按可变现价值或实际交易价格确定计税基础。

（依据财税〔2009〕60号）

5.5.7 清算的申报期限

企业在年度中间终止经营活动的，应当自实际经营终止之日起60日内，向税务机关办理当期企业所得税汇算清缴。

企业应当在办理注销登记前，就其清算所得向税务机关申报并依法缴纳企业所得税。

（依据《企业所得税法》第五十五条）

附件 企业所得税申报表样式

一、居民企业预缴申报表

中华人民共和国企业所得税月（季）度预缴纳税申报表（A类）（见413页）

税款所属期间：　　　年　　月　　日至　　　年　　月　　日

纳税人识别号：□□□□□□□□□□□□□□□□□□□□

纳税人名称：　　　　　　　　　　　　　　　　　　　　金额单位：人民币元（列至角分）

行次	项　目		本期金额	累计金额
1	一、据实预缴			
2	营业收入			
3	营业成本			
4	利润总额			
5	税率（25%）			
6	应纳所得税额（4行×5行）			
7	减免所得税额			
8	实际已缴所得税额		——	
9	应补（退）的所得税额（6行－7行－8行）		——	
10	二、按照上一纳税年度应纳税所得额的平均额预缴			
11	上一纳税年度应纳税所得额		——	
12	本月（季）应纳税所得额（11行÷12或11行÷4）			
13	税率（25%）		——	——
14	本月（季）应纳所得税额（12行×13行）			
15	三、按照税务机关确定的其他方法预缴			
16	本月（季）确定预缴的所得税额			
17	总分机构纳税人			
18	总机构	总机构应分摊的所得税额（9行或14行或16行×25%）		
19		中央财政集中分配的所得税额（9行或14行或16行×25%）		
20		分支机构分摊的所得税额（9行或14行或16行×50%）		
21	分支机构	分配比例		
22		分配的所得税额（20行×21行）		

谨声明：此纳税申报表是根据《中华人民共和国企业所得税法》、《中华人民共和国企业所得税法实施条例》和国家有关税收规定填报的，是真实的、可靠的、完整的。

法定代表人（签字）：　　　　　　年　月　日

纳税人公章：	代理申报中介机构公章：	主管税务机关受理专用章：
	经办人：	
会计主管：	经办人执业证件号码：	受理人：
填表日期：　　年　月　日	代理申报日期：　　年　月　日	受理日期：　　年　月　日

中华人民共和国企业所得税月（季）度预缴纳税申报表（B类）（见415页）

税款所属期间：　　年　月　日至　　年　月　日

纳税人识别号：□□□□□□□□□□□□□□□□□

纳税人名称：　　　　　　　　　　　　　　　　金额单位：人民币元（列至角分）

项目			行次	累计金额
应纳税所得额的计算	按收入总额核定应纳税所得额	收入总额	1	
		税务机关核定的应税所得率（%）	2	
		应纳税所得额（1行×2行）	3	
	按成本费用核定应纳税所得额	成本费用总额	4	
		税务机关核定的应税所得率（%）	5	
		应纳税所得额［4行÷（1－5行）×5行］	6	
	按经费支出换算应纳税所得额	经费支出总额	7	
		税务机关核定的应税所得率（%）	8	
		换算的收入额［7行÷（1－8行）］	9	
		应纳税所得额（8行×9行）	10	
应纳所得税额的计算		税率（25%）	11	
		应纳所得税额(3行×11行或6行×11行或10行×11行)	12	
		减免所得税额	13	
应补（退）所得税额的计算		已预缴所得税额	14	
		应补（退）所得税额（12行－13行－14行）	15	

谨声明：此纳税申报表是根据《中华人民共和国企业所得税法》、《中华人民共和国企业所得税法实施条例》和国家有关税收规定填报的，是真实的、可靠的、完整的。

法定代表人（签字）：　　　　　　年　月　日

纳税人公章： 会计主管： 填表日期：　年　月　日	代理申报中介机构公章： 经办人： 经办人执业证件号码： 代理申报日期：　年　月　日	主管税务机关受理专用章： 受理人： 受理日期：　年　月　日

中华人民共和国企业所得税汇总纳税分支机构分配表（见417页）

税款所属期间：　　年　　月　　日至　　年　　月　　日

分配比例有效期：　　年　　月　　日至　　年　　月　　日　　　　金额单位：人民币元（列至角分）

总机构情况	纳税人识别号	总机构名称	三项因素				分支机构分摊的所得税额	
			收入总额	工资总额	资产总额	合计		
分支机构情况	纳税人识别号	分支机构名称	三项因素				分配比例	分配税额
			收入总额	工资总额	资产总额	合计		

纳税人公章：

会计主管：

填表日期：　　年　　月　　日

主管税务机关受理专用章：

受理人：

受理日期：　　年　　月　　日

二、非居民企业预缴申报表

中华人民共和国非居民企业所得税季度纳税申报表（见427页）

（适用于据实申报企业）

税款所属期间：　　年　月　日至　　年　月　日

纳税人识别号：□□□□□□□□□□□□□□□□□□□□

金额单位：人民币元（列至角分）

纳税人名称：			居民国（地区）名称及代码：	
行次	项　目	账载金额	依法申报金额	备　注
1	营业收入			
2	营业成本			
3	本季度利润（亏损）额			
4	按规定可弥补的以前季度亏损额			
5	按规定可弥补的以前年度亏损额			
6	应纳税所得额			
7	法定税率（25%）			
8	应纳企业所得税额 8 = 6 × 7			
9	实际征收率（%）			
10	实际应纳企业所得税额 10 = 6 × 9			
11	减（免）企业所得税额 11 = 8 − 10			
12	本季度前已预缴企业所得税额			
13	本年度已预缴企业所得税额 13 = 10 + 12			

谨声明：此纳税申报表是根据《中华人民共和国企业所得税法》及其实施条例和国家有关税收规定填报的，是真实的、可靠的、完整的。

声名人签字：　　　　年　月　日

纳税人公章： 经办人： 申报日期：　年　月　日	代理申报中介机构公章： 经办人执业证件号码： 代理申报日期：　年　月　日	主管税务机关： 受理人： 受理日期：　年　月　日

中华人民共和国非居民企业所得税季度纳税申报表（见428页）
（适用于核定征收企业）

税款所属期间：　　年　月　日至　　年　月　日

纳税人识别号：□□□□□□□□□□□□□□□□□□□□

金额单位：人民币元（列至角分）

纳税人名称			居民国（地区）名称及代码		
申报项目			账载金额	依法申报金额	备注
按收入总额核定应纳税所得额的计算	项目1名称	1. 收入额			
		2. 经税务机关核定的利润率（%）			
		3. 应纳税所得额 3=1×2			
	项目2名称	4. 收入额			
		5. 经税务机关核定的利润率（%）			
		6. 应纳税所得额 6=4×5			
	项目3名称	7. 收入额			
		8. 经税务机关核定的利润率（%）			
		9. 应纳税所得额 9=7×8			
	10. 收入总额 10=1+4+7				
	11. 应纳税所得额合计 11=3+6+9				
按经费支出换算应纳税所得额的计算	12. 经费支出总额				
	13. 换算的收入额				
	14. 经税务机关核定的利润率（%）				
	15. 应纳税所得额 15=13×14				
按成本费用核定应纳税所得额的计算	16. 成本费用总额				
	17. 换算的收入额				
	18. 经税务机关核定的利润率（%）				
	19. 应纳税所得额 19=17×18				
应纳企业所得税额的计算	20. 适用税率（25%）				
	21. 应纳企业所得税额 21=11×20或15×20或19×20				
	22. 实际征收率（%）				
	23. 实际应纳企业所得税额 23=11×22或15×22或19×22				
	24. 减（免）企业所得税额 24=21−23				
预缴所得税额的计算	25. 本季度前已预缴企业所得税额				
	26. 本年度已预缴企业所得税额 26=23+25				
声　明	谨声明：此纳税申报表是根据《中华人民共和国企业所得税法》及其实施条例和国家有关税收规定填报的，是真实的、可靠的、完整的。 声明人签字：　　年　月　日				

纳税人公章： 经办人： 申报日期：　年　月　日	代理申报中介机构公章： 经办人执业证件号码： 代理申报日期：　年　月　日	主管税务机关： 受理人： 受理日期：　年　月　日

中华人民共和国扣缴企业所得税报告表（见453页）

（见453页）

税款所属期间：　　年　月　日至　　年　月　日

金额单位：人民币元（列至角分）

<table>
<tr><td colspan="6">扣缴义务人基本信息：</td></tr>
<tr><td>纳税人识别号</td><td colspan="2"></td><td colspan="2">经济类型代码及名称</td><td></td></tr>
<tr><td rowspan="2">名　称</td><td colspan="2">中：</td><td colspan="2">经济行业分类代码及名称</td><td></td></tr>
<tr><td colspan="2">英：</td><td colspan="2">联系人</td><td></td></tr>
<tr><td rowspan="2">地　址</td><td colspan="2">中：</td><td colspan="2">联系电话</td><td></td></tr>
<tr><td colspan="2">英：</td><td colspan="2">邮政编码</td><td></td></tr>
<tr><td colspan="6">纳税人基本信息：</td></tr>
<tr><td>在其居民国纳税识别号</td><td colspan="2"></td><td colspan="2" rowspan="2">在中国境内的名称</td><td>中：</td></tr>
<tr><td>居民国（地区）名称及代码</td><td colspan="2"></td><td>英：</td></tr>
<tr><td rowspan="2">在其居民国名称</td><td colspan="2">中：</td><td colspan="2" rowspan="2">在其居民国地址</td><td>中：</td></tr>
<tr><td colspan="2">英：</td><td>英：</td></tr>
<tr><td>申报所得类型及代码</td><td colspan="3"></td><td>本次申报所得取得日期</td><td></td></tr>
<tr><td>合同名称</td><td colspan="3"></td><td>合同编号</td><td></td></tr>
<tr><td>合同执行起始时间</td><td></td><td>合同执行终止时间</td><td></td><td>合同总金额</td><td></td></tr>
<tr><td colspan="6">以下内容适用于法定源泉扣缴情况填写：</td></tr>
<tr><td>行次</td><td colspan="3">项　目</td><td>依法申报数据</td><td></td></tr>
</table>

<table>
<tr><td>1</td><td rowspan="6">本次申报收入</td><td colspan="2">人民币金额</td><td></td></tr>
<tr><td>2</td><td rowspan="4">外币</td><td>名称</td><td></td></tr>
<tr><td>3</td><td>金额</td><td></td></tr>
<tr><td>4</td><td>汇率</td><td></td></tr>
<tr><td>5</td><td>折算人民币金额 5＝3×4</td><td></td></tr>
<tr><td>6</td><td colspan="2">人民币金额合计 6＝1＋5</td><td></td></tr>
<tr><td>7</td><td rowspan="3">应纳税所得额的计算</td><td colspan="2">扣除额</td><td></td></tr>
<tr><td>8</td><td colspan="2">应纳税所得额 8＝6－7</td><td></td></tr>
<tr><td>9</td><td colspan="2">适用税率（10%）</td><td></td></tr>
<tr><td>10</td><td rowspan="4">应纳企业所得税额的计算</td><td colspan="2">应缴纳的企业所得税额 10＝8×9</td><td></td></tr>
<tr><td>11</td><td colspan="2">实际征收率（%）</td><td></td></tr>
<tr><td>12</td><td colspan="2">实际应缴纳的企业所得税额 12＝8×11</td><td></td></tr>
<tr><td>13</td><td colspan="2">减免企业所得税额 13＝10－12</td><td></td></tr>
</table>

续表

扣缴义务人基本信息：

以下内容适用于主管税务机关指定扣缴情况填写：

行次	项　目	依法申报数据
14	本次申报的收入总额	
15	税务机关核定的利润率（%）	
16	应纳税所得额 16 = 14 × 15	
17	适用税率（%）	
18	应纳企业所得税额 18 = 16 × 17	

谨声明：此扣缴所得税报告是根据《中华人民共和国企业所得税法》及其实施条例和相关税收协定和国家有关税收规定填报的，是真实的、可靠的、完整的。

声明人签字：　　　　　　　　年　月　日

扣缴义务人（纳税人）公章： 经办人： 申报日期：　　年　月　日	代理申报中介机构公章： 经办人执业证件号码： 代理申报日期：　　年　月　日	主管税务机关受理专用章： 受理人： 受理日期：　　年　月　日

三、居民企业所得税年度纳税申报表

中华人民共和国企业所得税年度纳税申报表（A类）（见14页）

税款所属期间：　　　年　　月　　日至　　　年　　月　　日

纳税人名称：

纳税人识别号：□□□□□□□□□□□□□□□□□□□□

金额单位：元（列至角分）

类别	行次	项　　目	金　额
利润总额计算	1	一、营业收入（填附表一）	
	2	减：营业成本（填附表二）	
	3	营业税金及附加	
	4	销售费用（填附表二）	
	5	管理费用（填附表二）	
	6	财务费用（填附表二）	
	7	资产减值损失	
	8	加：公允价值变动收益	
	9	投资收益	
	10	二、营业利润	
	11	加：营业外收入（填附表一）	
	12	减：营业外支出（填附表二）	
	13	三、利润总额（10+11-12）	
应纳税所得额计算	14	加：纳税调整增加额（填附表三）	
	15	减：纳税调整减少额（填附表三）	
	16	其中：不征税收入	
	17	免税收入	
	18	减计收入	
	19	减、免税项目所得	
	20	加计扣除	
	21	抵扣应纳税所得额	
	22	加：境外应税所得弥补境内亏损	
	23	纳税调整后所得（13+14-15+22）	
	24	减：弥补以前年度亏损（填附表四）	

续表

类别	行次	项　目	金　额
应纳税所得额计算	25	应纳税所得额（23－24）	
	26	税率（25%）	
	27	应纳所得税额（25×26）	
	28	减：减免所得税额（填附表五）	
	29	减：抵免所得税额（填附表五）	
	30	应纳税额（27－28－29）	
	31	加：境外所得应纳所得税额（填附表六）	
	32	减：境外所得抵免所得税额（填附表六）	
	33	实际应纳所得税额（30＋31－32）	
	34	减：本年累计实际已预缴的所得税额	
	35	其中：汇总纳税的总机构分摊预缴的税额	
	36	汇总纳税的总机构财政调库预缴的税额	
	37	汇总纳税的总机构所属分支机构分摊的预缴税额	
	38	合并纳税（母子体制）成员企业就地预缴比例	
	39	合并纳税企业就地预缴的所得税额	
	40	本年应补（退）的所得税额（33－34）	
附列资料	41	以前年度多缴的所得税额在本年抵减额	
	42	以前年度应缴未缴在本年入库所得税额	

纳税人公章： 经办人： 申报日期：　　年　月　日	代理申报中介机构公章： 经办人执业证件号码： 代理申报日期：　　年　月　日	主管税务机关受理专用章： 受理人： 受理日期：　　年　月　日

附表一（1）　《收入明细表》（见20页）

填报时间：　　年　月　日　　　　金额单位：元（列至角分）

行次	项　目	金　额
1	一、销售（营业）收入合计（2+13）	
2	（一）营业收入合计（3+8）	
3	1. 主营业务收入（4+5+6+7）	
4	（1）销售货物	
5	（2）提供劳务	
6	（3）让渡资产使用权	
7	（4）建造合同	
8	2. 其他业务收入（9+10+11+12）	
9	（1）材料销售收入	
10	（2）代购代销手续费收入	
11	（3）包装物出租收入	
12	（4）其他	
13	（二）视同销售收入（14+15+16）	
14	（1）非货币性交易视同销售收入	
15	（2）货物、财产、劳务视同销售收入	
16	（3）其他视同销售收入	
17	二、营业外收入（18+19+20+21+22+23+24+25+26）	
18	1. 固定资产盘盈	
19	2. 处置固定资产净收益	
20	3. 非货币件资产交易收益	
21	4. 出售无形资产收益	
22	5. 罚款净收入	
23	6. 债务重组收益	
24	7. 政府补助收入	
25	8. 捐赠收入	
26	9. 其他	

经办人（签章）：　　　　法定代表人（签章）：

附表一（2）《金融企业收入明细表》（见39页）

填报时间： 年 月 日 金额单位：元（列至角分）

行次	项 目	金 额
1	一、营业收入（2+19+25+35）	
2	（一）银行业务收入（3+10+18）	
3	1. 银行业利息收入（4+5+6+7+8+9）	
4	（1）存放	
5	（2）存放中央银行	
6	（3）拆出资金	
7	（4）发放贷款及垫款	
8	（5）买入返售金融资产	
9	（6）其他	
10	2. 银行业手续费及佣金收入（11+12+13+14+15+16+17）	
11	（1）结算与清算手续费	
12	（2）代理业务手续费	
13	（3）信用承诺手续费及佣金	
14	（4）银行卡手续费	
15	（5）顾问和咨询费	
16	（6）托管及其他受托业务佣金	
17	（7）其他	
18	3. 其他业务收入	
19	（二）保险业务收入（20+24）	
20	1. 已赚保费（21-22-23）	
21	保费收入	
22	减：分出保费	
23	提取未到期责任准备金	
24	2. 其他业务收入	
25	（三）证券业务收入（26+33+34）	
26	1. 手续费及佣金收入（27+28+29+30+31+32）	
27	（1）证券承销业务收入	
28	（2）证券经纪业务收入	
29	（3）受托客户资产管理业务收入	

续表

行次	项　　目	金　　额
30	（4）代理兑付证券业务收入	
31	（5）代理保管证券业务收入	
32	（6）其他	
33	2. 利息净收入	
34	3. 其他业务收入	
35	（四）其他金融业务收入（36＋37）	
36	1. 业务收入	
37	2. 其他业务收入	
38	二、视同销售收入（39＋40＋41）	
39	1. 非货币性资产交换	
40	2. 货物、财产、劳务视同销售收入	
41	3. 其他视同销售收入	
42	三、营业外收入（43＋44＋45＋46＋47＋48）	
43	1. 固定资产盘盈	
44	2. 处置固定资产净收益	
45	3. 非货币性资产交易收益	
46	4. 出售无形资产收益	
47	5. 罚款净收入	
48	6. 其他	

经办人（签章）：　　　　　　　　　　　　法定代表人（签章）：

附表一(3) 《事业单位、社会团体、民办非企业单位收入明细表》（见62页）

填报时间：　　年　　月　　日　　　　　　　　　　　　金额单位：元（列至角分）

行次	项　目	金　额
1	一、收入总额（2+3+……+9）	
2	财政补助收入	
3	上级补助收入	
4	拨入专款	
5	事业收入	
6	经营收入	
7	附属单位缴款	
8	投资收益	
9	其他收入	
10	二、不征税收入总额（11+12+13+14）	
11	财政拨款	
12	行政事业性收费	
13	政府性基金	
14	其他	
15	三、应纳税收入总额（1-10）	
16	四、应纳税收入总额占全部收入总额比重（15÷1）	

经办人（签章）：　　　　　　　　　　　　　　　　法定代表人（签章）：

附表二（1）　成本费用明细表（见81页）

填报时间：　　　年　　月　　日　　　　　　　　　　　　金额单位：元（列至角分）

行次	项　目	金　额
1	一、销售（营业）成本合计（2+7+12）	
2	（一）主营业务成本（3+4+5+6）	
3	（1）销售货物成本	
4	（2）提供劳务成本	
5	（3）让渡资产使用权成本	
6	（4）建造合同成本	
7	（二）其他业务成本（8+9+10+11）	
8	（1）材料销售成本	
9	（2）代购代销费用	
10	（3）包装物出租成本	
11	（4）其他	
12	（三）视同销售成本（13+14+15）	
13	（1）非货币性交易视同销售成本	
14	（2）货物、财产、劳务视同销售成本	
15	（3）其他视同销售成本	
16	二、营业外支出（17+18+……+24）	
17	1. 固定资产盘亏	
18	2. 处置固定资产净损失	
19	3. 出售无形资产损失	
20	4. 债务重组损失	
21	5. 罚款支出	
22	6. 非常损失	
23	7. 捐赠支出	
24	8. 其他	
25	三、期间费用（26+27+28）	
26	1. 销售（营业）费用	
27	2. 管理费用	
28	3. 财务费用	

经办人（签章）：　　　　　　　　　　　　　　　　法定代表人（签章）：

附表二（2） 金融企业成本费用明细表（见105页）

填报时间： 年 月 日 金额单位：元（列至角分）

行次	项 目	金 额
1	一、营业成本（2+17+31+38）	
2	（一）银行业务成本（3+11+15+16）	
3	1. 银行利息支出（4+5+…+10）	
4	（1）同业存放	
5	（2）向中央银行借款	
6	（3）拆入资金	
7	（4）吸收存款	
8	（5）卖出回购金融资产	
9	（6）发行债券	
10	（7）其他	
11	2. 银行手续费及佣金支出（12+13+14）	
12	（1）手续费支出	
13	（2）佣金支出	
14	（3）其他	
15	3. 业务及管理费	
16	4. 其他业务成本	
17	（二）保险业务支出（18+30）	
18	1. 业务支出（19+20−21+22−23+24+25+26+27−28+29）	
19	（1）退保金	
20	（2）赔付支出	
21	减：摊回赔付支出	
22	（3）提取保险责任准备金	
23	减：摊回保险责任准备金	
24	（4）保单红利支出	
25	（5）分保费用	
26	（6）手续费及佣金支出	
27	（7）业务及管理费	
28	减：摊回分保费用	
29	（8）其他	

续表

行次	项　目	金　额
30	2. 其他业务成本	
31	（三）证券业务支出（32+36+37）	
32	1. 证券手续费支出（33+34+35）	
33	（1）证券经纪业务支出	
34	（2）佣金	
35	（3）其他	
36	2. 业务及管理费	
37	3. 其他业务成本	
38	（四）其他金融业务支出（39+40）	
39	1. 业务支出	
40	2. 其他业务成本	
41	二、视同销售应确认成本（42+43+44）	
42	1. 非货币性资产交换成本	
43	2. 货物、财产、劳务视同销售成本	
44	3. 其他视同销售成本	
45	三、营业外支出（46+47+48+49+50）	
46	1. 固定资产盘亏	
47	2. 处置固定资产净损失	
48	3. 非货币性资产交易损失	
49	4. 出售无形资产损失	
50	5. 其他	

经办人（签章）：　　　　　　　　　　　　法定代表人（签章）：

附表二（3） 事业单位、社会团体、民办非企业单位支出明细表**（见123页）**

填报时间： 年 月 日 金额单位：元（列至角分）

行次	项 目	金 额
1	一、支出总额（2+3+……+10）	
2	拨出经费	
3	上缴上级支出	
4	拨出专款	
5	专款支出	
6	事业支出	
7	经营支出	
8	对附属单位补助	
9	结转自筹基建	
10	其他支出	
11	二、不准扣除的支出总额	
12	（1）税收规定不允许扣除的支出项目金额	
13	（2）按分摊比例计算的支出项目金额	
14	三、准予扣除的支出总额	

经办人（签章）： 法定代表人（签章）：

附表三　纳税调整项目明细表（见177页）

填报时间：　　年　　月　　日　　　　　　　　　　　　金额单位：元（列至角分）

	行次	项　　目	账载金额	税收金额	调增金额	调减金额
			1	2	3	4
	1	一、收入类调整项目	*	*		
	2	1. 视同销售收入（填写附表一）	*	*		*
#	3	2. 接受捐赠收入	*			*
	4	3. 不符合税收规定的销售折扣和折让				*
*	5	4. 未按权责发生制原则确认的收入				
*	6	5. 按权益法核算长期股权投资对初始投资成本调整确认收益	*	*	*	
	7	6. 按权益法核算的长期股权投资持有期间的投资损益	*	*		
*	8	7. 特殊重组				
*	9	8. 一般重组				
*	10	9. 公允价值变动净收益（填写附表七）	*	*		
	11	10. 确认为递延收益的政府补助				
	12	11. 境外应税所得（填写附表六）	*	*	*	
	13	12. 不允许扣除的境外投资损失	*	*		
*	14	13. 不征税收入（填附表一［3］）	*	*	*	
	15	14. 免税收入（填附表五）	*	*	*	
	16	15. 减计收入（填附表五）	*	*	*	
	17	16. 减、免税项目所得（填附表五）	*	*	*	
	18	17. 抵扣应纳税所得额（填附表五）	*	*	*	
	19	18. 其他				
	20	二、扣除类调整项目	*	*		
	21	1. 视同销售成本（填写附表二）	*	*	*	
	22	2. 工资薪金支出				
	23	3. 职工福利费支出				
	24	4. 职工教育经费支出				
	25	5. 工会经费支出				
	26	6. 业务招待费支出				*
	27	7. 广告费和业务宣传费支出（填写附表八）	*	*		
	28	8. 捐赠支出				*
	29	9. 利息支出				

续表

行次	项　目	账载金额 1	税收金额 2	调增金额 3	调减金额 4
30	10．住房公积金				*
31	11．罚金、罚款和被没收财物的损失		*		*
32	12．税收滞纳金		*		*
33	13．赞助支出		*		*
34	14．各类基本社会保障性缴款				
35	15．补充养老保险、补充医疗保险				
36	16．与未实现融资收益相关在当期确认的财务费用				
37	17．与取得收入无关的支出		*		*
38	18．不征税收入用于支出所形成的费用		*		*
39	19．加计扣除（填附表五）	*	*	*	
40	20．其他				
41	三、资产类调整项目	*	*		
42	1．财产损失				
43	2．固定资产折旧（填写附表九）	*	*		
44	3．生产性生物资产折旧（填写附表九）	*	*		
45	4．长期待摊费用的摊销（填写附表九）	*	*		
46	5．无形资产摊销（填写附表九）	*	*		
47	6．投资转让、处置所得（填写附表十一）	*	*		
48	7．油气勘探投资（填写附表九）				
49	8．油气开发投资（填写附表九）				
50	9．其他				
51	四、准备金调整项目（填写附表十）	*	*		
52	五、房地产企业预售收入计算的预计利润	*	*		
53	六、特别纳税调整应税所得	*	*		*
54	七、其他	*	*		
55	合　计	*	*		

经办人（签章）：　　　　　　　　　　　　　　　　法定代表人（签章）：

注：1．标有＊的行次为执行新会计准则的企业填列，标有#的行次为除执行新会计准则以外的企业填列。

2．没有标注的行次，无论执行何种会计核算办法，有差异就填报相应行次，填＊号不可填列。

3．有二级附表的项目只填调增、调减金额，账载金额、税收金额不再填写。

附表四　企业所得税弥补亏损明细表（见 233 页）

填报时间：　　年　月　日　　　　　　　　　　金额单位：元（列至角分）

行次	项目	年度	盈利额或亏损额	合并分立企业转入可弥补亏损额	当年可弥补的所得额	以前年度亏损弥补额					本年度实际弥补的以前年度亏损额	可结转以后年度弥补的亏损额
						前四年度	前三年度	前二年度	前一年度	合计		
		1	2	3	4	5	6	7	8	9	10	11
1	第一年											*
2	第二年					*						
3	第三年					*	*					
4	第四年					*	*	*				
5	第五年					*	*	*	*			
6	本年					*	*	*	*	*		
7	可结转以后年度弥补的亏损额合计											

经办人（签章）：　　　　　　　　　　法定代表人（签章）：

附表五　税收优惠明细表（见239页）

填报时间：　　年　　月　　日　　　　　　　　　　　　　　金额单位：元（列至角分）

行次	项　目	金　额
1	一、免税收入（2+3+4+5）	
2	1．国债利息收入	
3	2．符合条件的居民企业之间的股息、红利等权益性投资收益	
4	3．符合条件的非营利组织的收入	
5	4．其他	
6	二、减计收入（7+8）	
7	1．企业综合利用资源，生产符合国家产业政策规定的产品所取得的收入	
8	2．其他	
9	三、加计扣除额合计（10+11+12+13）	
10	1．开发新技术、新产品、新工艺发生的研究开发费用	
11	2．安置残疾人员所支付的工资	
12	3．国家鼓励安置的其他就业人员支付的工资	
13	4．其他	
14	四、减免所得额合计（15+25+29+30+31+32）	
15	（一）免税所得（16+17+…+24）	
16	1．蔬菜、谷物、薯类、油料、豆类、棉花、麻类、糖料、水果、坚果的种植	
17	2．农作物新品种的选育	
18	3．中药材的种植	
19	4．林木的培育和种植	
20	5．牲畜、家禽的饲养	
21	6．林产品的采集	
22	7．灌溉、农产品初加工、兽医、农技推广、农机作业和维修等农、林、牧、渔服务业项目	
23	8．远洋捕捞	
24	9．其他	
25	（二）减税所得（26+27+28）	
26	1．花卉、茶以及其他饮料作物和香料作物的种植	
27	2．海水养殖、内陆养殖	
28	3．其他	

续表

行次	项　　目	金　　额
29	（三）从事国家重点扶持的公共基础设施项目投资经营的所得	
30	（四）从事符合条件的环境保护、节能节水项目的所得	
31	（五）符合条件的技术转让所得	
32	（六）其他	
33	五、减免税合计（34+35+36+37+38）	
34	（一）符合条件的小型微利企业	
35	（二）国家需要重点扶持的高新技术企业	
36	（三）民族自治地方的企业应缴纳的企业所得税中属于地方分享的部分	
37	（四）过渡期税收优惠	
38	（五）其他	
39	六、创业投资企业抵扣的应纳税所得额	
40	七、抵免所得税额合计（41+42+43+44）	
41	（一）企业购置用于环境保护专用设备的投资额抵免的税额	
42	（二）企业购置用于节能节水专用设备的投资额抵免的税额	
43	（三）企业购置用于安全生产专用设备的投资额抵免的税额	
44	（四）其他	
45	企业从业人数（全年平均人数）	
46	资产总额（全年平均数）	
47	所属行业（工业企业 其他企业 ）	

经办人（签章）：　　　　　　　　法定代表人（签章）：

附表六　境外所得税抵免计算明细表（见 265 页）

填报时间：　　年　月　日　　　　　　　　　　　　　　　　　　　　金额单位：元（列至角分）

抵免方式	国家或地区	境外所得	境外所得换算含税所得	弥补以前年度亏损	免税所得	弥补亏损前境外应税所得额	可弥补境内亏损	境外应纳税所得额	税率	境外所得应纳税额	境外所得可抵免税额	境外所得税款抵免限额	本年可抵免的境外所得税款	未超过境外所得税款抵免限额的余额	本年可抵免以前年度所得税额	前五年境外所得已缴税款未抵免余额	定率抵免
	1	2	3	4	5	6（3－4－5）	7	8（6－7）	9	10（8×9）	11	12	13	14（12－13）	15	16	17
直接抵免																	
间接抵免				*	*									*	*	*	
				*	*									*	*	*	
				*	*									*	*	*	
				*	*									*	*	*	
合计																	

经办人（签章）：　　　　　　　　　　　　　　法定代表人（签章）：

附表七　以公允价值计量资产纳税调整表（见279页）

填报时间：　　年　月　日　　　　　　　　　　金额单位：元（列至角分）

行次	资产种类	期初金额		期末金额		纳税调整额（纳税调减以“－”表示）
		账载金额（公允价值）	计税基础	账载金额（公允价值）	计税基础	
		1	2	3	4	5
1	一、公允价值计量且其变动计入当期损益的金融资产					
2	1. 交易性金融资产					
3	2. 衍生金融工具					
4	3. 其他以公允价值计量的金融资产					
5	二、公允价值计量且其变动计入当期损益的金融负债					
6	1. 交易性金融负债					
7	2. 衍生金融工具					
8	3. 其他以公允价值计量的金融负债					
9	三、投资性房地产					
10	合　计					

经办人（签章）：　　　　　　　　法定代表人（签章）：

附表八　广告费和业务宣传费跨年度纳税调整表（见287页）

填报时间：　　年　月　日　　　　　　　　　　　　金额单位：元（列至角分）

行次	项　目	金　额
1	本年度广告费和业务宣传费支出	
2	其中：不允许扣除的广告费和业务宣传费支出	
3	本年度符合条件的广告费和业务宣传费支出（1-2）	
4	本年计算广告费和业务宣传费扣除限额的销售（营业）收入	
5	税收规定的扣除率	
6	本年广告费和业务宣传费扣除限额（4×5）	
7	本年广告费和业务宣传费支出纳税调整额（3≤6，本行=2行；3>6，本行=1-6）	
8	本年结转以后年度扣除额（3>6，本行=3-6；3≤6，本行=0）	
9	加：以前年度累计结转扣除额	
10	减：本年扣除的以前年度结转额	
11	累计结转以后年度扣除额（8+9-10）	

经办人（签章）：　　　　　　　　　　　　法定代表人（签章）：

附表九 资产折旧、摊销纳税调整明细表（见 291 页）

填报时间：　　年　月　日　　　　　　　　　　　　　　金额单位：元（列至角分）

行次	资产类别	资产原值		折旧、摊销年限		本期折旧、摊销额		纳税调整额
		账载金额	计税基础	会计	税收	会计	税收	
		1	2	3	4	5	6	7
1	一、固定资产			*	*			
2	1. 房屋建筑物							
3	2. 飞机、火车、轮船、机器、机械和其他生产设备							
4	3. 与生产经营有关的器具工具家具							
5	4. 飞机、火车、轮船以外的运输工具							
6	5. 电子设备							
7	二、生产性生物资产			*	*			
8	1. 林木类							
9	2. 畜类							
10	三、长期待摊费用			*	*			
11	1. 已足额提取折旧的固定资产的改建支出							
12	2. 租入固定资产的的改建支出							
13	3. 固定资产大修理支出							
14	4. 其他长期待摊费用							
15	四、无形资产							
16	五、油气勘探投资							
17	六、油气开发投资							
18	合计			*	*			

经办人（签章）：　　　　　　　　　　　　法定代表人（签章）：

附表十　资产减值准备项目调整明细表（见331页）

填报时间：　　年　月　日　　　　　　　　　　　　金额单位：元（列至角分）

行次	准备金类别	期初余额	本期转回额	本期计提额	期末余额	纳税调整额
		1	2	3	4	5
1	坏（呆）账准备					
2	存货跌价准备					
3	*其中：消耗性生物资产减值准备					
4	*持有至到期投资减值准备					
5	*可供出售金融资产减值		—			
6	#短期投资跌价准备					
7	长期股权投资减值准备					
8	*投资性房地产减值准备					
9	固定资产减值准备					
10	在建工程（工程物资）减值准备					
11	*生产性生物资产减值准备					
12	无形资产减值准备					
13	商誉减值准备					
14	贷款损失准备					
15	矿区权益减值					
16	其他					
17	合计					

注：表中*项目为执行新会计准则企业专用；表中加#项目为执行企业会计制度、小企业会计制度的企业专用。

经办人（签章）：　　　　　　　　　　　　法定代表人（签章）：

附表十一　长期股权投资所得（损失）明细表（见353页）

（见353页）

填报时间：　　年　月　日

金额单位：元（列至角分）

行次	被投资企业	期初投资额	本年度增（减）投资额	投资成本		股息红利					投资转让所得（损失）					
				初始投资成本	权益法核算对初始投资成本调整产生的收益	会计核算投资收益	会计投资损益	税收确认的股息红利		会计与税收的差异	投资转让净收入	投资转让的会计成本	投资转让的税收成本	会计上确认的转让所得或损失	按税收计算的投资转让所得或损失	会计与税收的差异
								免税收入	全额征税收入							
	1	2	3	4	5	6（7+14）	7	8	9	10（7－8－9）	11	12	13	14（11－12）	15（11－13）	16（14－15）
1																
2																
3																
4																
5																
6																
7																
8																
合计																

投资损失补充资料

行次	项目	年度	当年度结转金额	已弥补金额	本年度弥补金额	结转以后年度待弥补金额	备注：
1	第一年						
2	第二年						
3	第三年						
4	第四年						
5	第五年						
以前年度结转在本年度税前扣除的股权投资转让损失							

经办人（签章）：　　　　　　法定代表人（签章）：

四、居民企业清算所得税及纳税申报表

中华人民共和国企业清算所得税申报表（见458页）

清算期间：　　年　　月　　日至　　年　　月　　日

纳税人名称：

纳税人识别号：□□□□□□□□□□□□□□□□□□　　金额单位：元（列至角分）

类别	行次	项目	金额
应纳税所得额计算	1	资产处置损益（填附表一）	
	2	负债清偿损益（填附表二）	
	3	清算费用	
	4	清算税金及附加	
	5	其他所得或支出	
	6	清算所得（1+2-3-4+5）	
	7	免税收入	
	8	不征税收入	
	9	其他免税所得	
	10	弥补以前年度亏损	
	11	应纳税所得额（6-7-8-9-10）	
应纳所得税额计算	12	税率（25%）	
	13	应纳所得税额（11×12）	
应补（退）所得税额计算	14	减（免）企业所得税额	
	15	境外应补所得税额	
	16	境内外实际应纳所得税额（13-14+15）	
	17	以前纳税年度应补（退）所得税额	
	18	实际应补（退）所得税额（16+17）	

纳税人盖章： 清算组盖章： 经办人签字： 申报日期： 年　月　日	代理申报中介机构盖章： 经办人签字及执业证件号码： 代理申报日期： 年　月　日	主管税务机关受理专用章： 受理人签字： 受理日期： 年　月　日

附表1：资产处置损益明细表（见463页）

填报时间：　　年　　月　　日

金额单位：元（列至角分）

行次	项　　目	账面价值（1）	计税基础（2）	可变现价值或交易价格（3）	资产处置损益（4）=（3）-（2）
1	货币资金				
2	短期投资＊				
3	交易性金融资产#				
4	应收票据				
5	应收账款				
6	预付账款				
7	应收利息				
8	应收股利				
9	应收补贴款＊				
10	其他应收款				
11	存货				
12	待摊费用＊				
13	一年内到期的非流动资产				
14	其他流动资产				
15	可供出售金融资产#				
16	持有至到期投资#				
17	长期应收款#				
18	长期股权投资				
19	长期债权投资＊				
20	投资性房地产#				
21	固定资产				
22	在建工程				
23	工程物资				
24	固定资产清理				
25	牛物资产#				
26	油气资产#				
27	无形资产				
28	开发支出#				
29	商誉#				
30	长期待摊费用				
31	其他非流动资产				
32	总计				

经办人签字：　　　　纳税人盖章：

附表2:负债清偿损益明细表(见474页)

填报时间:　　　年　　月　　日

金额单位:元(列至角分)

行次	项　　目	账面价值 (1)	计税基础 (2)	清偿金额 (3)	负债清偿损益 (4)=(2)-(3)
1	短期借款				
2	交易性金融负债#				
3	应付票据				
4	应付账款				
5	预收账款				
6	应付职工薪酬#				
7	应付工资*				
8	应付福利费*				
9	应交税费				
10	应付利息				
11	应付股利				
12	其他应交款*				
13	其他应付款				
14	预提费用*				
15	一年内到期的非流动负债				
16	其他流动负债				
17	长期借款				
18	应付债券				
19	长期应付款				
20	专项应付款				
21	预计负债#				
22	其他非流动负债				
23	总计				

经办人签字:　　　　　　　　　　　　　　　　　　纳税人盖章:

附表3：剩余财产计算和分配明细表（见482页）

填报时间：　　　年　　月　　日

金额单位：元（列至角分）

<table>
<tr><th>类　　别</th><th>行次</th><th colspan="3">项　　　目</th><th colspan="2">金　　额</th></tr>
<tr><td rowspan="12">剩余财产计算</td><td>1</td><td colspan="3">资产可变现价值或交易价格</td><td colspan="2"></td></tr>
<tr><td>2</td><td colspan="3">清算费用</td><td colspan="2"></td></tr>
<tr><td>3</td><td colspan="3">职工工资</td><td colspan="2"></td></tr>
<tr><td>4</td><td colspan="3">社会保险费用</td><td colspan="2"></td></tr>
<tr><td>5</td><td colspan="3">法定补偿金</td><td colspan="2"></td></tr>
<tr><td>6</td><td colspan="3">清算税金及附加</td><td colspan="2"></td></tr>
<tr><td>7</td><td colspan="3">清算所得税额</td><td colspan="2"></td></tr>
<tr><td>8</td><td colspan="3">以前年度欠税额</td><td colspan="2"></td></tr>
<tr><td>9</td><td colspan="3">其他债务</td><td colspan="2"></td></tr>
<tr><td>10</td><td colspan="3">剩余财产（1－2－…－9）</td><td colspan="2"></td></tr>
<tr><td>11</td><td colspan="3">其中：累计盈余公积</td><td colspan="2"></td></tr>
<tr><td>12</td><td colspan="3">累计未分配利润</td><td colspan="2"></td></tr>
<tr><td rowspan="6">剩余财产分配</td><td></td><td>股东名称</td><td>持有清算企业权益性投资比例（%）</td><td>投资额</td><td>分配的财产金额</td><td>其中：确认为股息金额</td></tr>
<tr><td>13</td><td>（1）</td><td></td><td></td><td></td><td></td></tr>
<tr><td>14</td><td>（2）</td><td></td><td></td><td></td><td></td></tr>
<tr><td>15</td><td>（3）</td><td></td><td></td><td></td><td></td></tr>
<tr><td>16</td><td>…</td><td></td><td></td><td></td><td></td></tr>
<tr><td>17</td><td>…</td><td></td><td></td><td></td><td></td></tr>
</table>

经办人签字：　　　　　　　　　　　　　　　　　　　　纳税人盖章：

五、非居民企业所得税年度纳税申报表

中华人民共和国非居民企业所得税年度纳税申报表（见394页）

（适用于据实申报企业）

税款所属期间：　　年　月　日至　　年　月　日

纳税人识别号：□□□□□□□□□□□□□□□□□□□□

金额单位：人民币元（列至角分）

纳税人名称			居民国（地区）名称及代码	
行次	项　目	账载金额	依法申报金额	备注
1	营业收入			
2	营业成本			
3	营业税金及附加			
4	营业费用			
5	管理费用			
6	财务费用			
7	营业利润 7 = 1 - 2 - 3 - 4 - 5 - 6			
8	营业外收入			
9	营业外支出			
10	利润（亏损）总额 10 = 7 + 8 - 9			
11	其他应税项目调增（减）额			
12	按规定可弥补的以前年度亏损额			
13	应纳税所得额 13 = 10 + 11 - 12			
14	法定税率（25%）			
15	应纳企业所得税额 15 = 13 × 14			
16	实际征收率（%）			
17	实际应纳企业所得税额 17 = 13 × 16			
18	减（免）企业所得税额 18 = 15 - 17			
19	境外所得应补企业所得税额			
20	境内外实际应纳企业所得税额 20 = 17 + 19			
21	本年度已预缴企业所得税额			
22	以前年度损益应补（退）企业所得税额			

续表

<table>
<tr><td colspan="2">纳税人名称</td><td colspan="2"></td><td>居民国（地区）名称及代码</td><td></td></tr>
<tr><td>行次</td><td colspan="2">项　目</td><td>账载金额</td><td>依法申报金额</td><td>备注</td></tr>
<tr><td>23</td><td colspan="3">本年度应补（退）企业所得税额 23 = 20 − 21 + 22</td><td></td><td></td></tr>
<tr><td colspan="6">谨声明：此纳税申报表是根据《中华人民共和国企业所得税法》及其实施条例和国家有关税收规定填报的，是真实的、可靠的、完整的。

声明人签字：　　　　年　月　日</td></tr>
<tr><td colspan="2">纳税人公章：

经办人：
申报日期：　　年　月　日</td><td colspan="2">代理申报中介机构公章：
经办人执业证件号码：

代理申报日期：　　年　月　日</td><td colspan="2">主管税务机关：

受理人：
受理日期：　　年　月　日</td></tr>
</table>

附表1：营业收入及成本费用明细表（见401页）

金额单位：人民币元（列至角分）

行次	项　目	账载金额	依法申报金额
1	一、营业收入合计 1 = 2 + 6		
2	1．主营业务收入 2 = 3 + 4 + 5		
3	（1）销售货物收入		
4	（2）提供劳务收入		
5	（3）其他		
6	2．其他业务收入		
7	（1）		
8	（2）		
9	二、营业成本合计 9 = 10 + 11 + 12		
10	1．销售货物成本		
11	2．提供劳务成本		
12	3．其他业务成本		
13	三、期间费用合计 13 = 14 + 30 + 46		
14	1．营业费用		
15	其中：工资薪金		
16	福利费		
17	住房公积金		
18	退休保险基金		
19	医疗保险基金		
20	折旧费		
21	保险费		
22	广告宣传费		
23	职工教育经费		
24	工会经费		
25	无形资产摊销		
26	业务招待费		
27	通讯费		
28	差旅费		
29	租赁费		

续表

行次	项　　目	账载金额	依法申报金额
30	2．管理费用		
31	其中：工资薪金		
32	福利费		
33	住房公积金		
34	退休保险基金		
35	医疗保险基金		
36	折旧费		
37	保险费		
38	广告宣传费		
39	职工教育经费		
40	工会经费		
41	无形资产摊销		
42	业务招待费		
43	通讯费		
44	差旅费		
45	租赁费		
46	3．财务费用		
47	其中：利息		
48	汇兑损益		

附表 2　弥补亏损明细表（见 404 页）

金额单位：元（列至角分）

行次	项目	年度	盈利额或亏损额	已弥补过的亏损额（各年的亏损额在以后年度的弥补情况）					本年度可弥补的亏损额	可结转下一年度未弥补完的亏损额
				第二年	第三年	第四年	第五年	合计		
		1	2	3	4	5	6	7	8	9
1	第一年									
2	第二年			*						
3	第三年			*	*					
4	第四年			*	*	*				
5	第五年			*	*	*	*			
6	第六年			本年度可弥补的以前年度亏损额						
可结转下一年度未弥补完的亏损额										

中华人民共和国非居民企业所得税年度纳税申报表（见406页）
（适用于核定征收企业）

税款所属期间：　　年　　月　　日至　　年　　月　　日

纳税人识别号：□□□□□□□□□□□□□□□□□□□　　金额单位：人民币元（列至角分）

纳税人名称		居民国（地区）名称及代码	

申报项目				账载金额	依法申报金额	备注
按收入总额核定应纳税所得额的计算	项目1名称		1. 收入额			
			2. 经税务机关核定的利润率（%）			
			3. 应纳税所得额 3＝1×2			
	项目2名称		4. 收入额			
			5. 经税务机关核定的利润率（%）			
			6. 应纳税所得额 6＝4×5			
	项目3名称		7. 收入额			
			8. 经税务机关核定的利润率（%）			
			9. 应纳税所得额 9＝7×8			
	10. 收入总额 10＝1＋4＋7					
	11. 应纳税所得额合计 11＝3＋6＋9					
按经费支出换算应纳税所得额的计算	12. 经费支出总额					
	其中：工资薪金					
	奖金					
	津贴					
	福利费					
	物品采购费					
	固定资产折旧					
	装修费					
	通讯费					
	差旅费					
	房租					
	设备租赁费					
	交通费					
	业务招待费					
	13. 换算的收入额					
	14. 经税务机关核定的利润率（%）					
	15. 应纳税所得额 15＝13×14					

续表

纳税人名称		居民国（地区）名称及代码		
	申报项目	账载金额	依法申报金额	备注
按成本费用核定应纳税所得额的计算	16. 成本费用总额			
	17. 换算的收入额			
	18. 经税务机关核定的利润率（%）			
	19. 应纳税所得额 19 = 17 × 18			
应纳企业所得税额的计算	20. 法定税率（25%）			
	21. 应纳企业所得税额 21 = 11 × 20 或 15 × 20 或 19 × 20			
	22. 实际征收率（%）			
	23. 实际应纳企业所得税额 23 = 11 × 22 或 15 × 22 或 19 × 22			
	24. 减（免）企业所得税额 24 = 21 − 23			
应补（退）所得税额的计算	25. 全年已预缴企业所得税额			
	26. 应补（退）企业所得税额 26 = 23 − 25			
声明	谨声明：此纳税申报表是根据《中华人民共和国企业所得税法》及其实施条例和国家有关税收规定填报的，是真实的、可靠的、完整的。 声明人签字：　　年　月　日			
纳税人公章： 经办人： 申报日期：　年　月　日	代理申报中介机构公章： 经办人执业证件号码： 代理申报日期：　年　月　日	主管税务机关： 受理人： 受理日期：　年　月　日		

六、企业年度关联业务往来报告表

企业年度关联方业务往来报告表（封面）（见429页）

中华人民共和国

企业年度关联业务往来报告表

所属年度：______年

纳税人名称（公章）：______________

纳税人识别号：□□□□□□□□□□□□□□□□□□□□

法 定 代 表 人：______________

联 系 电 话：______________

申 报 日 期：______________

主管税务机关名称（受理专用章）：______________

受理税务人员：______________

联 系 电 话：______________

受 理 日 期：______________

关联关系表（表一）（见430页）

关联方名称	纳税人识别号	国家（地区）	地　址	法定代表人	关联关系类型

经办人（签章）：　　　　　　　　　　法定代表人（签章）：

关联交易汇总表（表二）（见 431 页）

1. 本年度是否按要求准备同期资料：是□ 否□；　2. 本年度免除准备同期资料□；
3. 本年度是否签订成本分摊协议：是□ 否□

金额单位：人民币元（列至角分）

交易类型	交易总金额	关联交易		境外关联交易			境内关联交易		
		金额	比例%	金额	比例%	比例%	金额	比例%	比例%
	1	2 = 4 + 7	3 = 2/1	4	5 = 4/1	6 = 4/2	7	8 = 7/1	9 = 7/2
材料（商品）购入									
商品（材料）销售									
劳务收入									
劳务支出									
受让无形资产									
出让无形资产									
受让固定资产									
出让固定资产									
融资应计利息收入	—		—		—			—	
融资应计利息支出	—		—		—			—	
其他									
合计			—		—			—	

经办人（签章）：　　　　　　　　　　　　法定代表人（签章）：

购销表（表三）（见434页）

金额单位：人民币元（列至角分）

一、总购销

		材料（商品）购入	金额			商品（材料）销售	金额
		购入总额 1 = 2 + 5				销售总额 8 = 9 + 12	
其中		进口购入 2 = 3 + 4		其中		出口销售 9 = 10 + 11	
	其中	非关联进口 3			其中	非关联出口 10	
		关联进口 4				关联出口 11	
		国内购入 5 = 6 + 7				国内销售 12 = 13 + 14	
	其中	非关联购入 6			其中	非关联销售 13	
		关联购入 7				关联销售 14	

二、按出口贸易方式分类的出口销售收入

来料加工	关联金额	非关联金额	其他贸易方式	关联金额	非关联金额

三、占出口销售总额10%以上的境外销售对象及其交易

境外关联方名称	国家（地区）	交易金额	定价方法	备注
境外非关联方名称	国家（地区）	交易金额	定价方法	备注
			—	
			—	
			—	

四、占进口采购总额10%以上的境外采购对象及其交易

境外关联方名称	国家（地区）	交易金额	定价方法	备注
境外非关联方名称	国家（地区）	交易金额	定价方法	备注
			—	
			—	
			—	

经办人（签章）：　　　　　　　　法定代表人（签章）：

劳务表（表四）（见436页）

金额单位：人民币元（列至角分）

一、总劳务交易

劳务收入			金额	劳务支出			金额
劳务收入1=2+5				劳务支出8=9+12			
其中	境外劳务收入2=3+4			其中	境外劳务支出9=10+11		
	其中	非关联劳务收入3			其中	非关联劳务支出10	
		关联劳务收入4				关联劳务支出11	
	境内劳务收入5=6+7				境内劳务支出12=13+14		
	其中	非关联劳务收入6			其中	非关联劳务支出13	
		关联劳务收入7				关联劳务支出14	

二、境外劳务收入额占劳务收入总额10%以上的境外交易对象及其交易

境外关联方名称	国家（地区）	交易金额	定价方法	备注
境外非关联方名称	国家（地区）	交易金额	定价方法	备注
			—	
			—	
			—	
			—	

三、境外劳务支出额占劳务支出总额10%以上的境外交易对象及其交易

境外关联方名称	国家（地区）	交易金额	定价方法	备注
境外非关联方名称	国家（地区）	交易金额	定价方法	备注
			—	
			—	
			—	

经办人（签章）： 法定代表人（签章）：

无形资产表（表五）（见437页）

金额单位：元（列至角分）

项目		受让					出让				
		总交易金额	从境外受让无形资产		从境内受让无形资产		总交易金额	向境外出让无形资产		向境内出让无形资产	
			关联交易金额	非关联交易金额	关联交易金额	非关联交易金额		关联交易金额	非关联交易金额	关联交易金额	非关联交易金额
		1=2+3+4+5	2	3	4	5	6=7+8+9+10	7	8	9	10
使用权	土地使用权										
	专利权										
	非专利技术										
	商标权										
	著作权										
	其他										
	其中：										
	合计										
所有权	专利权										
	非专利技术										
	商标权										
	著作权										
	其他										
	其中：										
	合计										
总计											

经办人（签章）：　　　　法定代表人（签章）：

固定资产表（表六）（见439页）

金额单位：人民币元（列至角分）

项目		受让					出让				
		总交易金额	从境外受让固定资产		从境内受让固定资产		总交易金额	向境外出让固定资产		向境内出让固定资产	
			关联交易金额	非关联交易金额	关联交易金额	非关联交易金额		关联交易金额	非关联交易金额	关联交易金额	非关联交易金额
		1=2+3+4+5	2	3	4	5	6=7+8+9+10	7	8	9	10
使用权	房屋、建筑物										
	飞机、火车、轮船、机器、机械和其他生产设备										
	与生产经营活动有关的器具、工具、家具等										
	飞机、火车、轮船以外的运输工具										
	电子设备										
	其他										
	合计										
所有权	房屋、建筑物										
	飞机、火车、轮船、机器、机械和其他生产设备										
	与生产经营活动有关的器具、工具、家具等										
	飞机、火车、轮船以外的运输工具										
	电子设备										
	其他										
	合计										
总计											

经办人（签章）：　　　　法定代表人（签章）：

融通资金表（表七）（见442页）

企业从其关联方接受的债权性投资与企业接受的权益性投资的比例：________________

金额单位：人民币元（列至角分）

	境外关联方名称	国家（地区）	币种	融资金额		利率	融资起止时间	应计利息支出	应计利息收入	担保方名称	担保费	担保费率
				融入金额	融出金额							
定期融资												
其他合计	—	—	—		—	—	—		—	—		—
	—	—	—	—		—	—	—		—		—
合计		—	—			—	—			—		—
	境内关联方名称	国家（地区）	币种	融资金额		利率	融资起止时间	应计利息支出	应计利息收入	担保方名称	担保费	担保费率
				融入金额	融出金额							
定期融资												
其他合计	—	—	—		—	—	—		—	—		—
	—	—	—	—		—	—	—		—		—
合计		—	—			—	—			—		—
总计		—	—			—	—			—		—

经办人（签章）：　　　　　　　　法定代表人（签章）：

对外投资情况表（表八）（见443页）

金额单位：人民币元（列至角分）

一、企业基本信息

企业名称		纳税人识别号	
注册地址		法定代表人	

二、被投资外国企业基本信息

企业名称		纳税人识别号	
注册地址		法定代表人	
主要经营地址		成立时间	
法定代表人居住地址		记账本位货币	
主营业务范围		对人民币汇率	
		纳税年度起止	

被投资外国企业总股份信息		企业持有被投资外国企业股份信息			
总股份量	起止时间	股份种类	起止时间	持股数量	持股比例%
1	2	3	4	5	6 = 5/1

三、被投资外国企业是否在国家税务总局指定的非低税率国家（地区）是□ 否□

四、被投资外国企业年度利润是否不高于500万元人民币 是□ 否□

五、被投资外国企业年度企业所得税税负信息

应纳税所得额	实际缴纳所得税	税后利润额	实际税负比率%	被投资企业法定所得税率
7	8	9 = 7 − 8	10 = 8/7	11

六、被投资外国企业全部股东信息

股东名称	国家（地区）	纳税人识别号	持股种类	起止时间	占全部股份比例%

七、被投资外国企业年度损益表		八、被投资外国企业资产负债表	
项 目	金额	项 目	金额
收入总额		现金	
成本		应收账款	

续表

毛利润		存货	
股息、红利收入		其他流动资产	
利息收入		向股东或其他关联方贷款	
租金、特许权使用费收入		对附属机构投资	
财产转让收益（损失）		其他投资	
其他收入		建筑物及其他可折旧财产	
扣减补偿支出		土地	
租金、特许权使用总支出		无形资产	
利息支出		其他财产	
折旧		总资产	
税金		应付账款	
其他扣除		其他流动负债	
年度利润总额		股东或其他关联方贷款	
		其他负债	
		股本	
		未分配利润	
		总负债	

九、企业从被投资外国企业分得的股息情况

本年度应分配股息额	本年度实际分配股息额	比例%
12	13	14 = 13/12

经办人（签章）：　　　　法定代表人（签章）：

对外支付款项情况表（表九）（见 444 页）

金额单位：人民币元（列至角分）

项　　目	本年度向境外支付款项金额	其中：向境外关联企业支付款项金额	已扣缴企业所得税金额	是否享受税收协定优惠
1. 股息、红利				
2. 利息				
3. 租金				
4. 特许权使用费				
其中：商标费				
技术使用费				
5. 财产转让支出				
6. 佣金				
7. 设计费				
8. 咨询费				
9. 培训费				
10. 管理服务费				
11. 承包工程款				
12. 建筑安装款				
13. 文体演出款				
14. 认证、检测费				
15. 市场拓展费				
16. 售后服务费				
17. 其他				
其中：______				
合　　计				

经办人（签章）：　　　　　　　　　　　　法定代表人（签章）：